◎ 2013年12月19日，全国工商联十一届二次执委会议在广西南宁开幕。

◎ 2013年10月30日，全国非公有制经济人士理想信念报告会在北京召开。

◎ 2013年12月16日，全国工商联、人力资源和社会保障部、全国总工会在北京联合召开第五届全国就业与社会保障先进民营企业表彰大会。全国政协副主席、全国工商联主席王钦敏出席会议并接见获表彰代表。

◎ 2013年3月1日，全国工商联与西藏自治区人民政府在北京签署战略合作框架协议，全国政协副主席、全国工商联主席王钦敏和西藏自治区党委副书记、自治区主席洛桑江村代表双方在协议书上签字。

◎ 2013年6月20日，中央统战部副部长，全国工商联党组书记、常务副主席全哲洙在全国工商联十一届一次常委会议上讲话。

◎ 2013年5月17日，国家发改委、全国工商联在全国工商联机关联合召开民营企业家座谈会，中央统战部副部长，全国工商联党组书记、常务副主席全哲洙会见国家发改委党组书记、主任徐绍史。

◎ 2013年3月20日，全国工商联党组副书记、副主席黄小祥为获得“全国工商联直属商会2012年度优秀商会”荣誉称号的代表颁奖。

◎ 2013年12月16日，全国工商联副主席谢经荣为获得“全国就业与社会保障先进民营企业”荣誉称号的代表颁奖。

◎ 2013年8月29日，全国工商联在北京召开2013中国民营企业500强发布会。全国工商联副主席黄荣揭晓了2013中国民营企业500强、2013中国民营企业制造业500强和2013中国民营企业服务业100强名单。

◎ 2013年2月1日，2012-2013年中国民营经济发展形势分析会在北京饭店召开，全国工商联副主席庄聪生主持会议。

◎ 2013年9月11日，全国工商联副主席李路会见来访的法国巴黎大区工商会第一副会长威尔南先生。

◎ 2013年11月28日，全国工商联副主席林毅夫在香港出席2013紫荆花杯杰出企业家奖颁奖典礼。

◎ 2013年9月26日，全国工商联副主席安七一赴广东金发科技股份有限公司调研。

中华全国工商业联合会
年　鉴
（2013）

中华全国工商业联合会　编著

社会科学文献出版社
SSAP
SOCIAL SCIENCES ACADEMIC PRESS(CHINA)

图书在版编目（CIP）数据

中华全国工商业联合会年鉴.2013／中华全国工商业联合会编著.
—北京：社会科学文献出版社，2014.10
ISBN 978－7－5097－6361－2

Ⅰ.①中…　Ⅱ.①中…　Ⅲ.①中华全国工商业联合会－2013－
年鉴　Ⅳ.①D665.4－54

中国版本图书馆 CIP 数据核字(2014)第 186859 号

中华全国工商业联合会年鉴（2013）

编　　著／中华全国工商业联合会

出 版 人／谢寿光
项目统筹／恽　薇　高　雁
责任编辑／高　雁　黄　利

出　　版／社会科学文献出版社·经济与管理出版中心（010）59367222
地址：北京市北三环中路甲 29 号院华龙大厦　邮编：100029
网址：www.ssap.com.cn
发　　行／市场营销中心（010）59367081　59367090
读者服务中心（010）59367028
印　　装／北京鹏润伟业印刷有限公司

规　　格／开 本：880mm × 1230mm　1/16
印 张：20.25　插 页：0.5　字 数：585 千字
版　　次／2014 年 10 月第 1 版　2014 年 10 月第 1 次印刷
书　　号／ISBN 978－7－5097－6361－2
定　　价／398.00 元

《中华全国工商业联合会年鉴（2013）》
编审委员会

出版前言

2013 年是学习贯彻党的十八大精神开局之年，也是全国工商联迎来 60 华诞，深入贯彻落实中央 16 号文件精神、继续开拓创新的一年。全国工商联认真开展以为民务实清廉为主要内容的党的群众路线教育实践活动，在全国范围组织开展非公有制经济人士理想信念教育实践活动，对《国务院关于鼓励支持和引导民间投资健康发展的若干意见》（国发〔2010〕13 号，简称“民间投资 36 条”）实施细则和《国务院关于进一步支持小型微型企业健康发展的意见》（国发〔2012〕14 号，简称“小微企业 29 条”）开展第三方独立评估工作，大力加强县级工商联建设，编写出版工商联简史等，在坚持两个健康工作主题，充分发挥桥梁纽带和政府助手作用方面取得了新的成绩。

为了全面、直观地反映工商联 2013 年的工作历程，在全国工商联领导的重视和机关各部门、各地工商联支持下，我们编纂了《中华全国工商业联合会年鉴（2013）》。本年鉴资料收录时间为 2013 年 1 月至 12 月，采用分类编排法，共分 5 个部分：

1. 概况：收录了全国工商联 2013 年会员及组织发展概况、全国工商联 2013 年大事记。

2. 工作成果：收录了全国工商联 2013 年的主要工作和活动，包括全国非公有制经济人士理想信念教育实践活动、党的群众路线教育实践活动、全国工商联成立 60 周年纪念活动、第三方评估、非公有制经济人士思想政治工作、建言献策、服务非公有制经济和区域经济发展、构建和谐劳动关系与法律维权、扶贫与社会服务、对外交往与合作、组织建设、机关建设等十二个方面内容。

3. 综合性会议：收录了全国工商联十一届一次常委会议、十一届二次常委会议、十一届二次执委会议等重要会议情况和领导讲话。

4. 调研报告：全国工商联牵头组织调研、公开发表的调研报告和机关重点调研报告。

5. 省级工商联工作：包括全国 32 个省、自治区、直辖市和新疆生产建设兵团工商联 2013 年工作综述。

年鉴中有关领导职务为时任职务，特此说明。

年鉴的出版得到了各省级工商联的全力配合，在此表示诚挚的感谢！

由于编辑经验不足，年鉴仍然有许多待完善的地方。恳求广大读者和同行提出宝贵的意见和建议，希望您的参与将使年鉴编撰更严谨、功能更突出。

编　者

2014 年 9 月

目　录

第一部分　概况

第二部分　工作成果

第三部分　综合性会议

第四部分　调研报告

第五部分　省级工商联工作

第一部分　概况

会员发展概况

截至2013年底，全国工商联共有会员3628461个，比2012年底增加481307个，增长15.3%。其中，县及县以下工商联会员2353550个，占64.9%；行业商会会员1222998个，占33.7%；企业会员1851028个，占51.0%；团体会员41017个，占1.1%；个人会员1736416个，占47.9%（其中，个体工商户1313342个，原工商业者55413个）。会员数量位居前五位的地区是广东（256934个）、江苏（234630个）、河南（210784个）、浙江（197477个）和山东（184586个）。企业会员数量位居前五位的是江苏（178877个）、广东（168416个）、浙江（160020个）、山东（115699个）和山西（103356个）。

按照中央16号文件的要求，各地持续加大企业会员发展力度，2013年底企业会员增长速度为23.8%，比会员整体增长速度快8.5个百分点，占会员总数的比例从2012年底的47.5%增加到2013年底的51.0%，超过会员总数的一半。

根据国家工商行政管理总局统计，截至2013年底，全国共有企业1527.8万个，比2012年底增加161.2万个，增长11.8%，工商联企业会员比全国企业增长速度快12个百分点，占全国企业总数的比例从2012年底的10.9%增加到2013年底的12.1%；全国私营企业1253.9万个，增加168.2万个，增长15.5%，工商联私营企业会员151.5万个，比2012年底增加30.4万个，增长25.1%，比全国私营企业增长速度快9.6个百分点，占全国私营企业总数的比例从2012年底的11.2%增长到2013年底的12.1%。

从区域分布看，东部会员157.3万个，占全国会员总数的43.4%，其中企业会员102.6万个，占东部会员总数的65.2%，北京、天津、上海、浙江的企业会员占比在75%以上；中部会员107.3万个，占全国会员总数的29.6%，其中企业会员50.6万个，占中部会员总数的47.2%；西部（含新疆生产建设兵团）会员95.9万个，占全国会员总数的26.4%，其中企业会员29.7万个，占西部会员总数的31.0%。（薛　葵）

组织发展概况

截至2013年底，全国工商联共有县级以上工商联组织3381个（含新疆生产建设兵团工商联组织176个），比2012年底增加50个。其中，地级工商联组织346个（含新疆生产建设兵团师级工商联组织14个），占地级行政区划总数的100%；县级工商联组织3002个（含新疆生产建设兵团团级工商联组织161个和未列入国家行政区划的市辖区、管理区、经济开发区、特区、林区工商联组织9个），占县级行政区划总数的99%。

2013年全国新成立县级工商联组织53个，其中内蒙古4个、湖南2个、广西1个、西藏35个、青海6个、宁夏3个、新疆2个；因行政区划调整，江苏、贵州分别撤并县级工商联组织2个、1个。目前，共有29个省级行政区实现了县以上工商联组织全覆盖，西藏、新疆2个自治区还有24个县级行政区未成立工商联。

在工商联组织覆盖面不断扩大的同时，全国工商联按照抓基层、打基础的工作思路，举全系统之力打了一场加强县级工商联建设的攻坚战。在各级工商联的共同努力下，截至2013年底，全国已有2633个县级工商联实现了“一个设立、五个有”的阶段性目标，占93.0%；设立党组的县级工商联达到94.8%；有编制的县级工商联达到98.4%。

截至2013年底，各级工商联共有商会32525个，与2013年6月底统计通报的数据相比，减少14534个，下降30.9%。其中，行业商会10051个，减少7292个，下降42.0%；乡镇商会13187个，减少4363个，下降24.8%；街道商会2993个，减少1666个，下降35.7%；异地商会4001个，减少700个，下降14.9%。综合分析其较大幅度减少的原因，主要是早期成立的商会有一些已经名存实亡；有的商会同工商联联系松散，实际上已脱离工商联。有些地方没有考虑这些情况，造成商会数量统计有增无减，这次通过商会数据库的信息采集进行了核减。

在32525个工商联所属商会中，全国工商联直属行业商会31个，占商会总数的0.1%；省级工商联所属商会1327个，占商会总数的4.1%；地市级工商联所属商会12395个，占商会总数的38.1%；县级工商联所属商会18772个，占商会总数的57.7%。从类型分布情况看，行业商会占商会总数的30.9%，乡镇商会占商会总数的40.5%，街道商会占商会总数的9.2%，异地商会占商会总数的12.3%，市场、楼宇、村商会等占商会总数的7.1%。乡镇、街道商会数量已接近商会总数的50%，成为工商联所属商会的半壁江山。

在10051个工商联所属行业商会中，已登记6674个，登记率为66.4%。其中，全国工商联31个行业商会已登记15个，登记率为48.4%；省级工商联683个行业商会已登记474个，登记率为69.4%；地市级工商联4594个行业商会已登记3076个，登记率为67.0%；县级工商联4743个已登记3109个，登记率为65.5%。（薛　葵）

全国工商联2013年大事记

一月

★1日　全国政协在京举行新年茶话会。我会王钦敏主席出席并代表各民主党派中央、全国工商联和无党派人士讲话，表示将认真学习贯彻中共十八大精神，奋发有为，扎实工作，为全面建成小康社会、不断夺取中国特色社会主义新胜利而奋斗。我会全哲洙书记，黄小祥、黄荣副主席出席。

★4日　全国宣传部长会议在京举行。我会李路副主席出席。

同日~8日　王钦敏主席赴福建省参加全国政协经济委员会“两岸农业合作交流”专题考察。

★9日　全哲洙书记在京主持召开会议，部署非公有制经济人士思想状况调研活动。黄小祥、黄荣、庄聪生、李路、安七一副主席，欧阳晓明秘书长，中央统战部五局杨启儒局长、刘玉江副局长、戚建美巡视员，我会王忠明副秘书长等出席，北京、辽宁、上海、江苏、浙江、福建、山东、湖南、广东、重庆10省市工商联主席或党组书记参加并就调研方案发表意见。

★10日　全国工商联和人力资源和社会保障部（以下简称人社部）联合印发《关于加强非公有制企业劳动争议预防调解工作的意见》，着力加强非公有制企业劳动争议处理工作，进一步促进建立互利共赢和谐稳定的劳动关系，推动企业健康持续发展。

同日，全国工商联党组召开会议。会议传达学习了全国组织部长和宣传部长会议精神；通过了《全国工商联贯彻落实中央关于改进工作作风密切联系群众八项规定的意见》《全国工商联党组2012年度工作总结》；研究了有关人事事项。党组书记全哲洙主持，党组副书记黄小祥，党组成员庄聪生、李路、安七一、欧阳晓明出席。王钦敏主席，谢经荣、黄荣副主席列席。

同日　全国工商联在机关召开非公有制经济人士思想状况调研动员会。全哲洙书记作动员报告，黄小祥、谢经荣、黄荣、庄聪生、李路副主席，调研组的同志和机关全体干部参加。

★11日　王钦敏主席、黄荣副主席赴北京市中关村调研。北京市委书记郭金龙、代市长王安顺会见了王钦敏一行。郭金龙介绍了北京在技术创新、人才、金融服务等方面的优势，北京民营经济的发展情况和特点。王钦敏表示要学习中关村在促进企业科技创新方面的经验。北京市委常委赵凤桐，副市长陈刚、程红等参加会见。王钦敏一行先后考察了仁创科技、神州数码等公司，并出席了科技创新型企业座谈会。北京市工商联党组书记郑默杰、我会秘书长欧阳晓明等参加调研活动。

同日　最高人民法院征集各民主党派、全国工商联、无党派人士意见座谈会在京举行。我会谢经荣副主席出席并发言。

★14~25日　按照全国工商联关于非公有制经济人士思想状况调研活动的部署，我会领导分别率领5个调研组赴北京、辽宁、上海、江苏、浙江、福建、山东、湖南、广东、重庆10省市开展非公有制经济人士思想状况调研。14~18日、21~23日全哲洙书记率调研组分别赴山东省、北京市调研；14~18日、21~25日黄小祥副主席率调研组分别赴辽宁省、福建省调研；14~22日黄荣副主席率调研组赴江苏省、浙江省调研；14~24日庄聪生副主席率调研组赴广东省、重庆市调研；14~24日李路副主席率调研组赴上海市、湖南省调研。

★15日　国务院就业工作部际联席会议在京

举行。作为联席会议成员单位，我会谢经荣副主席出席。

同日～16日　全国工商联外事联络工作座谈会在上海市举行。会议旨在总结交流各地开展联络工作的经验和做法，把落实中央16号文件与“立足服务、重心下移”结合起来，推动联络工作围绕两个健康工作主题，不断创新与发展，为民营企业“走出去”提供切实有效的外事联络服务。李路副主席出席并讲话。外交部外事管理司、领事保护中心负责同志应邀在会上作了有关外交和领事工作服务民营企业“走出去”的报告。各省级、副省级城市及部分市县工商联负责联络工作的同志参加。

同日～17日　王钦敏主席赴天津市考察调研。天津市委书记孙春兰会见了王钦敏一行。我会欧阳晓明秘书长等参加调研。

★16日　法律部在京举行2013年全国工商联法律工作专家座谈会。谢经荣副主席出席并讲话。全国人大常委会法制工作委员会、最高人民法院等部门和单位相关负责同志参加。与会专家表示，工商联要切实维护民营企业合法权益，在国家立法中积极反映民营企业利益诉求，进一步加强服务体系平台建设，推动民营企业构筑企业文化体系，希望今后加强与工商联的合作，发挥高校理论研究优势，共同研究有关热点难点问题。

★18日　全国政协在京举行2013年政协新老领导迎新春座谈会。我会王钦敏主席出席。

同日　国务院在京举行全国扶贫开发工作电视电话会议。我会谢经荣副主席出席。

★21日　谢经荣副主席在机关会见拉中商业协会会长阿提斯·卡姆帕尔斯一行。拉脱维亚驻华使馆经济与文化处处长亚历山大·诺维科夫，我会联络部、中国民营经济国际合作商会有关负责同志参加。

★22日　中国共产党第十八届中央纪律检查委员会（以下简称中央纪委）第二次全体会议在京举行。我会王钦敏主席、全哲洙书记、黄小祥副主席出席。

同日　安七一副主席在机关主持召开2013年第一次主席专题办公会议，研究《全国工商联贯彻落实中央关于改进工作作风密切联系群众八项规定的实施办法》。欧阳晓明秘书长等参加。

★23日　中央统战部在京举行各民主党派中央、全国工商联负责人和无党派人士代表阅读政府工作报告（征求意见稿）会议。我会王钦敏主席，全哲洙书记，谢经荣、黄荣、安七一、董文标副主席出席。

★24日　科技部部长万钢一行到我会走访，并与我会王钦敏主席，全哲洙书记，黄荣、安七一副主席，欧阳晓明秘书长等座谈。万钢通报了2012年科技部工作情况和2013年工作安排。我会领导介绍了全国工商联推动民营企业科技创新工作情况。双方就开展合作交换了意见，决定建立部际合作机制，由科技部计划司与我会经济部具体沟通落实。

★25日　中共中央在京举行党外人士座谈会。我会王钦敏主席出席并发言，全哲洙书记、黄荣副主席出席。

同日　纪念延安双拥运动70周年座谈会在京举行。我会安七一副主席出席。

★28日　非公有制经济人士思想状况调研情况汇报会在机关举行。王钦敏主席出席并讲话，全哲洙书记主持并部署下一步工作，黄小祥、黄荣、庄聪生、李路副主席，中央统战部五局杨启儒局长、刘玉江副局长、戚建美巡视员，我会王忠明副秘书长，机关有关部门负责同志及各调研组成员参加。

★30日　王钦敏主席在机关会见由菲华商联总会名誉理事长陈永栽为总领队、理事长庄前进为团长的菲华商联总会访华团一行。我会名誉主席黄孟复、国务院侨务办公室（以下简称国务院侨办）副主任谭天星出席宴请，我会副主席李路出席会见和宴请。会见中，我会有关行业商会负责同志与来访的企业家就国际合作、农业、旅游等内容进行交流。

同日　会员部在机关举办第一期“直属会员双月活动日”活动，邀请国家发展和改革委员会（以下简称国家发改委）宏观经济研究院副院长、研究员王一鸣，为直属会员作“经济形势与企业发展”主题报告。黄小祥副主席主持。何俊明副主席，欧阳晓明秘书长，王忠明、王建设副秘书长和来自北京、天津、吉林、黑龙江、上海、江苏、浙江、大连、青岛、深圳等地的直属会员、直属商会代表及我会机关干部等120多人参加。

★31 日　国家协调劳动关系三方会议第十八次会议在京举行。我会副主席、国家三方会议执行主席谢经荣出席。会议调整了国家三方会议及办公室组成人员，决定将人社部担任国家三方会议执行主席的杨志明副部长调整为邱小平副部长，总结了 2012 年工作，审议了 2013 年工作要点，总结了小企业劳动合同制度实施专项行动和集体合同实施“彩虹计划”工作。

同日　全哲洙书记在京慰问我会老领导张绪武同志。中央统战部五局杨启儒局长、我会办公厅负责同志参加慰问。

二月

★1 日　2012～2013 年中国民营经济发展形势分析会在京举行。分析会由我会主办，中国民（私）营经济研究会和中国民生银行协办。王钦敏主席出席并作题为“深入贯彻落实党的十八大精神，为民营经济健康发展营造良好环境”的主旨演讲；经济学家厉以宁作题为“信心与智慧”的演讲；工业和信息化部（以下简称工信部）总工程师朱宏任作题为“民营经济发展面临的政策环境和机遇”的演讲；百度公司董事长李彦宏作题为“实施创新发展战略，增强企业核心竞争力”的演讲；中国民生银行董事长董文标作题为“创新金融服务模式，支持民营经济发展”的演讲。分析会由庄聪生副主席主持。全哲洙书记，黄小祥、黄荣、谢经荣、李路副主席，国家工商总局副局长滕佳材，国务院发展研究中心副主任侯云春，全国政协经济委员会副主任石军，中央国家有关部门、社会研究机构负责同志和专家学者，外国驻华使节、境外商会和跨国公司代表，民营企业家约 400 人参加。

★2 日　中央统战部在京举行党外人士迎新春联谊会。我会王钦敏主席，全哲洙书记，谢经荣、黄荣、庄聪生、李路、安七一副主席出席。

★4 日　王钦敏主席在机关主持召开 2013 年第一次主席办公会议。会议议题：审议向人社部申报的 2013 年全国工商联系统先进集体和先进工作者的表彰计划。全哲洙书记，黄小祥、谢经荣、黄荣、庄聪生、李路、安七一副主席出席。欧阳晓明秘书长等列席。

同日　全国工商联党组召开会议。会议传达学习了中央纪委第二次全体会议的精神和习近平、王岐山同志的重要讲话，要求紧密结合自身工作实际，贯彻落实中央关于改进工作作风密切联系群众的八项规定和我会《实施办法》，进一步严明党的纪律，切实转变工作作风，加强党风廉政建设。会议研究并确定了 2012 年度全国工商联机关干部考核等次，还研究了有关人事事项。党组书记全哲洙主持，党组副书记黄小祥，党组成员庄聪生、李路、安七一、欧阳晓明出席。王钦敏主席，谢经荣、黄荣副主席列席。

同日　机关离退休人员新春茶话会在机关举行。王钦敏主席出席并致辞，全哲洙书记出席，黄小祥副主席主持。90 余名离退休老同志参加。

★5 日　王钦敏主席、谢经荣副主席赴河北省滦平县对基层工商联干部和贫困地区群众进行春节慰问，并考察调研我会援助的农业产业项目。

★6 日　中共中央在京举行迎新春座谈会。我会王钦敏主席、全哲洙书记、黄荣副主席出席。

同日　王钦敏主席、全哲洙书记、安七一副主席在京看望我会老领导王光英、孙孚凌、黄孟复同志。

同日　李路副主席在机关会见新任中国驻尼泊尔大使吴春太。双方就中尼论坛的相关情况进行了沟通交流。

★8 日　中共中央、国务院在京举行 2013 年春节团拜会。我会王钦敏主席，全哲洙书记，谢经荣、庄聪生、李路副主席，欧阳晓明秘书长，王忠明副秘书长出席。

★18～20 日　中央政治局常委俞正声在京先后到仁创科技集团、百度在线网络公司、汉能控股集团、二十一世纪科技公司、联想控股公司和中星微电子公司 6 家企业进行调研。俞正声对于民营企业发展、企业减免税问题、建立以企业为主体的自主创新体系问题、金融支持民营企业问题、如何对待 VIE 模式问题、SVAC 国家标准的强制执行问题、遥感卫星的市场化和商业化问题等均表达了重要观点。我会党组书记全哲洙、北京市委统战部部长牛有成参加调研。

★20～23 日　澳门中华总商会在澳门举行成

立100周年会庆系列活动。我会李路副主席率代表团参加。

★21日　推进使用正版软件工作部际联席会议第二次全体会议在京举行。作为联席会议成员单位，我会黄小祥副主席出席。

★22日　安徽省委、省政府在合肥市召开全省发展民营经济大会。安徽省委书记张宝顺、我会党组书记全哲洙出席并讲话，省长李斌主持。

★23日　中共中央在京举行元宵节联欢晚会。我会王钦敏主席出席。

★25日　全国工商联与中国建设银行在京签订合作协议，旨在加强对中小企业和县域经济发展提供金融服务。我会主席王钦敏、党组书记全哲洙，中国建设银行董事长王洪章出席签约仪式暨座谈会。王钦敏在讲话中指出，民营企业是实现和完成居民收入倍增计划的重要途径，在促进就业、保障和改善民生、维护社会和谐稳定等方面具有特殊重要性，支持它们健康发展是工商联和建行共同的使命和责任。王洪章在讲话中表示，建行将以合作协议为契机，研究深化对民营企业服务支持的举措，创新金融产品，为民营企业提供全方位、多功能、综合化解决融资难的方案。我会副主席谢经荣和建行副行长赵欢代表双方在合作协议书上签字。我会秘书长欧阳晓明主持。我会副主席、汉能控股集团董事局主席李河君，建行零售业务总监田惠宇及有关方面负责人、民营企业代表等参加。4月19日，全国工商联与中国建设银行印发《关于印发〈中华全国工商业联合会中国建设银行股份有限公司合作协议〉的通知》，要求各级工商联组织与中国建设银行各级分支机构搭建服务平台，深化合作关系；拓宽合作领域，细化合作内容；促进行业商会建设，建立行业诚信体系。

★26～28日　中国共产党第十八届中央委员会第二次全体会议在京举行。我会全哲洙书记出席。

★28日　中共中央在京举行民主协商会，就国务院机构改革和职能转变、中共中央拟向十二届全国人大一次会议推荐的国家机构领导人员人选建议名单和拟向全国政协十二届一次会议推荐的全国政协领导人员人选建议名单，向各民主党派、全国工商联和无党派人士通报情况，听取意见。习近平总书记主持并发表重要讲话。我会王钦敏主席出席并发言，全哲洙书记出席。

同日　全国工商联和国家开发银行印发《关于加强战略合作共同支持小微企业发展的通知》，要求通过双方的战略合作，充分发挥各级工商联、商会的组织优势和国家开发银行的融资优势，建立银行、担保机构、小微企业和工商联（商会）联动的新型金融服务平台，扶持小微企业健康发展。

三月

★1日　全国工商联与西藏自治区政府在京签订战略合作框架协议，双方旨在进一步加强合作，全面深入实施西部大开发战略，新阶段扶贫开发战略，大力发展非公有制经济，推进西藏跨越式发展。自治区党委书记陈全国、政府主席洛桑江村，我会主席王钦敏、党组书记全哲洙出席。洛桑江村和王钦敏代表双方在协议书上签字。自治区党委副书记吴英杰、自治区党委统战部部长公保扎西、自治区工商联主席阿沛·晋源，我会副主席谢经荣、安七一、董文标，秘书长欧阳晓明等出席。

同日　贵州省委、省政府在京举办面向全国优强民营企业招商项目推介会暨签约仪式，重点推出符合科学发展观和国家产业要求的506个全省重点投资项目。我会王钦敏主席出席并讲话，全哲洙书记出席。

同日　全国工商联2013年提案新闻通气会在京举行。庄聪生副主席出席并介绍了我会2013年提案的具体情况和提案工作的主要特点。机关各部门、各直属行业商会分管提案工作的负责同志和有关新闻媒体约90人参加。

同日　全国工商联保密委员会在机关召开2013年度保密工作会议。我会副主席、保密委员会主任安七一出席并讲话。中央统战部保密委员会副主任章建敏出席并提出工作要求。我会办公厅赵德江汇报了全国工商联2012年保密工作情况，部署了2013年工作。会议对如何进一步加强和提高工商联保密工作进行研讨，布置了保密检查工作。我会人事部郭孟谦主持，我会保密委员会、保密委员会办公室全体人员参加。

★2 日 全联中小冶金企业商会第二次会员大会在京举行。我会黄小祥副主席出席并讲话。

★4 日 中共中央政治局常委张高丽参加全国政协十二届一次会议民建、工商联界委员联组会。在认真听取委员们的发言后，张高丽指出，改革开放以来，特别是进入 21 世纪以来，我国民营企业和中小企业蓬勃发展，已经成为国民经济的重要组成部分、增加就业的主渠道、技术创新的生力军、推动产业转型升级的重要力量。实践充分证明，公有制为主体、多种所有制经济共同发展的基本经济制度符合我国国情，是完全正确的。今后五年是全面建成小康社会的关键时期，我们要认真学习和贯彻落实党的十八大精神，坚持“两个毫不动摇”，进一步做好支持非公有制经济发展这篇大文章，要落实和完善相关政策措施，着力破除体制机制障碍，在民间资本进入能源、铁路、金融等重点领域方面取得新突破。希望民营企业适应国内外形势的新变化，把握机遇、积极进取，更加自觉地调整优化结构，更加自觉地参与改革开放的伟大实践，更加自觉地履行社会责任，在全面建成小康社会的征程中创新业、立新功；希望民建、工商联继续发挥优势，围绕中心、服务大局，积极建言献策，广泛汇聚力量，为实现中华民族伟大复兴的“中国梦”发挥更加重要的作用。

同日 黄荣副主席在京会见天津市常务副市长崔津渡一行。崔津渡介绍了中国企业国际融资洽谈会的历史和取得的成绩，并通报了第七届融洽会的筹备情况。黄荣表示，全国工商联将一如既往地支持天津市政府，共同举办好融洽会，继续组织民营企业家积极参会。欧阳晓明秘书长等参加会见。

★6 日 全国政协在京组织召开“积极稳妥推进城镇化，着力提高城镇化质量”提案办理协商会。我会庄聪生副主席出席。

★7 日 法律部在京召开中国民营企业劳动关系状况评价指标体系专家研讨会。谢经荣副主席出席并讲话。与会专家就建立我国民营企业劳动关系状况评价指标体系和健全劳动标准体系进行深入研讨。国家发改委社会发展研究所所长杨宜勇、国务院法制办公室（以下简称国务院法制办）社会管理司副司长彭高建、人社部调解仲裁司副司长王振麒、首都经济贸易大学劳动经济学院院长杨河清等参加。

★8 日 全国政协十二届一次会议提案审查委员会在京举办《加强城乡污染防治，改善城乡人居环境》提案办理协商会。我会庄聪生副主席出席并发言。

同日 庄聪生副主席在京就民营经济发展问题接受人民网强国论坛专访。

★11 日 全哲洙书记在京主持召开座谈会，征求部分地方工商联负责同志对非公有制经济人士思想状况调研报告的意见。山西、辽宁、上海、江西、山东、湖南 6 省市工商联主席出席并发言。我会副主席黄小祥、黄荣、庄聪生、李路，中央统战部五局局长杨启儒，我会副秘书长王忠明及报告起草组成员参加。

★12 日 孙中山先生逝世 88 周年纪念仪式在京举行。我会黄荣副主席出席。

★13 日 中华红丝带基金二届四次理事会在京召开。我会名誉主席、中华红丝带基金（以下简称基金）名誉理事长黄孟复出席并讲话。基金执行理事长许荣茂作理事会工作报告。基金理事长谢经荣，基金副理事长李河君等出席。中国民生银行董事长董文标主持。

同日 全哲洙书记在京会见广西壮族自治区党委书记彭清华一行，双方就自治区非公有制经济发展和工商联工作进行座谈。自治区党委副书记危朝安，自治区常务副主席黄道伟，自治区党委统战部部长范晓莉，自治区政府秘书长莫恭明，自治区工商联主席磨长英及我会副主席黄荣、安七一，秘书长欧阳晓明等参加会见。

★15 日 全哲洙书记在京会见四川省省长魏宏一行，商洽四川与全国知名民营企业投资合作洽谈会有关事宜。四川省政府副省长甘霖、副秘书长陈贵华，省工商联党组书记钟家霖，我会副主席黄小祥、黄荣，秘书长欧阳晓明等参加会见。

★19 日，全国工商联党组召开会议。会议学习了习近平总书记在中央党校建校 80 周年庆祝大会和在十二届全国人大一次会议闭幕会上的重要讲话，要求党组和会领导班子做学习实践的表率，自觉认真研读讲话，深刻领会必须走中国道路、弘扬中国精神、凝聚中国力量的战略思想，切实转变作风，加强学习和调查研究，增强工作本领，提高解决实际问题的能力和水平，要紧紧围绕两个健康工作主题，脚踏实地立足岗位，以改革创新的精神，扎实推进各方面工作。会议研究通过了《全国工商联机关干部在线学习管理办法（试行）》《全国工商联机关及直属单位工作人员因私出国（境）管理暂行办法》《全国工商联直属事业单位公开招聘工作人员暂行办法》；还研究并通过了全国工商联机关党委、机关纪委换届工作方案。党组书记全哲洙主持，党组副书记黄小祥，党组成员庄聪生、李路、安七一、欧阳晓明出席。王钦敏主席，谢经荣、黄荣副主席列席。

★20 日　全国工商联直属商会第一次秘书长联席会议在京召开。我会黄小祥副主席出席并讲话。全联房地产商会等 10 家商会被评为 2012 年度优秀商会，全国工商联金银珠宝业商会等 18 家商会被评为合格商会。欧阳晓明秘书长总结了商会考评工作。

同日　由我会联络部指导、中国民营经济国际合作商会主办的第二期“国际经济合作大讲堂”报告会在京举行。商务部副部长陈健作题为“加快实施‘走出去’战略，寻求更大发展空间”的专题报告。我会副主席李路、中国民营经济国际合作商会会长郑跃文等 300 人参加。

★21 日　王钦敏主席在机关主持召开 2013 年第二次主席办公会议。会议议题：一、审议《全国工商联参政议政委员会、组织委员会、宣传培训和企业文化建设委员会、扶贫工作委员会、经济委员会、联络委员会、法律委员会等专门委员会组成人员建议名单》；二、审议全国工商联石材业商会召开第三次会员大会的有关事项；三、审议《全国工商联机关工作人员考勤和请假管理暂行规定》；四、审议《全国工商联机关财务支出审批办法》《全国工商联机关 2012 年经费预算执行情况及 2013 年经费执行预算报告》。会议决定全国工商联宣传培训委员会更名为全国工商联宣传培训和企业文化委员会。全哲洙书记，黄小祥、谢经荣、黄荣、庄聪生、李路、安七一副主席出席。欧阳晓明秘书长、王建设副秘书长等列席。

★25 日　李路副主席在机关主持召开 2013 年第二次主席专题办公会议，通报“第十二届世界华商大会”筹备工作进展情况，研究布置我会所承担的相关工作和各部门工作分工。会员部、宣教部、经济部、联络部负责同志参加。

同日　李路副主席在机关会见韩国大韩商工会议所北京事务所首席代表吴千洙一行。

★26 日　国务院在京召开第一次廉政工作会议。我会黄小祥副主席出席。

同日　全联并购公会并购仲裁委员会成立大会在京举行。我会黄小祥副主席出席。

★28 日　全国政协十二届一次专门委员会主任会议暨专题研讨班在京举行。我会黄小祥副主席出席。

同日　庄聪生副主席带队赴国家工商行政管理总局（以下简称国家工商总局），就建立中小企业监测点工作与国家工商总局副局长滕佳材、个体私营经济监督管理司司长马夫等交换意见。4 月 9 日，庄聪生再次带队到国家统计局就建立中小企业监测点工作调研。

同日～29 日　全国工商联法律工作座谈会暨商会调解工作现场会在浙江省义乌市召开。谢经荣副主席出席并讲话。来自全国 32 个省级工商联相关负责同志及专家学者共 70 余人参加。

同日～29 日　全国工商联宣教工作协调会暨落实全国民营企业文化建设座谈会精神专题培训在京召开。会议主要通报全国工商联 2013 年宣教重点工作，部署理想信念教育系列活动、企业文化建设、教育培训、“关爱员工，实现双赢”表彰活动等工作任务。李路副主席出席。

同日～29 日　由全国工商联和中国光彩事业促进会（以下简称中国光彩会）主办的 2013 年度光彩事业统计工作培训班在河南省开封市举办。各省级工商联和光彩会的统计员约 80 人参加培训。

★29 日　国务院在京召开企业家座谈会，分析经济走势，共商促进经济持续健康发展大计。我会黄荣副主席出席。

四月

★1 日　我会副主席、全国工商联信息化工作领导小组组长黄小祥在机关主持召开全国工商联信息化工作领导小组会议。会议听取了《全国工商联信息化建设工作方案》落实情况汇报，研究了推进信息化工作的措施和办法，决定启动全国工商联信息中心工作。我会副主席安七一，秘书长欧阳晓明，机关各部门主要负责同志参加。

同日　全国厂务公开协调小组第十八次会议在京召开。我会谢经荣副主席出席。

★2 日　国家林业局、全国工商联和中国光彩会第七次联席会议在我会机关召开。会议总结了三方近 5 年来联合开展工作情况，研究部署了 2013 年工作计划。国家林业局局长赵树丛、我会党组书记全哲洙出席并讲话。我会副主席谢经荣主持。中央纪委驻国家林业局纪检组组长陈述贤、我会副主席程红等出席。

同日　第七届中国企业国际融资洽谈会——科技国际融资洽谈会新闻发布会在京举行。我会黄荣副主席出席并讲话。

★5 日　国家主席习近平在京举行仪式欢迎文莱苏丹哈桑纳尔访华。我会王钦敏主席出席。

★7 日　全国工商联向中央统战部报送《非公有制经济人士思想状况调研报告》（以下简称《报告》)。《报告》涉及非公有制经济人士一些值得关注的思想动向和如何加强服务引导、坚定理想信念的意见建议等内容。为认真贯彻落实中央领导同志关于加强非公有制经济人士思想政治工作批示精神，自 2013 年 1 月中旬开始，我会 5 位领导带队，分赴北京、辽宁、上海、江苏、浙江、福建、山东、湖南、广东、重庆，深入基层、深入企业，着重访谈 635 位非公有制经济人士、100 多位党政干部和专家学者，并向全国 31 个省区市发放 3200 多份调查问卷，特别是采取个别沟通交流的方式，用 2 个多月的时间，集中围绕“非公有制经济人士对中国特色社会主义的信念、对党和政府的信任、对企业发展的信心”（以下简称三信），开展非公有制经济人士思想状况调研后形成上述《报告》。《报告》由中央统战部转报中央领导同志。

同日　庄聪生副主席在机关主持召开《中华全国工商业联合会简史（1953～2013）》（以下简称《简史》）修改工作会议。会议对《简史》修改稿进行了讨论，决定成立以研究室同志为主的《简史》集中修改组，要求修改组同志以高度的责任感，高质量、高标准地完成修改工作，向我会 60 周年庆祝活动交一份满意的答卷。研究室负责同志，中华工商联合出版社有限责任公司原负责同志等参加。

同日～9 日　谢经荣副主席率我会法律部和人社部调解仲裁司联合调研组赴湖南、江西两省，就非公有制企业劳动争议预防调解工作开展调研。调研组实地考察了湖南、江西两省的人社厅劳动人事争议仲裁院和湘潭市华顺人力资源服务有限公司等企业，召开了由省市县工商联、人力资源和社会保障部门、工商联所属商会、民营企业代表参加的座谈会，就提升企业自主预防解决争议的能力、拓展商会调解服务职能等议题听取汇报、交流探讨。

★9 日　中华工商时报社与三胞集团在我会机关签署框架合作协议。中华工商时报社社长高庆林和三胞集团董事长袁亚非代表双方在协议上签字。我会全哲洙书记，黄小祥、李路副主席出席签字仪式。

★10 日　会员部在机关举办第二期直属会员双月活动日——“提升企业创新能力政策解读及实践”座谈会。科技部政策法规司副司长徐建国作了题为“提升企业创新能力，推动科技与经济紧密结合”的主旨报告。东岳集团董事长张建宏和研祥高科技控股集团有限公司董事局主席陈志列结合企业实践分别介绍了在创新中的经验和体会。我会副秘书长王忠明主持。中国民间商会副会长、香江集团董事长刘志强和来自天津、河北、辽宁、黑龙江、江苏、安徽、广东、四川、陕西等地的全国工商联直属会员、直属商会代表 120 余人及我会机关干部 80 多人参加。

★11 日　纪念卢作孚诞辰 120 周年座谈会在重庆市举行。座谈会上对获得“第二届卢作孚贡献奖”及提名奖的 20 位重庆民营企业家进行表彰。我会庄聪生副主席出席并讲话。

同日　李路副主席在机关会见香港九龙总商会李光华理事长一行。

同日　中法企业沙龙 2013 首届交流晚宴在京举办。我会副主席李路、中国法国工商会会长奥利维耶·吉贝尔、巴黎大区工商会国际与欧洲事务部部长安徒司等出席。来自中法两国的能源、医药、航空、金融、法律等行业的 70

余位企业家就打破中法地域文化差异、弘扬企业精神文化以及两国企业投资与合作等内容进行交流。

★12 日　我会党组书记、全国非公有制经济人士理想信念教育实践活动领导小组组长全哲洙在机关主持召开会议，传达全国政协副主席、中央统战部部长令计划关于开展好非公有制经济人士理想信念教育实践活动的重要指示，研究贯彻落实措施。庄聪生、李路、安七一副主席，非公有制经济人士理想信念教育实践活动领导小组办公室全体同志参加。

★13 日　由中央电视台财经频道主办的央视财经圆桌会议在京举行。我会王钦敏主席出席并发言。

同日　中国信息化百人会主办的“信息化、创新与产业升级”专题研讨会在京召开。我会王钦敏主席出席。

同日　全国工商联石材业商会第三次会员大会在京召开。我会黄小祥副主席出席。

★15 日　我会党组书记、全国非公有制经济人士理想信念教育实践活动领导小组组长全哲洙在京主持召开会议，听取有关省市工商联负责同志对《关于开展非公有制经济人士理想信念教育实践活动的意见（征求意见稿）》的意见。黄小祥、庄聪生、李路副主席，北京、天津、浙江等省市工商联主要负责同志和全国非公有制经济人士理想信念教育实践活动领导小组成员、办公室全体同志参加。

同日～19 日　全国工商联在京举办了两期党的十八大精神学习研讨会暨处级及以下干部培训班。黄小祥、庄聪生副主席分别为学员授课，解读党的十八大精神，介绍民营经济发展与非公有制经济人士思想政治工作；机关各部门负责同志讲授了“以十八大精神为指导，做好新形势下工商联工作”课程；北京仁创科技集团有限公司董事长秦升益、科瑞集团董事局主席郑跃文分别就“如何培养创新思维”与学员交流；机关 4 名干部就赴美国杜克大学培训学习、赴扶贫点和民营企业挂职锻炼情况与学员开展交流座谈。我会机关 81 名处级及以下干部参加。

★16 日　由全国工商联和四川省政府主办的、主题为“四川新发展・民企新商机”的四川与全国知名民营企业投资合作洽谈会在成都市召开。我会主席王钦敏，四川省委书记王东明出席并致辞，省长魏宏主持，副省长甘霖介绍四川省经济发展和投资项目情况。我会副主席孙荫环、何俊明、张建宏、徐冠巨、潘刚，中国民间商会副会长刘沧龙、张近东、黄代放，我会秘书长欧阳晓明等近 500 人参加。此次洽谈会集中签约投资合作项目 251 个，总投资额为 3334.9 亿元。

同日　人社部、中华全国总工会（以下简称全国总工会）、全国工商联在京召开三方联合推动就业工作第九次联席会议。我会谢经荣副主席出席。

同日～17 日　黄小祥副主席率全国工商联直属商会约 110 人赴甘肃省实地考察，落实直属商会对口帮扶甘肃省贫困县的项目对接工作。甘肃省委书记王三运、省长刘伟平在兰州市会见了黄小祥一行。黄小祥一行先后考察了甘肃省白银高新技术产业开发区景泰正路工业园区、兰州新区亚太工业科技总部基地项目等，并召开考察对接座谈会。

★17 日　全国政协经济委员会在京召开“促进国企、民企协调发展——优化企业发展环境”协商座谈会。首次同时邀请全国政协委员中的部分国有企业和民营企业代表面对面，共商协调发展大计。我会主席王钦敏出席会议并在讲话中表示，实现国企和民企的协调发展，首先要积极探索混合所有制经济现象，将其提升到一定高度，丰富我国基本经济制度的理论和实践；其次要不断深化国有体制改革，朝着市场化、现代企业制度和法人制度等方向深入研究，并在提高国企的国际竞争力方面发挥引领作用；再次要创造条件，在更多领域让国企和民企公平竞争，合作融合，要强调国企和民企在当前情况下优势互补，遵循市场规律和产业发展规律，有效地集聚我国经济建设的正能量。全国政协副主席杜青林、张庆黎，我会副主席庄聪生，全国政协经济委员会副主任褚平出席。

同日　李路副主席在机关会见中国民营科技实业家协会常务副理事长、秘书长肖方晨和副秘书长吴远恒，就加强两会工作进行会谈。

★18 日　全国工商联党组召开会议。会议传达学习了习近平、李克强、俞正声、张高丽、马凯、令计划等党和国家领导同志在中央统战部《关于转呈全国工商联〈非公有制经济人士思想状况调研报告〉的报告》上的重要批示，要求抓住机遇，以改革创新精神，开展好以“民营企业家与中国梦”为主题，以增强非公有制经济人士对中国特色社会主义的信念，对党和政府的信任，对企业发展的信心为主要内容，以促进两个健康为目标的非公有制经济人士理想信念教育实践活动，为全面建成小康社会和实现中华民族伟大复兴“中国梦”凝聚力量。会议还传达学习了俞正声同志在民主党派扶贫工作座谈会上的讲话，研究了有关人事事项。党组书记全哲洙主持，党组副书记黄小祥，党组成员庄聪生、李路、安七一、欧阳晓明出席。王钦敏主席，谢经荣、黄荣副主席列席。

同日　全国工商联召开工作座谈会，就《关于进一步发挥全国工商联兼职副主席和中国民间商会兼职副会长作用的意见（讨论稿）》和《关于开展非公有制经济人士理想信念教育实践活动的意见（讨论稿）》征求意见。全哲洙书记主持并作重要讲话。王钦敏主席，黄小祥、谢经荣、黄荣、庄聪生、李路、安七一、王志雄、史贵禄、许健康、孙荫环、李河君、陈经纬、何俊明、张建宏、茅永红、周海江、徐冠巨、董文标、程红、潘刚副主席，中国民间商会王文彪、刘沧龙、孙甚林、黄代放副会长，我会欧阳晓明秘书长，中央统战部五局杨启儒局长等出席。

★19日　王钦敏主席在机关主持召开2013年第三次主席办公会议。会议议题：一、审议《关于进一步发挥全国工商联兼职副主席和中国民间商会兼职副会长作用的意见》；二、审议《纪念全国工商联成立60周年活动方案》；三、审议《中共广西壮族自治区委员会、自治区政府关于承办2013年全国工商联执委会议和联合举办“全国知名民营企业进广西”活动的申请》。全哲洙书记，黄小祥、谢经荣、黄荣、庄聪生、李路副主席出席。欧阳晓明秘书长、王建设副秘书长列席。

同日　全国工商联与国务院扶贫开发领导小组办公室（以下简称国务院扶贫办）高层联席工作会议在机关召开。我会主席王钦敏，国务院扶贫办主任范小建出席并讲话。我会副主席谢经荣主持。会议听取了我会扶贫部王钢治对双方近年来合作开展扶贫工作情况汇报。国务院扶贫办国际合作和社会扶贫司李春光司长对《国务院扶贫办、全国工商联关于共同推动民营企业参与集中连片特困地区扶贫开发的意见（草稿）》及《2013年联合工作方案（审议稿）》作说明。双方讨论并通过了上述两个文件，要求尽快下发施行。国务院扶贫办副主任郑文凯、我会秘书长欧阳晓明等参加。

同日　由民政部主办的第八届“中华慈善奖”表彰大会暨中国慈善联合会成立大会在京召开。我会安七一副主席出席。

★21日　全国工商联和中国光彩会联合印发《关于积极参与四川雅安抗震救灾工作的通知》，号召各级工商联、光彩会、商会、广大民营企业和非公有制经济人士，大力发扬“一方有难、八方支援”的精神，共同夺取抗震救灾斗争的胜利。“4·20”雅安芦山地震发生后，我会王钦敏主席、全哲洙书记指示要及时掌握灾区工商联及企业情况，主动采取应对措施，积极投入抗震救灾工作。自4月20日地震至21日21时一天多的时间里，全国工商联企业家副主席、中国民间商会企业家副会长、中国光彩会企业家副会长捐款捐物合计达8322.9万元。

同日～27日　全国工商联第十一期乡镇干部培训班在深圳市举办。培训班邀请国务院扶贫办、国家林业局、中国社会科学院（以下简称中国社科院）、华南农业大学、深圳市委党校的7名授课老师讲解《生态文明与经济可持续发展》《现代农业科学技术与发展趋势》等课程，并参观考察了深圳富士康、深圳研祥集团。来自四川仪陇、巴中、旺苍，贵州毕节、黔西南，安徽省金寨县以及三省工商联的83名学员参加。

★22～23日　全国工商联会员组织统计暨执委数据库工作现场会在江苏省南通市召开。会员部王瑗总结和布置了会员部重点工作。来自32个省级工商联和江苏省13个地（市）级工商联的会员处处长及负责会员组织信息化建设工作的统计员100余人参加。

★23日　第十一届全国工商联经济委员会第一次会议在机关举行。王钦敏主席出席并讲话。我会副主席、经济委员会主任黄荣主持。会议审议并通过了《第十一届全国工商联经济委员会工作细则（草案）》和《第十一届全国工商联经济委员会专题组名单（建议）》。经济部谭林通报了全国工商联2013年重点工作和经济委员会2013年重点工作安排。委员们就调动委员积极性、整合资源、规范活动、积极有效地参与工商联的经济服务工作提出了建议。

同日 全国工商联汽车摩托车配件用品业商会三届二次会长会议在京召开。我会黄小祥副主席出席。

★24日 全国工商联印发《关于奖励2012年度考核优秀公务员的决定》，对机关2012年度考核评定为优秀等次的25名公务员予以奖励：为郭孟谦等2人记三等功，给予欧阳晓明等23人嘉奖。

同日 由全国工商联汽车摩托车配件用品业商会和北京市昌平区政府主办的全国汽车配件交易会暨全国汽车配件采购交易会在京开幕。我会黄小祥副主席出席并宣布开幕。

同日 研究室在京召开工商联理论体系纲要研讨会。庄聪生副主席出席并讲话。与会同志讨论了中国特色工商联理论体系纲要的框架和内容，提出了进一步的修改意见。研究室林泽炎主持。北京、上海、江苏、河南、陕西5省市工商联研究部门负责人等10余位同志参加。

★25日 由全国工商联、南京市政府主办的，以“搭建科技创业创新平台，共谋新兴产业转型升级”为主题的2013中国·南京科技创业创新与重大项目洽谈会在南京市开幕。我会王钦敏主席出席并宣布开幕。南京市委书记杨卫泽、我会副主席黄荣出席并致辞。

同日 全国工商联、最高人民法院在京联合召开商会调解与诉讼调解衔接机制试点工作部署会。我会副主席谢经荣出席并讲话。最高人民法院司改办副主任蒋惠岭授课辅导。21家试点地区工商联负责同志等约60人参加。

★26日 中国光彩事业基金会和安徽省工商联主办的“携手防艾·抗震救灾——第二届中华红丝带基金才子佳人翡翠专场慈善竞买”活动在合肥市举行。我会名誉主席、中华红丝带基金名誉理事长黄孟复出席并讲话。活动最终筹得善款424.4万元，将用于安徽省受艾滋病影响群体和四川雅安地震灾区。

★27日 王钦敏主席在机关会见以林建岳为团长的香港经济民生联盟访京团一行。我会李路副主席、欧阳晓明秘书长等参加。

★28日 庆祝“五一”国际劳动节暨为全面建成小康社会建功立业推进大会在京举行。我会李路副主席出席。

五月

★2日 中央统战部在京召开党外人士座谈会。我会王钦敏主席出席并代表全国工商联发言，全哲洙书记出席。

★5日 全国工商联党组召开会议。会议传达了全国政协十二届三次主席会议精神；确定把深入推进非公有制经济人士理想信念教育实践活动作为全国工商联十一届一次常委会议主题，要求在会议期间认真贯彻落实中央八项规定，在会议内容、形式等方面围绕中央提出的重大部署、全局性任务和工商联的重点工作进行专题研究，增强会议的指导性、针对性和实效性。会议还研究了办公厅内设机构调整的相关事宜。党组书记全哲洙主持，党组副书记黄小祥，党组成员庄聪生、李路、安七一、欧阳晓明出席。王钦敏主席，谢经荣、黄荣副主席列席。

同日 王钦敏主席在机关主持召开2013年第四次主席办公会议。会议议题：一、审议《民企陇上行活动方案》；二、审议《全国工商联第十一届一次常委会议方案》；三、审议《关于办公厅内设处级机构调整事宜》。全哲洙书记，黄小祥、谢经荣、黄荣、庄聪生、李路副主席出席。欧阳晓明秘书长等列席。

★6日 中央统战部、全国工商联在中央统战部举行全国非公有制经济人士理想信念教育实践活动会议。中央统战部部长令计划出席并讲话指出，开展非公有制经济人士理想信念教育实践活动，是把非公有制经济人士思想统一到中共十八大精神上来的重要举措，是为实现中华民族伟大复兴“中国梦”凝聚强大力量的必然要求，是促进非公有制经济健康发展和非公有制经济人士健康成长的有效抓手。当前，在非公有制经济人士中广泛深入开展理想信念教育实践活动，具有重大而深远的意义。这次活动要深入学习贯彻中共十八大精神和以习近平同志为总书记的党中央重要指示精神，坚持团结、服务、引导、教育的方针，以“民营企业家与中国梦”为主题，以增强对中国特色社会主义的信念、对党和政府的信任、对企业发展的信心为主要内容，以促进两个健康为目标，引导广大非公有制经济人士更好地为全面建成小康社会、实现中华民族伟大复兴“中国梦”贡献智慧和力量。我会主席王钦敏，中央统战部常务副部长张裔炯出席会议。我会党组书记全哲洙主持会议并对切实做好教育实践活动的组织实施工作提出要求。他强调，要充分尊重非公有制经济人士的主体地位和首创精神，使他们自觉、主动地参加到活动中来。要突出实践特色，着力解疑释惑，把为企业排忧解难放在突出位置，让非公有制经济人士感受到教育实践活动带来的成果。要把改革创新精神贯穿于整个活动的始终，在活动内容、方式和载体上探索新的有效做法，增强活动的针对性和实效性。各地统战部、工商联要始终依靠党委政府的领导和指导开展活动，积极争取党委组织部、宣传部等有关部门和社会各界的支持，充分发挥非公有制经济党组织的作用，形成工作合力。此次会议以电视电话会议形式召开。我会副主席黄小祥、谢经荣、黄荣、庄聪生、李路、安七一、李彦宏、董文标，中国民间商会副会长王文彪、傅军，中央统战部、全国工商联有关负责同志，在京非公有制经济人士代表等在中央统战部主会场参加，各地统战部、工商联有关负责人和非公有制经济人士代表在各省区市、新疆生产建设兵团及各市（地、州、盟）分会场参加会议。

同日　全哲洙书记在机关主持召开会议，听取《简史》修改工作情况汇报。全哲洙对《简史》编写修改工作给予了肯定，并对下一步修改工作提出明确要求。黄小祥、庄聪生副主席，中华工商联合出版社有限责任公司原负责同志，我会办公厅、研究室相关工作同志参加。

★7 日　王钦敏主席在机关会见新加坡驻华大使罗家良一行。王钦敏对罗家良一行的到访表示欢迎并介绍了全国工商联的基本情况。罗家良首先祝贺王钦敏当选第十二届全国政协副主席，他希望两国商会组织加强合作与互动，推动中国企业通过新加坡平台“走出去”，并共同探讨利用两国互补优势，到第三国投资发展。我会李路副主席提议联络部与新加坡驻华大使馆建立固定工作交流机制，为两国企业界的合作提供切实有效的服务。双方还就共同到第三国投资兴建科技园区、人民币国际化所带来的机遇、举办经贸论坛等方面进行探讨。我会欧阳晓明秘书长等参加。

同日 ~8 日　全国工商联直属商会负责人培训班在京举办。我会副主席黄小祥、庄聪生，国务院参事室特约研究员姚景源，我会副秘书长王忠明分别授课。培训班旨在提高商会负责人在新形势下办好商会的素质和能力，培养适应新形势、新要求的商会工作者队伍，推进各直属商会的科学化、规范化、制度化建设。各直属商会会长、常务副会长、监事长（独立监事）及秘书长共 90 余人参加。

★8 日　全国政协新形势下如何完善金融体制协商座谈会在京举行。我会王钦敏主席、庄聪生副主席出席。

★9 日　国务院侨办、国务院国有资产管理委员会（以下简称国务院国资委）、全国工商联、中国贸易促进委员会（以下简称中国贸促会）联合印发《关于发挥侨务优势服务中国企业走出去的若干意见》，旨在充分利用海外侨胞这一独特资源，促进中国企业进一步开拓海外市场和加强对外合作，进一步提升国际化经营能力和水平，防范海外投资风险。

同日　由中国光彩会、全国工商联和安徽省政府共同主办的中国光彩事业六安行暨安徽省与全国知名民营企业家合作发展会议在安徽省六安市举行。我会党组书记全哲洙，安徽省委副书记王学军出席并讲话。我会副主席谢经荣、孙荫环、李河君、何俊明、张建宏、茅永红、周海江，中国民间商会副会长王文彪等，以及来自全国各地的 300 余位民营企业家参加。此次活动，安徽省签约项目为 988 项，签约金额为 6644 亿元。中国光彩事业基金会向金寨县公益捐款 2000 万元。

同日　由全国政协经济委员会主办的“着力激发企业发展新活力，扎实推进经济体制改革”专题座谈会在京举行。我会庄聪生副主席出席。

同日～10日　黄小祥副主席赴广东省就商会建设情况开展调研。9日上午，黄小祥副主席在广州市出席由全国工商联烘焙业公会主办的第十七届中国烘焙展览会并致辞。

★10～15日　王钦敏主席率调研组赴山东青岛、日照、临沂、淄博等地考察调研，了解山东民营经济发展情况，听取对加快转型升级、创新驱动发展和深化改革的意见、建议。调研组实地考察了特锐德、软控股份、日照钢铁等10多家民营企业，与当地党委政府、工商联、商会组织负责同志和企业家代表座谈交流。在山东期间，山东省委书记姜异康会见了王钦敏。山东省工商联主席王乃静，我会秘书长欧阳晓明参加调研。

★12～21日　庄聪生副主席率全国工商联代表团赴印度尼西亚、印度、尼泊尔进行为期10天的考察访问。

★14日　全哲洙书记在机关会见由香港中华总商会会长杨钊率领的访京团一行。我会李路副主席等参加。

★15日　全哲洙书记在机关主持召开中国工商博物馆筹建工作领导小组第四次会议，听取了自2012年8月29日第3次领导小组会议以来中国工商博物馆筹建工作的进展情况。李路、安七一副主席出席并谈了感想和建议，我会副秘书长王建设、宣教部高庆林汇报了改建办、布展办各项工作的进展情况，人事部郭孟谦汇报了人员编制申请情况。全哲洙在听取汇报和建议后，就如何做好中国工商博物馆筹建工作提出下一步工作要求。

★16日　全国工商联党组中心组2013年度第一次理论学习（扩大）会在机关举行，邀请中央党校科研部副主任郝永平教授作题为《圆好“中国梦”——走近中华民族伟大复兴》的辅导报告。王钦敏主席出席。全哲洙书记出席并讲话，对机关开展理想信念教育实践活动提出要求。李路副主席主持。党组中心组成员、机关全体干部以及各直属单位负责同志参加。

★17日　国家发改委、全国工商联在京联合召开民营企业家座谈会，听取企业家们对国家发改委转变职能、转变作风以及当前经济形势和经济工作等方面的意见建议。我会主席王钦敏，国家发改委主任徐绍史出席并讲话。我会党组书记全哲洙主持。在座谈会上，南存辉、卢志强、李河君、郑跃文、董文标、李书福、刘永好、王小兰、张跃、孙珩超、励行根等民营企业代表分别发言。国家发改委副主任穆虹、连维良、胡祖才，国家能源局副局长刘琦，我会副主席黄小祥、黄荣、李路、安七一，秘书长欧阳晓明等出席。

同日　由河北省政府主办的中国民营企业500强高端会议暨“百家民企进河北”合作项目恳谈会在河北省廊坊市举行。我会主席王钦敏、河北省委书记周本顺出席并致辞。河北省省长张庆伟主持。我会黄荣副主席出席。

★18日　由商务部、国家税务总局、国家工商总局、国家新闻出版广电总局（以下简称国家广电总局）、国家旅游局、全国工商联、中国贸促会、中国工业经济联合会以及湖南省等中部六省政府联合主办的“第八届中国中部投资贸易博览会”在郑州市开幕。博览会主题是“持续转型、协调发展、促进崛起”。我会谢经荣副主席出席博览会开幕式和“世界华商论坛”，并在论坛上致辞。

★20日　纪念王恩茂同志诞辰100周年座谈会在京举行。我会安七一副主席出席。

★21日　由人社部、教育部、全国总工会和全国工商联共同主办的“2013全国民营企业招聘周”启动仪式在上海市举行。全国31个省区市和新疆生产建设兵团同时启动招聘活动，活动从5月21日起至27日结束，主题是“帮人才就业，促民企发展”。我会谢经荣副主席出席启动仪式。12月5日，人社部、全国总工会、全国工商联联合印发《关于全国民营企业招聘周组织工作突出城市和吸纳就业突出民营企业的通报》，对2012年和2013年民营企业招聘周活动组织工作突出的北京市东城区等56个城市（区）和吸纳就业突出的北京崇文门菜市场物美超市有限公司等81户民营企业予以表扬。

★22日　全国工商联和国务院扶贫办联合印发《关于共同推动民营企业参与新一轮农村扶贫开发的意见》，明确各级工商联和扶贫部门要引导民营企业参与片区产业扶贫；鼓励民营企业参与片区县域经济发展；组织民营企业参与专项扶贫工作；动员民营企业参与贫困农村公益事业；创新民营企业参与扶贫开发的途径与模式；服务片区小微企业和商会组织发展；加大对参与扶贫开发民营企业的支持力度。

同日　全国政协在京召开深化财税体制改革协商座谈会。我会王钦敏主席出席。

同日~24日、6月2日~8日、11月4日~5日　我会党组书记、全国非公有制经济人士理想信念教育实践活动领导小组组长全哲洙分赴山西省、河南省、山东省、天津市就非公有制经济人士理想信念教育实践活动进行调研。同期，黄荣、庄聪生、李路、安七一副主席也分赴各地就非公有制经济人士理想信念教育实践活动进行调研。

★24日　全国工商联在京召开民间投资实施细则评估工作专题会议。黄荣副主席主持并讲话。经济部谭林介绍了《关于开展鼓励和引导民间投资实施细则贯彻落实情况调查评估的实施方案》，就调查目的、调查内容、调查方式、调查要求和时间安排逐项作了说明。北京、山西、内蒙古、辽宁、上海、江苏、浙江、山东、湖北、广东、四川、贵州等工商联分管经济工作的副主席，我会王忠明副秘书长，办公厅、研究室、会员部主要负责同志等参加并就实施方案提出了意见建议。

★27日　王钦敏主席在机关会见四川省巴中市委书记李刚一行。李刚汇报了巴中市经济社会发展情况和近期“光彩巴中行”筹备情况。王钦敏表示，关心支持革命老区发展是全国工商联和广大民营企业的责任，巴中要注重发展符合自身实际的特色产业。

同日　中央机构编制委员会办公室（以下简称中编办）和全国工商联在京共同召开民营企业家座谈会，听取他们对深化行政审批制度改革方面的意见建议。我会党组书记全哲洙、中编办副主任吴知论出席并讲话。我会副主席黄小祥主持。傅军、郑跃文、王文京等10位民营企业家代表分别发言，就与民营企业发展相关的一系列行政审批改革问题提出了意见建议。我会黄荣、庄聪生、安七一副主席，欧阳晓明秘书长，中编办和我会有关部门负责同志参加。

同日　全国工商联在京召开中小微企业监测点培训会议，就工商联系统全面推进中小微企业监测工作进行部署。庄聪生副主席出席并讲话，就如何正确认识开展监测工作的重要意义、把握监测工作的目标任务、推进监测点建设提出要求。32个省级工商联机关负责监测点工作的部门负责同志、联络员、参与先行试点的监测点企业代表、部分省市经信委、统计局相关同志和我会机关相关人员共80余人参加。

★28日　全国工商联召开学习党的十八大精神研讨会。全哲洙书记出席并讲话。黄小祥副主席主持。谢经荣、黄荣、庄聪生、李路、安七一副主席出席。10名机关干部代表在会上发言。机关各部门及直属单位150余名同志参加。

★29日　第十一届全国工商联组织委员会第一次全体会议在机关召开。我会副主席、组织委员会主任黄小祥出席并讲话。我会副主席、组织委员会主任孙荫环、徐冠巨出席。会员部王瑷通报了全国工商联组织委员会组成情况，对《全国工商联会员发展和组织建设计划（2013~2017，征求意见稿）》进行了说明。委员们结合本地区工商联组织建设工作实践，对征求意见稿提出了意见建议。会议还审议了《全国工商联组织委员会工作规则》，部署了2013年组织委员会的有关工作。

同日~30日　受国家发改委委托，我会分别召开部分直属行业商会负责人和民营企业家座谈会，对《国务院关于鼓励和引导民间投资健康发展的若干意见》（国发〔2010〕13号，以下简称“民间投资36条”）42项实施细则的贯彻落实情况及反映的问题进行第三方独立评估。我会王钦敏主席、全哲洙书记出席。在听取了中国民营经济国际合作商会会长郑跃文等11家全国工商联直属行业商会负责同志，以及大连亿达集团董事长孙荫环等11位民营企业家代表的意见建议后，全哲洙指出，破除民间投资“玻璃门”和“弹簧门”现象的背后实质是破除制度垄断和市场垄断。破除“两个门”要靠加快重点领域改革、加快转变政府职能，关键是转变观念。全哲洙建议，第一，要建立发改委、全国工商联、社会组织、民营企业共同参与的四方评估机制；第二，要站在全局的高度看待42项实施细则，建立跨部门的专门协调机构；第三，要建立贯彻落实

“民间投资36条”实施细则的督察机制，加大督促解决的力度；第四，要给民营企业拿出合理投资、合理回报的重点项目，有些问题可以边实践边突破，在实践中进一步丰富和完善实施细则。国家发改委投资司副司长罗国三出席并与参会企业代表进行了交流。我会副主席黄小祥、黄荣、庄聪生、李路、安七一出席，中央统战部、全国工商联有关部门负责同志参加。

★31日　中央统战部在京召开座谈会，征求各民主党派中央、全国工商联和无党派代表人士对中央政治局加强作风建设的意见建议。我会王钦敏主席出席并发言，全哲洙书记出席。

六月

★2日　庄聪生副主席在机关会见吉林省副省长陈伟根一行，双方就继续共同主办2013年中国民营经济发展（长白山）论坛有关事宜进行协商。

★5日　谢经荣副主席在机关会见捷中友好合作协会监事会主席雅罗斯拉夫·德沃吉克率领的捷克佩尔森州代表团一行7人。

同日　最高人民法院在京召开第二届特约监督员聘任大会。我会谢经荣副主席出席。

同日　由全国工商联、大湄公河次区域运输商协会主办，大湄公河次区域工商论坛协办的大湄公河次区域运输商协会能力建设研讨会在昆明市召开。我会黄荣副主席出席并讲话。来自老挝、缅甸、泰国、越南、印度和中国、联合国亚洲及太平洋经济社会委员会、亚洲开发银行的130多位政府官员、专家学者、商会负责人和物流运输企业代表，围绕深化大湄公河次区域经济合作，充分发挥大湄公河次区域运输商协会的功能和作用，提升其运行效率，加强其能力建设等议题进行探讨。

★6日　由天津市政府、全国工商联、科技部、美国企业成长协会联合主办的第七届中国企业国际融资洽谈会——科技国际融资洽谈会在天津市开幕。天津市委书记孙春兰、我会主席王钦敏、美国企业成长协会总部主席查克·莫顿出席。天津市市长黄兴国宣布开幕，常务副市长崔津渡主持。开幕式结束后，王钦敏、黄兴国出席了第六届“中国民营经济发展·天津论坛”。论坛以“民营经济发展的现在与未来”为主题，邀请著名专家学者和企业家，围绕民营企业面临的形势、机遇和发展前景进行深入研讨。我会黄荣副主席、王忠明副秘书长出席上述活动。

★7日　国家技术创新工程部际协调小组第一次会议在京召开。我会黄荣副主席出席。

★8日　全国工商联在机关召开直属商会秘书长第二次联席会议。黄小祥副主席出席并讲话。宣教部高庆林对非公有制经济人士理想信念教育实践活动相关问题进行了讲解，会员部王瑗对教育实践活动第一阶段开展情况进行了通报讲评。全国工商联石油业商会等三家商会分别就开展教育实践活动第一阶段工作交流发言。

★10日　由工信部、全国工商联和各省区市、新疆生产建设兵团等38个单位共同主办的“中国·青海绿色发展投资贸易洽谈会”在西宁市开幕。全国政协副主席马培华、青海省委书记骆惠宁出席，青海省省长郝鹏致辞，副省长骆玉林主持。我会副主席安七一出席开幕式和“民营企业、港澳台、侨商专场对接会及签约仪式”。

★13日　国务院总理李克强在京宴请访华的埃塞俄比亚总理海尔马里亚姆。我会王钦敏主席出席。

★14日　王钦敏主席在机关主持召开2013年第五次主席办公会议。会议议题：一、审议全国工商联十一届一次常委会议议程、日程；二、审议全国工商联十一届一次常委会议领导讲话；三、审议全国工商联执委、常委人事事项。全哲洙书记，黄小祥、黄荣、庄聪生、李路、安七一副主席出席。欧阳晓明秘书长，王忠明、王建设副秘书长等列席。

同日　由全联新能源商会主办，以“新能源：整合与创新”为主题的第七届新能源国际高峰论坛暨博览会在京开幕。我会主席王钦敏出席并为全联新能源商会薄膜光伏专委会、光热发电专委会揭牌。黄小祥副主席出席并致辞。全联新能源商会会长、汉能控股集团董事局主席李河君作主题演讲，全联新能源商会执行会长、恒基伟业公司董事长张征宇代表行业宣读了《中国光伏北京宣言》。来自商务部、工信部、科技部、住房和城乡建设部、国家能源局等部委的领导，国际组织代表、著名专家学者、知名企业代表400余人参加。

★15～16日　全国工商联扶贫与社会服务工作座谈会在合肥市召开。谢经荣副主席出席并讲话，安徽省工商联主席李卫华致辞。会议邀请国务院扶贫办国际合作和社会扶贫司副司长刘书文介绍中国农村扶贫开发取得的重大成就和基本经验，分析新时期扶贫工作面临的形势与任务。我会扶贫部王钢治作工作报告。安徽、山西、甘肃、江苏四省工商联介绍了各自开展扶贫与社会服务工作的主要做法和经验体会。

★17日　全国工商联向国家发改委报送《民间投资36条实施细则贯彻落实情况调查评估报告》。受国家发改委的委托，我会于2013年5月下旬至6月上旬，组织民营企业和直属商会开展了对“民间投资36条”实施细则贯彻落实情况的调查评估工作。我会高度重视，选择13个省区市工商联和11个直属商会进行了重点调查，着重在民间投资较为集中和民营企业较为关注的领域，针对细则实施中存在的“玻璃门”“弹簧门”问题开展调查评估，形成了上述调查评估报告。7月4日，该评估报告报送俞正声主席、马凯副总理、令计划部长参阅。7月15日，我会收到国家发改委《关于鼓励引导民间投资发展政策措施评估工作的复函》。在分析研究我会评估报告和国务院有关部门自我评估报告的基础上，国家发改委已于7月10日向国务院正式上报了《国家发展改革委关于鼓励引导民间投资健康发展政策措施落实情况评估和下一步工作建议的报告》。

同日　由中华海外联谊会、全国工商联和福建省委、省政府共同主办的第四届世界闽商大会在福州市开幕。我会主席王钦敏，福建省委书记尤权，中央统战部副部长林智敏出席并致辞。福建省省长苏树林主持。开幕式前，王钦敏还出席了闽商代表座谈会。欧阳晓明秘书长参加上述活动。

同日　李路副主席在机关会见以澳大利亚中国统一促进会会长李涛为团长的访京团。

同日　安七一副主席在机关主持召开2013年第三次主席专题办公会议暨全国工商联机关项目经费支出绩效评价工作领导小组第一次会议，研究布置机关项目经费支出绩效评价和2014年部门预算编报工作。机关各部门、各直属单位主要负责同志和预算财务联络员等参加。

★18日　中央党的群众路线教育实践活动工作会议在京召开。习近平总书记出席并发表重要讲话，对全党开展群众路线教育实践活动进行部署。我会全哲洙书记出席。

★19日　全国工商联与甘肃省政府战略合作协议签约仪式在兰州市举行。根据合作协议，我会与甘肃省政府将共同推进中央16号文件的贯彻落实、民企入甘的深入实施、甘肃新阶段扶贫开发和非公有制经济人士理想信念教育实践活动深入开展。我会党组书记全哲洙和甘肃省省长刘伟平签署协议。我会主席王钦敏出席。甘肃省委书记王三运出席并讲话。我会副主席黄小祥、谢经荣、黄荣、庄聪生、李路、安七一、王志雄、卢文端、孙荫环、苏志刚、李河君、陈经纬、张建宏、周海江、徐冠巨、程红、潘刚，中国民间商会副会长张近东、黄代放，以及甘肃省委、省政府有关负责同志出席。

★20日　全国工商联十一届一次常委会议在兰州市开幕。会议主要任务是深入学习贯彻党的十八大精神和中央领导同志重要批示精神，围绕两个健康工作主题，对深入扎实开展非公有制经济人士理想信念教育实践活动进行再动员。中央统战部部长令计划对会议作出批示。我会主席王钦敏出席。甘肃省委书记王三运出席并致辞。我会党组书记全哲洙就总结开展教育实践活动第一阶段工作及广泛扎实开展好下一阶段活动发表讲话。我会副主席黄小祥主持。原国家统计局总经济师姚景源作专题讲座。甘肃省省长刘伟平、统战部部长泽巴足、省委秘书长李建华、省工商联主席郝远，我会副主席谢经荣、黄荣、庄聪生、李路、安七一、王志雄、卢文端、史贵禄、许健康、孙荫环、苏志刚、李河君、李彦宏、陈经纬、何俊明、张建宏、茅永红、周海江、徐冠巨、程红、潘刚，中国民间商会副会长王文彪、卢志强、刘志强、刘沧龙、孙甚林、张近东、黄代放、霍震寰，中央统战部、甘肃省有关部门负责同志等约150人出席。

同日　第十九届中国兰州投资贸易洽谈会暨民企陇上行活动在兰州市开幕。我会主席王钦敏出席并宣布开幕。甘肃省委书记王三运，我会党组书记全哲洙，甘肃省政协主席冯健身、省委副书记欧阳坚等出席。甘肃省省长刘伟平、商务部副部长王超、我会副主席黄荣分别致辞。正泰集团股份有限公司董事长兼总经理南存辉发言。甘肃省常务副省长刘永富主持。本届兰洽会围绕甘肃特色产业和资源优势，立足我国西北、面向中亚地区，加强亚欧大陆桥及丝绸之路沿线国际区域合作，开展投资推介洽谈。商务部、工信部、国家工商总局、国家旅游局、国务院侨办、中华全国归国华侨联合会（以下简称中国侨联）、中国贸促会、国务院港澳事务办公室（以下简称港澳办）、中国物流与采购联合会、中国有色金属工业协会、中国石油化工联合会、中国轻工业联合会的负责同志和代表，天津、江苏、新疆等19个省区市和香港特别行政区、澳门特别行政区的代表，台湾同胞、海外侨胞代表，马来西亚、蒙古国、厄瓜多尔、日本、泰国、哥伦比亚、乌兹别克斯坦、吉尔吉斯斯坦、联合国工发组织的代表以及在兰州市参加全国工商联十一届一次常委会议的全体同志参加本届兰洽会。

★24日　中央统战部在京召开党外人士情况通报会。我会王钦敏主席，谢经荣、黄荣、李路、安七一副主席出席。

★25日　全国工商联党组召开会议。会议传达了党的群众路线教育实践活动工作会议精神，认真学习了习近平总书记，刘云山、赵乐际同志的重要讲话，要求把思想和行动统一到讲话精神上来，统一到中央决策部署上来，切实增强责任感和紧迫感，把开展好群众路线教育实践活动作为机关和直属单位一项重大政治任务抓紧抓实抓好。会议研究决定成立全国工商联党的群众路线教育实践活动领导小组，全哲洙任组长，黄小祥、庄聪生、安七一任副组长，成立领导小组办公室，黄小祥任主任，郭孟谦、赵德江、黄文夫、王尚康、李冰任副主任。会议还研究了有关人事事项。党组书记全哲洙主持，党组副书记黄小祥，党组成员庄聪生、李路、安七一出席。谢经荣、黄荣副主席列席。

同日　全国工商联报送《关于报送〈中国民营制造业企业海外并购研究〉的报告》。该报告同时报送俞正声主席、张高丽副总理、马凯副总理、令计划部长参阅。

同日　李路副主席在机关会见由李沛良会长为团长的香港青年工业家协会访京团一行。双方围绕中小企业发展，深化两会友好合作以及促进香港与内地经贸发展交换了意见。

★26日　全国工商联和人社部联合印发《关于开展非公有制企业商会（协会）劳动争议预防调解示范工作的通知》，确定在40家大中型非公有制企业、34家商会（协会）开展劳动争议预防调解示范工作。

同日　由四川省工商联和巴中市政府共同主办的“光彩事业巴中行暨川商革命老区行”活动在四川省巴中市开幕。我会主席王钦敏出席开幕式并讲话。我会副主席安七一、史贵禄、何俊明，四川省委统战部部长崔保华，中国民间商会副会长、亿利资源集团董事局主席王文彪，我会秘书长欧阳晓明等出席。活动期间，巴中市与37家知名企业签订了39个投资项目，总投资达346.2亿元。全国工商联向平昌县签约捐赠助农帮扶基金500万元。26日下午，王钦敏一行参观了川陕革命根据地博物馆。

同日　第十一届全国工商联扶贫工作委员会第一次会议在四川省巴中市举行。我会王钦敏主席出席并讲话。安七一副主席宣读了本届扶贫工作委员会组成名单，王钦敏为全体委员颁发聘书。我会副主席、扶贫工作委员会主任何俊明讲话。扶贫部王钢治介绍了委员会的基本情况及今后的工作设想。国务院扶贫办国际合作和社会服务司副司长刘书文介绍了新时期国家扶贫开发的任务、目标及有关政策。

同日　庄聪生副主席在机关会见香港中小型企业联合会主席郑凯平一行。双方就现阶段中小型企业的生存发展情况进行交流。

同日　会员部在机关举办第三期“直属会员双月活动日”——拓宽融资渠道，支持民营经济发展对话会。中国民生银行行长助理林云山、摩根大通银行（中国）有限公司行长责圣林、中信证券股份有限公司董事总经理金侃夫应邀在会上分别介绍了各自帮助解决中小企业融资难、协助有一定实力和基础的企业“走出去”，助推民营经济发展的做法、案例和成效，并与会员进行了对话互动。我会副秘书长王忠明主持。来自北京、内蒙古、辽宁、黑龙江、江苏、浙江、山东、广东、陕西、青海等地的110余位全国工商联直属会员和直属商会代表参加。

★28日　内蒙古自治区党委、政府在呼和浩特市分别召开非公有制经济表彰大会和非公有制经济招商引资大会。自治区党委书记王君、自治区主席巴特尔，我会党组书记全哲洙出席并讲话。大会对自治区61个先进非公有制企业、38名优秀企业家、102名优秀个体工商户进行了表彰奖励，现场举行了119个项目集中签约仪式，金额达6100多亿元。我会副主席孙荫环、李河君、茅永红、董文标、潘刚，中国民间商会副会长王文彪、卢志强、刘志强、傅军等出席。

★30日　全国工商联党组召开会议。会议传达了中央党的群众路线教育实践活动领导小组有关文件、全国组织工作会议精神；研究通过了《全国工商联深入开展党的群众路线教育实践活动实施方案》和全哲洙同志在全国工商联党的群众路线教育实践活动动员会上的讲话，决定报中央督导组；会议研究通过了全国工商联十一届二次常委会议方案，决定将扎实推进深入开展非公有制经济人士理想信念教育实践活动作为本次会议的主题；还研究了有关人事事项。党组书记全哲洙主持，党组副书记黄小祥，党组成员庄聪生、李路、安七一、欧阳晓明出席。王钦敏主席，谢经荣、黄荣副主席列席。

同日~7月2日　第一期全国工商联第十一届执委会新任执委培训班在京举办。王钦敏主席出席开班式并讲话。李路副主席主持。培训班邀请中央党校国际战略研究所研究员孙建杭、北京大学副校长刘伟、国家行政学院公共管理教研部教授竹立家、国防大学战略研究部副主任金一南等专家为新任执委授课。中央统战部五局局长杨启儒等参加。7月11日~13日第二期全国工商联第十一届执委会新任执委培训班在京举办。

七月

★1~2日　全国人大财政经济委员会（以下简称全国人大财经委）在京召开中小企业促进法（修改）有关准备工作座谈会。我会黄荣副主席出席。

★2日　王钦敏主席在机关主持召开座谈会，听取我会副主席、中国民生银行董事长董文标等汇报有关筹备设立中国民生投资股份有限公司（以下简称中民投）的情况。全哲洙书记，黄荣、庄聪生副主席等参加。

★3日　全国工商联在机关召开党的群众路线教育实践活动动员大会。我会党组书记、党的群众路线教育实践活动领导小组组长全哲洙出席并就认真学习贯彻《中共中央关于在全党深入开展党的群众路线教育实践活动的意见》和党的群众路线教育实践活动工作会议精神，对全国工商联群众路线教育实践活动进行动员部署。党的群众路线教育实践活动中央第23督导组组长张玉台、副组长苏泽林及全体成员出席，张玉台代表督导组讲话。会议由我会副主席、领导小组副组长黄小祥主持。黄荣、庄聪生、李路、安七一副主席，近期退出全国工商联党组班子的老同志，离退休同志代表，直属单位主要负责人及机关全体干部职工参加。

同日　关注森林活动组委会在京举行2013年主任工作会议。国家林业局局长赵树丛作了《关注森林活动2012年工作情况及2013年安排意见的汇报》，会议审议通过了2013年关注森林活动工作要点和新的组委会、执委会成员名单。我会谢经荣副主席出席并增补为组委会副主任。

★4~13日　全哲洙书记率全国工商联代表团赴墨西哥、秘鲁、古巴考察访问。此次访问旨在增进全国工商联与到访国政府相关经济部门和商会组织的交流，了解三国的自然资源、产业政策和投资环境，探讨加强与三国贸易投资互补和深化合作的前景，为中国民营企业开拓海外市场、寻找投资机会和发展空间，提供积极的帮助和引导。访问期间，代表团先后考察了华为墨西哥公司、秘鲁万新集团、吉利古巴公司等中资企业，召开了中资企业座谈会，深入了解了中国企业在“走出去”过程中的经验与问题以及当前遇到的主要困难，探讨交流了中国企业在如何“走出去”方面普遍关心和关注的问题。代表团还拜访了我国驻墨西哥、秘鲁、古巴三国大使馆。全哲洙要求，全国工商联要加强与我国驻外使领馆和海外商会的联系，逐步建立有效的沟通联系机制，加强信息交流，在使领馆的指导和帮助下，提高民营企业对外投资的针对性、可靠性，降低风险。

★5日　王钦敏主席在机关会见英国48家集团俱乐部副主席麦启安一行，商讨两会合作事宜。李路副主席参加。

同日　庄聪生副主席在机关主持召开会议，研究《简史》第11～12章有关修改工作。欧阳晓明秘书长，中央统战部王永庆局长，我会办公厅、研究室、宣教部、扶贫部负责同志，编写组人员参加。

★14日　全国工商联党组召开会议。会议研究并通过了第四届机关党委书记、常务副书记、副书记、委员和第三届机关纪委书记、委员候选人人选建议名单，决定将机关党委和纪委委员候选人人选提交机关第二次党员代表大会选举。会议原则通过了《在全国工商联机关第二次党员代表大会上的报告（送审稿）》和《第二届机关纪委工作报告（送审稿）》。会议还研究了有关人事事项。党组书记全哲洙主持，党组副书记黄小祥，党组成员庄聪生、李路、安七一、欧阳晓明出席。王钦敏主席，谢经荣、黄荣副主席列席。

★15日　黄小祥副主席在机关主持召开会议，研究工商联所属商会登记管理体制改革有关问题。中央统战部五局杨启儒局长等参加。

同日　国务院在京召开全国小微企业金融服务经验交流电视电话会议。我会黄荣副主席出席。

★16日　全国工商联机关第二次党员代表大会在机关召开。全哲洙书记出席并讲话，党组副书记、机关党委书记黄小祥主持并作第三届机关党委工作报告。中央统战部机关党委书记赵书钢出席并讲话。我会机关各部门、各直属单位党（总）支部的89名党员代表参加。

同日　全国政协在京召开“积极稳妥推进城镇化，着力提高城镇化质量”专题协商会。我会副主席庄聪生出席，并作题为“充分发挥民营经济在小城镇建设和发展中的主力军作用”的发言，建议要营造全民创业的浓厚氛围，为引导民营经济参与新型城镇化，提高城镇化发展质量营造良好环境。

同日～17日　第十一届全国工商联法律委员会第一次全体会议暨非公有制企业劳动争议预防调解工作现场会在沈阳市召开。我会副主席、法律委员会主任谢经荣出席并讲话，法律委员会主任、百步亭集团有限公司董事局主席茅永红主持，辽宁省委统战部部长孙远良致辞。会议对今后5年法律委员会工作的科学发展和创新发展进行谋划，对2013年重点项目即民营企业劳动关系状况调查进行探讨，并交流总结非公有制企业劳动争议预防调解工作经验。

★17～21日　王钦敏主席率调研组赴上海市和温州市，就民间资本进入金融领域开展专题调研。调研组先后召开了有关政府部门座谈会、小型金融机构座谈会、工商联和商会组织座谈会，并实地考察了上海复星集团、温州民间借贷登记服务中心等民营金融机构和投资公司。我会黄荣副主席，国家发改委，中国银行业监督管理委员会（以下简称中国银监会）、中国证券监督管理委员会（以下简称中国证监会）、中国民生银行，中央统战部五局，我会研究室、经济部等有关同志参加。

同日～19日　由经济部主办的东北地区民营企业“走出去”培训班在吉林省延边自治州图们市举行。我会秘书长欧阳晓明，吉林省工商联党组书记周峰，来自吉林、黑龙江和辽宁的工商联干部、行业商会代表和民营企业家代表共70多人参加。

★18日　中央统战部组织召开党外人士经济形势通报会。国家统计局局长马建堂、中央财经领导小组办公室副主任杨伟民分别就当前国际、国内经济形势作报告。我会安七一副主席出席。

同日～19日　中央统战部、全国工商联、中国光彩会以“弘扬延安精神，共筑中国梦”为主题，在延安举办“非公有制经济人士感恩革命老区延安行”活动。我会党组书记全哲洙出席活动并讲话。民营企业家们听取了党史专家关于“延安精神及其时代价值”和“延安时期毛主席处理重大事件的策略艺术及现实启示”的讲座，参观了枣园、杨家岭等革命旧址和延安革命纪念馆，举行了“弘扬延安精神，共筑中国梦”座谈会。我会副主席庄聪生、史贵禄、孙荫环、何俊明、茅永红、徐冠巨、潘刚，中国民间商会副会长卢志强、吴一坚，中国光彩会副会长杨启儒、王均金、李学春、伍跃时、陈世强，延安市委书记姚引良，陕西省委统战部部长陈强、省工商联主席冯月菊和来自全国的200多名非公有制经济人士参加上述活动。活动期间，非公有制经济人士为延安八一敬老院捐款1180万元，为抗洪救灾捐款740万元。

★21日　全国工商联党组中心组召开理论学习（扩大）会，邀请中共中央党史研究室副主任李忠杰教授作题为“马克思主义的群众路线”的辅导报告。全哲洙书记主持并讲话。党组中心组成员黄小祥、庄聪生、李路、安七一、欧阳晓明等出席。机关全体干部及各直属单位负责同志参加。

★22日　王钦敏主席、全哲洙书记在机关会见山东省委书记姜异康、省长郭树清一行。双方就山东省非公有制经济发展和工商联工作的有关情况进行座谈。我会副主席黄小祥、黄荣，秘书长欧阳晓明，山东省委秘书长雷建国、省委统战部部长颜世元、省工商联主席王乃静等参加。

同日～26日　中央统战部在京召开统一战线深入学习贯彻中共十八大精神专题研讨班。我会王钦敏主席，全哲洙书记，黄小祥、谢经荣、黄荣、庄聪生、李路、安七一副主席出席。

★24日　全哲洙书记在京会见广西壮族自治区政府常务副主席黄道伟一行，商谈全国工商联十一届二次执委会议暨民企入桂活动筹备工作。我会副主席黄荣、安七一，秘书长欧阳晓明，广西壮族自治区政府副秘书长黄胜杰，自治区工商联主席磨长英、党组书记刘长林等参加。

★25日　中共中央在京召开党外人士情况通报会。我会王钦敏主席出席并发言，全哲洙书记、黄荣副主席出席。

同日　全国工商联十一届二次常委会议在京召开。会议的主要任务是，认真学习贯彻中共中央关于开展群众路线教育实践活动有关精神，按照中央关于“开门搞活动”的要求，受中央统战部委托，广泛听取对中央统战部和全国工商联党组开展群众路线教育实践活动的意见建议。王钦敏主席、全哲洙书记出席并讲话。会议审议通过了有关人事事项，增补林毅夫同志为全国工商联十一届执委会委员，选举林毅夫同志为全国工商联十一届执委会副主席、中国民间商会副会长。全国工商联副主席黄小祥、谢经荣、黄荣、庄聪生、李路、安七一、王志雄、史贵禄、许健康、孙荫环、苏志刚、李河君、陈经纬、何俊明、张建宏、茅永红、周海江、徐冠巨、董文标、程红、潘刚，中国民间商会副会长卢志强、刘志强、刘沧龙、孙甚林、崔世昌、傅军，中央统战部、全国工商联有关部门负责同志等约180人出席。会前分别召开了十一届二次主席会议和省级工商联主席、党组书记会议。

★29日　第十一届全国工商联参政议政委员会第一次全体会议在机关召开。王钦敏主席出席并讲话，我会副主席、参政议政委员会主任庄聪生主持。会议围绕我国2013年上半年经济发展状况与趋势，民间资本进入金融领域，小微企业服务体系建设，创新驱动战略，深化经济体制改革，坚定发展信心，将企业梦融入中国梦，进一步做好全国工商联参政议政工作等内容进行了交流研讨。欧阳晓明秘书长、机关各部门负责同志等40余人参加。

同日　党的群众路线教育实践活动中央第23督导组在京召开党的群众路线教育实践活动领导小组办公室主任座谈会。我会黄小祥副主席出席并汇报了我会机关开展群众路线教育实践活动的做法及成效。

同日　由中央统战部光彩事业指导中心、湖北省委统战部、湖北省工商联、湖北省光彩会主办的“饮水思源光彩十堰行”启动仪式暨水源区推介会在京举行。我会副主席谢经荣，湖北省委统战部部长张岱梨，来自受水区北京的220余家企业、260多位热衷光彩事业的企业家出席。启动仪式上，共有25个项目现场签约，签约金额为285亿元。

同日　“光彩事业走进武陵山区（恩施）投资考察·恩施州旅游推介招商会”在京举行。我会副主席黄荣、湖北省委统战部部长张岱梨、中央统战部光彩事业指导中心副主任魏登田等出席。恩施州与10家省内外客商签约，投资总额为98.98亿元。

同日　李路副主席在机关会见葡萄牙驻华大使若热·托雷斯·佩雷拉先生一行，共同探讨中葡商会组织和两国工商界合作事宜。

★31日　全国工商联党组召开会议。党组成员结合近期听取有关方面对党的群众路线教育实践活动的意见建议，集中讨论“四风”（指形式主义、官僚主义、享乐主义和奢靡之风）方面存在的突出问题。会议部署了下一步工作。党组书记全哲洙主持，党组副书记黄小祥，党组成员庄聪生、李路、安七一、欧阳晓明出席。

同日　我会党组书记、党的群众路线教育实践活动领导小组组长全哲洙在机关主持召开会议，研究部署机关党的群众路线教育实践活动第二环节工作。黄小祥、庄聪生副主席出席并讲话，安七一副主席、欧阳晓明秘书长出席。我会党组成员，机关群众路线教育实践活动领导小组成员和领导小组办公室成员，各直属单位主要负责同志等参加。

八月

★1 日　全国工商联召开庆“八一”复转军人座谈会。黄小祥、庄聪生副主席出席并讲话。11 名复转军人代表发言。机关 40 名复转军人参加。

同日　全国工商联在京召开 2013 年提案工作座谈暨培训工作会议。庄聪生副主席出席并讲话。

★2 日　全国工商联召开民间资本进入金融领域座谈会，邀请国家发改委财政金融司、中国人民银行研究局、中国银监会、法规部、中国证监会创业板发行监管部、国家工商总局个体私营经济监督管理司、国家税务总局政策法规司、国务院发展研究中心金融研究所等单位，围绕民间资本进入金融领域展开座谈。王钦敏主席、黄荣副主席出席，庄聪生副主席主持，研究室、经济部有关同志参加。

同日　以“沙漠·生态·科技”为主题的第四届库布其沙漠论坛在内蒙古自治区鄂尔多斯市举行。我会全哲洙书记出席并发表演讲。开幕式上，联合国防治荒漠化公约秘书处与亿利公益基金会签署全球荒漠化防治战略合作协议。来自联合国环境规划署、联合国防治荒漠化公约秘书处的官员以及日本、新西兰、以色列和我国的政界、科技界、企业界、艺术界等 300 多人参加。

★4～5 日　由中国光彩会，西藏自治区党委、政府共同举办的“中国光彩事业西藏行”活动在拉萨市举行。我会党组书记、中国光彩会副会长全哲洙，西藏自治区主席洛桑江村出席并讲话。我会副主席谢经荣、安七一、何俊明、茅永红，中国民间商会副会长刘沧龙，中国光彩会副会长陈世强、雷菊芳，自治区领导白玛赤林、齐扎拉、丁业现、公保扎西、周春来、多吉泽仁、德吉、董明俊、多吉次珠、阿旺、阿沛·晋源等出席。来自全国 300 多位非公有制经济代表人士参加了此次活动。这次光彩事业西藏行活动，共签约项目 229 个，投资总额为 3613.07 亿元，其中合同项目有 131 个，总投资额为 2393.29 亿元。

★7 日　全国人大财经委深入实施西部大开发战略座谈会在京召开。我会黄荣副主席出席。

同日　李路副主席率我会联络部全体人员到北京市工商联开展外事服务民营企业“走出去”调研并座谈。北京市工商联、市商委、市政府外办、市政府侨办、各区工商联等单位主管领导以及企业家代表约 40 人参加。

★8 日　全国工商联党组召开会议。会议传达学习了习近平总书记在新华社《国内动态清样》“更具全局性更讲学理性更有针对性——部分省部级干部建言加强意识形态工作”一文上的重要批示；研究通过了《对全国工商联的意见建议》；还研究了有关人事事项。党组书记全哲洙主持，党组副书记黄小祥，党组成员庄聪生、李路、欧阳晓明出席。

★9 日　全国工商联、工信部在京联合召开中小微企业座谈会，直接听取中小微企业对《国务院关于进一步支持小型微型企业健康发展的意见》（国发〔2012〕14 号，以下简称“小微企业 29 条”）贯彻落实情况的意见建议。我会主席王钦敏，工信部部长苗圩出席并讲话。我会党组书记全哲洙主持。座谈会上，李振国、王宪朋、励行根等中小微企业代表分别发言，围绕“小微企业 29 条”的贯彻落实，从具体条款落实情况、企业目前发展中遇到的困难问题、企业税费、融资、政府服务、市场准入、营造环境等方面提出了具有针对性的意见建议。工信部总工程师朱宏任，我会副主席黄小祥、谢经荣、黄荣、庄聪生、安七一等出席。

★12 日　全国工商联向工信部报送《“小微

企业29条”贯彻落实情况调查评估报告》。受工信部的委托，我会于2013年7月下旬至8月上旬，组织开展了对小微企业29条贯彻落实情况的调查评估工作。我会高度重视，及时组织各省区市和新疆生产建设兵团工商联开展广泛调查。同时，选择10个省市集中对与小微型企业关系密切的税费、融资、政府服务、市场开拓、营造环境等方面的政策落实情况及实施效果进行了调查评估，形成了上述调查评估报告。9月3日，我会收到工信部《关于“小微企业29条”贯彻落实情况调查评估工作的复函》。9月16日，调查评估报告报送李克强总理、俞正声主席、马凯副总理、令计划部长参阅。

同日～13日　全国工商联和吉林省政府共同举办的2013年中国民营经济发展论坛在吉林省举行。我会党组书记全哲洙、吉林省委书记王儒林出席并致辞。吉林省省长巴音朝鲁出席。开幕式由吉林省副省长陈伟根主持。国务院参事室特约研究员姚景源、全国工商联副主席林毅夫、工信部总工程师朱宏任、商务部对外投资和经济合作司商务参赞陈林、国家发改委宏观经济研究院常务副院长王一鸣就深化改革、推动民营经济发展分别作主旨演讲；国务院发展研究中心金融所所长张承惠、商务部研究院研究员王志乐和民营企业家李书福、张建宏、陈泽民、陈爱莲、高光勇分别就激发民营经济发展活力作主题发言；王健林、茅永红、尹明善等民营企业家分别就企业家的中国梦主题作演讲。我会副主席庄聪生主持论坛并作总结发言。我会副主席黄荣、孙荫环、李河君、何俊明、董文标，中国民间商会副会长王文彪、刘志强，吉林省人大常委会副主任王云岫、副省长谷春立、省政协副主席别胜学，以及来自全国各地的企业家、媒体记者约300人参加。

★13日　全国工商联2013年第四次主席专题办公会议在机关召开。会议听取了全国工商联信息中心关于视频会议系统建设意见的汇报，研究工商联视频会议系统建设问题。黄小祥副主席讲话，安七一副主席主持。

同日　李路副主席在机关主持召开2013年第五次主席专题办公会议，讨论机关干部境外培训的人员选拔、报批程序、经费等相关问题。办公厅、联络部、人事部负责同志参加。

★16日　王钦敏主席在机关主持召开2013年第六次主席办公会议。会议议题：一、审议《全国工商联档案管理办法》；二、审议全国工商联十一届三次执委会议有关事项；三、审议全国“五好”县级工商联建设示范点推荐工作事宜；四、审议全国工商联直属会员会费收取和管理办法；五、审议全国工商联会员发展和组织建设规划（2013～2017）；六、审议全国工商联系统先进集体和先进工作者推荐名单；七、审议中国民营文化产业商会召开第一次会员大会事宜；八、审议“关爱员工、实现双赢”评选活动有关事项；九、审议中国工商博物馆筹建工作方案；十、审议有关领导工作分工问题。全哲洙书记，黄小祥、谢经荣、黄荣、庄聪生、李路、安七一副主席出席。欧阳晓明秘书长，王忠明、王建设副秘书长等列席。

同日　王钦敏主席、安七一副主席到北京医院看望我会老领导王光英同志。

★19日　安七一副主席在机关主持召开2013年第六次主席专题办公会议，研究我会新办公楼基建档案整理归档的有关工作。办公厅、机关服务中心有关同志参加。

同日～25日　王钦敏主席率全国工商联、科技部联合调研组赴辽宁省、江苏省调研民营企业创新驱动工作。王钦敏与辽宁、江苏两地的科技、财政、经信、金融等政府部门，地方工商联、民营企业、科研院所、产业园区、服务机构、行业商会等相关机构负责人进行座谈，到辽宁省机械研究院、苏州高新区、红豆集团等单位和企业考察，了解民营企业通过技术创新、管理创新、商业模式创新等实现结构调整和优化升级情况，政府有关部门在资金扶持、税收优惠政策、科技金融服务等方面的具体举措以及存在的困难、问题和建议。调研期间，王钦敏先后会见了辽宁省委书记王珉、无锡市委书记黄莉新、苏州市委书记蒋宏坤，并就当地民营经济发展和工商联工作交换了意见。辽宁省工商联主席杨冠兴、党组书记刘大伟，江苏省工商联主席许仲梓，江苏省委统战部部长罗一民，我会副主席周海江，秘书长欧阳晓明、副秘书长王忠明，科技部创新体系建设办公室副主任包献华等参加调研。

同日~20日　全国宣传思想工作会议在京召开。我会李路副主席出席。

★20日　四川省推进民营经济发展工作会议在成都市召开。我会党组书记全哲洙、四川省委书记王东明出席并讲话。四川省副省长甘霖宣读《四川省人民政府办公厅关于表彰全省优秀民营企业的通报》，表彰了100家优秀民营企业。四川省省长魏宏主持。会议以电视电话会议形式召开。

★21日　国务院总理李克强在京主持召开国务院第21次常务会议。我会谢经荣副主席出席。

★22日　我会党组书记、党的群众路线教育实践活动领导小组组长全哲洙在机关主持召开会议，传达学习习近平总书记在河北调研指导党的群众路线教育实践活动时的讲话和中央党的群众路线教育实践活动领导小组第三次会议精神，研究机关群众路线教育实践活动第二环节工作。机关群众路线教育实践活动领导小组成员和领导小组办公室成员、各直属单位主要负责同志参加。

★23日　联络部在机关召开外事服务民营企业"走出去"调研汇报会。会议听取了各调研组赴北京、天津、江苏、浙江、广东、广西、辽宁、安徽调研情况汇报。李路副主席，外交部领事司、中国民（私）营经济研究会有关同志参加。

★26日　全国工商联党组召开会议。会议传达学习了全国宣传思想工作会议精神，习近平总书记和刘云山、刘奇葆同志的重要讲话；通报了中央统战部党外人士情况通报会、国家发改委征求对推动落实鼓励民间投资政策措施的下一步工作意见、国家发改委征求《行业协会商会与行政机关脱钩总体方案》意见座谈会、非公有制经济人士理想信念教育实践活动宣传报道计划、中国工商博物馆批复立项等近期重要工作情况。党组书记全哲洙主持，党组副书记黄小祥，党组成员庄聪生、李路、安七一、欧阳晓明出席。王钦敏主席，谢经荣、黄荣副主席列席。

同日　十二届全国人大常委会第四次会议在京举行。我会副主席、全国人大法律委副主任委员谢经荣作关于商标法修正案草案审议结果的报告。我会黄荣、李路副主席出席。

★28日　全国工商联在机关组织召开大型民营企业恳谈会。王钦敏主席出席并讲话。会上，听取了企业家们对2013年上半年经济形势的分析和下半年经济走势的判断，对全国工商联在非公有制经济人士中开展"三信"教育实践活动的意见建议，以及对工商联如何发挥优势，改进工作，促进两个健康的意见建议。全哲洙书记主持。我会副主席黄小祥、谢经荣、黄荣、庄聪生、安七一、孙荫环、何俊明、茅永红、周海江，中国民间商会副会长傅军，万科总经理郁亮，三一集团总裁向文波，娃哈哈集团董事长宗庆后，我会秘书长欧阳晓明，副秘书长王忠明及各部门负责同志参加。

★29日　全国工商联在京召开2013中国民营企业500强发布会。会上，发布了2013中国民营企业500强、2013中国民营企业制造业500强、2013中国民营企业服务业100强名单以及2013中国民营企业500强调研分析报告。王钦敏主席出席并讲话。我会党组书记全哲洙，副主席黄荣、庄聪生、安七一、何俊明、张建宏、茅永红，工信部总工程师朱宏任，国家工商总局副局长孙鸿志，中国民生银行行长洪崎，中国民间商会副会长傅军，地方工商联负责同志、民营企业家和媒体记者等参加。

同日~9月7日　谢经荣副主席率全国工商联代表团出访白俄罗斯、捷克和匈牙利三国。代表团先后拜会白俄罗斯经济部、白俄罗斯工商会，捷克工业和贸易部、捷克投资局、捷克商会，匈牙利总理府国务秘书、匈牙利工商会，并与当地的中资企业座谈交流。代表团还分别拜会了我国驻三国的使馆，听取三国的经济现状和投资环境有关情况的介绍。我会王建设副秘书长等参加。

同日~9月1日　由全国工商联、大湄公河次区域工商论坛主办，广西壮族自治区工商联承办的中国—东盟私营部门投资合作研讨会在广西壮族自治区举行。我会副主席黄荣出席开幕式并致辞，我会副主席何俊明出席并发言。自治区党委书记彭清华接见了黄荣一行。黄荣就"民企入桂"筹备工作与广西壮族自治区党委、政府领导进行了对接。我会副主席孙荫环、李河君、徐冠巨、潘刚，中国民间商会副会长孙甚林等参加上述活动。

★30 日　中央和国家机关党的群众路线教育实践活动工作座谈会在京召开。我会全哲洙书记，黄小祥副主席出席。

★31 日，全国工商联党组召开会议。会议传达学习了部分中央和国家机关群众路线教育实践活动领导小组组长座谈会议精神。党组成员集中学习了《论群众路线——重要论述摘编》《党的群众路线教育实践活动文件选编》《厉行节约反对浪费——重要论述摘编》。党组书记全哲洙主持，党组副书记黄小祥，党组成员庄聪生、李路、安七一出席。谢经荣、黄荣副主席列席。

同日~9 月 2 日　全国工商联直属商会深化理想信念教育实践活动暨经贸洽谈会及全国工商联直属商会第三次秘书长联席会议在山东省淄博市举行。我会李路副主席出席并讲话。31 日，山东省委统战部部长颜世元会见了李路一行，省工商联主席王乃静、党组书记孙孺声，淄博市委书记周清利参加。我会副主席孙荫环、李河君、张建宏，研祥高科技控股集团董事局主席陈志列等参加上述活动。

九月

★2 日　全国工商联党组召开会议。会议传达学习了习近平总书记在党的十八届中央政治局常委会、中央政治局第一次会议以及在中央政治局专门会议上的重要讲话；研究讨论了机关党的群众路线教育实践活动第二环节工作，要求进一步修改完善《全国工商联党组对照检查材料》并上报中央督导组。会议还研究了有关人事事项。党组书记全哲洙主持，党组副书记黄小祥，党组成员庄聪生、李路、安七一出席。

同日~5 日　第三届中国—亚欧博览会和经济发展合作论坛在乌鲁木齐市召开。王钦敏主席出席论坛开幕式。3 日，王钦敏出席由全国工商联、新疆维吾尔自治区政府、上海合作组织秘书处共同主办的上海合作组织工商企业家分论坛开幕式并致辞。论坛期间，王钦敏与自治区工商联、兵团工商联、行业商会和民营企业家代表，分别就非公有制经济发展、工商联基层组织建设等相关问题进行座谈，并深入乌鲁木齐市、五家渠市、昌吉市，走进新疆阿尔曼清真食品工业集团有限公司等企业考察。王钦敏还先后会见了自治区党委书记张春贤，自治区主席努尔·白克力，彼此就加快推动新疆民营经济发展和加强工商联工作交换了意见。我会副主席茅永红、浙江省工商联主席南存辉、自治区工商联主席巨艾提·依明、我会秘书长欧阳晓明等参加上述活动。

★3 日　由全国工商联与尼泊尔工商联共同主办的第十二届中尼民间合作论坛在京举行，此次论坛重点围绕两国企业在旅游和新能源领域开展经贸合作进行洽谈交流。我会副主席李路，尼泊尔驻华大使马赫什·库马尔·马斯基，尼泊尔工商联主席苏拉吉·维迪亚出席论坛开幕式并致辞。商务部、国家开发银行四川分行、全联旅游业商会和全联新能源商会相关负责同志出席并讲话。来自中尼双方近百名工商界人士参加。

同日~4 日　全哲洙书记在京就非公有制经济人士理想信念教育实践活动情况开展调研。调研期间，全哲洙与北京市委副书记吕锡文就如何开展好教育实践活动交换了意见，实地考察了奇虎科技公司等 4 家企业，召开了由有关区县教育实践活动领导小组负责同志和非公有制经济人士参加的座谈会。北京市委副秘书长赵玉金、市工商联党组书记郑默杰等参加。

★5 日　中华海外联谊会三届六次常务理事会在京召开。我会全哲洙书记，庄聪生、李路、安七一副主席出席。

★6 日　李克强总理主持召开第 23 次国务院常务会议，听取民间投资政策落实情况第三方评估汇报，研究部署有效落实引导民间投资激发活力健康发展的措施。我会副主席黄荣出席并汇报了全国工商联关于“民间投资 36 条”实施细则贯彻落实情况调查评估报告。就民间投资政策落实情况进行第三方评估，是政府第一次委托全国工商联开展的活动。我会领导对此高度重视，选择 13 个省区市工商联和 11 个直属商会进行了重点调查，召开民营企业和直属商会座谈会，在调研的基础上形成了《民间投资 36 条实施细则贯彻落实情况调查评估报告》，于 6 月 17 日报国家发改委。与会同志对我会的调查评估报告给予了高度评价，认为工商联提出的问题和建议很好，很有针对性。李克强在讲话中，首先对全国工商联的第三方评估表示衷心感谢。他说，政府出台的各项政策是面向人民大众和社会各界的，应该让社会评估，提意见。工商联做了大量的工作，提出了许多很有价值的建议，非常感谢！请予转达。会议要求，各地区、各部门要系统梳理2013年以来国务院出台的各项政策措施落实情况，切实采取有效办法，按照“定目标、定事项、定责任、定时间、定结果”的要求，限期拿出细化、实化已出台的实施细则的改进措施。要多设“路标”、少设“路障”，为民间投资参与市场竞争“松绑开路”，让社会资本释放巨大潜力，为中国经济发展和转型升级增添持续动力。

同日　全哲洙书记在机关主持召开会议，听取《简史》修改情况汇报，明确要求在书稿交付出版社前，由庄聪生副主席带领研究室和修改组同志对全书逐字逐句进行推稿，确保重大事件记述完整，敏感问题处理恰当，使《简史》切实发挥以史为鉴、资政育人、启示未来工作的作用。庄聪生副主席，研究室、修改组同志参加。

★7 日　由全国工商联、台湾工商企业联合会、香港中华厂商联合会和澳门中华总商会共同主办的第十一届海峡两岸和香港澳门经贸合作研讨会在厦门市举行。我会主席王钦敏、福建省政协主席张昌平等出席开幕式并致辞。我会副主席李路主持开幕式。来自海峡两岸和香港、澳门特别行政区的150余位工商企业家围绕“推动产业合作，共创发展新机遇”主题，深入交流探讨。我会副主席陈经纬等出席。

★8 日　第十七届中国国际投资贸易洽谈会在厦门市开幕。我会王钦敏主席出席。

★9 日　由全国工商联、全国总工会联合举办的第七届全国民营企业“关爱员工、实现双赢”经验交流暨表彰会议在京举行。会前，全国总工会主席李建国、我会主席王钦敏会见了优秀民营企业家、优秀职工和先进企业工会代表。会上分别授予宗庆后等111位同志“全国关爱员工优秀民营企业家”称号，授予李银芳等111位同志“全国热爱企业优秀员工”称号，授予石家庄燕春集团有限责任公司工会等112家企业工会“全国双爱双评先进企业工会”称号。我会全哲洙书记主持会议。全国总工会副主席陈豪、张鸣起、段敦厚，我会副主席李路、安七一等出席。

★11 日　法律部在机关召开血液净化市场维权调研座谈会。谢经荣副主席出席并讲话。座谈会召集了重庆山外山公司等 8 家中国血液净化产业技术创新战略联盟成员进行座谈，邀请国家发改委、财政部、商务部、国家工商总局等单位同志莅会指导。

同日　李路副主席在机关会见巴黎大区工商会第一副会长威尔南一行 4 人，就加强两会合作、共同推动中法产业合作和企业交流进行探讨。

★12 日　王钦敏主席和安七一副主席在京慰问全国工商联老领导孙孚凌同志。16 日，全哲洙书记慰问孙孚凌同志。

同日　李路副主席在京出席中法企业沙龙交流晚宴。法国巴黎大区工商会第一副会长威尔南、中国法国工商会会长欧技、中国国际商会秘书长林舜杰以及中法知名企业代表约 70 人出席。

★13 日　全国工商联党组召开会议。会议通报了党的群众路线教育实践活动中央第 23 督导组对我会党组的反馈意见。会议认为，党组始终把开展好党的群众路线教育实践活动作为首要的政治任务来抓，坚持在求深、求实上下功夫，坚持一把手带头示范，第一环节活动开展得健康有序。针对目前活动开展不平衡，有些谈心交心不深入，个别对照检查材料问题没找准、原因分析不深刻等现象，会议要求党组和各党（总）支部对学习教育、听取意见情况开展一次“回头看”，进一步聚焦反对“四风”，以高度负责的精神和强有力的措施推动活动第二环节深入扎实开展。会议还讨论研究了《全国工商联党组对照检查材料》《全国工商联党组专题民主生活会方案》。党组书记全哲洙主持，党组副书记黄小祥，党组成员庄聪生、李路、安七一、欧阳晓明出席。

★14 日　林毅夫副主席被国务院聘任为国务院参事，聘期五年。

★16 日　国家发改委和全国工商联联合发文建立部际合作机制。机制包括：建立国家发改委与全国工商联多层级的联系制度；每年上、下半年各联合召开一次民营企业座谈会；双方就民营经济发展形势和涉及民营经济发展的重要问题开展联合调研；加强情况沟通，建立信息交流制度。国家发改委办公厅和全国工商联经济部作为具体落实部际合作机制的牵头部门。

同日　国内首个专门服务民营文化产业发展的全国性大型商会组织——中国民营文化产业商会在京成立，首批通过审核的发起会员单位100多家，总资产规模超过5000亿元，区域覆盖全国20个省区市，行业涵盖新闻出版、广播影视、文化艺术、文化投资、互联网及软件服务、动漫等多个领域。我会主席王钦敏出席成立大会并为百度公司董事长兼首席执行官、商会首任会长李彦宏授牌。我会副主席黄小祥，科瑞集团董事局主席郑跃文出席并讲话。民政部、中央宣传部、文化部、国家广电总局等行业主管部门有关同志参加。

同日　中央统战部在京召开会议，研究部署统一战线开展坚持和发展中国特色社会主义学习实践活动有关工作。我会李路副主席出席。

★17日　中共中央在京召开党外人士座谈会。我会王钦敏主席出席并发言，全哲洙书记、谢经荣副主席出席。

同日　中国残疾人联合会第六次全国代表大会在京开幕。我会安七一副主席出席。

★18日　由澳门特别行政区政府社会文化司主办，全国工商联、国家旅游局作为支持单位，全国工商联旅游业商会、世界旅游经济研究中心协办的“世界旅游经济论坛·澳门2013”在澳门举行。我会副主席李路出席并在开幕式上致辞。本届论坛活动主题为“促进经济活力：放眼旅游产业”，由40位来自不同国家的部长级官员和国际知名企业家主讲，全球多个国家及城市的逾千名业界人士参与，探讨如何通过投资旅游产业推动经济发展。

★21日　全国工商联党组召开会议。会议通过了《全国工商联党组对照检查材料》《全国工商联党组专题民主生活会方案》，决定报中央督导组审阅。党组书记全哲洙主持，党组副书记黄小祥，党组成员庄聪生、李路、安七一出席。

同日～23日　由民政部、国务院国资委、全国工商联、广东省政府和深圳市政府共同主办主题为“慈善，让中国更美丽”的第二届中国公益慈善项目交流展示会在深圳市举行，我会谢经荣副主席出席。

★24日　党的群众路线教育实践活动中央第23督导组召开联系点单位领导小组办公室主任会议，我会李路副主席出席并汇报我会党组专题民主生活会准备情况。

同日～25日　全国县级工商联建设经验交流会在湖北省宜昌市召开。我会党组书记全哲洙出席并讲话。湖北省省长王国生出席，宜昌市委书记黄楚平代表省委致辞，省委统战部部长张岱梨代表省委介绍了湖北省加强县级工商联建设的经验。我会副主席黄小祥主持并作总结讲话。我会副主席徐冠巨、茅永红，以及来自全国各省级工商联的主要负责同志出席。

同日～25日　全国工商联小微企业融资风险管理培训班在重庆市举办，我会副主席谢经荣出席开班式并讲话，重庆市工商联副主席陈钢建致辞，我会经济部罗力、法律部白莲湘分别主持培训班。我会经济部、法律部有关同志，省级工商联经济部门、法律部门负责同志，部分会员企业负责人近80人参加。

★25～26日　由中国侨商投资企业协会主办，成都市政府承办，全国工商联、中国贸促会协办的第十二届世界华商大会在成都市举行。习近平总书记向大会发来贺信。俞正声主席出席开幕式并发表题为“把握发展机遇，共创美好明天”的演讲。我会主席王钦敏出席开、闭幕式并在闭幕式上致辞。四川省委书记王东明等出席开幕式。本届世界华商大会共有来自104个国家和地区的3000多名海内外嘉宾参加。作为第十二届世界华商大会的重要内容，由全国工商联主办的主题为“民营企业‘走出去’与华商发展的新机遇”论坛于25日召开。王钦敏出席并作主旨演讲。香港中华总商会会长杨钊、商务部国际贸易经济研究院院长霍建国、中国民营经济国际合作商会会长郑跃文、中国民间商会副会长刘沧龙出席并演讲。民营企业家刘永好、尹明善、南存辉等出席并作对话嘉宾。我会副主席李路、副秘书长王忠明分别主持。我会副主席孙荫环、何俊明，中国民间商会副会长刘志强，以及来自各省区市的工商联代表、企业家和海外华商代表约300人参加。论坛期间，我会经济部、联络部和北京市律师协会联合发布图书《中国企业走出去风险控制与投资指南（拉美篇）》。王钦敏出席发布仪式并为商会、企业代表颁书。

★26 日　最高法院院长周强一行来我会听取全国工商联对法院工作的意见建议。我会党组书记全哲洙出席并介绍了全国工商联工作情况。我会副主席黄小祥、谢经荣，最高法院政治部主任徐家新等出席。

同日　吉利控股集团与大庆市委、市政府在哈尔滨举行仪式，宣告大庆沃尔沃汽车制造有限公司成立。黑龙江省副省长张建星、我会副主席黄荣、黑龙江省大庆市委书记韩学键、黑龙江省工商联主席洪袁舒、吉利控股集团董事长李书福，瑞典驻华大使馆和国家部委有关负责同志等出席。

★29 日　全国政协办公厅、中央统战部、国务院侨办、国务院港澳办和国务院台湾事务办公室在京联合举行国庆招待会。我会王钦敏主席、全哲洙书记、庄聪生副主席出席。

同日　全哲洙书记在机关主持召开会议，听取《简史》第三次征求意见和修改情况汇报，要求修改组再接再厉，精益求精，认真、严谨、细致地做好下一阶段书稿的修改工作。确保《简史》客观、真实地再现工商联的发展历程，反映唯物史观，体现继承性和创新性的有机结合，使《简史》成为工商联干部的培训教材和必读书籍，成为研究民营经济发展和商会发展的重要参考。庄聪生副主席，研究室、修改组同志，责任编辑参加。

同日　2013 建行杯天津市民营企业“健康成长工程”发布会在天津市召开。我会黄荣副主席出席并致辞。天津市工商联主席黎昌晋、市委统战部常务副部长刘剑英、市工商联党组书记李广文等出席。发布会后，黄荣和天津市常务副市长崔津渡进行了会晤，双方就继续共同主办天津市国际企业融资洽谈会、支持民营企业参与天津市国有企业改革和支持天津市申办民营银行等事项交换了意见。天津市委统战部部长刘长喜、市工商联主席黎昌晋、市侨联主席张元龙等参加会见。

★30 日　国务院在京举行国庆招待会，庆祝中华人民共和国成立 64 周年。习近平、李克强、张德江、俞正声、刘云山、王岐山、张高丽等党和国家领导人与 1100 多位中外人士欢聚一堂，共庆共和国华诞。我会主席王钦敏、副主席谢经荣出席。

同日　全国工商联党组召开会议。党组成员集体收看了习近平总书记指导河北省委常委会班子专题民主生活会有关新闻报道；传达学习了党的群众路线教育实践活动第 70 期简报，河北省委常委会召开高质量专题民主生活会有关情况；传达学习了张玉台、苏泽林同志在联系单位教育实践活动领导小组办公室主任座谈会上的讲话。党组书记全哲洙主持，党组副书记黄小祥，党组成员庄聪生、李路、安七一出席。

十月

★1 日　党和国家领导人习近平、李克强、张德江、俞正声、刘云山、王岐山、张高丽等来到天安门广场，与首都各界代表一起，向人民英雄纪念碑敬献花篮，深切缅怀为民族独立、人民解放、国家富强、人民幸福英勇献身的革命先烈，表达全党全国各族人民继往开来、奋力推进中国特色社会主义伟大事业的坚定信念。我会副主席李路、安七一参加。

★8 日　国务院第 26 次常务会议在京召开。我会谢经荣副主席出席。

★10 日　中华海外联谊会四届一次理事大会在京召开。全国政协主席俞正声会见全体理事，并与新一届领导班子座谈。我会全哲洙书记，李路、林毅夫副主席出席。

★14 日　王钦敏主席、全哲洙书记在机关听取关于中民投筹备情况的汇报。黄荣副主席就中民投的筹备情况、筹备会议的议程、有关文件草案进行说明，中国民生银行董事长董文标就公司的股权结构、发展战略等情况进行说明。王钦敏、全哲洙对筹备工作进展情况表示肯定，希望筹备工作组抓紧时间，积极推进中民投筹备的有关事宜，确保把每一个文件都做成精品。中国民生银行副董事长梁玉堂、监事会副主席李怀珍等参加。

同日　谢经荣副主席在机关会见了由魏台英会长率领的台湾鹏晨文化经贸交流协会大陆访问团一行 20 余人。双方就加强会务合作以及陆资入岛、人民币国际化等问题交换了意见。

★15 日　审计署第四届特约审计员聘任大会在京召开。我会副主席安七一出席。根据中央统战部推荐，经审计机关考察，我会办公厅姜建静等12位民主党派、全国工商联的同志和无党派人士受聘成为第四批特约审计员。

★17日　经党的群众路线教育实践活动中央第23督导组同意，全国工商联党组召开专题民主生活会。全哲洙书记主持，黄小祥、庄聪生、李路、安七一副主席出席，王钦敏主席，谢经荣、黄荣、林毅夫副主席列席。中央第23督导组组长张玉台、副组长苏泽林和督导组同志以及中央统战部、中直机关工委有关同志到会指导。

★18日　全国工商联系统先进集体和先进工作者表彰会在机关召开。王钦敏主席出席并讲话。人社部副部长杨士秋宣读表彰决定。山东省淄博市工商联等32个单位荣获“全国工商联系统先进集体”称号，贵州省黔东南州施秉县工商联卢萍等10人荣获“全国工商联系统先进工作者”称号。淄博市工商联代表和卢萍在会上发言。全哲洙书记主持。我会黄小祥、谢经荣、黄荣、李路、林毅夫、安七一副主席，中央统战部、人社部有关部门负责同志，各省级工商联有关副主席，我会机关各部门和直属单位干部职工约150人参加。会前，王钦敏、全哲洙、杨士秋等会见先进集体代表和先进工作者并合影留念。

同日　中国工会第十六次全国代表大会在京开幕。我会庄聪生副主席出席。

同日　加中贸易理事会年会在京召开。我会李路副主席出席。

★21日　由中国光彩会、江西省政府共同主办的“中国光彩事业赣州行”活动在江西省赣州市举行。江西省委书记强卫出席并宣布活动开幕，我会党组书记全哲洙出席并讲话，江西省省长鹿心社致辞。我会副主席谢经荣、何俊明、张建宏、周海江，中国光彩会领导王再兴、陈世强，江西省领导赵智勇、史文清、蔡晓明、谢亦森、李贻煌、孙菊生，以及来自全国的200多位民营企业家参加。此次活动共签约项目113个，总投资额为1040.9亿元。公益捐款2070万元，用于支持瑞金在乡烈士遗属危房改造等项目。

同日~25日　林毅夫副主席出访卢旺达，就中国民营企业如何“走出去”，在非洲投资设厂，推动中非合作进行考察。访问期间，林毅夫会见了卢旺达总统卡加梅，探讨了新结构经济学作为发展经济学的第三波思潮在非洲经济发展中的指导价值及中国企业在卢旺达投资的机遇和挑战。

★22日　全国政协第一次双周协商座谈会在京召开，主要议题是分析当前宏观经济形势，就如何统筹稳增长、调结构、促改革，保持经济发展良好势头议政建言。全国政协主席俞正声主持会议。我会王钦敏主席出席。

同日　由中央电视台举办的大型公益宣传活动“CCTV慈善之夜”启动仪式暨中国慈善年度高峰论坛在京开幕。我会谢经荣副主席出席。

同日　由全国工商联、农业部和四川省政府主办的第十四届中国西部国际博览会2013四川农业博览会开馆仪式在成都市举行。本届农博会主题为“富饶西部、美丽乡村、现代农业”。我会副主席黄荣、农业部副部长于康震、四川省委农工委主任李昌平等出席并讲话，四川省副省长曲木史哈主持。

同日~11月底　按照机关党的群众路线教育实践活动领导小组统一安排，办公厅、研究室、会员部、联络部、人事部、经济部、法律部、扶贫部、宣教部党支部和机关服务中心等直属单位党支部先后召开专题民主生活会。会领导、群众路线教育实践活动领导小组办公室、机关党委有关同志分别参加各党支部的民主生活会。

★23日　全国工商联向中央统战部报送《民间资本进入金融领域调研报告》。2013年，在中央统战部的统一安排下，由我会主席王钦敏率队，全国工商联组织有关专家就“民间资本进入金融领域”课题开展了调研，形成上述调研报告。

同日　王钦敏主席、全哲洙书记在机关会见黑龙江省委书记王宪魁、省长陆昊一行。我会副主席黄小祥、安七一，黑龙江省委统战部部长赵敏、省工商联主席洪袁舒等参加。

同日　第十四届中国西部国际博览会开幕式暨第六届中国西部国际合作论坛在成都市举行。本届西博会主题为“构建区域合作新格局、激发西部发展新活力”。国务院副总理汪洋出席并作主旨演讲。我会副主席黄荣出席。

同日　安七一副主席代表王钦敏主席、全哲洙书记赴北京医院看望慰问我会老领导张绪武同志。

★24 日　由全国工商联农业产业商会，四川省工商联、省委农工委，雅安市委、市政府联合举办的“全国知名民营企业雅安行”活动在四川省雅安市启动。我会副主席黄荣、四川省工商联主席陈放、雅安市委书记徐孟加出席并讲话。此次活动共签约 12 个投资项目，投资总额为 170.25 亿元。

★29 日　谢经荣副主席走访公安部，就建立合作工作机制，保护民营企业合法权益、促进民营企业健康发展等问题与公安部相关职能部门负责同志进行交流座谈。公安部经侦局政委高峰主持座谈会。双方围绕如何保障和促进非公有制经济发展以及开展共同调研、经常性互访、建立部际合作工作机制等进行探讨，达成了合作共识。公安部经侦局副局长罗子发、信访办副主任陈如海及刑侦局、网络安全保卫局、法制局、国际合作局等相关同志参加座谈。

同日　李路副主席在机关会见庄成鑫会长为团长、黄定光名誉会长为顾问的香港中华出入口商会访京团一行。

同日　全国非公有制经济人士理想信念报告会在北京人民大会堂召开。中共中央政治局常委、全国政协主席俞正声出席并讲话。俞正声强调，坚持公有制经济和非公有制经济共同发展，能够最大限度地把社会主义制度的优越性和市场对资源配置的有效性结合起来，发挥中国特色社会主义的独特优势。实践已经证明，非公有制经济不是可有可无的，而是中国特色社会主义在经济领域的重要成果；发展非公有制经济不是权宜之计，而是中国特色社会主义必须始终坚持的战略方针。俞正声指出，要通过全面深化改革，坚决消除各种体制性机制性障碍，凡是市场能做的就交给市场，凡是政府该管的就交给政府，更好地发挥市场在资源配置中的基础性作用；要创造公平竞争的市场环境，确保企业权利公平、机会公平、规则公平；要健全相关法律法规，努力用法治思维、法律方式解决经济发展中的矛盾和问题。俞正声希望广大非公有制经济人士切实承担企业家的职责和使命，坚定信心办好企业，努力通过转型升级实现高质量、有效益、可持续的发展；自觉承担社会责任，依法经营、诚信经营，为消费者提供优质、安全的产品和服务；不断提升自身素质，为社会发展进步凝聚正能量。王玉锁、王均金、丁建忠、柳传志、南存辉、刘庆峰等 6 位企业家代表交流了参与教育实践活动的经验和体会。中央统战部部长令计划主持。报告会以电视电话会议形式举行。我会名誉主席黄孟复，主席王钦敏，党组书记全哲洙，中央统战部副部长陈喜庆，我会副主席黄小祥、谢经荣、黄荣、庄聪生、李路、林毅夫、安七一、李河君，中国民间商会副会长王文彪、傅军，北京市委统战部部长牛有成等在北京人民大会堂主会场出席报告会。各地工商联、直属商会有关负责同志和非公有制经济人士代表在各省区市、新疆生产建设兵团及各市（地、州、盟）分会场参加会议。

★31 日　全国政协副主席马飚带领全国政协提案委员会部分委员、提案者代表走访国家发改委，了解中共中央办公厅、国务院办公厅印发的《关于进一步加强人民政协提案办理工作的意见》贯彻落实情况及 2013 年的提案办理情况，听取对提案工作的意见。我会庄聪生副主席参加。

十一月

★3 日　我会副主席谢经荣、许健康率领全国工商联港澳地区执常委赴云南省考察。云南省省长李纪恒会见了考察团一行。

★4 日　安七一副主席在机关会见了以香港总商会主席周松岗为团长的高层访京团一行。双方就当前国家和香港的经济形势、两地经贸合作等议题进行了深入交流。香港中联办协调部，我会会员部、联络部，全联并购公会、中国民营经济国际合作商会等有关同志参加。

同日 ~8 日　省部级干部学习贯彻习近平总书记系列讲话精神研讨班在京举行。我会黄小祥、李路副主席参加。

★5 日　由全国工商联，中国侨联，湖北省委、省政府共同举办的首届楚商大会在武汉市开幕。我会主席王钦敏、中国侨联主席林军出席并讲话。湖北省委书记李鸿忠出席并致辞，省长王国生主持并宣布大会开幕。我会副主席王志雄、孙荫环、李河君、陈经纬、何俊明、张建宏、茅永红、董文标、潘刚，中国民间商会副会长刘志强、刘沧龙等出席。

同日 中民投筹备工作组在武汉市召开中民投筹备工作座谈会。我会副主席、中民投筹备工作组组长黄荣主持，邀请十届、十一届全国工商联企业家副主席和中国民间商会企业家副会长等参加。参会的企业家们普遍认同发起成立中民投的构想，对参与筹备中民投的热情高涨，并对如何做好下一步的筹备工作提出了意见建议。王钦敏主席会见了与会的企业家代表。

同日 中国民（私）营经济研究会三届五次理事会在福建省泉州市召开。我会副主席、中国民（私）营经济研究会会长庄聪生出席并作工作报告。工信部中小企业司司长郑昕，我会副秘书长王忠明等出席。

同日 上海发展研究基金会成立20周年研讨会在上海市召开。我会副主席林毅夫出席并作“中国经济增长方式的转变”的主题演讲。通过国际比较，林毅夫总结了我国改革开放以来取得的巨大成就，指出中国经济增长方式转变的三大认识误区，分析了我国经济增长方式存在的主要问题及应对之策。

★8日 党的群众路线教育实践活动中央第23督导组在京召开第三次教育实践活动领导小组办公室主任座谈会。我会副主席、党的群众路线教育实践活动领导小组副组长黄小祥出席并汇报了我会开展群众路线教育实践活动的近期进展情况。

同日~10日 王钦敏主席应邀赴香港出席香港福建社团联会第九届会董就职典礼。在香港期间，王钦敏一行走访了香港友好协进会、港区省级政协委员联谊会、香港中华总商会、香港中华厂商联合会、香港总商会等社团。全国政协港澳台侨委员会副主任马健出席上述活动。

★9~12日 中国共产党第十八届中央委员会第三次全体会议在京召开。我会全哲洙书记出席。

★11日 全国工商联党组召开会议。会议传达学习了中央第23督导组第三次联系单位教育实践活动领导小组办公室主任座谈会议精神，研究部署机关群众路线教育实践活动整改落实、建章立制环节工作。党组书记全哲洙主持，党组副书记黄小祥，党组成员庄聪生、李路、安七一出席。

★12日 我会副主席、党的群众路线教育实践活动领导小组副组长黄小祥在机关主持召开党的群众路线教育实践活动领导小组（扩大）会议，传达中央关于党的群众路线教育实践活动的指示精神和中组部关于干部选拔任用有关规定精神，就《全国工商联“四风”突出问题专项整治方案》《全国工商联机关整改措施》和《全国工商联机关规章制度建设计划》征求意见。机关群众路线教育实践活动领导小组成员和各党（总）支部主要负责同志参加。

同日 全国政协在京举行仪式，纪念孙中山先生诞辰147周年。我会安七一副主席出席。

★13日 国家主席习近平在人民大会堂举行仪式，欢迎也门总统阿卜杜拉布·曼苏尔·哈迪对我国进行国事访问。我会王钦敏主席出席。

同日 由研究室、中国民（私）营经济研究会家族企业课题组和两岸四地的多所大学及李锦记家族合作完成的我国首份《中国家族企业社会责任报告》在京发布。这是中国第一部从责任与发展两个方面深入系统地调研、分析、总结家族企业社会责任现状的著作。报告通过跨地域比较及趋势展望，对家族企业承担社会责任作了真实客观并相对全面的描述与呈现。我会庄聪生副主席出席发布会并讲话。

★15日 王钦敏主席在机关主持召开2013年第七次主席办公会议。会议议题：一、审议全国工商联十一届二次执委会议方案；二、审议十一届四次常委会议地点事宜；三、审议增加全国工商联优秀提案奖评选事宜；四、审议关于全国工商联执委会和常委会会议考勤规定（审议稿）；五、审议全国工商联执委会、常委会组成人员调整办法（审议稿）；六、审议全国工商联2013~2017年培训工作规划；七、审议2013年全国工商联科学技术奖评选事宜；八、审议关于发起中民投有关事项；九、审议第五届全国就业与社会保障先进民营企业表彰大会会议方案及拟表彰名单；十、审议全国工商联视频会议系统建设方案。全哲洙书记，黄小祥、谢经荣、黄荣、庄聪生、李路、安七一副主席出席。王忠明副秘书长等列席。

★16日 以促进跨国公司投资，强化企业社会责任，推动可持续发展为主题的“第六届跨国公司领袖圆桌会议”在京举行。我会黄荣副主席出席并以“从中国民营经济发展看中国经济发展”为题作演讲。

★18 日　全哲洙书记在机关会见工信部总工程师朱宏任一行。朱宏任通报了工信部的工作及与工商联合作的设想。全哲洙表示双方建立合作机制具有重要意义，要在合作机制中注重实效，注重创新。会见前，我会黄荣副主席和朱宏任就工信部与全国工商联成立部际合作机制工作进行了商谈，双方初步达成了合作意向。工信部中小企业司和我会经济部有关同志参加。

同日　全国工商联 2014 年参政议政工作座谈会在京召开。与会人员围绕党的十八届三中全会和非公有制经济发展、全面深化改革和工商联工作等内容发言并讨论，对 2014 年全国工商联参政议政和调查研究选题提出建议。庄聪生副主席出席。我会研究室林泽炎主持。全国工商联参政议政委员会委员，知名专家学者，民营企业家，地方工商联副主席及研究室负责同志等 30 余人参加。

★21 日　全哲洙书记、谢经荣副主席就如何促进非公有制经济法治环境建设、为非公有制经济提供司法保障、建立合作工作机制等走访最高人民检察院。最高人民检察院常务副检察长胡泽君、副检察长朱孝清及办公厅、侦查监督厅、公诉厅、反贪污贿赂总局、渎职侵权检察厅、民事行政检察厅等部门有关负责同志参加。

★22 日　中共中央在京召开党外人士座谈会。我会王钦敏主席出席并发言，全哲洙书记、林毅夫副主席出席。

同日　中国民（私）营经济研究会小微企业研究中心在京召开“见证成长，助力未来”中国小微金融座谈会。我会副主席、中国民（私）营经济研究会会长庄聪生出席并致辞。我会副秘书长、中国民（私）营经济研究会常务副会长王忠明参加。

同日　李路副主席在机关会见法国国民议会议员阿兰·玛尔索先生及全法中小企业联盟一行 7 人。双方就加强沟通联络、推动务实合作交换了意见。

★23 日　中国法国工商会年会在京举行。我会李路副主席出席。

同日 ~24 日　全国工商联党组中心组理论学习会暨年度工作务虚会在机关举行。会议认真学习贯彻党的十八届三中全会精神，围绕在党的群众路线教育实践活动中查摆出来的问题，切实体现转变作风的整改措施，2014 年工作思路、重点、措施等进行研讨。王钦敏主席出席并讲话，全哲洙书记主持并作总结发言，黄小祥、谢经荣、黄荣、庄聪生、李路、林毅夫、安七一副主席出席并发言。机关各部门、信息中心、机关服务中心负责同志在会上发言。机关副处级以上干部参加。

★24 日　全国工商联石油业商会会长扩大会议暨商会年会在厦门市举行。我会黄小祥副主席出席。

★25 日　林毅夫副主席在京会见香港工业总会访京团一行 21 人。林毅夫分析了香港工业面临的机遇与挑战，并提出有针对性的建议。

★26 日　第七届中国—拉美企业家高峰会在哥斯达黎加首都圣何塞召开。我会主席王钦敏，哥斯达黎加总统钦奇利亚出席开幕式并发表主旨演讲。28 日 ~12 月 3 日，王钦敏出访阿根廷、巴西。先后与阿根廷商会联合会、阿根廷国家社会保障局、巴西里约商会、巴西社会保障部座谈交流，并会见了阿根廷副总统兼参议长布杜、巴西参议院议长卡列罗斯。

同日 ~28 日　第十二届全国政协第一期新任委员学习研讨班在京举行。我会庄聪生副主席参加。

★27 日　全国工商联印发《关于深入学习贯彻党的十八届三中全会精神的通知》，要求各级工商联，充分认识十八届三中全会的重大意义；全面准确把握全会精神；深刻理解全会为两个健康工作带来的新机遇；扎实做好服务全面深化改革的各项工作。

同日　全国工商联党组召开会议。会议讨论了《全国工商联党组党的群众路线教育实践活动整改方案》《全国工商联“四风”突出问题专项整治方案》《全国工商联党组贯彻党的群众路线制度建设计划》；传达学习了中宣部、中组织部《关于组织党委（党组）中心组深入学习习近平总书记系列讲话精神的通知》；通过了《全国工商联党组中心组深入学习习近平总书记系列讲话精神方案》《全国工商联机关及直属单位领导干部个人有关事项报告工作实施细则》。党组书记全哲洙主持，党组副书记黄小祥，党组成员庄聪生、李路、安七一出席。黄荣副主席列席。

同日　中央统战部在京举办党的十八届三中全会精神专题辅导报告会。我会谢经荣、李路、安七一、李彦宏副主席，中国民间商会副会长王文彪出席。

同日　统一战线参与毕节试验区建设征求意见座谈会在京举行。我会谢经荣副主席出席。

★28 日　由香港理工大学主办、全国工商联等单位协办的“2013 紫荆花杯杰出企业家奖”在香港揭晓。我会副主席林毅夫作为主礼嘉宾出席颁奖典礼并致辞。我会副主席陈经纬出席并颁奖。16 位来自中国内地的民营企业家获奖。29 日，林毅夫出席在香港举行的主题为“亚洲并购的力量”的第十届中国并购年会，并在年会开幕式上作题为“国内外经济形势与中国未来发展”的主题演讲。

★29 日　国务院艾滋病工作委员会全体会议在京举行。我会副主席、中华红丝带基金理事长谢经荣出席。

同日　全国工商联 2014 年提案选题讨论会在京召开。庄聪生副主席出席并讲话。8 家省级工商联、3 家副省级城市工商联、30 家我会直属商会和我会机关各部门负责提案工作的同志共约 60 人参加。

★30 日　由中国健康教育中心、中国性病艾滋病防治协会、中华红丝带基金共同主办的 2013 年世界艾滋病日主题宣传活动在京举行。我会副主席、中华红丝带基金理事长谢经荣出席。

十二月

★2 日　黄荣副主席在机关会见了湖北省常务副省长王晓东一行，商洽筹建中民投有关事宜。湖北省委统战部部长张岱梨、省工商联党组书记曹立明，中国民生银行监事会副主席李怀珍等参加。

同日　第九次全国归侨侨眷代表大会在京开幕。我会李路副主席出席。

★3 日　《中华全国工商业联合会简史（1953 ~ 2013）》付梓出版。2008 年全国工商联启动了《简史》编写工作，责成研究室组织编写，成立了以研究室同志为主的《简史》编写组，开始《简史》的编写工作。经过编写组几年的努力，《简史》于全国工商联成立 60 周年之际付梓出版。《简史》概述了全国工商联从 1953 年 10 月至 2013 年 10 月的发展历史，展现了全国工商联在社会主义革命建设和改革开放不同时期的职能作用发挥、组织演变情况和重要历史事件，是一部全国工商联自 1953 年 10 月成立以来较完整的工商联史书。全书十一章，20 多万字。26 日，《中华工商时报》以“献礼全国工商联六十华诞，精心编写出版《简史》”为题，整版报道了《简史》及其编写过程中的一些情况。

同日　全国政协在京举行“经济体制改革与顶层设计”主题座谈会。我会林毅夫副主席出席并作专题发言。

同日 ~7 日　黄荣副主席赴新疆调研。调研期间，黄荣分别与新疆生产建设兵团党委书记车俊，自治区党委副书记韩勇，自治区党委常委肖开提·依明等会谈，就 2014 年全国工商联开展援疆活动听取自治区和兵团党委的意见建议。黄荣还考察了自治区民营经济发展情况、民营企业“走出去”情况，以及自治区工商联、兵团工商联开展经济服务工作情况。

★6 日　全国工商联党组召开会议。会议传达学习了张玉台同志在中央第 23 督导组第四次联系单位领导小组办公室主任座谈会上的讲话，研究部署贯彻落实工作；通过了《2014 ~ 2017 年全国工商联机关干部教育培训规划》。党组书记全哲洙主持，党组副书记黄小祥，党组成员庄聪生、李路、安七一出席。谢经荣副主席列席。

同日　天津市民营经济发展工作会议在天津市召开。天津市委书记孙春兰，我会党组书记全哲洙，天津市市长黄兴国出席并讲话。会上，对优秀民营企业和民营经济发展工作先进单位进行了表彰。

★8 日　由全联环境服务业商会主办的 2013 中国环保上市公司峰会在江苏省昆山市开幕。我会黄小祥副主席出席并致辞。

★9 日　王钦敏主席在机关主持召开 2013 年第八次主席办公会议。会议议题：一、审议全国工商联有关制度废止事项；二、审议全国工商联十一届二次执委会工作报告；三、审议2013年全国工商联系统优秀调研成果评选事项；四、审议《全国工商联机关工作人员考勤和请假管理暂行规定》；五、审议《2014～2017年全国工商联机关干部教育培训规划》；六、审议有关人事事项。全哲洙书记，黄小祥、谢经荣、黄荣、庄聪生、李路、安七一副主席出席，王忠明副秘书长等列席。

同日　葡萄牙驻华使馆在京举办中葡商务投资餐叙会。葡萄牙驻华大使若热·托雷斯·佩雷拉、我会副主席李路出席并致辞。

★10日　王钦敏主席在机关会见台湾三三企业交流会会长江丙坤一行。双方就两岸产业升级、金融合作、陆资入岛等内容进行交流和探讨。海峡两岸关系协会顾问陈云林，我会副主席李路、李河君、董文标等参加。

同日　全国工商联信息化工作领导小组在机关召开会议。我会副主席、信息化工作领导小组组长黄小祥出席并讲话，我会副主席、信息化工作领导小组副组长安七一主持。全国工商联信息中心主任秦臻汇报了全国工商联2014年信息化工作计划。与会同志对计划提出意见建议，并提出各部门2014年信息化工作思路。领导小组成员、领导小组办公室成员及信息中心有关同志参加。

★11日　由国家林业局、全国工商联和中国光彩会联合主办的第九期全国民营企业家及管理干部林业培训班在成都市举办。我会副主席谢经荣，中央纪委驻国家林业局纪检组组长陈述贤出席开班式并讲话。培训课程围绕林业发展的现状和热点问题，紧贴企业家的实际需求，由林业主管部门的相关领导和专家授课。

★12日　第十四届中国经济年度人物颁奖盛典在京举行。我会主席王钦敏出席并担任颁奖嘉宾，为北京大学光华管理学院名誉院长厉以宁颁发终身成就奖。

★13日　全国工商联党组召开会议。研究并通过了《2013年度全国工商联领导班子成员（非中管干部）考核方案》《关于做好2013年机关干部年度考核工作的通知》。党组书记全哲洙主持，党组副书记黄小祥，党组成员庄聪生、李路、安七一出席。王钦敏主席，谢经荣、黄荣副主席列席。

同日　全国工商联印发《关于表彰2013年全国工商联系统优秀调研成果的决定》，对《全国知名民营企业在皖投资满意度调查及建议》等75篇参选成果授予“2013年全国工商联系统优秀调研成果奖”。

★15日　中央党校国际战略研究所与中国民营经济国际合作商会在京召开民营经济“走出去”与科技创新金融服务体系建设研讨会。我会庄聪生副主席出席并讲话。

★16日　全国工商联、人社部、全国总工会在京联合召开第五届全国就业与社会保障先进民营企业表彰大会。大会授予东华软件股份公司等100家民营企业“全国就业与社会保障先进民营企业”荣誉称号。我会主席王钦敏出席并讲话。人社部部长尹蔚民主持。我会党组书记全哲洙、全国总工会副主席陈豪、人社部副部长信长星、全国总工会副主席焦开河、我会副主席谢经荣出席。

同日　黄小祥副主席在机关主持召开会议，传达习近平总书记和李克强总理在中央经济工作会议和城镇化工作会议上的讲话精神，通报全国工商联《党的群众路线教育实践活动第三环节整改落实、建章立制阶段性成果》和《党的群众路线教育实践活动整治整改和制度建设明细》，并部署2013年机关干部年度考核工作。机关局级以上干部和直属单位主要负责同志参加。

同日　第一次中民投发起人会议在京召开。张近东等42位知名企业家作为首批发起人签署了《发起人协议书》。会议审议通过了设立民营投资公司的相关法律文件（草案）。我会副主席、中民投筹备工作组组长黄荣主持会议。

★17日　广西壮族自治区党委、政府在南宁市召开全区非公有制经济发展大会。自治区党委书记彭清华、我会党组书记全哲洙出席并讲话。大会采取电视电话会议形式召开。自治区主席陈武主持。自治区党委、人大、政府、政协有关领导同志，各市党政主要负责人等分别在主会场和分会场出席。

同日　谢经荣副主席在京参加最高人民检察院“发挥检察职能，服务经济发展”为主题的第七次“检察开放日”活动。北京柯瑞生物医药技术有限公司董事长齐清等20名非公有制经济人士应邀参加。谢经荣一行先后参观了人民检察史展览陈列室、案件管理中心、“12309”举报电话办公现场等并进行座谈。最高人民检察院胡泽君常务副检察长、张常韧副检察长，办公厅、政治部、侦查监督厅等部门负责同志与非公有制经济人士进行互动交流，并逐一答疑解惑。“检察开放日活动”进一步加强了我会与最高人民检察院的联系和沟通，为非公有制经济健康发展提供了司法保障。

★18日　全国工商联与广西壮族自治区政府在南宁市联合签署《推动民企入桂投资兴业促进广西发展战略合作框架协议》。根据此框架协议，全国工商联和广西壮族自治区政府将以全面贯彻落实科学发展观为指导，以促进非公有制经济转型升级和加快广西经济和社会又好又快发展为主线，共同推进中央16号文件的贯彻落实、民企入桂投资兴业、广西新阶段扶贫开发和理想信念教育实践活动深入开展。我会党组书记全哲洙与自治区政府主席陈武共同签署了协议文本。我会主席王钦敏，自治区党委书记彭清华，我会副主席黄小祥、谢经荣、黄荣、庄聪生、李路、林毅夫、安七一、王志雄、卢文瑞、史贵禄、孙荫环、苏志刚、李河君、李彦宏、陈经纬、何俊明、张建宏、茅永红、周海江、徐冠巨、董文标、程红，中国民间商会副会长王文彪、刘志强、刘沧龙、许连捷、孙甚林、吴一坚、黄代放、霍震寰，以及自治区党委、政府有关负责同志出席签约仪式。

★19日　全国工商联与广西壮族自治区政府在南宁市联合举办共建战略支点，民企入桂合作发展大会。我会主席王钦敏，自治区党委书记彭清华分别致辞。会上，自治区发改委重点推介了广西投资项目和投资政策，研祥集团董事长陈志列和广西洋浦南华糖业董事长冯小华作为民营企业代表发言。大会现场签约项目共84个，主要涉及食品、制药、物流、建材和矿业开发等产业。自治区政府主席陈武主持。我会党组书记全哲洙，副主席黄小祥、谢经荣、黄荣、庄聪生、李路、安七一、王志雄、卢文端、史贵禄、孙荫环、苏志刚、李河君、李彦宏、陈经纬、何俊明、张建宏、茅永红、徐冠巨、董文标，中国民间商会副会长王文彪、刘志强、刘沧龙、许连捷、孙甚林、吴一坚、黄代放、霍震寰，自治区党委、政府有关负责同志，以及参加全国工商联十一届二次执委会议的委员约800多人出席。

同日～20日　全国工商联十一届二次执委会议在南宁市召开。会议的主要内容是：深入学习贯彻党的十八大、十八届三中全会和中央经济工作会议精神，围绕两个健康工作主题，总结2013年工作特别是非公有制经济人士理想信念教育实践活动，部署2014年工作。会上，我会主席王钦敏代表常委会作工作报告，广西壮族自治区党委书记彭清华致辞，我会党组书记全哲洙讲话。我会副主席黄荣宣读《全国工商联关于授予2013年中华全国工商业联合会科学技术奖的决定》，中国国际经济交流中心常务副理事长郑新立作党的十八届三中全会精神辅导报告，中央统战部五局局长杨启儒作有关人事事项说明。我会全哲洙书记、黄小祥副主席分别主持会议。自治区政府主席陈武，常务副主席黄道伟，秘书长范晓莉，自治区统战部部长赖德荣，我会副主席谢经荣、黄荣、庄聪生、李路、林毅夫、安七一、王志雄、卢文端、史贵禄、孙荫环、苏志刚、李河君、李彦宏、陈经纬、何俊明、张建宏、茅永红、周海江、徐冠巨、董文标、程红，中国民间商会副会长王文彪、刘志强、刘沧龙、许连捷、孙甚林、吴一坚、黄代放、霍震寰，中央统战部、自治区有关部门负责同志等共400余人出席会议。18日，还召开了十一届四次主席会议和十一届三次常委会议。

★23～24日　中央农村工作会议在京召开。我会谢经荣副主席出席。

★24日　全国工商联党组召开扩大会议。会议传达学习了习近平总书记在听取河北省委党的群众路线教育实践活动总体情况汇报时的讲话精神、刘云山同志在中央教育实践活动领导小组第六次会议上的讲话和《关于认真做好第一批党的群众路线教育实践活动总结工作的通知》，研究部署了我会群众路线教育实践活动的总结工作安排。会议通过了《全国工商联机关会议费管理办法》《全国工商联机关合作项目管理办法》《全国工商联机关财务支出审批办法》《全国工商联机关公文处理办法》《全国工商联领导联系县级工商联和商会工作制度》《全国工商联干部挂职锻炼管理办法》《全国工商联机关干部教育培训管理办法》。党组书记全哲洙主持，党组副书记黄小祥，党组成员庄聪生、李路、安七一出席。王钦敏主席，黄荣、林毅夫副主席列席。

同日　王钦敏主席在机关主持召开2013年第九次主席办公会议。会议原则通过了《全国工商联机关会议费管理办法》《全国工商联机关合作项目管理办法》《全国工商联机关财务支出审批办法》《全国工商联机关公文处理办法》《全国工商联领导联系县级工商联和商会工作制度》《全国工商联干部挂职锻炼管理办法》《全国工商联机关干部教育培训管理办法》，要求有关部门按照会议讨论意见修改并报审后印发。全哲洙书记，黄小祥、黄荣、庄聪生、李路、林毅夫、安七一副主席出席。

同日　党的群众路线教育实践活动中央第23督导组副组长苏泽林一行，来我会机关组织召开党的群众路线教育实践活动专题座谈会。与会人员围绕“两方案一计划”落实情况、对下一步抓好落实的意见建议等发言。苏泽林对我会群众路线教育实践活动的开展情况给予肯定。座谈会由我会机关党委郭孟谦主持。座谈会前，我会党组书记全哲洙、副书记黄小祥会见了苏泽林一行。

★25日　中央统战部部长令计划一行到我会机关调研座谈，征求全国工商联机关对2013年中央统战部工作的意见和2014年工作的建议。我会王钦敏主席，全哲洙书记，谢经荣、黄荣、庄聪生、李路、林毅夫、安七一副主席出席。

★26日　中共中央在北京人民大会堂举行座谈会，纪念毛泽东同志诞辰120周年。习近平总书记出席并发表重要讲话。中共中央政治局常委李克强、张德江、俞正声、王岐山、张高丽出席，刘云山主持。座谈会前，习近平、李克强、张德江、俞正声、刘云山、王岐山、张高丽等来到毛主席纪念堂北大厅，向毛泽东同志坐像三鞠躬。我会王钦敏主席出席上述活动。

同日　民营企业技术创新座谈会在机关举行。座谈会围绕《中共中央、国务院关于深化科技体制改革加快国家创新体系建设的意见》和《国务院办公厅关于强化企业技术创新主体地位全面提升企业创新能力的意见》的贯彻落实情况，以及实施创新驱动发展战略的有关情况进行。我会党组书记全哲洙，科技部党组书记王志刚出席并讲话。我会副主席黄荣主持。科技部副部长王伟中，我会和科技部有关部门负责同志参加。

同日　全国工商联直属商会2013年第四次秘书长联席会议在机关召开。黄小祥副主席出席并讲话。会员部王瑗就各直属商会2013年工作进行讲评。31家直属商会秘书长或秘书处负责同志首次作年度工作述职。

同日　第十一届全国工商联联络委员会第一次全体会议在机关召开。我会副主席李路出席并讲话。与会委员对工商联的外事工作和联络委员会2014年的工作计划进行了认真讨论，提出了意见建议。会议研究通过了联络委员会工作规则。联络委员会主任刘沧龙主持。

★27日　全国工商联党组召开会议。讨论研究了《全国工商联党的群众路线教育实践活动总结》，决定进一步修改后报中央督导组；会议还研究了中国工商博物馆编制申请事宜。党组书记全哲洙主持，党组副书记黄小祥，党组成员庄聪生、李路、安七一出席。

同日　全国工商联党组召开扩大会议。会议讨论通过了《全国工商联2014年工作要点》《全国工商联优秀调研成果评选办法》《全国工商联2014～2017年教育培训规划》《全国工商联新闻发布制度》《全国工商联新闻宣传报道制度》《全国工商联科学技术奖励办法》《全国工商联外事工作管理规定》。党组书记全哲洙主持，党组副书记黄小祥，党组成员庄聪生、李路、安七一出席。王钦敏主席，谢经荣、林毅夫副主席列席。

同日　王钦敏主席在机关主持召开2013年第十次主席办公会议。会议原则通过了《全国工商联2014年工作要点》《全国工商联优秀调研成果评选办法》《全国工商联2014～2017年教育培训规划》《全国工商联新闻发布制度》《全国工商联新闻宣传报道制度》《全国工商联科学技术奖励办法》《全国工商联外事工作管理规定》，要求有关部门按照会议讨论意见修改并报审后印发。全哲洙书记，黄小祥、谢经荣、庄聪生、李路、林毅夫、安七一副主席出席。

同日 第十一届全国工商联宣传培训和企业文化建设委员会第一次全体会议在机关召开。我会副主席、宣传培训和企业文化建设委员会主任李路出席并讲话。会议宣布了委员会委员名单，通过了委员会工作规则。与会委员就委员会本届及2014年的工作方向和工作目标进行了研讨，并就一些具体工作计划提出意见建议。

同日 中非民间商会二届理事会五次会长办公会议在京举行。我会林毅夫副主席出席并作题为“中国经济发展和中非合作”的演讲。

★30日 全国工商联在机关首次召开视频会议。此次视频会议，标志着全国工商联视频会议系统正式建立。王钦敏主席宣布全国工商联视频会议系统开通并向各省级工商联致新年贺词。全哲洙书记，黄小祥、谢经荣、黄荣、庄聪生、李路、林毅夫、安七一副主席，我会机关各部门、各直属单位主要负责同志在主会场参加。各省级工商联主席、驻会副主席在各省级工商联机关分会场参加。

同日 我会领导班子成员（不含中央考核干部）2013年度考核测评会议在机关召开。全哲洙书记主持。王钦敏主席，黄小祥、谢经荣、黄荣、庄聪生、李路、林毅夫、安七一副主席，机关处长以上干部和直属单位主要负责同志参加。

★31日 全国政协在京举行新年茶话会。党和国家领导人习近平、李克强、张德江、俞正声、刘云山、王岐山、张高丽出席。我会名誉主席黄孟复，主席王钦敏，党组书记全哲洙，副主席黄小祥、庄聪生、林毅夫出席。

第二部分　工作成果

全国非公有制经济人士理想信念教育实践活动

【综　述】为贯彻落实十八大精神，2013 年初全国工商联用两个多月的时间开展了非公有制经济人士思想状况调研，习近平总书记、李克强总理、俞正声主席等中央领导对调研报告作出重要批示。

在中央领导同志的关怀和支持下，从 5 月起，中央统战部和全国工商联开展了以“民营企业家与中国梦”为主题，以增强非公有制经济人士对中国特色社会主义的信念、对党和政府的信任、对企业发展的信心为主要内容的理想信念教育实践活动，通过召开动员大会和两次常委会议进行部署和推动。自活动开展以来，有 23 个省区市和新疆生产建设兵团召开党委常委会议专题研究部署，各省区市党政主要领导对活动批示达 51 次。在历时 7 个多月的时间里，各级统战部和工商联组织自上而下全部动员起来，全国有 26000 多家商会参与活动，通过各种活动手段有效覆盖到 160 多万非公有制经济人士。10 月 30 日，全国非公有制经济人士理想信念报告会在人民大会堂召开，中共中央政治局常委、全国政协主席俞正声出席会议并作重要讲话，6 位民营企业家作大会发言，全国共 2.9 万人参加电视电话会议，中央电视台进行了实况录播。

全国工商联依托各级工商联和各类商会，组织大中小微企业出资人参加，将活动向基层组织拓展，向小微企业延伸；活动坚持突出实践特色，把解疑释惑和解决企业实际问题有机结合起来，既做教育引导、沟通思想、形成共识的工作，又帮助企业办实事解难题，努力为企业排忧解难；充分发挥非公有制经济人士的主体作用，积极回应他们的所思所想所盼，调动他们参与活动的积极性和主动性；坚持改革创新精神，既强调“规定动作”，又鼓励“自选动作”，根据非公有制经济人士所在地区、所在企业和成长经历的不同，精心设计活动载体和方式。这次活动参加人数之多、覆盖面之广、影响力之大前所未有，有力地增强了非公有制经济人士思想政治工作成效，有效地促进了两个健康工作。

努力提高思想政治素质，增强非公有制经济人士对中国特色社会主义的信念。信念关系政治方向和政治立场，是“三信”的总开关，为增强信任、信心提供持久动力。增强非公有制经济人士对中国特色社会主义的信念就是增强他们对坚持中国特色社会主义发展道路的政治认同，自觉把实现企业梦和个人梦融入中华民族伟大复兴的中国梦。全国共组织报告会、座谈会、论坛、专题培训等活动 1 万余场，邀请党政领导、专家学者、企业家 1.2 万人进行形势政策宣讲和专题演讲，有 130 多万非公有制经济人士参加学习培训。黑龙江、青海、西藏和新疆生产建设兵团等，开展“民营企业家与中国梦”“中国梦与理想信念”等系列教育活动，广泛发动非公有制经济人士结合创业发展经历忆成长、话梦想、讲贡献。江苏、河北、湖南、江西、海南、宁夏等地组织“企业家报告团”，到市、县（区）作巡回报告。四川依托基层商会组织优势，成立企业宣传辅导员队伍，举办辅导员培训班，通过报告会、宣讲会和座谈会等形式深入企业宣讲。中央统战部和全国工商联以“弘扬延安精神，共筑中国梦”为主题，组织非公有制经济人士感恩革命老区延安行活动，和中国光彩事业促进会开展光彩事业六安行、西藏行、赣州行等实践活动。全国各地组织光彩事业、感恩行动、扶贫帮困等实践活动2万多场。福建充分发挥先进典型的示范引领作用，组织中小企业到示范点参观学习，让企业家现身说法。新疆维吾尔自治区工商联结合民族地区实际，把维护民族团结和社会稳定作为教育实践活动的重要内容，与区党委宣传部联合召开工商界维护稳定座谈会，引导非公有制经济人士增强“三信”，筑牢反对“三股势力”的思想防线。

积极推动发展环境改善，进一步增强非公有制经济人士对党和政府的信任。信任来源于坚定的信念，还与发展环境紧密相关，并直接影响企业发展信心。各级工商联组织发挥桥梁纽带和助手作用，搭建政企沟通对话渠道，落实非公有制经济发展政策，增进政府与企业之间的相互理解、相互信任。全国工商联分别与国家发改委、工信部、中编办共同举办民营企业座谈会，听取对激发民间投资活力、促进中小企业发展、减少行政审批等方面的意见建议。参与中小企业促进法修改、社会组织体制改革等15项立法工作，与最高检、国家发改委、国家统计局等多部门建立部际合作机制，共同营造公平公正的发展环境。上海市委下发了《关于建立上海市民营经济联席会议制度的通知》，形成了市委、市政府多个部门与工商联定期召开会议的工作机制，整合多方资源协调解决民营经济发展中的突出问题。广西区委书记、区政府主席分别召开民营企业家座谈会，广泛征求意见建议，开展“形势政策教育走进非公有制企业”活动，为促进非公有制经济发展营造良好环境。山东对制约民营经济发展的审批事项进行了清理，取消和下放了一批行政审批（备案）职能。北京市工商联与市发改委、商委等多部门建立合作机制，共同开展优化企业创新政策环境调研。重庆组织2000多名民营企业家评价政府绩效，并选派一批党政机关干部到民营企业挂职。广东省工商联与省外办合作，首创“各国驻穗领事官员广东民企行”活动，26个驻穗领馆近40位领事官员与30多位民营企业代表面对面沟通交流。安徽、宁夏、吉林、内蒙古、河南、四川、天津、广西等省区市党委政府陆续召开促进民营经济发展大会，制订促进民营经济发展意见或政策措施。

切实解决企业发展难题，进一步增强非公有制经济人士发展信心。信心来源于信念和信任，是衡量非公有制经济人士信念和信任的重要标准，也是企业自身素质、发展状况和发展环境的直接反映。各地围绕企业最关心的发展问题，引导非公有制经济人士认清我国深化改革、扩大内需带来的发展机遇，积极应对发展中的困难和挑战。同时，努力创新服务方式，帮助企业解决困难，坚定企业发展信心。天津、浙江、安徽等地党政主要领导主持召开民营企业家座谈会，听取企业的意见并协调解决实际问题。山东淄博市委把教育实践活动作为一项全局性工作来抓，不仅通过增加工商联编制和经费，推动活动开展，还组织中小企业政策落实专项推进活动、政银企推进会等专项活动，帮助企业解决实际问题。甘肃、陕西、云南等地建立党政领导干部帮扶联系企业办法，定期到企业联系点调研，协调解决企业发展难题。湖北省组织“百名书记面对面”活动，全省各级统战部门和工商联近千名干部进企业，结合“进万家民企、促跨越发展”活动，为企业办实事解难题。河南成立小微企业服务中心，与银行合作为小微企业提供无抵押贷款5.6亿元。山西经工商联积极争取，省政府安排专项财政资金1500万元，用于小微企业出资人培训，同时为340家中小企业争取补贴7000多万元。贵州开展“访千家企业、办千件实事”和“安商百日行”活动。辽宁召开非公有制企业转变发展方式经验交流会，探索转型升级思路，相互借鉴成功经验，把发展立足点转到提高质量和效益上来。针对民营企业“签证难”等问题，全国工商联与外交部领事司共同开展民营企业外事服务调研，为民营企业“走出去”便利化建言献策。

2013年开展的全国非公有制经济人士理想信念教育实践活动回应了广大非公有制经济人士“受信任、盼改革、要公平、求安全、谋发展”的关切和期盼。理想信念教育实践活动，始终突出思想政治工作的生命线地位，丰富了两个健康的工作理论和工作实践，必将对全国非公有制经

济人士坚持走中国特色的工商联发展道路产生重大影响。（宋学超）

【开展非公有制经济人士思想状况调研】 党的十八大提出要广泛开展理想信念教育实践活动，把广大人民团结凝聚在中国特色社会主义伟大旗帜之下。2012 年 11 月底，中央政治局常委俞正声同志在听取中央统战部和全国工商联经济领域统战工作汇报时明确提出，加强非公有制经济人士理想信念教育是 2013 年经济领域统战工作的重要内容。为贯彻落实中央领导关于非公有制经济人士思想政治工作批示精神，中央统战部和全国工商联于 2013 年 1 月到 3 月，向全国 31 个省（区市）和全国工商联直属会员发放 3200 多份调查问卷，由全国工商联 5 位副主席带队，分赴北京、辽宁、上海、江苏、浙江、福建、山东、湖南、广东、重庆，深入基层、深入企业，召开 29 场座谈会，走访 53 家企业和商会，着重访谈 635 位非公有制经济人士、100 多位党政干部和专家学者，特别是采取个别沟通交流的方式，用 2 个多月的时间，集中围绕“非公有制经济人士对中国特色社会主义的信念、对党和政府的信任、对企业发展的信心”，开展了非公有制经济人士思想状况调研活动。

调研表明，非公有制经济人士这个拥有巨额财富、提供近 3 亿就业岗位、在经济社会中具有重要影响的群体，其思想主流积极向上。他们不仅是我们党的统一战线工作的重要对象，也是党执政的群众基础和社会基础。但同时，非公有制经济人士队伍中也出现了一些不容忽视的思想动向，其中少数人还存在一些模糊认识、错误看法或消极情绪，如果任其蔓延，就会影响整个非公有制经济人士队伍的健康成长。经过认真研究，全国工商联向中央提出加强和改进非公有制经济人士思想政治工作的意见建议，以及在广大非公有制经济人士中集中开展理想信念教育实践活动的设想。

调研报告报送中央后，多位中央领导同志作出重要批示，肯定工商联的调研报告调查深入、全面，对推动两个健康工作有指导作用，要求有关部门对报告所提建议进行逐项研究，切实推动现有政策的真正落实，为非公有制经济发展创造良好环境。中央领导同志的重要批示，充分体现了党中央国务院对两个健康工作的高度重视，为开展非公有制经济人士理想信念教育实践活动指明了方向。（宋学超）

【共同召开全国非公有制经济人士理想信念教育实践活动动员会议】 2013 年 5 月 6 日，中央统战部、全国工商联举行全国非公有制经济人士理想信念教育实践活动电视电话会议。全国政协副主席、中央统战部部长令计划出席会议并讲话。全国政协副主席、全国工商联主席王钦敏，中央统战部常务副部长张裔炯出席会议。会议由中央统战部副部长，全国工商联党组书记、常务副主席全哲洙主持。

令计划部长指出，这次活动要深入学习贯彻中共十八大精神和以习近平同志为总书记的党中央重要指示精神，坚持团结、服务、引导、教育的方针，以“民营企业家与中国梦”为主题，以增强对中国特色社会主义的信念、对党和政府的信任、对企业发展的信心为主要内容，以促进两个健康为目标，引导广大非公有制经济人士更好地为全面建成小康社会、实现中华民族伟大复兴中国梦贡献智慧和力量。

令部长强调，不断增强对中国特色社会主义的信念，更加踊跃地投身于中国特色社会主义事业，是非公有制经济人士的历史责任。要通过对比过去现在、对比国内国外，摆事实、讲道理，使非公有制经济人士提升对党和政府的信任度，始终与党和政府同心同德、同心同向、同心同行。要通过开展理想信念教育实践活动，说透形势、讲明政策，着力增强非公有制经济人士对企业发展的信心，在激烈的市场竞争中赢得主动、赢得优势、赢得未来。一定要紧密结合实际，认真谋划，扎实推进，确保教育实践活动取得实实在在的成效。

全哲洙书记对切实做好教育实践活动的组织实施工作提出要求。他强调，要充分尊重非公有制经济人士的主体地位和首创精神，使他们自觉、主动地参加到活动中来。要突出实践特色，着力解疑释惑，把为企业排忧解难放在突出位置，让非公有制经济人士感受到教育实践活动带来的成果。要把改革创新精神贯穿于整个活动的始终，在活动内容、方式和载体上探索新的有效做法，增强活动的针对性和实效性。各地统战部、工商联要始终依靠党委政府的领导和指导开展活动，积极争取党委组织部、宣传部等有关部门和社会各界的支持，充分发挥非公有制经济党组织的作用，形成工作合力。

此次会议贯彻落实中央八项规定要求，体现改进会风、从简办会、提高效率原则，以电视电话会议形式召开。中央统战部、全国工商联有关负责人，非公有制经济人士代表等在北京市的主会场参加会议。各省、自治区、直辖市和新疆生产建设兵团及各市（地、州、盟）设分会场，各地统战部、工商联有关负责人和非公有制经济人士代表在分会场参加会议。（吴　巍）

党的群众路线教育实践活动

【综　述】2013年7月至2014年1月，按照党中央统一部署，全国工商联机关认真贯彻“照镜子、正衣冠、洗洗澡、治治病”的总要求，聚焦反对形式主义、官僚主义、享乐主义和奢靡之风，以坚定理想信念、切实转变作风、促进两个健康为载体，深入开展了党的群众路线教育实践活动，机关和直属单位310余名党员干部全程参加了教育活动。

一、坚持领导带头，率先把党组班子摆进去

成立了由党组成员、各部门主要负责人组成的领导小组，抽调精干力量组成领导小组办公室。按照中央要求，党组先后召开20多次会议，对每一环节每一步骤的安排及时进行研究、部署。在学习教育、查摆问题、整改落实各环节，党组成员都坚持把自己摆进去，先学一步、先行一步，带动活动扎实有效开展。党组成员多次深入所联系的部门和直属单位支部指导活动开展；领导小组办公室坚持每周例会制度和重要事项集体研究制度，及时了解情况、研究问题、提出要求。党外会领导不仅对如何开展好活动提出了许多建设性意见建议，而且还主动承担“两方案一计划”中的整改任务，为活动取得实效发挥了积极作用。

二、坚持教育与实践相统一，紧紧依托“理想信念”活动载体

坚持把群众路线教育实践活动与非公有制经济人士理想信念教育实践活动结合起来，以“坚定理想信念、切实转变作风、促进两个健康”为载体，突出了教育与实践相统一。坚持把学习放在首位，把理论武装贯穿活动全过程，原原本本学习指定篇目、书目，注重在精心研读、全面领会和深入思考上下功夫。坚持把学习讨论与推动工作有机结合起来，加强了对党的十八大精神和习近平总书记系列重要讲话精神的深刻理解，进一步增强党员干部的道路自信、理论自信和制度自信。坚持把开展学习教育与践行两个健康工作主题结合起来，在扩大对非公有制经济人士的联系、加大对非公有制企业的服务上下功夫，组织开展了富有成效的政企沟通、政策宣讲等活动，实现了两项教育实践活动相互融合、共同促进。

三、坚持开门搞活动，发动群众广泛参与

采取“面对面、背对背、请进来、走出去、发放问卷”等形式，聚焦“四风”广泛征求意见建议。先后召开4次座谈会，分别征求党员代表、离退休老同志、机关各部门和直属单位负责人意见建议；专门召开全国工商联十一届二次常委会议，直接听取地方工商联和非公有制经济代表人士意见建议，向全国31个省级工商联书面征求意见；坚持眼向下看，脚向下走，党组成员利用调研、会议活动等机会，深入民营企业和基层组织，与群众面对面交流，倾听“原声带”。对征求到的246条意见建议反复梳理归纳为54条，切实找准了全国工商联机关在“四风”上存在的突出问题，让群众感受到了党组和各党（总）支部真开门、真整改的决心。

四、坚持从严要求，把整风精神更好地体现在活动中

按照“照镜子、正衣冠、洗洗澡、治治病”的总要求，提出了求深、求严、求实的目标。对照党章和中央八项规定、群众期盼、基层反映、先进典型、历史实践五面镜子，深入查摆问题，以“像、深、准、诚”为标准认真撰写对照检查材料。党组对照检查材料前后修改20多次，先后8次在党组会议上讨论研究。在专题民主生活会上，党组成员开门见山、直奔主题，利用批评和自我批评这个武器，开展积极健康的思想交锋，勇于直面问题、揭短亮丑，真正红了脸出了汗。各党（总）支部的专题民主生活会和组织生活会也认真贯彻整风精神，扎实开展批评与自我批评，有的支部党员提出了116条批评意见建议。

五、坚持问题导向，务求立行立改

大力开展以改进文风会风、严肃工作纪律、坚持厉行节约为主要内容的专项整治。针对会议管理不规范问题，制订有关会议费管理办法，实行分类管理，严格遵守会议费综合定额标准。针对文件简报偏多、部分质量不高等问题，清理机关信息内刊，精简文件85份、简报180份，同比分别下降17%、77%。针对迟到早退、作风散漫现象，从加强机关干部考勤管理入手正风肃纪，不定期抽查机关各部门考勤、出席会议等情况，先后8次进行通报；开展了机关干部廉政纪律情况调查，并作出明确规定。严格执行《党政机关厉行节约反对浪费条例》，封存和上交公务车辆5台，接待费支出同比降低7.7%，机关餐厅餐饮成本同比降低16.7%，车辆维修费用同比降低5%。修订、废止、新建制度60余项。（余法琴）

【召开党的群众路线教育实践活动动员大会】 2013年7月3日，全国工商联深入开展党的群众路线教育实践活动动员大会在机关三层报告厅召开。会议由全国工商联党组副书记、副主席、机关党委书记黄小祥同志主持，会党组成员、在京的非党会领导、全体机关干部和直属单位主要负责人共160余人参加了动员会。中央党的群众路线教育实践活动第23督导组组长张玉台同志、副组长苏泽林同志和督导组的其他同志都参加了会议。

会上，中央统战部副部长，全国工商联党组书记、常务副主席全哲洙同志作动员讲话。中央第23督导组组长张玉台同志就如何把握中央关于开展教育实践活动的基本要求、如何认真搞好教育实践活动、如何扎实做好督导工作提出了明确要求。会议还按照中央要求，督导组对会党组班子及成员进行了民主评议。（张一卫）

【召开全国工商联党组专题民主生活会】 2013年10月17日，全国工商联党组召开专题民主生活会。全国政协副主席、全国工商联主席王钦敏、会党组成员和其他非党会领导，以及中央第23督导组组长张玉台、副组长苏泽林等同志参加了会议。在会上，首先由中央统战部副部长，全国工商联党组书记、常务副主席全哲洙同志代表会党组做对照检查，而后党组成员逐一做对照检查，每名同志做完对照检查，其他同志对其开展批评。在专题民主生活会中，党组成员都能按照“照镜子、正衣冠、洗洗澡、治治病”的总要求，严格对照党章和中央八项规定、群众期盼、基层反映、先进典型、历史实践五面镜子，深入查摆问题，以“像、深、准、诚”为标准认真开展自我批评。党组对照检查材料前后修改20多次，先后8次在党组会议上讨论研究。在会上，大家开门见山、直奔主题，利用批评和自我批评这个武器，开展积极健康的思想交锋，勇于直面问题、揭短亮丑，真正红了脸出了汗，大家感到经历了一场触及灵魂的严格的党内生活锻炼。（余法琴）

【开展党的群众路线教育实践活动专项整治】 2013年11月初至12月底，全国工商联组织开展了以改进文风会风、严肃工作纪律、坚持厉行节约为主要内容的专项整治。改进会风文风方面，以制订落实《全国工商联会议费管理办法》为抓手，落实分类定点管理，严格遵守会议费综合定额标准，明确2014年二类会议（除执、常委会议外）不超过1个，精简会议与2013年同比下降30%，清理评比达标项目1个，建设并开通了覆盖省级工商联的视频会议系统。修订《全国工商联机关公文处理办法》，严控发文数量，提高文稿质量，精简文字篇幅，集中开展发文情况检查，全面清理机关信息内刊，停办简报2种，全年精简文件85份、简报180份，同比分别下降17%、77%。通过对2013年第四季度文件检查的情况看，所有发文均有必要，有实质内容，行文程序规范，没有违反规定对内对外行文。严肃工作纪律方面，从加强机关干部考勤管理入手进行正风肃纪。针对迟到早退、作风散漫现象，制订了《全国工商联机关工作人员考勤和请假管理暂行规定》，5次抽查通报机关各部门考勤、出席会议等情况。开展机关干部违反工作纪律情况、违反廉政纪律情况调查，重点检查和处置早退、旷工以及收受礼品、土特产品、接受宴请等不良现象和问题，没有发现上述现象。坚持厉行节约方面，严格执行《党政机关厉行节约反对浪费条例》，加强勤俭节约宣传、严格控制公务接待标准、推行科学管理、严格成本核算、强化公务车辆精细化管理。封存和上交公务车辆5台；接待费支出25.42万元，同比降低7.7%；机关餐厅餐饮成本同比降低16.7%；车辆维修费用支出179.9万元，同比降低5%。（余法琴）

【开展结合党的群众路线教育实践活动的制度建设】针对查摆出的“四风”方面突出问题，研究制订了《全国工商联党组党的群众路线教育实践活动整改方案》《全国工商联“四风”突出问题专项整治方案》和《全国工商联党组贯彻党的群众路线制度建设计划》（“两方案一计划”）。坚持边查边整边改，把原定在郊区召开的年度务虚会改在机关举行，改进全国工商联执委会议、常委会议安排，缩短会期；会领导带头讲短话、开短会，自觉谢绝出席剪彩、庆祝会、纪念会、庆典等活动；改进调查研究，部门随行人员都未超过5人，会领导带头深入企业一线，带头在基层吃工作餐、不接受超标准接待；在全国工商联网站开通了意见箱；严格规范外事出访，党组成员主动取消自己带队的出国团组，全年出国团组比年初计划减少了18%，比2012年团组数减少了27%，出访人次降低48%。坚持把建章立制作为治本之策，遵循行得通、指导力强、长期管理和科学、依法、务实原则，加强制度建设。系统梳理机关原有86项制度，重点查找现行制度体系与中央新精神不相符合、与机关实际不相适应、制度建设空白点等缺陷和不足，着眼用制度管权管事管人，从机制上祛除“四风”滋生土壤，最终确立了修订36项、废止16项、新建8项制度的建设计划。（余法琴）

【全哲洙同志在全国工商联深入开展党的群众路线教育实践活动动员大会上的讲话】

同志们：

中央决定从今年下半年开始，用一年左右的时间，在全党深入开展党的群众路线教育实践活动。今天，我们召开动员大会，认真学习贯彻《中共中央关于在全党深入开展党的群众路线教育实践活动的意见》和党的群众路线教育实践活动工作会议精神，对全国工商联教育实践活动进行动员部署。按照中央统一安排，以张玉台同志为组长、苏泽林同志为副组长的中央督导组，负责对全国工商联教育实践活动进行指导、督促和检查。让我们对张玉台同志、苏泽林同志和中央督导组全体同志前来指导工作表示热烈的欢迎！

一会儿，张玉台同志将作重要讲话，我们要认真学习领会，并贯彻落实到整个活动过程中。下面，我讲三点意见。

一、注重提高认识

在全党深入开展以为民务实清廉为主要内容的群众路线教育实践活动，是以习近平同志为总书记的党中央坚持从严治党、加强党的建设的重大决策，是顺应人民群众期盼、加强学习型服务型创新型马克思主义执政党建设的重大部署，是推进中国特色社会主义的重大举措。作为党领导的人民团体和商会组织，全国工商联组织开展党的群众路线教育实践活动，对促进非公有制经济健康发展和非公有制经济人士健康成长，加强和改进新形势下工商联工作，具有重大而深远的意义。

党的十八大提出了“两个一百年”的奋斗目标。十八大后，习近平总书记又提出中华民族伟大复兴的中国梦。实现这些宏伟目标，需要团结凝聚最广泛的力量去奋斗、去开创。非公有制经济是社会主义市场经济的重要组成部分，非公有制经济人士是中国特色社会主义事业建设者，都汇聚成为重要的中国力量。近年来，我们在团结非公有制经济人士和服务非公有制企业方面积极探索，取得了一些成果，积累了一些经验。但对照党的群众路线要求和非公有制经济人士期待，我们的工作依然存在较大差距。有的党员干部对非公有制经济人士了解不多，交朋友有顾虑，缺少信任和理解；有的党员干部群众工作能力不足，不善于和非公有制经济人士沟通交流，缺少解疑释惑、解决问题的实招。在工商联开展党的群众路线教育实践活动，是加强和改进非公有制经济人士思想政治工作的一次重要实践，是新形势下党的群众工作的一次深入探索，有利于工商联更好地发挥党和政府联系非公有制经济人士的桥梁和纽带作用，更好地发挥政府管理服务非公有制经济的助手作用，为实现中华民族伟大复兴的中国梦作出新贡献。

工商联事业是中国特色社会主义事业的重要组成部分。在60年的发展历程中，特别是改革开放以来，工商联组织之所以能在我国经济、政治、文化、社会生活中发挥不可替代的作用，根本上在于坚持党的领导，以改革创新精神抓好机关党建工作，下大力气抓好干部队伍建设，确保党和国家的决策部署在工商联工作中的贯彻落实，确保工商联事业发展的正确方向。但我们必须清醒地看到，习近平总书记列举的形式主义、官僚主义、享乐主义、奢靡之风等“四风”问题在党组领导班子、机关部门、直属单位和党员干部身上或多或少地都有所表现。在工商联开展党的群众路线教育实践活动，会更加促使我们自我净化、自我完善、自我革新、自我提高，不断增强正视解决自身问题的勇气和决心，加快把工商联建设成为政治坚定、特色鲜明、机制健全、服务高效、作风优良的人民团体和商会组织。

二、扎实开展活动

中央已经对全党的群众路线教育实践活动作出统一部署，我们也结合实际制订了实施方案。要确保教育实践活动取得实效，就必须准确把握中央精神，把“规定动作”做到位，又要紧密结合自身特点，探索富有特色的“自选动作”。

（一）把握好中央要求

这次在全党开展的教育实践活动，主要内容是“为民、务实、清廉”，重点是县处以上领导机关、领导班子和领导干部，要解决的根本问题是党和人民群众的关系问题。通过活动，教育党员干部特别是领导干部，强化宗旨意识，树立群众观点，保持党同人民群众的血肉联系。活动要达到的目标要求是党员干部思想进一步提高、作风进一步转变、党群干群关系进一步密切、为民务实清廉形象进一步树立，总要求是“照镜子、正衣冠、洗洗澡、治治病”，切入点是贯彻落实中央八项规定精神，聚焦点是加强作风建设，坚决反对形式主义、官僚主义、享乐主义和奢靡之风这“四风”。活动的基本原则是坚持以正面教育为主，坚持以整风精神开展批评和自我批评，坚持讲求实效，坚持分类指导，坚持领导带头。活动确定了三个“规定动作”，基础环节是学习教育、听取意见，关键环节是查摆问题、开展批评，根本环节是整改落实、建章立制。我们要自觉把思想认识统一到中央重大部署上来，把中央精神学习好、把握好、贯彻好。

（二）突出工商联特色

全国工商联开展群众路线教育实践活动，要紧密结合实际，体现自身特色，丰富活动内容，创新活动载体。

一要充分发挥“坚定理想信念、切实转变作风、促进两个健康”活动的载体作用。2013年5月至10月，中央统战部与全国工商联开展以“民营企业家与中国梦”为主题，以增强非公有制经济人士对中国特色社会主义的信念、对党和政府的信任、对企业发展的信心为主要内容的理想信念教育实践活动，要求各级工商联机关同步进行。刚刚结束的全国工商联十一届一次常委会，专题研究如何深入推动理想信念教育实践活动，特别强调要以党的群众路线教育实践活动引领、深化、推进理想信念教育实践活动。我们在群众路线教育实践活动中，提出以“坚定理想信念、切实转变作风、促进两个健康”为活动载体，就是缘于理想信念教育实践活动与群众路线教育实践活动在对党员干部的要求方面有着共同的出发点和落脚点，主要目的都是进一步坚定理想信念，牢固树立宗旨意识和群众观点，增强贯彻党的群众路线的自觉性和坚定性。因而将两项活动统筹起来，使其互相融合，互相促进。这也是全国工商联开展群众路线教育实践活动的一个鲜明特色。

二要向非公有制经济人士开门搞活动。这次开展群众路线教育实践活动，中央强调要让群众来参与、来监督、来评判。我们要更加注重基层与群众，眼向下看，脚向下走，拜群众为师，虚心向非公有制经济人士学习；坚持深入企业发现问题，学会从基层寻找解决问题的办法，继续密切与广大非公有制经济人士的联系。我们将在7月下旬召开全国工商联十一届二次常委会议，专门听取省级工商联、企业家常委和有关方面意见。在活动中，我们还将请民营企业家到机关作报告，结合非公有制企业创新驱动调研、外事服务走出去调研、县级工商联组织建设会议、感恩革命老区延安行、光彩西藏行、光彩赣南行等活动，广泛听取意见建议，增强活动的实践特色。

三要努力提高干部素质能力。非公有制经济人士是改革开放后出现的新的社会阶层，是新形势下党的群众工作的新领域。做好他们的工作，事关党执政的群众基础和社会基础，事关经济社会的长远发展。近年来，为做好非公有制经济人士这一部分群众的工作，我们着重以健全制度为根本，以能力建设和作风建设为重点，提出加强政治把握能力、调查研究能力、群众工作能力、落实推进能力要求，不断探索培训教育、岗位锻炼、基层锻炼等干部能力建设途径。根据形势发展需要，2013年又提出了在工作实践中进一步培养干部系统思维、辩证思维和创新思维的新要求。我们要通过开展这次群众路线教育实践活动，从理论与实践的结合上，深入研究做好非公有制经济人士工作与巩固党执政的群众基础和社会基础的内在联系，深刻把握非公有制经济人士工作的规律特点，切实做好非公有制经济人士工作。

（三）高标准完成三个环节

在活动中，我们必须按照中央要求，正确掌握方法步骤，既把握各个环节活动的内容要求，又注重整个活动的连贯性、一致性，保证活动扎实有效推进。

第一，学习教育、听取意见环节要“求深”。学习领会是否深刻、听取意见是否深入，是衡量这一“基础”环节成效的主要标准。要把加强思想理论武装摆在第一位。通过党组中心组学习、支部学习，以及专题讲座、企业家报告、个人自学等灵活多样、务实管用的方式，组织党员干部深入学习中国特色社会主义理论体系、党章和十八大报告、习近平总书记等中央领导同志的重要讲话精神，认真学习《论群众路线——重要论述摘编》《党的群众路线教育实践活动学习文件选编》《厉行节约反对浪费——重要论述摘编》，切实在精心研读、深入思考上下功夫。分别组织机关和直属单位干部、离退休老同志、非公有制经济人士座谈会，组织党员干部深入企业、深入基层、深入群众倾听“原声带”，切实了解需要解决的突出问题。

第二，查摆问题、开展批评环节要“求严”。能否体现整风精神，是衡量这一“关键”环节成效的主要标准。要组织开好高质量的专题民主生活会，围绕“为民、务实、清廉”要求，认真查摆个人、领导班子、本部门本单位在作风方面存在的突出问题，撰写对照检查材料，进行党性分析和自我剖析，开展批评和自我批评。我们要抓住反对“四风”这个要害，认真查找差距和不足。查找差距既要联系工作实际，又要触及思想灵魂，正视矛盾和问题，不避重就轻，不回避矛盾，正面回应干部群众所提意见，提出实实在在的整改措施。

第三，整改落实、建章立制环节要“求实”。整改是否扎实、措施是否务实，是衡量这一“根本”环节成效的主要标准。要紧扣“为民、务实、清廉”要求，落实好正风肃纪的各项措施和制度规定。针对突出问题制订整改任务书和时间表，明确整改落实目标、责任部门、责任人及整改时限，接受党员和群众监督。对能够解决的问题要抓紧解决，扎扎实实办几件看得见、摸得着、能够有效密切党群干群关系的实事好事。要重点建立与非公有制经济人士联系制度、干部作风建设考核制度，修订完善厉行节约、国内公务接待管理和外宾接待管理、公务用车配备使用管理、会议培训活动经费管理等制度，形成加强作风建设、密切联系群众的长效机制。

三、加强组织领导

开展党的群众路线教育实践活动是当前工商联的重大政治任务。我们要以高度的思想自觉和行动自觉，精心组织，认真实施，确保活动深入有序推进。

一要高度重视。以高度的政治责任感和使命感，将活动摆上重要议事日程，周密安排，狠抓落实。党组是抓好全国工商联教育实践活动的责任主体，我作为党组书记是第一责任人。动员会结束后，各党（总）支部要结合各自实际情况，抓紧研究制订活动方案，迅速行动起来，严肃认真、不折不扣地贯彻落实中央要求。

二要领导带头。党组成员、各党（总）支部主要负责同志，要始终坚持高标准、严要求，先学一步，先行一步，既当好活动的组织者，又当好参与者和示范者，力争认识高一层、学习深一步、实践先一着、解决问题好一筹。要坚持上级带下级、主要领导带班子成员、领导干部带一般干部，一级抓一级，层层抓落实。

三要统筹兼顾。当前，任务叠加是工作的常态，要学会“弹钢琴”，善于抓住主要矛盾和矛盾的主要方面，以重点工作的突破和难点问题的解决带动各项工作，以党的群众路线教育实践活动引领、带动各项工作整体推进，防止“两张皮”，做到两结合、两不误、两促进。

四要督促检查。全面落实中央要求，着力解决突出问题，必须加强督促检查。我们要虚心接受中央督导组的工作指导和监督，全力配合好工作。机关督导组要全程督导直属单位的教育实践活动。各直属单位所在领域不同，人员结构不同，面临的实际情况和需要解决的问题也有所不同，要加强分类指导和具体指导，防止简单照搬、“一刀切”。

同志们，开展党的群众路线教育实践活动，意义重大、责任重大。我们要在中央督导组的指导下，以高度的政治责任感、良好的精神状态、扎实的工作作风，把教育实践活动抓紧抓好抓出成效，为促进两个健康、推动工商联事业蓬勃发展提供坚强有力的保证，为实现十八大确定的奋斗目标和中华民族伟大复兴中国梦贡献力量。

【全国工商联党的群众路线教育实践活动总结】按照中央对第一批党的群众路线教育实践活动的部署要求，在中央第23督导组的具体指导下，全国工商联党组站在为推进具有新的历史特点的伟大斗争、实现“两个一百年”目标做思想准备、组织准备和作风准备的高度，从保持党的纯洁性和先进性，加强和改进新形势下工商联工作等方面深刻认识开展教育实践活动的重大意义。自2013年7月至2014年1月，认真贯彻“照镜子、正衣冠、洗洗澡、治治病”的总要求，聚焦反对形式主义、官僚主义、享乐主义和奢靡之风，以坚定理想信念、切实转变作风、促进两个健康为载体，深入开展了党的群众路线教育实践活动，机关和直属单位310余名党员干部全程参加。通过这次教育实践活动，党员干部思想认识进一步提高、作风进一步转变、促进非公有制经济健康发展和非公有制经济人士健康成长的能力水平进一步提升。

一、主要做法

党组对教育实践活动高度重视，严格按照中央部署安排，一步一步扎实抓好三个环节的落实，同时又注重将各环节工作有机结合，有序衔接，紧密联系工商联实际，把学习教育听取意见、查摆问题开展批评、整改落实建章立制贯穿活动全过程，做到“规定动作”扎实到位，“自选动作”富有特色。

1. 把理论学习摆在首位

党组把理论学习作为抓好教育实践活动的根本，在每一个环节都强调把学习摆在首位，带头加强理论武装。先后召开16次党组会议、3次中心组学习（扩大）会议，多次利用晚上、节假日集体组织开展学习讨论，深入学习中国特色社会主义理论体系、党章、十八大报告、十八届二中全会和三中全会精神、党的政治纪律，通读活动指定书目。党组集中3天时间以中心组学习扩大会的形式，组织全体党员干部认真学习领会习近平总书记系列讲话精神。邀请专家作“加强作风建设坚持群众路线”专题报告，学习三中全会精神辅导报告等。同时，结合工商联党员干部思想和工作实际，组织学习习近平等中央领导同志对非公有制经济人士思想状况调研报告的重要批示，学习李克强、俞正声、马凯等中央领导同志对《国务院关于鼓励和引导民间投资健康发展的若干意见》（以下简称“民间投资36条”）和《国务院关于进一步支持小型微型企业健康发展的意见》（以下简称“小微企业29条”）第三方评估报告的重要批示，进一步深入学习贯彻《中共中央国务院关于加强和改进新形势下工商联工作的意见》（以下简称中央16号文件）。在党组的带动下，机关和直属单位各党（总）支部开展了丰富多彩的学习活动，有的将优秀党员领导干部先进事迹整理汇编成学习材料，有的读经典学原著，有的深入企业、深入基层走访座谈。大家反映这次学习教育不仅深入，而且富有实践性，有效帮助党员干部进一步提高了思想认识。

2. 把开门搞活动贯穿始终

开门搞活动既是中央对教育实践活动提出的明确要求，也是工商联以好的作风开展活动的重要措施，党组始终要求并率先坚持全程向干部群众、向基层、向广大非公有制经济人士开门搞活动。开门征求意见建议，党组先后召开4次座谈会，分别征求党员代表、离退休老同志、非公有制经济人士代表、直属商会、机关各部门和直属单位负责人意见建议；专门召开全国工商联十一届二次常委会议，直接听取地方工商联和非公有制经济代表人士意见建议，向全国31个省级工商联书面征求意见；党组成员带队赴辽宁、贵州、吉林、海南、青海、宁夏等地，带头深入民营企业和基层组织，倾听“原声带”。各党（总）支部灵活采取开门形式，有的向地方工商联发放调查问卷，有的到直属商会或企业座谈，有的向已建立合作机制的部委征求意见建议。开门查摆问题，党组对照检查材料先后4次征求干部群众意见，专题民主生活会后及时向机关和直属单位通报情况，并通过《中华工商时报》报道。在《全国工商联党组党的群众路线教育实践活动整改方案》《全国工商联“四风”突出问题专项整治方案》《全国工商联党组贯彻党的群众路线制度建设计划》（简称两方案一计划）制订过程中，召开不同层面、不同类型4次座谈会、3次印发各党（总）支部征求意见建议，请干部群众广泛参与研究制订，一起抓贯彻落实。党外会领导全程参与，与他们深入谈心交心征求意见，邀请他们列席党组和其所分管部门支部的专题民主生活会，请他们与党组成员一起研究制订整改方案，牵头落实整改任务。向他们及时通报整改情况，请他们对每一环节效果作出评价。以群众满意作为检验活动成效的标准，在教育实践活动每一环节即将结束时都组织“回头看”，请群众评议活动实效。

3. 以整风精神开展批评与自我批评

运用好批评与自我批评这一有力武器，是贯彻整风精神的关键。一是广泛开展谈心谈话。在专题民主生活会前，党组书记全哲洙同志带头与班子成员、党外会领导、非公有制经济代表人士、退休老同志、各部门主要负责人和普通干部深入谈心交心。党组成员相互之间、与分管部门和直属单位负责人之间开展谈心谈话100余次，党组还专门开展集体谈心交流，将准备在专题民主生活会上提出的批评意见谈通谈透。二是深入查摆问题。党组提出要对照党章和中央八项规定、群众期盼、基层反映、先进典型和历史实践五面镜子查摆问题，全哲洙同志主持撰写党组对照检查材料，先后8次集体研究讨论，反复修改20余稿，查摆出“四风”方面12个突出问题。党组成员亲自动手撰写并多次修改个人对照检查材料，全哲洙同志还利用国庆假日认真审核，帮助修改，严格把关。三是召开专题民主生活会和组织生活会。2013年10月17日党组召开专题民主生活会，对遵守党的政治纪律、落实中央八项规定精神、转变作风情况以及“四风”方面存在问题逐一进行检查，对群众反映和上级点明的问题一一回应；党组成员之间不回避问题，敢于亮短揭丑，开门见山，直奔主题，抓住要害，开展批评，相互指出了16个突出问题；从理想信念、宗旨意识、党性修养以及政绩观、权力观、世界观等方面剖析思想根源，提出努力方向和整改措施。中央督导组认为，全国工商联查摆提出的问题符合自身实际，具有单位特色，对专题民主生活会给予充分肯定，认为党组学习领会中央精神深刻，党组和党组成员的对照检查材料质量都比较高，贯彻和体现了整风精神，达到了解决问题、增进团结的目的。机关和直属单位各党（总）支部分别召开了专题民主生活会和组织生活会，党组成员分别参加了所联系支部的专题民主生活会，159名处级以上党员领导干部开展了批评与自我批评，有的支部提出了116条批评意见建议。一些同志深有感触地说，批评与自我批评的优良作风又回来了。

4. 边查边改取信于群众

党组不断以看得见、摸得着的整改成果，回应群众期盼。一是即知即改。针对有群众反映工作中存在的行政化、机关化等问题，党组立即着手对会风文风、调查研究、服务群众、外事出访等方面存在的突出问题进行整改。改进了全国工商联执委会议、常委会议安排，缩短会期；把原定在郊区宾馆召开的年度务虚会改在机关举行；

会领导带头讲短话、开短会，严格按照八项规定要求不参加剪彩、庆祝会、纪念会、庆典等活动；改进调查研究，明确没有调查研究、没有征求基层干部群众意见的重要工作事项，主席办公会议和党组会议一律不研究；会领导每人确立一个县级工商联和一个商会作为联系点；严格执行出国访问任务计划和行程，在2013年出国团组计划比2012年减少4个的基础上，会领导又带头削减自己带队的出国团组，全年实际团组数量比2012年减少50%，出国人次减少38%。二是专项整治。从2013年11月初开始，以改进文风会风、严肃工作纪律、坚持厉行节约为主要内容进行专项整治，集中解决重点难点问题。针对会议管理不规范问题，制订有关会议费管理办法，实行分类定点管理。集中对全年发文情况进行检查，加强机关干部日常工作纪律检查，开展廉政纪律情况检查。围绕贯彻党政机关厉行节约反对浪费有关规定，采取了严格控制公务接待标准、推行机关餐饮科学管理和成本核算、强化公务车辆精细化管理等一系列节约措施。

5. 结合实际改进工作

促进两个健康是工商联开展教育实践活动，坚持群众路线、改进作风的出发点和落脚点。一是党组坚持把群众路线教育实践活动与非公有制经济人士理想信念教育实践活动结合起来，根据当前非公有制经济人士思想状况，以“民营企业家与中国梦”为主题，以“增强非公有制经济人士对中国特色社会主义的信念、对党和政府的信任、对企业发展的信心”为主要内容，进一步加强和改进非公有制经济人士思想政治工作，通过各地层层推荐，宣传了一批可信可比可学的非公有制经济先进典型。二是针对群众反映我们对推动打破“玻璃门”“弹簧门”“旋转门”等制约非公有制经济发展的问题，力度还不够大，效果还不够明显等问题，积极推动改善非公有制经济发展环境，开展“民间投资36条”和“小微企业29条”贯彻落实情况的第三方评估，与最高人民检察院、国家发改委、国家统计局等部门建立部际合作机制，分别与国家发改委、工信部、中编办、科技部共同举办民营企业座谈会，听取激发民间投资活力、促进中小企业发展、减少行政审批等方面的意见建议；参与有关部委组织的中小企业促进法修改、社会组织体制改革等15项工作。完善非公有制经济调查研究系统，对3000多家中小微企业实施监测，深入了解企业实际情况与诉求。三是大力改进对基层工商联的指导，召开全国县级工商联建设经验交流会，在基本完成县级工商联“一个设立、五个有”阶段性目标任务的基础上，全面部署领导班子好、会员发展好、商会建设好、作用发挥好、工作保障好的“五好”县级工商联建设任务。深入基层商会、地方工商联开展调查研究，面对社会组织管理制度改革给商会建设带来的新机遇与新挑战，与国办、中编办、国家发改委、民政部、国务院法制办等相关部委深入交换意见，积极发挥工商联职能作用，不断提高商会服务能力和水平。与人力资源和社会保障部共同召开全国工商联系统先进集体和先进工作者表彰大会，表彰对象向基层工商联和处级以下干部倾斜，充分调动基层同志的工作热情和积极性。

6. 建章立制巩固成果

建章立制是解决作风问题顽固性、反复性的有效措施。党组坚持从群众最关心、反映最集中的地方入手，从整治“四风”最突出的问题抓起，坚持务实管用的原则，以改革创新精神推进制度建设。提高针对性，党组坚持问题导向，努力从制度机制层面上把握“四风”问题根源，找出现行制度机制的缺陷和不足，明确了工商联制度建设的重点和内容。提高可行性，在每一项制度起草前，都要组织有关部门深入基层、企业和干部群众当中进行调查研究，进一步了解基层实际需要和当前制度建设的现实条件以及长远发展需要，确保制度建设可行管用能持久。在反对形式主义方面，修订了《全国工商联公文处理办法》《全国工商联新闻发布制度》《全国工商联科学技术奖励办法》等，新建了《全国工商联调查研究工作制度》《全国工商联新闻宣传报道制度》《全国工商联会议费管理办法》等，废止了《全国工商联机关非编号文件处理办法》《全国工商联机关公文处理办法》《全国工商联关于进一步精简文件和简报的实施意见》等。在反对官僚主义方面，修订了《全国工商联优秀调研成果评选办法》《全国工商联外事工作管理规定》《全国工商联机关干部教育培训办法（试行）》等，废止了《全国工商联直属会员服务和管理办法（试行）》等。在反对享乐主义方面，修订了《全国工商联内部审计工作规定（试行）》《全国工商联机关工作人员考勤和请假管理暂行规定》《关于做好全国工商联机关工作人员年休假工作的通知》等，新建了《全国工商联机关和直属单位领导干部个人有关事项报告实施细则》等。在反对奢靡之风方面，修订了《全国工商联领导出访出差和迎送规定》《全国工商联机关财务支出审批办法》《全国工商联机关固定资产管理办法》等，新建《全国工商联机关合作性项目经费管理办法》等，废止《关于规范我会接待来访有关规定》《全国工商联机关招待用餐规定》等。进一步强化执行制度的严肃性，牢固树立"执行制度没有例外"的观念，明确执行制度的标准和责任要求，定期开展专项检查。

中央第23督导组肯定了我们的做法，张玉台同志指出，全国工商联教育实践活动规定动作扎实到位，自选动作有特色亮点。党组领导同志带头，多渠道征求广大党员干部的意见，对照党章、对照廉政准则、对照中央关于改进作风要求、对照群众期盼、对照先进典型，联系全国工商联实际，查摆"四风"方面存在的突出问题。全国工商联的教育实践活动带动了非公有制经济人士理想信念教育实践活动，开展的民间资本进入金融领域调研、促进小微企业发展政策落实情况评估等工作，具有较强的实践特色，体现了中央精神，符合全国工商联实际。

二、主要成效

在党组领导下，活动领导小组办公室和各党（总）支部切实负起责任，精心组织，扎实推进，全国工商联党的群众路线教育实践活动基本实现预期目标，取得了较好的思想认识成果、工作实践成果、制度建设成果。

1. 党员领导干部思想认识有了新提高

通过开展教育实践活动，党员领导干部普遍受到一次深刻的马克思主义群众观点和党的群众路线教育。一是理想信念更加坚定，遵守政治纪律的意识普遍增强。通过系统的理论学习教育，广大党员领导干部进一步加深了对中国特色社会主义理论体系的理解，增强了对中国特色社会主义的道路自信、理论自信、制度自信，进一步准确把握三性有机统一基本特征、两个健康工作主题、团结服务引导教育工作方针等工商联工作重大问题，提高大局意识和责任意识，工商联全面贯彻落实中央重大决策部署的自觉性进一步增强，教育引导广大非公有制经济人士树立起坚定不移走中国特色社会主义道路，不走老路邪路的信念。许多同志说，通过学习习近平总书记在全国总工会新一届领导班子成员集体谈话时的重要讲话，更加深刻地理解了在全面深化改革的关键时期强化政治纪律的重大意义，工商联作为党领导的人民团体和商会组织，在坚持正确政治方向问题上必须头脑十分清醒、立场十分坚定、行动十分坚决，提高了在大是大非面前的政治敏锐性和鉴别力。二是宗旨意识和群众观点牢固树立。通过深入企业、深入基层，深入非公有制经济人士中走访座谈，广大党员干部更加深刻地认识到，非公有制经济人士是党执政的群众基础和社会基础，服务引导非公有制经济人士是工商联践行全心全意为人民服务根本宗旨的具体内容。党组要求今后主席办公会和党组会研究重大决策，必须首先征求基层干部群众和广大非公有制经济人士的意见，确保决策符合群众根本利益。党员干部普遍主动了解非公有制经济人士"受信任、盼改革、要公平、求安全、谋发展"的关切和期盼，主动努力为非公有制经济健康发展尽心出力，进一步增强促进两个健康的责任感、使命感和荣誉感。三是反对"四风"的自觉性进一步增强。有的党员领导干部原来认为工商联作为人民团体没有多少"四风"问题，在听取意见查摆问题过程中，一些基层同志和非公有制经济人士反映我会会议活动安排过于频繁，实效性不强，给一些地方工商联和企业增添负担；有的指出机关干部到欠发达地区、去小微企业指导帮助较少；还有的认为领导干部与非公有制经济人士交往缺乏主动性，在思想上顾虑多，不愿或不会与非公有制经济人士特别是发展遇到困难的企业家交流。这些意见使党员领导干部深受触动，对工商联"四风"问题和产生根源有了更为清醒的认识，进一步增强了加强作风建设的思想自觉和行动自觉。许多同志表示，要从自身做起，从现在做起，自我完善，自我革新，筑牢反对"四风"的防线。

2. 机关建设有了新变化

在活动中“四风”问题得到有效遏制，机关面貌有了明显改观。一是领导班子自身建设得到加强。这次活动，各级领导班子都受到一次深刻的民主集中制教育和严格的党内政治生活锻炼。领导带头坚持党性原则、带头发扬民主的自觉性增强，党内生活质量明显提高，对批评与自我批评是防身治病的重要武器有了更加清醒的认识。议事程序进一步规范，决策的科学化水平得到提高，与党外会领导加强团结，进一步形成齐心合力共谋发展的生动局面。领导班子与广大干部群众的互动交流更加频繁，形式更加活泼，通过参加青年干部沙龙、老干部接待日等活动，与群众增进了解，帮助解决具体问题，干群关系更加密切。二是“四风”突出问题专项整治取得显著成效。会议管理和活动统筹进一步加强，严格遵守会议费综合定额标准，明确每年二类会议除执委会议、常委会议以外，最多只安排1个，精简了25%的三类会议；清理评比达标项目1个；建成覆盖省级工商联的视频会议系统，会议活动增强了实效，提高了效率。全面清理机关信息内刊，停办简报2种，精简文件85份、简报180份，同比分别下降17%、77%，文件简报指导性、针对性进一步增强。严肃工作纪律，8次抽查通报机关各部门考勤、出席会议等情况，出勤和会议纪律情况明显改观。坚持厉行节约，封存和上交公务车辆占全部车辆的12.5%，领导接待经费支出同比降低43%，机关餐厅餐饮成本同比降低16.7%、车辆维修费用同比降低5%，形成了勤俭节约、反对浪费的浓厚氛围。三是机关干部作风出现新变化。机关干部主动运用“从群众中来，到群众中去”的认识论和方法论，继续坚持“面向基层、重心下移、抓大扶小”的工作思路，切实提高政治把握能力、调查研究能力、群众工作能力和落实推进能力。机关干部学习氛围更加浓厚，工作秩序更加规范，工作纪律得到加强，有效克服慵懒散现象。遵章守纪、加强廉洁自律的自觉性和紧迫性进一步增强，没有发现违反八项规定精神请客吃饭、收受土特产品等问题。2013年11月，党组组织群众路线教育实践活动“回头看”，在机关党员干部和直属单位负责人中进行评价调查，99.6%的同志认为本人思想认识得到提高，92.7%的同志认为本人宗旨意识、群众观念得到强化，97.8%的同志认为活动征求意见充分，96%的同志认为谈心交心深入广泛，96.4%的同志认为专题民主生活会自我批评揭短亮丑、相互批评动真碰硬，82.1%的同志认为干部作风有所改善，79.6%的同志认为边查边改成效明显。

3. 制度建设有了新成果

立足现实、着眼长远，建立完善作风建设的长效机制。一是建立配套完善的制度体系。系统梳理机关原有86项制度，突出解决在会议管理、文件管理、项目经费管理、密切联系非公有制经济人士、干部队伍建设、机关文化建设等方面制度机制不完善不配套问题。截至2013年底，已修订21项制度、新建6项制度、废止16项制度，保障和促进工商联事业科学发展的制度体系正逐步完善。二是围绕反对“四风”加强制度约束，祛除“四风”滋生土壤。在反对形式主义方面，从加强理论学习，深入调查研究，改进思想政治工作，增强服务企业实效等方面，修订和新建了8项制度，废止了9项制度；在反对官僚主义方面，从密切联系非公有制经济人士，加强对基层工作指导等方面修订、新建了8项制度，废止了3项制度；在反对享乐主义方面，从增强开拓进取意识、加强廉洁自律等方面，修订、新建了7项制度，废止了2项制度。在反对奢靡之风方面，从带头落实中央八项规定精神，发扬艰苦奋斗、勤俭节约优良传统等方面，修订、新建了4项制度，废止了2项制度。三是形成有效监督机制。加强对制度建设的宣传教育，组织干部群众认真学习执行制度，铭记制度的各项规定。充分发挥领导干部的示范作用，从每一件小事、具体工作做起，带动群众形成崇尚制度、严格执行制度的良好习惯。定期开展专项检查，加强对执行制度情况进行监督，时刻维护制度权威，机关党委、纪委充分发挥正风肃纪等作用，依靠监督机制提高党员干部执行制度的自觉性。

4. 服务两个健康取得新突破

注重教育与实践相结合，在活动中不断创新工作方式方法，拓宽工商联服务两个健康的渠道和途径。一是把非公有制经济人士理想信念教育实践活动与党的群众路线教育实践活动统筹起来，互相融合、互相促进，把解疑释惑与排忧解难相结合，创新了非公有制经济人士思想政治工作的内容、机制和方式，提高了新形势下做好这一特殊群众工作的能力水平。把增强非公有制经济人士对中国特色社会主义的信念、对党和政府的信任、对企业发展的信心和对社会的信誉作为理想信念教育实践活动的主要内容，深化了对新时期非公有制经济人士思想政治工作的规律性认识。发挥非公有制经济人士的主体作用，充分调动基层商会、非公有制经济人士的积极性创造性，使其参加理想信念教育实践活动，扩大了工商联群众工作的覆盖面。二是开展“民间投资36条”和“小微企业29条”贯彻落实情况的第三方评估，与多个部委建立部际合作机制，探索创新服务非公有制经济的工作机制，既为非公有制经济发展做了实事，又为党委政府了解政策落实情况提供了新途径。三是组织非公有制企业参加光彩事业安徽六安行、西藏行、江西赣州行、民企陇上行、入桂行和感恩革命老区延安行等活动，累计签约项目近1400个，签约金额为11600多亿元，公益捐赠累计超过1.4亿元，树立了非公有制经济人士的良好社会形象。四是在全国90.5%以上的县级工商联实现“一个设立、五个有”，基本解决了软弱涣散问题的基础上，进而提出“五好”县级工商联建设的新任务新要求，不断探索中国特色商会建设的新途径新手段，创新了指导服务基层的方式方法。在2012年底召开的全国工商联十一届二次执委会议上，许多企业家反映，群众路线教育实践活动开展以来，全国工商联机关面貌发生了很大改变，更加关心基层和中小微企业，更加主动地帮助企业解决困难，工作重点突出，效果明显，大家都将工商联视为广大非公有制经济人士值得信赖的“娘家”。

全国政协副主席、中央统战部部长令计划最近到全国工商联调研时，充分肯定我会群众路线教育实践活动，认为全国工商联领导班子政治上很强，工作上很实，作风上很硬，开展党的群众路线教育实践活动扎实有效，领导班子非常认真、非常深入、非常严格，发挥了表率作用。通过这项活动的开展，整个工商联机关的面貌，特别是党员干部的精神状态发生了很大变化。

这次群众路线教育实践活动虽然取得了较大成绩，但我们也清醒地看到仍然存在一些问题和不足。有的党员领导干部理论学习还存在不系统不深入的现象，需要进一步加强思想理论武装，在坚定理想信念、强化政治纪律、增强宗旨意识和群众观点上下功夫；密切联系非公有制经济人士方面还存在具体方式方法不多、不实的现象，需要进一步探索创新，增强针对性和有效性；开展活动还存在不平衡的现象，需要进一步加强各党（总）支部建设，切实发挥好战斗堡垒作用；对新实行的制度还存在监督检查机制不到位的现象，需要进一步加大力度改进作风，确保制度的刚性约束，防止“四风”问题反弹。

三、几点体会

这次教育实践活动是弘扬党的优良作风的生动实践，是工商联在新的历史时期经历的一次严肃的党内生活锻炼，进一步提高了我们对作风建设的规律性认识。

1. 必须坚持发挥党组的领导核心作用和各级领导干部的带头表率作用

全国工商联党组作为这次活动的责任主体，充分发挥了领导核心作用。全哲洙同志作为第一责任人，始终坚持高标准、严要求，对每个环节每项工作亲力亲为作出示范；党组全体同志和机关各部门、直属单位负责同志在当好活动的组织者、推动者的同时，真正起到引领和示范作用。我们体会到，各级领导干部特别是一把手带头是保证活动顺利开展的关键，也是加强作风建设的关键。在今后的作风建设中，必须加强党组和各级领导班子的自身建设，坚持一把手带头，发挥好领导干部的带动示范作用。

2. 必须坚持教育和实践有机统一，把加强作风建设和两个健康工作实践紧密结合起来

这次活动，我们把非公有制经济人士理想信念教育实践活动作为工商联贯彻落实马克思主义群众观点和党的群众路线的生动课堂，群众路线教育实践活动引领、深化、推进了理想信念教育实践活动等工商联重点工作，理想信念教育实践活动和工商联工作的整体推进又体现、丰富和扩大了群众路线教育实践活动的成效。我们体会到，作风建设与工作实践相辅相成，必须自觉地把两个健康工作实践和加强作风建设有机结合起来，把良好的作风贯穿于促进两个健康的工作实践中，又通过工作实践来检验作风建设，实现两结合两促进。

3. 必须坚持尊重人民群众的主体地位，把群众的参与监督评判作为衡量作风建设和工作质量的重要标准

这次活动，我们把开门搞活动作为一项基本原则和基本工作方式，把密切联系、真诚服务非公有制经济人士作为反对“四风”的重要举措。“从群众中来，到群众中去”既是加强作风建设的基本要求，也是做好两个健康工作的根本工作路线。必须充分尊重非公有制经济人士的主体地位和首创精神，把他们的呼声作为改进工作和转变作风的重要信号，从他们的思想状况和现实需求入手，及时、全面地了解和掌握他们的所思所想所忧所盼，使我们的引导工作更加符合他们的群体特点，服务更加贴近他们的实际需要，以他们满意不满意、欢迎不欢迎作为评判工作成效、作风建设的重要标准，更好地发挥党和政府联系非公有制经济人士的桥梁纽带、政府管理和服务非公有制经济的助手作用。

4. 必须坚持从工商联统战性组织的实际出发，充分发挥党外会领导的作用

这次活动，党组根据工商联领导班子中既有中共党员又有党外人士的特点，注重充分发挥党外会领导在作风建设中的作用。我们体会到，充分运用统一战线的工作方式方法，加强与党外会领导的沟通交流与合作，充分发挥他们的监督作用，有利于党组及时发现问题、改进作风、加强自身建设。我们必须坚持与党外同志团结共事，充分发挥党外会领导的积极作用，虚心向他们学习，认真听取意见建议，自觉接受监督，真心诚意地请他们帮助我们改正工作中的缺点和不足。

5. 必须坚持问题导向狠抓整改，用制度建设确保实效

这次活动，我们坚持问题导向，注重制度建设，从根本上铲除“四风”问题的土壤和条件，防止改进作风成为“一阵风”。我们体会到，作风问题具有反复性和顽固性，解决现实问题是治标，建章立制是治本。必须立足当前、着眼长远，坚持标本兼治，既要从解决现实问题入手，又要找准症结、治根治本，建立完善各项制度，抓好制度宣传和落实，建立督促检查责任制，形成长效机制。

四、下一步主要任务

我们将着眼于巩固和发展教育实践活动成果，自觉把群众路线和反对“四风”的要求贯彻到促进两个健康的工作中，以作风建设新成效推动工商联服务科学发展和自身科学发展取得新进展。

1. 学习贯彻党的十八届三中全会和习近平总书记系列讲话精神，加强思想政治建设

要以良好的作风和整改落实的实际行动，贯彻落实党的十八届三中全会精神和习近平总书记系列重要讲话精神，进一步增强对中国特色社会主义的道路自信、理论自信、制度自信，进一步严格遵守政治纪律，坚决维护党中央权威，做到始终在政治上、思想上、行动上同以习近平同志为总书记的党中央保持高度一致。认真领会全面深化改革对工商联工作提出的新要求，在充分认识深化改革的重要性的同时，也要充分认识深化改革的复杂性、艰巨性。要以高度的政治责任感，自觉把改革创新贯穿于工商联工作的各个环节，团结凝聚广大非公有制经济人士积极参与全面深化改革的伟大实践，推动工商联事业上新台阶。

2. 深入开展理想信念教育实践活动，引导非公有制经济人士增强“四信”

当前有些企业诚信缺失，在产品质量、安全生产、劳动关系、环境保护、市场秩序等方面存在的问题严重影响民营企业家的整体形象。为此我们在引导非公有制经济人士增强对中国特色社会主义的信念、对党和政府的信任、对企业发展的信心的基础上，增加了“对社会的信誉”，将非公有制经济人士理想信念教育实践活动引向深入。强调把引导教育和自我服务相结合，最大范围地把非公有制经济人士吸引到工商联组织和工商联活动中来，善于把握非公有制经济人士队伍思想动向，善于进行政治引领和政策引导。在活动中防止推着干、被动干，避免出现上热下冷、上冷下热甚至上下都冷的现象，主要是防止上冷下热的问题。要积极开展工作，调动和激发广大非公有制经济人士实现民族复兴“中国梦”的正能量。

3. 切实提高服务水平，引导非公有制企业转型创新发展

服务引导非公有制经济持续健康发展，特别是服务民营企业加快技术创新，是工商联围绕中心服务大局的时代要求。要组织好强化企业技术创新驱

动政策在民营企业落实情况的第三方独立评估工作，在跟踪推进相关政策贯彻落实，进一步为支持民营企业技术创新营造良好发展环境的基础上，举全系统之力开展好中小微企业技术创新综合调研，围绕三中全会关于促进企业技术创新等新举措，从金融、财税、人才、科技体制和公共服务平台等方面问计于民，提出政策建议，积极推广各地技术创新典型案例和技术公共服务经验做法。继续引导民间投资健康发展，推动企业参与区域经济发展，引导企业集群式“走出去”，维护非公有制企业合法权益，利用互联网技术搭建服务平台，提高服务工作的质量和效率。

4. 改进对基层工作的指导服务，夯实工商联的组织基础

继续坚持抓基层、打基础的思路，积极协助地方党委政府深入推进中央16号文件在基层的贯彻落实。积极稳妥地推进“五好”县级工商联建设，落实会领导联系基层制度，深入所联系的县级工商联和商会了解情况指导工作，指导各地从实际出发切实加强县级工商联建设；采取培训交流、挂职锻炼等形式，加强基层工商联干部队伍建设。着眼于社会组织管理制度改革，开展商会工作综合调研，推动工商联直属商会进一步提升凝聚力和影响力，扩大会员覆盖面，在推动经济发展、加强行业自律、积极建言献策、更好服务会员、协同参与社会管理等方面发挥应有作用。改进会员发展工作，以壮大县级工商联和商会会员为着力点，大幅提高中小微企业会员比例，切实发挥非公有制经济人士的作用。

5. 继续以改革创新的精神全面加强领导班子建设，打造一支政治强、业务精、作风正的干部队伍

加大力度强化机关自身建设。一是进一步加强领导班子作风建设。深入贯彻落实反对“四风”和关于作风建设的要求。坚持和改进党组中心组学习，认真落实民主生活会制度，切实贯彻民主集中制，经常开展谈心谈话和批评与自我批评，坚决反对腐败，保持清正廉洁。进一步规范党组议事程序，充分发挥党组成员和党外会领导作用。落实会领导联系基层制度，深入所联系的县级工商联和商会了解情况指导工作，不断提高科学决策、民主决策、依法决策水平。特别是把联谊交友作为密切联系非公有制经济人士的重要途径，强化民主意识和民主作风，克服官僚主义，广交深交诤友挚友。二是要进一步加强机关制度建设。着眼于用制度管人管事管权，建立健全具有工商联特点的制度体系，充分听取非公有制经济人士和基层意见，继续完成教育实践活动提出的制度建设规划，强化对各项工作跟踪问效，加强督促检查，确保制度规定贯到末梢、落到实处，以严格有效的制度根治作风之弊、行为之垢，使反对“四风”制度化长效化。三是要进一步加强干部队伍建设。充分发挥机关党建和干部人事工作的引领和保障作用，落实“三会一课”制度和党（总）支部负责人“一岗双责”规定，坚持业务工作与思想工作一起抓；坚持德才兼备、以德为先的用人导向，用好的作风选拔作风好的干部；通过给岗位压担子、轮岗交流、挂职锻炼等途径，加快培养工作骨干；落实好干部学习培训计划和后备干部培养规划，切实转变思维方式，树立战略思维、系统思维、创新思维、辩证思维、底线思维，提升机关干部理论、政策和业务水平，全面提高干部队伍整体素质。（群众路线教育实践活动领导小组办公室文件组）

全国工商联成立60周年纪念活动

【召开全国工商联系统先进集体和先进工作者表彰会】2013年是全国工商联成立60周年。60年来，工商联在党的领导下，围绕经济建设中心，服务党和国家工作大局，充分发挥自身优势，

为我国经济社会发展作出了积极贡献。特别是改革开放以来，工商联继承和发扬优良传统，以邓小平理论和“三个代表”重要思想为指导，贯彻落实科学发展观，奋发向上，开拓创新，在促进两个健康工作中发挥了重要作用，为改革开放和现代化建设作出了新的贡献，涌现出一大批先进集体和个人。为表彰先进，树立榜样，激发工商联系统广大干部职工的积极性和创造性，进一步坚定中国特色社会主义共同理想信念，人社部、全国工商联决定在2013年开展全国工商联系统先进集体和先进工作者评选表彰活动。在评选表彰工作领导小组的领导下，推荐评选工作充分发扬民主，坚持公开、公平、公正原则，严格按照自下而上、差额评选、民主择优的方式进行，严格执行“两审三公示”制度，即实行初审和复审两次审核，分别在本单位、省级范围和全国范围公示。共评出北京市朝阳区工商业联合会等32个单位为“全国工商联系统先进集体”，汪涛等10名同志为“全国工商联系统先进工作者”。

2013年10月15日，人社部、全国工商联在北京联合召开全国工商联系统先进集体和先进工作者表彰会。全国政协副主席、全国工商联主席王钦敏出席会议并讲话，人社部副部长、党组成员，国家公务员局党组书记兼副局长杨士秋，带领国家表彰奖励办公室主任、国家公务员局考核奖励司司长薛虹，专程出席表彰大会，出席这次大会的还有全国工商联领导、中央统战部五局负责同志、受到表彰的32位“全国工商联系统先进集体”的单位代表和10名“全国工商联系统先进工作者”、各省级工商联分管副主席和全国工商联机关及直属单位的干部职工代表。会议由中央统战部副部长，全国工商联党组副书记、常务副主席全哲洙主持。

杨士秋副部长宣读表彰决定。山东省淄博市工商联主席董学武、贵州省施秉县工商联秘书长卢萍分别代表先进集体和先进工作者发言。王钦敏主席在讲话中高度肯定了先进集体和先进工作者的突出贡献，系统回顾了工商联走过的光辉历程，并对工商联干部提出了“要坚定中国特色社会主义理想信念、提高服务两个健康本领、切实改进工作作风”三点希望。全哲洙书记要求各级工商联和全体干部职工要认真学习、自觉弘扬先进典型代表的事迹，坚定道路自信、理论自信、制度自信，矢志不渝地为中国特色社会主义共同理想而奋斗；要牢牢把握两个健康工作主题，坚持重心下移、面向基层，按照团结、服务、引导、教育工作方针，在进一步加强和改进工商联工作上取得更大成效；要发扬钉钉子精神，以踏石留痕、抓铁有印的过硬作风，善谋事、会干事、能成事，努力在打造中国经济“升级版”，实现伟大“中国梦”的进程中提高能力、展现才华，不断开创工商联事业，发展新的辉煌。（张世芳）

【共同召开全国非公有制经济人士理想信念报告会】2013年10月30日，中央统战部、全国工商联在北京召开全国非公有制经济人士理想信念报告会，报告会上，王玉锁、王均金、丁建忠、柳传志、南存辉、刘庆峰等6位企业家代表交流了参与教育实践活动的经验和体会。中共中央政治局常委、全国政协主席俞正声出席会议并讲话。

俞正声主席指出，非公有制经济人士理想信念教育实践活动是在习近平总书记等中央领导同志的关心支持下开展起来的。自5月上旬启动以来，各级统战部门和工商联组织以“民营企业家和中国梦”为主题，动员广大非公有制经济人士积极参与，通过一系列主题突出、贴近实际、特色鲜明的活动，进一步增强了非公有制经济人士对中国特色社会主义的信念、对党和政府的信任、对企业发展的信心。

俞主席强调，坚持公有制经济和非公有制经济共同发展，能够最大限度地把社会主义制度的优越性和市场对资源配置的有效性结合起来，发挥中国特色社会主义的独特优势。改革开放以来，非公有制经济在党的路线方针政策的指引下，从无到有、从小到大，不断发展，已经成为推进中国特色社会主义事业不可或缺的重要力量。实践已经证明，非公有制经济不是可有可无，而是中国特色社会主义在经济领域的重要成果；发展非公有制经济不是权宜之计，而是中国特色社会主义必须始终坚持的战略方针。

俞主席指出，即将召开的党的十八届三中全会将对全面深化改革作出重大部署，非公有制经济正迎来新的发展机遇。要通过全面深化改革，坚决消除各种体制性机制性障碍，凡是市场能做的就交给市场，凡是政府该管的就交给政府，更好地发挥市场在资源配置中的基础性作用；要创造公平竞争的市场环境，确保企业权利公平、机会公平、规则公平；要健全相关法律法规，努力用法治思维、法律方式解决经济发展中的矛盾和问题。

俞正声希望广大非公有制经济人士切实承担企业家的职责和使命，坚定信心办好企业，努力通过转型升级实现高质量、有效益、可持续的发展；自觉承担社会责任，依法经营、诚信经营，为消费者提供优质、安全的产品和服务；不断提升自身素质，为社会发展进步凝聚正能量。

报告会以电视电话会议形式举行。全国政协副主席、中央统战部部长令计划主持会议。全国政协副主席、全国工商联主席王钦敏，全国工商联名誉主席黄孟复，中央统战部副部长，全国工商联党组书记、常务副主席全哲洙，全国工商联专职副主席、在京企业家副主席和民间商会副会长出席会议。

【出版《中华全国工商业联合会简史》】 在全国工商联成立60周年之际，《中华全国工商业联合会简史》（以下简称《简史》）付梓出版。《简史》概述了全国工商联从1953年10月至2013年10月的发展历程，展现了工商联在社会主义革命、建设和改革开放不同时期的职能作用发挥、组织沿革情况和重要历史事件；再现了原工商业者为恢复国民经济建设，巩固新生人民政权，自觉接受社会主义改造，建立社会主义制度作出贡献的历史；展示了非公有制经济从小到大、蓬勃发展，成为改革开放和社会主义现代化建设重要力量的历程。全国工商联的60年，是在中国共产党正确领导下，围绕中心、服务大局，履职尽责、发挥作用的60年。《简史》的出版，对全国工商联今后继续探索创新、发挥作用，具有重要借鉴意义。

《简史》的编写工作，得到了全国政协原副主席、全国工商联名誉主席黄孟复，全国政协副主席、全国工商联主席王钦敏，中央统战部副部长，全国工商联党组书记、常务副主席全哲洙等领导的高度重视，凝聚了全国工商联领导和编写组同志的心血和汗水，是全体工商联人集体智慧的结晶。全哲洙书记多次主持召开专题会议，听取《简史》编写、修改工作汇报，强调要研究工商联历史、学习工商联历史，在对历史的学习思考中，总结经验，发扬传统，在新形势下以改革创新的精神，更好地服务两个健康工作，更好地围绕中心服务大局，推动工商联事业不断迈上新台阶。

在全国工商联副主席庄聪生的主持下，全国工商联研究室精心组织研究力量，合理配备编写人员，在深入开展调查研究，查阅大量历史资料，广泛听取统战部和工商联老领导、老同志以及原工商业者意见的基础上，完成《简史》编写。在这一过程中，编写组坚持实事求是，保证《简史》的客观性与真实性；坚持与时俱进，积极吸收工商联理论与实践发展中的最新成果；坚持开门编史，广泛征求各方面意见，还原历史事件的本来面貌；坚持以对历史负责、对工商联事业负责的高度责任感，确保《简史》成为一部精品力作。

历史是最好的教科书，也是最好的精神力量和事业指南。《简史》是工商联广大干部和非公有制经济人士学习研究工商联事业发展历史、把握工商联性质地位、职能作用的重要教材，是社会各界了解工商联事业和非公有制经济发展的重要窗口。为广泛宣传《简史》，编写组在12月26日《中华工商时报》上刊发了新闻稿《以史鉴今资政育人》，并在第7版对《简史》作整版专题，扩大了社会影响，收到较好效果。（梁岩涓）

第三方评估

【开展民间投资36条实施细则第三方评估】 为配合政府职能转变，简政放权深化改革的要求，受国家发改委的委托，2013 年 5 月中旬到 6 月上旬，在全国工商联领导的直接领导下，在地方工商联和直属商会的配合下，经济部牵头对《国务院关于鼓励和引导民间投资健康发展的若干意见》（简称“民间投资 36 条”）实施细则贯彻落实情况进行了第三方评估。其间，召开了直属商会和重点省份工作部署会议，与国家发改委联合组织召开民营企业座谈会 3 场，加上地方工商联召开座谈会共计 63 场，回收问卷 1000 多份。在广泛调研和重点调研的基础上，着重在民间投资较为集中和民营企业较为关注的金融、石油、电力、铁路、资源开发、公共事业等领域，针对细则实施中存在的“玻璃门”“弹簧门”问题开展了调查评估。评估报告得到了李克强、俞正声、马凯等领导同志的批示。9 月 6 日，李克强总理主持召开国务院常务会议，听取民间投资政策落实情况第三方评估汇报，研究部署有效落实引导民间投资激发活力健康发展的措施。（陆　军）

【“民间投资 36 条”实施细则贯彻落实情况调查评估报告】受国家发展和改革委员会委托，全国工商联于2013 年5 月下旬至6 月上旬，组织民营企业和直属商会开展了对《国务院关于鼓励和引导民间投资健康发展的若干意见》（国发〔2010〕13 号，简称“民间投资 36 条”）实施细则（简称细则）贯彻落实情况的调查评估工作。全国工商联高度重视，专门成立了调研小组，制订了实施方案。全国政协副主席、全国工商联主席王钦敏，中央统战部副部长，全国工商联党组书记、常务副主席全哲洙主持并参加相关座谈会，多次对做好此项工作作出重要指示。在各省、自治区、直辖市和新疆生产建设兵团工商联及直属商会广泛调查的基础上，选择了 13 个省（区、市）① 和 11 个直属商会②进行了重点调查。在重点调查中，召开了座谈会 63 场，有近 1000 位民营企业家、200 余位商会负责人参加，发放问卷 1000 余份。着重在民间投资较为集中和民营企业较为关注的领域，针对细则实施中存在的“玻璃门”“弹簧门”问题开展调查评估。在对调查情况进行梳理和分析的基础上，形成以下报告。由于时间紧，工作量大，有一些问题尚需进一步研究。

一、民营企业对细则的总体评价

民营企业普遍认为，细则的出台，一是体现了党中央国务院对民间投资的高度关注，是贯彻“两个毫不动摇”的重要举措。对促进我国社会主义初级阶段基本经济制度的进一步完善，发展以现代产权制度为基础的混合所有制经济，巩固市场配置资源的基础，激发民营经济增长的内生动力，起到了推动作用。他们感到投资环境有所改善，呈现出许多新的、积极的变化。二是反映了广大民营企业渴望改善投资环境、拓宽投资渠道、增加投资方式的意愿。有企业家认为，这是国家为激发民间投资积极性而作出的重要决策。三是产生了良好的导向作用。提振了民营企业的信心。四是推动了垄断领域进一步放开。

他们同时也认为，出台的政策和他们的期待还有较大差距。主要有：一是不少“玻璃门”和“弹簧门”依然存在。有企业家认为，在民营企业进入垄断行业方面依然存在大量“玻璃门”“弹簧门”现象，依然遭遇不少体制性和政策性障碍，造成“看到政策，无法享用；看到空间，无法进入；看到机会，无法把握”的现象。社会广泛关注的金融、石油、电力、铁路、资源开发、公用事业等领域，鼓励民间资本进入的有关政策落实太慢。二是细则可操作性不强，细则不细，过于原则。有相当多的细则部分或完全照搬以往文件，变成了文件汇编。在出台的细则中，有些条款涉及多个部门，在具体执行过程中已出现多头管理的“旋转门”现象。有商会负责人表示，细则是以意见落实意见，看似全面，实际是基本不落实或很难落实。三是缺乏监督和协调推进机制。细则本身基本没有考核、监督条款，无法保证相关政策的落实。四是细则效力远弱于部门的行政规章。比如，钢铁行业受限于被称为

① 13 个省（区、市）：北京、辽宁、上海、江苏、浙江、福建、山东、广东、山西、湖北、四川、贵州、内蒙古。

② 11 个直属商会：全联房地产商会、全联并购公会、全国工商联石油业商会、全联新能源商会、全联中小冶金企业商会、全国工商联纸业商会、全国工商联汽车经销商商会、全联科技装备业商会、全联环境服务业商会、全联城市基础设施商会、中国民营经济国际合作商会。

“铁门”的《钢铁产业发展政策》；汽车行业受限于《汽车产业发展政策》。

二、民营企业对细则反映的主要意见建议

（一）交通运输

1. 民航发〔2010〕133号文第四条第八款提出鼓励民营航空企业加大新航线、新市场的开发力度，第五条第十一款提出改革国内航线航班经营许可办法，分步放开国内航线经营权的审批。但就如何开发空域、确定航空飞行范围、协调导航和航空通信事项，缺乏可操作的具体措施。航空审批涉及部门过多、程序过于复杂，阻碍了民间资本投资航空领域。

2. 铁政法〔2012〕97号文对民间资本投资铁路的关键问题没有出台具体措施。如第三条鼓励民间资本参与建设铁路干线、客运专线项目，第五条鼓励民间资本投资参与铁路客货运输服务业务，第七条鼓励民间资本参与铁路非运输企业改制重组，缺乏具有可操作的配套政策。民间资本可以参与哪些干线线路、进入铁路建设领域需要具备哪些条件、铁路运营如何定价、能否独立核算等具体问题，仍不清楚。

建议：（1）减少和优化航空审批事项和流程，简化飞机租赁审批手续。（2）细化民航发〔2010〕133号第四条、第五条内容。（3）根据铁路改革的新形势，研究出台具体措施，明确民间资本进入铁路的市场准入条件、财务结算办法，在运输管理、项目审批、接轨许可及公益性运输负担等方面，切实保障民间资本的合法权益。

（二）石油及天然气

1. 国能规划〔2012〕179号文第一条第二款提出，支持民间资本进入油气勘探开发领域，与国有企业合作开展油气勘探开发。国土资发〔2012〕100号文第三条第七款提出，依法保护民间资本参与石油天然气勘查开采的合法权益，鼓励和规范国有石油企业与民间资本在石油天然气勘查开采领域的合作。但是，目前民营企业在与国有企业合作参与油气勘探过程中，明显处于劣势，合法权益无法得到有效保障。

2. 商流通发〔2012〕207号文第三条第一款提出支持民间资本有序进入国内成品油市场，引导民间资本有序参与原油与成品油储运及零售网络建设，支持民营油企采取多种形式获得稳定的油源、技术和管理服务。但按照《关于清理整顿小炼油厂和规范原油成品油流通秩序意见的通知》（国办发〔1999〕38号）规定，所有国内生产原油及进口原油必须全部由国家统一配置，不得自行销售；各炼油厂生产的成品油必须交由中石油、中石化等批发企业经营。中石油、中石化等国有企业基本上掌控了原油和成品油储运与流通，民营企业在成品油储运和零售上普遍面临“油不足”的问题。

3. 国能规划〔2012〕179号文第一条第三款规定，鼓励民间资本参股建设大型炼油项目，并参与建设和运营大型炼油项目中的部分装置或特定生产环节。但实际上，国办发〔1999〕38号文造成的原油供应受制于国有石油企业的问题，使不少民营炼油企业难以获得原油，大部分只能使用费用较高的进口燃料油作为原料。

建议：（1）废止国办发〔1999〕38号文，有序放开原油、成品油流通领域。（2）将符合条件的民营储油企业纳入国家石油战略储备体系。（3）给予符合条件的民营炼油企业原油自营进出口权，民营炼油企业自营进口原油不受配额限制。（4）取消对成品油非国营贸易配额只能用于进口燃料油的限制，允许民营企业在配额内进口汽柴油并在市场上流通。（5）允许民营企业利用海外资源取得的份额油运回国内加工，取消或优先获得进口配额和许可证。

（三）电力及可再生能源

1. 电监证法〔2012〕36号文第一条提出，要平等对待各类投资主体。但在现实中，无论是收购国有电力企业，还是考虑新建项目，民营企业仍遭遇非常明显的身份歧视。在出让国有股权时，宁愿低价卖给其他国资背景的企业也不愿意高价出让给民营企业，认为卖给民营企业会有政策风险。

2. 上述细则第二条提出，国家保障不同所有制发电企业的合法权益，督促电网企业按照有关规定与民营发电企业签订并网调度协议和购售电合同；第四条提出，保障可再生能源公平、无歧视接入电网，按规定优先调度。实际上，当前民营电力企业能够获得电网公司收购的上网发电量仍然较少，并网接入被国有电网企业所垄断，民营电力企业没有话语权。

3. 国能规划〔2012〕179号文第一条第五款提出，要鼓励民间资本参与电网建设。但对于民间资本能参与哪部分电网建设，能否参与配售电及相应的权益分配等事宜，没有相应的规定和措施。民营企业普遍反映，按照《中华人民共和国电力法》（简称《电力法》）第25条和第35条规定，一个供电营业区内只设立一个供电营业机构和向用户收取电费，在目前各地均有供电营业机构的情况下，事实上民间资本即使参与电网建设也无法参与配售电。

4. 电监证法〔2012〕36号文第十二条提出提高许可证管理工作效率，为民间资本投资电力和参与电力建设提供高效便捷的服务。这一政策初衷很好，但实际上很难落实。有民营企业做了大量前期工作，但项目很难落地。有的项目甚至在可行性研究已完成、土地款已付清的情况下仍被迫撤资退出。

建议：（1）抓紧修订《电力法》有关条款，配电市场向民间资本放开，允许民营企业参与终端配电网建设和经营售电业务。（2）适时制订针对分布式光伏发电的法律法规，明确项目申请、审核、接网标准、发电计量、电价结算、故障排除的具体办法，使民营企业参与光伏发电有章可循。（3）提高国家电网改造和升级速度，加快智能电网建设和配备双向电表，加强电站审批与电网上网容量的有效协调。（4）继续贯彻落实细则规定，提高许可证管理工作效率，切实为民间资本投资电力建设提供高效便捷的服务。

（四）资源开发

1. 国土资发〔2012〕100号文第一条第一款提出，要保障民间资本投资主体参与国土资源领域市场竞争的平等权利。但《中华人民共和国矿产资源法》（简称《矿产资源法》）中规定，国有矿山企业是开采矿产资源的主体，给民间资本投资造成隐性障碍。在少数地区依然存在通过行政手段配置矿产资源的现象。

2. 上述细则第一条第三款提出，保障民间资本投资矿产勘查开采的合法权益，积极为民间资本提供相关政策、技术、法律等服务，支持不同所有制投资者之间探矿权、采矿权依法有序流转，依法保障民间资本优先取得其探矿权范围内矿产资源的采矿权。第一条第五款提出，公益性地质资料和成果信息全面向投资矿产资源勘查开采的民间资本投资主体公开。但在细则的贯彻落实中，民营企业仍难以获得公益性地质资料和成果信息，有些不能依法顺利延续其矿业权。

建议：（1）加快推进《矿产资源法》及有关法律法规的修改，为民间资本投资矿业提供法律保障。（2）切实加强对细则实施情况的监督，保障民营企业投资矿产勘查开发的合法权益。

（五）市政公用事业

1. 建城〔2012〕89号文第二条第一款、第三款规定，民间资本参与市政公用事业建设，应与其他投资主体同等对待，不对民间投资另设附加条件；在招标、评标等环节中，平等对待民间资本，严格按照招投标程序，择优选择特许经营者，为民间资本创造良好的公平竞争环境。但有的地方政府仍存在对民营企业的所有制偏见，坚持要由国有企业承担基础设施建设和运营，在市政项目挂牌交易时指定受让大型国有企业，有的则通过设置隐性门槛限制民营企业进入。2008年以后，原来由民间资本投入的市政公用事业项目许多都改由国有资本实施。

2. 上述细则第二条第九款规定，积极研究《市政公用事业特许经营条例》等立法工作。目前对市政公用事业特许经营进行规范管理的依据是原建设部于2004年2月颁布实施的《市政公用事业特许经营办法》，该办法存在特许经营范围狭窄等问题，难以对特许经营活动进行有效监管。由于监管不到位，部分地方政府经常违约，不能按约拨付或者长期拖欠有关费用，使民营环保企业利益得不到保障。

3. 上述细则第二条规定，鼓励民间资本采取独资、合资合作、资产收购等方式直接投资生活垃圾处理设施等项目的建设和运营；第三条规定，各地要严格贯彻执行《市政公用事业特许经营管理办法》，为民间资本创造良好的公平竞争环境；第四条规定，逐步理顺市政公用产品和服务的价格形成机制，制订合理的价格，使经营者能够补偿合理成本、取得合理收益。但民营企业反映，在以特许经营模式投资、建设、运营生活垃圾综合处理项目时，因补贴价格与国有企业差别化待遇等问题长时间无法解决，致使项目不验收、不定价、不调价，导致企业巨额亏损。

4. 发改投资〔2012〕1580号文第二条规定，各地方、各部门在安排财政预算内投资和专项建设资金时，根据法律法规和有关政策规定，对于符合条件的民间投资项目，主要采取投资补助、贷款贴息等方式予以支持；第三条规定，各地方、各部门在安排政府性资金时，要根据法律法规和有关政策规定，明确规则、统一标准，对民间投资主体同等对待，不得单独对民间投资主体设置附加条件。但民营企业反映，在利用国债资金投资建设固废处理项目时，由于缺乏对国债资金算作补贴、还是债券或是股权的明确政策和法律界定，导致企业完成投资后，国债资金按股权投资对待，企业因此丧失了运营管理权，企业利益受到伤害。

建议：（1）在市政公用项目招标、评标等环节中，平等对待民间资本。（2）加快制订《市政公用事业特许经营条例》，明确特许经营范围、管理主体、投资者和政府管理部门的权利义务及处罚措施。（3）对于民间投资的市政公用事业项目，由于国家标准提高等原因造成的土地需求变化和处理成本提高应给予审批便利和补贴支持。（4）出台相关政策，明确民营企业使用国债资金建设市政公用事业的方式和资本属性。

（六）金融服务

1. 银监发〔2012〕27号文第一条第一款提出，民营企业可通过发起设立、认购新股、受让股权、并购重组等多种方式投资银行业金融机构；在市场准入实际工作中，不得单独针对民间资本进入银行业设置限制条件或其他附加条件。实际上目前民间资本没有主导权，难以新设立和并购重组银行业金融机构。而且，上述细则中第一条第六款关于“支持民营企业投资信托公司、消费金融公司”的意见，因与现行的信托公司、金融租赁公司、消费金融公司等行业的管理办法不一致，在实际中无法落实。

2. 上述细则第一条第七款提出，允许小额贷款公司按规定改制设立为村镇银行。但银监会在《小额贷款公司改制设立村镇银行暂行规定》（银监发〔2009〕48号）中规定，由符合条件的银行业金融机构作为主发起人。这是小额贷款公司改制为村镇银行的最大障碍。小额贷款公司要改制为村镇银行，将放弃原有控股权，对既有股东权利构成损害。由于目前村镇银行业务单一、吸储能力有限、盈利能力较弱，商业银行并无发起设立村镇银行的动力。

3. 证监发〔2012〕43号文第一条第一款规定要支持民营企业发行上市和再融资；第三条第一款规定大力推进行政审批制度改革，积极转变监管理念和方式。但一些企业家反映，企业发行上市和再融资的难度依然较大，在香港是“上午董事会开会决定，下午即可到市场上融资”，内地则是“少则数月、多则数年”，丧失了很多机会。

4.“民间投资36条”中提出，“支持民间资本发起设立信用担保公司，完善信用担保公司的风险补偿机制和风险分担机制”，以及“适当放宽小额贷款公司单一投资者持股比例限制”。但相关细则未就这些条目进行细化和明确。

建议：（1）放宽民间资本投资金融机构的股比限制，允许民间资本控股银行业金融机构。（2）完善细则，修改信托公司、金融租赁公司、消费金融公司行业管理办法。（3）小额贷款公司转制为村镇银行，应允许以信用较高、经营状况良好的股东企业作为主发起人。（4）证监会应将企业IPO的审核制度改为注册制，上市公司再融资的审核权应下放到交易所。（5）监管部门应对信用担保公司风险补偿机制、风险分担机制和小额贷款公司单一投资者持股比例等作出明确规定。

（七）参与国际竞争

1. 发改外资〔2012〕1905号文第三条第九款提出，要进一步简化和改善境外投资管理，但并未明确提出简化审批程序的具体内容。在实际操作中，一个项目从申报到审批的时间较长，有时长达数年。特别是注册地在县级以下行政区的企业，境外投资审批要通过县、市、省层层上报，而很多地方发改委对国际市场情况并不了解，使审批流于形式。为逃避审批，有些民营企业不得不通过地下换汇进行境外投资，既加大了民营企业的成本和风险，又导致外汇流失。

2. 上述细则在资金支持、金融保险、外汇管理、质检通关等方面过于原则，缺少具体措施。在海关编码和退税上，不同口岸海关编码程序不一样，没有“对外投资”，只有“贸易”和“非一般贸易”，导致赴境外投资的民营企业无法退税。而根据相关法律规定，已经“走出去”的民营企业在返回国内投资、设厂时，被认定为外资企业，面临“走出去”后身份如何再认定的问题。

建议：（1）进一步简化民营企业境外投资的审批程序，除特定国别、行业领域目录的项目外，其他应由核准制改为备案制。政府重点加强事后监管和服务。我国驻外使馆经商处对企业在外投资项目只需要给予风险提示，不必出具同意与否的意见。（2）建立和健全涵盖金融、信贷、财政、税收、保险等领域的境外投资政策支持体系。统一海关编码，延长退税受理时限。（3）修改《中外合资经营企业法》《中外合作经营企业法》和《外资企业法》，消除民营企业在“走出去”后回国投资的障碍。（4）研究制订《海外投资促进法》，建立并完善我国企业海外投资的法律体系。

（八）国防科技工业

科工计〔2012〕733 号文第一条第一款、第二条第三款、第六条第十一款对鼓励民间资本进入国防科技工业领域与国有军工企业实行同等待遇，科学设置装备市场准入条件，建立和完善军民结合公共服务平台等方面都有明确规定。但在实际操作中，一是缺乏有效的沟通渠道和机制，国防工业管理部门、武器装备采购部门与民营企业信息不对称；二是许可资质的前置审批程序复杂、时间长、成本高，民营企业进入军品市场过程缓慢；三是在税收征管模式和执行程序上存在不平等，大部分从事军品生产的民营企业享受不到国有军工企业的税收减免优惠。

建议：（1）设立专门为民间资本投资国防科技工业项目指导服务机构，在不违反保密规定的前提下解决民营军工企业信息不对称问题。（2）客观科学地制订保密标准、资质条件、准入审批程序和评估方法，避免使资质成为排斥、挤压民营企业的高门槛。（3）从事军品生产的民营企业同等享受国有军工企业的税收优惠。

（九）文化产业

文产发〔2012〕17 号、广发〔2012〕36 号、新出政发〔2012〕5 号等文件提出了鼓励民间资本进入文化产业的相关意见，但经营性文化产业仍未能较大程度地放开，民营文化企业在经营管理方面没有享受到国有企业的同等待遇。上述细则中对民间资本投资文化产业仍有股份比例、国有控股等方面的限制；民营出版企业没有出版权，出书时只能购买国营出版社的书号。

建议：（1）逐步放宽出版权限制。（2）允许符合条件的民营企业，控股或全资持有教辅、科技、动漫、少儿读物等经营性文化产业项目。（3）积极鼓励民间资本参与文化事业单位的改制改组，以控股、参股、合作等形式，兴办影视制作、发行、放映、演艺、娱乐等文化企业，享受国有文化企业同等待遇。

（十）商贸流通

1. 发改经贸〔2012〕1619 号文第一条第三款提出，支持民间资本进入物流基础设施领域，但在实际工作中，对公路公共服务平台建设并未列入物流基础设施范围，影响了民间投资。

2. 上述细则第二条提出，加快形成支持民间资本进入物流领域的管理体制，但在实际工作中，由于涉及交通、公安、环保、税务、质检、消防等多个部门，协调难度很大。

3. 上述细则第三条第一款提出，切实减轻民营物流企业税收负担，但目前对营改增后造成的税负增加问题并没有出台具体办法。

建议：（1）应将公路公共服务平台建设列入物流基础设施的范围。（2）尽可能以备案代审批，形成高效的管理体制。（3）研究出台营改增后造成税负增加后的补偿办法。

三、进一步鼓励和引导民间投资健康发展的建议

（一）消除歧视，深化改革，努力打破“玻璃门”“弹簧门”

“玻璃门”“弹簧门”依然是阻碍民间投资健康发展的最大障碍。一是要从思想根源上消除歧视，国家各有关部门应把对民营经济重要性的认识贯彻到具体工作当中，切实取消细则中的所有制歧视。二是要进一步细化细则，增强细则的针对性和操作性，对如何处理细则与现存部门行政规章矛盾问题要有原则性规定。三是进一步研究国有企业控制力的范围、实现途径和实现方式等方面的内容，并以适当的形式予以明确和公

布。四是积极推动垄断行业的市场化改革和管理体制创新。五是要切实加强对民间投资的法律保护。全面清理和修订现有法律法规、部门规章中和“民间投资36条”及细则相抵触的条文，尽早出台《民间投资促进和保护法》。

（二）营造有利于民间投资健康发展的舆论和信息服务环境

一是要正确引导舆论宣传，加大正面宣传力度，淡化所有制界限，营造国民融合、国民共进的和谐社会氛围。二是要加大对鼓励和支持民间投资发展政策和细则的宣传力度，引导民营企业用足用好各项政策，充分发挥政策的鼓励和支持作用。三是要创新宣传方式，加强对民间投资、优秀民营企业和民营企业家的宣传，营造良好创业氛围，增强民间投资信心。四是政府经济管理相关部门要为民间投资提供有效信息发布服务，并将培育民间投资服务咨询机构、评估机构列入政策细则内容，重视培育和发挥行业商会协会在信息收集与服务、项目咨询与评估等方面的作用。

（三）以简政放权为着力点推进政府职能转变

一是要精简审批事项，简化审批程序。要多设路标少设路障，凡市场机制能够有效调节的事项，不再设定行政审批；凡可采用事后监管的不再前置审批。国务院有关部门应进一步加快进度，争取在两年内完成本届政府提出的简政放权任务。二是要以服务企业需求作为政府职能转变的重要目标，全面提高政府职能部门的工作效率。进一步简化申报材料和要求，尽可能缩短并严格规定各项目的审批时限。三是要创新行政管理方式。注重发挥行业商会协会等经济类社会组织在服务经济社会发展方面的作用，把政府“不该管”“管不好”的经济类管理或服务职能逐步向商会协会转移。

（四）强化对细则贯彻落实的监督工作

一是对细则贯彻落实要制订目标，落实责任，强化督察，细化考核，建立长效管理机制。二是建议国务院成立跨部门促进民间投资的协调机制。鉴于目前绝大多数民营企业都是中小微型企业，可赋予国务院中小企业领导小组协调民间投资职能，通过领导小组协调国务院相关部门和单位，研究解决民间投资过程中遇到的具体问题。三是要充分利用社会力量，建立贯彻落实细则的独立评估机制，规范评估内容与程序，及时发布和公开相关政府部门细则贯彻落实情况，提高贯彻落实工作的透明度。四是要加强对细则贯彻落实情况的监督和问责。要定事项、定责任、定时间、定结果，对各部门的落实成效进行考核，对不落地、不到位的进行问责。

（五）尽快推出一批有利于激发民间投资活力的示范项目

推进细则贯彻落实需要一个过程。一是要在金融、石油、电力、铁路、资源开发、公用事业等领域，向民间资本推出一批含金量高、企业急需、有利于加快转型升级的项目，发挥示范引领作用。二是要鼓励和支持民间投资主体通过整合联盟和引入现代管理机制做大做强，提高“破门”能力。三要按照宽进严管的原则制订支持民间投资项目落实的时间表和路线图。

【开展“小微型企业29条”第三方评估】受工业和信息化部委托，2013年7月下旬至8月上旬，在全国工商联领导的直接领导下，在地方工商联的配合下，经济部牵头组织开展了对《国务院关于进一步支持小型微型企业健康发展的意见》（简称小微型企业29条）贯彻落实情况的调研评估工作。在全国工商联十一届二次常委会上，会领导对评估工作进行了部署。调研期间，全国工商联与工信部联合召开中小微企业座谈会，在河北、北京召开座谈会，加上地方工商联组织的小微企业座谈会共计31场，回收有效问卷2248份。集中对与小微企业关系密切的税费、融资、政府服务、市场开拓、营造环境等方面的政策落实情况及实施效果进行了调查评估。评估报告得到了李克强、俞正声、马凯等领导同志的批示。工信部专门回函表示感谢，并对调查评估报告给予了高度评价。（陆　军）

【“小微型企业29条”贯彻落实情况调查评估报告】受工业和信息化部委托，全国工商联近期组织开展了《国务院关于进一步支持小型微型企业健康发展的意见》（国发〔2012〕14号，以下简称“小微型企业29条”）贯彻落实情况的专项调研。全国31个省（区、市）及新疆生产建设兵团工商联参与此项工作，其中10个省市①进行重点调研，共召开小微型企业座谈会31场，回收有效问卷2248份②。集中对与小微型企业关系密切的税费、融资、政府服务、市场开拓、营造环境等方面的政策落实情况及实施效果进行了调查评估。现将有关情况报告如下：

一、对“小微型企业29条”贯彻落实情况的总体评价

大多数企业对“小微型企业29条”的出台和贯彻落实情况给予了积极评价。一是增强了发展信心。不少企业负责人认为，政策的出台体现了党中央、国务院对小微型企业的高度关注，对民生就业的高度关注。特别是在经济形势比较严峻、大批小微型企业生存发展比较艰难的时候出台扶持政策，让一向缺少政策眷顾的小微型企业感受到了温暖，增强了企业克服时艰，继续发展的信心。调查显示：84.7%③的受访企业认为“小微型企业29条”出台后，政策环境有所改善。二是增添了发展动力。随着“小微型企业29条”的贯彻落实，部分小微型企业获得了在财税支持、缓解融资难、推动转型升级、创业创新等方面的政策优惠，促进了企业发展。调查显示：有82.3%的受访企业认为当前支持小微型企业的财税政策有一定效果，有75%的受访企业认为企业负担有所减轻。三是政府扶持力度加大。国务院各部门出台了60个扶持小微型企业的配套措施，27个省（区、市）出台了实施意见，增强了政府服务小微型企业的意识，提高了社会各方面对小微型企业的关注度。调查显示：72%的受访企业认为政府服务有所改善。

小微型企业同时也认为，由于缺乏针对性强、可操作性强的配套措施，使该文件在贯彻落实中还存在思想认识、政策落实、行动支持、舆论宣传不到位的情况，存在受惠面窄、效果欠佳等问题。一是配套措施不到位。已出台的政策大多都过于原则，而更多的是文件中有了意见但相应的操作办法却没有，致使一些政策无法落实。一些小微型企业表示，他们“最大的感觉就是没感觉”，文件“最大的作用就是心理作用”。二是扶持力度有限。一些财税扶持政策覆盖面窄、优惠幅度小，能享受的企业寥寥。绝大部分企业对落实效果感觉不明显，普遍反映“雷声大雨点小”“养分不足”。另外，由于一些优惠政策申请程序比较复杂、门槛高，不少小微型企业不愿费周折，只好“知难而退”。还有企业反映，相比获得优惠政策，营造公平竞争的法治环境更为重要，如有效解决大企业拖欠小企业资金问题、解决乱收费问题等。三是小微型企业公共服务体系不健全。中小企业公共服务机构数量少，服务功能弱，与企业发展的需求不相适应，不能为小微型企业提供针对性强、高质量、低成本的服务。企业反映其所急需融资服务、创业辅导、技术支持、信息服务、人力资源的服务支持不足。此外，由于小微型企业量大面广，一时难以抓出成效，一些地方更愿意抓大企业、大项目，导致社会资源分配向大企业积聚，而迫切需要“滋养”的小微型企业却得不到阳光雨露。四是对“小微型企业29条”宣传不到位。调查表明，大多数小微型企业对“小微型企业29条”不知道或知之甚少。例如政府专项资金、加计扣除、政府采购等支持小微型企业的政策，有半数以上受访企业不了解。有的企业虽然知道文件，但由于对政策内容和程序缺少深入理解，因而未能申报有关政策优惠。

二、“小微型企业29条”④贯彻落实中存在的主要问题和建议

（一）财税支持方面

1. 第二条提出，小型微利企业减半征收企业所得税政策，延长至2015年底并扩大范围。企业反映，享受该项政策的小微型企业，须具备建账核算自身应纳税所得额、事先取得税务部门认定、提供企业5年的账务且没有违规问题等条件。因手续烦琐且优惠太小，部分企业不愿去办理认定手续。一些地方为方便税务征收将很多小

① 10个重点省（市）：辽宁、上海、江苏、浙江、山东、河南、广东、湖北、贵州、陕西。

② 2248份调查问卷中，成立5年内的企业占37.2%，6～10年的企业占29.7%，10年以上的企业占33.1%；第一产业占14.3%，第二产业占30.5%，第三产业占55.2%。

③ 报告中比例数据均出自问卷调查。

④ 以下所出现的条款均指“小微型企业29条”中的相应条款。

微型企业列入“核定征收”范围，因此也无法享受此项政策。据广东省调查反映，2012 年全省有 2 个市没有一户企业享受到该优惠政策，有 8 个市不足 20 户企业享受到该政策。调查显示，未享受此项政策的受访企业占 79.1%。未享受的受访企业中不了解此项政策的占 46.7%，因手续繁杂而放弃的占 15.5%。企业认为，此项政策惠及面窄，适用期短，象征意义大于实际意义。

建议：(1) 将文件中提出的支持小微型企业发展的各项税收优惠政策变为长期性措施。(2) 将小型微利企业年应纳税所得税由 6 万元提高至 20 万元。

2. 第三条提出，充分发挥现有中小企业专项资金的支持引导作用，2012 年将资金总规模由 128.7 亿元扩大至 141.7 亿元，以后逐年增加。许多企业反映，不了解该专项资金的用途和申请程序，更没有感受到专项资金的支持。调查显示，74.2% 的受访企业没有获得过各级政府中小企业专项资金的支持。未获得支持的受访企业中，不了解该项政策的占 53.9%，因手续繁杂而放弃的占 19%。

建议：(1) 专项资金管理部门应通过有效途径和办法，让小微型企业了解专项资金的用途、申请办法和途径。(2) 明确中小企业发展专项资金每年增加的幅度或额度。

3. 第四条提出，依法设立国家中小企业发展基金，中央财政安排资金 150 亿元，分 5 年到位，2012 年安排 30 亿元。小微型企业普遍表示不了解此项基金是否已设立、基金的用途及申请方法，更没有享受过基金支持。

建议：(1) 年内完成国家中小企业发展基金的设立，特别是中央财政资金要到位。(2) 年内应出台中小企业发展基金使用管理办法，明确小微型企业申请该基金的条件、程序和办法。(3) 办法出台后，要加大宣传力度，增进小微型企业对基金的了解。

4. 第五条提出，负有编制部门预算职责的各部门，应当安排不低于年度政府采购项目预算总额 18% 的份额专门面向小型微型企业采购。企业反映，在实际操作中，一些政府部门往往通过指定品牌、指定产品技术规格或设置过高的企业门槛等限制小微型企业进入政府采购序列，造成此项政策基本无法落实。调查显示，85% 的受访企业没有获得过政府采购合同，即使获得过政府采购合同，其合同额度也很小。

建议：(1) 制订切实可行的政府面向小微型企业采购和考核的办法，并加强监督。(2) 各级政府采购部门每年应专门公布面向小微型企业的采购清单，明确采购数量。(3) 将面向小微型企业的政府采购份额由目前的 18% 提高至 25%。

5. 第六条提出，自 2012 年 1 月 1 日至 2014 年 12 月 31 日三年内对小型微型企业免征部分管理类、登记类和证照类行政事业性收费。调查中，企业普遍认为“减费没减负”，对于全国来说减少收费几十亿元，但对于单个企业来说基本没感觉，且政策适用期太短。

第六条同时提出，规范涉及行政许可和强制准入的经营服务性收费。企业反映，目前国家已经明令禁止的一些收费项目地方并未完全贯彻落实；一些被取消的行政许可收费“变脸”为其他形式的收费而继续征收；对强制准入的经营服务性收费如环评、质检、安检、认证等收费缺乏有效的规范和监管。如 2011 年国家已取消超限运输车辆行驶公路桥涵补偿费、超限运输车辆行驶公路赔偿费、铁路专用线运输管理费等项收费，但在一些省份并没有取消，或者变为罚款继续征收。此外，多数企业反映，企业一旦登记注册，就“被加入”各级“个体私营协会”，除被强制订阅报纸杂志外，还必须缴纳会费，否则工商部门不予以年检。还有企业反映，购买一打政府采购的增值税发票需要几千元，税控机只能在几家政府指定的厂家购买，且价格过高，企业负担重。

建议：(1) 将三年内对小微型企业免征部分管理类、登记类和证照类行政事业性收费改为长期性措施。(2) 确定取消的收费项目，各级政府要坚决执行，避免出现上面取消，下面照收的现象。(3) 减费的重点应放在数额较大的政府性基金和收费上，同时要制订对小微型企业的差异化缴费政策。

（二）融资服务方面

6. 第七条提出，银行业金融机构对小型微型企业贷款的增速不低于全部贷款平均增速，增量高于 2012 年同期水平。公开数据显示这“两个不低于”目标已经实现，但小微型企业仍普遍感觉融资难问题依然存在。目前，一些银行没有按照现行的中小企业划型标准进行统计，而是按照单笔授信500万元以下作为划分小微型企业贷款的标准，造成了小微型企业的实际感受和银行统计数据间的巨大差异。

第七条同时提出，建立小企业信贷奖励考核制度，进一步研究完善小企业贷款呆账核销有关规定，简化呆账核销程序，提高小型微型企业贷款核销效率等。调研中发现，除上海等少数省市外，大部分地区并未出台小企业信贷奖励考核制度。由于监管部门对于呆账核销实行总量控制，信贷终身责任制，实际造成了小微型企业贷款呆账核销难的局面。

建议：（1）银监会应研究出台具体办法，规范各金融机构严格按照统一的中小微企业划型标准进行贷款统计。（2）尽快出台相关规定，提高针对小微型企业贷款呆账核销比例，简化核销程序。（3）督促各地尽快建立小企业信贷奖励考核制度。

7. 第八条提出，符合条件的小额贷款公司可根据有关规定改制为村镇银行。但目前没有一家小额贷款公司改制为村镇银行，原因是银监会在《小额贷款公司改制设立村镇银行暂行规定》中规定，由符合条件的银行业金融机构作为主发起人，使小额贷款公司没有转为村镇银行的意愿和动力。

建议：小额贷款公司改制为村镇银行时，应允许以信用较高、经营状况良好的股东企业作为主发起人。

8. 第九条提出，搭建方便快捷的融资平台；支持符合条件的小企业上市融资、发行债券；加快统一监管的场外交易市场建设步伐，为尚不符合上市条件的小型微型企业提供资本市场配置资源的服务。企业反映，目前实际执行的创业板上市和发行债券条件都较高，且主要面向大中型企业，很难惠及小微型企业。据了解，2013年揭牌运营的全国中小企业股份转让系统为小微型企业场外交易提供了平台，但惠及面还比较小，实际效果还有待观察。

第九条同时提出，支持小型微型企业采取知识产权质押、仓单质押、商铺经营权质押、商业信用保险保单质押、商业保理、典当等多种方式融资。企业反映，目前银行贷款仍主要以土地和房产抵押，文件提到的多种质押方式在实际中采用的比较少，一方面是操作上存在一些问题，如由于知识产权价值认定专业性强，相关评估机构比较少，交易市场不健全，执行质押难度较大；另一方面，信贷责任终身追究，也使得银行从业人员更偏重于抵押贷款，对质押方式偏于谨慎。

建议：（1）按照《国务院办公厅关于金融支持经济结构调整和转型升级的指导意见》中“适当放宽创业板对创新型、成长型企业的财务准入标准”的要求，抓紧研究制订有关政策，使创业板真正惠及小微型企业。（2）进一步健全有关制度，促进全国中小企业股份转让系统提高服务小微型企业直接融资的能力和作用。（3）研究制订鼓励金融机构积极开展知识产权质押、应收账款质押等贷款业务的具体办法。（4）充分发挥工商联和行业商会作用，建立产权评估体系。

9. 第十条提出，推动建立担保机构与银行业金融机构间的风险分担机制。据担保企业反映，实践中，由于在与银行合作中担保公司处于弱势地位，风险基本由担保公司全部承担。

建议：年内出台相应办法，加快信用担保公司风险补偿机制和风险分担机制的建设。

10. 第十一条提出，严格遏制金融机构向小型微型企业收取财务顾问费、咨询费等费用；有效遏制民间借贷高利贷化倾向以及大型企业变相转贷现象；研究制订防止大企业长期拖欠小型微型企业资金的政策措施。企业反映，仍有不少金融机构为小微型企业设置附加贷款条件，变相收取费用，提高了小微型企业融资成本。民间借贷高利贷化倾向不仅没有得到有效遏制，反而愈演愈烈。调研中，小微型企业普遍反映，大企业长期拖欠小微型企业资金现象较为严重，而且承兑汇票在小微型企业货款回收中所占比重越来越大，有的企业甚至高达80%，企业资金压力大，回款难、回款慢、成本高，已经成为影响小微型企业健康发展的主要问题之一。

建议：（1）监管部门应加大对金融机构的监管，对以贷转存、存贷挂钩、借贷搭售等不合理收费行为予以严肃处理。（2）监管部门要进一步采取措施，遏制民间借贷高利率化倾向，并尽早研究小额贷款公司的发展定位。(3) 有关部门应出台解决大企业拖欠小微型企业货款的具体措施，对大量使用承兑汇票结算给予高度关注，有效监控。

（三）创新发展和结构调整方面

11. 第十二条提出，中央预算内投资扩大安排用于中小企业技术进步和技术改造资金规模。大多数小微型企业反映，并未享受过用于技术进步和技术改造的资金支持。

建议：(1) 进一步加大对小微型企业技术改造的资金支持力度，明确每年用于小微型企业的技术改造资金额度，并建立资金的增长机制。(2) 有关部门应加强企业技术改造资金的计划管理，采取有效措施，确保项目申请条件、申请过程、入选项目信息透明、公开。

12. 第十三条提出，完善企业研究开发费用所得税前加计扣除政策，支持企业技术创新。企业反映，政策对企业研究开发活动所属的行业、领域范围有严格限制，且只适用于财务核算健全并能准确核算研究开发费用的企业。此外，政策宣传力度不够、研发费用中人工成本认定困难、加计扣除标准模糊、抵扣办法复杂等多重因素，使得能够享受到此项政策的企业很少。调查显示，86%的受访企业未曾享受加计扣除政策，没有享受过的受访企业中有54.5%表示不了解该政策，认为申办手续复杂的占14.9%，对研发费用、项目认定有争议的占13.4%。

建议：(1) 进一步放宽企业研究开发费用认定标准，简化认定程序。(2) 加快出台小微型企业科研项目经费后补助的具体办法。(3) 研究制订小微型企业加速折旧、加计扣除和投资抵扣等方面的优惠政策。

13. 第十五条提出，支持创新型、创业型和劳动密集型的小型微型企业发展。一些劳动密集型小微型企业反映，小微型企业是就业的主体，特别是劳动密集型小微型企业对于稳定就业起着重要作用，但在税费方面却缺少支持。

建议：针对劳动密集型小微型企业出台税费优惠政策或财政补助政策。

14. 第十六条提出，要尽快出台贯彻落实国家有关鼓励和引导民间投资健康发展政策的实施细则。企业反映，《国务院关于鼓励和引导民间投资健康发展的若干意见》的42项实施细则颁布以来，产生了良好的导向作用，但不少“玻璃门”和“弹簧门”依然存在。细则不细、操作性不强的问题仍较突出，影响了文件的执行效果。

建议：(1) 进一步细化细则，增强可操作性。(2) 银监会应在年内出台扩大民间资本进入金融业的具体办法，制订时间表、路线图，并在有条件的地方进行组建民营金融机构的试点。

15. 第十七条提出，综合运用财税、金融、环保、土地、产业政策等手段，支持小微型企业加快淘汰落后技术、工艺和装备。企业反映，在淘汰落后技术、工艺和装备上没有获得政府的指导和支持。

建议：研究制订支持小微型企业加快淘汰落后技术、工艺和装备的具体办法。

（四）市场开拓方面

16. 第十八条提出，创新营销和商业模式，支持小型微型企业参加国内外展览展销活动。但实际上，展览展会门槛普遍较高，实力较弱的小微型企业很难获得参展权。有部分企业反映，即使有参加展会的机会，也往往因各种较高的参展费用，使企业望而止步。调查显示，有20.4%的受访企业的首要问题是市场开拓难；获得过政府及服务机构在展览展销、市场营销方面服务的仅占11%和5.1%。

建议：加强对小微型企业参加各类展览展会的补贴和支持，政府主办的各类展会尽量减免参展费用。

（五）提升企业素质方面

17. 第二十二条提出，支持管理创新，实施中小企业管理提升计划，重点帮助和引导小型微型企业加强财务、安全、节能、环保、用工等管理。第二十三条提出，提高质量管理水平，加强质量诚信体系建设，加强品牌建设指导，引导小型微型企业创建自主品牌。企业反映，政府部门的服务方向距离企业的需求还有很大差距，管理提升计划覆盖面仍不够广泛，小微型企业在技术、管理、质量创新方面难以得到有效帮助和支持。

建议：(1) 建立自上而下的、完善的创业和小微型企业培训体系。(2) 建立激励机制，发挥产业链中大型企业的作用，带动产业链中小微型企业综合素质的提升。（3）支持小微型企业应用管理软件产品，提升管理水平。

18. 第二十四条提出，加强人力资源开发，加强对小型微型企业劳动用工的指导与服务，完善保障政策，帮助企业拓宽用工渠道。第二十五条提出，制订和完善鼓励高校毕业生到小型微型企业就业的政策。对小型微型企业新招用毕业年度高校毕业生，签订1年以上劳动合同并按时足额缴纳社会保险费的，给予1年的社会保险补贴，政策执行期限截至2014年底。企业反映，人才“招不到、用不起、留不住”已经成为制约发展的重大障碍，而对于大学生到小微型企业就业的社会保险补贴政策，很多企业反映直到这次调查才知道有这些政策，没有任何部门主动宣传过，更没有享受过。调查显示，获得过政府及服务机构在人才引进方面服务的受访企业仅有6.5%。

建议：（1）建立对小微型企业有较强针对性的劳动用工指导和服务体系。（2）将小微型企业招用毕业年度高校毕业生给予社会保险补贴的政策延长3年，补贴年限由1年提高至2年。

（六）营造环境方面

19. 第二十六条提出，对创办三年内租用经营场地和店铺的小型微型企业，符合条件的，给予一定比例的租金补贴。有些省份已出台具体的补贴政策，企业已经获益。但部分省份只是出台了文件，并没有相应的具体量化措施，企业认为是以文件落实文件。广东某企业反映，即使获得补贴，也是打了很大折扣。

建议：各省尽快出台场地租金补贴管理实施细则，明确适用范围和标准并严格执行。

20. 第二十八条提出，大力推进服务体系建设。企业反映，中小企业服务体系的覆盖面不高，在资金支持方面重单个项目、轻服务体系建设，在服务平台建设方面重政府、轻民营，中小企业服务机构无论是数量上、分布上还是服务质量上，与广大小微型企业的需求还存在一定差距。

建议：（1）加快建立以政府为主导、社会广泛参与的多元化、多层次中小企业服务体系。（2）充分发挥行业商（协）会中小企业服务机构的作用，将其纳入国家中小企业服务体系，并加强对行业商（协）会专职人员的培训。

21. 第二十九条提出，统计及有关部门要进一步加强对小型微型企业的调查统计工作，尽快建立和完善小型微型企业统计调查、监测分析和定期发布制度。企业反映，现已颁布的中小企业划型标准尚不能准确反映企业情况，而且工商、税务、银行等并未使用此标准，导致对小微型企业的认定和统计口径有较大差异，政策无法落实。

建议：（1）进一步研究改进科学合理的企业划型标准，工商、银行、税务等各有关方面要严格按照标准进行统计，并开展相关工作。（2）加快建立权威性的国家小微型企业监测统计体系。

三、进一步支持小微型企业健康发展的建议

1. 进一步提高对小微型企业在经济社会发展中重要地位的认识

一是各级党委政府要把认识统一到“小微型企业29条”精神上来，深刻认识小微型企业在增加就业、促进经济增长、科技创新与社会和谐稳定等方面具有不可替代的作用，对国民经济和社会发展具有重要的战略意义。二是要牢固树立“抓大扶小”的理念，充分认识“扶小”是密切联系基层，密切联系群众的具体体现，必须摆在更加重要的位置。相关部门要对支持小微型企业发展的政策措施进行梳理，对过于原则的条款要尽快出台细则，对门槛偏高和手续繁杂的条款要尽快调整和简化，使政策真正落到实处、发挥作用。三是建议国务院2014年上半年开展对文件落实情况的专项督察。四是切实加强小微型企业立法。建议将《中小企业促进法》更名为《中小微型企业促进法》，并制订小微型企业与中型企业的差异化条款。建议制订《小微型企业创新法》。

2. 加大宣传力度，形成关注支持帮扶小微型企业的社会氛围

一是相关部门要加大对支持小微型企业发展政策措施的宣传力度，让政策措施为小微型企业和社会各界所知晓，推动政策措施的贯彻落实。二是各中央媒体和地方媒体要加大对小微型企业发展典型的宣传力度。三是坚持正面引导，形成关注支持小微型企业发展、鼓励创业创新的良好舆论导向，改变目前存在的小微型企业“无人疼、无人爱”的状态，使小微型企业切实从政策中受益，感受到党和政府的关怀。

3. 进一步加大对科技型、成长型小微型企业的支持力度

一是2014年上半年有关部门应出台科技型、成长型小微型企业的认定办法。二是加快制订中小企业专项资金、中小企业发展基金、中小企业技术进步和技术改造资金向科技型、成长型小微型企业倾斜的具体办法。三是研究制订支持科技型、成长型小微型企业发展的财税优惠政策。四是研究制订金融支持科技型、成长型小微型企业发展的具体措施。

4. 推进政府主导、社会参与的中小微企业服务体系建设

一是加快形成全国自上而下与自下而上相结合的小微型企业服务体系，建立全国性中小微企业公共服务网络，解决服务资源分散和服务体系不健全不完善的问题。二是加大对社会中介服务组织和信息服务业的支持力度，为小微型企业提供综合性、一站式的服务。

5. 切实帮助小微型企业提升自身素质，强化企业发展的内生动力

一是提升小微型企业人员素质。将小微型企业经营者素质提升和员工培训纳入政府人才培训整体规划，国家各项培训工程、计划应向小微型企业倾斜。二是支持小微型企业提升管理水平。引导小微型企业完善法人治理结构，建立健全财务制度，提升综合管理能力。

非公有制经济人士思想政治工作

【综　述】2013年，全国工商联坚持围绕中心、服务大局，以改革创新的精神，探索对非公有制经济人士思想政治工作的新思路、新举措、新载体。在年初开展非公有制经济人士思想状况调研的基础上，开展了全国非公有制经济人士理想信念教育实践活动；与全国总工会联合开展全国民营企业“关爱员工、实现双赢”评选表彰活动；举办全国工商联第十一届执委会新任执委培训班；制订《全国工商联2014～2017年培训工作规划》；加强舆论引导能力，营造非公有制经济发展的良好舆论环境和社会环境，为促进非公有制经济健康发展和非公有制经济人士健康成长作出贡献。主要在以下几个方面开展工作。

一、开展全国非公有制经济人士理想信念教育实践活动

为深入贯彻落实党的十八大精神，根据习近平总书记等中央领导同志的重要批示精神，在对非公有制经济人士思想状况进行深入调研的基础上，中央统战部、全国工商联从2013年5月至12月，在全国范围内集中开展了以“民营企业家与中国梦”为主题、以“增强非公有制经济人士对中国特色社会主义的信念、对党和政府的信任、对企业发展的信心”为主要内容的非公有制经济人士理想信念教育实践活动。

活动开展以来，中央统战部和全国工商联于2013年5月6日召开了全国电视电话动员大会，成立了全国非公有制经济人士理想信念教育实践活动领导小组和办公室，下发开展活动的意见，召开两次全国工商联常委会议专题部署推动，在历时7个多月的时间里，领导小组和办公室同志分六批赴全国26个省市自治区开展指导工作。各级统战部和工商联组织自上而下全部动员起来，全国有26000多家商会参与活动，通过各种活动手段有效覆盖到160多万非公有制经济人士。10月30日，全国非公有制经济人士理想信念报告会在人民大会堂召开，中共中央政治局常委、全国政协主席俞正声出席会议并作重要讲话，6位民营企业家作大会发言，全国共2.9万人参加了电视电话会议。

二、共同主办第七届全国民营企业“关爱员工、实现双赢”经验交流暨表彰会议

由全国工商联、全国总工会联合举办的第七

届全国民营企业“关爱员工、实现双赢”经验交流暨表彰会议于2013年9月9日在人民大会堂举行。会前，中共中央政治局委员、全国总工会主席李建国，全国政协副主席、全国工商联主席王钦敏会见了优秀民营企业家、优秀职工和先进企业工会代表。

会上分别授予宗庆后等111位同志“全国关爱员工优秀民营企业家”称号，授予李银芳等111位同志“全国热爱企业优秀员工”称号，授予石家庄燕春集团有限责任公司工会委员会等112家企业工会“全国双爱双评先进企业工会”称号。会上，杭州娃哈哈集团有限公司董事长宗庆后等5人代表受表彰的先进集体和个人发言，介绍了“关爱员工、实现双赢”的做法与体会。

“关爱员工、实现双赢”“双爱双评”活动迄今已历时9年，已成为引导民营企业构建和谐劳动关系的有效载体。截至目前，共评选表彰全国关爱员工优秀民营企业家915名，全国热爱企业优秀员工884名，全国双爱双评先进企业工会902个。

三、举办全国工商联第十一届执委会新任执委培训班

我会与中央统战部联合举办的全国工商联第十一届执委会新任执委培训班，分两期先后于2013年6月30日至7月2日和7月11日至13日在中央统战部怀柔培训中心举办，非公有制经济人士新执委、理想信念教育实践活动办公室成员、直属新闻单位负责人等共145人参加了培训（其中非公有制经济人士新执委125人）。

按照会领导要求，结合正在开展的非公有制经济人士理想信念教育实践活动主题和企业家们普遍关心的问题对培训课程进行了精心设计。按照理想信念教育实践活动要求，此次培训班创新形式，充分发挥学员自我教育主体作用，搭建交流互动和展示平台，在进行分组讨论基础上，每期都举办了学员讲坛。在分组讨论和学员讲坛中，学员们以“民营企业家与中国梦”和“如何切实履行执委职责”为题，畅所欲言、相互启发，碰撞出许多思想火花。中央统战部和全国工商联精心组织安排，倾力提供服务保障，两期培训班取得良好效果，获得学员的一致好评，基本达到了预期目的。

四、制订《全国工商联2014～2017年培训工作规划》

为加强指导和规范工商联系统的培训工作，根据《中共中央国务院关于加强和改进新形势下工商联工作的意见》、中共中央《2013～2017年全国干部教育培训规划》和中央办公厅《2010～2020年党外代表人士教育培训改革和发展纲要》等文件精神，在全国工商联上一个培训工作五年规划的基础上，进行了《全国工商联2014～2017年培训工作规划》起草。在起草该规划的过程中，宣教部深入地方工商联调查研究，组织召开座谈会、协调会等，广泛听取非公有制经济人士和工商联干部的意见建议。同时，征求了中央统战部的意见。该规划先后进行了十多次集中修改。经全国工商联党组会议审议通过，于2013年12月31日以全国工商联名义印发。

五、开展非公有制经济领域舆情调研和非公有制经济发展舆论环境研究

2013年，宣教部通过与网络搜索公司合作，利用设置好的关键字（词）检索新闻、论坛、博客、微博客等网络平台上涉及非公有制经济领域的热点新闻、突发事件等，及时汇编，并选取社会影响大，有代表性的事件进行舆情解析，每周出一期《非公有制经济领域舆情调研》。

宣教部与新华社新闻信息中心合作共同开展非公有制经济发展舆论环境研究工作。通过对新华社新闻信息中心监测平面媒体（不含境外媒体）、电视媒体针对非公有制经济、非公有制企业及企业家的相关报道情况的分析研究，形成非公有制经济发展舆论环境分析报告。（肖　扬）

【召开全国工商联宣教工作协调会】 2013年3月28日至29日全国工商联宣教工作协调会在京召开，全国工商联副主席李路出席会议并讲话。

会议传达了全国宣传部长会议精神和全国两会精神，围绕全国工商联宣教重点工作、非公有制经济人士理想信念教育活动方案进行了讨论交流，并就《全国工商联推进民营企业文化建设指导意见》和《全国工商联2013～2017年培训工作规划》征求了意见。会议期间，国家创新与发展战略研究会常务副会长、国务院参事室特约研究员吴建民作了题为“非公有制经济发展和中国梦”的专题讲座，并与参会同志进行了热烈互动。全国工商联直属新闻出版单位负责同志分别介绍了2013年宣传出版工作安排。

会议围绕全国工商联年度工作安排，部署了全年宣教工作5项重点工作。一是深入学习宣传贯彻党的十八大精神，深刻领会精神实质，指导实践推动工作，广泛开展理想信念教育实践活动。二是加强和改进非公有制经济人士思想政治工作，切实加强企业文化建设，继续开展“关爱员工、实现双赢”活动，加强非公有制经济人士思想状况调研，继续组织开展“创业大讲堂”活动。三是促进工商联培训工作规范化、制度化，制订落实全国工商联2013～2017年培训规划，以非公有制经济代表人士为重点开展培训工作。四是做好工商联宣传和舆论引导工作，做好全国工商联重点工作的宣传报道，加强集中宣传采访工作，整合自有媒体资源形成宣传工作合力。五是以改革创新精神加强宣传教育队伍自身建设，加强对各地工商联宣教部门的工作指导和经常性联系，充分发挥全国工商联宣传培训和企业文化建设委员会的研究、咨询作用。会议要求各地工商联结合实际制订工作计划，明确目标要求、任务措施，抓好落实工作。

会议由全国工商联宣教部部长高庆林主持。来自全国32个省级工商联、15个副省级城市工商联与直属新闻出版单位的有关负责同志共100余人参加了会议。会议期间还宣布了《2012年度工商联（商会）工作十大亮点》评选结果。（肖　扬）

【开展全国工商联非公有制企业党建工作研究】非公有制企业党建工作是党建工作的新领域，参与指导非公有制企业党建工作，是党中央明确赋予工商联的一项新任务。中央16号文件明确指出，“重视工商联党组协助开展非公有制经济组织党建工作”。中办《关于加强和改进非公有制企业党的建设工作的意见（试行）》（中办发〔2012〕11号）文件明确规定，“党委组织部门要加强统筹协调和工作指导，纪检机关和统战、工商、财政、商务、工商联等部门和单位要结合各自职能，协同做好有关工作”。近年来，各级工商联按照中央要求，在党委的统一领导下，积极探索工商联参与指导非公企业党建的方法途径，在指导非公有制企业党建方面做了大量扎实有效的工作，为创新基层党建工作作出了积极贡献。特别是先后有9个省份和很多地市、县区依托工商联成立了非公党工委，发挥了工商联指导非公党建工作的不可替代作用。随着实践的深入推进和不断创新，也有不少地方工商联在工作中遇到了不少新情况、新问题，亟须相互交流和指导。2012年，全国工商联研究室在开展非公有制企业党建工作研究的基础上，编辑出版了《我国非公有制企业党的建设探索》一书，得到了相关部门和社会各界的好评。

在此基础上，2013年全国工商联将非公党建工作研究的重点放在如何发挥工商联在指导非公党建工作中的作用上。先后组成调研组赴湖南、新疆等地就工商联指导非公有制企业党建工作开展调研，组织已经依托工商联成立非公有制经济组织党工委的内蒙古、天津、山东等9个省份工商联开展了相关研究，并邀请中央组织部、国家工商总局等相关单位、一些在企业内部成立了党组织的非公有制企业出资人开展了研究。

相关研究成果将在2014年出版的《工商联在指导非公党建中的作用》中予以体现。该书汇集了中央组织部、国家工商总局近年来开展非公党建工作的有益经验，整合了依托工商联设立非公党工委的9个省份的非公党建工作实践，选取了部分开展党建工作较好的代表性企业的研讨文章，收录了近两年全国工商联关于非公党建方面的专题调研成果，力图从多侧面展示、总结工商联系统指导非公有制企业党建的新工作、新进展、新经验，并针对当前工作中出现的一些问题和困惑，提出工商联指导非公有制企业党建的思考和建议，对下一步开展工作给予启迪和借鉴。（刘佩华）

【制订《全国工商联2014～2017年培训工作规划》】为加强指导和规范工商联系统的培训工作，根据《中共中央国务院关于加强和改进新形势下工商联工作的意见》、中共中央《2013～2017年全国干部教育培训规划》和中央办公厅《2010～2020年党外代表人士教育培训改革和发展纲要》等文件精神，在全国工商联上一个培训工作五年规划的基础上，进行了《全国工商联2014～2017年培训工作规划》起草。宣教部在起草该规划的过程中，采取深入地方工商联调查研究和组织召开座谈会、协调会等，广泛听取非公有制经济人士和工商联干部的意见建议。同时，征求了中央统战部的意见。先后进行了十多次集中修改。经全国工商联党组会议审议通过，于2013年12月31日以全国工商联名义印发。

该规划由七部分组成，分别为重要意义、指导思想、基本原则、培训对象和目标任务、培训内容、工作措施和组织领导。

规划要求各级工商联要根据该规划，结合实际制订培训规划和年度工作计划，落实目标要求、任务措施，抓好贯彻落实，并由全国工商联宣教部负责本规划的督促检查工作。（李兵书）

【共同举办全国工商联第十一届执委会新任执委培训班】中央统战部与全国工商联联合举办的全国工商联第十一届执委会新任执委培训班，分两期先后于2013年6月30日至7月2日和7月11日至13日在中央统战部怀柔培训中心（集贤山庄）举办，非公有制经济人士新执委、理想信念教育实践活动办公室成员、直属新闻单位负责人等共145人参加了培训（其中非公有制经济人士新执委125人）。

中央统战部、全国工商联有关领导对培训班高度重视。全国政协副主席、全国工商联主席王钦敏亲临两期培训班开班式作重要讲话，代表全国工商联对新任执委提出了希望和要求。要求大家面对国际国内的新形势，要正确把握发展大局，在全面实现中华民族伟大复兴“中国梦”的事业中发挥更大作用。中央统战部副部长，全国工商联党组书记、常务副主席全哲洙对办好培训班作出指示，要求明确培训班主题，努力保证培训班的质量，充分体现“民营企业家与中国梦”的理想信念教育实践活动的主题。全国工商联副主席李路对两期培训班全程进行指导，并在每期培训班结业式上都作了内容丰富的总结讲话。

按照会领导要求，结合正在开展的非公有制经济人士理想信念教育实践活动主题和企业家们普遍关心的问题对培训课程进行了精心设计，安排了四课：一是国际形势，透视当前我国关切的几个国际热点问题，引导学员开阔视野，正确把握实现“中国梦”的外部环境；二是当前国内经济形势和政策，引导学员及时审视企业面临的机遇和挑战，正确把握企业的发展方向，提振发展企业的信心；三是当前我国重点领域改革问题，引导学员面对政策环境不断改善的新形势，增强对党和政府的信任；四是中共党史教育，讲述中国共产党为实现“中国梦”，从民族救亡到民族复兴的苦难辉煌历史，引导学员进一步增强对中国特色社会主义的信念和对党的信任。为加深学习，培训班为学员配发了《中共中央国务院关于加强和改进新形势下工商联工作的意见》学习问答、《民营企业家与中国梦》《苦难辉煌》等培训教材。

按照理想信念教育实践活动要求，此次培训班创新形式，充分发挥学员自我教育主体作用，搭建交流互动和展示平台，在进行分组讨论基础上，每期都举办了学员讲坛。在分组讨论和学员讲坛中，学员们以“民营企业家与中国梦”和“如何切实履行执委职责”为题，畅所欲言、相互启发，碰撞出许多思想火花。

在中央统战部和全国工商联精心组织安排，倾力提供服务保障下，两期培训班取得良好效果，获得学员的一致好评，基本达到了预期目的。（李兵书）

【开展全国工商联商会党建工作研究】党的十八大提出要加大社会组织党建工作力度，全面推进各领域基层党建工作。加强商会党建工作，既是新形势下扩大党的组织和党的工作覆盖的现实需要，也是贯彻落实中央16号文件，建设中国特色商会组织的必然要求。

行业商会，是由同行业的企业家，或者一个行业中由产业链上下游的同行之间共同发起成立的社会组织。在市场经济发展成熟过程中，行业组织的作用越来越凸显。而党建工作与社会组织的交集，是近年来逐步出现的。近年来，工商联所属的行业商会在宣传政策、提供服务、反映诉求、维护权益、加强自律等方面发挥着越来越重要的作用。随着中央对社会组织党建工作的重视，行业商会负责人认识的逐步提高，越来越多的行业商会把党建工作摆在更加重要的位置。一些商会组织比较发达的地区，许多具有多年党龄的企业出资人和行业商会党建负责人，怀着对党的热爱、抱着对党的感情，在行业商会中成立党组织。随着党组织的有效运转，推动作用的发挥，又进一步促进了商会的全面建设。特别是在各级工商联的精心指导下，各类商会紧密结合工作实际，积极探索组建党的组织和开展党的活动，形成了一些好的经验和做法。

近几年，全国工商联研究室一直关注非公有制企业党建工作研究，先后编辑出版了《我国非公有制企业党的建设探索》《工商联在指导非公党建中的作用》两本书，在社会上引起了较好反响。为进一步推进非公经济领域党建研究工作，2013 年全国工商联研究室围绕“行业商会建党组织为了什么、党组织能够在商会建设和行业发展中有什么作用、如何处理好党务与会务的关系”开展了商会党建工作研究。为确保研究质量，研究室向地方工商联下发专门通知征集素材。在全面收集各级实践经验的基础上，研究室编辑出版了《商会党建典型案例》一书，对 100 多家商会党建工作的典型做法、经验体会进行了全面梳理，并对同类型商会的党建工作做法进行了点评，力图为工商联更有成效地指导商会党建工作提供参考，为其他商会开展党建工作示范引路。（刘佩华）

【召开第十一届全国工商联宣传培训和企业文化建设委员会第一次全体会议】2013 年 12 月 27 日，第十一届全国工商联宣传培训和企业文化建设委员会（以下简称委员会）第一次全体会议在全国工商联机关召开，委员会部分委员以及宣教部各处负责人参加。会议通报了经全国工商联主席办公会议通过的本届委员会组成人员名单，审议了委员会工作规则。宣教部部长、委员会副主任高庆林总结了上届委员会工作情况，并提出了本届委员会任内工作设想。全国工商联副主席、委员会主任李路出席会议并作总结讲话。

围绕 2014 年广泛深入开展非公有制经济人士理想信念教育实践活动、推动民营企业文化建设、开展非公有制经济人士培训和为非公有制经济发展营造良好舆论环境等主要内容，与会代表对委员会 2014 年工作计划进行了认真讨论，形成了以下工作要点：

一、发挥企业家和专家学者委员的作用，对社会上开展的针对民营企业家的培训内容和机构进行调研；争取建立培训业商会，倡议建立行业标准，加强行业自律，提升社会培训品质，传递放大工商联的声音。

二、围绕工商联中心工作，结合广泛深入开展理想信念教育实践活动，推动民营企业文化建设，探讨 2014 年以专委会名义召开“首届民营企业家精神财富论坛”；发挥企业和地方工商联优势，探讨以委员会名义在不同区域分片召开先进企业文化建设推广会，交流经验，展示优秀企业文化建设成果；成立优秀企业文化建设示范基地并挂牌；探讨以委员会名义对工商联系统的报刊网站开展评定。

三、利用委员会人才优势，打造树立非公有制经济和非公有制经济人士良好形象的平台和载体，通过拍摄播出体现中国特色社会主义核心价值观，反映非公有制经济人士良好精神风貌，能够打动人、鼓舞人，传递非公有制经济人士正能量的影视作品等。

会议提出请各位委员按照工作要点，根据个人意愿确定参与的具体工作，并商定落实进度。（肖　扬）

建言献策

【综　述】2013 年，全国工商联坚持围绕中心、服务大局，充分发挥作为统一战线重要组织和人民政协重要界别的优势，深入调查研究，积极建言献策，在促进两个健康工作中发挥了积极作用。

一、深入调查研究，服务非公有制经济健康发展

为贯彻落实中央领导同志关于加强非公有制

经济人士思想政治工作批示精神，2013年初中央统战部和全国工商联分赴北京、辽宁、上海、江苏、浙江、福建、山东、湖南、广东、重庆，深入基层、深入企业，着重访谈635位非公有制经济人士、100多位党政干部和专家学者，并向全国31个省区市发放3200多份问卷，特别是采取个别沟通交流的方式，用2个多月的时间，集中围绕“增强非公有制经济人士对中国特色社会主义的信念、对党和政府的信任、对企业发展的信心”，开展非公有制经济人士思想状况调研。《非公有制经济人士思想状况调研报告》上报中央后，得到了习近平、李克强、俞正声等中央领导同志的重要批示。在此基础上，5月中央统战部和全国工商联在全国范围内开展了以“三信”为主要内容的非公有制经济人士理想信念教育实践活动，得到了地方各级党委政府的大力支持和非公有制经济人士的广泛欢迎，取得了较好成效。

5月至9月，受国家发改委和工信部委托，全国工商联分别组织了对“民间投资36条”实施细则和“小微企业29条”贯彻落实情况的评估工作。调研共发放3000多份调查问卷，召开90多场企业家和商会负责人座谈会，深入分析了制约民间投资和小微企业发展的体制机制性障碍，提出了具体的意见建议，李克强、俞正声、马凯等中央领导同志作出重要批示。9月，国务院常务会议专门听取全国工商联关于“民间投资36条”实施细则评估汇报。会后，国家发改委、国土资源部、财政部、银监会等16部委主动到工商联征求意见。以第三方的身份开展国家政策落实效果评估工作，为工商联坚持两个健康工作主题、发挥政府管理和服务非公有制经济助手作用拓展了新的渠道。

为顺应当前金融业的发展趋势，掌握民间资本进入金融领域的现状和存在问题，提出促进民间资本进入金融领域的政策建议，全国政协副主席、全国工商联主席王钦敏亲率调研组于7月中下旬赴上海和浙江两地，围绕民间资本进入金融领域开展专题调研。调研组深入考察了部分商业银行、村镇银行及其他新兴金融机构，并与地方发改委、金融办、银监局等部门和有关民营金融机构负责人座谈交流，并征求了相关部委的意见建议。《民间资本进入金融领域调研报告》上报中央后，得到中央领导同志的充分肯定，为加快金融领域改革、推动民营银行设立发挥了积极作用。同时，相关的调研成果在11月召开的全国政协十二届三次常委会议上，以全国工商联大会发言形式得到了充分体现。

为充分发挥民营企业在参与创新社会管理方面的积极作用，全国工商联还围绕非公有制企业法律维权服务体系建设、非公有制企业劳动关系状况、非公有制企业劳动争议预防调解工作等方面开展深入调研，提出了相关意见建议。同时围绕服务“走出去”国家战略，营造民营企业“走出去”的良好环境，开展了外事服务民营企业“走出去”调研。

二、密切联系非公有制经济人士，引导他们有序政治参与

全国工商联把解决广大非公有制经济人士最关心、最直接、最现实的利益问题作为提案工作出发点和落脚点，广泛联系非公有制经济人士，引导他们通过提案有序参与国家政治生活和社会事务，同时支持商会通过提案积极反映行业诉求、企业呼声和非公有制经济人士期盼。2013年全国政协十二届一次会议，全国工商联共提交团体提案46件，大会书面发言7件，5件提案被评选为全国政协重点提案。其中《关于进一步完善结构性减税政策的提案》《关于进一步促进民办教育健康发展的提案》在政协十二届一次会议期间入选重点提案摘要目录。《关于加大南水北调中线水源区防震减灾项目建设的提案》《关于允许符合条件的港澳人士担任全国工商联直属行业商会副会长的提案》和《关于推进营业税改征增值税改革的提案》被全国政协重点督办提案选题协商会遴选为重点督办提案。为积极推动提案办理，确保非公有制经济人士合理利益诉求落到实处，全国工商联研究室与全国政协提案办积极沟通，在全国工商联汽摩配商会的会员企业昌石汽修厂召开关于制订汽车改装相关法律的提案办理现场会，公安部、交通部、工信部、工商总局、质检总局5个承办部委机关的同志参会。会后公安部明确表示，在2013年修订《道路交通法》时，提案建议中关于改装车的相应内容作为重点内容考虑。

着眼于促进两个健康，通过各种座谈会和研

讨会，引导非公有制经济人士及时向有关部门反映意见建议和利益诉求。自5月起，全国工商联先后分别与国家发改委、工信部、中编办、科技部共同举办民营企业家座谈会，听取对激发民间投资活力、促进中小企业发展、减少行政审批、加强企业技术创新等方面的意见建议。同时积极引导非公有制经济人士参与中小企业促进法修改和社会组织体制改革等15项立法工作的座谈协商。非公有制经济人士通过工商联反映意见建议的积极性、主动性明显提高，工商联的凝聚力影响力明显增强。

三、充分发挥参政议政委员会的职能作用

2013年全国工商联参政议政委员会围绕全国工商联的中心工作，建睿智之言，献务实之策，在提高工商联建言献策质量和履职能力水平方面作出了积极贡献。

按期召开会议，切实履行职能。11月18日，全国工商联参政议政委员会全体会议在北京召开。会议围绕当前宏观经济形势和2014年经济走势，深入讨论了民营经济发展面临的机遇和挑战，就加强非公有制经济人士培训、培养企业家精神、建立中小微企业服务平台、成立中国民营经济培训机构、吸收混合所有制企业加入工商联会员等方面提出意见建议，并对做好2014年全国工商联提案工作和参政议政委员会工作提出了建设性意见。

注重发挥参政议政委员的积极作用。组织部分委员参加了2012～2013年中国民营经济发展形势分析会，邀请部分委员参加2013年中国民营经济发展（长白山）论坛并作发言，组织部分委员参与《工商史苑》《工商联简史》的编写工作。（冯东海）

【召开2012～2013年中国民营经济发展形势分析会】2013年2月1日，2012～2013年中国民营经济发展形势分析会在北京召开，会议由全国工商联主办，中国民（私）营经济研究会和中国民生银行协办。全国政协副主席、全国工商联主席王钦敏，中央统战部副部长，全国工商联党组书记、常务副主席全哲洙出席会议，全国工商联副主席庄聪生主持会议。

王钦敏主席作了题为“深入贯彻落实党的十八大精神，为民营经济健康发展营造良好环境”的主旨演讲。他指出，党的十八大强调要加快完善社会主义市场经济体制和加快转变经济发展方式，着力激发各类市场主体发展新活力，着力增强创新驱动发展新动力；强调坚持“两个毫不动摇”，保证各种所有制经济依法平等使用生产要素、公平参与市场竞争、同等受到法律保护，这充分体现了国家在全面深化经济体制改革中，大力发展民营经济的决心和信心，为民营经济指出了一条具有中国特色的发展道路。

王钦敏主席强调，民营经济是民生经济、富民经济，是实现中国梦的重要推动力量。民营经济要坚定发展信心，全社会要为民营经济培育更加肥沃的生存土壤。一要正确处理政府与市场的关系，政府要以提高服务效能为出发点，把服务重点放在营造环境和提供公共服务上，从具体微观经济活动中解脱出来，在资本、土地、矿产等资源方面给予市场更多话语权；二要进一步加快金融体制改革步伐，引导国有商业银行将更多资源向中小企业倾斜，着力推动民营金融机构建设，进一步建立和完善小微企业融资服务体系；三要增强民营企业自主创新能力，引导企业成为技术创新和科技产业化的投入主体，在政策、资金、技术和平台上加大扶持力度，加快建立服务民营企业的技术创新体系；四要进一步加大“民间投资36条”实施细则贯彻落实力度，进一步增强实施细则的针对性和可操作性，抓紧在市政、能源、电信、铁路、金融等领域落实一批具体项目，建立相应的贯彻落实督察机制等，不断增强民间投资意愿，扩大民间投资比重。

会上，著名经济学家厉以宁作了题为“信心与智慧”的演讲，工业和信息化部总工程师朱宏任作了题为“民营经济发展面临的政策环境和机遇”的演讲，全国工商联副主席、百度公司董事长兼首席执行官李彦宏作了题为“实施创新发展战略，增强企业核心竞争力”的演讲，全国工商联副主席、中国民生银行董事长董文标作了题为“创新金融服务模式，支持民营经济发展”的演讲。

国家工商总局副局长腾佳材，国务院发展研究中心副主任侯云春，全国政协经济委员会副主任石军，全国工商联党组副书记、副主席黄小祥，副主席黄荣、谢经荣、李路，中央国家有关部门司局级负责同志、社会研究机构负责同志和专家学者，外国驻华使节、境外商会和跨国公司代表，民营企业家共350多人参加了会议。（尚小琴）

【召开全国工商联2013年提案新闻通气会】 2013年3月1日，全国工商联2013年提案新闻通气会在京召开。全国工商联副主席庄聪生出席会议并讲话。机关各部门、各直属行业商会分管提案工作的负责同志和有关新闻媒体共约90人参加会议。

庄聪生副主席指出，提案工作是工商联履行职能的重要方式，促进两个健康的重要渠道。党和国家对提案工作越来越重视，社会各方对提案工作越来越关注，加之工商联组织优势的彰显和服务对象的拓展，全国工商联提案工作已经站在新的起点上。

庄聪生副主席重点介绍了2013年全国工商联提案工作有关情况。他指出，全国工商联的提案工作围绕学习贯彻党的十八大精神，认真落实习近平总书记和俞正声同志关于加强提案工作的指示，坚持围绕中心、服务大局、提高质量、讲求实效，提案主要从深化改革、促进行业企业健康发展、创新驱动、建设美丽中国、保障和改善民生、充分发挥行业组织作用、政策督办等方面提出意见建议，大会发言主要围绕农村金融改革、完善中小微企业扶持政策、激发民间资本活力等内容，最终形成提案42件、大会发言8件。

庄聪生副主席指出，2013年全国工商联提案工作体制机制逐渐健全，在稳定队伍的基础上，超前谋划，深入基层开展调研，确保提案选题准确、论证科学、建议可行，质量水平较往年有较大提高。尤其是充分凸显系统特色，在促进行业企业健康发展特别是小微企业发展方面着力很多。

会上，庄聪生副主席回答了有关记者提问，研究室副主任林泽炎就提案相关内容作了情况介绍。（冯东海）

【开展民间资本进入金融领域调研】 随着我国民营经济的发展和金融体制改革的深化，鼓励和支持民间资本进入金融领域的政策力度在不断加大。党的十八大明确提出，加快发展民营金融机构。特别是2013年6月以来，国务院专门召开常务会议，研究推动民间资本进入金融业的政策措施，7月发布了《关于金融支持经济结构调整和转型升级的指导意见》，极大地调动了民间资本进入金融领域的积极性，民间资本正迎来进入金融领域的重要机遇。为了顺应当前金融业的发展趋势，掌握民间资本进入金融领域的现状和存在的问题，提出促进民间资本进入金融领域的政策建议，全国政协副主席、全国工商联主席王钦敏于7月中下旬赴上海和浙江两地，围绕“民间资本进入金融领域”开展专题调研，与当地发改委、金融办、银监局等部门和有关民营金融机构负责人深入座谈，考察了民间资本参与商业银行、村镇银行、小额贷款公司及其他新兴金融机构的情况，并于8月上旬在北京召开民间资本进入金融领域座谈会，邀请国家发改委、中国人民银行、银监会、证监会、国家工商总局、国家税务总局等部门有关负责人参加座谈。9月初，又请东中西部9个省提供了民营金融机构有关案例。根据调研和座谈会了解的有关情况，形成“民间资本进入金融领域调研报告”，经由统战部上报中央。（廖　骏）

【开展全国工商联系统优秀调研成果评选】 为进一步提高工商联系统调查研究能力、理论探索能力和建言献策水平，规范调研工作，促进调研成果转化，不断提升工商联服务科学发展和实现自身科学发展的能力和水平，根据《全国工商联优秀调研成果评选办法》，全国工商联于2013年3月至12月组织开展了工商联系统优秀调研成果评选表彰活动。

本次优秀调研成果评选得到各省级工商联和全国工商联直属商会的积极参与和大力支持，共收到来自31家省级工商联（西藏自治区工商联除外）和直属商会推荐的调研报告和理论文章99篇，其中省级工商联89篇，5家直属商会10篇；提案84篇，其中省级工商联60篇，9家直属商会24篇。在99篇调研报告和理论文章中，有16篇理论文章，83篇调研报告，内容涉及企业转型升级、政策环境改善、商会建设、非公党建、产业发展、帮扶小微企业、社会热点等多个方面，在84篇提案中，包括获得全国政协优秀提案和重点提案的13篇，内容十分广泛。总体来看，本次参选的调研成果质量较往年有了一定程度的提高。

全国工商联系统优秀调研成果评选主要由研究室负责组织开展，共分为初评、公示和表彰三个环节。本着公平、公正、公开原则，严把质量关，每一环节的具体工作都制订了相应的评审办法并严格遵照执行，力求充分体现工商联系统的整体研究能力和水平。初评工作历时 3 个多月，分为初筛、复筛和专家评审三个阶段，分别对提案、调研报告和理论文章进行了评审。结合全国工商联机关正在开展的党的群众路线教育实践活动，2013 年评选工作在原有基础上增加了公示环节。按照优秀调研成果获奖名额规定，根据专家评审结果，最终确定综合排名前 45 名的调研报告和理论文章入围名单、排名前 30 名的提案入围名单，于11 月29 日至12 月6 日在全国工商联网站上进行了公示。根据公示情况，经全国工商联主席办公会研究，最终确定 2013 年全国工商联系统优秀调研成果奖和优秀提案奖获奖名单，其中优秀调研成果奖 45 名（一等奖 10 名，二等奖 15 名，三等奖 20 名），优秀提案奖 30 名。全国工商联于 12 月 13 日印发《关于表彰 2013 年全国工商联系统优秀调研成果的决定》，并在全国工商联十一届二次执委会上予以书面表彰。（郭　蕾）

【召开第十一届全国工商联参政议政委员会第一次全体会议】2013 年 7 月 29 日下午，第十一届全国工商联参政议政委员会第一次全体会议在全国工商联机关召开。全国政协副主席、全国工商联主席王钦敏出席会议并讲话，会议由全国工商联副主席、参政议政委员会主任庄聪生主持。全国工商联秘书长欧阳晓明，参政议政委员会委员，机关各工作部门负责同志共 40 余人参加了会议。

会上，委员们围绕我国 2013 年上半年经济发展状况与趋势，创新驱动战略，深化经济体制改革，民间资本进入金融领域，小微企业服务体系建设，坚定发展信心、将企业梦融入中国梦，进一步做好全国工商联参政议政工作等内容进行了交流研讨，提出了进一步解放思想、推动经济理论的突破和创新，降低社会保险费率、减税清费扶持小微企业发展，推动民间资本建立风险投资基金、成立科技银行、中小银行，完善促进创新驱动战略实施的体制机制，优化民营经济发展的市场环境、政策环境、法制环境和社会环境等具有前瞻性、可操作性的意见建议。

王钦敏主席就 2013 年上半年经济形势、民间资本进入金融领域、企业转型升级、提振民营经济发展信心等问题与大家交换了意见。他指出，要以提高质量和效益为中心，通过改革开放促进经济发展方式转变和经济结构调整，营造公平竞争的市场环境、更多地依靠市场的力量来应对困难，这将直接利好民营经济发展。

他强调，全国工商联坚决拥护中央的决策部署。2013 年以来，工商联先后开展了非公有制经济人士思想状况调研、“民间投资 36 条”42 项实施细则贯彻落实情况评估、贯彻“小微企业 29 条”情况评价以及民间资本进入金融领域等重点调研，很多调研报告得到了中央领导同志的批示，这也对参政议政委员会的工作提出了更高的要求。

他指出，参政议政委员会是工商联的智库和大脑。各位委员是从不同领域的专家学者和优秀企业家中选拔出来的，理论功底扎实、掌握情况深入、眼界视野宽广，是做好参政议政工作的重要力量。希望各位委员紧紧围绕非公有制经济理论、金融体制机制创新、企业转型升级、科技成果转化的风险评估体系、小微企业公共服务体系等方面，广泛开展调查研究，深入开展长期、中期和应用性研究，努力形成有针对性、建设性的调研报告和意见建议。

他要求，参政议政委员会要不断完善工作机制，通过约稿、提供资料、推荐文章、参加分析研讨、共同开展调研等方式，密切与各位委员的沟通联系，把大家的智慧和力量凝聚到开展民营经济研究的平台上来，为高层决策提供更多参考，为促进民营经济发展环境的进一步优化贡献更大力量。（尚小琴）

【召开全国工商联 2013 年提案工作培训暨座谈会】2013 年 7 月 31 日，全国工商联 2013 年提案工作座谈会暨培训工作会议在北京召开。全国工商联副主席庄聪生同志出席并讲话。全国政协提案委员会王国卿副主任和国务院发展研究中心宏观经济研究部余斌部长，分别围绕如何加强和改进新形势下提案工作，以及当前宏观经济形势作辅导授课。

庄聪生副主席在讲话中指出，参加政治协商，发挥民主监督作用，积极参政议政是中央赋予工商联的一项重要职责。召开培训会议，既是贯彻落实全国工商联年度工作计划，做好提案工作的具体行动，也是全国工商联十一大之后，各省级工商联、副省级城市工商联、大部分直属商会成功换届后召开的第一次提案工作会，有着十分重要的意义。

庄聪生副主席在讲话中系统总结2012年工商联提案工作的成绩和经验，强调做好提案工作必须把服务大局作为提案履职尽责的中心，必须把深入调研作为加强提案工作的根基，必须把改革创新作为推进提案工作的动力，必须把规范化、程序化作为提案发挥作用的保障。

庄聪生副主席在讲话中强调，提案工作要自觉实现向两个健康的精确聚焦。他指出，工商联工作主题就是两个健康。这在客观上要求工商联一切工作，包括提案工作在内，都必须紧紧围绕促进两个健康来进行。

庄聪生副主席对2014年的提案工作提出了明确要求，提出要准确把握做好提案工作的重要环节。他强调，提案工作是扩大工商联影响力、凝聚力和执行力的重要平台，是研究室系统一项重要职责，是培养锻炼干部队伍的重要渠道，必须从现在起抓紧准备，始终保持昂扬的精神状态，开拓创新、求真务实、扎实工作，努力提高工商联提案工作的科学化水平。

各省级工商联、副省级工商联具体分管提案工作的同志、全国工商联机关各部门提案工作的负责人、各直属行业商会负责提案工作的人员约120人参加会议。（冯东海）

【召开全国工商联2014年参政议政工作座谈会】2013年11月18日，全国工商联2014年参政议政工作座谈会在京召开，全国工商联副主席庄聪生出席会议，全国工商联参政议政委员会委员，知名专家学者，民营企业家，地方工商联负责同志、研究室负责同志，全国工商联研究室副主任林泽炎、沈丽霞及工作人员共30人参加会议。会议由林泽炎副主任主持。

会上，大家围绕十八届三中全会和非公有制经济发展、全面深化改革和工商联工作等内容作发言并展开讨论，对2014年全国工商联参政议政和调查研究选题提出建设性建议。庄主席认真听取大家发言，与大家共同讨论。

大家认为，十八届三中全会召开之后全国工商联就召开会议解读和贯彻会议精神，反应迅速，组织及时；征求关于全国工商联2014年工作的意见建议，体现了全国工商联科学统筹、超前谋划工作的理念和改革创新的精神。

大家在讨论中认为，十八届三中全会出台了《中共中央关于全面深化改革若干重大问题的决定》，特别是两个"都是"、市场的"决定性作用"、"建设法治政府和服务型政府"、6个"紧紧围绕"、"三个平等"政策的提出，必将为激发非公有制经济活力和创造力释放更加广阔的空间。全会精神使民营企业家增强了对非公有制经济发展前景的信心。

就全面深化改革和工商联工作，大家表示，工商联应该乘着全面深化改革的东风，加大自身改革力度，在政府和市场间科学定位，淡化行政色彩、强化服务意识、细化专业分工，更好地发挥在促进两个健康方面的不可替代作用。大家建议，工商联可在加强非公有制经济人士培训、培养企业家精神、建立中小微企业服务平台、成立中国民营经济培训机构、吸收混合所有制企业加入工商联会员、督促政府推进贯彻三中全会精神的具体措施的出台等方面努力创新、作出贡献。

大家建议，全国工商联2014年参政议政和调查研究可围绕以下内容选题：中国从高速增长阶段进入中高速增长阶段的背景下民营经济如何平稳转型升级，混合所有制经济产权问题，民营经济与国营经济的融合发展互利共赢问题，民间资本投资中小银行的市场需求及运作困难问题，"弹簧门""玻璃门""旋转门"三门问题严重的领域与环节分析，民营企业在城镇化建设中的贡献作用，民营企业在影响国家竞争力领域的创新贡献，工商联商会建设问题，开办企业注册地址向住宅和商住两用房放开问题，经济案件的司法管辖权问题，建议出台保护民营企业财产权条例和出台商会法律法规等。（梁岩涓）

【召开全国工商联2014年提案选题讨论会】2013年11月29日，全国工商联2014年提案选题讨论会在北京召开，全国工商联副主席庄聪生出席会议并讲话，福建、贵州、河南等8家省级工商联，厦门、武汉、南京3家副省级城市工商联，全国工商联30家直属商会和机关各部门负责提案工作的同志约60人参加会议。

庄聪生副主席指出，提案工作是工商联作为人民政协重要界别履行政治协商、民主监督、参政议政职能的重要方式，新一届中央领导集体对提案工作重视程度前所未有，全国政协更加注重提案办理协商，这些都给工商联提案工作带来了新的机遇，提出了更高要求，各提案单位要增强对提案工作重要性的认识，提高抓好提案工作的自觉性。

庄聪生副主席指出，党的十八届三中全会是我国进入全面建成小康社会关键阶段召开的一次十分重要的大会。全会强调经济体制改革是全面深化改革重点，强调“紧紧围绕使市场在资源配置中起决定性作用和更好发挥政府作用来深化经济体制改革”；高度肯定非公有制经济在“支撑增长、促进创新、扩大就业、增加税收等方面的重要作用”，从多个层面提出鼓励、支持、引导非公有制经济发展，激发非公有制经济活力和创造力的改革举措，非公有制经济面临历史性发展机遇。各提案单位要以学习贯彻十八届三中全会精神为契机，紧紧围绕全面深化改革主线，围绕中心、服务大局，进一步优化提案选题方向，提高提案的针对性，切实做到服务企业、服务行业、服务产业。

庄聪生副主席指出，商会在政治经济生活中发挥着越来越重要的作用，特别是行政管理体制改革和社会组织管理体制变革对商会而言既是挑战，更是机遇。商会作为提案工作的富矿，要聚焦新形势下的制约行业发展的共性问题，继续深挖潜力。各直属商会要增强作为国家级工商代表队的意识，在提案工作方面作出表率。各直属商会要重视起来，要顺应社会组织管理体制变革新形势，聚焦行业发展新问题，切实把提案工作作为衡量商会职能是否健全的重要标志，作为体现商会价值、履行社会责任、改善行业生态、促进行业发展的重要标志，将提案工作抓好、抓实、抓出成效。

庄聪生副主席希望各级工商联、各直属商会具体负责提案工作的同志，能够将提案工作摆到更加重要的位置，增强工作的责任感、事业心，带着使命、带着责任、带着感情做好提案工作，以自己的行动体现工商联贯彻党的群众路线教育实践活动的实际成效，在具体岗位上为服务两个健康作出应有的贡献。（冯东海）

【出版《中国民营经济发展报告No.10（2012～2013）》】2013年12月，全国工商联编辑出版了《中国民营经济发展报告No.10（2012～2013）》。全书包括主报告、专题报告、区域报告和地方报告四大部分。

主报告由全国工商联研究室负责撰写，采用大量数据系统分析了2012年我国民营经济发展的基本情况和主要特点，结合国内外宏观经济形势，客观分析了民营经济面临的机遇和挑战，并就当前民营经济发展面临的突出矛盾和困难，提出了具体意见建议。专题报告邀请国家工商总局、商务部、中国人民银行、国家税务总局、民营上市公司研究部等国家部委和研究机构的专家，就个体私营经济、对外贸易、融资、税收、民营上市公司、上规模民营企业等多个领域，进行深层次研究和分析；全国工商联经济部撰写的《2011年度全国工商联上规模民营企业调研分析报告》也收录其中。区域发展报告由各省级工商联提供，重点反映了各区域民营经济发展的现状、特点、问题和趋势展望，全方位、多角度地反映了当前民营经济发展的现状、特征和发展趋势。

《中国民营经济发展报告》系列蓝皮书至今已连续出版10年。由于数据翔实、资料丰富、视角独特，已经成为各界专家学者及企业界人士了解民营经济、研究民营经济的渠道和“窗口”，让更多的人关心、关注中国民营经济的发展。（郭　蕾）

【出版《工商联提案工作手册》】提案工作是工商联作为人民政协重要界别履行政治协商、参政议政和民主监督职能的重要方式，也是工商联一项全局性、经常性工作。全国工商联领导一直高度关注提案工作，全国政协副主席、全国工商联主席王钦敏，中央统战部副部长，全国工商联党组书记、常务副主席全哲洙多次就提案工作提出明确要求，全国工商联团体提案数量、质量稳步提升。与此同时，面对当前工商联事业蓬勃发展的形势，提案工作仍存在一定差距，一些单位提案专职人员缺乏、人员流动快、业务素质不强等问题，已经成为制约提案工作水平提升的重要因素。在2013年全国工商联提案工作培训暨座谈会期间，各提案单位工作人员强烈要求全国工商联能够进一步加强对提案工作的纵向指导和横向交流。为此，全国工商联研究室专门组织力量，编辑出版了《工商联提案工作手册》。

《工商联提案工作手册》一书包括文件规章制度、领导讲话、优秀提案和重点提案摘编以及提案工作经验交流材料四大部分。文件规章制度部分主要选取全国政协关于提案的相关文件，以及全国工商联关于提案工作的具体要求。领导讲话部分，既收录了全国政协和有关部门领导讲话，也收集了全国工商联领导关于提案工作的重要讲话。优秀提案和重点提案部分，摘编了部分十一届全国政协优秀提案，以及获得全国工商联优秀提案奖的部分提案。提案工作经验交流材料部分选取了相关单位做好提案工作的体会。全书共计20万字。

编印《工商联提案工作手册》，在工商联历史上还是首次，弥补了全国工商联提案工作资料的空白。这既是工商联系统开展提案工作的客观需要，同时也是全国工商联研究室践行宗旨意识、增强群众观点，服务基层的一项具体行动。（冯东海）

服务非公有制经济和区域经济发展

【综　述】2013年，各级工商联经济服务部门在党的十八大精神的指引下，深入贯彻落实中央16号文件精神，坚持两个健康工作主题，积极参加党的群众路线教育实践活动和非公有制经济人士理想信念教育实践活动，紧密围绕党委和政府中心工作，秉承科学发展理念，坚持重心下移，面向基层，扎实开展经济服务工作，实现了服务大局有亮点、方式方法有创新、工作作风有转变，取得了较为突出的工作成效。

一、积极发挥助手作用，开展第三方评估工作

2013年，为配合政府深化改革，受国家发改委和工信部的委托，全国工商联先后组织开展了对“民间投资36条”42项实施细则和“小微企业29条”贯彻落实情况的第三方评估工作。在省区市工商联经济服务部门和直属商会积极参与和大力协助下，共发放问卷3000多份，召开座谈会90多场，整理归纳素材20余万字，历时2个多月，按时提交了评估报告，圆满完成了评估工作。李克强、俞正声、马凯等中央领导同志对工商联的评估工作给予了充分肯定，并作出重要批示。2013年9月6日，国务院常务会议专门听取了全国工商联对“民间投资36条”42项实施细则贯彻落实情况第三方评估工作的汇报，并研究部署了有效落实引导和激发民间投资活力健康发展的措施。会后，国务院督察室和国家发改委多次进行专项督办，先后有16个部委共41个业务司局的有关同志到访全国工商联，就第三方评估意见以及各部门落实推进情况和改进措施交换意见，极大地提升了工商联的影响力。评估工作为增强非公有制经济人士对中国特色社会主义的信念、对党和政府的信任、对企业发展的信心，发挥了重要的实践教育作用；为政府了解评判政策落实情况提供了新途径；为促进政策完善改进政府工作找到了新方式；为工商联坚持两个健康工作主题、发挥政府管理和服务非公有制经济助手作用拓展了新渠道。

二、推动机制建设，努力改善民营经济发展环境

随着中央16号文件的深入贯彻落实，各地党委和政府更加重视发挥工商联的桥梁和助手作用。工商联经济服务部门顺应形势要求，积极探索，注重通过机制加强与政府部门的工作联系，通过机制建立与民营企业的常态沟通，通过机制畅通民营企业反映意见建议的诉求渠道，收到了很好的实践效果。2013 年，全国工商联相继与科技部、国家发改委、工信部建立了部际合作机制，并取得了一些突破性合作成果。通过与科技部的部际合作，吸收全国工商联成为国家技术创新工程部际协调小组和国家创新调查部际协调机制成员；通过与发改委的部际合作，双方在合作机制框架下共同拟定 2014 年工作要点；通过与工信部的部际合作，全国工商联成为国家中小企业公共服务示范平台推荐单位；全国工商联还分别与国家发改委、中编办、工信部、科技部共同举办民营企业座谈会，直接听取民营企业家对激发民间投资活力、促进中小微企业发展、简政放权、企业创新能力建设等方面的意见建议。通过这些机制建设，使我们的经济服务工作视野更宽、站位更高、覆盖面更大，服务标准和要求也更加务实，为推动民营经济发展环境的进一步改善，提供了重要的制度保障。

三、发挥组织优势，服务区域经济科学发展

服务区域经济发展不仅是各级工商联经济服务工作的重点，而且也是工商联组织围绕中心、服务大局的重要体现。2013 年，全国工商联秉承统筹协调、突出重点、分类实施的工作原则，加大了对经贸活动的服务力度。在全年 18 项经贸活动中，把“民企陇上行”和“民企入桂”两项执（常）委会期间举办的经贸活动列为重点，在甘肃省和广西壮族自治区工商联的精心组织和推动下，以及在前期大量准备工作的基础上，不仅经贸活动取得了显著成效，而且还分别与甘肃省和广西壮族自治区人民政府签署了战略框架协议，深化了双方的合作。同时配合有关部门和地方政府，继续做好中博会、西博会、青洽会、西洽会、南京重洽会、天津融洽会等延续性经贸活动。此外，受地方政府邀请，还举办了四川与全国知名民营企业投资合作洽谈会、百家民企进河北、首届楚商大会等活动。各地工商联结合本地实际，组织开展了丰富多彩的经贸活动。这些活动的开展，彰显了工商联组织的优势和作为，赢得了各级党委和政府对工商联工作的重视和肯定，为推动民营企业转型升级、做强做大，推动地方经济实现跨越式发展，搭建了实现共赢、多赢的服务平台。

四、关注难点，把握热点，深化民营企业金融服务

融资难是中小微企业发展过程中长期存在的难点问题，也是成长阶段的共性问题。近年来，工商联经济服务部门始终把金融服务作为帮助民营企业，特别是中小微企业解决发展困境的突破口和着力点。一年来，各级工商联经济服务部门和直属商会不断加大工作力度，创新工作方式方法，探索全新工作载体，加强与有关方面的沟通协作，结合中小微企业发展实际，因地制宜创造性地开展工作，取得了较好的服务成效。一是继续关注难点，重视金融服务平台建设。全国工商联继续深化与国家开发银行、中国工商银行、中国建设银行和中国民生银行的战略合作；二是注重把握热点，在重点领域实现突破和引领。全国工商联密切关注金融改革中有关发起设立民营银行的政策走向，及时印发通知要求各地工商联做好民营企业发起设立民营金融机构的摸底调查和跟踪服务工作，做到早准备、早谋划、争主动。各地工商联迅速响应，积极开展相关工作，推动民营企业参与民营银行的筹备工作。此外，为积极践行党的十八大和十八届三中全会精神，整合民间资本力量，改善投资结构，服务国家“走出去”战略，引导民间投资健康发展，激发民间资本的内生动力和活力，全国工商联顺应部分知名民营企业的要求，发挥组织优势正着手筹建中国民生投资股份有限公司。

五、坚持创新，经济服务效果和影响力不断扩大

全国工商联根据民营经济发展的自身特点和需要，继续开展一批有特色的经济服务，服务效果和影响力不断提升。一是科技服务更加注重向广度和深度推进。2013 年各地工商联踊跃参加全国工商联科学技术奖评选，推荐总量创历年新高，科技进步奖推荐项目超出分配指标 34%，科技创新企业奖推荐数超出分配指标 42%，江苏、浙江、上海位居推荐数量前三位，福建、河南、广东推荐数量增幅最高。在各地的共同努力下，圆满完成了 2013 年度全国工商联科学技术奖的评选工作，经过专家严格评审，在 223 个科技进步奖推荐项目中，评出一等奖 12 个、二等奖 22 个、优秀奖 59 个；在 93 家科技创新企业奖候选企业中，评选出38家企业获奖。经全国工商联推荐的江苏豪森药业股份有限公司项目获得2013年度国家科技进步二等奖。二是军民融合发展势头良好。经过多年的工作和努力，在各地工商联的积极参与下，2013年全国工商联继续编印《军民两用高新技术企业及产品目录（第四册）》，参与支持了2013中国（绵阳）科技城科技博览会暨军民融合高科技成果交易会。三是继续开展上规模民营企业调研和中国民营企业500强发布活动。企业的参与度和覆盖面有了进一步扩大。参加调研的营业收入5亿元以上的企业总数达到4141家，比2012年度增加158家；民营企业500强入围门槛达到77.72亿元，较2011年增加12.03亿元，增长18.31%。改进和创新中国民营企业500强发布会形式。会前召开了大型民营企业恳谈会，邀请有关政府部门作为支持单位，本着勤俭节约的原则，把发布会办成了务实简约、绿色环保的盛会，借助发布会，使其成为展示民营经济发展成就、分享成功经验、引领民营企业健康发展的重要平台。四是不断拓展“走出去”服务。与国务院侨办、国资委和中国贸促会联合印发了《关于发挥侨务优势服务中国企业“走出去”的若干意见》。与商务部研究院合作完成了《中国民营制造业企业海外并购研究》报告，得到了俞正声同志的重要批示。在吉林省延边自治州举办了东北地区民营企业“走出去”培训班。与北京市律师协会合作编撰《中国企业走出去风险控制与投资指南（拉美篇）》。在地方工商联的大力支持和精心组织下，先后在昆明召开“GMS运输商协会能力建设研讨会”；在南宁召开“中国—东盟私营部门投资合作研讨会”；在第十二届世界华商大会期间，成功举办“携手华商共促民企走出去论坛”，全国政协副主席、全国工商联主席王钦敏亲自到场并发表重要演讲。五是开展质量月活动。全国工商联已连续多年与国家质检总局等部门共同主办全国“质量月”活动。2013年按照全国“质量月”活动的统一部署，围绕“打造经济升级版，实现质量强国梦”质量月活动主题，在工商联系统和行业商会组织开展了“质量月”活动。全国工商联联合汽摩配商会举办了“加强质量诚信建设，践行行业社会承诺”主题日活动。六是依托商会组织延伸服务有了新局面。经济部召开直属商会经济服务工作座谈会，听取了直属商会对做好经济服务工作的意见建议。积极主动送经济服务到直属商会和行业商会，在区域经贸合作、科学技术奖评选、上规模民营企业调研、第三方评估、“走出去”、质量月等方面鼓励和动员直属商会、行业商会积极参与，特别是石油业商会、汽摩配商会、科技装备业商会、新能源商会、农业产业商会、冶金业商会、中国民营经济国际合作商会等围绕经济服务做了大量的工作，表现突出，不仅丰富了商会经济服务的内容，增强了商会组织的凝聚力和影响力，而且对工商联系统做好经济服务工作起到了很好的支撑作用。（沙　霖）

【与西藏自治区人民政府签署战略合作框架协议】2013年3月1日，西藏自治区人民政府与全国工商联在北京签订战略合作框架协议，双方旨在进一步加强合作，全面深入实施西部大开发战略，新阶段扶贫开发战略，大力发展非公有制经济，推进西藏跨越式发展。西藏自治区党委书记陈全国，西藏自治区主席、党委副书记洛桑江村，全国政协副主席、全国工商联主席王钦敏在协议书上签字。中央统战部副部长，全国工商联党组书记、常务副主席全哲洙出席签约仪式。

洛桑江村主席说，长期以来，全国工商联和中国光彩事业促进会动员组织广大民营企业家，进藏实施光彩事业，积极投身西藏建设，以项目投资、公益捐助等方式，为促进西藏经济发展、社会稳定、改善民生、扩大就业作出了积极的贡献。全国工商联与西藏自治区人民政府签署战略合作协议，拉开了“中国光彩事业西藏行”活动的序幕，必将对推进西藏的跨越式发展和长治久安产生积极的促进作用。自治区党委、政府将坚定不移地贯彻“两个毫不动摇”的方针，将加快民营经济发展摆在更加突出的位置，积极营造各种所有制经济依法平等使用生产要素、公平参与市场竞争、同等受到法律保护的体制环境，着力做好实施新一轮大开发战略的规划、政策支撑体系建设，提升政务服务水平，全面放宽准入领域，从项目审批、金融支持、舆论引导等方面不断深化对进藏民营企业的扶持和服务。

签约仪式上，全哲洙书记充分肯定全国工商联和西藏自治区合作所取得的成果。他指出，双方签署合作框架协议，就是以党的十八大精神为引领，深入贯彻落实中央第五次西藏工作会议精神和中央16号文件，鼓励和引导非公有制经济积极参与西藏经济社会建设，推进新一轮西部大开发和新阶段农村扶贫开发，共同推动西藏加快经济发展。全书记强调工商联要把推动西藏实现跨越式发展作为促进两个健康的重要实践载体和非公有制经济人士进行自我教育的重要途径，按照习近平总书记“五个始终”的要求，扎实抓好合作框架协议落实。以光彩事业为主要抓手，着力加强调查研究，结合“五位一体”发展战略，不断丰富光彩事业时代内涵，通过项目带动、人才交流和培训、智力帮扶、公益事业等方式促进经济发展。鼓励和引导民营企业投资西藏的基础设施、资源开发、特色产业、生态建设和现代服务业，扶持具有西藏特色的文化产业、旅游产业、民族手工业发展，带动提升当地中小微企业的自我发展能力。根据产业导向和当地经济发展实际，着重项目援藏、产业援藏，以项目为抓手，以民生为重点，实现经济社会发展的双赢。

西藏自治区党委副书记、常务副主席吴英杰，西藏自治区党委常委、统战部部长公保扎西，西藏自治区政协副主席、工商联主席阿沛·晋源，全国工商联副主席谢经荣、安七一，全国工商联副主席、中国民生银行董事长董文标，全国工商联秘书长欧阳晓明等出席活动。（张　勇）

【举办2013年全国工商联上规模民营企业调研培训班】2013年3月4日至5日，全国工商联上规模民营企业调研培训班在南昌市举办。全国工商联经济部副部长罗力，南昌市政协副主席、市工商联主席陈斌出席并讲话。来自各省、自治区、直辖市和新疆生产建设兵团工商联，各副省级城市工商联，部分全国工商联直属商会，中国民生银行，南昌市各县区工商联负责上规模民营企业调研工作的同志共计70余人参加了培训。培训班上，全国工商联经济部副部长罗力作了重要讲话，全国工商联经济部的同志对上规模民营企业调研分析报告的撰写、调研的组织实施以及调研表、调研软件的使用进行了专题辅导，8个省市工商联就调研工作进行了经验交流。培训班期间，还实地考察了南昌市上规模民营企业江西恒大高新技术股份有限公司、江西煌上煌集团食品股份有限公司。（刘小青）

【共同主办四川与全国知名民营企业投资合作洽谈会】2013年4月16日，由全国工商联和四川省人民政府共同举办的“四川与全国知名民营企业投资合作洽谈会”在成都市举行，大会以“四川新发展·民企新商机”为主题。全国政协副主席、全国工商联主席王钦敏，四川省委书记、省人大常委会主任王东明出席大会并分别致辞，四川省委副书记、省长魏宏主持会议，四川省副省长甘霖出席介绍了四川省经济发展和投资项目情况。全国工商联副主席、亿达集团有限公司董事长孙荫环，科创控股集团有限公司董事局主席何俊明，东岳集团有限公司董事长张建宏，传化集团有限公司董事长徐冠巨，内蒙古伊利实业集团有限公司董事长、总裁潘刚，中国民间商会副会长、四川宏达集团董事局主席刘沧龙，苏宁电器集团董事长张近东，泰豪集团有限公司董事长黄代放，新希望集团有限公司董事长刘永好等近500人出席了大会。

洽谈会期间，四川推出了1999个投资合作项目，涉及基础设施、优势产业和现代服务业。其中，高速公路BOT项目、污水处理、医院等公用设施项目首次向民营企业开放。此次活动集中签约投资合作项目251个，总投资额为3334.9亿元。（吴盈禧）

【召开第十一届全国工商联经济委员会第一次全体会议】2013年4月23日，第十一届全国工商联经济委员会第一次全体会议在全国工商联办公楼举行。全国政协副主席、全国工商联主席王钦敏出席会议并作重要讲话，全国工商联副主席、经济委员会主任黄荣主持会议。

会议审议并通过了《第十一届全国工商联经济委员会工作细则（草案）》和《第十一届全国工商联经济委员会专题组名单（建议）》。全国工商联经济部部长、经济委员会副主任谭林向委员们通报了全国工商联2013年重点工作和经济委员会2013年重点工作安排；为了更好地发挥经济委员会的职能作用，委员们从各自工作的角度对专题组工作的开展发表了意见，并就调动委员积极性、整合资源、规范活动、积极有效地参与工商联的经济服务工作提出了建议。

王钦敏主席在讲话中指出，服务经济发展是

工商联的重要工作，民营经济对经济社会发展的贡献和作用凸显了工商联做好经济服务的极端重要性，当前民营经济发展遇到新的困难、挑战和机遇，期待和渴望工商联提供有效的服务。他肯定了将委员划分到自主创新组、中小企业组和“走出去”组三个专题组的做法，对三个专题组的工作分别提出了要求，他希望经济委员会充分发挥服务经济发展的智囊作用，不断创新和完善工作机制，达到整合资源、凝聚智慧、形成合力的效果。他强调委员的积极参与是做好经济委员会工作的关键，对委员无偿地为工商联工作提供支持和帮助的精神境界表示赞赏，希望委员能够积极参加委员会的各项活动。

黄荣副主席对会议作了总结，他指出，要做好经济委员会的工作，关键在于要发挥好三个作用：一是主任、副主任的带动作用；二是委员的主体作用；三是办公室的综合作用。他要求经济部为委员履职创造条件，提供保障，做好服务。（刘小青）

【共同主办2013中国南京科技创业创新与重大项目洽谈会】2013年4月25日，由全国工商联和南京市人民政府共同主办的2013中国南京科技创业创新与重大项目洽谈会（以下简称创洽会）在南京国际博览中心举行。全国政协副主席、全国工商联主席王钦敏出席开幕式并宣布开幕，全国工商联副主席黄荣代表全国工商联在开幕式上致辞。科技部、国家外专局、中国贸促会的有关负责人，江苏省、南京市有关领导以及来自海内外的2500多位嘉宾、代表出席了开幕式。

本届“创洽会”以“搭建科技创业创新平台，共谋新兴产业转型升级”为主题，旨在通过重大投资项目发布和南京投资环境推介，促进国内企业交流合作，促进创业创新项目资源互相整合，推动科技成果转化，促进新兴产业、科技、人才、资本的深度融合，实现南京新兴产业竞争力的全面提升。本次活动重点经济合作项目共分农业、制造业、服务业三大类，涵盖新兴电子、节能环保、现代物流、城市建设等各个方面，

“创洽会”期间，南京市还举办了第六届中国留学人员南京国际交流与合作大会、第四届国际DNA和基因组活动周、2013中国化工园区发展论坛暨中国（南京）化工新材料峰会和2013中国（南京）国际生物医药创新与合作大会等各类活动30余场，实现客商资源共享，增强活动实效。

“创洽会”开幕前，王钦敏主席会见了参会的中外嘉宾。他说，“创洽会”是全国工商联和南京市长期合作的品牌活动，是具有区域特色、以招商引资为主的经贸活动。尤其是2012年活动更名为“创洽会”，增加了科技创业创新元素，这符合国家推动经济转型升级、更加重视提高发展质量和效益的趋势与要求。相信依托2013年“创洽会”的平台，南京一定能更快更好地将科技人才资源优势转化为经济发展优势。希望来南京参会的各界嘉宾和企业家通过“创洽会”平台，加强沟通交流，实现合作共赢。（吴盈禧）

【与科技部建立部际合作机制】党的十八大明确提出要实施创新驱动发展战略，深化科技体制改革，推动科技和经济紧密结合，加快建设国家创新体系，着力构建以企业为主体、市场为导向、产学研相结合的技术创新体系。为了鼓励支持和引导民营企业科技创新，促进非公有制经济健康发展，增强科技部与全国工商联的工作联系，形成相互支持、共促发展的良好格局，双方正式建立了部际合作机制。部际合作机制的建立，加强了双方相互间密切的协作与合作，主要成果包括：

一是工商联参加了国家技术创新工程部际协调小组，负责组织开展民营企业科技创新调研、加大对民营企业技术创新平台建设的支持力度、提升民营企业技术创新能力等。

二是工商联参加了国家创新调查部际协调机制成员，前期参与了国家创新调查制度讨论工作，对科技部提出的“建立国家创新调查制度的工作方案”，以函复方式回复了意见。

二是工商联成为创新创业人才的推荐单位。科技部为贯彻执行《国家中长期人才发展规划纲要（2010~2020年）》和《创新人才推进计划实施方案》，从2012年起组织国务院相关部委启动了创新人才推进计划工作，2013年把全国工商联吸纳为推荐单位并分配了10个推荐名额。

四是合作完成了全国政协副主席、全国工商联主席王钦敏对辽宁、江苏两地的调研工作。

2013 年 8 月 19 日至 25 日，联合调研组对辽宁、江苏民营企业科技创新情况进行了调研。调研期间分别召开了两地科技、财政、经信、金融等政府部门参加的座谈会 3 场；地方工商联、民营企业、科研院所、产业园区、服务机构、行业商会等相关机构负责人参加的座谈会 4 场；实地考察了辽宁省机械研究院、无锡红豆集团、苏州高新区等 9 家民营企业、民营研究院、科技服务平台。通过调研对民营企业通过技术创新、管理创新、商业模式创新等实现结构调整和优化升级情况，公共技术服务平台为行业和小微企业服务情况，大中型企业带动产业链和集群中的小微企业转型升级情况，政府有关部门在资金扶持、税收优惠政策、科技金融服务等方面的具体举措，以及存在的困难、问题和建议进行了全面了解。（袁　媛）

【召开国家发改委与全国工商联民营企业家座谈会】2013 年 5 月 17 日，国家发改委、全国工商联在京联合召开民营企业家座谈会，听取他们对国家发改委转变职能、转变作风以及当前经济形势和经济工作等方面的意见建议。全国政协副主席、全国工商联主席王钦敏，国家发改委党组书记、主任徐绍史出席会议并讲话。会议由中央统战部副部长，全国工商联党组书记、常务副主席全哲洙主持。

王钦敏主席指出，2013 年是全面贯彻落实党的十八大精神的开局之年。在党的方针政策指引下，民营经济由小到大、由弱到强，已经成为社会主义市场经济的重要组成部分和社会主义现代化建设事业的重要方面军。当前我们面临新形势、新情况，需要新思路、新举措。工商联要当好民营企业的“娘家人”，就要深入企业、深入基层，关心和了解民营企业的健康发展和企业家健康成长现状。

徐绍史主任对全国工商联和民营企业家的支持表示感谢，并详细介绍了为深入贯彻落实中央关于推进机构改革和职能转变的决策部署，国家发改委近期开展“大调研、大讨论、大转变”学习推进活动的背景、目的及进展情况。他指出，全国工商联是党和政府联系民营经济的重要桥梁和纽带，也是政府管理和服务民营经济的有力助手。多年来，工商联在鼓励、支持和引导民营经济发展过程中做了大量工作，取得明显成效，其间对国家发改委的工作给予了很多理解、支持和具体的帮助。广大民营企业负责同志也对发改委的工作给予了理解、关心和支持，特别是对进一步完善民营经济发展的体制机制、政策措施和市场环境提出过很多好的意见建议。此次国家发改委到工商联调研，召开座谈会，就是希望听取民营企业家对发改委转变职能、转变作风的意见建议，以及对当前经济形势的看法和研判。在听取了民营企业家发言后，徐绍史对大家提出的意见建议逐一进行了回应。

全哲洙书记指出，多年来，国家发改委对民营经济的发展高度重视，在推动和改善民营经济发展政策环境等方面做了许多工作。此次徐绍史率领国家发改委领导和有关司局长等 20 多名同志专程来到全国工商联，面对面听取民营企业家代表的意见建议，充分体现了国家发改委对民营经济发展的重视。此次座谈会加深了民营企业和发改委之间的交流，增进了相互间的了解，也是发改委落实中央八项规定转变作风最直接的体现。希望今后两个部门之间形成交流沟通的长效机制，加强发改委与民营企业之间的沟通，建立良好的政企关系，交流信息、增进了解、增强信任。（赖　晓）

【共同主办“百家民企进河北”合作项目恳谈会】2013 年 5 月 17 日，在“2013 中国・廊坊国际经济贸易洽谈会”期间，由全国工商联和河北省人民政府主办的“百家民企进河北”合作项目恳谈会在廊坊市举行。全国政协副主席、全国工商联主席王钦敏，河北省委书记周本顺出席会议并致辞。河北省委副书记、省长张庆伟主持会议。全国工商联副主席黄荣出席会议。联想控股有限公司董事长柳传志、新希望集团董事长刘永好在会上发言。李河君、何俊明、傅军、郑跃文、王玉锁等来自全国各地的知名民营企业家出席了恳谈会及相关活动。

王钦敏主席在致辞中表示，2012 年全国工商联与河北省签署了促进非公有制经济发展、加速河北经济强省建设战略合作框架协议。“百家民企进河北”合作项目恳谈会的召开必将进一步推动双方合作向更高层次、更宽领域、更大规模的目标迈进。

他指出，河北省委、省政府一直高度重视民营经济的发展，在强化服务、重点帮扶、深化改革、优化环境等方面做了大量工作，推动全省民营经济发展活力不断提升、规模总量不断做大、结构调整不断深化、总体效益不断提高。目前，民营经济已经在河北经济总量中占64.8%，河北民营企业入围全国民企500强的数量2012年已经达到25家。

他强调，当前，京津冀区域经济一体化、首都经济圈发展已纳入国家“十二五”规划，河北沿海地区发展规划等一系列国家重大战略部署正在加快实施，河北具有明显的发展优势、巨大的发展潜力、广阔的发展前景，这为民营经济的发展提供了广阔的舞台和诸多机遇。希望广大民营企业家在国家发展战略和产业规划的引导下，将企业自身的资金、技术、市场、品牌，特别是企业家的经验、智慧、人脉与河北的重大发展战略有机结合，深化与河北各方面的沟通与交流，加强企业对接、产业链对接、项目对接、技术与需求对接、资本与产业发展对接，在互惠互利的基础上共谋合作发展大计，共建美好的明天。

2013中国·廊坊国际经济贸易洽谈会暨百家民企进河北活动期间，现场共签约项目31个，其中外商投资项目15个，总投资达到54.96亿美元，协议利用外资26.15亿美元。与国内其他省市合作项目16个，总投资为611.5亿元，协议利用省外境内资金496.9亿元。（吴盈禧）

【参与指导“第二届中国创新创业大赛”】为深入贯彻落实党的十八大提出的创新驱动发展战略，贯彻落实全国科技创新大会精神，深化科技体制改革，加强自主创新，大力支持创新创业和科技型中小企业发展，由科技部、教育部、财政部和全国工商联共同指导，共青团中央、致公党中央和外国专家局共同支持，科技部火炬高技术产业开发中心、科技部科技型中小企业技术创新基金管理中心、科技日报社和陕西省现代科技创业基金会共同承办的第二届中国创新创业大赛于2013年5月24日正式启动，11月下旬结束。大赛采用“政府引导、公益支持、市场运作”的模式，旨在进一步提高我国创新创业水平，紧密加强科技和金融的结合，创新科技项目评价方式，大力弘扬创新创业文化，营造良好的创新创业氛围。大赛共收到10381家企业和2928支团队报名参赛，大赛共在全国26个省市区设立了分赛区，各赛区共举办了20多场宣传推介、培训和项目对接活动。最终决出团队组、企业初创组、企业成长组每组第一名1个、第二名3个、第三名6个。国家重点新产品计划专门为大赛的优秀企业开辟了申报的绿色通道，科技型中小企业技术创新基金对地方推荐申报符合创新基金条件的项目给予优先立项支持。（孙　昱）

【召开中央编办与全国工商联民营企业家座谈会】2013年5月27日，全国工商联和中央机构编制委员会办公室在京共同召开民营企业家座谈会，直接听取他们对深化行政审批制度改革方面的意见建议。中央统战部副部长，全国工商联党组书记、常务副主席全哲洙，中编办副主任吴知论出席会议并讲话。会议由全国工商联党组副书记、副主席黄小祥主持。全国工商联副主席黄荣、庄聪生、安七一，秘书长欧阳晓明出席会议。中编办和全国工商联有关部门负责同志参加会议。

座谈会上，全哲洙书记发表了讲话。他说，改革开放30多年来，我国的市场经济体制不断完善，民营经济不断发展。但在此过程中，行政审批也存在过多、过细、过宽等问题，审批范围广、手续多、时间长、效率低，成了民营经济进一步发展的障碍。改革是中国坚持中国特色社会主义道路的关键抉择，具体到经济领域就是在稳增长、控风险的同时，解放和发展生产力。行政审批制度改革是转变政府职能的突破口，是释放改革红利的关键点。行政审批制度改革不是简单的取消和下放，更重要的是从根本上厘清三个问题。第一，如何正确处理政府与市场的关系；第二，如何处理好事前审批改革和事中、事后管理的关系；第三，如何解放思想、转变观念，以市场经济的思路将行政审批制度改革真正落实到位。他进一步指出，在对民营企业有关事项的行政审批中，要转变管理理念，牢固树立“两个毫不动摇”的观念，坚持平等的市场主体地位和公平竞争的原则，在行政审批、融资服务等问题上，切实扭转偏见，对民营企业做到一视同仁，推动鼓励和支持民营经济发展政策文件的落实。要建立行政审批制度改革的第三方评估机制。审批程序是否规范、审批效率是否提高、审批制度改革是否到位，最终应该主要由企业来评判。

吴知论副主任表示行政审批制度改革是本届政府的一项重要工作，根据《国务院机构改革和职能转变方案》任务分工，中编办牵头承担行政审批制度改革工作，此前已经取消和下放133项行政审批事项。目前，中编办正对国务院部门有关行政审批事项进行深入研究，希望能多听取企业的意见。

座谈会上，新华联集团董事局主席傅军、科瑞集团董事长郑跃文、用友软件集团董事长王文京、均瑶集团董事长王均金、吉利控股集团董事长李书福、时代集团总裁王小兰、天津大通投资集团董事长李占通、四川蓝光实业集团董事长杨铿、北京联动投资集团董事长刘振东、北京格林威尔科技有限公司董事长顾小峰10位民营企业家分别发言，就与民营企业发展相关的一系列行政审批改革问题提出了意见建议。（吴盈禧）

【共同主办第七届中国企业国际融资洽谈会】 2013年6月6日至8日，第七届中国企业国际融资洽谈会—科技国际融资洽谈会（以下简称融洽会）在天津市举办。在天津市人民政府、全国工商联、国家科技部和美国企业成长协会（ACG）主办四方共同努力下，在国家有关部门的大力支持下，会议取得了圆满成功。中共中央政治局委员、天津市委书记孙春兰，全国政协副主席、全国工商联主席王钦敏，中央统战部原副部长胡德平，科技部副部长王伟中，全国工商联副主席黄荣等出席开幕式；美国企业成长协会主席查克·莫顿、总裁盖瑞·兰博诚、伦敦市常务副市长爱德华·李斯特，克罗地亚公使米尔科·弗拉斯特利查等国内外贵宾参加开幕式。

本届“融洽会”参会人数达8000余人，参会国内外企业、机构达3350家，参会人员和机构来自美国、意大利、德国、日本、韩国和台湾、香港等31个国家和地区，以及全国30个省、市、自治区。累计开展专项活动90余场，包括工商企业和科技企业与股权投资机构的快速约会和资本对接，13场论坛，其中包括1场主题论坛和12场专题论坛；路演会、说明会、推介会、交流酒会或报告会以及签约、挂牌、发布会等。据统计，本届“融洽会”投资机构与融资企业进行资本对接1350次、现场快速约会353次，达成意向融资额365亿元，比上届会议增长129亿元。（于明晟）

【共同主办2013中国青海绿色发展投资贸易洽谈会】 2013年6月10日，由全国工商联与工信部、国家工商行政管理总局、全国供销总社、中国侨联、香港工会联合会及32个省、市、自治区人民政府共同主办的“2013中国·青海绿色发展投资贸易洽谈会”（以下简称青洽会）在青海省西宁市开幕。全国政协副主席马培华，青海省委书记、省人大常委会主任骆惠宁出席并启动开幕按钮，青海省委副书记、省长郝鹏致辞，青海省副省长骆玉林主持开幕式。全国工商联副主席安七一出席并在开幕式后巡视了洽谈会场馆。来自世界500强和国际知名跨国公司高管和代表，央企和国内500强、民营企业的高管和代表，海内外客商共一万余人参会。

本次“青洽会”以科学发展为主题，以转变经济发展方式为主线，以提高经济增长质量和效益为重点，围绕建设“国家循环经济发展先行区”“生态文明先行区”和“民族团结进步示范区”，实现“建设新青海、创造新生活”目标，大力发展循环经济、特色旅游和文化产业，建设生态文明，深化结构调整，促进产业升级，加快产业转移，构建绿色低碳、创新驱动、循环利用、特色鲜明、效益显著的青海现代产业体系，实现四化同步提升。

上海、广东、天津、陕西等省（市、自治区）工商联组织了近200余家民营企业参会，其中有内蒙古伊利实业集团股份有限公司、毅德控股集团、步长集团、陕西东岭工贸集团、高盈集团等知名企业。大会期间，安七一副主席还出席了民营企业专场对接签约仪式、考察了藏羊地毯集团、可可西里集团并与部分民营企业家进行了座谈。（吴盈禧）

【共同主办第八届中国中部投资贸易博览会】 2013年5月18日，由全国工商联、商务部、税务总局、工商总局、广电总局、旅游局、中国贸促会、中国工业经济联合会以及湖南省等中部六省人民政府联合主办的“第八届中国中部投资贸易博览会”（以下简称中博会）在河南省郑州市隆重开幕。中共中央政治局委员、国务院副总理汪洋宣布开幕，河南省委副书记、省长谢伏瞻主持开幕式并致辞。全国工商联副主席谢经荣出席开幕式，巡视中博会场馆，并出席“中博会”高峰论坛。来自90个国家和地区的代表，国家有关部委、部分省（市、区）代表，以及世界500强和国际知名跨国公司高管与代表，央企和国内500强、民营企业的高管与代表，海内外客商共3万余人参会。

中博会期间，谢经荣副主席出席了由河南省人民政府主办的“世界华商论坛”并代表全国工商联致辞。他还考察了河南汉威电子股份公司、郑州小樱桃卡通艺术有限公司、郑州高新区信息。（吴盈禧）

【共同发布2012年度中华工商上市公司财务指标指数】2013年6月，全国工商联经济部和中华财务咨询有限公司发布2012年度“中华工商上市公司财务指标指数”。本期指数依据23个行业2030家A股主板、中小板非ST上市公司（其中民营企业1053家）和355家A股创业板上市公司2012年年报计算得出，通过一些重要财务指标反映各行业上市公司短期偿债能力、营运能力、长期偿债能力、盈利能力、成长能力的平均水平和相对合理值范围。从本期发布的指数来看，主要显示出以下较为突出的特征：2007年至2012年全行业平均指数走势与中国宏观经济的基本走势相吻合；主板及中小板的民营上市公司在盈利能力、成长能力、长期偿债能力以及短期偿债能力方面的表现均优于国有上市公司及其他类上市公司；创业板上市公司盈利能力、成长能力、长期偿债能力以及短期偿债能力的整体表现优于主板和中小板上市公司。

指数还显示，餐饮旅游、食品饮料、医药生物行业的平均毛利率位于各行业前三名，黑色金属、有色金属和化工行业的平均毛利率则最低。医药生物和食品饮料这两个行业在2007~2012年的六年间平均毛利率持续增长。（赖　晓）

【共同主办第十九届兰洽会暨民企陇上行活动】2013年6月20日，“第十九届中国兰州投资贸易洽谈会暨民企陇上行活动”开幕式在甘肃国际会展中心举行。全国政协副主席、全国工商联主席王钦敏出席开幕式并宣布开幕。甘肃省委书记、省人大常委会主任王三运和中央统战部副部长，全国工商联党组书记、常务副主席全哲洙等领导出席开幕式。全国工商联副主席黄荣致辞。全国工商联常委、浙江省工商联主席、正泰集团股份有限公司董事长兼总经理南存辉发言。开幕式由甘肃省委常委、常务副省长刘永富主持。

黄荣副主席代表全国工商联对“兰洽会”的召开表示祝贺。他说，全国工商联与甘肃省有着良好的合作，在继续支持“兰洽会”的基础上，又与甘肃合办民企陇上行活动，并取得了很好的成果。甘肃有独特的后发优势，是一片投资的热土，今后全国工商联将继续关心支持甘肃发展，组织更多的民营企业了解甘肃、走进甘肃，兴业甘肃，实现合作共赢。

本次大会秉承“开放、开发、合作、发展”的宗旨，以“承接产业转移、发展循环经济、促进转型跨越”为主题，围绕循环经济示范省、兰州新区、华夏文明传承创新区建设，以及新能源基地、有色冶金新材料基地、特色农产品生产与加工基地建设，抢抓产业加速向西部转移的机遇，充分利用国内国外“两种资源、两个市场”，开展国际、省际、区域间的经济交流与合作，推进科学发展、转型跨越、民族团结、富民兴陇。

开幕式后，王钦敏主席等领导出席了在甘肃国际会议中心举办的第十九届兰洽会暨民企陇上行活动重点项目签约仪式。在签约仪式上，甘肃省14个市州的项目单位代表与来自境外及其他省市区的客商，集中签订了55个重点合同项目，现场签约总金额达1389.72亿元。据悉，本届兰洽会暨民企陇上行活动签约合同项目共1093个，签约总额达6129.09亿元，比第十八届“兰洽会”增长32.95%。

本届兰洽会暨民企陇上行活动由全国工商联、商务部等8个国家部委和单位，甘肃、天津等10个省区市政府联合主办，工信部支持举办，中国侨商联合会等24家境内外商协会机构协办。（吴盈禧）

【共同主办2013年中国民营经济发展（长白山）论坛】由全国工商联和吉林省人民政府共同举办的2013年中国民营经济发展论坛于2013年8月12日至13日在长白山麓抚松县举行。中央统战部副部长，全国工商联党组书记、常务副主席全哲洙，中共吉林省委书记王儒林，副书记、吉林省省长巴音朝鲁出席论坛。

全哲洙书记在致辞中指出，加快转型升级是民营企业抓住深化改革机遇的必然选择。要不断加大研发投入力度，努力掌握关键核心技术和自主知识产权。要通过技术创新带动产品创新、品牌创新和生产经营模式创新。在风险可控的前提下，积极进入新兴产业和新兴业态，不断提升产业档次和水平。有实力、有条件的企业应积极"走出去"参与对外投资、并购等国际化经营。

全书记强调，民营企业家要在深化改革的过程中坚定理想信念。希望大家在非公有制经济人士理想信念教育实践活动中，带头学习，带头宣讲，带头实践，带动更多的民营企业家参与到活动中来，充分激发劳动创造精神和创业精神，把实现企业的发展梦、个人的成功梦与中华民族伟大复兴的中国梦结合起来，做合格的中国特色社会主义事业建设者。

国务院参事室特约研究员姚景源，全国工商联副主席林毅夫，工业和信息化部党组成员、总工程师朱宏任，商务部对外投资和经济合作司商务参赞陈林，国家发改委宏观经济研究院常务副院长王一鸣就深化改革、推动民营经济发展分别作主旨演讲。吉利集团董事长李书福、东岳集团董事局主席张建宏、三全集团董事长陈泽民、万丰奥特控股集团董事局主席陈爱莲、重庆山外山科技有限公司董事长高光勇、国务院发展研究中心金融所所长张承惠、商务部研究院研究员王志乐依次就激发民营经济发展活力为主题发表专题发言，在高端对话环节，专家学者和各部委领导同与会企业家进行了充分的互动交流。12日晚，大连万达集团董事长王健林、百步亭集团董事局主席茅永红、力帆实业（集团）股份有限公司董事长尹明善还各自就企业家的"中国梦"主题发表演讲。

全国工商联副主席庄聪生主持论坛并作总结发言，全国工商联副主席黄荣、孙荫环、李河君、何俊明、董文标，中国民间商会副会长王文彪、刘志强，中共吉林省人大常委会副主任王云岫，吉林省副省长谷春立、省政协副主席别胜学，以及来自全国各地的企业家、媒体记者共约300人参加了会议。（刘亚康）

【召开2013中国民营企业500强发布会】 2013年8月29日，全国工商联在京召开2013中国民营企业500强发布会。会上，先后发布2013中国民营企业500强、2013中国民营企业制造业500强、2013中国民营企业服务业100强名单以及2013中国民营企业500强调研分析报告。全国政协副主席、全国工商联主席王钦敏出席并讲话。中央统战部副部长，全国工商联党组书记、常务副主席全哲洙，全国工商联副主席黄荣、庄聪生、安七一、孙荫环、何俊明、张建宏、茅永红，工信部党组成员、总工程师朱宏任，国家工商总局党组成员、副局长孙鸿志，中国民生银行行长洪崎，中国民间商会副会长傅军等出席了发布会。

全国工商联领导、相关部委领导、中国民生银行领导为苏宁电器集团、华为投资控股有限公司、江苏沙钢集团有限公司、山东魏桥创业集团有限公司等部分入围企业代表颁发了证书。

王钦敏主席在发布会上作重要讲话。他说，大型民营企业是中国企业界的杰出代表，是民营经济乃至国民经济的骨干力量。长期以来，大型民营企业始终以强国富民为己任，在激烈市场竞争中脱颖而出，依靠自主创新不断实现自身发展，积极承担社会责任，创造了巨大的物质和精神财富，取得了令人瞩目的辉煌成就，已经成为反映中国经济发展的晴雨表，为促进民营经济持续健康发展、提高综合国力作出了突出贡献。一年来，它们在国际经济动荡中表现出较强的抵御风险的能力，克服种种困难，积极调整结构，转变发展方式，同时抓住国际产业调整重组的契机，实现了高成长的大好局面。他指出，尽管面临诸多困难，民营经济仍然面临新的发展机遇，民营经济是实现伟大中国梦的重要推动力量。他希望，大型民营企业要在加快转变经济发展方式中发挥带头作用，要成为履行社会责任的楷模，要积极创造条件参与国际竞争，为实现中华民族伟大复兴的中国梦作出更大的贡献。

发布会上，苏宁电器集团、杭州娃哈哈集团、海亮集团有限公司、富通集团有限公司、上海胜华电缆（集团）有限公司和万科企业股份有限公司的代表接受了采访，针对企业可持续发展、企业文化、创新模式、实体经济等方面的问题发表了各自的感想，并结合企业自身的情况，畅谈了对"中国梦"的理解。（赖　晓）

【共同主办中国—东盟私营部门投资合作研讨会】2013年8月29日至31日，由全国工商联、大湄公河次区域工商论坛（以下简称“GMS工商论坛”）主办，广西壮族自治区工商联承办的“中国—东盟私营部门投资合作研讨会”在南宁市举行。8月30日上午，全国工商联副主席黄荣，广西壮族自治区政协副主席、自治区党委统战部部长赖德荣，GMS工商论坛秘书长欧迪特·苏旺那旺出席开幕式并分别致辞。全国工商联副主席、科创集团董事局主席何俊明出席论坛并作发言。

此次研讨会为第十届中国—东盟博览会系列活动之一。研讨会以“促进民间相互投资，实现互惠共赢”为主题，通过研讨交流自贸区各国在投资政策、产业指引、相关法律法规，探讨商会在帮助企业界更广泛、深入参与区域投资合作方面的作用，共享“走出去”企业的成功经验，加快推动自贸区私营部门投资合作向纵深方向发展；探求以政府为主导、以商会为平台、以中国—东盟投资合作基金为支持，推动企业深入参与自贸区投资合作的路径和方案，为扩大私营部门投资合作提供良好环境，形成互联互通、优势互补、互利共赢的区域投资合作新格局。

会上，来自越南、老挝、缅甸、柬埔寨、泰国、印度尼西亚、马来西亚、新加坡以及广西和部分外资、中资银行机构的政府官员、专家和企业家先后作了发言，围绕“促进民间相互投资，实现互惠共赢”这一主题，就推动中国—东盟私营部门投资与合作做了深入探讨、研究和交流。会前，黄荣副主席接见了外国企业参会代表。（吴盈禧）

【完成国家级火炬计划项目推荐】全国工商联从1996年起推荐国家火炬计划项目，1998年起推荐国家星火计划项目，是国家级火炬计划产业化示范项目和国家级星火计划面上项目的推荐单位。截至2013年底，全国工商联所推荐的项目有104个立项为国家火炬计划项目，100个立项为国家星火计划项目。

工商联向科技部报送的申报2013年国家级火炬计划的25个项目中，23项获批立项；申报2013年国家级星火计划的3个项目中，1项获批立项。

2013年8月7日至10月8日，经济部组织各地工商联推荐民营企业申报2014年度国家级火炬计划项目。各地共推荐了55个火炬计划项目，较2012年相比增加了40%。2013年的项目评审更趋于公平合理，评审专家由每个项目1位增加到每个项目3位。经过对各地工商联推荐的项目资料进行形式审查、行业专家评审，最终确定推荐23个项目申报2014年国家级火炬计划，并于10月8日报送至科技部。（孙　昱）

【共同主办第三届中国—亚欧博览会】2013年9月1日至5日，全国政协副主席、全国工商联主席王钦敏应邀赴新疆维吾尔自治区出席第三届中国—亚欧博览会暨中国—亚欧经济发展合作论坛。其间，为巩固上海合作组织区域经济合作已取得的成果，进一步深化上海合作组织框架下的工商企业交流与合作，实现优势互补、共赢发展，全国工商联与新疆维吾尔自治区人民政府、上海合作组织秘书处共同主办了上海合作组织工商企业家论坛。王钦敏主席出席论坛开幕式并发表主旨演讲。他在演讲中说，上海合作组织自2001年成立以来，已经走过了12个年头，作为当今世界上最富活力的区域组织之一，在促进区域经济发展和维护地区和平稳定方面发挥了重要作用。他指出，未来中国，将是一个更加开放包容的国家，特别是不断扩张的庞大市场、系统而又多层次的产业体系，将会为世界其他国家与中国合作提供更为丰富的选择，创造更多的发展机遇。和平、发展、合作是当今时代的主旋律。世界多极化和经济全球化的趋势深入发展，深化组织框架下的各国和地区务实合作，不仅是彼此的需要，也是世界发展的需要。为此，他提了三点建议：一是继续加快推进区域经济合作，继续深化合作，逐步完善区域合作机制，开拓合作领域，提高合作水平。继续探索经贸合作新模式，通过加强金融、科技、人才等方面合作，实现资金、资源与市场等优势的互补，加快推动区域经济一体化进程。二是进一步提升产业和企业合作水平，在提升传统产业、培育新兴产业等方面深化合作，通过资金、技术、人才等资源共享，延伸产业链，有效进行产业对接，推动产业转型升级。要进一步深化能源资源开发合作，积极拓展农牧、旅游、制造、新能源、环保等合作领域。三是努力促进贸易投资便利化，进一步扩大市场开放，增加政策透明度，完善法律保障，加强有关技术标准衔接，改善通关条件，反对任何形式的贸易保护主义。要通过推进区域贸易投资便利化进程，促进商品、资本、技术服务和商务人员等要素的相互流动，为企业合作创造更加稳定、透明、便利的市场环境。要继续深入开展安全领域合作，坚决打击各种形式的恐怖主义、分裂主义及其他跨国犯罪，维护地区的和平、安全与稳定。

论坛还邀请了正泰集团股份有限公司董事长南存辉和四川宏达集团副总裁刘德山分别做了关于加强“绿色能源合作”和“工商企业合作”的主题发言。全国工商联副主席、百步亭集团董事局主席茅永红等国内知名企业家和上海合作组织成员国、观察员国的经贸主管部门、工商会领导企业家代表等300余人参加论坛。

活动期间，中央政治局委员、新疆维吾尔自治区党委书记张春贤会见了王钦敏主席一行，彼此就加快推动新疆民营经济发展和加强改进工商联工作交换了意见。王钦敏主席一行还重点围绕新疆维吾尔自治区、兵团工商联基层组织建设和民营经济发展情况进行了调研。调研组先后赴10家企业进行实地考察，召开5场座谈会，分别与自治区工商联、兵团工商联、部分基层工商联同志以及民营企业家和商会代表进行了深入交流。（左田文）

【与国家发改委建立部际合作机制】为进一步增进国家发改委和全国工商联的工作联系，共同营造改善民营经济发展环境，推动民营经济健康发展的社会氛围，全国工商联与国家发改委于2013年9月共同签订《国家发展改革委全国工商联部际合作机制》。具体内容包括：建立多层级的联系制度；召开民营企业座谈会；开展联合调研；加强情况沟通；建立信息交流制度等。由国家发改委办公厅和全国工商联经济部作为具体落实部际合作机制的牵头部门。（赖　晓）

【开展全国“质量月”活动】全国工商联已连续多年与国家质检总局等部门共同主办全国“质量月”活动，2013年为推动实施《质量发展纲要（2011～2020）》，按照国务院办公厅贯彻实施质量发展纲要2013年行动计划的通知精神和全国“质量月”活动的统一部署，围绕“打造经济升级版，实现质量强国梦”质量月活动主题，于9月在工商联系统和行业商协会组织开展了“质量月”活动。全国工商联组织汽摩配商会9月23日在西郊汽配城举行“加强质量诚信建设，践行行业社会承诺”质量月主题日活动。河北、江苏、浙江、新疆兵团等14个省区市工商联也开展了形式多样、主题鲜明、特色突出的“质量月”活动。（孙　昱）

【共同主办第十四届中国西部国际博览会】2013年10月23日，由商务部、四川省人民政府、全国工商联等单位共同主办的“第十四届中国西部国际博览会”（以下简称西博会）在成都市召开。其间，全国工商联、农业部和四川省政府共同主办四川与全国农业产业化龙头企业合作发展大会。大会以“富饶西部、美丽乡村、现代农业”为主题，全国工商联副主席黄荣，农业部副部长于康震，四川省委常委、省农工委主任李昌平等出席会议并发表讲话。大会由四川省副省长曲木史哈主持。全国人大代表、全国工商联副主席、科创控股集团董事局主席何俊明，全国人大代表、全国工商联农业产业商会会长、三全集团董事长陈泽民以及雨润控股集团副总裁、雨润食品集团董事长俞章礼分别在会上发言。350名全国重点龙头企业负责人参加了会议。

黄荣副主席在讲话中指出，在西博会期间举办此次发展大会，旨在进一步推进广大民营企业积极参与四川省的经济与社会建设，特别是现代农业建设，激发农村发展活力，促进合作共赢。当前，国家正全力推进农业现代化进程，而农业产业化是实现农业现代化的重要途径，发展农业产业化，必须要发挥龙头企业的带头作用。此次大会将进一步推动农业产业化龙头企业与四川省的农业项目对接。黄荣主席希望与会的民营企业要充分利用国家加大西部大开发力度的有利时机，加强与四川省在农业项目上的合作，在推进四川省农业产业化和现代化建设的同时，实现企业自身更好更快地发展。

据统计，此次四川省与全国农业产业化龙头企业合作发展大会集中签约的农业合作项目共59个，项目投资总额为375.9亿元。其中，农业种养殖项目14个，投资总额为61.3亿元；农产品加工项目28个，投资总额为183.8亿元；农业观光项目17个，投资总额为130.8亿元。（李永涛）

【与有关部委就落实《国家发展改革委关于印发贯彻国务院第23次常务会议决定进一步落实鼓励民间投资发展政策措施相关工作安排的通知》情况进行磋商】根据国务院第23次常务会议决定，国家发改委专门下发了《关于进一步落实鼓励民间投资发展政策措施相关工作安排的通知》（发改投资〔2013〕1954号），通知要求各相关部门对照全国工商联"第三方评估报告"所提问题，逐条逐项细化实化实施细则，按照"定目标、定事项、定责任、定时限、定结果"的标准抓紧落实。在之后的3个月时间里，共有包括国家发改委、商务部、国税总局、证监会、海关总署、原广电总局、民航局、能源局、财政部、国土部、住建部、文化部、原新闻出版总署、国防科工局、银监会、总装在内的16个部门41个司局到访全国工商联并进行工作联系和情况沟通。（赖　晓）

【举办全国工商联连片特困地区小微企业创业发展培训班】2013年10月15日至16日，全国工商联在四川省巴中市举办了全国工商联第一期连片特困地区小微企业创业发展培训班。来自巴中市民营中小微型企业主及企业高管人员146人接受了培训。

此次培训班是按照会领导提出的"跳出扶贫抓扶贫""做大县域经济增强内生动力"等有关指示精神和要求，围绕工商联两个健康的工作主题，以"助推小微企业发展带动扶贫开发"为目的。大企业家教小企业主的课程特点，是培训班深受学员欢迎的主要原因。民营企业家在扶贫开发工作中不仅有资本上的优势，其智力资源同样可以发挥重要作用。扶贫与社会服务部在策划此项工作时，也着重提出要增强培训内容的实用性、实战性，并将这一需求向邀请的讲师进行了详细通报。实践证明，最受学员欢迎的正是几位企业家的课程。他们结合自身创业和企业发展的经历，深入浅出地介绍了企业管理、员工激励、产品营销、公共关系、投资融资等方面的具体经验，可操作性强，学员们反响热烈，在互动环节不断有人追问实施细节，他们也都开诚布公地作了解答。学员们普遍希望增加企业家授课的比重。

为客观评价此次培训班的实际效果，提升今后培训班的管理水平和培训课程的针对性，扶贫与社会服务部对参加此次培训班的学员做了问卷调查，共回收有效问卷98份。对此次培训班课程设置78人选择了非常满意，20人基本满意；对此次培训的组织和服务，91人非常满意，7人基本满意。同时学员们共提出了200多条具体的建议。通过智力帮扶促进这些小微企业做强做大，契合了当地政府的需求和意愿，助推小微企业发展带动扶贫开发的方向，得到了当地的支持和肯定。连片特困地区小微企业的发展，除了需要政府支持和建立社会服务体系，智力帮扶也是重要方面，不少学员课下反映，他们常常花费巨资、远赴千里到发达地区参加各种培训班，但收获往往不大。通过参加这次的培训，提升了他们的管理水平、开阔了他们的视野，对今后的企业发展十分有利。对落后地区小微企业主的教育和培训，不仅是扶贫工作的一个方面，也是非公有制经济人士理想信念教育的一项重要内容。在培训班的闭幕式上，全国工商联扶贫与社会服务部部长王钢治在总结讲话中，介绍了全联2013年开展的非公有制经济人士理想信念教育实践活动，并对贫困地区的小微企业主如何坚定对中国特色社会主义道路的信念、对党和政府的信任和增强企业发展的信心做了宣传和诠释。（郭东风）

【共同主办首届楚商大会】2013年11月5日，由全国工商联、中国侨联、中共湖北省委、湖北省人民政府主办的首届楚商大会在湖北省武汉市召开。全国政协副主席、全国工商联主席王钦敏，中国侨联主席林军出席会议并讲话，湖北省委书记、省人大常委会主任李鸿忠在大会上致辞。大会由湖北省省长王国生主持。王志雄、孙荫环、李河君、陈经纬、何俊明、张建宏、茅永红、董文标、潘刚、刘志强、刘沧龙、郑跃文等数位全国工商联副主席、民间商会副会长为大会助阵，泰康人寿董事长陈东升、信中利资本董事长汪潮涌等1100多位楚商参加此次盛会。

王钦敏主席说，当前党中央国务院坚持社会主义市场经济改革方向，以改革促转型，以创新促发展，出台了一系列推动市场经济有序发展的政策和措施。削减行政审批事项，简化程序，取消企业最低注册资本限制，引导民间资本进入垄断行业，允许民间资本发起设立风险自担的民营金融机构等，这充分体现党中央国务院推进改革的坚强决心。他指出，未来民营经济将面临新的发展机遇。全球产业进一步调整和转移，国内经济转型升级，新型城镇化建设，保障和改善民生，这些都将为民营经济提供更大的发展空间。楚商群体拥有雄厚的人才资源，丰富的产业经验，广泛的海内外联系和遍布各地的商业网络。希望广大楚商弘扬楚商精神，发挥自身区位、人才、技术和文化的优势，把握发展机遇，在实现自身发展的同时，为祖国和家乡发展贡献更大的力量。

最后，王主席对包括楚商在内的广大非公有制经济人士提出希望，企业家要增强“三信”，牢固树立“国家好、民族好、企业才会真正好”的理念，把个人的理想追求同祖国的繁荣富强、家乡的发展进步、人民的和谐小康紧密结合起来，把企业的发展梦、个人的成功梦和企业家的社会责任与贡献结合起来，为实现中华民族复兴梦作出新贡献。

据悉，大会签约项目433个，投资总额为6240多亿元，涉及高新技术产业、特色农业、新能源、现代服务业等多个行业。开幕式结束后，大会围绕转变经济发展方式、企业创新等主题举行了“全球楚商话发展论坛”。（李永涛）

【共同发布2013年上半年中华工商上市公司财务指标指数】“中华工商上市公司财务指标指数”（2013年上半年）于2013年11月5日在全国工商联发布，该指数由全国工商联经济部和中华财务咨询有限公司自2008年5月以来每半年发布一次，此次为第十二期指数。本期指数依据23个行业2051家A股主板、中小板非ST上市公司（其中民营企业1034家）和355家A股创业板上市公司2013年中报计算得出，通过一些重要财务指标反映各行业上市公司盈利能力、成长能力、长期偿债能力、营运能力、短期偿债能力的平均水平和相对合理值范围。

从本期发布的指数来看，主要显示出以下较为突出的特征：主板及中小板的民营上市公司在盈利能力、成长能力、长期偿债能力、短期偿债能力方面的表现均优于其他类上市公司；创业板上市公司盈利能力、成长能力、长期偿债能力以及短期偿债能力的整体表现优于主板和中小板上市公司；与2012年上半年相比，2013年上半年A股主板与中小板上市公司整体盈利能力略有上升。（赖　晓）

【与广西壮族自治区人民政府签订战略合作框架协议】2013年12月18日，在全国工商联十一届二次执委会议召开期间，经全国工商联与广西壮族自治区人民政府协商，双方在南宁市联合签署《推动民企入桂投资兴业促进广西发展战略合作框架协议》（以下简称《框架协议》）。中央统战部副部长，全国工商联党组书记、常务副主席全哲洙与广西壮族自治区主席陈武共同签署了协议文本。全国政协副主席、全国工商联主席王钦敏，广西壮族自治区党委书记彭清华出席，全国工商联党组副书记、副主席黄小祥，副主席谢经荣、黄荣、庄聪生、李路、林毅夫、安七一、王志雄、卢文瑞、史贵禄、孙荫环、苏志刚、李河君、李彦宏、陈经纬、何俊明、张建宏、茅永红、周海江、徐冠巨、董文标、程红，中国民间商会副会长王文彪、刘志强、刘沧龙、许连捷、孙甚林、吴一坚、黄代放、霍震寰以及广西壮族自治区党委、政府有关负责同志出席签约仪式。

根据《框架协议》，全国工商联和广西壮族自治区政府将以全面贯彻落实科学发展观为指导，以促进非公有制经济转型升级和加快广西经济和社会又好又快发展为主线，共同推进中央16号文件的贯彻落实、民企入桂投资兴业、广西新阶段扶贫开发和理想信念教育实践活动深入开展。

全国工商联将鼓励和引导民营企业充分利用广西承接产业转移的区位优势、资源优势、政策优势，积极参与广西经济发展和社会建设，在加快广西成为西南中南地区开放发展的新的战略支点和新型城镇化、工业化、农业现代化中发挥作用。双方共同推进广西以北部湾经济区、西江经济带“双核”为驱动的新一轮开放开发建设，为广西实现富民强桂新跨越与全国同步全面建成小康社会奠定基础。（吴盈禧）

【共同主办民企入桂合作发展大会】2013年12月19日，以全国工商联十一届二次执委会为契机，全国工商联与广西壮族自治区政府联合举办的“共建战略支点，民企入桂合作发展大会”在南宁市召开。全国政协副主席、全国工商联主席王钦敏，广西壮族自治区党委书记彭清华发表致辞。中央统战部副部长，全国工商联党组书记、常务副主席全哲洙出席。广西壮族自治区主席陈武主持了大会。

王钦敏主席在致辞中指出，广西区位优势明显，资源优势得天独厚，政策优势突出，对外开放合作潜力巨大。近年来，广西壮族自治区党委、政府高度重视并大力推动民营经济发展，出台支持政策，采取有力措施，积极营造投资和发展的良好环境。这些都将为民营企业到广西发展带来巨大潜力和广阔空间。

王钦敏表示，当前我国改革发展进入关键时期，面临诸多风险和挑战，同时也孕育着新的发展机遇。希望广大民营企业勇挑重担，在转型升级、创新发展、合作共赢、发展布局上下功夫，实现自身科学发展。希望广大企业家在“民企入桂”活动期间，多看一看，走一走，深入了解广西独特的区位优势、自然优势、资源优势、政策优势和后发优势，寻找到新的发展机会。同时，他也希望广西各级政府和有关部门进一步优化投资环境，落实各项改革措施，按照“权利平等、机会平等、规则平等和非禁即入”的原则，消除各种隐性壁垒，放宽市场准入，积极加强要素保障，以实际行动欢迎民间资本参与广西建设。

会上，自治区发改委重点推介了广西投资项目和投资政策，研祥集团董事长陈志列和广西洋浦南华糖业董事长冯小华作为民营企业代表在大会上作了发言。大会现场签约项目共84个，主要涉及食品、制药、物流、建材和矿业开发等产业。

全国工商联副主席黄小祥、谢经荣、黄荣、庄聪生、李路、安七一、王志雄、卢文端、史贵禄、孙荫环、苏志刚、李河君、李彦宏、陈经纬、何俊明、张建宏、茅永红、徐冠巨、董文标，中国民间商会副会长王文彪、刘志强、刘沧龙、许连捷、孙甚林、吴一坚、黄代放、霍震寰，广西壮族自治区党委、政府有关负责同志，以及参加全国工商联十一届二次执委会的全体代表共约800多人出席了会议。（李永涛）

【共同召开民营企业技术创新座谈会】2013年12月26日，科技部和全国工商联在京联合召开民营企业技术创新座谈会，听取民营企业对中共中央、国务院《关于深化科技体制改革加快国家创新体系建设的意见》（中发〔2012〕6号）和国务院办公厅《关于强化企业技术创新主体地位全面提升企业创新能力的意见》（国办发〔2013〕8号）的贯彻落实情况的反映和企业的技术创新做法、经验，存在的问题和政策建议。科技部党组书记、副部长王志刚，中央统战部副部长，全国工商联党组书记、常务副主席全哲洙出席会议并讲话。

王志刚书记在讲话中指出，民营企业是国民经济的重要组成部分，在支撑增长、促进创新、扩大就业、增加税收等方面发挥了重要作用。当前，新科技革命和产业变革正在全球孕育兴起，与我国转方式调结构形成了历史性交汇。要抓住这一历史性机遇，实现两个“一百年”的奋斗目标，必须走创新驱动发展的道路。创新驱动发展，科技创新是核心，企业主体是关键。创新不分所有制，政府关键是要构建良好的创新生态，保证权利公平、规则公平、机会公平，让每个企业都有成为技术创新主体的可能。他表示，很高兴看到大部分企业家已经充分认识到实施创新驱动发展战略的重大意义，科技部将进一步深化改革，转变职能，改进作风，营造更加有利于创新创业的政策环境，特别要突出对民营企业和中小微企业的支持，为落实创新驱动发展战略作出更大的贡献。

全哲洙书记指出，市场经济是一种永动经济，具有内生的动力。作为市场经济的主体，民营企业最具创新活力。当前，民营企业普遍面临转型升级的问题，这已经成为它们绕不开躲不过的必经之路。现在有不少企业不是一转就活，而是一转就死。转型升级的关键在于技术创新。党的十八届三中全会提出要让市场在资源配置中起决定性作用，市场的决定性作用本质上是一种导向性作用，市场导向机制是一种倒逼机制。技术创新一定要坚持以市场为导向，真正让市场来评价技术创新的成果。大型企业要不断加大研发投入力度，提高资源整合能力，努力在全球配置研发链。中小微企业要发挥机制灵活的独特优势，注重提升技术标准，努力适应技术路线多元化趋势，力争发展成为科技型“小巨人”企业。

全哲洙书记强调，创新也是全方位的，企业在突出技术创新的同时，还要注重战略创新、商业模式创新、管理创新和市场创新。面对复杂多变的市场环境，企业要掌握一个“变”字，看到永远不变的就是变，学会知变、应变、善变，加强风险管控，建立预测、预警、预案机制。要增强对信息资源的感知度，学会对庞大的物流、信息流、资金流等进行研究整合，以商业模式的创新增强企业可持续发展能力。要眼睛向内、练好内功，不断健全内部治理结构。尤其要看到创新归根结底要靠人才，要鼓励冒险、宽容失败、崇尚创新，既靠待遇留人、感情留人、事业留人，更靠机制留人。（孙　昱）

【与国家工业和信息化部建立部际合作机制】为更好地促进非公有制经济健康发展和非公有制经济人士健康成长，进一步增进工信部与全国工商联的工作联系，形成相互支持、通力合作、重点推进、共促发展的良好格局，经双方商定，全国工商联与工信部于 2013 年 12 月 30 日签订了《工业和信息化部全国工商联部际合作机制》。具体内容包括建立多层级的联系制度、联合召开座谈会、开展联合调研、促进军民融合工作、加强信息交流与沟通等。由工信部中小企业司与全国工商联经济部作为具体落实部际合作机制的牵头部门。（赖　晓）

【评选 2013 年全国工商联科学技术奖】2013 年全国工商联科学技术奖评选工作开展了科技进步奖和创新企业奖的评奖。评审工作从 3 月启动至 12 月结束，其间经过企业申报、各地工商联（有关商会）推荐、形式审查、行业技术专家网络初评、科技管理专家综合评审等过程，经由全国工商联主席办公会议审定及公示，确定 2013 年度全国工商联科技进步奖一等奖 12 个、二等奖 22 个、优秀奖 59 个，科技创新企业 34 家。（孙　昱）

【开展中小微企业运行状况监测】中小微企业监测工作是全国工商联 2013 年重点督办项目，全国工商联集合系统之力，稳步推进监测工作开展，已经初步取得阶段性成效。

一是深入开展调研。3 月至 4 月，办公厅、研究室组成联合调研组，赴黑龙江、吉林、上海、浙江 4 地就监测点建设工作情况开展调研，围绕监测指标、监测点管理办法、考核办法等内容征求有关方面意见，形成的调研报告得到会主要领导批示。为充分利用外力，庄聪生副主席带队走访国家工商总局、国家统计局、工业和信息化部等部委，就监测工作开展部际合作进行商讨，达成了初步共识。

二是组织系统培训。5 月，召开全国工商联中小微企业监测点培训工作会议，对非公有制经济调查研究系统操作使用进行集中培训，组织先行试点省份作了经验交流，研究讨论了监测点设置等相关事项。会后，向各地印发了《中小微企业监测点培训工作会议纪要》，并采取合作研究方式向 29 家省级工商联分别拨付研究经费 3 万元。

三是加强合作指导。充分利用全国工商联信息中心力量，充实完善现有的非公有制经济调查研究系统，对监测系统的功能设置和操作权限进行了二次开发，确保各省级工商联能够独立进行调查研究及上传资料信息，为监测工作开展奠定了扎实基础。此外在全国工商联研究室推动下，浙江、江苏、湖北、陕西、宁夏、甘肃、内蒙古等省区纷纷召开监测点工作会议，研究室同志参会并给予指导。

四是开展企业监测。各省级工商联按照全国工商联的要求，全部完成监测企业的录入和资料上传。目前，监测系统已经形成了包括 3500 多家监测样本企业、200 多位非公有制经济研究专家、1400 多份调查研究报告的数据库，近半数省市根据企业监测情况撰写完成本区域的调研报告。（冯东海）

构建和谐劳动关系与法律维权

【综　述】2013 年，全国工商联法律部认真履行职责，在参与国家立法、维护会员合法权益、构建和谐劳动关系协同社会治理等积极作为，开展了非公有制企业劳动争议预防调解、法律维权服务体系建设，积极推进了商会调解、非公有制企业厂务公开民主管理工作，与国家公检法机关建立了合作工作机制。主要是：

一、积极参与立法，从源头上维护非公有制企业和非公有制经济人士的合法权益

全年完成参与法律法规修订和有关部委部门规章出台前的意见征询及回复意见14件：《中华人民共和国消费者权益保护法修正案（草案）》《中华人民共和国商标法（修正案草案）》《中华人民共和国中小企业促进法》《中华人民共和国环境保护法》《中华人民共和国警用品生产销售管理条例》《中华人民共和国普通签证签发管理条例》《中华人民共和国社区矫正法（草案送审稿）》《中华人民共和国外国人停留居留管理条例（送审稿）》《关于进一步促进民办教育发展的若干意见（征求意见稿）》《现代社会组织体制建设（征求意见稿）》《关于审理民间借贷案件适用法律若干问题的规定》《企业社会责任法（议案）》《劳务派遣行政许可管理办法（征求意见稿）》《劳务派遣规定修改稿）》。

二、积极参与协调劳动关系三方会议，努力构建非公有制企业和谐劳动关系

1月31日，国家协调劳动关系三方联合召开了国家协调劳动关系三方会议第十八次会议，全国工商联副主席谢经荣出席会议并讲话。会议听取了国家三方会议2012年工作总结以及小企业劳动合同制度专项行动和集体合同制度彩虹计划实施情况总结的汇报，审议了国家三方会议2013年工作要点。3月7日，我们组织召开了“中国民营企业劳动关系状况评价指标体系”专家研讨会。会议认为，评价指标体系是衡量民营企业劳动关系的晴雨表，是研判未来发展趋势的预警机制，是引导民营企业规范用工管理的指挥棒。建立民营企业劳动关系状况评价指标体系、摸清民营企业劳动关系状况，是一项重要的基础性工作。3月至12月，在全国范围内开展了劳动关系状况调研。课题组在31个省区市（包括新疆兵团）的工商联会员企业中开展问卷调查，先后赴广东省、新疆维吾尔自治区、新疆兵团、江苏省、天津市和山东省进行实地调研，进一步摸清我国民营企业劳动关系状况。12月17日至20日，全国工商联会同人社部赴山西、陕西两省就和谐劳动关系创建活动开展情况进行调研，以便更好地总结经验，推动工作。

三、积极推进非公有制企业劳动争议预防调解工作

1月10日，全国工商联、人社部联合印发《关于加强非公有制企业劳动争议预防调解工作的意见》（人社部发〔2013〕2号），提出“在大中型企业普遍依法建立劳动争议调解委员会，在小型微型民营企业设立劳动争议调解员，在商会（协会）建立劳动争议调解组织，逐步实现非公有制企业劳动争议预防调解工作全覆盖，建立健全企业内部劳动争议协商解决机制，努力将劳动争议化解在萌芽状态、解决在基层”的目标任务。4月，全国工商联与人社部组成调研组赴湖南、江西两省调研非公有制企业劳动争议预防调解工作。7月9日至12日，人社部调解仲裁司、全国工商联法律部在江西省九江市举办了非公有制企业、商会（协会）劳动争议预防调解示范单位负责人培训班。7月16日至17日，非公有制企业劳动争议预防调解工作现场会在辽宁省沈阳市召开，会议对2013年重点项目即民营企业劳动关系状况调查进行探讨，交流总结了非公有制企业劳动争议预防调解工作经验。

四、加强法律维权服务体系建设

1月至6月，全国工商联法律部先后对贵州省、黑龙江省、浙江省、安徽省、重庆市等地的非公有制经济法律维权服务体系建设情况进行调研。10月31日至11月2日，对重庆市民营企业合法财产权保护情况进行专题调研。

五、推进非公有制企业厂务公开民主管理工作

4月1日，全国厂务公开协调小组召开了第十八次会议，全国厂务公开协调小组成员、全国工商联副主席谢经荣出席会议并讲话。会议听取了2012年全国厂务公开民主管理工作情况汇报，通过了《关于2013年厂务公开民主管理工作的意见》和《关于表彰全国厂务公开民主管理工作先进单位的决定》等文件。11月4日至6日，全国工商联法律部、全国厂务公开协调小组办公室在天津市联合举办了加强民主管理、创建平安民企专题培训班，来自北京、天津、河北、山西、内蒙古、山东六省（市、区）的省、地级工商联部门负责人，部分商会负责同志共103人参加培训。此次培训对推动地市级工商联进一步加强企业民主管理和协同社会管理工作将发挥积极作用。

六、不断创新工作方法，积极推进商会调解工作

3月28日至29日，全国工商联法律工作座谈会暨商会调解现场会在浙江省义乌市召开。会议邀请最高法司改办法官、国务院法制办政府法制协调司处长、中国人民大学纠纷解决研究中心主任范愉对如何做好商会调解工作作了专题辅导。会议交流了法律服务体系建设和浙江省商会调解工作经验，现场参观学习义乌市开展商会调解的具体做法。4月25日，全国工商联、最高人民法院联合召开商会调解试点工作部署会，来自全国16个省（市）、21家试点工商联（商会）负责人及法院有关同志约60人参加会议。参会同志对商会调解以及如何开展试点工作有了更加清晰的认识，增强了推进试点工作的信心。5月30日，全国工商联法律部、最高人民法院司法体制改革办公室、人民监督办公室联合调研组赴北京市西城区人民法院了解商会调解与诉讼调解衔接机制建设情况。调研组听取了法院情况介绍，实地参观了综合服务大厅、心理驿站、诉调对接展板。法律部白莲湘副部长对该法院取得的成绩表示肯定，介绍了工商联开展商会调解的有关情况。

七、积极主动与国家公检法机关建立联系沟通机制

2013年全国工商联分别与最高人民检察院、最高人民法院、公安部达成工作合作意向，以《全国工商联办公厅、最高人民检察院办公厅联席会议纪要》《最高人民法院办公厅、全国工商联法律部关于建立联络沟通机制会议纪要》《公安部办公厅、全国工商联办公厅联席会议纪要》等文件形式建立了工作联系沟通机制，为促进非公有制经济健康发展和非公有制经济人士健康成长提供司法保障。

八、积极开展非公有制企业个案维权工作

全年先后办理了扬州嘉迪服饰有限公司被张福铭诈骗案、沈阳天地公司与凯撒宫租赁纠纷案、上海路之达董事长何烈辉被采取刑事强制措施案、福建企业家在清河县投资纠纷案、重庆山外山公司反映血透市场垄断案、陈发树与玉南红塔集团股权转让纠纷案、假冒我会全民阅读委员会牟利案、云南弘祥与新疆生产建设兵团买卖合同纠纷案、重庆玉祥实业公司在山西投资天然气纠纷案和北京万科办理产权证纠纷案等维权案件，维护了企业合法权益，取得了良好社会效果。（张永利）

【联合印发《关于加强非公有制企业劳动争议预防调解工作的意见》】为切实加强非公有制企业劳动争议预防调解工作，进一步促进劳动关系和谐，维护社会稳定，促进两个健康，2013年1月10日，人社部、全国工商联联合印发了《人力资源社会保障部中华全国工商业联合会关于加强非公有制企业劳动争议预防调解工作的意见》（人社部发〔2013〕2号）（以下简称《意见》）。

《意见》提出，加强非公有制企业劳动争议预防调解工作的目标任务是：在大中型企业普遍依法建立劳动争议调解委员会，在小型微型民营企业设立劳动争议调解员，在商会（协会）建立劳动争议调解组织，逐步实现非公有制企业劳动争议预防调解工作全覆盖，建立健全企业内部劳动争议协商解决机制，努力将劳动争议化解在萌芽状态、解决在基层。

《意见》将“商会调解”的概念引入劳动关系领域，提出要充分发挥商会（协会）预防调解劳动争议的作用，指导行业性、区域性商会（协会）建立劳动争议调解组织。在劳动争议预防调解工作中，鼓励和引导商会发挥行业自治自律作用，体现了多方参与、协商协调、共同治理的理念，是构建和谐劳动关系、加强和创新社会管理的实践创新。

《意见》提出，要充分发挥企业劳动争议调解委员会或调解员促进劳资双方沟通协商的作用，采取召开劳资恳谈会、劳资协商会以及设立意见箱、开展问卷调查等方式，就劳动条件、劳动报酬、职工福利等涉及劳动者切身利益的问题听取职工意见，及时了解掌握并认真研究解决职工的合理诉求。重点推进制造、餐饮、建筑、商贸服务和民营高科技等行业商会（协会）劳动争议调解组织建设。各地劳动争议仲裁机构要大力开展调解协议的仲裁审查确认、委托调解等工作，提高企业、商会（协会）调解组织的社会公信力和调解协议的执行力。

《意见》强调，各级人力资源和社会保障行政部门和工商联组织要切实发挥各自职能优势，建立非公有制企业劳动争议预防调解工作情况通报制度和集体性劳动争议预防预警制度，合力推动这项工作深入开展。（毛红杏）

【召开全国工商联法律工作专家座谈会】 2013年1月16日，全国工商联法律工作专家座谈会在北京市召开。全国工商联副主席谢经荣出席会议并作总结讲话。全国人大法工委、最高人民法院、国务院法制办、人社部、国家知识产权局、全国总工会、北京市工商联等单位领导和中国人民大学专家学者以及法律委员会部分副主任、委员近30人参加了会议。全国工商联法律部副部长白莲湘主持座谈会。

与会专家对工商联法律工作给予较高评价。一年来积极与国务院法制办、最高人民法院、人社部等部门协调配合，以联合下发文件、调研、举办培训班等方式共同研究、推动工作，积极主动亦卓有成效。法律工作围绕中心，服务大局，与政府重点难点工作结合，支持配合了政府工作，也促进了政府机构工作作风的改进。与会人员对全国工商联每年召开一次会议，听取相关部门对工商联法律工作意见建议的做法予以肯定。大家还对2013年工商联法律工作积极建言。

谢经荣副主席在讲话中指出，大家的发言对于提升工商联法律服务工作很有意义，也坚定了全国工商联进一步做好工作的信心。一是坚定了反映民营企业诉求的信心。在过去的工作中，虽已尽所能反映民营企业的利益和诉求，但仍显韧性不足、持续性不够、方式方法和途径欠缺，今后须着力改进。二是坚定了狠抓调解工作的信心。全国工商联将与最高人民法院、人社部等相关单位部门一起继续推进调解工作。三是坚定了同各部门进一步合作的信心。2012年法律部做了很多工作，人大、政府、高法、全总等部门和单位都给予了很多帮助，今后还要进一步加强合作，互通信息，互相帮助。2013年构建和谐劳动关系列入了全国工商联的工作要点，这也是法律部的重点工作，我们将对就业标准、劳动关系状况等问题进行深入研究，希望得到有关单位的支持和帮助。四是坚定了借力的信心。仅凭全联的力量是有限的，我们要借助有关政府部门、专家和企业家的力量多途径地反映民营企业心声和诉求，要学习兄弟部门好的经验合力工作，更好履职。（丁学祥）

【共同召开国家协调劳动关系三方会议第十八次会议】 2013年1月31日，人社部、全国总工会、全国工商联、中国企联在北京市共同召开了国家协调劳动关系三方会议第十八次会议。会议审议了国家三方会议及办公室组成人员调整建议，听取了国家三方会议2012年工作总结以及小企业劳动合同制度专项行动和集体合同制度彩虹计划实施情况总结的汇报并审议了国家三方会议2013年工作要点。会议由人社部副部长邱小平主持，全国总工会副主席张鸣起、全国工商联副主席谢经荣、中国企联执行副会长陈兰通出席会议并讲话。国家协调劳动关系三方会议成员及办公室成员参加会议。

2013年，国家三方深入贯彻党的十八大精神，加强对劳动关系形势的分析研判，积极推动新修订的劳动合同法贯彻落实，深入推进集体协商和集体合同制度，推动建立企业职工工资正常增长机制，进一步健全劳动标准体系，做好劳动争议调解仲裁工作，深入开展创建和谐劳动关系活动，加强协调劳动关系三方机制建设，努力构建和谐劳动关系。

会议认为，近年来，中国协调劳动关系三方机制不断健全，三方合作理念深入人心，在构建和谐劳动关系中发挥了重要的作用，在国际社会的影响力逐步提升。当前，我国处于劳动关系矛盾的多发易发期，构建和谐劳动关系面临着严峻挑战。国家三方必须进一步明确协调劳动关系三方机制的职责任务，完善工作机制，加强和谐文化建设，相互理解、信任、包容、支持、合作，形成强大的工作合力，共同构建和谐劳动关系。（丁学祥）

【开展非公有制企业法律维权服务体系建设调研】 2013年1月至6月，全国工商联法律部对贵州省、黑龙江省、浙江省、安徽省、重庆市等地的非公有制经济法律维权服务体系建设情况进行调研。非公有制经济法律维权服务体系建设是全国工商联进一步贯彻学习十八大和中央16号文件精神的工作举措，也是工商联开展党的群众路线教育实践活动与非公有制经济人士理想信念教育实践活动的重要内容。调研最后形成《工商联维权机制建设调研报告》。（戴颖杰）

【召开中国民营企业劳动关系状况评价指标体系专家座谈会】2013 年 3 月 7 日下午，全国工商联法律部召开了“中国民营企业劳动关系状况评价指标体系”专家研讨会。全国工商联副主席谢经荣出席会议并做总结讲话。会议由全国工商联法律部副部长白莲湘主持。国家发改委社会发展研究所所长杨宜勇、国务院法制办社会管理司副司长彭高建、人社部调解仲裁司副司长王振麒，中国人民大学、北京大学、人社部劳动科学研究所、中国劳动关系学院、中国劳动保障科学研究院、人力资源和社会保障部劳动工资研究所等十位专家学者参会。

与会专家普遍认为，评价指标体系是衡量民营企业劳动关系的晴雨表，是研判未来发展趋势的预警机制，是引导民营企业规范用工管理的指挥棒。建立评价指标体系非常有必要，有利于加强非公有制经济领域劳动关系形势的分析研判，有利于完善国家劳动立法和推动标准制订，有助于指导企业规范管理、解决劳动用工问题，对促进非公有制经济健康发展具有重要意义。

与会专家指出，工商联要根据自己的职能定位，确定合理的测评目标。与会专家认为，工商联在健全劳动标准体系中大有可为：一是参与劳动标准立法。工商联作为国家三方成员，应代表企业参与法律法规类标准的制订。彭高建副司长建议，研究劳动标准体系要有国际视野，考虑国际标准和国际贸易。二是引导行业商会参与劳动标准制订，推动行业标准制订。三是指导企业完善劳动定员定额标准，提升企业管理水平，引导企业贯彻执行基本劳动标准。

谢经荣副主席在总结讲话中指出，建立民营企业劳动关系状况评价指标体系、摸清民营企业劳动关系状况，是一项重要的基础性工作。他要求：一是要把劳动关系调研和评价坚持做下去，使之成为一项常规性工作。二是要科学设计指标，使之成为简单实用的分析预测工具。三是要以支持民营企业发展为出发点，把劳动关系状况评价工作做好做实。四是要通过劳动关系评价工作，增进社会对民营企业的理解。民营企业单位资金就业率、单位资产利润率高，但占有的资源有限、得到的社会支持不够，与其社会贡献不成比例。我们要通过这项工作，宣传典型，增进社会对他们的理解和认同，给予他们更多的支持。（毛红杏）

【召开全国工商联法律工作座谈会暨商会调解现场会】2013 年 3 月 28 日至 29 日，全国工商联法律工作座谈会暨商会调解工作现场会在浙江省义乌市召开。全国工商联副主席谢经荣、法律部副部长白莲湘，各省、自治区、直辖市和新疆生产建设兵团工商联法律工作分管领导及部门负责人参加了会议。会议邀请最高法司改办法官付育、国务院法制办政府法制协调司处长石海和中国人民大学纠纷解决研究中心主任范愉对如何做好商会调解工作做专题辅导。会议总结了 2012 年全国工商联系统法律工作，明确了 2013 年法律工作任务，交流法律服务体系建设和浙江省商会调解工作经验并现场参观学习了义乌市开展商会调解的具体做法。

谢经荣副主席指出，五年来，工商联参与立法工作有了新进展，构建和谐劳动关系工作有了新突破，矛盾纠纷调解工作有了新化解，法律维权服务迈出新步伐，自身建设取得新跨越。他强调，深入学习贯彻党的十八大精神，高标准做好工商联法律工作，要把握三个关键词，即“法治中国、三个平等、协同社会管理”。他要求，在下一步工商联法律工作中，要做好以下几点：一是创新工作方式；二是开拓新领域；三是注重统筹，形成合力；四是加强队伍建设，打牢基础。浙江省和义乌市工商联分别介绍了当地商会调解工作经验，并安排大家实地观摩了义乌衢州商会和义乌丽水商会，与会人员切实感受到商会调解工作在降低行政成本、有利企业发展、促进社会和谐方面发挥的巨大作用。（戴颖杰）

【开展非公有制企业劳动关系状况调研】随着民营经济的快速发展，民营企业的数量不断增加，从业人员规模持续扩大，民营企业劳动关系状况对我国劳动关系的和谐乃至对社会和谐产生着深远影响。工商联作为党和政府联系非公有制经济的纽带、政府管理和服务非公有企业的助手，一直致力于推动民营企业健康发展，关注民营企业和谐劳动关系的构建。特别是2011年加入国家协调劳动关系三方会议后，全国工商联越来越多地参与到劳动关系的协调工作中，在构建和谐劳动关系方面的作用日益显现。

为全面掌握民营企业劳动关系的现状、准确研判未来发展趋势、深入了解民营企业的诉求和需要，推动民营企业构建和谐劳动关系，2013年全国工商联法律部在全国范围内开展了劳动关系状况调研。课题组在31个省区市（包括新疆兵团）的工商联会员企业开展了问卷调查，并先后赴广东、新疆兵团、江苏、天津和山东进行实地调研。各省级工商联配合全国工商联，在本地开展了民营企业劳动关系状况调研。

在调查问卷、实地调研与各省调研基础上，法律部编制了《2013中国民营企业劳动关系报告》一书，客观反映民营企业劳动关系现状，充分表达民营企业诉求和需要，树立民营企业构建和谐劳动关系的正面形象，总结工商联作为我国重要的企业代表组织在构建和谐劳动关系工作中的经验和作为。

在开展劳动关系状况调研过程中，法律部还加强了对劳动标准的研究。劳动标准是劳动关系双方确定权利义务的依据，在劳动关系协调中发挥着基础性作用。党的十八大对健全劳动标准体系提出了明确要求。法律部认真贯彻十八大要求，将健全劳动标准体系、推动民营企业构建和谐劳动关系，作为当前一项重要而紧迫的任务。2013年，法律部就劳动标准体系建设这一课题，积极开展实地调研，与地方人社部门、工会、工商联、民营企业和商会进行了座谈，走访考察了制造业中小企业，了解企业在实施劳动标准方面遇到的问题，听取他们对完善相关标准的意见建议。在调研的基础上，形成了《劳动标准体系建设研究》报告。

通过劳动关系状况调研和劳动标准体系研究工作，增强了劳动关系工作的针对性、主动性、预见性和前瞻性，加强了对民营企业的指导和服务，有利于民营企业的健康、稳定、可持续发展。（毛红杏）

【共同召开全国厂务公开协调小组第十八次会议】2013年4月1日，全国厂务公开协调小组第十八次会议在北京召开。全国厂务公开协调小组成员、全国工商联副主席谢经荣及其协调小组成员单位负责同志出席会议并讲话。全国厂务公开协调小组组长、全国总工会副主席、书记处第一书记陈豪同志主持了会议。全国厂务公开协调小组办公室成员列席了会议。

会议听取了2012年全国厂务公开民主管理工作情况汇报，原则通过了《关于2013年厂务公开民主管理工作的意见》和《关于表彰全国厂务公开民主管理工作先进单位的决定》等文件。

会议对2012年厂务公开民主管理工作取得的成绩给予了充分肯定，认为全国厂务公开协调小组各成员单位相互合作、密切配合，加强工作指导力度，做了大量卓有成效的工作，取得了明显成绩。会议强调，党的十八大和全国“两会”的召开为做好2013年的厂务公开民主管理工作提供了十分有利的条件，注入了新的活力，并提出了新的要求。各级厂务公开协调领导机构要统一思想认识，突出工作重点，切实加强领导，推进厂务公开民主管理制度化、规范化、法制化建设，促进企事业单位科学发展与劳动关系和谐稳定。（丁学祥）

【共同开展非公有制企业劳动争议预防调解工作调研】2013年4月，为更好地推动全国工商联与人社部共同下发的《关于加强非公有制企业劳动争议预防调解工作的意见》（人社部发〔2013〕2号）（以下简称《意见》）的贯彻落实，全国工商联副主席谢经荣带队，工商联法律部与人社部调解仲裁司联合组成调研组赴湖南、江西两省开展调研。

调研组在湖南省工商联、江西省人社厅分别召开了由省市县工商联、人社部门、商会和非公有制企业参加的座谈会，实地考察了湘潭市华顺人力资源有限责任公司、老百姓大药房连锁股份有限公司、方大特钢科技股份有限公司、江西赣州腾远钴业有限公司、好莱克纺织实业有限公司、普赛克生物技术有限公司等多家非公有制企业，江西省中小企业工贸协会、赣州市浙江商会等工商联所属商会组织，湖南省人社厅劳动人事争议仲裁院、江西省人社厅劳动人事争议仲裁院，以及江西省赣县洋塘工业园区维权服务站，并与企业管理层、职工代表、商会会员进行座谈。

调研发现，当前劳动争议案件呈现出以下特

征：一是案件数量有不断增长的趋势；二是大部分劳动争议发生在非公企业；三是劳资矛盾主要集中于社保和劳动报酬。调解作为一种解纷机制，在劳动争议解决中发挥了越来越重要的作用。从整体看，人社部门统筹负责、工商联组织协同配合、企业和商会积极参与的工作格局正在形成，越来越多的劳动争议被化解在萌芽状态、解决在企业和商会内部。

调研表明，由于在非公有制企业和商会中开展争议预防调解工作时间短，没有既定的模式和套路可以参照，如何尊重企业自主性、商会的角色定位、企业内部调解的规范性与灵活性等问题尚待理论突破和实践创新。

参与非公有制企业劳动争议预防调解工作并发挥积极作用，是工商联积极践行两个健康工作主题的一个具体内容。有必要从深刻把握两个健康工作主题的高度，进一步提高各级工商联的思想认识。要以有利于企业健康发展、有利于完善工商联商会职能、有利于节约政府行政资源为目标，努力开创非公有制企业劳动争议预防调解工作新局面。同时，要以能力建设为重点，进一步加强工商联法律工作队伍建设，不断提高争议预防调解工作水平。（毛红杏）

【共同召开商会调解试点工作部署会】2013年4月25日，全国工商联、最高人民法院在京联合召开商会调解试点工作部署会，全国工商联副主席谢经荣出席会议并讲话，最高法司改办蒋惠岭副主任进行培训辅导，全国工商联法律部白莲湘副部长、最高法监督办刘京香主任分别主持会议，来自全国16个省（市）、21家试点工商联（商会）负责人及法院有关同志约60人参加会议。为更好地推进试点工作，谢经荣副主席在会上明确了“有调解机构、有对接平台、有调解人员、有制度规则、有工作成效”的“五有”总体目标。通过部署培训，参会同志对商会调解以及如何开展试点工作有了更加清晰的认识，增强了推进试点工作的决心信心。（李　强）

【共同开展商会调解与诉讼调解衔接机制建设调研】2013年5月30日，全国工商联法律部、最高人民法院司法体制改革办公室、人民监督办公室联合调研组赴北京市西城区人民法院了解商会调解与诉讼调解衔接机制建设情况。调研组听取了法院情况介绍，实地参观了综合服务大厅、心理驿站。全国工商联法律部副部长白莲湘对该法院取得的成绩表示肯定，介绍了工商联开展商会调解的有关情况。近年来，全国工商联与最高法围绕商会调解与诉讼调解衔接机制建设多次深入调研，调研报告受到双方主要领导肯定。2013年，在联合调研基础上，全国工商联与最高法共同开展了商会调解试点工作，取得了较好效果。（李　强）

【共同召开民间借贷司法解释研讨会】2013年6月28日全国工商联法律部与最高人民法院民一庭在京召开民间借贷司法解释研讨会。参加会议的有最高人民法院副部级专职委员杜万华，民一庭审判长韩延斌，审判员王林清，北京叶氏企业集团有限公司董事长叶青、福建省泉州市恒诚贷款公司总经理刘燕英、中鸿基投资担保公司总经理姚明福等中小企业、法律界和商会代表共26人，会议由全国工商联法律部副部长白莲湘主持。

与会人员就企业之间借贷的效力问题和民间借贷的利率范围如何确定问题进行了深入的研讨，提出了很多宝贵的观点和建议。在总结各方发言的基础上，白莲湘副部长提出企业间的民间借贷应该放开，利率应予以限定，应清除灰色地带。杜万华委员指出，党和政府非常关注民间借贷的司法解释，解释直接关系到中小企业的生存发展，因此制订司法解释，要广泛听取企业的意见。他感谢工商联的大力支持和大家提出的意见建议，表示最高人民法院将认真总结，充分评估，把各方意见吸入到司法解释中。（张永利）

【共同主办非公有制企业、商会（协会）劳动争议预防调解示范单位负责人培训班】为贯彻落实《关于加强非公有制企业劳动争议预防调解工作的意见》，推动非公有制企业、商会（协会）普遍建立劳动争议预防调解机制，提升预防解决劳动争议的能力，促进劳动关系和谐与社会稳定，人社部和全国工商联确定在40家大中型非公有制企业、34家商会（协会）开展劳动争议预防调解示范工作。

为促进示范工作顺利开展，2013年7月9日至12日，人社部调解仲裁司、全国工商联法律部在江西省九江市举办了非公有制企业、商会

（协会）劳动争议预防调解示范单位负责人培训班。在开班式上，人社部调解仲裁司司长宋娟、全国工商联法律部副部长白莲湘分别讲话，对示范工作的总体要求、目标任务作出安排部署。

培训期间，白莲湘副部长介绍了工商联在推动非公有制企业劳动争议预防调解工作中的思路和主要任务，王振麒副司长介绍了当前我国劳动争议调解仲裁工作现状及发展方向。王全兴、程延园、周国良等多位专家学者，从不同角度和不同层面，对劳动合同法、劳动争议调解仲裁法等法律政策作了解读，对劳动争议典型疑难案例进行评析，对提升企业人力资源管理水平给予指导。

各省级人力资源和社会保障厅（局）调解仲裁管理机构、工商联法律（劳动关系）工作部门负责人，各示范企业与商会负责人，参加了此次培训。（毛红杏）

【召开第十一届全国工商联法律委员会第一次全体会议暨非公有制企业劳动争议预防调解工作现场会】2013年7月16日至17日，第十一届全国工商联法律委员会第一次全体会议暨非公有制企业劳动争议预防调解工作现场会在辽宁省沈阳市召开。全国工商联副主席谢经荣出席会议并作重要讲话，全国工商联副主席、百步亭集团有限公司董事局主席茅永红主持会议，辽宁省政协副主席、省委统战部部长孙远良致辞，辽宁省工商联主席杨冠兴，辽宁省委统战部副部长、省工商联党组书记刘大伟，辽宁省工商联副主席宋文利和法律委员会委员30余人出席会议。

本次会议围绕学习贯彻党的十八大精神和全国工商联第十一次会员代表大会确定的目标任务，对今后五年法律委员会工作的科学发展和创新发展进行谋划，对2013年重点项目即民营企业劳动关系状况调查进行探讨，并通过现场会，交流总结非公有制企业劳动争议预防调解工作经验。

谢经荣副主席在讲话中指出，做好法律委员会工作是贯彻落实党的十八大精神的重要体现，是践行两个健康工作主题的现实需求，是推进社会管理创新的题中之义，是增强“三信”的客观要求。法律委员会必须准确把握好工作着力点，以科学发展为主题、以加快转变经济发展方式为主线，推动实施创新驱动发展战略，全面推进依法治国，始终维护权利公平、机会公平、规则公平，依法平等使用生产要素、公平参与市场竞争、同等受到法律保护，积极参与协同社会管理。要充分发挥法律委员会集体作用和各位委员的专业特长，在深度参与国家立法进程中为维护非公有制企业合法权益贡献心力；在法律维权服务上，加强与律师事务所、研究机构等合作，力争提出富有价值、可操性强的研究成果，增强工商联影响力；在构建和谐劳动关系方面，深入探讨工商联如何在协调劳动关系三方会议中发挥作用，提高工商联话语权；要坚持解放思想、与时俱进，深入研究法律委员会在协同社会管理中的积极作用，不断推动商会调解，研判未来商会调解的发展趋势，提出具有真知灼见的实践参考。

谢经荣副主席要求，各位委员要不断加强学习，树立“问题意识”，重视调查研究，运用正确的思维方法，形成工作合力，推动法律委员会工作迈上新台阶、实现新跨越。

本次会议既是在思想层面对做好法律委员会工作的务虚，也是在实践层面对下一步开展工作的动员和部署。委员们结合学习党的十八大精神和自身工作实践，从不同角度和方面对工商联法律工作和法律委员会工作进行了分析和探讨，提出了自己的独到见解和意见。会议要求，各位委员在五年的任职期内，要认真履行职责，为不断改善非公有制企业发展的法治环境，维护非公有制企业合法权益，进一步增强非公有制经济人士对中国特色社会主义的信念、对党和政府的信任、对企业发展的信心建言献策，为促进两个健康贡献力量。（丁学祥）

【共同主办第七届全国民营企业“关爱员工、实现双赢”经验交流暨表彰会议】由全国工商联、全国总工会联合举办的第七届全国民营企业“关爱员工、实现双赢”经验交流暨表彰会议于2013年9月9日在人民大会堂举行。会前，中共中央政治局委员、全国总工会主席李建国，全国政协副主席、全国工商联主席王钦敏会见了优秀民营企业家、优秀职工和先进企业工会代表。

会上分别授予宗庆后等111位同志“全国关爱员工优秀民营企业家”称号，授予李银芳等111位同志“全国热爱企业优秀员工”称号，授予石家庄燕春集团有限责任公司工会委员会等112家企业工会“全国双爱双评先进企业工会”称号。

王钦敏主席在讲话中指出，民营企业的发展离不开每位员工的劳动和参与，要把员工当作企业的宝贵财富，尊重知识、尊重劳动、尊重人才，形成企业与员工共建、共享、共同发展的良好局面，在共同发展中实现梦想。他强调，民营企业要切实维护员工合法权益，加强劳动标准体系建设、企业文化建设和协调劳动关系三方机制等建设。他要求各级工商联组织与工会组织密切配合，不断总结成绩和经验，认真研究新情况新问题，发挥优势，创新活动方式，丰富活动内容，推动"关爱员工、实现双赢"活动常态化长效化，为构建社会主义和谐社会，实现中国梦作出更大的贡献。

全国总工会副主席、书记处第一书记陈豪说，各级工会要站在构建社会主义和谐社会的战略高度，深化认识，促进劳动关系双方和谐相处、平等合作，努力建立起规范有序、公正合理、互利共赢、和谐稳定的新型劳动关系；坚持促进企业发展、维护职工权益的企业工会工作原则，凝聚正能量，在促进企业发展中维护好职工权益，在维护职工权益中促进企业发展；大力推动开展创建劳动关系和谐企业活动，努力使"关爱员工、实现双赢"成为企业的经营理念、管理的重要内容和职工的行为准则，进一步焕发企业经营者和职工的工作热情、释放创造潜能。

全国总工会副主席、书记处书记张鸣起宣读《关于授予"全国关爱员工优秀民营企业家""全国热爱企业优秀员工""全国双爱双评先进企业工会"称号的决定》。

中央统战部副部长，全国工商联党组书记、常务副主席全哲洙主持会议。全国总工会副主席、书记处书记段敦厚，全国工商联副主席李路、安七一等出席会议。

会上，杭州娃哈哈集团有限公司董事长宗庆后等5人代表受表彰的先进集体和个人发言，介绍了"关爱员工、实现双赢"的做法与体会。

"关爱员工、实现双赢""双爱双评"活动每两年举办一次，迄今已历时9年，成为民营企业构建和谐劳动关系的有效载体。截至目前，共评选表彰全国关爱员工优秀民营企业家915名，全国热爱企业优秀员工884名，全国双爱双评先进企业工会902个。（肖　扬）

【召开血液净化产业维权座谈会】2013年9月11日，全国工商联法律部在北京召开血液净化产业维权座谈会，来自中国血液净化产业联盟8家企业以及国家发改委、财政部、商务部、工商总局共20余人参加座谈，全国工商联副主席谢经荣出席会议并讲话，法律部副部长白莲湘主持会议。会上，联盟企业介绍了血透产业现状以及国外品牌通过低价倾销、捆绑销售、商业贿赂等手段占领国内市场的情况。部委同志结合自身职能进行了互动交流。这次维权座谈标志着全国工商联第一次将个案维权延伸到行业维权，对于维护企业合法权益、促进行业健康发展具有重要意义。（李　强）

【举办全国工商联小微企业融资风险管理培训班】2013年9月24日至25日，全国工商联小微企业融资风险管理培训班在重庆市举办，全国工商联副主席谢经荣出席开班式并讲话，重庆市工商联副主席陈钢建致辞，全国工商联经济部副部长罗力、法律部副部长白莲湘分别主持培训班。

谢经荣副主席在讲话中强调，小微企业受困于自身经营规模较小、管理水平不高、抗风险能力不强等因素，在融资过程中面临更多的困难与风险。举办小微企业融资风险管理培训班是提高工商联服务能力，培养小微企业融资风险管理能力的重要举措，也是工商联贯彻落实党的群众路线教育实践活动、服务民生的重要内容，希望学员们提高认识、认真学习、勤加思考、加强交流、联系实际，助推小微企业健康发展。（戴颖杰）

【共同开展非公有制企业推行建立住房公积金制度情况调研】为了全面了解和掌握当前非公有制企业建立住房公积金情况及面临的问题，在住建部住房公积金监管司的提议下，住建部公积金监管司、全国总工会保障工作部和全国工商联法律部共同组成了三个调研组，分别带队赴部分省、市、县进行专项调查研究。2013年10月29日至11月3日，法律部与住建部公积金监管司组成的第三调研组先后赴山东、福建两省对现阶段在非公有制企业中建立住房公积金制度情况进行了调研。调研期间邀请了全国工商联法律委员会委员谢叶参与调研，充实了调研团队的力量。山东省、福建省、济南市、淄博市、福州市、泉州市、福清市等省、市、县级工商联领导和相关工作人员出席了座谈。

通过调研了解到在非公有制企业中推行建立住房公积金制度是构建和谐劳动关系的一个重要方面，这不仅有利于企业吸引和留住人才、增强企业内部凝聚力和向心力，从而提高企业的劳动生产率，促进企业的发展；也有利于职工的合法权益得到维护，基本的住房问题得到有效的解决，从而实现和谐的劳动关系。但鉴于目前国际国内经济下行形势，非公有制企业面临较大的生存与发展困难，不宜在非公有制企业中全面强制建立住房公积金制度，而是要采取循序渐进的方式，逐步推进。因此调研建议：一是要加大宣传力度。要主动采取上门宣传的方式，加强与企业负责人、企业员工的互动，及时解答他们在政策方面的疑惑。二是要制订激励政策。如可以出台融资优惠政策、减免更多的所得税，激励已全面缴存住房公积金的企业。三是要选取重点突破。要选择原来为国有和集体性质、现在已改制为非公有制性质的企业；选择各行各业中的重点骨干企业；选择企业中的管理人员和技术骨干；选择在非农户口职工和本地农民工中先行建立。四是要分类细化标准。五是要减少提贷限制。进一步简化公积金提取和公积金贷款手续，加快公积金全国联网。六是要降低建制门槛。七是要进行财政补贴。八是要引入集体协商。对于缴与不缴，缴多少的问题，建议可以列入企业和职工集体协商的范畴来考虑，从而争取达到双方最优的一种局面。九是要扩大使用范围。

12月2日，全国工商联法律部副部长白莲湘参加住建部公积金监管司主持召开的在非公有制企业中建立住房公积金制度政策建议研讨会。会上，白莲湘副部长就全国工商联在非公有制企业中推动建立住房公积金制度建议意见发表讲话，并与住建部公积金监管司、全国总工会保障工作部就在非公有制企业推行建立住房公积金制度情况调研总报告进行了充分研讨。（吕菊萍）

【开展非公有制经济法治环境调研】2013年10月31日至11月2日，为推动民营企业发展法治环境建设，掌握当前民营企业所面临的法治环境问题，全国工商联法律部会同重庆市工商联对该市民营企业发展法治环境建设，特别是民营企业合法财产权保护情况进行了调研了解。

调研组先后走访了基层工商联、律师事务所和房地产、酒店、汽摩、建筑、物流、商贸等行业的民营企业和商会，就法治环境建设中该市民营企业最为关注的问题进行了座谈交流和问卷调查。

法律部就该市法治环境发展状况，加强民营企业发展法治环境建设和发挥工商联在民营企业发展法治环境建设中的作用等问题进行了研究，形成了有关分析意见报告。（张永利）

【共同主办加强企业民主管理创建平安民企专题培训班】2013年11月4日至6日，全国工商联法律部、全国厂务公开协调小组办公室在天津市联合举办了加强民主管理、创建平安民企专题培训班，全国工商联副主席谢经荣出席并讲话，全国厂务公开协调小组办公室主任、全国总工会民主管理部部长杨汉平，天津市工商联副主席杨蔚东出席会议，全国工商联法律部副部长白莲湘主持会议。来自北京、天津、河北、山西、内蒙古、山东六省（市、区）的省、地级工商联部门负责人，部分商会负责同志共103人参加培训。通过此次培训，参训人员对协同社会管理有了更为深刻的认识和全面的把握，普遍反映效果好、收获大，培训取得了预期效果。这次培训是面向基层、重心下移的实际举措，是工商联协同社会管理工作的一次动员部署，对于推进协同社会管理实践具有重要意义。（李　强）

【共同开展和谐劳动关系创建活动调研】为贯彻落实国家协调劳动关系三方会议关于开展和谐劳动关系创建活动联合调研督导的要求，2013年12月17日至20日，国家协调劳动关系三方会议成员、全国工商联经济部副部长罗力带队赴山西、陕西两省就和谐劳动关系创建活动开展情况进行调研。调研通过座谈会、赴工业园区、企业实地走访考察等形式，广泛听取山西省、陕西省、太原省、晋中省、西安省、咸阳省等地企业、商会代表的意见建议。

山西、陕西两省通过采取规范指导、三方协调、推行制度、宣传培训等一系列措施，积极推动非公有制企业和谐劳动关系创建活动。统计显示：两省创建活动程度较高，山西全省所有中型以上企业和60%以上的非公企业积极参与，涉及4万多户企业、40个工业园区和240多万名职工；陕西全省11个地市、107个县区已全部开展和谐企业创建活动，涉及各类企业69262户，职工378.21万人。山西全省劳动合同签订率从2008年的90%，上升到2013年的98%，规模以上企业相对稳定农民工劳动合同签订率从2008年的80%，提高到2013年的95%；陕西全省预期2013年劳动合同签订率达93.8%。山西省企业职工年平均工资从2010年的36794元增长到2012年的50422元，年均增幅18.7%。陕西全省2011年至2013年最低工资标准年均增长14.9%。山西省非公有制企业职工参保人数从2011年的122.36万人增长到2013年11月底的142.4万人。山西省2012年劳动争议立案5502件，同比下降18%；2013年1～11月全省劳动争议立案4719件，同比下降7%；2012年全省劳动保障监察立案5643件，2013年1～11月，全省共受理投诉举报案件5165件，也呈下降趋势。

劳动关系是社会关系的重要内容，构建和谐社会必须要有和谐劳动关系作为基础。推动非公有制企业和谐劳动关系创建是新时期三方会议成员单位的重要工作职责和内容。为此，调研组建议三方会议成员单位下一步工作要从以下两个方面着手：一是要通过完善创建制度、修改创建标准、出台激励措施、加强横向交流、注重评比表彰等规范创建活动；二是要通过完善三方机制、创建基层平台、发挥商会作用等推动创建活动的深入开展。（吕菊萍）

【参与国家立法情况】 参与立法是工商联履行参政议政职能的重要方式，也是工商联从源头维护非公有制企业及非公有制经济人士合法权益的重要途径。2013年全国工商联参与国家法律法规修订和有关部委部门规章出台前的意见征询和回复工作共计14件。

全国人大法工委：关于《中华人民共和国消费者权益保护法修正案（草案）》修改意见的函、关于《中华人民共和国商标法（修正案草案）》修改意见的函、关于《中华人民共和国中小企业促进法》修改意见的函、关于《中华人民共和国环境保护法》修改意见的函，计4件。

国务院法制办：《中华人民共和国警用品生产销售管理条例》修改意见的函、《中华人民共和国普通签证签发管理条例》修改意见的函、《中华人民共和国社区矫正法（草案送审稿）》修改意见的函、《中华人民共和国外国人停留居留管理条例（送审稿）》修改意见的函、关于《关于进一步促进民办教育发展的若干意见（征求意见稿）》修改意见的函、关于《现代社会组织体制建设（征求意见稿）》修改意见的函，计6件。

最高人民法院：关于《关于审理民间借贷案件适用法律若干问题的规定》修改意见的函，计1件。

人社部：关于《企业社会责任法（议案）》修改意见的函、关于《劳务派遣行政许可管理办法（征求意见稿）》修改意见的函、关于《劳务派遣规定修改稿》修改意见的函，计3件。（吕菊萍）

【与有关单位互访建立合作工作机制】 公安部：2013年10月29日，全国工商联与达成工作合作意向，以《公安部办公厅、全国工商联办公厅联席会议纪要》形式建立了工作联系沟通机制。

最高人民检察院：2013年12月9日，全国工商联与最高人民检察院达成工作合作意向，以《全国工商联办公厅、最高人民检察院办公厅联席会议纪要》形式建立了工作联系沟通机制。（戴颖杰）

扶贫与社会服务

【综　述】 2013年是全党全国人民认真学习贯彻党的十八大、十八届三中全会精神，全面深化改革，加强党风廉政建设，开展群众路线建教育实践活动的一年，也是全国工商联深入开展非公有制经济人士理想信念教育实践活动的开局之年。在会党组和会领导的正确领导下，扶贫与社会服务工作紧紧围绕两个健康工作主题，以“坚定理想信念、切实转变作风、促进两个健康”活动为载体，扎实开展各项服务工作。

一、加强与政府部门和人民团体协作，形成推进扶贫与社会服务工作合力

一是顶层设计，出台指导性文件。为积极探索在新形势下如何推动扶贫与社会服务工作的创新开展，全国工商联先后与国务院扶贫办联合下发了《关于共同推动民营企业参与新一轮农村扶贫开发的意见》，与国家民政部联合下发了《关于鼓励支持民营企业积极投身公益慈善事业的意见》，与国家林业局联合下发了《关于引导和鼓励非公有制经济参与现代林业发展推进生态文明建设的意见》。三个文件既是发挥作为政府管理服务非公经济助手作用，组织引导民营企业围绕中心服务大局开展扶贫与社会服务工作的重要内容，同时也是增强对各级工商联的工作指导，拓展工商联系统服务民营企业促进两个健康的具体举措。与国务院扶贫办的联合文件下发后，2013年国务院扶贫领导小组对定点扶贫工作的表彰，首次给民营企业5个名额，已初见成效。三个文件都要求，各级工商联要与同级的上述政府部门建立联合工作机制，结合当地实际出台具体细化措施，形成系统工作合力。二是为进一步引导和发挥民营企业在吸纳就业、参加社会保险和维护职工合法权益等方面的积极作用，推动民营企业在实现更高质量就业、保障和改善民生方面有更大作为，全国工商联与人社部和全国总工会联合开展了第五届全国就业与社会保障先进民营企业表彰会，表彰了近两年来在吸纳就业、构建和谐劳动关系方面表现突出的“东华软件股份公司”等100家民营企业。对在2012年和2013年全国民营企业招聘周活动期间组织工作突出城市和吸纳就业突出民营企业予以通报，表扬了北京市东城区等56个城市（区）和“北京崇文门菜市场物美超市有限公司”等81家民营企业。三是为集中展示全国民营企业积极履行社会责任、参与社会公益慈善公益项目成果，搭建慈善公益资源对接平台，传播慈善公益文化，为民营企业发展营造良好舆论环境，全国工商联与民政部、国务院国资委、广东省人民政府和深圳市人民政府联合举办了主题为“慈善，让中国更美丽”的第二届中国公益慈善项目交流展示会。展会面积3万平方米，现场对接签约的重大项目50多个，金额逾17.08亿元。展会期间，各主办单位领导、大型央企、民企主要领导莅临展会，20多个省市民政系统组团赴会观摩，累计观展人数达14.1万人次。

二、扎实开展中国光彩事业行活动，助推地方区域经济发展

全国工商联以光彩事业、扶贫开发和社会服务为抓手，坚持思想教育与实践教育相结合，积极配合非公有制经济人士理想信念教育工作，与中国光彩会先后组织了中国光彩事业六安行，签约项目988项，签约金额达6644亿元，其中六安签约项目42项，签约金额达272.3亿元，中国光彩基金会向金寨县公益捐款2000万元，用于解决金寨县白塔畈镇农民饮水问题；中国光彩事业西藏行签约项229个，投资总额达3613.07亿元，其中合同项目131个，总投资额达2393.29亿元，中国光彩事业基金会向拉萨市曲水县养老院捐款1800万元；中国光彩事业赣州行，共签约项目113个，总投资额达1040.9亿元，公益捐款2070万元，用于支持瑞金在乡烈士遗属危房改造等项目；指导四川省工商联和巴中市人民政府联合开展光彩事业巴中行暨川商革命老区行活动，签约投资项目39个，总投资达346.2亿元，全国工商联向平昌县签约捐赠助农帮扶基金500万元。光彩行活动为助推革命老区、少数民族地区经济社会发展起到了积极作用，同时也是一次次对非公有制经济人士生动的理想信念教育和革命传统教育实践活动，充分体现了服务两个健康的工作主题。

三、调整扶贫思路，提升定点扶贫工作质量

一是按照会领导提出的“跳出扶贫抓扶贫”“做大县域经济增强内生动力”等有关指示精神和要求，扶贫与社会服务部在继续举办“乡镇干部培训班”和“林业干部培训班”的基础上，努力探索和创新扶贫开发的新途径，推出了以“助推小微企业发展带动扶贫开发”为目的、以“大企业家教小企业主”为主要特点的“连片特困地区小微企业创业发展培训班”，2013年在四川省巴中市成功举办了第一期培训，深受当地党委政府和民营企业的欢迎。二是深入推进帮扶项目稳步实施。根据全国工商联与织金县政府签订的《同心·光彩助农生产性帮扶基金协议书》，稳步推进了帮扶资金的使用。截至12月底，全年共发放滚动扶贫资金312万元，涉及三甲街道15户105万元和熊家场乡26户207万元，均用于种养殖项目，已回收滚动扶贫资金中20万元尚未发放，未收回资金35万元。同心·助农融资担保有限公司截至12月底，共为18户企业担保贷款1150万元。同时，对三甲葡萄园一期项目进行了加强管理，将二期葡萄园项目调整在桂果镇建设竹荪基地。三是认真组织全国工商联扶贫与社会服务工作座谈会。为谋划十八大后工商联扶贫与社会服务工作的新思路，6月专门召开了工商联系统扶贫与社会服务座谈会，交流各地区过去五年的工作经验，分析了新时期工商联扶贫与社会服务工作面临的新问题，明确了新时期的工作思路。四是召开了十一届扶贫工作委员会成立大会。2013年巴中行期间，成功举办了十一届全国工商联扶贫工作委员会成立大会，选出了新一届主任、副主任，并建立了有关规章制度，明确了新一届扶贫工作委员会的工作思路、工作领域、工作目标。

四、切实提升服务企业工作水平，努力打造服务两个健康工作品牌

一是为客观真实反映民营企业履行社会责任和对我国经济社会发展在各个方面作出的贡献情况，努力营造促进民营企业健康发展的舆论环境，向全社会释放民营企业的正能量，扶贫与社会服务部在光彩事业统计常规工作的基础上，与中国社科院合作完成首个中国民营企业社会责任报告，拟于2014年8月，与经济部500强民营企业调研报告同时发布，形成一体两翼的发布平台，可以更全面地反映民营企业健康发展的状况。这项工作已纳入会重点工作内容。二是加快推动对民营企业和县域经济的金融服务体系建设，保证民营企业依法平等使用资金生产要素，促进中小微型企业及县域经济健康发展，全国工商联与中国建设银行签订合作协议，并联合下发通知至各地区工商联和建行分行，要求贯彻落实文件具体工作内容。（*左田文*）

【组织赴河北省滦平县调研慰问】为深入贯彻落实党的十八大和习近平总书记视察全国工商联讲话精神，推动转变工作作风，将工作重心下移，加强对基层工商联组织建设的指导，慰问工商联基层干部和民营企业家，提振小微企业发展信心，2013年2月5日，全国政协副主席、全国工商联主席王钦敏率队赴河北省滦平县开展春节“送温暖”活动。本次活动在慰问基层组织的同时，重点围绕县域非公有制经济发展情况和县级工商联和行业商会建设情况进行了座谈调研。王钦敏主席在讲话中指出，全国工商联2013年工作的总基调是“抓大扶小”，让做得好的民营企业上水平、提效率，创新驱动力。扶植小微企业，优化企业发展环境，规范服务，促进非公有制经济健康发展，帮助非公经济人士健康成长。同时强调要搭建好公共技术服务平台，充分发挥行业商会和协会的作用，进一步优化整合，增强市场竞争力。对于产业聚集区，一定要根据自己区域的特色、文化底蕴深厚等优势找准方向，做好特色产业，打造区域品牌，并要求各级工商联加强自身建设，尤其要把县级工商联自身建设作为重点，为促进县域经济发展贡献力量。上级工商联干部职工要学会“重心下沉”，做好调查研究，帮助基层工商联解决一些实际问题。此外，王钦敏主席一行还实地考察了全国工商联在滦平县的绿色蔬菜产业扶贫建设项目，慰问了当地困难群众。（*左田文*）

【与中国建设银行签订合作协议】为深入贯彻落实党的十八大会议和中央16号文件精神，充分发挥工商联在政府管理和服务非公有制经济中的助手作用，积极探索建立适应社会主义市场经济要求，为民营中小企业服务的载体和机制，切实解决民营企业尤其是中小型企业普遍遇到的融资难问题。2013年2月25日，全国工商联在机关组织召开了“全国工商联中国建设银行支持民营企业金融服务座谈会暨合作协议签约仪式”。全国工商联、中国建设银行主要领导和来自汽摩配商会、医药业商会的负责人，瀚华担保股份有限公司、中国人民财产保险股份公司等企业代表出席了会议活动。全国政协副主席、全国工商联主席王钦敏和中国建设银行党委书记、董事长王洪章分别作了重要讲话。

王洪章董事长在讲话中说，自2010年与全国工商联签署《共同支持中小企业和县域经济发展框架合作协议》以来，建行与全国工商联密切合作、积极探索支持民营经济、民营企业发展的合作模式，取得可喜成果。2012年建行小微企业贷款增速达18%，涉农贷款增速21%，新农村建设贷款增速156%，均高于全行贷款平均增速。他表示，为了更好地推进、落实合作关系，建设银行将以与全国工商联签署合作协议为契机，认真贯彻落实十八大精神，同全国工商联开展全面合作，研究深化对民营经济和民营企业服务支持的举措，探索新服务模式、丰富服务内容、创新金融产品，为民营企业、企业家提供全方位、多功能、综合化解决方案。

会议最后，王钦敏主席充分肯定了全国工商联与中国建设银行合作取得的成果。他指出：个体工商户、中小微型民营企业是广大群众自食其力、养家糊口的经济单元，也是他们参与全面建成小康社会的基本载体，是实现和完成居民收入倍增计划的重要途径。民营企业量大面广，在国民经济和社会建设，特别是在促进就业、保障和改善民生、维护社会和谐稳定等方面具有特殊重要性，支持他们健康发展是工商联和建行共同的使命和责任。他强调，中国的中小企业具有组织简单、机制灵活、贴近市场、充满活力等特点；中小企业既从市场上买进生产资料，又向市场推销产品和服务，既是投资生产者，又是消费者，是拉动经济增长的重要力量；中小企业创新动力强，能量大，我国60%以上的专利申请、75%以上的企业技术创新和80%以上的新产品开发来源于中小企业，许多企业后来成为区域新的产业生力军，它们是加快转变经济发展方式的重要方面，是促进区域经济可持续发展的重要推手。加大对中小企业的帮助力度，也是对深化改革、保障改善民生、实现城乡统筹、推动国民经济又好又快发展、促进共同富裕的重要保证。

座谈会结束后，全国工商联副主席谢经荣和中国建设银行副行长赵欢代表双方在协议书上签字。（*左田文*）

【共同召开国家林业局、全国工商联和中国光彩会第七次联席会议】2013年4月2日，国家林业局、全国工商联和中国光彩会第七次联席会议在全国工商联机关召开。国家林业局局长、党组书记赵树丛，国家林业局党组成员、中央纪委驻国家林业局纪检组组长陈述贤，中央统战部副部长，全国工商联党组书记、常务副主席，中国光彩会副会长全哲洙，全国工商联副主席、中国光彩会副会长谢经荣出席此次会议。会议由谢经荣副主席主持，国家林业局、全国工商联、中国光彩会等有关部门负责同志出席了会议。

这次会议按照党的十八大和全国“两会”精神的要求，总结了三方近五年来联合开展工作情况，研究部署了2013年工作计划。

全国工商联扶贫与社会服务部部长王钢治代表合作三方作五年（2008~2012年）工作情况总结，国家林业局宣传办主任程红代表合作三方对2013年联合开展工作方案作说明，会议通过了上述工作总结和工作方案。

赵树丛局长在讲话中充分肯定了三方合作所取得的成效，介绍了当前林业发展所面临的新形势、新任务，并对今后工作提出了新要求。要求合作三方进一步加强调研、加强宣传、加强建言献策、加强对非公有制林业发展的指导和支持。

全哲洙书记对八年来合作三方在引导和支持民营企业参与林业建设，开展光彩事业国土绿化表彰、举办林业培训班等方面的工作给予充分肯定。他指出林业在生态文明建设中具有基础性、公益性、产业性的鲜明特点，民营企业参与国土绿化大有可为，希望林业部门制订更具吸引力的政策，引导民间资本有序进入林业产业。要求三方未来的合作要更加深入，要努力创新工作机制，发挥各自优势，拿出具体措施，为推进生态文明建设和促进两个健康作出应有贡献。

全哲洙书记和赵树丛局长共同强调，三方要认真落实2013年工作方案，尽快出台一份鼓励、引导、支持民营企业积极参与林业建设，共同推进生态文明建设的指导性文件。（*张　勇*）

【召开与国务院扶贫办高层联席工作会议】为深入贯彻落实党的十八大和中央扶贫开发工作会议精神，2013年4月19日，全国工商联与国务院扶贫办在全国工商联机关十层会议室召开了扶贫开发工作联席会议。会议由全国工商联副主席谢经荣主持。会上，全国工商联扶贫与社会服务部部长王钢治回顾了双方多年来在扶贫开发领域联合开展工作的情况；国务院扶贫办国际合作和社会扶贫司司长李春光宣读了《全国工商联国务院扶贫办关于共同推动民营企业参与新一轮农村扶贫开发的意见（审议稿）》和《2013 年联合工作方案（审议稿）》，并作了说明。

会议决定：（1）联合下发文件。尽快修改完善《关于共同推动民营企业参与新一轮农村扶贫开发的意见》，以全国工商联和国务院扶贫办名义联合下发，推动双方系统掀起组织引导和支持民营企业参与扶贫开发的新高潮。（2）建立企业联系点制度。会后，双方工作部门要就建立企业联系点制度形成专门工作方案，尽快在调查研究基础上，从每个片区至少选择一个积极参与扶贫开发、效果好、影响大的民营企业，作为扶贫政策落实和规划实施的反馈点、片区非公有制经济发展环境的观测点、民营企业参与扶贫开发的示范点，予以重点联系、重点扶持。（3）联合开展调查研究。双方工作部门要在 2013 年内，就推动联合发文的落实，针对民营企业参与扶贫开发的意义、途径与困难障碍联合开展调研，在调研基础上，形成具体政策建议，通过全国工商联的参政议政渠道向党和政府反映。（4）联合开展宣传表彰。双方工作部门要挖掘、整理在全国农村扶贫开发中作出突出贡献的民营企业的先进事迹，遴选部分先进企业和人物形成典型案例，在双方的系统媒体开辟专栏进行宣传报道；适时组织新闻媒体深入集中连片特困地区，针对民营企业开展新闻采写和专题报道。国务院扶贫办要积极推动将民营企业纳入定点扶贫表彰范围；双方工作部门要积极努力，开辟新的鼓励和支持民营企业参与扶贫开发的表彰渠道。

出席此次会议的还有国务院扶贫办副主任郑文凯、规划财务司司长蒋晓华、开发指导司司长海波，全国工商联秘书长欧阳晓明、扶贫与社会服务部副部长刘建。（郭东风）

【开展四川雅安抗震救灾工作】 2013 年 4 月 20 日四川省雅安市芦山县发生里氏 7.0 级地震后，全国工商联、中国光彩事业促进会积极行动，动员和组织民营企业积极参与抗震救灾。全国政协副主席、全国工商联主席王钦敏，中央统战部副部长，全国工商联党组书记、常务副主席全哲洙向四川省工商联负责人询问灾情，并指示要及时掌握灾区工商联及企业情况主动采取应对措施，积极投入抗震救灾工作。4 月 21 日，全国工商联和中国光彩事业促进会联合召开专题会议，研究部署有关工作。成立了以全哲洙为组长，谢经荣、李路、杨启儒为副组长的“4·20”应急工作领导小组；下发《关于积极参与四川雅安抗震救灾工作的紧急通知》，号召各级工商联组织、光彩事业促进会、商会和广大民营企业，大力发扬“一方有难、八方支援”的精神，共同夺取抗震救灾斗争的胜利。

各地工商联组织和光彩事业促进会也以不同形式积极主动参与抗震救灾。据了解，雅安地震发生后，国内部分民营企业迅速行动，组织救援队奔赴灾区，纷纷向灾区解囊捐款。其中，万达集团、泛海集团和娃哈哈集团各捐款 1000 万元；汉能控股集团首批捐款 500 万元用于紧急救助，同时捐赠价值 200 万元的薄膜太阳能应急灯等产品；苏宁电器集团捐款捐物 700 万元；红豆集团捐款捐物 600 万元；百度基金会向灾区首批捐赠 500 万元，并提供互联网技术和产品，最大限度地支持灾难救助；中国民生银行捐款 500 万元；全国政协经济委员会副主任、全国工商联副主席、香港中国商会主席陈经纬在得悉四川雅安芦山地震灾情后，通过中央人民政府驻香港特别行政区联络办公室向灾区捐款 200 万港元，这是中央驻港联络办收到的第一笔向雅安芦山地震灾区的捐款。

全国工商联扶贫与社会服务部、中国光彩会办公室建立 24 小时值班制度，设立专线电话，为民营企业参与抗震救灾提供便捷服务，并及时收集上报各地抗震救灾工作和捐助情况。经全国工商联、中国光彩会和各省工商联、省光彩会不完全统计，全国各地民营企业（以工商联会员企业和光彩会理事单位为主）捐款捐物总额达 102015.78 万元，其中捐款 69241.28 万元、捐物 32774.5 万元。（白　龑）

【举办全国工商联第十一期乡镇干部培训班】 2013 年 4 月 21 日至 27 日，由全国工商联与中国民生银行共同主办的全国工商联第十一期乡镇干部培训班在深圳市举办。扶贫与社会服务部部长王钢治出席开班式并讲话，刘建副部长出席结业式并为学员颁发结业证书。来自四川省仪陇县、平昌县、旺苍县，贵州省毕节市、黔西南州以及安徽省金寨县的83名学员参加了培训。

此次培训班课程设计紧扣学习贯彻十八大精神的主题，贴近乡镇工作实际，设置了富有乡镇工作特点的针对性课程。比如结合十八大提出的“五位一体”总部署，经济建设方面，增设了县域经济发展与小城镇建设；社会建设方面，增设了加强和创新农村社会管理、突发事件和群体事件管理等内容。培训班紧密围绕国家集中连片特困地区扶贫攻坚大局，体现了新十年扶贫纲要相关要求，培训内容丰富，形式灵活，成效明显。本期培训班开设了《现代农业科学技术与发展趋势》《当前农村改革及扶贫政策解读》等7个当前农村热点专题，并组织学员实地考察了深圳富士康、研祥集团两家企业，安排学员进行了一次集中讨论交流。（郭东风）

【开展中华红丝带基金竞买慈善活动】 2013年4月26日，中华红丝带基金在安徽省合肥市举办了一场温暖而感人的慈善竞买活动——“携手防艾·抗震救灾——第二届中华红丝带基金才子佳人翡翠专场慈善竞买”，活动募集的所有资金将用于安徽省受艾滋病影响群体和四川雅安地震灾区。

此次活动由中国光彩事业基金会和安徽省工商联主办，北京亚太物流中心有限公司协办，中华红丝带基金、安徽省工商联女企业家商会、北京才子佳人珠宝有限公司共同协办。当晚，全国工商联名誉主席、中华红丝带基金名誉理事长黄孟复，安徽省政协副主席、安徽省工商联主席李卫华，安徽省委统战部副部长、省工商联党组书记陈翔，全国工商联原秘书长、中华红丝带基金常务副理事长谷彦芬，安徽省工商联副主席耿学梅，以及安徽省工商联、女企业家商会近300人参加此次活动。活动现场爱心人士竞相举牌，高潮迭起，最终筹得善款424.4万元，一部分将捐给雅安地震灾区用于灾后重建，其余资金将用于救助安徽省皖北1000余名受艾滋病影响的儿童和老人。（王丽荣）

【共同召开中国光彩事业六安行暨安徽省与全国知名民营企业家合作发展会议】 2013年5月8日至9日，中国光彩事业促进会、全国工商联和安徽省人民政府，在安徽省六安市共同主办“中国光彩事业六安行暨安徽省与全国知名民营企业合作发展会议”。中央统战部副部长，全国工商联党组书记、常务副主席全哲洙，安徽省代省长王学军出席会议和有关活动。

全国25个省级工商联组织民营企业家1000余人参加会议和活动。活动期间，共组织签约项目988个、签约金额为6644亿元，其中六安市签约项目42个、签约金额为272.3亿元。本次活动为六安市金寨县捐赠2000万元，用于近20万人饮用水改造工程。（郭东风）

【共同主办2013年全国民营企业招聘周活动】 2013年5月21日至27日，全国工商联与人社部、教育部、全国总工会联合组织全国31个省、自治区、直辖市开展了“2013年全国民营企业招聘周”活动。

5月21日全国民营企业招聘周启动仪式在上海市理工大学举行。人社部副部长信长星，教育部部长助理、党组成员林蕙青，全国总工会纪检组长、书记处书记王瑞生，全国工商联副主席谢经荣，上海市副市长时光辉等同志出席启动仪式。8000多名高校毕业生等各类求职人员参加了现场举办的民营企业招聘活动。各省、自治区、直辖市同步启动了招聘周活动。

据统计，全国有22万户民营企业参加了招聘周活动，提供各类岗位信息近351万条；有102万人次求职者与用人单位达成了就业意向，其中，大中专毕业生61万人次；农民工25万人次，其他各类求职者16万人次。招聘现场累计发放政策宣传品764万份，提供维权及法律援助21万人次。

2013年的招聘周活动仍然以高校毕业生为主，兼顾进城农民工和就业困难群体。数据显示，在招聘周活动期间，与用人单位达成就业意向的求职者中大中专毕业生占60%。这次招聘周活动打破以往现场招聘会的固定模式，除了人社部建立长效机制，在“全国公共招聘网（http：//www.cjob.gov.cn）”同时提供线上招聘信息服务外，各地也纷纷利用互联网、手机短信、QQ信息群和微信等技术，开展了综合招聘与主题招聘相结合、平面招聘与网络招聘相结合、场内招聘和场外招聘相结合的多种招聘活动。

多年来，四部门不断完善工作机制，充分发

挥鼓励民营经济发展、促进就业、支持劳动者实现自身价值的积极作用，形成了专项服务活动品牌，赢得了社会广泛赞誉。（左田文）

【召开全国工商联扶贫与社会服务工作座谈会】2013年6月15日至16日，全国工商联在安徽省合肥市召开全国工商联扶贫与社会服务工作座谈会，全国工商联副主席谢经荣出席会议并作总结讲话，来自全国31个省（市、区）和新疆生产建设兵团工商联的分管副主席与工作部门负责人等60多人参加了会议。国务院扶贫办国际合作和社会扶贫司副司长刘书文出席会议并介绍了当前农村扶贫开发有关情况，全国工商联扶贫与社会服务部部长王钢治介绍了近两年来工商联系统开展扶贫与社会服务工作的基本情况，并对下一步的具体工作作了部署。

会议着重突出了新时期如何加强对地方工商联的工作指导，围绕如何推动落实我会与国务院扶贫办联合下发的《关于共同推动民营企业参与新一轮农村扶贫开发的意见》和我会与国家林业局、中国光彩会联合下发的《关于引导和鼓励非公有制经济参与现代林业推进生态文明建设的意见》两个重要文件展开交流研讨。会议将各地区近年来开展扶贫与社会服务工作的主要做法、成功经验、下一步打算以及民营企业参与扶贫与社会服务方面的典型案例进行总结，形成会议交流材料并安排安徽、山西、甘肃、江苏4个工作亮点突出的省级工商联作大会发言。会议还组织与会人员参观考察了安徽省工商联人力资源市场和职业培训中心。

会议结合当前工作实际，提出了认真贯彻落实“三个联合发文”，大力引导民营企业投身新一轮农村扶贫开发和生态文明建设；以扶持小微企业为载体，在工作中凸显“两个服务”，即服务民生和服务两个健康；加强光彩统计工作，打造民营企业履行社会责任工作品牌等6个方面的工作要求。（左田文）

【召开第十一届全国工商联扶贫工作委员会第一次全体会议】2013年6月25日至27日，第十一届全国工商联扶贫工作委员会成立大会暨第一次全体会议在革命老区四川省巴中市召开。本次会议是全国工商联专门委员会换届以来的第一次会议，也是我会围绕中心、服务大局，组织引导非公有制经济参与我国新十年农村扶贫开发的一项重要举措。会议回顾了上一届扶贫工作委员会五年来的主要工作，学习了新时期新形势下国家扶贫开发的任务、目标和有关政策，研讨了未来五年全国工商联扶贫开发和光彩事业的总体思路。全国政协副主席、全国工商联主席王钦敏出席会议并作重要讲话。何俊明、史贵禄、王文彪等20位委员和10余位特邀企业家出席了会议。

王钦敏主席在讲话中指出，扶贫工作委员会和其他专门委员会不同，企业家是扶贫工作委员会的主体，主任由全国工商联企业家副主席和中国民间商会副会长担任。他要求委员们充分发扬主人翁精神，发挥民营企业家与专家的智慧和经验优势，增强责任感，积极参与、主动作为，不断提升扶贫工作的质量与效益，使有限的扶贫资金发挥最大的效益。他希望委员们不仅要做经济领域改革的先行者，还要做扶贫开发领域的先行者，争取在扶贫模式上有所创新，为全国的扶贫开发事业闯出新路子，开创工商联扶贫工作新局面。

会议期间，王钦敏主席率团先后考察了巴中市平昌县新农村建设情况和现代农业生产基地。调研了全国工商联仪陇县武棚乡生产性滚动帮扶资金运作和葡萄种植产业园建设情况。（左田文）

【参加光彩事业巴中行暨川商革命老区行活动】2013年6月26日，由四川省工商联、巴中市政府共同主办，全国工商联作为支持单位的“光彩事业巴中行暨川商革命老区行”活动（以下简称“巴中行”活动），在四川省巴中市成功举办。全国政协副主席、全国工商联主席王钦敏率团出席活动。全国工商联副主席安七一，四川省政协副主席、统战部部长崔保华，我会副主席、科创控股集团董事局主席何俊明，我会副主席、陕西荣民集团董事长史贵禄，中国民间商会副会长、亿利资源集团董事局主席王文彪等出席会议活动。

在活动期间召开的“加快扶贫开发、助推巴中跨越发展恳谈会”上，企业家代表踊跃发言，对巴中市为新民主主义革命作出的重要贡献表达了由衷敬意，对巴中市亲商安商富商的行动给予了高度评价，从企业的角度为助推巴中市经济社会发展提出了很多可行性建议。

此次“巴中行”活动，全国工商联协助邀请了全国112家知名民营企业参加，其中民营企业500强企业11家、行业50强企业35家，共促成全国各地民营企业与巴中市签约了39个项目，总投资额346.2亿元；其中投资额在10亿元以上的项目有12个，单个项目的最大投资额达40亿元。这些项目的签约落地，对于做大巴中市经济总量、提升经济发展质量具有重要作用。活动开幕式上，安七一副主席代表我会向巴中市平昌县捐资500万元，并与该县签署了《关于共同建立光彩助农帮扶基金项目协议书》，由当地政府等额配套，用于推动平昌县农民增收、农业增效和农村发展，进而促进秦巴连片特困地区的扶贫开发工作。（郭东风）

【共同主办中国光彩事业西藏行活动】 2013年8月4日至5日，由中国光彩事业促进会、西藏自治区党委、自治区人民政府共同举办的“中国光彩事业西藏行”活动在西藏拉萨市隆重举行。这是中央统战部、全国工商联、中国光彩会贯彻落实党的十八大精神的一次具体实践，也是加强非公有制经济人士理想信念教育的一个重要举措。中央统战部副部长，全国工商联党组书记、常务副主席，中国光彩会副会长全哲洙，西藏自治区主席洛桑江村出席活动并讲话。来自全国300多位非公有制经济代表人士参加了此次活动。

活动期间，举行了项目签约和公益捐赠仪式，全区共签约项目229个，投资总额为3613.07亿元，其中合同项目131个，总投资额2393.29亿元。活动还举办了西藏特色产品展示会，考察了西藏娃哈哈食品有限公司、自治区藏药厂、天地绿色饮品公司、奇圣土特产有限公司等当地企业。

本次活动中国光彩事业基金会向拉萨市曲水县养老院捐款1800万元；中国光彩会与国家卫生和计划生育委员会合作举行了“光彩·西藏和四省藏区健康促进工程”启动仪式，泛海集团向该项目捐款1000万元；西藏自治区人民政府与中国民生银行签署了合作框架协议，民生银行捐款4000万元，分4年实施，用于支持西藏儿童先天性心脏病救治工作；奇正藏药集团捐款1100万元，用于支持西藏那兰扎寺五明学院建设和在林芝、那曲地区各捐建一所藏医诊所。

全国工商联副主席谢经荣、安七一、何俊明、茅永红，中国民间商会副会长刘沧龙，中国光彩会副会长陈世强、雷菊芳，西藏自治区党委副书记、人大常委会主任白玛赤林，自治区党委常委、拉萨市委书记齐扎拉，自治区党委常委、自治区常务副主席丁业现，自治区党委常委、统战部部长公保扎西，自治区人大常委会副主任周春来，自治区政府党组副书记、政府顾问多吉泽仁，自治区副主席德吉，自治区副主席董明俊，自治区副主席多吉次珠，自治区政协副主席阿旺，自治区政协副主席、区工商联主席、总商会会长阿沛·晋源等领导出席活动。（白　龑）

【举办联合国副秘书长、艾滋病规划署执行主任米歇尔·西迪贝对话中国民营企业家活动】 2013年8月14日，联合国副秘书长兼艾滋病规划署执行主任米歇尔·西迪贝来华与中国企业家进行对话，共同探讨艾滋病防治全球合作关系以及中国民营企业的角色。本次对话活动由中华红丝带基金和联合国艾滋病规划署共同主办，汉能控股集团承办，全国工商联名誉主席、中华红丝带基金名誉理事长黄孟复，全国工商联副主席、中华红丝带基金理事长谢经荣，全国工商联副主席、汉能控股集团董事局主席李河君，全国工商联副主席、亿达集团董事长孙荫环等在内的国内知名企业家、联合国机构代表、卫生部相关领导参与了此次对话。

米歇尔·西迪贝在致辞中说：“中国民营企业的社会责任感在不断增强，尤其在艾滋病防治领域。通过与中华红丝带基金的合作，中国民营企业在艾滋病预防、治疗和消除歧视方面起的作用越来越大。”他强调，就全球范围来说，中国民营企业具有强劲的上升潜力，随着中国在国际上的地位上升，中国企业逐渐在全球消除艾滋病领域发挥起核心作用，尤其在非洲地区更为突出。他重申联合国艾滋病规划署与中国民营企业在艾滋病防治领域一直保持深度合作、恪守承诺，并取得重大成就，联合国艾滋病规划署将继续加强与中国民营企业在此领域的深度合作，充分发挥中国民营企业的重要作用。

黄孟复主席在总结致辞中讲到：在改革开放30多年的过程中，伴随着中国经济增长，中国企业家在社会责任、全球健康、人类发展等领域的意识日趋增强。在防治艾滋病方面作出了巨大的贡献，希望更多的企业担当起防治艾滋的责任，为实现全球“三零愿景”贡献力量。

最后，西迪贝向企业家代表们颁发了荣誉证书，黄孟复主席为企业家授荣誉奖牌，鼓励长期以来关注艾滋病防治并作出杰出贡献的优秀企业。（王丽荣）

【共同主办第二届中国公益慈善项目交流展示会】2013年9月21日至23日，由民政部、国务院国资委、全国工商联、广东省人民政府和深圳市人民政府共同主办的第二届中国公益慈善项目交流展示会在深圳市举行，全国工商联副主席谢经荣出席活动。本届慈展会以“慈善，让中国更美丽”为主题，共吸引14.1万人次参观，共同感受慈善的力量与作用；展会设置8个特色鲜明的专业化主题展区，促进了慈善公益生态链条上不同属性、不同元素的融合发展；展会面积3万平方米，同比增长30%，参展单位828家，同比增长52.2%，尤其是参展草根慈善组织增幅达到142%；展会实现了慈善资源有效对接，优化配置，共有342个项目对接总额达17.08亿元，其中全国工商联组织四川科创集团、中国民生银行现场分别捐赠2000万元和1000万元给中国光彩基金会用于解决西部贫困地区百姓的民生问题，来自深圳本地的华强集团、碧桂园以及腾讯基金等知名民营企业共捐赠善款2.1亿元。

活动期间，谢经荣副主席一行还围绕民营企业金融创新、党建和吸纳大学生就业等主题深入到一德集团、腾邦集团调研。扶贫与社会服务部部长王钢治、深圳市工商联副主席陈主等同志陪同调研。（左田文）

【共同主办中国光彩事业赣州行活动】由中国光彩事业促进会、江西省人民政府共同主办的“中国光彩事业赣州行”活动于2013年10月21日在赣州市举行。江西省委书记强卫宣布活动开幕，中央统战部副部长，全国工商联党组书记、常务副主席，中国光彩会副会长全哲洙出席活动并讲话，江西省省长鹿心社致辞。全国工商联、中国光彩会领导谢经荣、何俊明、张建宏、周海江、王再兴、陈世强及来自全国的200多位民营企业家参加活动。

全哲洙书记在讲话中强调，助推苏区振兴发展，既是企业家服务党和国家工作大局的责任之举，也是感恩回报苏区人民为中国革命所作重大贡献的情义之举。希望大家能在苏区找到适宜的发展机会，同时积极践行光彩事业“义利兼顾、以义为先”的核心理念，坚持企业效益和社会效益的有机统一，在发展企业的同时，更加注重社会效益；要按照当地发展规划，结合企业自身实际选好项目，重点发展稀有金属产业、农产品深加工、红色旅游等地方优势产业；要特别关注苏区的民生问题，通过公益捐赠等方式，积极帮助解决农村土坯房和中小学校舍危旧、农民饮水不安全等问题，努力回馈社会，造福苏区人民。

最后他提出两点希望：希望地方各级党委政府进一步解放思想，全面深化改革，结合党的群众路线教育实践活动，把服务民营经济作为加快民生改善的重要途径，积极营造高效的政务环境、公平的市场环境、公正的法治环境、宽松的社会环境，努力在全社会形成关心、支持民营经济发展和鼓励探索、宽容失败、崇尚创业的浓厚氛围，树立尊重民营企业就是尊重规律、尊重创造、尊重贡献的观念。希望各级统战部、工商联、光彩会不断提高服务引导民营经济健康发展的能力和水平，主动帮助民营企业解决遇到的实际困难，让他们切实感受到关心和温暖。

活动期间，强卫书记、鹿心社省长会见了全哲洙书记及中央统战部、全国工商联、中国光彩会有关领导和部分民营企业家。企业家们还观看了中央苏区革命历史教育片《永远的荣光》专题片，瞻仰了瑞金叶坪、沙洲坝等革命旧址群并向革命烈士纪念碑敬献花篮，先后到赣州市国家级开发区、赣州综合商贸物流园等地进行了实地考察。

此次活动共签约项目113个，总投资额1040.9亿元。公益捐款2070万元，用于支持瑞金在乡烈士遗属危房改造等项目。（左田文）

【共同主办2013年世界艾滋病日主题活动】2013年11月30日，2013年世界艾滋病日主题宣传活动在北京市举行。2013年的宣传主题为“行动起来，向‘零’艾滋迈进——共抗艾滋共担责任共享未来”。国家卫生计生委主任李斌、副主任崔丽，中国性病艾滋病防治协会会长张文康，全国工商联副主席、中华红丝带基金理事长谢经荣等出席了活动。WHO艾滋病/结核病防治亲善大使、国家卫生计生委预防艾滋病宣传员彭丽媛参与了宣传活动，与主办方代表、红丝带学校儿童和首都大学生志愿者代表一起，共同点亮了象征参与、支持、理解、关爱的爱心红丝带。

谢经荣副主席介绍了全国工商联和民营企业家发起成立中华红丝带基金的工作情况。他说，自2005年以来，企业出钱、出力在河南上蔡、山西临汾、云南陇川、四川凉山、新疆伊犁、安徽阜阳等地区开展工作。八年来，中国民营企业捐资一亿余元，解决了一千两百余名孩子的上学生活问题，还向外来务工群体发放了50余万个红丝带健康包，也开展了像艾滋病母婴阻断、村级卫生室援建等防艾项目。谢主席强调，企业家参与到防艾事业中意义重大，一方面，目前中国就业80%来自非公有制企业，非公有制企业中从业人员有两亿人，其中很多人是流动人员，如果通过企业自身的防艾工作让这些群体都了解艾滋病防治知识，都从自身做起，那么我国的防艾事业就会大大推进。

与会的各界代表用不同的方式号召社会各界积极参与艾滋病防治工作。国家卫生计生委预防艾滋病宣传员濮存昕、蒋雯丽与大学生一起通过艺术化表现，传递“危险就在身边、防艾人人有责”的知识和理念。宣传活动由周涛主持。人民大学等6所在京高校大学生志愿者代表发起“‘零’艾滋我们在行动”的联合承诺，呼吁更多人加入到艾滋病防治志愿者行列中来，为抗击艾滋病作出贡献。

来自国务院防治艾滋病工作委员会有关成员单位以及北京、上海、广东、云南、江苏、重庆、湖南、新疆等省（市、区）医疗卫生机构的代表、社会组织和高校大学生志愿者代表，山西红丝带学校师生共约700人参加了活动。（王丽荣）

【共同主办第九期全国民营企业家及管理干部林业培训班】按照国家林业局、全国工商联和中国光彩会2013年联席会议精神和年度工作安排，三方联合主办的第九期全国民营企业家及管理干部林业培训班于2013年12月11日在四川省成都市举办。全国工商联副主席、中国光彩会副会长谢经荣，国家林业局党组成员、中央纪委驻国家林业局纪检组组长陈述贤出席开班仪式并讲话。

来自全国从事国土绿化的民营企业家及管理干部近百人参加了本次培训。培训采取课堂教学和现场考察的形式，围绕林业发展的现状和热点问题，紧贴企业家的实际需求，由林业主管部门的相关领导和专家授课。既有林业产业政策、林业经济相关政策和中国森林采伐政策的讲授，也有林业企业如何充分利用国家关于林业贴息贷款的政策和如何把握市场机遇与需求和资本市场运作的解析。通过此次培训，企业进一步了解了林业政策和林业市场，对企业如何科学发展有了新的认识和思考。企业普遍反映这是国家林业局、全国工商联和中国光彩会给企业家办的一件实事、好事，希望能长期办下去。

中央统战部光彩指导中心副主任魏登田，全国工商联扶贫与社会服务部副部长刘薇也参加了培训班的活动。（张　勇）

【共同召开第五届全国就业与社会保障先进民营企业表彰大会】全国工商联、人社部、全国总工会于2013年12月16日在京联合召开第五届全国就业与社会保障先进民营企业表彰大会，授予东华软件股份公司等100家民营企业“全国就业与社会保障先进民营企业”荣誉称号。全国政协副主席、全国工商联主席王钦敏出席会议并讲话。

会议由人社部部长尹蔚民主持。中央统战部副部长，全国工商联党组书记、常务副主席全哲洙，全国总工会副主席、书记处第一书记陈豪，人社部副部长信长星，全国总工会副主席、书记处书记焦开河，全国工商联副主席谢经荣出席会议。

王钦敏主席充分肯定了近年来民营企业在促进我国经济持续健康发展、稳定扩大就业、促进社会保障体系建设、构建和谐劳动关系等方面作出的贡献。他强调，党的十八届三中全会为非公有制经济发展提供了有力的理论保障，创造了广阔的发展空间和奋斗前景。民营企业要抓住机遇、勇担使命，争做全面深化改革的践行者和推动者，以奋进的精神和饱满的热情，迎接新的更大的发展。广大非公有制经济人士要自觉以中国梦引领企业发展和个人成长，进一步坚定对中国特色社会主义的信念、对党和政府的信任、对企业发展的信心，建立良好的社会信誉，力争在激烈的市场竞争中赢得主动、赢得优势、赢得未来。

王主席强调，党和政府历来高度重视就业和社会保障工作。新形势下，各级人力资源和社会保障部门、总工会和工商联要以党的十八大精神为指导，紧紧围绕十八届三中全会确立的全面深化改革的路线图，厘清思路，创新方法，完善机制，为促进民营企业健康发展，推动实现更高质量就业，保障和改善民生作出新的更大贡献。

会上，陈豪书记宣读了《关于表彰全国就业与社会保障先进民营企业的决定》。信长星副部长宣读了《关于表扬全国民营企业招聘周组织工作突出城市和吸纳就业突出民营企业的通报》，对北京市东城区等56个城市（区）、北京崇文门菜市场物美超市有限公司等81家民营企业予以通报表扬。受表彰与表扬企业和城市代表作了大会发言。国务院就业工作部际联席会议成员单位相关负责同志、各省区市三方负责同志、受表彰民营企业代表共300余人参加会议。（左田文）

对外交往与合作

【综　述】2013年，在全国工商联党组的正确领导下，全国工商联外事联络工作贯彻落实中央八项规定以及外交外事工作各项要求，以外事服务民营企业“走出去”为重点，积极探索外事联络工作服务两个健康工作主题的途径和手段，在常规工作中注重加强务实、在管理工作中注重制度建设，努力完成各项工作。

一、不折不扣贯彻落实中央八项规定及一系列关于加强外事管理的文件精神

联络部落实《全国工商联贯彻落实中央关于改进工作作风密切联系群众八项规定的实施办法》，出台具体措施，就加强调研、规范外事出访和外事接待、精简会议改进会风、规范公文运行、加强制度建设、厉行勤俭节约等8个方面制订了27条具体规定。其中，在规范外事出访和接待工作上，杜绝无实质内容出访，严格控制计划外出访，严格控制出访随行人员，严把费用预算。无论是来访接待还是出国访问，无论是论坛还是调研，都将作风转变贯穿始终，外事研讨会和论坛缩短会期，简化会议文件，厉行节约，节俭办会。

2013年全国工商联出国团组数量与2012年同比减少50%，出国人数同比下降38%，体现了积极贯彻中央八项规定等一系列外事管理工作文件精神的具体落实。

二、开展外事服务民营企业“走出去”调研活动

2013年1月，召开工商联外事联络工作座谈会，交流各地工商联开展外事服务民营企业“走出去”的经验做法及遇到的困难和问题。上海、云南和南京等七个省市工商联就促进民营企业“走出去”主题进行了交流。外交部外事管理司领导和领事司有关同志分别作了《民营企业“走出去”面临的机遇、风险及应对思路》《海外中国公民和机构的安全保护工作》的报告。联络部用以会代训的形式指导地方工商联外事部门更好地围绕中心服务大局、服务民营企业“走出去”。

为深入贯彻落实党的十八大和中央16号文件精神，围绕促进两个健康工作主题，面向基层、重心下移、转变作风、狠抓落实，联络部针对座谈会上各地反映外事服务民营企业“走出去”的困难和问题，开展了外事服务民营企业“走出去”调研。7月至8月，联络部会同外交部领事司等组成三个调研组，与所到省的联络委员会委员一道分赴北京、天津、浙江、江苏、广东、广西、辽宁、安徽8个省、自治区、直辖市的21个市县，召开省区市工商联、外办、商务厅和企业家、有关商协会相关人员参加的专题座谈会23场，实地调研企业22家，收集省级工商联调研报告29份、典型案例22个、有效抽样调查表551份。调研组总结分析调研情况，总结各地民营企业“走出去”的基本情况特点，工商联和外事部门在服务民营企业“走出去”中的经验做法，企业“走出去”中存在的问题困难及意见建议，形成了《外事服务民营企业走出去调研报告》《抽样调查分析报告》《外事服务民营企业走出去典型案例汇编》《省级工商联外事服务民营企业走出去调研报告汇编》，并撰写了以提高外事服务民营企业“走出去”便利化为主题的政协提案。

在联合调研的基础上，全国工商联联络部和外交部领事司建立了工作联系机制，确定每年进行高层领导工作会商，就服务民营企业“走出去”等问题交换意见；开展联合调研；共同开展民营企业海外安全风险防范工作的指导；共同努力疏通出国渠道，便利和规范民营企业“走出去”；共同推动海外民营企业安全保护工作；加强情况沟通，建立信息交流制度。

三、推动外事服务工作务实开展

（一）举办第十二届中尼民间合作论坛

中尼民间合作论坛既是政府交给全国工商联的一项政治任务，也是一项经济外交工作。9月全国工商联与尼泊尔工商联在京共同主办“第十二届中尼民间合作论坛”，重点围绕两国企业在旅游和新能源领域开展经贸合作进行洽谈交流，论坛取得较大收获，全联旅游业商会确定参加2014年在尼泊尔举行的投资大会，扩大对尼方旅游投资。

（二）举办第十一届海峡两岸和香港澳门经贸合作研讨会

研讨会围绕“推动产业合作，共创发展新机遇”这一主题，将主题演讲与分论坛相结合，既有领导致辞又有专家学者主题演讲，既有专题探讨又有项目推介服务，在内容形式上进行了创新。研讨会期间举办专题论坛，对现代服务业和绿色低碳产业的合作优势及前景展望进行了专题讨论，由并购公会和环境服务业商会负责人主持，发挥商会专业人士作用，促进与会代表的相互合作与交流。

（三）接待来访团组和外事交流情况

以外事接待和外事活动为纽带，加强国际交流，构建国际合作网络。2013年接待来自港澳台地区和亚洲、欧洲、美洲、大洋洲有关国家的43个来访团组共计505人次，组织出席驻华使领馆和境外主流商会组织的数十场经贸推介交流活动。如与欧洲最大商会组织连续两年举办中法企业沙龙活动；出席中国企业在非洲论坛和中肯投资及商业论坛活动，与五大洲几十个国家的政府部门、商务机构、工商社团构筑交流平台，既招商引资“请进来”，又助推民营企业“走出去”。

（四）完成组团出访任务

2013年，中央在外事管理工作方面密集出台的一系列新规定，在出访总量、人员管理、经费支出等方面，从党和国家领导人到国家工作人员的涉外活动都作出了明确规定。全国工商联在大幅压缩出国团组数量的同时，为保证全国工商联组织的三个代表团出访南亚和东南亚、拉美、东欧取得实效，努力做好前期准备工作。一是开展前期调研。通过商务部网站、中国民营经济国际合作商会了解中资企业在到访国投资情况，把信息提供给外方准备相应的企业对接活动；向外交部、商务部了解出访国政治、经济、产业情况及有关对外口径；主动拜访驻华使馆，就到访国家的经贸合作方向进行沟通；坚持因事定人原则，推荐随团出访企业。二是出访任务更加明确。通过召开当地投资民营企业座谈会并走访当地民营企业，与我驻外使馆进行座谈等方式，调研民营企业“走出去”现状和存在的问题，配合“外事服务民营走出去”重点调研课题，推动我民营企业积极稳妥地“走出去”。三是出访报告更加务实。报告更加注重到访国投资环境包括市场需求、资源优势、政策环境、法律制度等；更加注重中资企业在到访国投资发展现状，包括海外并购、民族品牌、社会责任、企业发展战略等；更加注重企业海外发展面临的困难问题，针对问题提出意见建议。四是跟踪项目对接。南亚东南亚团组继续跟踪名豪集团在尼泊尔投资项目；拉美团组继续跟踪金兆矿业融资、万新集团投资项目；东欧团组继续跟踪天津安达集团、内蒙古中峰公司在中东欧国家的投资项目。

（五）完成赴港澳台出访任务

完成赴澳门出席澳门中华总商会成立100周年会庆活动；赴澳门出席由澳门特区政府主办的“世界旅游经济论坛”；赴澳门出席由澳门贸促局主办的“澳门国际投资论坛”；赴香港出席“紫荆花杯杰出企业家奖”颁奖交流活动和中国并购年会；赴台湾出席“第四届两岸中小企业合作发展论坛”等活动。

（六）完成组织工商联干部赴香港培训工作

完成组织部分欠发达地区、少数民族地区等省地县工商联干部赴香港参加第26期开放建设研讨班（工商联）和第193期工商业研讨班的学习培训工作。按照面向基层、重心下移的原则推荐工商联干部参加学习培训。据统计，地市级以下工商联参加人员占开放建设研讨班参加人数的74%，实现了培训向基层工商联倾斜的原则，对于推动基层工商联的建设给予了有力的支持。

四、建立外事联络数据库，努力提高工作的信息化程度

启动了外事联络数据库建设工作，推动联络系统信息化建设。在信息中心的大力协助下，完成了外事数据库的设计开发、数据整理和录入工作，为工商联外联系统分享资源、交流信息、分析研究提供平台。数据库已进入试运行阶段，为在省级工商联进行推广使用打下了基础。（王华鲜）

【召开工商联外事联络工作座谈会】2013年1月15日至16日，工商联外事联络工作座谈会在上海市召开。会议认真学习贯彻党的十八大精神，落实全国工商联十一大关于今后五年工作的总体要求和具体部署，总结交流各地开展联络工作的经验和做法，把落实中央16号文件与“立足服务、重心下移”结合起来，推动联络工作围绕两个健康工作主题，不断创新与发展，为民营企业“走出去”提供切实有效的外事联络服务。全国工商联副主席李路出席会议。各省、自治区、直辖市和新疆生产建设兵团工商联，副省级市及部分市县工商联分管联络工作的负责同志90余人参加了会议。

李路副主席就新形势下进一步加强工商联的外事联络工作作了讲话。他指出，加快“走出去”步伐，对实现我国经济社会科学发展具有重要的战略意义，是适应我国经济社会发展规律，加快调整经济结构、转变经济增长方式、实现可持续发展的要求；是提高我国开放型经济水平、建设经济强国的要求；是民营企业获取发展新动力、新优势、新空间的要求。各级工商联要进一步深化对加快“走出去”步伐重要性的认识，高度重视、扎实做好服务民营企业“走出去”工作。

李路副主席强调，当前要从六个方面切实加强和改进外事联络工作：一要大力加强调查研究；二要进一步巩固和扩大境外联系网络，夯实工作基础；三要打造品牌活动，提升工商联国际影响力和服务“走出去”的能力；四要开展项目合作，打造服务平台，努力提升服务水平；五要挖掘潜力，促进联合，形成外事联络工作合力；六要进一步加强与党委和政府相关工作部门的联系，建立政府、商会、企业的互动渠道。

最后，李路副主席从三个方面对外事联络干部提出了要求，一是增强政治敏感性，牢固树立大局意识；二是勤于学习求教，努力提高外事工作素养；三是善于钻研业务，不断提高创新能力和服务水平。

会上，上海、天津、重庆、云南、福建和南京、绥芬河七个省市工商联负责联络工作的同志在会上作了交流发言。外交部外事管理司林松添司长、领事保护中心王腾副主任在会上作了题为《民营企业“走出去”面临的机遇、风险及应对思路》和《海外中国公民和机构的安全保护工作》的报告。全国工商联联络部副部长马君作会议总结。（王华鲜）

【参加澳门中华总商会100周年会庆活动】2013年2月20日至23日，应澳门中华总商会邀请，全国工商联副主席李路率代表团一行4人，赴澳门出席澳门中华总商会成立100周年会庆活动。

会庆活动于2月21日晚举行，全国人大常委会委员长吴邦国出席，全国人大常委会副委员长周铁农发表致辞，全国政协副主席何厚铧，澳门特区行政长官崔世安，以及来自内地相关部门、特区政府官员、澳门工商社团领袖和香港、新加坡、泰国、马来西亚、日本、菲律宾、印度尼西亚、南非、澳大利亚的华商团体等1000多名嘉宾出席了会庆晚宴。全国政协副主席、全国工商联名誉主席黄孟复专门为澳门中华总商会成立100周年题写了贺词，李路副主席代表全国工商联向澳门中华总商会赠送了贺礼。

代表团在澳期间，还拜访了中央政府驻澳门联络办公室、澳门贸易促进局；会见了全国工商联副主席许健康、中国民间商会副会长崔世昌、全国工商联在澳执常委及代表；会见了全国工商联常委、世界旅游经济论坛副主席兼秘书长何超琼，全国工商联旅游业商会会长王平、副会长王敏刚，并听取了2013年世界旅游经济论坛筹备工作情况汇报；会见了全国政协常委廖泽云；与台湾工商联理事长赵守博举行了早餐会。李路副主席一行在澳期间，积极开展工作，与澳门各界人士进行了广泛的交流，进一步深化了全国工商联与澳门工商界的联系与合作，特别是充分利用澳门独特的地位和作用，为内地企业赴葡语国家投资合作提供支持和服务。（张　巍）

【举办“中国企业在非洲”论坛】2013年3月19日，由中国公共外交协会主办，全国工商联、国家开发银行协办的“中国企业在非洲——合作、创新、共赢”主题论坛在北京市举行，中国公共外交协会会长李肇星、外交部副部长翟隽、全国工商联经济部部长谭林、国家发展和改革委员会外资司副司长刘洪宽、国家开发银行副行长袁力、坦桑尼亚驻华大使马尔莫、世界银行非洲局局长塔塔等出席并作主旨发言。联络部副部长马君出席了论坛。来自中国和非洲的专家学者约200多人就如何实现中国企业在非洲的可持续发展议题交换了意见。

中国公共外交协会会长李肇星表示，此次论坛在中国国家主席习近平首次外访，并将访问非洲前夕举办，非常有意义。中国和非洲是好兄弟、好朋友、好伙伴。长期以来，中国为非洲国家的民族解放和发展事业提供了大量援助，非洲国家也给予了中国最真诚、最宝贵的支持。中非友谊是患难之交，也是共进之交。新时期，在中非人民的共同努力下，中非关系必将提升至更高水平，中国和非洲的明天会更美好。

翟隽副部长说，当前中非关系正处于全面快速发展的“黄金时期”。中国政府将一如既往地鼓励中国企业到非洲发展兴业，并为此提供必要的便利和支持。希望企业家抓住机遇，坚持真诚友好、平等相待，坚持互惠互利、共同发展，加强企业形象建设，提高中非合作的质量和水平，更好地肩负起促进中非关系职责，做中非关系的守护者、推动者和宣传者。

谭林部长表示，随着中非关系的平稳发展和中非合作的日益密切，越来越多的中国民营企业开始走向非洲、投资非洲、扎根非洲。他们为促进东道国的经济发展、解决社会就业、改善基础设施、推动文化传播、增进民间交往等发挥了积极重要的作用。全国工商联作为以民营企业和民营企业家为主体的人民团体和商会组织，今后将一如既往地做好服务引导工作，加强与国内外各类商会、各级政府和不同所有制企业的交流与合作，为准备到海外投资的民营企业尽力提供便捷、高效、全方位的优质服务。

与会代表就新形势下中非抓住机遇加强互利合作、中国在非企业形象建设等议题进行了广泛、深入研讨，一致认为，中非经贸和投资合作前景广阔，中国企业应抓住机遇，为推动非洲经济社会发展、深化中非友好互利合作、增进中非相互了解与友谊发挥积极作用。（马晓芳）

【举办中法企业沙龙2013交流晚宴】2013年4月11日，中法企业沙龙2013年首届交流晚宴在北京市举办，全国工商联副主席李路、中国法国工商会会长奥利维耶·吉贝尔、巴黎大区工商会国际与欧洲事务部部长安徒司出席了活动。

来自中法两国能源、医药、航空、金融、法律等行业的70余位企业家就打破中法地域文化差异、弘扬企业精神文化以及两国企业投资与合作等进行了坦诚友好的交流。联络部副部长马君陪同出席了活动。

9月12日，全国工商联副主席李路出席了中法企业沙龙2013年第二届交流晚宴并致辞。巴黎大区工商会第一副会长威尔南、中国法国工商会会长欧技、中国国际商会秘书长林舜杰、北京贸促会会长熊九龄及50余位中法知名企业家出席了晚宴。联络部副部长葛敏陪同出席了活动。（王　彤）

【开展外事服务民营企业走出去调研】为深入贯彻落实党的十八大精神和中央16号文件精神，更好推动和服务民营企业积极稳妥地“走出去”，2013 年 7 月至 8 月，由全国工商联联络部、外交部领事司等组成三个调研组，与所到省的联络委员会委员分别赴北京、天津、浙江、江苏、广东、广西、辽宁、安徽 8 个省、直辖市的 21 个市县，以及中国民营经济国际合作商会、中非民间商会进行调研，召开了由省区市工商联、外办、商务厅和企业家、有关商协会相关人员参加的专题座谈会 23 场，实地调研企业 22 家，收集省级工商联调研报告 29 份、典型案例 22 个；同时对工商联会员中的“走出去”企业进行了抽样调查，收回有效问卷 551 份。

通过调研，形成了《外事服务民营企业走出去调研报告》和《外事服务民营企业走出去抽样调查分析报告》两项成果。较全面地了解了民营企业“走出去”的动因、投资国别和地区、投资产业和领域等基本情况以及主要做法。报告较全面地了解了民营企业“走出去”的动因、投资国别和地区、投资产业和领域等基本情况，以及企业“走出去”采取的先走带后走、抱团“走出去”、形成利益共同体等方式，以及在境外主动承担社会责任和组建异地商会的经验和做法；总结了外事服务工作在简化签证手续、推广 APEC 商务旅行卡、开展国际交流、推动组建境外异地商会、加强领事保护、建立信息服务平台、开展培训等方面发挥的作用。发现了民营企业普遍存在的国际化人才短缺，对外事服务便利化措施了解不够，与我驻外使领馆和境外中资企业商会联系不多等问题，工商联存在外事工作联系机制少、品牌不多、研究思考深度不够等问题，提出完善工作联系机制，提供便利化服务，加大驻外机构服务民营企业力度，加强培训和调查研究等建议和具体举措。在调研的基础上，联络部与外交部领事司就建立工作合作机制达成意向，将发挥各自优势，为民营企业“走出去”提供更好的服务。（徐宝文）

【举办第十二届中尼民间合作论坛】2013 年 9 月 3 日，全国工商联与尼泊尔工商联在北京共同主办“第十二届中尼民间合作论坛”，来自中尼双方近百名工商界人士参加了论坛。此次论坛重点围绕两国企业在旅游和新能源领域开展经贸合作进行洽谈交流。全国工商联副主席李路、尼泊尔驻华大使马赫什·库马尔·马斯基、尼泊尔工商联主席苏拉吉·维迪亚、中国商务部、国家开发银行四川分行、全联旅游业商会和全联新能源商会相关负责人出席论坛开幕式并致辞。

开幕式上，李路副主席代表全国工商联向出席本次论坛的中尼企业家表示热烈欢迎。他指出，全国工商联多年来一直鼓励支持有实力、有条件、有准备的企业“走出去”，鼓励会员企业到尼泊尔投资发展，参与尼泊尔的经济建设。尤其在世界经济复苏的基础依然十分脆弱，实现持续稳定复苏任重而道远的今天，增进双边合作具有更重要的现实意义。他希望以此次论坛为新起点，探讨双方以更加灵活的方式开展合作。推动在尼泊尔建设“中尼合作论坛”示范项目，从旅游、新能源、交通基础设施领域建设入手，为更多的中国民营企业到尼泊尔发展开创局面，打下基础。

马赫什·库马尔·马斯基大使在致辞中说，中尼两国既是山水相连的友好邻国，又是全面合作伙伴关系。近年来，两国在政治、经济、文化等方面互动交流频繁，双方都希望加快合作。

苏拉吉·维迪亚主席就尼泊尔的社会经济发展情况，介绍了尼泊尔在基础设施、旅游、矿产、新能源等方面的具体合作项目，以及保护投资者权益的有关政策。他表示，尼泊尔工商联欢迎中国民营企业到尼考察投资，并将继续支持两国企业的合作发展。

开幕式上，来自商务部亚洲司、国家开发银行四川分行、全联旅游业商会、全联新能源商会的相关负责人围绕各自领域介绍了开展经贸合作的有关情况。

论坛由全国工商联联络部副部长马君主持。开幕式后同时举行了旅游业和新能源两个领域的分论坛，来自尼泊尔的企业家分别与全联旅游业商会、全联新能源商会的会员企业进行了深入探讨和经贸洽谈，论坛结束后双方代表还参观考察了相关企业。（柯佳希）

【共同举办第十一届海峡两岸和香港澳门经贸合作研讨会】2013 年 9 月 7 日，由全国工商联、台湾工商企业联合会、香港中华厂商联合会和澳门中华总商会共同主办的“第十一届海峡两岸和香港澳门经贸合作研讨会”在福建省厦门市会议中心举行。来自海峡两岸和香港、澳门特别行政区的150余位工商企业家共济一堂，围绕“推动产业合作，共创发展新机遇”这一主题，进行了深入交流探讨。全国政协副主席、全国工商联主席王钦敏，福建省政协主席张昌平，台湾工商企业联合会理事长赵守博，香港中华厂商联合会会长施荣怀，澳门中华总商会会长马有礼出席论坛并致辞。全国工商联副主席李路主持研讨会开幕式。

王钦敏主席在致辞中代表全国工商联对此次研讨会的成功举办表示热烈祝贺，向来自两岸四地的工商企业家表示欢迎。他指出，深化经济合作，既有利于提高两岸四地经济竞争力，也符合两岸四地同胞的共同利益。随着经济全球化的不断深化和区域经济合作的日趋紧密，两岸四地已经形成了优势互补、合作共赢的经济发展格局。在过去的一年中，尽管国际国内形势复杂多变，但两岸四地经贸合作成绩喜人，发展势头良好。当前，两岸四地经济合作正处于大有作为的发展阶段。他表示，两岸四地中华儿女血脉相连，同根同缘，理当彼此信赖、相互扶持，共同实现中华民族伟大复兴的“中国梦”。希望大家积极参与、交流经验、碰撞智慧，就如何深化两岸四地经贸合作积极建言，务实献策；也希望各位工商企业家来宾能够更多地了解和考察祖国大陆的发展环境与潜在商机，积极寻找和发掘适合企业发展的新机遇，为推动两岸四地经贸合作关系繁荣稳定作出新的贡献。

赵守博、施荣怀、马有礼分别在致辞中介绍了台湾、香港和澳门地区企业发展的优势和特点，希望通过本次研讨会与两岸四地企业家分享交流发展经验，进一步增进产业合作的互补优势，增强企业的国际竞争力和可持续发展能力。

研讨会期间，与会的两岸四地工商企业家还围绕现代服务业和绿色低碳产业的合作优势及前景展望进行了专题讨论。

全国工商联副主席、经纬集团董事局主席陈经纬，福建省政协副主席、致公党福建省主委薛卫民，福建省工商联主席王光远，厦门市政协主席陈修茂等福建省及厦门市工商联有关负责同志出席研讨会。（李圣汉）

【出席世界旅游经济论坛】为进一步贯彻落实国家“十二五”规划提出的“支持澳门建设世界旅游休闲中心，加快建设中国与葡语国家商贸合作服务平台”的精神，应世界旅游经济论坛组委会邀请，全国工商联副主席李路一行4人于2013年9月17日至19日赴澳门出席“世界旅游经济论坛”。

论坛由澳门特别行政区政府社会文化司主办，全国工商联旅游业商会协办，世界旅游经济研究中心筹办，全国工商联为支持单位。本届论坛主题为“促进经济活力，放眼旅游产业”。旨在探讨旅游产业如何在当前经济迈向复苏的关键时刻发挥作用，以及旅游产业的投资如何推动其他相关产业乃至整体经济的发展。组织了包括世界旅游组织部长级圆桌会议、世界旅游业理事会、亚太旅游协会、中国民营企业与世界旅游经营四个环节讨论互动。

李路副主席出席开幕式并作了题为“释放民营经济和旅游经济活力，推动中国经济转型升级”的致辞。来自内地10个省份的代表团以及联合国世界旅游组织、世界旅游业理事会、亚太旅游协会和越南、葡萄牙、印度尼西亚、柬埔寨、哈萨克斯坦、西班牙、美国、英国、法国、印度、新西兰、日本、吉尔吉斯斯坦、南非等国家的政要、知名学者专家、企业家约1000余名代表出席大会。（张　巍）

【参加第十二届世界华商大会】2013年9月24日至27日，第十二届世界华商大会在四川省成都市举办。大会由中国侨商投资企业协会主办，成都市人民政府承办，国务院侨办和四川省人民政府为支持单位，全国工商联和中国贸促会为协办单位。该会是继2001年在南京市主办第六届世界华商大会之后第二次在中国举办。

来自104个国家的2200余名海外嘉宾，800多名国内嘉宾，共3000余人莅临大会。国家主席习近平向大会发来贺信，全国政协主席俞正声出席开幕式并发表主旨演讲。全国政协副主席、全国工商联主席王钦敏在闭幕式上致辞。

全国工商联邀请了来自国内24个省市、自治区工商联系统的企业家485人出席大会，其中重点嘉宾60人。在大会期间成功主办了以“携手华商，共促民企走出去”为主题的分论坛。王钦敏主席出席论坛并发表主旨演讲。香港中华总商会会长、香港旭日集团有限公司董事长杨钊，商务部国际贸易经济合作研究院院长霍建国，中国民营经济国际合作商会会长、科瑞集团董事长郑跃文，中国民间商会副会长、四川宏达集团董事局主席刘沧龙分别发表演讲，新希望集团董事长刘永好、力帆集团董事长尹明善、正泰集团董事长南存辉等企业家则结合企业实践介绍了“走出去”的经验。全国工商联副主席李路、副秘书长王忠明分别主持论坛及嘉宾对话。全国工商联副主席、大连亿达集团董事长孙荫环，全国工商联副主席、科创控股集团董事局主席何俊明，四川省政协副主席杨兴平，陕西省政协副主席、省工商联主席冯月菊，贵州省政协副主席、省工商联主席李汉宇，四川省工商联主席陈放，四川省委统战部副部长、省工商联党组书记钟家霖等出席论坛。分论坛期间，全国工商联首次发布《中国企业走出去风险控制与投资指南（拉美篇）》，为民营企业“走出去”提供专业化服务。（刘　璐）

【共同主办澳门国际投资论坛】2013 年 10 月 17 日，应澳门贸易投资促进局邀请，全国工商联副主席、广东长隆集团董事长苏志刚赴澳门出席“国际贸易投资论坛 2013”活动，来自 50 多个国家和地区的约 300 位代表出席了论坛。苏志刚副主席代表全国工商联在论坛上致辞，他表示，随着内地改革开放的进一步深化，加快推进产业结构调整、持续释放改革红利及城镇化发展所带来的巨大投资消费需求，必将为内地和澳门双向投资合作提供新的发展机遇。作为中国内地最具规模的人民团体和商会组织，全国工商联愿意与澳门工商界继续加强联系，发挥各自优势，共同推动两地企业与世界各国特别是葡语系国家工商界的深入合作。

通过出席论坛活动，进一步加强了全国工商联与澳门特别行政区政府和工商界的联系与合作，向澳门工商界以及葡语相关国家广泛宣传了民营企业发展情况，与葡语国家逐步建立了更为便捷的沟通平台，为引导民营企业借助澳门平台向葡语国家乃至欧洲其他国家有序“走出去”作出有益尝试。（李圣汉）

【举办中葡商务投资餐叙会】2013 年 12 月 9 日，为落实两国领导人在“中国—葡语国家经贸合作论坛（澳门）第四届部长级会议”达成的共识，促进中葡企业的相互投资与合作，葡萄牙驻华使馆和全国工商联在葡萄牙驻华使馆合作举办了中葡商务投资餐叙会，葡萄牙驻华大使若热·托雷斯·佩雷拉、全国工商联副主席李路出席活动并致辞。中葡两国投促机构和商协会及知名民营企业负责人约 35 人出席了活动。

佩雷拉大使在致辞中表示，葡萄牙的地理位置优越，是联系非洲大陆与欧洲各地的桥梁，在医药、环保、农业、旅游、房地产、汽车零部件制造业等方面都具有优势。近年来，中国已成为葡萄牙的主要投资国之一，希望通过本次餐叙会能够让更多的中国企业了解葡萄牙、投资葡萄牙。葡萄牙驻华使馆愿意为中国企业与葡萄牙企业的合作提供信息支持和服务。

李路副主席在致辞中表示，中葡两国关系源远流长，中葡企业间的交流合作是推动两国双边关系特别是经贸关系的重要力量。当前，中国民营经济正处于转型升级的关键阶段，优势民营企业正加紧产业链的全球布局，以实现竞争力的质的提升，投资葡萄牙的优势产业，借助葡萄牙的区位优势“走出去”，正逐渐成为中国民营企业的选择。全国工商联作为中国民营企业的商会组织，愿意推动两国企业界在优势互补、合作共赢的原则下，加强务实合作，促进两国经贸交流和中葡关系全面发展。

餐叙会期间，葡萄牙驻华大使馆经济参赞雷雅丽女士介绍了葡萄牙的投资环境和政策，新奥、桑德、汉能等民营企业代表也与葡方就双方的投资与合作展开了热烈的交流。

联络部副部长马君及全联房地产商会、旅游业商会、新能源商会和中国民营经济国际合作商会相关负责人陪同出席了活动。（王　彤）

【召开第十一届全国工商联联络委员会第一次全体会议】2013 年 12 月 26 日，第十一届全国工商联联络委员会第一次全体会议在北京召开。全国工商联副主席李路出席会议并讲话。中国民间商会副会长、联络委员会主任刘沧龙，联络委员会副主任、委员等 20 多位同志出席会议。会议紧紧围绕学习贯彻党的十八大、十八届三中全会精神和全国工商联十一届二次执委会议确定的目标任务，对 2014 年全国工商联外事联络工作进行了深入探讨和研究。全国工商联联络部副部长马君通报了全国工商联联络委员会组成情况，对专题组的设置和全国工商联外事联络工作要点进行了说明。会议审议了《全国工商联联络委员会工作规则》，讨论了《全国工商联联络委员会2014年工作计划》（以下简称《工作计划》），研究了2014年联络委员会的有关工作。

委员们一致认为，《工作计划》贯彻落实中央16号文件精神，围绕服务国家外交大局，服务两个健康工作主题，以深化外事服务民营企业“走出去”为重点，对2014年全国工商联联络委员会工作做了很好的谋划，是联络委员会2014年开展工作的重要依据。

委员们认为，围绕外事服务民营企业“走出去”深入开展调查研究，是提升工商联外事联络工作水平的重要基础。了解掌握民营企业海外投资发展现状和需求、国外商会制度等方面的情况，重点对“两路”（丝绸之路经济带和21世纪海上丝绸之路）“两区”（欧洲、非洲）开展调查研究，是服务国家外交大局、服务两个健康工作主题的现实需要。虽然这两年外事联络方面的调研取得了不少积极成果，但下一步仍需继续加大力度，提高工商联外事联络工作科学化水平。

李路副主席在会上作了总结讲话。他指出，会上委员们结合自身专业优势和工作实践，对工商联对外联络工作和联络委员会工作提出了很好的意见建议，对于我们进一步开阔视野、拓宽思路、改进工作很有助益。随着民营经济的快速发展，民营企业“走出去”步伐不断加快，已成为我国实施“走出去”战略的生力军。党的十八大以来，中央在保持外交大政方针延续性和稳定性的基础上，运筹外交全局，进一步突出周边外交的重要性，为我们在新时期新阶段开创工商联外事工作的新局面指明了方向。十八届三中全会进一步明确，要适应经济全球化新形势，推动对内对外开放相互促进、“引进来”和“走出去”更好结合，促进国际国内要素有序自由流动、资源高效配置、市场高度融合。在政府相关政策的支持下，工商联外事服务工作的空间将更加宽广，联络委员会也将发挥更大作用。在新的一年里，联络委员会工作要以“两个服务”为主线，即紧紧围绕服务国家外交大局，紧紧围绕服务两个健康工作主题，以深化外事服务民营企业“走出去”为重点，布局“两路”“两区”，深入开展调查研究，着力为民营企业“走出去”解决实际问题，努力提高外事服务中心工作的质量和水平。（靖安达）

【全国工商联领导会见来访海外团组纪事】

（1）1月30日，王钦敏主席会见了以菲华商联总会理事长庄前进为团长的菲华商联总会访华团一行39人。李路副主席陪同会见。

（2）2月6日，李路副主席会见了中国驻尼泊尔大使吴春太。

（3）3月25日，李路副主席会见了大韩商工会议所北京代表处首席代表吴千洙先生。

（4）4月11日，李路副主席会见了以李光华理事长为团长的香港九龙总商会访京团一行4人。

（5）4月27日，王钦敏主席会见了以林建岳先生为团长的香港经济民生联盟访京团一行30人。李路副主席陪同会见。

（6）5月7日，王钦敏主席会见了新加坡驻华大使罗家良先生一行4人。李路副主席陪同会见。

（7）5月14日，全哲洙书记会见了以杨钊会长为团长的香港中华总商会访京团一行39人。李路副主席陪同会见。

（8）6月17日，李路副主席会见了以李涛会长为团长的澳大利亚中国统一促进会访问团一行23人。

（9）6月25日，李路副主席会见了以李沛良会长为团长的香港青年工业家协会访京团一行25人。

（10）6月26日，庄聪生副主席会见了以郑凯平主席为团长的香港中小型企业联合会代表团一行23人。

（11）10月14日，谢经荣副主席会见了以魏台英女士为团长的台湾鹏辰文化经贸交流协会大陆访问团一行20人。

（12）10月29日，李路副主席会见了以庄成鑫先生为团长的香港中华出入口商会访京团一行20人。

（13）11月4日，安七一副主席会见了以周松岗先生为团长的香港总商会访京团一行40人。

（14）11月25日，林毅夫副主席会见了以刘展灏先生为团长的香港工业总会访京团一行21人。

（15）12 月 10 日，王钦敏主席会见了台湾三三企业交流会江丙坤先生一行 5 人。李路副主席陪同会见。（刘　璐）

【全国工商联团组出访纪事】一、庄聪生副主席出访印度尼西亚、印度、尼泊尔三国

2013 年 5 月 12 日至 21 日，应印度尼西亚中华总商会、印度工业联合会和尼泊尔工商联的邀请，全国工商联副主席庄聪生率全国工商联代表团一行 19 人，对印度尼西亚、印度和尼泊尔三国进行了访问。此次出访旨在加强全国工商联与三国相关政府部门、主流商会的联系，了解三国投资环境、经贸政策等信息和中国企业在三国投资贸易的情况，为中国民营企业在三国寻找投资合作的机会提供指导与帮助，推动企业更加充分地利用国际资源，开拓国际市场。

访问期间，代表团会见了印度尼西亚贸易部、印尼中华总商会及西爪哇分会，印度工业联合会，尼泊尔工商联等政府部门和商会负责人。代表团的企业家同三国商会的会员们进行了对口洽谈，表现出强烈的投资愿望，对方也表现出强烈的合作需求。代表团考察了印度尼西亚房地产开发工程、万达珍宝电缆股份有限公司、印度的塔塔咨询服务公司和华为印度公司，听取了我国企业在当地投资的经验介绍和塔塔公司在世界，尤其是在中国的业务范围及开展情况。（柯佳希）

二、全哲洙书记率团访问墨西哥、秘鲁、古巴三国

应墨西哥政府经济部、秘鲁政府私人投资促进委员会、古巴国家商会的邀请，以中央统战部副部长，全国工商联党组书记、常务副主席全哲洙为团长的全国工商联代表团，于 2013 年 7 月 4 日至 13 日对墨西哥、秘鲁和古巴三国进行了访问。此次访问旨在增进全国工商联与到访国政府相关经济部门和商会组织的交流，深入了解三国的自然资源、产业政策和投资环境，实地调研中资企业在三国“走出去”的实际情况，探讨加强与三国贸易投资互补和深化合作的前景，为中国民营企业开拓海外市场、寻找投资机会和发展空间，提供积极的帮助和正确的引导。

访问期间，全哲洙书记会见了古巴部长会议副主席穆里略，古巴外贸外资部、国家商会，墨西哥经济部、投资促进署、墨西哥中国商业科技商会，秘鲁外贸旅游部、生产部，私人投资促进委员会、利马商会等政府部门的部长和商会负责人，参加了墨西哥中国商业科技商会和古巴国家商会组织的项目政策推介会，就加强双边经贸合作，分享彼此的发展经验和机遇，推动务实、互惠、共赢进行了广泛的交流与探讨。全哲洙书记指出，拉美地区具有独特的地域优势、市场优势和资源优势，与中国民营经济具有良好的互补性，必将成为民营企业“走出去”寻求发展的新热点。全国工商联鼓励有实力、有条件、有信誉、有准备的民营企业“走出去”，在“走出去”的过程中，更好地融入投资国经济和社会发展之中，实现互利、共赢、和谐发展。

代表团考察了华为墨西哥公司、秘鲁万新集团、秘鲁金兆矿业，听取了三一秘鲁公司、吉利古巴公司的汇报，在墨西哥和秘鲁召开中资企业座谈会，深入了解中国企业在“走出去”过程中的经验与问题以及当前遇到的主要困难，探讨交流了中国企业如何“走出去”方面普遍关心和关注的问题。全哲洙指出，民营经济“走出去”是实现“中国梦”的必然趋势，必须从战略上予以高度重视和深刻认识。其一是中国经济全球化的需要。中国经济要实现可持续发展，就必须学会利用和把握国内国外两个市场和两种资源，实现自身发展。其二是深化改革开放的需要。深化改革开放是中国经济发展的关键抉择，是发展的根本动力。如今中国经济已经进入结构调整、转型升级、创新发展的新阶段，“走出去”已成为国家战略，是发展的大势趋，“走出去”与“引进来”同样重要。其三是全面扩大民间外交的需要。国家关系的发展不仅取决于政府间的经贸合作，同样也取决于各国企业界间的合作。民营企业“走出去”有利于助推国家形象，展现中国声音，增进民间交流。其四是工商联促进两个健康的需要。在实现“中国梦”的道路上，民营企业健康发展就是要走可持续发展之路，非公有制经济人士健康成长就是要提升企业家的综合素质和精神境界，民营企业在“走出去”的实践中，将有助于两个健康的促进。他强调，“走出去”既有机遇也有风险。民营企业“走出去”需要把握六个关键点：一是要注重打造“品牌”，提升竞争力；二是要重视人才培养，特别是国际化复合型人才培养；三是要有可靠的投资条件，海外同样有融资难的问题；四是要重视所在国法律和人文环境，努力实现本土化管理，防止水土不服；五是建立风险管控机制，要有底线思维，提前预警、提早防范；六是要积极参与当地社区建设，履行社会责任，实现互利、共赢、和谐发展。他要求各级工商联要切实加强对民营企业“走出去”的组织、引导和服务，加强对民营企业“走出去”工作研究，要回答或弄清民营企业为什么要“走出去”、怎么“走出去”、“走出去”如何实现健康发展以及工商联如何引导服务等问题，要总结案例和经验模式，研究政策和建立机制，把服务民营企业“走出去”作为新形势下工商联工作的新领域和新任务，认真加以研究和推动。（马晓芳）

三、谢经荣副主席出访白俄罗斯、捷克、匈牙利三国

2013 年 8 月 29 日至 9 月 7 日，谢经荣副主席率全国工商联代表团访问白俄罗斯、捷克、匈牙利三国，此访旨在围绕民营企业“走出去”，深入了解三国投资环境及促进政策，寻求商务以及商会合作。访问期间，代表团拜访了白俄罗斯经济部、白俄罗斯工商会，捷克工业和贸易部、捷克商会，匈牙利总理府国务秘书、匈牙利工商会，调研了三国市场环境以及七星电子、华为公司、中兴通讯匈牙利公司和格林斯乐太阳能设备有限公司等，就民营企业“走出去”问题召开了座谈会。代表团中的企业家与当地企业举办洽谈会寻求商务合作。通过访问，代表团建议政府和工商联等社会组织应当积极作为，进一步加强相关工作。一是全国工商联应加强与白俄罗斯、捷克、匈牙利三国商会的联系，建立稳定的合作机制；二是创造多种形式的交流平台，为中国民营企业“走出去”提供窗口；三是工商联服务民营企业“走出去”要在信息、培训和法律服务上着力。（徐宝文）

四、林毅夫副主席出席第八届紫荆花杯杰出企业家奖颁奖交流活动

2013 年 11 月 27 日至 29 日，应香港理工大学邀请，全国工商联副主席林毅夫一行 3 人，赴香港出席“第八届紫荆花杯杰出企业家奖颁奖交流活动”。紫荆花杯杰出企业家奖评选活动由香港理工大学主办，我会以及中国民营科技实业家协会、台湾工业总会、香港工业总会、香港中华厂商联合会、香港中华总商会、香港总商会和紫荆花杯杰出企业家协会共同协办。本次共有 18 位内地的民营科技企业家获此殊荣，其中 13 位荣获紫荆花杯杰出企业家奖，4 位获科技创新奖，1 位获社会责任奖。

林毅夫副主席出席颁奖典礼并致辞，他表示，香港理工大学自 1997 年创办“紫荆花杯杰出企业家奖”，16 年来为表扬民营企业家的创业创新精神，推动内地企业与香港工商界的交往，做了大量富有成效的工作。今天获奖的 18 名企业家，全部是来自内地优秀的民营企业。以他们为代表的民营企业家，勇于实践、敢于创新，已成为社会主义现代化建设一支不可或缺的重要力量。

中央人民政府驻香港特别行政区联络办公室、香港特别行政区政府教育局、中国民营科技实业家协会、紫荆花杯杰出企业家协会的负责人等各界人士近 300 位嘉宾出席了颁奖活动。（刘　璐）

组织建设

【综　述】2013 年，会员部按照全国工商联整体工作部署，深入贯彻落实中央 16 号文件精神，围绕中心、服务大局，坚持重心下移，抓基层打基础的总体思路，组织建设工作取得重大进展。

一、进一步加强县级工商联建设

县级工商联是工商联事业发展的基础，是工商联服务两个健康的前沿阵地。为解决县级工商联组织长期软弱涣散、基础薄弱的问题，会党组坚持抓基层打基础的思路，连续几年把加强县级工商联建设列入年度工作要点。2012 年初全国工商联提出“举全国工商联系统之力，打一场攻坚战，力争用两年左右时间改变县级工商联建设长期薄弱状况”。2013 年是落实这一目标能否实现的关键一年。会员部紧紧围绕这一目标，创新思路、认真谋划、系统部署、狠抓落实。

（一）通过下发调查问卷的方式，摸清了各地“一个设立、五个有”阶段性目标的完成情况。截至 2013 年底，全国已有 22 个省区的县级工商联（占全国 93.0%）实现了“一个设立、五个有”的阶段性目标。全国设立党组的县级工商联达 94.8%，有编制的县级工商联达 98.4%，办公、考察调研、教育培训经费列入财政预算的县级工商联达 98.4%，有独立办公场所和必要办公条件的县级工商联达 97.2%，越来越多的县级工商联围绕当地经济社会发展大局开展了形式多样的活动，为促进县域经济发展，践行两个健康工作主题发挥了积极作用。

（二）根据《全国县级工商联建设示范点标准》，开展全国“五好”县级工商联建设示范点创建活动。“一个设立、五个有”是县级工商联开展工作、发挥作用的基本保障，“五好”特别是“作用发挥好”才是县级工商联建设的关键所在，也是县级工商联发挥独特作用、服务县域经济发展的最终价值体现。为此在全国范围确定了 64 个“五好”县级工商联建设示范点，并以此为工作抓手，全面带动和提升县级工商联的建设水平。

（三）2013 年 9 月在宜昌市召开了全国县级工商联建设经验交流会议，认真总结了中央 16 号文件下发以来，各地加强县级工商联建设的经验做法，对县级工商联建设取得的进展作出科学判断：“总体上完成了‘一个设立、五个有’阶段性目标，县级工商联呈现了前所未有的良好态势。”“工商联因县级工商联软弱涣散造成的‘高位截瘫’状况得到了根本改变，凝聚力、影响力、执行力显著提升。”会议科学把握新形势下加强县级工商联建设的新要求，部署了今后一个时期以争创“五好”县级工商联为目标，推动“五好”县级工商联建设再上新台阶的各项任务。会议的召开，为各地进一步推动县级工商联建设带来了新的契机。一方面，各地主动向党委政府汇报会议情况，争取对加强县级工商联建设的支持，同时做好会议精神的传达落实，着手制订各地争创“五好”的量化标准、考核办法和工作目标，县级工商联建设呈现出不缓劲、不松懈再上层楼的新气象。

二、进一步加强会员队伍建设

（一）制订全国工商联会员发展和组织建设五年规划。在调研和向各省工商联征求意见的基础上，会员部制订了《全国工商联会员发展和组织建设规划（2013 ~ 2017）》稿，提交组织委员会第一次会议研究讨论，由主席办公会议审议通过，下发各省级工商联。在五年规划中，对会员发展的原则、目标和措施提出了明确要求。

（二）继续做好会员和组织发展情况统计通报工作。半年一次的全国工商联会员和组织发展情况通报，是一项非常重要的基础性工作。这项工作始于 1995 年，迄今已经持续了 18 年，它能够较为及时地反映工商联各级组织会员数量、商会数量、基层组织的现状和变化情况，是全国工商联关于工商联会员和组织数据的唯一来源。2013 年初，根据全国工商联“十一大”通过的《中国工商业联合会章程》，在信息中心的支持下对会员组织发展情况填报统计系统进行了修改，使统计口径与新章程的规定一致。

（三）2013 年会员部开展了“全国工商联直属会员双月活动日”，以举办形势报告会、政策法规学习解读和银企座谈会等形式，为会员解读党和国家政策、分析国内外经济形势，提供信息、融资、国际合作等方面服务，引导直属会员参加理想信念教育实践活动等，受到直属会员的欢迎。

三、进一步加强商会建设

（一）组织引导商会积极参加非公有制经济人士理想信念教育实践活动

一是高度重视，认真组织。各直属商会通过会长会、常务理事会、座谈会等形式及时学习传达对教育实践活动的部署和要求，结合商会自身特点研究制订工作方案，将其作为重要工作来抓。

二是注重交流，有效推动。会员部分别于6月、9月两次召开秘书长联席会，对各商会积极开展教育实践活动的情况进行总结和交流，请三个商会秘书长介绍了推动活动开展的经验，使有效的做法和经验得到学习和推广，以此推动教育实践活动在直属商会的不断深入。

三是突出实践，深化活动。在全国工商联党组副书记、副主席黄小祥的带领下，各商会赴甘肃18个贫困县区深入了解扶贫项目情况，进行对接考察。直属商会与18个县区签约项目20项，签约资金21.09亿元。以理想信念教育实践活动促进商会对口扶贫工作进展。9月初组织新能源商会、科技装备业商会和其他直属商会秘书长到山东省淄博市参加“直属商会深化理想信念教育实践活动”，围绕“民营企业家与中国梦”主题进行座谈，学习淄博的好经验，有效推动了活动的深入开展。

四是结合党建，重在落实。随着直属商会秘书处的不断发展，党员数量在不断增加，2013年初黄小祥副主席明确要求，加大在商会建立党支部的工作力度。会员部密切配合机关党委，以教育实践活动促进商会党建工作，在调查研究掌握情况的基础上，率先在已经具备条件的新能源商会、家具装饰业商会、中国民营经济国际合作商会中成立了党支部。

（二）在社会组织管理制度改革中充分反映情况和意见

党的十八届二中全会后，社会组织管理制度的改革进入倒计时。国办秘书局、发改委体改司、民政部社团局多次向全国工商联征求意见。按照会领导的指示，与中央统战部五局共同研究分析，工商联既是人民团体又是商会组织，在联系和服务所属商会中能够发挥独特作用。同时到广东开展调研，围绕“取消前置审批、实行直接登记后，工商联如何应对”，“取消业务主管单位后，工商联如何与所属商会加强联系提供服务”，“在社会组织管理制度改革中，工商联应当保留、坚持、争取哪些职能”等问题深入了解情况，在此基础上形成了基本意见。在黄小祥副主席的带领下，主动到中编办、法制办、发改委、民政部走访，积极介绍工商联所具有的三性统一的基本特征，充分反映工商联所属各类商会作为基层组织是工商联开展工作的重要依托，努力争取在社会组织健康有序发展中继续有效地发挥工商联的作用。

（三）以年度考评为抓手促进商会加强自身建设

首先在考评标准的制订中充分征求各商会的意见，使标准制订符合商会实际，可评、可比；其次指导商会进行自评和各商会之间的互评；最后由考评小组在审读材料的基础上进行打分，确定考评等次。通过考评评出先进，寻找差距，学习优秀商会经验，切实推动商会加强自身建设。（邹丹丹）

【举办全国工商联“直属会员双月活动日”活动】2013年，全国工商联共开展了5期“直属会员双月活动日”活动。分别以举办报告会、专题讲座、座谈会，组织参与民营经济发展（长白山）论坛、全国非公有制经济人士理想信念报告会等形式，为直属会员提供宏观政策解读、经济形势分析、创新发展经验交流、投融资咨询等方面的服务。

1月30日，举办了第一期直属会员双月活动，邀请曾在中央政治局集体学习时进行专题讲解的国家发改委宏观经济研究院副院长、研究员王一鸣同志，为直属会员作“经济形势与企业发展”主题报告。全国工商联党组副书记、副主席黄小祥主持报告会。

4月10日，举办了第二期直属会员双月活动——“提升企业创新能力政策解读及实践”座谈会，邀请科技部创新体系建设办公室主任徐建国同志为直属会员解读国家支持引导企业创新的有关政策，并由全国工商联副主席、东岳集团董事长张建宏和全国工商联常委、研祥高科技控股集团有限公司董事局主席陈志列结合企业实践介绍了在创新中的经验和体会。

6月26日，举办了第三期直属会员活动——“拓宽融资渠道，支持民营经济发展”对话会，邀请中国民生银行行长助理林云山、摩根大通银行（中国）有限公司行长贲圣林、中信证券股份有限公司董事总经理金侃夫，在分析宏观经济形势和金融市场现状的基础上，分别介绍了在各自领域帮助解决中小企业融资难、协助有一定实力和基础的企业“走出去”，助推民营经济发展的做法、案例和成效，并与会员进行了对话互动。

第四期直属会员双月活动紧密结合全国工商联主办的重点活动开展，组织了50余名全国工商联直属会员以及80余名省级工商联副主席、副会长等非公有制经济代表人士，参加8月12日至13日在吉林长白山召开的2013年中国民营经济发展（长白山）论坛。全国工商联直属会员吉利集团董事长李书福、大连万达集团董事长王健林受邀成为论坛演讲嘉宾，发表了主旨演讲。

第五期直属会员双月活动抓住全国非公有制经济人士理想信念报告会召开的契机，组织在北京市的50余名直属会员参加报告会，在直属会员中引起强烈反响。

直属会员双月活动体现出五个方面的亮点：一是嘉宾权威性强，先后邀请国家发改委宏观经济研究院副院长王一鸣、科技部创新体系建设办公室主任徐建国等权威专家，使活动层次得到提升。二是紧扣重点工作，紧密结合党的群众路线教育实践活动和非公有制经济人士理想信念教育实践活动等重点工作，引导直属会员增强信念、信任、信心，广泛听取直属会员意见建议，不断加强和改进会员服务。三是贴近会员需求，活动主题涵盖十八大精神解读、企业创新发展经验介绍、投融资渠道推介、民营经济发展动态交流等多方面内容，为直属会员提供对象化服务，实效显著。四是活动形式丰富，既有专家学者授课的报告会，又有嘉宾发言与会员互动相结合的座谈会、对话会，同时，组织直属会员参加全国工商联重要活动，活动富有吸引力。五是会员参与面广，自举办以来活动在会员中引起热烈反响，受到广泛欢迎，会员普遍积极参与。5期活动累计有超过500人次参与其中，70%以上的直属会员参加过活动，实现了较高的参与度。（王子萱）

【开展发挥工商联兼职副主席、副会长、执委、常委作用调研】为切实加强工商联自身建设，认真履行职责，充分发挥作用，2008年全国工商联先后出台了《全国工商联关于进一步发挥兼职副主席作用的意见》和《全国工商联关于加强执委会自身建设的意见》。近年来，全国工商联兼职副主席、常委、执委按照两个《意见》要求，认真履职尽责，为工商联事业发展发挥了重要的积极作用。随着2012年工商联换届后领导班子的变化和工商联所面临的形势任务的新要求，如何进一步提高兼职副主席、副会长、常委、执委履行职责能力，发挥更大作用成为迫切需要解决的问题。

为此，2013年2月至4月，会员部结合县级工商联和商会调研，开展了发挥兼职副主席、副会长、执委、常委作用的调研，利用到湖北等地调研县级工商联和商会建设以及在江苏省召开全国工商联组织处长会议之机，广泛了解各地发挥工商联兼职副主席、副会长、常执委作用的情况和经验做法，并利用书面形式，向北京、天津、内蒙古、浙江、安徽、福建、江西、山东、广东、海南、四川、贵州、云南、西藏、陕西、新疆16个省区市调查了解相关情况，收集汇总了17个省区市发挥兼职副主席、副会长、常执委作用的措施办法和制度规定，并征求了组织委员会委员对发挥兼职副主席、副会长作用的意见建议。在此基础上，对原有的《全国工商联关于进一步发挥兼职副主席作用的意见》进行修改完善，形成了《关于进一步发挥全国工商联兼职副主席和中国民间商会兼职副会长作用的意见》。这是继续落实中央16号文件的需要，是适应形势发展与时俱进的需要，是践行两个健康工作主题的需要。为修改好文件，会员部吸收了部分地方工商联发挥兼职副主席、副会长作用的一些有效做法和经验，同时，多次召开座谈会，听取兼职副主席、副会长的意见和机关各工作部门的意见，使《意见》的修改符合发展变化的形势，更加贴近工商联工作的实际。修改后的《意见》充分体现党的十八大精神，全面贯彻中央16号文件精神和中央对工商联工作的要求，始终贯穿两个健康工作主题，紧密结合全国工商联十一大确定的工作任务，职责作用更加清晰，方式途径进一步明确，内容更为具体充实，增强在实践中的可操作性。（张世芳）

【召开全国工商联会员组织统计暨执委数据库工作现场会】2013年4月22日至23日，全国工商联会员组织统计暨执委数据库工作现场会在江苏省南通市召开。会议以中央16号文件精神为指导，围绕加强工商联会员组织信息化建设，就各地在推动县级工商联建设、加强会员组织统计及数据库建设工作方面的经验做法进行了交流。全国工商联会员部部长王瑗同志总结和布置了会员部重点工作。江苏省工商联副主席桂德祥，江苏省南通市政协副主席、市工商联主席徐守铭出席会议并致辞。全国32个省级工商联和江苏省13个地（市）级工商联的会员处处长、负责会员组织信息化建设工作的统计员，全国工商联会员部、信息中心有关同志共100余人参加会议。

会议分为全国工商联会员部领导总结和布置重点工作、大会交流发言、会员组织工作座谈、会员组织统计软件及数据库操作现场培训四个部分。会上，王瑗部长从加强工商联会员组织信息化建设、推动县级工商联建设是实现“中国梦”的内在需要、是落实工商联两个健康工作主题的必然要求、是提高会员组织工作科学性和夯实工商联组织根基的重要举措三个方面强调了做好工商联会员组织信息化建设工作的重要性；对2012年省级工商联会员组织信息化建设工作情况进行了讲评和通报；并就2013年加强会员组织信息化建设、推动解决县级工商联建设中的突出问题、做好组织人事基础性工作提出了明确要求，对下一步工作进行了具体布置。

四川省工商联会员处副处长杨晓瑜、宁夏回族自治区工商联组织宣传处副调研员房平、江苏省南通市工商联副主席于曙光、湖北省荆门市东宝区工商联党组书记刘俊杰先后在会上作了交流发言，介绍了贯彻落实中央16号文件精神，加强信息化建设，做好会员组织基础性工作的经验做法。

会议期间，各省级工商联会员处处长就落实全国工商联2013年工作要点中会员组织有关工作进行了为期半天的座谈交流，各位处长围绕推动解决县级工商联建设中突出问题的进展情况以及对《全国工商联会员发展规划（征求意见稿）(2013～2017)》《全国工商联商会数据库建设工作方案》的意见建议逐一作了发言。座谈交流准备充分、内容充实，有侧重地反映了各地在落实工作中的主要问题和重点举措，查找了在落实县级工商联建设“一个设立、五个有”工作中的差距，明确了下一步工作目标和努力方向。

在全国工商联信息中心的支持下，会议就会员组织统计软件和工商联执委数据库技术操作对各地统计员进行了现场培训。本次培训在以往历年着重进行录入技术培训的基础上，详细介绍了工商联执委数据库查询统计功能的技术操作，强调了依托该功能进行数据库信息统计分析的重要性，为进一步加强数据库信息运用打下了基础。

此次会议提高了各省级工商联对会员组织信息化建设工作重要性的认识，明确了完成数据库建设、会员组织统计等信息化建设工作的要求，并对加强县级工商联建设等会员组织工作作出进一步安排，取得实际成效，达到了会议预期目的。（王子萱）

【开展县级工商联建设工作调研】 按照全联《推动解决县级工商联建设中的突出问题工作实施方案》工作要求，为深入了解地方县级工商联建设情况，同时为9月召开的全国县级工商联建设经验交流会做好准备工作，在全国工商联党组副书记、副主席黄小祥和会员部部长王瑗的带领下，会员部于2013年4月、5月、9月三次赴湖北省开展了县级工商联建设调研。调研组先后到武昌区、京山县、当阳市、宜都市、夷陵区、西陵区工商联6个区县工商联，宜都市红花套镇商会、西陵区云集街道商会、宜昌市台州商会、宜昌市福州商会和宜昌市钢材商会5个基层商会，湖北太力家庭用品工业园、湖北京山轻工机械股份有限公司、华阳化工有限公司调研等多家工业园和企业进行了实地调研。调研组召开5次座谈会，与湖北省、市、县级党委政府和统战部、工商联主要负责人就加强县级工商联建设、发挥工商联和基层商会作用进行探讨交流。

通过调研，一是摸清了湖北省县级工商联“一个设立、五个有”建设情况。湖北省召开了县级工商联建设推进会议，出台了由省委组织部、省委统战部等七个部门联合制订的《关于加强县级工商联建设的实施意见》，市、县也先后出台了推进县级工商联建设的实施方案。通过以上工作推动，湖北省“一个设立、五个有”目标任务已基本完成。二是掌握了湖北省县级工商联争创“五好”活动开展情况。《全国县级工商联建设示范点标准》下发后，湖北省明确提出，完成“一个设立、五个有”任务的县级工商联从2013年1月起开展争创“五好”活动，其他县级工商联以实现“一个设立、五个有”阶段目标为突破口，推动“五好”建设。三是从湖北省县级工商联建设的做法中得到了经验和启示。首先县级工商联要坚持两个健康工作主题，发挥作为企业家“娘家”的作用，其次县级工商联要围绕中心服务大局，发挥党委政府的抓手作用，最后工商联要创新服务载体和手段，发挥各类服务平台作用。四是通过调研，了解到湖北省在加强县级工商联建设工作中启动迅速、探索积极、力度较大，对有关问题研究深入，工作机制健全，工作成效明显，对工商联系统具有较强的指导和示范意义。（马 澄）

【举办全国工商联直属商会负责人培训班】2013年5月7日至8日，全国工商联直属商会负责人培训班在北京举办，各直属商会会长、常务副会长、监事长（独立监事）及秘书长共90余人参加。举办此次培训班目的是为了深入贯彻党的十八大精神，认清当前经济形势，准确把握我国深化改革的方向，强调非公有制经济人士理想信念教育实践活动开展的重要意义，提高商会负责人在新形势下办好商会的素质和能力，推进各直属商会的科学化、规范化、制度化建设，提高商会负责人的思想素质和办会能力，培养适应新形势新要求的商会工作者队伍。会员部按照中央统战部副部长，全国工商联党组书记、常务副主席全哲洙和全国工商联党组副书记、副主席黄小祥的有关要求，精心准备，严密组织，邀请黄小祥副主席以“把握深化改革的新形势新要求，推进中国特色商会组织建设”为主题授课。全国工商联副主席庄聪生讲授了“践行‘两个健康’工作主题，坚定非公有制经济人士理想信念”。国务院参事室特约研究员姚景源就“当前经济形势及对策”进行解析，全国工商联副秘书长王忠明就“中国梦与中国心、中国路、中国人”为主题进行授课。在一天半的时间里，商会负责同志集中学习了党的十八大精神，对当前的经济形势有了全面、深入的了解，进一步坚定了对中国特色社会主义的信念，进一步坚定了实现中国梦的信心和决心，进一步明确了建设中国特色商会组织的方向和路径。精彩的授课内容结合了中国经济的实际，结合了商会发展的实际，既有较强的理论性，也有较强的知识性和可操作性，对商会下一步做好工作有一定的启示，此次培训班圆满完成了培训任务，达到了预期目的。（崔玉南）

【召开第十一届全国工商联组织委员会第一次全体会议】2013年5月29日第十一届全国工商联组织委员会第一次全体会议在北京召开。全国工商联党组副书记、副主席、组织委员会主任黄小祥出席会议并讲话。全国工商联副主席、组织委员会主任孙荫环、徐冠巨，组织委员会副主任、委员共25人出席会议。会议主题鲜明、任务明确，紧紧围绕学习贯彻党的十八大精神和全国工商联十一大确定的目标任务，对今后五年工商联会员发展、组织建设和商会建设进行深入研究讨论。会议研究部署以下三项工作。

一是审议《全国工商联会员发展和组织建设计划征求意见稿（2013～2017）》（以下简称《五年计划》）。王瑗同志对《五年计划》进行了说明，委员们结合自身工作实践，对《五年计划》提出了具体的修改意见建议，认为在全国工商联十一大换届后的开局之年制订《五年计划》很及时、很必要，是全国工商联深入贯彻中央16号文件精神的重要举措，《五年计划》是指导今后五年工商联会员发展和组织建设工作的重要依据。

二是完善工作机制。会议审议了《全国工商联组织委员会工作规则》，通报了组织委员会人员组成情况，确定了委员会的工作任务、工作机构和工作职责。同时，组织委员会分设会员发展、县级工商联建设、商会建设三个专题组，明确了各组人员构成。大家一致认为《工作规划》联系实际、分工科学、职责明确、任务具体，是委员的行动纲领。

三是部署全年工作。围绕全国工商联2013年工作要点和会员部重点工作，会议研究审议了《组织委员会2013年工作安排》。进一步明确组织委员会2013年工作以“五好”县级工商联建设为抓手，通过召开会议、调研指导、督促检查等方式，力争2013年底全国县级工商联基本实现“一个设立、五个有”阶段性工作目标基础上，确定64家全国县级工商联建设示范点，全面带动“五好”县级工商联建设。

黄小祥副主席在总结讲话中指出，全国工商联会员队伍还有较大发展空间，要进一步扩大会员覆盖面，优化会员结构；要坚持面向基层，重心下移，着力推动“五好”县级工商联建设，不断提升县级工商联的凝聚力、影响力和战斗力；各类商会组织要顺应改革趋势，不但要服务于经济建设，更要在服务和促进社会和谐稳定方面发挥作用；各级工商联要创新工作方法，与商会之间建立血肉联系。

黄小祥副主席强调，当前时期开展非公有制经济人士理想信念教育实践活动非常重要，要把教育实践活动的总体要求融入对工商联领导班子建设和职能作用的发挥中，对工商联会员的发展、管理和服务中，对商会职能完善、规范管理和引导指导中，对代表人士的发现、联系和培养中，使教育实践活动与工商联组织建设工作互为融入、互为推进，切实增强非公有制经济人士对中国特色社会主义的信念、对党和政府的信任，对企业发展的信心。他要求各位委员要对全国工商联会员发展和组织建设进行认真研究和规划，分管会员组织工作的同志，要对本地区会员组织状况深入了解，仔细研究，推动工作落实。（曲　政）

【成立中国民营文化产业商会】中国民营文化产业商会9月16日在北京市召开第一次会员大会，一百多家企业会员出席大会。大会通过《中国民营文化产业商会章程》和《会费管理办法》，选举产生第一届理事会、常务理事、独立监事、副会长、会长，全国工商联副主席、百度在线网络技术（北京）有限公司董事长李彦宏当选为首任会长。全国政协副主席、全国工商联主席王钦敏，全国工商联党组副书记、副主席黄小祥向当选会长、副会长授牌，与全体会员合影留念。全国工商联会员部部长王瑗宣读民政部、全国工商联批复。中国民营经济国际合作商会会长、科瑞集团董事局主席郑跃文代表全国工商联直属商会致贺词。民政部、文化部、国家新闻出版广电总局有关司局负责同志应邀出席大会。

黄小祥副主席代表全国工商联发表讲话，他指出，文化产业资源消耗少、环境污染小、附加价值高，对经济发展具有较强的拉动性和“溢出效应”，是推动产业结构调整、转变经济发展方式的重要着力点，被誉为21世纪最具潜力的“朝阳产业”。近年来，国家制订出台了一系列政策措施，鼓励支持民营企业进入文化产业，为民营企业进入文化产业进一步降低了门槛、疏通了渠道、提供了保障。中国民营文化产业商会成立，就是要抓住这个历史机遇，以促进中国文化产业可持续发展为己任，积极发挥优势，创造性地开展工作，带动一批有条件的民营企业乘势而上，力争有所作为。希望中国民营文化产业商会集中全行业的智慧和力量，引领广大会员企业审时度势，加大创新力度，提高文化产品质量，培育文化品牌，丰富文化内涵，增强对外传播能力，促进我国由文化大国向文化强国转变。希望中国民营文化产业商会准确把握工作定位，强化商会自身建设；不断创新工作思路，提高服务质量和水平；注重调查研究，反映会员合理诉求；引领会员履行社会责任，树立商会良好形象。

李彦宏会长表示，在全国工商联的指导帮助下，通过全体会员的共同努力，中国民营文化产业商会一定能够为我国文化产业的大繁荣大发展作出积极贡献。（孙　硕）

【召开全国县级工商联建设经验交流会】为深入学习贯彻党的十八大精神，认真总结中央16号文件下发以来各地加强县级工商联建设的经验做法，科学把握新形势下加强县级工商联建设的新要求，部署今后一个时期以争创“五好”县级工商联为目标，推动县级工商联建设再上新台阶的各项任务，2013年9月24日至25日，全国县级工商联建设经验交流会在湖北省宜昌市召开。中央统战部副部长，全国工商联党组书记、常务副主席全哲洙出席会议并作重要讲话，湖北省委常委、统战部长张岱梨代表省委介绍了湖北省加强县级工商联建设的经验做法，江苏、云南等8家省、市、县级工商联作了交流发言，对全国64家“五好”县级工商联建设示范点进行了授牌，全国工商联党组副书记、副主席黄小祥主持会议并作总结讲话。会议期间，还实地考察了宜昌市夷陵区工商联、宜都市工商联和红花套镇商会、宜都市医药商会的建设情况，进行了分组讨论。全国工商联有关同志和各省级工商联主席或党组书记、分管组织工作的会领导、会员处长、县级工商联建设示范点负责人以及南阳市、泉州市工商联负责人共160余人参加了会议。湖北省委副书记、省长王国生莅会并参加了授牌，省委常委、宜昌市委书记黄楚平莅会并致辞。

全哲洙书记在讲话中总结了近几年县级工商联建设的主要经验，强调了新形势下继续加强县级工商联建设的重要性，从大力加强领导班子建设，进一步加强会员队伍建设，突出抓好基层商会建设、充分发挥县级工商联作用等四个方面对以改革创新精神进一步加强县级工商联建设提出要求。他指出县级工商联建设是一项基础性、长期性工作，不可能毕其功于一役。我们要结合县域经济社会发展和工商联发展的不同状况，因地制宜、分类指导，既推动发展基础好的县级工商联继续强化组织建设，不断提高工作层次，努力向“五好”目标迈进，也要注重帮助指导基础薄弱的县级工商联改善工作基础条件，尽快实现“一个设立、五个有”，鼓励他们发扬艰苦奋斗的精神，以“有为”争取“有位”。全书记的讲话既对“一个设立、五个有”完成情况进行客观的评价，又部署了以争创“五好”为目标，推动县级工商联建设再上新台阶的任务，既讲工作思路，又讲工作方法，增强了大家干好工商联事业的底气，振奋了大家干成工商联事业的信心。

黄小祥副主席在总结讲话中指出，当前和今后一个时期，加强县级工商联建设的首要任务，就是要按照这次会议部署，紧扣两个健康工作主题，面向基层，重心下移，凝心聚力，攻坚克难，继续积极主动争取党委政府的高度重视和有力指导，在实现“一个设立、五个有”阶段性目标的基础上，以“五好”为新目标，以大力加强领导班子建设、进一步加强会员队伍建设、突出抓好基层商会建设、充分发挥县级工商联作用为工作着力点，推动县级工商联建设再上新台阶，并从始终坚持改革创新精神、坚持分类指导、发挥典型示范作用、定期督促检查确保实效四个方面提出具体的要求。

与会同志一致认为，当前党的群众路线教育实践活动和非公有制经济人士理想信念教育实践活动正深入开展中，召开县级工商联建设专题会议，很有必要，也很及时，集中体现了全国工商联抓基层、打基础的决心和接地气、务实效的作风，为各地工商联作出了表率。

与会同志纷纷表示，会后要尽快将此次会议精神向当地党委政府主要领导汇报。要将学到的先进经验带回当地，主动作为、扎实工作，努力实现全国工商联提出的县级工商联建设“五好”目标，为促进两个健康作出应有的贡献。(张世芳)

【开展基层组织建设情况调研】2013年9月召开的全国县级工商联建设经验交流会议宣布了全国县级工商联“一个设立、五个有”（指设立党组、有编制、经费等五方面工作保障）阶段性目标的实现，并部署了下阶段的“五好”县级工商联建设。为了解省级工商联指导县级工商联解决难点问题的思路和措施，会员部组成三个调研组于10月至11月赴北京、河北、辽宁、江西、河南、湖南、陕西、青海等8省（市）进行了调研。

三个调研小组共实地走访调研了17个县（区）工商联、25个商会，召开了22场座谈会。调研中了解到，地方工商联面对县级工商联建设的困难和问题，积极想办法、出实招，全力推进未完成“一个设立、五个有”的县级工商联建设，并积极贯彻全国县级工商联建设经验交流会议精神，因地制宜、因时制宜，科学谋划本省“五好”县级工商联建设。紧跟社会组织管理体制改革新形势，大力发展直属商会，积极发展乡镇、街道商会，夯实县级工商联建设基础。

调研中也了解到，各地在基层组织建设方面也存在着一些突出问题。一是部分基层党委政府对工商联的重视程度仍然不够。部分县级工商联人手少、经费少的问题还没有得到根本性解决。部分基层党委政府仍然把工商联看作安置人员的二线机构，没有把高素质、有能力，年富力强的同志安排在工商联的领导岗位。二是部分县级工商联助手作用发挥不到位。相当多的县级政府尤其是不发达省份的县级工商联自身建设不够，助手作用发挥得不充分，在民营企业的影响力不强，从而在党委政府工作盘子中的地位偏弱。三是部分商会规范化建设有待加强。部分商会班子领导力涣散，有的商会会长能力不强、商会秘书长素质不高，工作热情不够，活动开展较少；有的商会制度建设不规范，会费列支不合理、不透明，有的缺乏开展活动的体制机制。

此次调研为会员部开展下阶段基层组织建设

指明了工作方向。一是要一以贯之继续加强难点县级工商联建设。要继续加大工作力度，督促指导各地对未完成“一个设立、五个有”的县级工商联建立台账，明确工作方法和工作进度，尽快完成工作任务。二是要充分发挥地方主动性抓好“五好”县级工商联建设。要指导各省级工商联根据区域内经济发展状况、工商联工作基础的不同情况，细化量化“五好”标准和考核认定办法，分年度、分层次、分类别地推动“五好”县级工商联建设。三是要进一步加强新形势下商会工作。要抓紧研究建立新形势下商会管理新机制，要更加重视商会党建工作，要推进商会规范化建设，注重收集各地商会制度建设的典型事例，加以宣传推广。（马　澄）

【召开全国工商联直属商会2013年度秘书长联席会议】会员部2013年组织召开了四次直属商会秘书长联席会议。

3月20日，会员部在全国工商联机关召开2013年度第一次秘书长联席会议。会议总结了直属商会考评工作，布置了直属商会年检工作，并对《国务院机构改革和职能转变方案》进行了解读。通过总结表彰，鼓励先进，激励后进，进一步促进了直属商会加强组织领导、改进工作方法、提高工作绩效，更好地服务会员、服务行业、服务社会，努力践行两个健康工作主题，推进中国特色商会组织建设。

6月8日，会员部在全国工商联机关召开了2013年度第二次秘书长联席会议。为贯彻落实全国非公有制经济人士理想信念教育实践活动电视电话会议精神，推动理想信念教育实践活动深入开展，会议首先就理想信念教育实践活动的相关工作，作了深入讲解，并对30家直属商会第一阶段的工作进行了逐一点评。会议要求各直属商会全面贯彻落实理想信念教育实践活动电视电话会议精神，抓好教育实践活动落实，把活动的开展与商会重点工作有机结合起来，以活动带动工作不断推进，以工作促进活动深入开展，积极推进落实“民营企业家与中国梦”活动主题，搭建服务平台，提高商会服务水平，强化直属商会的组织建设、能力建设、作风建设，提升商会的凝聚力、吸引力、影响力。

9月1日至2日，会员部在山东省淄博市组织召开了2013年度第三次秘书长联席会议。与会同期还举办了全国工商联直属商会深化理想信念教育实践活动会议暨经贸洽谈活动，各直属商会秘书长以及新能源、科技装备业商会副会长、会员企业约200余人参加会议。各直属商会及时部署落实第二阶段各项工作要求，紧扣“民营企业家与中国梦”主题，以增强“信念、信任、信心”为核心内容，充分发挥直属商会的积极作用，创新商会活动载体，增强会员理想信念，坚定企业发展信心，并积极参与山东淄博经贸洽谈活动，扎实推进非公有制经济人士理想信念教育实践活动的开展，取得了良好效果。

12月26日，在全国工商联机关召开2013年度第四次秘书长联席会。此次会议为总结全国工商联直属商会开展理想信念教育实践活动情况和年度工作情况，布置2013年度商会考评工作，部署2014年商会工作任务。会上31家直属商会的秘书长都进行了年度工作述职，重点介绍了商会开展理想信念教育活动各阶段情况，完成的重点工作及经验做法，工作中存在的问题以及下步工作打算等。会议在总结2013年各项工作的基础上，对2014年面临新形势下商会工作提出了具体要求。（崔玉南）

【开展异地商会调研】2013年5月至8月，全国工商联会员部与北京市、河南省、陕西省、湖南省工商联组成联合调研组，对异地商会进行调研，先后实地考察了北京市、河南省、陕西省和湖南省的16家异地商会，召开了4次座谈会，同时与省、市工商联有关负责同志深入交换了意见。通过调研，了解掌握了异地商会贯彻落实全国非公有制经济人士理想信念教育实践活动电视电话会议精神情况，探索总结了异地商会在开展活动、加强自律等方面的经验，政府在加强异地商会管理、发挥异地商会作用等方面的做法以及工商联如何发挥统战性、经济性、民间性有机统一优势，积极培育和促进异地商会健康发展的实践经验。调研形成了《异地商会调研报告》。

从调研情况看，各省、市异地商会既有可以共同借鉴的经验，也有一些共性问题，如管理体制不顺畅、运行模式有待完善、发展经费短缺、社会整体认识有偏差等问题。

通过走访各省市异地商会，在广泛了解情况、听取意见建议的基础上，对异地商会今后的发展提出以下几点思考和建议：（1）以社会组织管理体制改革为契机，创新服务异地商会的新思路、新方法。（2）以强化自身组织建设为突破，造就异地商会发展的新模式、新思维。（3）以积极参与社会管理为切入点，树立社会认知的新眼光、新看法。（崔玉南）

机关建设

【综　述】2013 年，在会党组和主席办公会议领导下，机关在加强制度建设、改进会风文风、厉行勤俭节约、加强督促检查、提升机关党建和干部队伍建设水平上取得较好成果。特别是结合认真开展党的群众路线教育实践活动，聚焦解决机关“四风”突出问题，整改落实、建章立制，着力使机关作风建设常态化，机关政务工作、党建工作、干部人事工作的科学化、规范化水平进一步提高。

一、坚持转变观念、求实务实，提高机关政务工作水平

1. 建章立制成效显著

制度建设在机关建设中具有根本性、全局性、基础性、权威性的地位。机关党的群众路线教育实践活动整改落实的一个重要成果就是建章立制。在系统梳理机关原有 86 项制度基础上，坚持务实管用能长久的原则，广泛征求各方面意见，以改革创新精神推进制度建设。制订了《全国工商联党组贯彻党的群众路线制度建设计划》，涵盖“废改立”共 61 项举措，突出解决在会议管理、文件管理、项目经费管理、密切联系非公有制经济人士、干部队伍建设、机关文化建设等方面制度机制不完善不配套问题。截至 2013 年底，机关已废止 16 项制度、修订 21 项制度、新建 6 项制度，保障和促进工商联事业科学发展的制度体系正逐步完善。

2. 会风文风改进明显

会风文风是机关工作作风的重要组成部分，也是认真执行中央有关规定、反对“四风”的整治重点。通过加强管理、优化服务，进一步严格控制会议活动的数量、规模，简化程序，精简文件，切实提高会议活动和文件的质量效能。改进会风方面，一是改进了全国工商联执委会议、常委会议安排，缩短会期，把原定在郊区宾馆召开的年度务虚会改在机关举行；二是会领导带头讲短话、开短会，严格按照八项规定要求不参加剪彩、庆祝会、纪念会、庆典等活动；三是加强会议活动双月协调力度，明确每年二类会议除执委会议、常委会议以外，最多只安排 1 个，精简了 25% 的三类会议；清理评比达标项目 1 个，建成覆盖省级工商联的视频会议系统。改进文风方面，一是通过实施“双校双核”制度和错案通报制度，使机关印发公文实现“零差错”；二是结合中共中央、国务院文件直接发送我会的契机，加强机要文件管理，对中央文件管理工作开展了保密检查；三是全面清理机关信息内刊，停办简报 2 种，精简文件 85 份、简报 180 份，同比分别下降 17%、77%。

3. 督促检查突出实效

督促检查是推动重要工作部署贯彻落实、推进工作责任制、提高工作效率的重要环节和有力手段。通过加强对年度重点工作、领导批示、会议活动计划、机关规章制度等的督促检查，促进科学决策和工作落实。一是印发 2 期重点督办项目完成情况专报，专项督察 2013 年重点工作完成情况。二是统计上报《关于 2013 年机关会议活动情况的报告》，完成机关和直属单位节庆论坛展会活动摸底普查与规范的组织协调工作，统计填报7～10月与1～10月有关精简会议活动、文件简报和节约“三公”经费情况，为机关党的群众路线教育实践活动整改落实奠定工作基础。三是编发中央、国务院文件领导批示专报和会内领导批示专报，加强了机关信息横向沟通、推进工作落实。

4. 厉行节约绩效提升

厉行节约、反对浪费是坚持和发扬艰苦奋斗精神的必然要求，也是机关作风优良的重要表现。通过严格执行财务预算、资产管理规定，厉行节约，整治奢侈浪费，进一步提高了机关重点全局工作的保障力度和干部职工勤俭办事意识。一是针对会议管理不规范问题，制订有关会议费管理办法，实行分类定点管理，严格定额标准，发挥财务在减少会议转变会风中的硬约束作用。二是加大执行预算统筹力度，严格控制机关“三公”经费和会议费支出，严格执行并优化支出预算审批程序，加强经费统筹和控制。三是制订并实施了严格控制公务接待标准、推行机关餐饮科学管理和成本核算、强化公务车辆精细化管理等一系列节约措施。通过以上措施，机关封存和上交公务车辆占全部车辆的12.5%，领导接待经费支出同比降低43%，机关餐厅餐饮成本同比降低16.7%，车辆维修费用同比降低5%，形成了勤俭节约、反对浪费的浓厚氛围。

5. 信息化工作稳步推进

信息化工作是机关各项工作的基础，是机关运转现代化、工作科学化的重要保障。2013年，机关重点制订了《全国工商联信息化建设工作方案》，推进视频会议系统建设、办公平台和网站的调整改进、数据库的统筹规划等设计工作。截至2013年底已完成视频会议系统建设和调试，并于2013年12月30日召开首次视频会议，进一步完善网站界面改版和数据库建设。其中，视频会议系统从技术和组织上突破了原有会议的形式，为提高会议效率、改进机关会风提供了有力保障。

二、突出问题导向，统筹谋划，大力提升机关党的建设和干部队伍建设水平

1. 丰富学习形式，加强政治理论和业务理论学习

开展党的十八大精神、十八届三中全会精神专题学习，举办学习党的十八大研讨会，开展《党章》《中国工商联章程》知识竞赛和“创新政策解读及实践座谈会”、《中国城镇化现状问题及趋势》等专题讲座；组织机关干部参加中央统战部举办的“中国梦”征文；组织处级干部参加“创新与中国梦”参观；开展机关干部学习意愿调查和学习情况统计分析，及时更新和丰富机关在线学习平台；开展优秀调研报告和理论征文评选活动，组织机关干部开展理论研究。

2. 坚持求深求实，为开展党的群众路线教育实践活动服务

加强与中央党的群众路线教育实践活动领导小组和第23督导组沟通联络，及时接收和上报有关文件材料，认真拟制教育实践活动方案、通知、通报、报告、简报等文稿，协调组织召开领导小组会议和办公室会议，多次组织全体干部和各党（总）支部集中学习，召开征求各方面同志意见建议的座谈会，购买下发资料选编和十八届三中全会辅导读本等书籍，及时印发习近平总书记系列重要讲话、中央领导小组学习文件。起草专题民主生活会工作方案，组织各支部认真召开处级以下干部专题组织生活会。集中2个月的时间开展改进会风文风、严肃工作纪律、坚持厉行节约专项整治。

3. 加强组织建设，扎实推进机关党建工作

组织召开机关第二次党员代表大会，选举产生了新一届的机关党委和机关纪委，指导所属18个党（总）支部完成换届选举。落实“三会一课”制度，指导各党（总）支部了解掌握党员干部思想，组织开展民主评议和多种形式的党日活动。认真做好党员发展工作，组织17名同志参加入党积极分子培训，发展预备党员11名，评选表彰优秀共产党员、优秀党务工作者。指导直属商会党支部加强组织建设。各部门分别制订贯彻落实《全国工商联贯彻落实中央“八项规定”实施办法》具体措施，加强监督检查。开展党风廉政宣传教育月活动，组织机关和直属单位干部观看警示教育片。

4. 从严落实制度，规范做好干部人事工作

建立干部人事工作局域网，修订完善干部人事工作制度，建立了公务员管理信息系统。坚持考核手段多样化，创新干部日常考核机制，严格

落实工作日志制度。严格干部选拔作用考核，通过民主推荐、竞争上岗选拔任用干部，通过公务员公开招录、接收军转干部和从地方选调干部等方式，不断充实机关干部队伍。加强对直属单位干部人事工作的指导和管理，强化直属单位领导班子建设。做好干部培训工作，通过组织局级干部参加院校培训和自主选学、举办处级及以下干部培训班、全员在线自主选学、选派培训等形式提高干部综合素质。坚持开展轮岗交流、挂职锻炼工作。积极为机关干部做好工资福利和服务保障，协助干部职工解决进京落户、两地分居等问题，为援疆援藏和挂职的干部做好协调保障工作。

5. 关心干部职工生活，强化机关文化建设

定期举办会领导与机关干部谈心活动，走访慰问困难党员干部职工，倾听干部职工心声，了解干部职工诉求，听取干部职工意见建议，促进机关和谐。指导团总支组织开展青年沙龙活动，全国工商联团总支被评选为全国五四红旗团支部。充分发挥工青妇组织作用，为工会会员办理互助保障，为女职工办理女性大病医疗保障，组织“三八”妇女节活动；为机关干部职工配发计步器，开展日行万步活动；支持乒乓球、羽毛球、足球兴趣小组的活动；举办庆祝全国工商联成立60周年书画摄影展；组织安排机关干部职工暑期赴北戴河休假。

6. 坚持服务至上，提高离退休人员服务质量

创新离退休人员服务理念，改进服务方法，规范老干部服务和外出活动制度。举办老干部庆祝工商联成立60周年座谈会，做好老干部支部的换届工作。召开了老干部征求意见座谈会，吸收采纳老干部意见建议，促进离退休人员工作转型发展。坚持春节、重阳节慰问老同志，及时慰问生病住院、生活困难老同志。举办了离退休人员新春茶话会，组织老干部年度体检，支持离退休舞蹈队、合唱队活动，为部分老同志发放999急救手机，组织离退休老干部春秋季游览活动，丰富了离退休人员精神文化生活。（蒋昊东、刘海卓、余法琴）

【开展公文审核双校双核】2013年3月28日，办公厅印发《关于〈全国工商联机关公文处理办法〉的补充规定》，明确全国工商联机关公文实行双校双核制度。双校双核是指起草部门和办公厅分别对公文进行校核，部门起草的公文送办公厅校核前，应由处室负责同志进行校核、部门负责同志签字把关；办公厅报领导签发前，应由2名同志进行校核。公文经领导签发后，起草部门应由2名同志对清样进行校对，并在发文稿纸上签字确认；办公厅应由2名同志对公文审批手续、文种、格式进行复核，并在发文稿纸上签字确认。

在双校双核制度规范下，机关业务部门同志在公文处理特别是公文校核等方面的责任心进一步增强，部门负责人、处室负责人、拟稿人都能够严肃、认真、细致地起草和校核公文，逐级负责、层层把关，共同推动了机关公文质量的稳步提升。2013年自实施双校双核制度以来，全国工商联机关公文实现了“零差错”。（史元媛）

【加强机关保密管理】2013年，在全国工商联党组领导下，保密委员会按照“夯实基础，完善制度，加强管理，服务重点”的工作思路，着力在重点工作深入推进上下功夫，狠抓基础管理，全国工商联机关保密工作取得较好成效。机关各部门主要负责人作为本部门保密工作的第一责任人，担负起督促、检查本部门保密工作责任；部门分管领导作为保密委成员，具体解决工作中存在的实际问题。为做好直接接收中央文件的管理工作，2013年9月设立部门保密员，部门综合处处长和保密员作为保密办公室成员，履职尽责，积极发挥重点涉密人员服务保障作用。保密工作在各组织机构的密切配合下，形成了一级抓一级的有效管理体系。

根据全国工商联保密工作现状，2013年保密工作的首要任务是围绕“夯实基础，筑牢防线”开展工作。

1. 开展切实有效的保密宣传

2013年，保密委员会编印《全国工商联保密工作指导手册》（以下简称《手册》），发全体机关干部。《手册》全面讲解保密基本知识及机关工作涉及的保密事项，对涉密事项、涉密设备的操作使用流程进行详尽明晰的介绍。首次印发的《手册》基础性强、针对性强、操作性强，方便机关干部学习保密知识，增强保密意识，掌握保密技能。

2. 增强技术防范能力

2013 年保密办公室在全国工商联机关首次配置涉密计算机，共计为重点涉密岗位配置 10 台涉密计算机及配套打印机，18 个涉密移动存储介质，并制订涉密计算机、移动存储介质的管理制度。此项工作填补了全国工商联涉密信息处理工作的空白，提高了信息化保密工作水平，为实现“涉密公文在涉密计算机上处理”的保密管理要求提供了硬件保障。

3. 建立健全制度体系

2013 年保密办制订下发《全国工商联涉密计算机管理办法》《全国工商联涉密移动存储介质管理办法》，对秘密载体的管理使用和涉密计算机的保密管理进行严格规定，并修订《全国工商联机要文件管理规定》《全国工商联绝密级中央文件管理办法》，以制度规范管理保障国家秘密安全。

自 2013 年 9 月 24 日起，中央、国务院文件直接发送全国工商联，涉密文件数量增多，传阅范围扩大，保密工作责任更加突出，保证中央级涉密文件安全成为保密工作的重中之重。保密办通过采取完善修订制度、加强硬件设施、加强宣传指导、健全体制机制、加强督促检查等及时有力措施保障了中央级文件和国家秘密的保密安全。（吴　卫）

【申请并设立中央及国务院文件发放户头】为全面贯彻落实中央精神，围绕中心、服务大局，更好地发挥桥梁纽带和助手作用，全国工商联在 2013 年 8 月分别向中共中央办公厅和国务院办公厅申请设立发文户头，请求将全国工商联纳入到中央办公厅和国务院办公厅文件直送范围。会领导对此事高度重视，亲自沟通协调。9 月下旬，中央办公厅和国务院办公厅为全国工商联设立发文户头。由此，中央和国务院文件直接发送到全国工商联，并且文件数量按机关编制配送，发送数量比以往增加了近 60%。随着文件发送数量增多，文件阅读范围扩大，传阅周期缩短，便于机关干部及时学习领会和贯彻落实中央精神，有助于更好地发挥桥梁纽带和助手作用，更有利于全国工商联围绕中心、服务大局开展工作。同时也对机关保密工作提出更高要求，文档处机要室配合机关保密办公室采取了以下加强管理的措施。

1. 修订完善制度

为做好中央文件的科学规范管理，办公厅依据阅读中央文件的有关要求，重新修订了《全国工商联机要文件管理规定》《全国工商联绝密级中央文件管理规定》，严格规范了中央文件的管理流程。

2. 软硬件设施到位

为做好中央文件的保密安全，办公厅按照中央文件管理要求，完善了重要涉密要害位置“三铁一器”和机关各部门保密柜的配备工作；为加强管理，各部门设立机要文件专管人员，负责中央和国务院文件的接收、传阅和管理工作。

3. 加强培训指导

为明确保密工作责任，提高保密工作意识和掌握如何做好中央文件规范管理工作，机关各部门机要文件专管人员在上岗前要以制度解读、文件学习等形式有针对性地进行培训。为加强指导，办公厅印发了《关于加强中央文件管理工作的通知》和《全国工商联部门保密员工作职责》。（麻莉娅）

【加强机关档案管理】2013 年办公厅着力加强机关档案工作，从档案收集、制度建设、重点工作、档案宣传等方面入手，全力以赴，实效显著，为进一步推动全国工商联档案工作的发展奠定了良好基础。

在制度建设方面，印发《档案管理违法违纪行为处分规定》，首次出台《全国工商联档案管理办法》，对机关各部门和直属单位提出档案管理要求。对制度中的重点内容在办公楼电子屏幕上滚动播放。制作《档案保管工作规范》《档案保密工作规范》《档案利用工作规范》展板挂于档案阅览室。

在档案收集检索方面，改革文书档案整理方式，对机关各部门年度归档情况予以通报。提倡档案数字化查询和档案信息检索，最大限度地保护档案实体的安全。

在重点工作方面，围绕机关年度重点工作，印发了《关于做好党的群众路线教育实践活动文件材料收集归档工作的通知》《关于做好非公有制经济人士理想信念教育实践活动有关材料收集归档工作的通知》，规范重点工作的档案管理。

联合机关党委，组织机关和直属单位专兼职档案员赴中华世纪坛，参观《党的群众路线教育实践活动展览》。

在档案宣传方面，举办全国工商联档案业务培训班，邀请中国人民大学教授和国家档案局领导授课，组织机关及直属单位档案工作人员参观中央档案馆。在“国际档案日”期间，在机关展出档案宣传挂图。（乔　佳）

【开展机关重要会议活动双月协调工作】会议、培训、调研和活动安排的统筹协调，是改进会风、巩固党的群众路线教育实践活动的重要成果，也是服务机关、增强机关规范化制度化管理水平的重要手段。年度、月度、每周主要会议活动安排的统筹协调，对形成重点工作有突出、机关工作一盘棋的局面具有重要意义。

在总结过去的月度会议活动安排协调经验和问题的基础上，自2013年3月起，机关开始实施重要会议活动安排的双月协调。

会议活动双月协调，即由原来的只安排当月会议活动的做法，改为同时协调当月和次月的会议活动。会议活动的双月协调过程中注重遵守中央八项规定和机关有关实施办法，一是避免了各位会领导、机关各部门在同一时间集中到同一地方调研、开会，同时减轻了地方接待压力。二是严格按照要求不参加剪彩、庆祝会、纪念会、庆典等活动。三是缩减会期，做到讲短话、开短会。通过双月协调，机关重要会议活动安排的准确性大幅提高，全年会议活动总量有所减少，机关各部门工作安排更为流畅得当。

特别是机关开展党的群众路线教育实践活动之后，通过加强会议分级分类管理、清理评比达标活动等措施，机关会风大有改进，在保持总量绝对减少的前提下，压缩会议、培训和活动数量，增加调研力度，真正达到增强实效、提高效率、突出重点、不给地方工商联和企业增添负担的目的。

截至2013年底，共印发9期双月《主要会议和活动安排》，连续9个月（3月至12月）未发生同一月份到同一地方集中调研、开会的情况。2013年主要会议活动安排，与2012年同期相比减少了19项，三类会议减少25%，清理评比达标项目1个。（刘海卓）

【建立全国工商联视频会议系统】根据中央八项规定精神，为进一步加强全国工商联与地方工商联的联系，提高工作效率、降低会议成本，在全国工商联信息化工作领导小组的领导下，经过多次调研和多方征求意见，确定在2013年底前开通与省级工商联的视频会议系统。面对时间短、任务重的情况，在中国电信集团公司与地方工商联的密切配合下，在办公厅设备采购、工作推进的有力支持下，全国工商联信息中心全力以赴，如期保证全国工商联首次视频会议的召开。

2013年12月30日，全国工商联视频会议系统开通并在全国工商联机关首次召开视频会议。全国政协副主席、全国工商联主席王钦敏出席会议并致新年贺词。中央统战部副部长，全国工商联党组书记、常务副主席全哲洙，全国工商联党组副书记、副主席黄小祥，全国工商联副主席谢经荣、黄荣、庄聪生、李路、林毅夫、安七一出席会议。全国工商联机关各部门、各直属单位主要负责人参加。各省级工商联主席、驻会副主席在各省分会场参加。

全国工商联视频会议系统建有全国工商联主会场和32个省级工商联分会场，可以支持全国工商联与各省级工商联之间的会议。全国工商联为各省级工商联提供了一台价值5万元的高清视频会议终端和线路故障响应服务费用，还为13个省、区、市工商联安装了中国电信的上网光纤。（关　洁）

【加强机关预算审核、开展成本核算】2013年全国工商联财务管理工作逐步向规范化和精细化方向改进。

一、加强预算管理，严格审核经费支出

在预算编制方面，办公厅积极协助各部门在项目预算编制上下功夫，同时加强与财政部有关司局进行沟通，坚持以项目管理带动经费增长，不断提高预算编制水平和经费保障能力。在预算执行方面，着力抓住预算管理规范化和精细化这条主线，致力健全机关财务管理制度，以制度带动管理。2013年底，财政部针对中央和国家机关出台了差旅费、会议费、培训费、接待费以及出国费等一系列管理办法及规定。结合机关实际，制订了一系列制度和管理办法，出台《全国工商联机关财务管理制度》《全国工商联机关财务支出审批办法》《全国工商联机关会议费管理办法》《全国工商联机关贯彻执行〈中央和国家机关差旅费管理办法〉暂行规定》《全国工商联机关合作项目管理办法》《全国工商联机关财务月报制度》《全国工商联项目支出绩效评价管理暂行办法》《全国工商联机关招待用餐规定》等规章制度。在经费支出审核时，注重提高预算约束力度，认真贯彻落实中央八项规定，严格审批手续，规范审批流程，强化责任监督，严格执行支出预算审批程序，严格按照财政部制订的支出范围和相关标准进行审核，从源头把住支出关。

二、厉行勤俭节约，加强机关成本核算

全国工商联在建设节约型机关方面进行了不断地探索和努力。4 月，成立成本核算工作小组，制订《机关服务中心成本核算方案》，确定成本核算的目的、内容、方法及步骤，对机关公务用车和机关食堂实施成本核算。

为做好公务车成本核算工作，出台《全国工商联机关车队管理办法》；封存停驶车辆，避免不必要的车辆运行维护支出；重新确定车辆维修定点厂家，并成立车辆维修鉴定小组，执行车辆维修审批程序；将加油卡收归核算工作小组统一管理，对车辆油耗进行客观分析，争取从源头上控制汽油购买量；并严格执行派车单制度，使司机收入与实际出车情况挂钩。通过公务车成本核算，使公务车车辆运行维护费用支出规范化、明晰化，车辆维修及燃油费用得到一定程度的控制，燃油费用由核算前每月 6 万元下降到 5 万元；司机出车积极性有了很大提高，各部门用车满意度有所提升。

为做好食堂成本核算工作，对食堂供货单位进行了全面考察，确定原材料供货商，以建立安全稳定的供货渠道；完善食堂库房的出入库日、周、月统计制度、日进货监督验货流程和日就餐人数统计报表制度，并根据统计汇总情况进行成本核算，形成《机关食堂成本核算月报》。通过食堂成本核算，有效地杜绝了食堂原材料跑冒滴漏等浪费现象，明显提高了饭菜质量，干部职工对食堂的满意程度有较大提升；核实实际成本，在实行成本核算的当月便调低了早餐部分餐品的价格，干部职工权益得到进一步保障；根据《机关食堂成本核算月报》对食堂收支情况进行分析，及时调整各个购、领、存等各个环节存在的不合理状况，加强了食堂管理。(付向阳)

【机关资产管理工作】2013 年，办公厅围绕全国工商联中心工作，以管理规范、保障有力、服务到位为重点，认真完成固定资产采购与管理工作，为机关工作运转提供了有力保障。

一、夯实基础，健全制度，不断提高管理水平

2013 年初对机关固定资产进行了全面盘点，逐项、逐件核对、统计，厘清账目，重点对贵重物品、礼品实行了专人、专项管理，建立管理信息基础档案。在日常工作中，结合人员调动、岗位变动，随时对相关资产开展逐件核对、确认工作，不断补充、完善管理信息。固定资产管理信息系统的管理效能已逐步显现，通过将资产采购、领用、退还、库管、处置等工作程序纳入系统，固定资产管理工作的信息化、规范化得到全面提升。

针对全国工商联机关搬迁新址办公后，机关后勤、物业管理模式发生的变化，根据财政部颁布的新《行政单位会计制度》和《行政单位国有资产管理暂行办法》，对机关原试行的“固定资产管理办法”进行了重新修订，为加强固定资产管理工作提供了制度保障。

二、严格实行预算管理，认真执行政府采购制度

严格实行设备采购预算制度，根据人员编配、设备使用年限、配置标准和人员进出情况编制年度采购预算，并严格按照预算实施采购配置。同时按照《政府采购法》及财政部有关规定要求，执行预算单位批量集中采购管理制度，加强办公设备、办公家具及日常办公用品的集中采购与管理。实行采管分离，对固定资产采购与账目管理（库管）实行了专人专项管理，必要时统筹协调。通过统一标准规范、统一申领程序、及时登记出入库，规范日常申领与管理工作。

三、厉行节约，有效降低机关运行成本

认真落实机关厉行节约工作责任制，按照适度、节俭、实用的要求，在保证安全使用的前提下，能够通过维修、调剂使用旧设备的一律不予采购、配置新设备。日常工作中，通过靠前服务、精细服务，为机关干部提供需求保障；针对2013年挂职干部多、借调人员多、常用设备临近集中更换期的现实，调剂经费购买质优价廉的主设备与库房旧设备搭配使用；组织专业人员对具有使用价值的旧设备进行维修和系统重装，实行再分配再利用；对办公桌椅、门锁、书（文件）柜等，定期与各部门综合处室沟通联系，掌握维保需求，组织维保厂家上门服务。这些措施有效地避免了浪费，降低了机关运行成本。（苏向东）

【举办党的十八大精神学习研讨会暨处级以下干部培训班】2013年4月14日至19日，机关举办了两期“党的十八大精神学习研讨会暨处级以下干部培训班”，共有90名同志参加。全国工商联党组副书记、副主席黄小祥做开班式并讲话。

培训班邀请了黄小祥副主席解读党的十八大精神，庄聪生副主席讲授民营经济发展与非公有制经济人士思想政治工作，社科院专家吴波解读“中国梦”，民营企业家秦升益、郑跃文谈如何培养创新思维，机关林泽炎、高庆林、李树林、罗力、王钢治、马君、白莲湘、郭孟谦等同志与大家畅谈如何以党的十八大精神为指导做好部门工作。培训中，还安排了马晓芳、毛红杏、刘立新、陈家喜4名处级干部介绍挂职经历和美国学习培训经历，开展研讨和交流活动；组织全体学员进行拓展训练，培养团队合作意识和解决问题能力。通过培训，深化了机关处级以下干部对党的十八大精神的学习，增强了做好工商联工作的责任感，增进了同志间的了解，激发了学习的热情和动力。（张　强）

【召开工商联理论纲要研讨会】为贯彻落实《全国工商联2013年工作要点》有关精神，注重围绕两个健康工作主题，就工商联理论纲要进一步研究探讨工商联理论建设的若干问题，全国工商联研究室于2013年4月24日在北京市召开了工商联理论纲要研讨会，邀请北京、上海、江苏、河南和陕西五省市工商联相关人员参加。全国工商联副主席庄聪生出席会议。

近年来，工商联理论研究工作一直是全国工商联的重点工作之一。2013年1月全国工商联研究室经过长期研究探讨，初步形成工商联理论研究纲要，并确定由北京、上海、江苏、河南和陕西五省市工商联承担其中五个子课题的研究工作。具体分别是：北京市工商联承担“促进非公有制经济人士健康成长是服务于党的统一战线工作的基本要求”子课题，上海市工商联承担“坚持两个健康工作主题是工商联丰富工作实践和长期历史经验的科学总结”子课题，江苏省工商联承担“促进非公有制经济健康发展是服务于党的经济工作的客观需要”子课题，河南省工商联承担“着力建设中国特色工商联和商会组织”子课题，陕西省工商联承担“工商联工作是党的统一战线和经济工作的重要内容”子课题。五省市工商联课题研究人员经过3个多月的努力，最终形成了近15万字的研究成果。

会上，与会同志重点围绕本省所承接课题的框架、内容以及在研究过程中遇到的问题和困难进行了汇报，并对工商联理论研究纲要提出了进一步完善的意见建议。庄聪生副主席认真听取了大家的汇报，充分肯定了目前研究取得的成果，并对接下来如何进一步推动工商联理论研究工作提出了意见和要求。他提出，要在今天讨论的基础上，进一步调整工商联理论研究纲要的结构，承接研究任务的单位要根据调整后的内容对研究报告进行进一步的修改和完善，对其他子课题要抓紧时间进行研究部署。庄主席强调，要认真总结全国工商联从成立伊始特别是改革开放以来工商联在理论和实践方面取得的成果，紧密结合党的十八大以及中央16号文件提出的重要理论观点，整合各方研究力量，充分发挥地方作用，加大研究力度，特别是对事关工商联事业发展的全局性、基础性、前瞻性问题要加强研究，抓紧形成比较系统的工商联理论研究成果。

本次工商联理论纲要研讨会取得了预期的效果。会后，全国工商联研究室根据庄聪生副主席和大家的意见对工商联理论研究纲要作了进一步的调整和修改，为接下来工商联理论研究工作奠定了很好的基础。（郭　蕾）

【召开学习党的十八大精神研讨会】2013年5月28日，机关召开学习党的十八大精神研讨会，中央统战部副部长，全国工商联党组书记、常务副主席全哲洙出席会议并作重要讲话，全国工商联党组副书记、副主席、机关党委书记黄小祥同志主持会议，全国工商联副主席谢经荣、黄荣、庄聪生、李路、安七一出席会议，150 余名机关干部参加会议。

10 名机关干部分别代表各自党支部作学习党的十八大精神体会发言。在听取大家的发言后，全哲洙书记发表了重要讲话。他强调，深入贯彻党的十八大精神，推动工商联工作创新发展，必须重视转变思维方式问题，努力培养正确的思维方式。他指出，转变思维方式是增强工作动力的需要，是形成工作合力的需要，是提高工作能力的需要，对于我们落实党的十八大精神，推动工作具有十分重要的意义。全书记要求，工商联机关干部要重视培养系统思维、辩证思维和创新思维，加强学习，深入基层，立足岗位，改进作风，在推进工作落实中切实提高思维水平。

会议还向 2012 年度在线学习先进党支部、获得《党章》和《中国工商业联合会章程》知识竞赛组织奖的党支部颁奖。（张一卫）

【召开全国工商联机关第二次党员代表大会】中国共产党全国工商联机关第二次党员代表大会于 2013 年 7 月 16 日召开。大会以党的十八大精神为指导，全面总结了 6 年来机关党委和机关纪委的工作，研究确定了今后 5 年的奋斗目标和主要任务，选举产生了新一届机关党委和机关纪委。中央统战部副部长，全国工商联党组书记、常务副主席全哲洙出席大会并作重要讲话，全国工商联党组副书记、副主席、机关党委书记黄小祥代表机关党委会作报告。中央统战部机关党委常务副书记赵书钢同志出席大会并讲话。（刘鸿柱）

【召开庆“八一”复转军人座谈会】2013 年 8 月 1 日，全国工商联机关召开庆“八一”复转军人座谈会。座谈会由全国工商联党组副书记、副主席、机关党委书记黄小祥主持，全国工商联副主席庄聪生出席了会议。机关部门、直属单位复转军人代表 39 人参加了会议。11 名复转军人代表在会上发言。发言中，大家一起分享曾经的军旅生涯，展望工商联创新发展的未来，并结合工作以及正在深入开展的党的群众路线教育实践活动，谈体会、提建议。许多同志表示，从部队到地方，虽然身份、岗位和任务变了，但不变的是军人的传统、军人的品质和军人的作风。在今后的工作中，要继续发扬革命军人优良传统，转业不转志，退伍不褪色，为工商联事业的发展作贡献，不辜负党组织和部队多年来的培养。黄小祥副主席在讲话中首先代表工商联党组和工商联全体同志向机关复转军人表示节日的问候和良好的祝愿。他指出，当前，工商联事业处在创新发展的关键时期，许多新问题、新情况、新领域需要我们去研究、去探索，为包括大家在内的全体机关干部建功立业提供了大好时机和广阔舞台。他要求复转军人保持军人作风，不断加强学习，干好本职工作，以高度的责任感，抓住工商联事业发展最好机遇期，切实增强“四种能力”，解放思想，振奋精神，求真务实，创造性地完成各项工作任务，以良好的工作成绩，展现复转军人的风采，在推进工商联事业创新发展中实现人生价值。庄聪生副主席也在会上对复转军人提出了希望和要求。（刘鸿柱）

【召开传达党的十八届三中全会精神会议】2013 年 11 月 14 日，全国工商联机关召开学习传达党的十八届三中全会精神会议。会党组成员、机关全体党员干部和直属单位负责人共 120 余人参加了会议。会上，中央统战部副部长，全国工商联党组书记、常务副主席全哲洙传达了《习近平同志在党的十八届三中全会上关于中央政治局工作报告》；全国工商联副主席庄聪生传达了习近平同志关于《中共中央关于全面深化改革若干重大问题的决定（讨论稿）》的说明；全国工商联党组副书记、副主席黄小祥传达了《习近平同志在党的十八届三中全会第二次全体会议上的讲话》。

会后，根据会党组统一部署，机关党委及时下发了《关于集中时间认真学习贯彻党的十八届三中全会精神的通知》和相关学习资料，要求各党（总）支部在 11 月 22 日集中 1 天时间，组织全体党员、干部集中学习十八届三中全会公报、《中共中央关于全面深化改革若干重大问题的决定》、习近平同志在十八届三中全会上的重要讲话和《十八届三中全会主要精神》，在原原本本研读，逐章逐句理解的基础上，结合工商联职能任务和本部门工作实际，梳理工作思路，谋划 2014 年工作要点，开展学习研讨交流，真正使学习达到了统一思想、坚定信心、凝聚力量、推进工作的目的。（佘法琴）

【召开全国工商联党组中心组理论学习会暨年度工作务虚会】2013 年 11 月 23 日至 24 日，全国工商联党组中心组理论学习会暨年度工作务虚会在机关举行。

会议认真学习贯彻党的十八届三中全会精神，围绕在党的群众路线教育实践活动中查摆出来的问题，切实体现转变作风的整改措施，立足全局工作，对 2014 年工作思路、重点、措施等进行研讨。全国政协副主席、全国工商联主席王钦敏出席会议并讲话，中央统战部副部长，全国工商联党组书记、常务副主席全哲洙主持会议并讲话，全国工商联党组副书记、副主席黄小祥，全国工商联副主席谢经荣、黄荣、庄聪生、李路、林毅夫、安七一出席并发言。机关各部门、直属单位主要负责同志在会上发言。机关副处级以上干部参加会议。（蒋昊东）

【组织机关学习活动】开展党的十八大精神、十八届三中全会精神专题学习，举办学习党的十八大研讨会，开展《党章》《中国工商联章程》知识竞赛和“创新政策解读及实践座谈会”、《中国城镇化现状问题及趋势》等专题讲座，组织机关干部参加中央统战部举办的“中国梦”征文，开展全国工商联 2013 年度优秀调研报告和理论征文评选表彰活动，激励机关干部积极参与理论研究。为丰富机关干部学习内容，增强学习的针对性和自主性，及时开展机关干部学习意愿调查和学习情况统计分析，在网络学习平台增加了断点续学、学时查询、防挂机、在线调查等功能，新增课程 23 门 171 小时，增加《思想理论动态参阅》《法制参阅》《财经参阅》《文史参阅》《台港澳报刊参阅》电子期刊 227 期和《舆情通报》电子版 57 期，评选表彰 2013 年度在线学习优秀学员 35 名和先进党支部 3 个，激发了干部职工学习的主动性和积极性。（张一卫）

【举办机关文体活动】充分发挥工青妇群团组织积极作用，开展丰富多彩的文体活动，不断加强机关文化建设。组织召开青年干部与会领导座谈会，指导团总支组织开展 7 期青年沙龙活动，全国工商联团总支被评选为全国五四红旗团支部。为机关活动室购买安装了新的乒乓球台，举办乒乓球比赛。为机关干部职工配发计步器，开展日行万步活动，先后有 122 人参加了日行万步活动。积极支持乒乓球、羽毛球、足球兴趣小组的活动；组织开展 2012 年度优秀项目展；举办庆祝全国工商联成立 60 周年书画摄影展，从 150 余幅作品中遴选出 70 幅进行了实物展并结集出版。组织观看优秀电影，活跃机关文化生活；组织安排 15 名机关干部职工暑期赴北戴河休假，让干部职工感受到组织的关怀。

12 月 27 日，机关党委、机关工会在西城区新街口新悦乒乓球馆举办了 2013 年机关乒乓球比赛。比赛设男、女单打和混合团体 3 个比赛项目，采取小组循环和交叉淘汰相结合赛制，取男、女单打前 6 名和团体赛前 3 名。来自全国工商联机关、直属单位共 16 个部门和单位的 96 人参加了比赛，10 个部门、单位组队参加了团体赛。最终获得团体前 3 名的是：办公厅、宣教部、证券中心。（余法琴）

【机关人事工作】2013 年，机关人事工作在会党组、机关党委的领导下，围绕中心、服务大局，积极开拓进取，扎实开展工作。按照年度计划，大力加强干部队伍建设，进一步推进干部人事制度改革，完善制度建设，加大干部培训力度，提高干部队伍整体素质，较好地完成了年度工作任务。

一是加强人事工作的基础性建设。建立了干部人事工作局域网，制订修订了《全国工商联直属事业单位公开招聘工作人员暂行办法》《全国工商联机关工作人员考勤和请假管理暂行规定》《全国工商联机关及直属单位工作人员因私出国（境）管理暂行办法》等制度，建立了公务员管理信息系统，进一步整理了人事工作文书档案和机关干部人事档案。

二是做好公务员日常管理工作。办理干部任免 53 人次、退休 9 人、档案整理 150 人次、档案转递 23 人次、公务员登记备案 8 人、工资晋级晋档 56 人、年终奖发放 181 人、医疗证办理 12 人次；办理因私出境审批及报备 47 余人次、社会兼职 12 人，考核 160 人、奖励 25 人；办理进京落户 14 人、干部家属户口进京 3 人、解决 5 名同志的夫妻两地分居问题。

三是做好干部选拔任用工作。组织开展机关局级干部竞争上岗和民主推荐，通过竞争上岗选拔任用 3 名局级领导职务干部，通过民主推荐选拔任用2名局级干部。调任1名处级干部、接收安置1名军转干部、公务员考录4名干部。

四是做好干部培训和挂职锻炼工作。组织6名局级干部、1名处级干部参加中央党校、国家行政学院、干部学院等院校学习，8名局级干部参加自主选学。举办2期处级以下干部培训班，集中对90名干部脱产培训。选派3名干部援藏、扶贫点和企业挂职，安排5名地方工商联干部到机关挂职锻炼。

五是加强对直属单位干部人事工作的指导和管理。确定3家事业单位进行内部岗位设置，指导中华工商联合出版社有限责任公司调整领导班子，协助中华工商时报社改制。（崔　巍）

【机关老干部工作】2013年，离退休人员服务工作坚持更新服务观念，创新服务形式，完善保障制度，服务保障水平得到了有效提升。

一是认真落实老干部政治待遇。认真做好离退休人员党支部工作，举办了两期老干部庆祝工商联成立60周年座谈会，做好老干部支部的换届工作。机关党的群众路线教育实践活动期间，召开了老干部征求意见座谈会，吸取采纳老干部意见建议，促进离退休人员工作转型发展。举办了离退休人员新春茶话会。坚持春节等重大节日慰问老同志制度及日常慰问制度。

二是全面落实老干部生活待遇。春节、重阳节分别慰问老同志18名和12名，并为20名老同志发放了慰问金。及时慰问生病住院、生活困难老同志12名。学习借鉴统战部和民建中央经验做法，完成了《关于老干部待遇与服务调研情况汇报》，为老干部解决了提高医疗报销额度、生日费和防暑降温费等实际问题。组织老干部年度体检，为患有重大疾病或生活较困难的8名老同志申请了困难补助，为离退休舞蹈队、合唱队购置U盘、MP4播放器等电子设备，为年满75岁的老同志发放了999急救手机，为新退休的12名同志及时订阅了《医药养生保健报》，办理退休证，为3名去世同志的家属补发了抚恤金。

三是以多种形式丰富老干部的退休生活。分两批组织67名退休老干部赴山东枣庄、江苏徐州参观学习和到延庆野鸭湖、妫水河公园参观游览。举办太极与养生培训班，开通新浪博客，打造老干部交流的新平台。同时，对老干部语音通知系统软件进行测试和升级，重新整理老干部简历，将不全的部分补齐，完成了老干部的党员卡片、党员证整理录入工作。（王熙玲）

【机关工作获表彰情况】获得“全国巾帼文明岗”称号：办公厅秘书处2013年荣获全国妇女联合会授予的全国城乡妇女岗位巾帼先进集体——全国巾帼文明岗。

办公厅秘书处工作人员9人，其中女同志8人，承担着机关公文处理、机要管理、档案管理、保密管理、会议服务、日常值班、信访接待等多项职责，全处同志按照秘书处工作制度化、规范化、精细化、安全、高效的要求，牢固树立大局意识、服务意识、责任意识、质量意识、合作意识，爱岗敬业、无私奉献，以良好作风努力创建敬业、服务、和谐、高效团队，以辛勤耕耘和优异的成绩展示新时期妇女的新形象。

获得“全国五四红旗优秀团总支”称号：全国工商联机关团总支2013年荣获共青团中央授予的“全国五四红旗优秀团总支”称号。

全国工商联机关团总支认真落实上级团委和机关党委工作部署，针对中央国家机关“团员少、党员多、青年多”的实际，把工作重点转向机关青年。一是通过创新学习形式，以学习促成长，着力抓好团员青年理论武装，提高思想政治素质。二是通过青年理论小组和青年沙龙活动两个创新活动载体，积极融入青年、主动服务青年、分类引导青年，使他们成长、进步。三是坚持关心服务青年干部，以服务凝聚青年，动员团员青年干部勇挑重担，以实践锻炼促成长。（吴　卫、刘海卓）

第三部分　综合性会议

全国工商联十一届一次常委会议

会议综述

全国工商联十一届一次常委会议2013年6月20日至21日在甘肃省兰州市召开。会议深入学习贯彻十八大精神和中央领导同志重要批示精神，围绕着促进非公有制经济健康发展和非公有制经济人士健康成长的工作主题，对深入扎实开展非公有制经济人士理想信念教育实践活动进行再动员。

全国政协副主席、中央统战部部长令计划对会议作出重要批示。全国政协副主席、全国工商联主席王钦敏，中央统战部副部长，全国工商联党组书记、常务副主席全哲洙在会上发表讲话。甘肃省委书记王三运致辞。

原国家统计局总经济师姚景源为与会代表作专题讲座。淄博市委、湖北省宜都市工商联、重庆市湖北商会三家单位在会上就开展理想信念教育实践活动的情况同与会代表作了交流。会议形成了《关于深入扎实开展非公有制经济人士理想信念教育实践活动的决议》，通过了有关人事事项的决定，圆满完成各项议程。

甘肃省委副书记、省长刘伟平，省委常委、统战部部长泽巴足，省委常委、省委秘书长李建华，副省长、省工商联主席郝远，全国工商联党组副书记、副主席黄小祥，全国工商联副主席谢经荣、黄荣、庄聪生、李路、安七一、王志雄、卢文端、史贵禄、许健康、孙荫环、苏志刚、李河君、李彦宏、陈经纬、何俊明、张建宏、茅永红、周海江、徐冠巨、程红、潘刚，中国民间商会副会长王文彪、卢志强、刘志强、刘沧龙、孙甚林、吴一坚、张近东、黄代放、霍震寰，中央统战部、甘肃省有关部门负责同志及全国工商联常委约150人出席会议。

王钦敏同志在全国工商联十一届一次常委会议上的讲话

（2013年6月21日）

在大家的共同努力下，全国工商联十一届一次常委会议，圆满完成各项议程，马上就要结束了。会议期间，大家认真学习讨论了令计划部长的重要批示精神和全哲洙同志的讲话，听取了有关专家关于当前经济形势的讲座、三个单位开展理想信念教育实践活动的情况介绍，进行了广泛深入的讨论，进一步提高了认识，统一了思想，明确了下一阶段工作部署和要求，形成了《关于深入扎实开展非公有制经济人士理想信念教育实践活动的决议》，达到了本次常委会的预期目的。

下面，结合同志们的讨论，我就贯彻落实这次常委会精神，广泛深入开展下一阶段非公有制经济人士理想信念教育实践活动，谈几点意见。

一、贯彻落实这次常委会精神，必须做到思想认识到位

会议期间，大家一致认为，开展教育实践活动，是中央交给工商联的一项重要政治任务。2012年底以来，中央领导同志多次就开展教育实践活动作出重要批示。在这次常委会上，令计划部长又就如何开展好下一步的教育实践活动提出明确要求。我们一定要站在贯彻落实中共十八大和中央领导批示精神的高度，站在围绕中心服务大局、促进两个健康的高度，把教育实践活动作为2013年工作的重中之重，加强组织领导，切实抓紧抓好。从前一阶段情况看，有些地方由于认识不到位，把教育实践活动当成一般性、常规性的“工作”，没有向党委政府汇报，制订的活动方案照抄照搬，没有体现出因地制宜的特色。要深入扎实开展下一阶段的教育实践活动，各级工商联领导干部首先必须提高对这次活动重大意义的认识。

大家认为，这次常委会把广泛深入推进教育实践活动作为会议主题进行专题研究部署，聚焦集中，主题突出，充分体现了中央统战部和全国工商联抓好这项工作的决心和力度，全哲洙同志的讲话具有很强的针对性和指导性，一定要很好地学习贯彻落实这次会议精神，切实推动第二阶段教育实践活动的开展。

大家认为，在非公有制经济人士中开展理想信念教育实践活动，是贯彻落实党的十八大精神这一首要政治任务的重要举措。在贯彻落实党的十八大精神的开局之年，自觉用党的十八大精神统一思想认识，巩固全国各族人民团结奋斗的共同思想基础，是当前一项十分重要的任务。开展理想信念教育实践活动，就是要把非公有制经济人士的思想统一到党的十八大精神上来，增强对中国特色社会主义的道路自信、理论自信和制度自信，从而把智慧和力量凝聚到全面建成小康社会和社会主义现代化建设上来，为实现十八大确定的目标任务不懈奋斗。

大家认为，在非公有制经济人士中开展教育实践活动是为实现“中国梦”凝聚强大力量的具体实践。实现中国梦必须凝聚中国力量，非公有制经济人士是中国力量不可或缺的重要组成部分。改革开放以来，工商联始终紧紧围绕党和国家中心工作，团结凝聚广大非公有制经济人士积极投身中国特色社会主义伟大事业。当前，随着非公有制经济在经济社会发展全局中的地位和作用越来越重要，党和国家对工商联工作越来越重视。工商联作为党和政府联系非公有制经济人士的桥梁纽带、政府管理和服务非公有制经济的助手，理应在实现中国梦的伟大征程中发挥更大作用。深入开展教育实践活动，就是要团结引导广大非公有制经济人士把实现企业的发展梦、个人的成功梦与实现13亿人的小康梦和中华民族伟大复兴的中国梦结合起来，积极发展企业、回馈社会、造福人民，做合格的中国特色社会主义事业建设者。

二、贯彻落实这次常委会精神，必须工作落实到位

开展理想信念教育实践活动最显著的特点是实践特色。当前，实现转型升级和可持续发展，是非公有制经济人士的最大期盼。贯彻落实这次常委会精神，切实抓好教育实践活动，就是要积极回应非公有制经济人士的所思所想所盼，既为他们解疑释惑，又帮助他们解决企业发展中遇到的实际困难，增强非公有制经济人士发展企业的信心，提升对党和政府的信任，更加坚定不移地走中国特色社会主义道路。当前，我国经济发展下行压力加大，非公有制经济发展受市场资源环境以及自身素质的制约日趋明显，阻碍民间投资的“玻璃门”“弹簧门”仍未打破。开展教育实践活动，就是要顺应广大非公有制经济人士“受信任、盼改革、要公平、求安全、谋发展”的期盼，既有针对性地进行思想教育和学习培训，引导他们认清形势、抓住机遇、迎接挑战，把企业做强做优；又根据不同规模企业面临的具体问题，切实帮助企业解决实际困难，改善发展环境，让非公有制经济人士感受到教育实践活动带来的成果，感受到党和政府的信任和温暖，让非公有制经济人士多一份信念，少一分徘徊；多一份信任，少一分抱怨；多一份信心，少一分忧虑，切实增强活动的针对性和实效性。

开展理想信念教育实践活动，是新形势下加

强和改进非公有制经济人士思想政治工作的新探索，必须坚持一切从实际出发，把改革创新精神贯穿活动始终。既要善于利用教育培训、典型引路等行之有效的引导教育方法，充分利用观摩交流、企业家大讲堂等现有工作平台和活动载体；更要及时研究非公有制经济人士思想政治工作的新情况、新问题，在活动内容、方式和载体上探索新的有效做法，做到规定动作有亮点、自选动作有特色，把教育实践活动搞得丰富多彩、有声有色。

在这次会上，全哲洙同志就如何做好第二阶段的工作提出了明确要求，各级工商联要逐项抓好工作落实，在活动中正确处理好信念、信任和信心的关系、解疑释惑与解决实际问题的关系、规定动作与自选动作的关系，切实抓住两个重点、突破两个难点，充分发挥非公有制经济人士的主体作用，调动各级组织的创造性，最大限度地扩大活动的覆盖面，把教育实践活动不断推向深入。希望通过这次常委会的再动员，各级工商联组织要抓好以下几项工作：一是前段时间没有向党委政府汇报的，在今后的活动中要及时请示汇报；二是市县工商联没有召开动员会的，要按照要求进行动员补课；三是活动实施方案缺乏自身特色的，要按照这次会议精神和当地实际进行完善；四是没有建立教育实践活动联系点的省、市、县，都要选择两至三个单位进行试点，把调查研究贯穿于教育实践活动的始终。

会议结束后，各省区市工商联要及时向党委政府汇报，紧紧依靠党委政府的领导和指导，并将贯彻落实情况于7月20日前向全国非公有制经济人士理想信念教育实践活动领导小组办公室汇报。各级工商联主席要亲自抓、带头抓、具体抓，统筹协调、精心组织，做到一级抓一级、层层抓落实。担任省、市、县工商联主席的民营企业家，要带头用自己的创业经历作巡回演讲。希望各位兼职企业家副主席、副会长和常委，都要像全国工商联副主席、无锡市工商联主席周海江、广东省工商联主席陈丹、重庆市工商联主席黄红云同志那样，带头学习、带头宣讲、带头实践，用自己的模范行为，带动影响广大非公有制经济人士积极参加教育实践活动。

三、贯彻落实这次常委会精神，必须做到组织建设到位

要开展好教育实践活动，必须抓住广大小微企业出资人和处于一般状态的出资人，他们占非公有制经济人士的绝大多数。与他们联系最紧密、最直接、最了解企业实际情况的是县级工商联和各类商会组织。它们的建设和作用发挥状况直接关系到教育实践活动的覆盖面，关系到教育实践活动的成效。近年来，各级工商联坚持重心下移，采取各种措施，加强基层组织建设，取得了一定成效，但目前县级工商联和各类商会组织自身建设仍然比较薄弱。我们要充分利用教育实践活动这一有利契机，下大力气加强县级工商联和各类商会组织建设，以活动激发基层组织活力，以组织建设保障活动深入扎实开展。

加强县级工商联建设，最重要的是积极争取党委政府的领导和支持，力争实现“一个设立、五个有”的目标。“一个设立”就是要建立工商联党组，“五个有”就是要有满足工作需要的人员编制，有保证工作正常运转的工作经费，有独立的办公场所，有必要的办公设备，有丰富的活动内容。要培育和发展中国特色商会组织，按照统战性、经济性、民间性有机统一的要求，依照法律法规和商会章程，完善法人治理结构，选好配强会长和秘书长，规范内部管理，切实为会员做好服务。理想信念教育是一项长期性工作。只有县级工商联和各类商会组织建设加强了，才能为理想信念教育实践活动提供坚强的组织保障，确保各项工作落到实处。2013年8月，全国工商联将召开县级工商联建设经验交流会，总结各地好的做法，促进工商联基层组织建设迈上一个新台阶。

同志们，下半年的工作任务十分繁重而艰巨，我们要按照年初制订的工作部署，坚持两个健康工作主题，坚持改革创新精神，认真、扎实、高效地做好各项工作。要统筹兼顾、突出重点，正确处理好教育实践活动和当前各项工作的关系，切实做到“两不误”“两结合”“两促进”。要继续加强与政府有关部门的合作，推动建立政府职能部门与民营企业家的沟通交流机制，感受党和政府深化改革开放的坚定决心和取得的成效。要参与工信部开展的“小微企业29

条”贯彻落实情况督察工作，与科技部共同开展建立以企业为主体的创新驱动机制调研，与外交部等有关部门共同开展服务民营企业“走出去”调研。原来计划开展的小微企业社会化服务体系调研，由于多种原因暂缓进行。要继续组织好非公有制经济人士光彩西藏行、赣南苏区行，开展感恩革命老区延安行等活动。要坚持隆重、务实、节俭原则，做好纪念全国工商联成立60周年系列活动，撰写出版工商联简史，开展工商联系统先进工作者和先进集体评选表彰。特别是要结合纪念活动，开好全国非公有制经济人士理想信念报告大会，把纪念活动办成忆传统、讲理想、树信心、作贡献的实践过程。要按照全哲洙同志昨天的讲话要求，认真开展中国共产党的群众路线教育实践活动，提高做好新形势下群众工作的能力，保持与人民群众的血肉联系，切实转变工作作风，树立为民、务实、清廉的良好形象，以群众路线教育实践活动的新成效，推动工商联各项工作开创新局面。

全哲洙同志在全国工商联十一届一次常委会议上的讲话

（2013年6月20日）

这次全国工商联常委会议是在贯彻落实党的十八大精神开局之年召开的一次重要会议，也是全国工商联第十一次会员代表大会以来的第一次常委会议，主要任务是深入学习贯彻十八大精神和中央领导同志重要批示精神，对广泛深入开展非公有制经济人士理想信念教育实践活动进行再动员。刚才，我们传达了全国政协副主席、中央统战部部长令计划同志关于深入开展非公有制经济人士理想信念教育实践活动的批示。令计划部长的批示对于开好这次会议、把教育实践活动推向深入具有重要指导意义。下面，我就总结第一阶段工作，广泛扎实开展好下一阶段活动，讲三个问题。

一、前一段活动开展情况

十八大提出要广泛开展理想信念教育，把广大人民团结凝聚在中国特色社会主义伟大旗帜之下。2012年11月底，中央政治局常委俞正声同志在听取中央统战部和全国工商联经济领域统战工作汇报时明确提出，加强非公有制经济人士理想信念教育是2014年经济领域统战工作的重要内容。2013年初，为贯彻落实中央领导同志的重要批示精神，全国工商联用2个多月时间进行非公有制经济人士思想状况调研，提出在广大非公有制经济人士中集中开展理想信念教育实践活动。调研报告报送中央后，习近平总书记、李克强总理、俞正声主席、张高丽副总理和马凯副总理等多位中央领导同志作出重要批示，肯定工商联的调研报告调查深入、全面，对推动两个健康工作有指导作用，要求有关部门对报告所提建议进行逐项研究，切实推动现有政策的真正落实，为非公有制经济发展创造良好环境。中央领导同志的重要批示，充分体现了党中央国务院对两个健康工作的高度重视，为开展非公有制经济人士理想信念教育实践活动指明了方向。

5月6日，中央统战部、全国工商联召开了全国非公有制经济人士理想信念教育实践活动动员大会，令计划部长作重要讲话。随后下发了《关于开展非公有制经济人士理想信念教育实践活动的意见》（以下简称《意见》），对教育实践活动作出全面部署。最近，我们到10多个省区市对活动开展情况进行重点了解。目前，各省区市总体上完成了第一阶段的动员部署任务，活动开局良好。

一是建立领导机构，组织开展调研。目前，全国31个省区市和新疆生产建设兵团都成立了活动领导小组，其中山东、湖北、天津、辽宁、河南等地由统战部部长担任组长。山东、天津联系工商联工作的副省长、副市长进入领导小组。山东、天津、西藏的活动领导小组将组织部、发改委、财政厅、工信厅、工商局等有关党政部门负责人列入进来。大部分市县也成立了活动领导小组，北京市朝阳区、湖北省宜都市和云梦县等地还由党委书记亲自担任组长。山西、福建、山东、湖北、重庆等许多地方首先把深入调研、掌握实情作为搞好教育实践活动必不可少的基础性工作，在成立领导小组之后立即组成多个调研组，就如何开展好活动，深入基层和企业，通过个别访谈等方式了解情况、听取意见，为结合本地实际明确活动思路和任务做了必要准备。

二是制订活动实施方案，争取党委政府的领导和指导。许多地方紧紧围绕党委政府中心工作，研究提出本地活动实施方案，受到党委的高度重视，山东、山西、辽宁、江苏、安徽、江西、湖北、四川等省委常委会议对教育实践活动进行研究部署。21个省区市统战部、工商联及时向党委政府领导汇报了全国动员会议精神和本地活动实施方案。北京、上海、重庆、河南、贵州、陕西、甘肃、宁夏等省区市和新疆生产建设兵团党委书记作出重要批示或明确指示。目前，各省区市都制订下发了活动实施方案，特别是有些地方立足于增强活动的针对性和实效性，围绕活动主题和主要内容，提出了许多具有本地特色的活动安排，细化了工作内容，明确了工作责任。湖北省提出开展“事业成功靠什么、人生出彩为什么、历史责任是什么、我为湖北干什么”的大讨论，四川省提出开展“讲、看、读、写、评”活动，山西省提出“争当新晋商、转型做贡献”主题。

三是召开动员会议，活动陆续铺开。目前，有30个省区市和新疆生产建设兵团召开了动员会。一些地方党委十分重视，江苏省委副书记、山东省淄博市及所属区县党委书记，都出席动员会议并讲话。许多地方在动员会后，就开始组织开展各项活动。广东省召开了“民营企业家与中国梦”报告会，重庆市组织了企业家报告团，江苏省组织了企业家和专家学者报告团，围绕民营企业家与中国梦主题进行宣讲。在河南，许昌市组织了系列讲座，市委书记讲了第一课；南阳市把加强县级工商联建设作为活动取得成效的重要前提，协调解决制约县级工商联建设的突出问题。各地还普遍建立了联系点、情况报告制度、指导组、督导组等，对基层开展活动进行督促指导。

从这一个多月的情况看，只要主动及时请示汇报，各级党委政府都认为这项活动很重要，具有重大现实意义，是一项战略性任务，有利于为地方经济社会发展和实现中国梦凝聚力量；只要广泛深入动员，非公有制经济人士都认为这项活动很及时很必要，为企业发展和企业家成长指明了方向、提供了动力，都愿意积极参加。但是，我们也要看到，活动开展中还存在不平衡的问题，主要表现在三个方面，首先是认识不到位。有些地方没有从贯彻落实十八大精神首要政治任务的高度来重视，只把活动当作常规性工作，做一般号召，个别地方工商联领导还没有进入工作状态，有的还是以会议落实会议、以文件落实文件，搞形式主义。其次是调研不深入。一些地方还存在官僚主义作风，没有进行认真调查研究，情况不明，底数不清，制订活动实施方案照猫画虎、生搬硬套，上下一般粗。最后是覆盖面不广。部分地方的县级工商联和商会还没有动起来，许多非公有制经济人士还不清楚要开展这项活动，活动的参与面还不普遍，缺乏广泛性。

二、需要把握好的几个关系

这次教育实践活动的主题是“民营企业家与中国梦”。中国梦进一步揭示了中华民族的前途命运和当代中国的发展方向，为坚持和发展中国特色社会主义注入了新的内涵，体现了国家价值、社会价值和个人价值的完美融合，是当今中国的高昂旋律和精神旗帜。开展这次活动，就是要发挥中国梦的强大感召力和价值引领作用，激发广大非公有制经济人士的共鸣，自觉把个人梦、企业梦与中国梦结合起来，切实增强对中国特色社会主义的信念、对党和政府的信任、对企业发展的信心，以发展企业、回馈社会、造福人民的实际行动，把个人的理想追求融入到中华民族伟大复兴的共同奋斗目标中。“民营企业家与中国梦”这一活动主题和增强“信念、信任、信心”这一主要内容决定着活动的方向，也是活动的基本目的。要保证活动开展广泛深入，必须在实践中继续提高认识，深刻领会好活动主题和主要内容，准确把握好以下几方面关系。

（一）把握好“信念、信任、信心”的关系

这次教育实践活动以增强“三信”为主要内容，是十八大提出坚定道路自信、理论自信、制度自信在非公有制经济领域的具体体现。当前，世界经济低迷已经成为新常态，国内经济稳增长压力依然较大，非公有制经济发展受市场、资源、环境以及自身素质的制约明显，加快转变发展方式任务紧迫而艰巨。随着经济全球化进程加快，中西方思想文化交融交锋日益频繁，一些国家加大了对投资、人才的引进力度，新兴媒介的发展加速了各种社会思潮的直接传播，对非公有制经济人士的思想造成不同程度的影响。面对国内外形势的深刻变化，许多非公有制经济人士在发展中的困惑和成长中的烦恼以及对未来的担忧明显增多，信念不坚定、信任不充分、信心不充足，成为当前制约两个健康的突出问题。以增强“三信”为活动的主要内容，符合十八大精神、符合非公有制经济人士队伍思想状况、符合非公有制经济发展和工商联工作实际，具有很强的现实针对性。

要确保活动取得实效，必须把“三信”有机统一起来。信念决定信任，信任影响信心，信心源于信念和信任。对中国特色社会主义的信念，集中体现了最广大人民的根本利益和共同愿望，是广大非公有制经济人士信任党和政府、提振发展信心的持久动力。增强信念，就是要引导非公有制经济人士认真学习中国特色社会主义理论体系，深入了解世情国情党情，自觉把中国特色社会主义作为精神支撑和行动遵循，满怀信心投身改革开放和社会主义现代化建设，在发展中国特色社会主义的宏伟事业中建功立业。对党和政府的信任，是广大非公有制经济人士自觉坚持党的领导和拥护改革开放的重要体现，影响着政治信念和发展信心。改革开放30多年来，我国综合国力大幅跃升，人民生活不断改善，非公有制经济人士是这一历史性变化的见证者、参与者和受益者。党和国家对非公有制经济越来越重视，十八大强调要保证各种所有制经济依法平等使用生产要素、公平参与市场竞争、同等受到法律保护，努力为非公有制经济发展营造良好环境。党中央国务院在给全国工商联十一大的贺词中明确指出，非公有制经济不愧为社会主义现代化建设的重要推动力量，非公有制经济人士不愧为中国特色社会主义事业建设者。这充分体现了党和政府对非公有制经济人士这支队伍的高度评价和充分信任。增强非公有制经济人士对党和政府的信任，就是要引导他们在历史的变化、现实的比较中深刻认识改革开放取得的巨大成就，正确对待加快改革发展中不可避免的矛盾和难题，始终坚信党和政府有决心有能力战胜发展中遇到的各种困难，始终坚信党和政府一定会为非公有制经济发展和非公有制经济人士成长创造更好条件。对企业发展的信心，是企业自身素质和发展环境的直接反映，是衡量广大非公有制经济人士信念和信任的重要标准。增强信心，就是要围绕非公有制经济人士最关心的企业发展问题，讲清形势、讲明政策，引导他们积极应对企业发展中的困难和挑战，充分挖掘自身潜力和优势，不断增强自主创新能力和抗风险能力，着力提升企业战略创新、技术创新和管理创新，加快转型升级，把发展的立足点转到提高质量和效益上来。在教育实践活动中，我们必须防止将“三信”割裂开的做法，紧紧围绕“三信”来设计载体、开展活动、推进工作。

（二）把握好解疑释惑和解决企业实际问题的关系

这次教育实践活动是加强和改进非公有制经济人士思想政治工作的重要载体，归根结底是促进非公有制经济健康发展和非公有制经济人士健康成长。这就要求，思想引导和企业发展实际不能脱节，否则就会流于形式。如果就思想教育抓思想教育，恐怕很难解决思想问题；如果就生产经营抓生产经营，恐怕也解决不了企业可持续发展的动力问题。关心人、解疑释惑，关心企业、解决困难，都是在做思想政治工作。当前，市场在资源配置中的基础性作用还没有充分发挥，各类市场主体公平竞争格局尚未形成，审批难、办事难仍在较大范围内存在，企业发展环境有待进一步改善。同时，受市场需求不足、经营成本上升、融资难融资贵、税费负担过重等因素影响，不少企业特别是小微企业生产经营遇到了很多困难，一些非公有制经济人士对非公有制经济发展政策能否落实持观望态度，对企业转型升级感到迷茫，少数人甚至存在无奈、放弃的念头。但我们更要看到，经济全球化的大趋势没有变，我国经济发展长期趋好的基本面没有变，特别是随着改革红利的逐步释放，影响和制约非公有制经济发展的体制机制因素正在消减，非公有制企业将迎来新的发展机遇。在加快转变发展方式的关键时期，加强对非公有制经济人士的思想教育，就是要引导他们既要看到当前面临的挑战，又要看到蕴涵的机遇，把思想和行动统一到推动企业科学发展上来。5月，全国工商联分别与国家发改委、中编办共同召开民营企业座谈会，围绕转变政府职能、加快行政审批制度改革、改善民营经济发展环境等方面，直接听取民营企业家意见建议。6月，全国工商联受国家发改委委托，作为第三方对“民间投资36条”的42项实施细则及其落实情况进行独立评估。这些工作都是服务企业发展、推动营造良好环境的实际行动。

要确保活动取得实效，必须把能否促进两个健康作为唯一的检验标准，把解决思想困惑和企业发展困难有机结合起来，坚持两手抓、两手硬，防止“两张皮”。转型升级必须转变观念，不转变观念就找不到转型的路子。要关注企业家的思想，深入非公有制经济人士中听听他们的真心话、心里话，把他们的诉求当作第一信号，有针对性地进行思想教育和学习培训，多做教育引导、沟通思想、形成共识的工作，真正为他们解疑释惑。要关注企业的发展，既要积极建言献策，为非公有制经济发展营造良好环境；也要加大服务力度，积极主动帮助企业办实事、解难题，切实为企业排忧解难。

（三）把握好规定动作和自选动作的关系

这次教育实践活动在规定时间内、特定群体中、全国范围内开展，各地自然条件、经济社会发展状况、企业规模和发展环境等各不相同，必然要求既要做好规定动作，也要做好自选动作。规定动作体现的是遵循的原则和要求，是确保教育实践活动达到预期目的、取得实效的统一规范，不是可做可不做的，而是必须做的。规定动作是否做到位、有亮点，反映的是对上级精神的领会把握程度和贯彻落实力度。自选动作体现的是创意和特色，是在遵循活动原则和要求的前提下，根据各地实际开展的具有地方化、特色化的活动，是一个地方区别于其他地方的优势所在。自选动作是否有创意，反映的是思维方式和领导能力，检验的是各级领导班子综合素质和基层组织建设的成效。

要确保活动取得实效，必须处理好规定动作与自选动作的关系，把两者有机结合起来。目前，不按要求规范和完成规定动作、缺乏地方特色和自选动作的现象不同程度的存在。个别地方没有调查研究就召开动员大会部署工作，落实《意见》、制订活动实施方案照本宣科，甚至不顾实际情况，不注重解决实际问题。在下一阶段，首先要进一步补充完善本地活动实施方案，按照活动的主题和主要内容，不折不扣地完成好《意见》规定的各项任务，以必要的形式体现活动的内容，做到规定动作不走样。同时，也要因企制宜、因地制宜，勇于探索、大胆创新，做到自选动作有特色，但不能以自选动作代替规定动作。要紧紧围绕党委政府中心工作，精心设计活动载体，多一些创意，多讲些“地方话”。要坚持统筹兼顾的科学方法，既把这项活动与日常工作相结合，又不能简单混同，切实以活动统筹和带动日常工作的不断推进，做到“两不误”“两促进”。

三、下一步活动的几点要求

当前，各地普遍进入活动第二阶段，也就是学习实践阶段。这一阶段相对时间跨度长、任务重、要求高，是整个活动的中心环节，决定着活动的最终成效。要按照令计划部长重要批示精神，根据《意见》和本地活动实施方案的具体安排，进一步深化认识、统一思想，突出重点、突破难点，精心组织、扎实推进，把活动抓紧抓好抓出成效。

（一）进一步提高思想认识

认识是行动的先导，认识的程度决定着工作的力度。实践也表明，凡是思想认识到位的地方，活动就开展得有声有色；活动开展不起来，说到底首先是思想认识上有差距。各级统战部、工商联要深刻认识这项活动的重大意义，把开展活动作为全面深入贯彻落实十八大精神这一首要政治任务的重要举措，作为开展党的群众路线教育实践活动和坚持深化改革、推进科学发展的重要内容，作为促进两个健康工作的具体实践，以高度的使命感和强烈的事业心，切实承担起组织领导教育实践活动的政治责任，用活动统领、带动非公有制经济领域统战工作。要反复学习领会中央领导同志重要批示精神和全国教育实践活动动员大会精神，准确把握这次活动的主题、主体和主要内容，按照《意见》的统一部署，突出活动的实践特色，做好规定动作，创新自选动作，确保教育实践活动不图形式、不走过场、不出偏差。

（二）充分发挥非公有制经济人士主体作用

非公有制企业是社会主义市场经济最具活力的主体，非公有制经济人士是物质财富和精神财富的创造者。这次活动要取得实效，必须回应非公有制经济人士这一活动主体的所思所想所盼，充分调动他们参与活动的积极性、主动性和创造性，变“要我参加”为“我要参加”。首先，要充分尊重非公有制经济人士的主体地位。在调研中我们发现，企业家普遍认为，是中国特色社会主义道路改变了他们的命运，为他们提供了人生出彩、梦想成真的舞台；认为理想是方向，信念是动力，只有树立正确的理想信念，企业发展才能长久。这充分表明，广大非公有制经济人士对理想信念教育实践活动有着十分强烈的自我需求。各级统战部、工商联要充分信任他们、尊重他们、依靠他们，激发他们发挥主体作用的内生动力，为活动开展提供广泛深厚的群众基础。其次，要发挥代表人士的示范带动作用。非公有制经济代表人士都是非公有制经济各领域各行业的突出代表，许多担任人大代表、政协委员，各级工商联兼职主席、副主席、副会长、常委执委和各类商会会长等，许多还获得劳动模范、五一劳动奖章和优秀建设者等荣誉，是非公有制经济人士队伍中的中坚和骨干，有较大的影响力和号召力。要引导代表人士积极主动参加教育实践活动，带头学习、带头讨论、带头实践，注重帮扶产业链上下游的小微企业转型升级、保生存谋发展，影响带动更多非公有制经济人士参与到活动中来。全国工商联兼职副主席、中国民间商会副会长要积极参加所在省份的教育实践活动，切实发挥好模范和表率作用。要把这次活动作为加强代表人士队伍建设的重要途径，把参加活动情况纳入代表人士综合评价的重要内容。再次，要坚持引导教育与自我教育相结合。要分层级组织非公有制经济人士参加专题培训，通过集中学习不断提高思想政治素养。近期，全国工商联将举办4期理想信念教育专题培训班，组织全国工商联新任执委常委和省级副省级工商联兼职副主席进行集中学习培训。通过中国梦大讲堂、巡回报告等活动，组织企业家、专家学者和政府工作人员围绕中国梦进行宣讲，引导非公有制经济人士忆成长、话梦想、讲贡献。要组织非公有制经济人士赴革命老区参观学习，接受爱国主义教育和革命传统教育，参加光彩事业、感恩行动和其他公益慈善活动，让他们在实践中受到教育、发挥作用。要深入推进非公有制企业党建工作和企业文化建设，充分发挥非公有制企业党组织在职工群众中的政治核心作用和对企业发展的政治引领作用，以企业党建引领企业文化建设，以企业文化建设促进企业党建，引导非公有制经济人士自觉践行社会主义核心价值体系，坚定理想信念。

（三）注重突出重点突破难点

非公有制经济中大多数是小微企业，企业出资人中处于“一般状态”的也占大多数。抓住这两个“大多数”，是扩大活动覆盖面的关键，也是这次活动的重点。非公有制企业特别是小微企业主要集中在县域，县级工商联和各类商会与他们联系最经常、最直接、最广泛，是开展教育实践活动的组织基础和重要依托，但也是目前最薄弱的两个环节。突破这两个“薄弱环节”，是达到活动预期目的的关键，也是这次活动的难点。目前，工商联系统有2900多家县级工商联，4.6万多家各类商会。只有县级工商联和商会充分发挥作用，才能有效地把广大小微企业出资人调动起来、组织起来，才能在社会上产生广泛的影响。要坚持重心下移、深入基层，把加强基层组织建设与扎实推进教育实践活动结合起来。要加快推进县级工商联建设“一个设立、五个有”目标的实现，着力培育发展中国特色商会组织，最大限度地动员小微企业出资人和处于“一般状态”的企业出资人积极参加，将教育实践活动向基层组织拓展、向小微企业延伸、向更广范围推进，以突出重点突破难点确保活动取得实实在在的成效。

（四）着力抓好典型引导

榜样的力量是无穷的。典型引导是思想政治工作中坚持正面教育、深度引导的重要方法，是进行具体指导、发挥主体作用的有效手段，是体现教育实践活动成效大小的重要标志。明天，山东省淄博市委、湖北省宜都市工商联和重庆市湖北商会将分别从党委、工商联、商会等方面作交流发言，介绍开展教育实践活动的初步体会和做法。活动下一阶段，要注重总结典型、树立典型、宣传典型，以典型引路，不断深化教育实践活动。一要层层建立联系点。联系点是总结探索经验、研究解决问题、示范引领工作的重要方法。各地要确定一批基础较好的工商联和商会作为联系点先行先试，及时发现研究出现的新情况新问题，认真总结推广切实可行、成效突出的经验做法，探索积累指导工作的正确方法。二要重视树立典型。按照可信、可比、可学的要求，围绕爱国、创新、诚信、守法、责任等，自下而上树立一批有代表性和感染力的先进典型，既要有体现时代特色、富有劳动创造精神和创业精神、积极转型升级、自觉履行社会责任的大中型企业出资人典型，也要有坚定信心、迎难而上、勇于创新的小微企业出资人的典型，还要有深入调查研究、认真谋划工作、创造性开展活动的工商联、商会典型，充分利用中国梦宣讲、巡回报告团、现场观摩等方式，推广典型、交流经验，以点带面推动活动深入开展。三要加大宣传力度。要主动争取党委宣传部门支持，积极借助主流媒体，充分发挥自办媒体，善于利用新兴媒体，拓宽宣传渠道。要创新宣传形式，通过新闻报道、典型宣传、言论评论、专栏专访等形式，充分反映活动进展和成效，扩大教育实践活动的舆论影响。

（五）切实加强组织领导

按照令计划部长的重要批示精神，各级统战部、工商联主要负责人要承担起教育实践活动的第一责任人，坚持亲自抓、主动抓、具体抓，统筹协调、精心组织，认真安排好各个阶段、各个环节的工作。一要紧紧依靠党委领导，善于在活动的内容和载体设计上向党委政府的中心工作靠拢，在活动的各个阶段各个环节主动向党委请示汇报，整合教育实践活动所需要的各种资源，形成推进活动的工作合力。二要同步开展工商联机关的教育实践活动。邀请政府相关部门负责同志、民营企业家和有关专家学者到机关讲课，共同参加中国梦学习讨论，使干部与企业家共同接受教育、共同参与实践，以机关带动基层活动的开展。机关干部特别是各级领导干部，要掌握系统思维、辩证思维、创新思维，以政治把握能力、调查研究能力、群众工作能力、落实推进能力的不断提高，保证活动的深入开展。三要切实转变工作作风。党中央刚刚召开了党的群众路线教育实践活动工作会议，习近平总书记发表重要讲话，对在全党开展以为民务实清廉为主要内容的党的群众路线教育实践活动作出全面部署。我们从事非公有制经济领域统战工作的党员干部，所依靠、服务的群众，就是广大非公有制经济人士。各级统战部、工商联要认真学习领会中央精神，将理想信念教育实践活动与党的群众路线教育实践活动紧密结合起来，着力解决非公有制经济人士反映强烈的突出问题。要把深入基层、深入企业作为一项经常性工作，在活动的每一阶段、每个环节都深入下去，及时发现问题、研究问题、解决问题。根据各地实际情况的不同，加强具体指导和分类指导，进一步密切与非公有制经济人士的联系，努力提高做好群众工作和促进两个健康工作的能力。

开展理想信念教育实践活动是践行两个健康工作主题、做好新形势下党的群众工作的新尝试、新探索。我们要把开展教育实践活动作为提高服务两个健康工作能力、加强工商联自身建设的重要契机，按照《意见》要求，坚持统筹兼顾、突出重点，坚持面向基层、重心下移，埋头苦干，扎实工作，用教育实践活动的实际成果，向全国工商联成立60周年献礼，为全面建成小康社会、实现中华民族伟大复兴中国梦作出新贡献！

全国工商联十一届二次常委会议

会议综述

全国工商联十一届二次常委会议于2013年7月25日在北京市召开。会议的主要任务是认真学习贯彻中共中央关于开展群众路线教育实践活动有关精神，按照中央关于开门搞活动的要求，受中央统战部委托，广泛听取对中央统战部和全国工商联党组开展群众路线教育实践活动的意见建议。

全国政协副主席、全国工商联主席王钦敏，中央统战部副部长，全国工商联党组书记、常务副主席全哲洙发表讲话。

会议审议通过了有关人事事项，增补林毅夫同志为全国工商联十一届执委会委员，选举林毅夫同志为全国工商联十一届执委会副主席、中国民间商会副会长。

全国工商联党组副书记、副主席黄小祥，全国工商联副主席谢经荣、黄荣、庄聪生、李路、安七一、王志雄、史贵禄、许健康、孙荫环、苏志刚、李河君、陈经纬、何俊明、张建宏、茅永红、周海江、徐冠巨、董文标、程红、潘刚，中国民间商会副会长卢志强、刘志强、刘沧龙、孙甚林、崔世昌、傅军，中央统战部、全国工商联有关部门负责同志及全国工商联常委约180人出席了会议。

王钦敏同志在全国工商联十一届二次常委会议上的讲话

（2013年7月25日）

全国工商联十一届二次常委会议主要有两项任务：一是认真学习贯彻中共中央关于开展群众路线教育实践活动有关精神，按照中央关于开门搞活动的要求，受中央统战部委托，广泛听取对中央统战部和全国工商联党组开展群众路线教育实践活动的意见建议，二是审议决定有关人事事项。

当前，按照中共中央《关于在全党深入开展党的群众路线教育实践活动的意见》，从2013年下半年开始，自上而下分两批深入开展党的群众路线教育实践活动。群众路线是中国共产党的生命线和根本工作路线，其基本要义就是一切为了群众、一切依靠群众，从群众中来、到群众中去。中共十八大明确提出，要围绕保持党的先进性和纯洁性，深入开展以为民务实清廉为主要内容的党的群众路线教育实践活动，这是以习近平同志为总书记的中共中央坚持以人为本、执政为民，始终保持同人民群众血肉联系的重大举措。

中央统战部和全国工商联是群众路线教育实践活动的第一批活动单位，按照中共中央关于要让群众来参与、来监督、来评判的要求，这次常委会议是坚持开门搞活动的一个重要形式，重点听取各位常委三个方面的意见建议。一是对中央统战部和全国工商联党组贯彻落实中央八项规定情况和反对形式主义、官僚主义、享乐主义和奢靡之风的意见建议。中央之所以聚焦“四风”问题，主要在于这是群众反映强烈的突出问题，是损害党群干群关系的重要根源。我们在“四风”

方面存在的问题，如在知行不一、不求实效，脱离实际、脱离群众，精神懈怠、不思进取，铺张浪费、以权谋私等方面有什么问题和表现，请大家真诚地提出批评。二是对中央统战部和全国工商联坚持党的群众路线，密切与非公有制经济人士联系的意见建议。密切联系群众是中国共产党的性质和宗旨的体现，是改革开放和社会主义现代化建设顺利推进的重要保障。我们贯彻落实中国共产党的群众路线，最重要的就是要密切与非公有制经济人士的联系，深入企业、深入基层，倾听“原声带”，了解非公有制经济人士的愿望诉求，帮助解决实际困难。在这些方面，我们有哪些做得不够，哪些制度亟待建立和完善，希望大家多提意见。三是对如何更好地发挥全国工商联常委在联系广大非公有制经济人士方面积极作用的意见建议。在座的常委大多是代表人士，发挥大家在联系广大非公有制经济人士方面的积极作用，说到底就是支持工商联工作，进而更好地发挥工商联的桥梁纽带作用，共同促进非公有制经济健康发展和非公有制经济人士健康成长，请大家在这方面献计献策。

会前，我们已经向各省区市工商联发了常委会的有关通知，要求在以上三个方面提前征集非公有制经济人士和市县工商联的意见建议，并形成文字材料。由于这次会议时间紧、任务重，在下面的分组讨论中，希望大家认真思考、踊跃发言，把这次会议开好。下面，我提三点要求。

一要切实增强责任感。中共中央就这次教育实践活动召开了会议、下发了文件，习近平总书记多次作出重要指示、提出明确要求，充分体现了新形势下党要管党、从严治党的坚强决心。作为全国工商联常委，大家所提的每一条意见建议我们都会高度重视，希望大家本着对中国共产党负责、对统一战线工作负责、对工商联事业负责的态度，精心准备、认真讨论。二要敢讲真话讲实话。这次会议要求不穿靴戴帽、不讲套话空话。对于作风方面存在的突出问题，尤其是与中共中央八项规定相悖的现象，要敢于讲出来，不避重就轻，不怕触及问题实质；对于形式主义、官僚主义、享乐主义和奢靡之风等方面存在的问题更要大胆说出来，有一说一、有二说二，不要有思想顾虑。三要结合实际。常委们有的来自地方工商联的领导岗位，熟悉地方工作情况；有的来自大中型企业，了解行业最新动态；有的来自小微企业，掌握基层最新动向。大家的意见建议要与非公有制经济发展、非公有制经济人士思想和工商联工作实际紧密结合起来，与非公有制经济人士理想信念教育实践活动紧密结合起来，既要反映当前迫切需要解决的现实问题，又要反映具有苗头性、倾向性的潜在问题，找准靶子、有的放矢、务求实效。

这次常委会议还有一项议程，审议决定有关人事事项。这充分体现出中共中央对工商联领导班子和工商联事业的高度重视。希望各位常委以高度的政治责任感，充分发扬民主，认真参加讨论酝酿，按照程序履行好自己的职责，为切实加强工商联领导班子建设发挥作用。

同志们，这次群众路线教育实践活动意义重大，要求很高，大家一定要自觉增强责任感，高度重视。让我们在以习近平同志为总书记的中共中央坚强领导下，以高度的政治责任感、良好的精神状态、扎实的工作作风，帮助中央统战部和全国工商联把教育实践活动抓紧、抓好、抓出成效，为促进两个健康、推动工商联事业科学发展作出新贡献。

全哲洙同志在全国工商联十一届二次常委会议上的讲话

（2013 年 7 月 25 日）

全国工商联十一届二次常委会议圆满完成各项议程，马上就要结束了。上午会议开始时，王钦敏主席在讲话中，对如何围绕会议主要内容开好这次常委会议提出了明确要求。会议期间，各位常委以对党的建设负责、对统一战线工作负责、对工商联事业负责的态度，对中央统战部和全国工商联党组开展党的群众路线教育实践活动，特别是对在作风建设和“四风”方面存在的突出问题，对坚持党的群众路线、密切联系非公有制经济人士、更好地发挥工商联常委重要作用提出了许多好的意见建议，必将对开展好群众路线教育实践活动产生积极推进作用。对于大家的意见建议，我们将认真加以梳理，进行专题研究，抓紧整改落实。在下一步的活动中，我们还将按照中央要求，继续坚持开门搞活动，欢迎大家参与到活动中来，帮我们找问题，对我们进行监督和评判，共同帮助中央统战部和全国工商联的党员领导干部树立群众观点、贯彻群众路线、提高群众工作能力、改进工作作风，推动两个健康工作再上新台阶。

刚才，会议审议通过了有关人事事项，选举了林毅夫同志担任全国工商联专职副主席和中国民间商会副会长。他从 2005 年到 2012 年担任过全国工商联兼职副主席，是老班子成员，大家对他比较了解和熟悉。林毅夫同志自 1979 年回到祖国大陆定居以来，政治立场坚定，认真履行政协委员和人大代表职责，积极参政议政，并为促进祖国大陆与台湾的交流合作做了大量工作，是党长期联系和培养的无党派代表人士。他作为我国改革开放后第一位从西方学成归国的经济学博士，学风端正，学术造诣很深，在发展经济学、农业经济学、制度经济学等多方面有深入研究和广泛影响，是国际经济学界公认的研究中国经济问题的权威学者之一。他曾在国务院农村发展研究中心、北京大学、世界银行等多个岗位工作，领导管理能力很强，特别是在 2008 年至 2012 年作为第一位发展中国家学者，担任世界银行高级副行长兼首席经济学家，成绩卓著，在海内外享有很高的声望。我们有理由相信，林毅夫同志担任全国工商联专职副主席和中国民间商会副会长，必将对进一步加强全国工商联领导班子建设，提高班子领导素质和能力产生积极作用，也必将为促进两个健康工作作出更大贡献。让我们再次以热烈的掌声对林毅夫同志的当选表示祝贺！

同志们，这次在工商联开展党的群众路线教育实践活动，一个鲜明特色就是以“坚定理想信念、切实转变作风、促进两个健康”为载体，把正在开展的全国非公有制经济人士理想信念教育实践活动，作为贯彻马克思主义群众观点和党的群众路线的具体体现，作为开展党的群众路线教育实践活动的生动课堂，作为检验群众路线教育实践活动成效的重要标准。目前，中央统战部、全国工商联和各省级统战部、工商联都已经开展了党的群众路线教育实践活动。当前和今后一段时间，各地要在党委的统一领导下，把两项活动统筹起来，使其互相融合、互相促进，善于用群众路线教育实践活动引领、深化、推进非公有制经济人士理想信念教育实践活动，善于把统战部和工商联干部特别是各级党员领导干部在群众路线教育实践活动中激发出来的工作热情和务实作风，转化为组织开展好非公有制经济人士理想信念教育实践活动的动力，把两项活动的成果融汇体现在服务和促进两个健康的具体实践中。

下面，利用这个机会，我就广泛扎实推进非公有制经济人士理想信念教育实践活动特别是第二阶段各项工作，再强调四点要求。

一、要把提高思想认识贯穿教育实践活动始终

6 月 20 日在兰州市召开的全国工商联十一届一次常委会议，对广泛深入推进理想信念教育实践活动进行了再动员。一个月来，除新疆维吾尔自治区和新疆生产建设兵团因维稳推迟传达之外，30 个省区市都通过不同形式对全联常委会议精神进行了学习传达，其中 12 个省级工商联还为此专门召开了执委会议、常委会议。截至目前，有 12 个省级党委常委会议对教育实践活动进行研究部署，18 个省级党委主要负责同志对教育实践活动作出批示。总的来看，全国各地理想信念教育实践活动已经进入最重要的学习实践阶段，正在向广度和深度拓展。

思想认识是行动的先导。从前段时间各地活动开展情况看，凡是思想上高度重视、对活动重要性必要性认识深刻的，特别是统战部长和工商联主席、党组书记认识到位并紧紧依靠党委政府领导和指导的，当地的活动开展就有特色、有亮点、有成效。而一些地方工作迟缓，活动处于一般化，根本的原因就是思想认识不端正。有的把教育实践活动看成一般性工作，没有作为2013年首要的政治任务来抓，对教育实践活动认识模糊、理解肤浅；有的认为活动开展牵扯精力、增加负担，甚至认为与当前开展的党的群众路线教育实践活动相冲突，担心顾此失彼；有的认为“三信”问题主要受制于外部环境，政企沟通中政府与企业是主角，统战部、工商联难有作为，有畏难情绪；也有的担忧非公有制经济人士对活动消极抵触，不敢把教育实践活动旗帜鲜明地亮出来，还美其名曰“低调干事”“只做不说”。这些现象，特别是一些领导干部的思想认识不到位的问题，需要引起高度重视。各地一定要把不断深化思想认识作为确保理想信念教育实践活动有特色求实效的基本前提，始终把加强学习、提高认识贯彻于活动的各个环节。当前，要结合党的群众路线教育实践活动学习教育环节的工作部署，把理想信念教育实践活动动员会议精神、《中央统战部、全国工商联关于开展非公有制经济人士理想信念教育实践活动的意见》和全国工商联十一届一次常委会议精神，作为规定的学习内容，牢牢把握活动的主题、主要内容、主体，充分认识活动第二阶段的重要性和必要性。学习实践阶段是整个活动的中心环节和最重要的阶段，是这次活动最鲜明的实践特色的集中体现，决定着活动能否取得实践成果和创新成果。尤其是这一阶段安排的开展各种政企沟通服务活动，为企业办实事解难事，对解决非公有制经济人士“三信”问题至关重要。各级统战部、工商联主要负责人是教育实践活动的第一责任人，要切实负起政治责任来，坚持亲自抓、主动抓、具体抓，统筹协调、精心组织，确保实现第二阶段的预期目标。

二、要把规定动作与自选动作相结合贯穿教育实践活动始终

在全国范围内、在广大非公有制经济人士中、在一段时间内开展集中性教育活动，这在中央统战部和全国工商联工作中没有先例可循。因此，我们在《关于开展非公有制经济人士理想信念教育实践活动的意见》中，提出了确保教育实践活动取得成效的硬任务、硬要求，这些规定动作具有规定性、一致性，不允许“偷工减料”或搞随意“变通”。考虑到各地经济社会发展状况、企业规模和发展阶段各不相同等因素，我们也强调各地区、各单位活动的“自主权”，要求各地结合实际创造性地做好自选动作，充分展示创意和特色，可以多姿多彩、各显神通。在整体活动的三个阶段中，第二阶段的时间跨度长、任务重，要求各地必须完成的规定动作数量最多，同时留给各地开展自选动作的空间也最大，各地必须在结合上下功夫，使规定动作做到位、自选动作有特色，做到稳扎稳打、步步推进。一是要不折不扣做好规定动作。这一阶段的规定动作就是学习讨论和实践活动。既不能只讲学习教育，不开展实践活动，更不能只讲实践活动，忽视甚至省略学习教育。要紧紧围绕学习讨论和实践活动两大类规定动作，切实抓好十八大精神与形势政策宣讲、中国梦主题大讨论，组织好搭建政企沟通平台、组织开展观摩交流、加强企业文化建设、光彩行动、感恩行动等实践活动。二是要精心组织自选动作。要充分结合地方、行业实际、区域特点，不断探索新的载体、平台和方法，善于发挥非公有制经济人士中先进典型的示范、引领作用，运用分类指导等行之有效的方法，打造本地的工作亮点和特色，把教育实践活动不断引向深入。三是要统筹结合各项工作。在前一段调研中，我们发现，有的地方对规定动作“是哪些”不甚了了，活动开展没有章法；有的对规定动作的理解过于僵化，甚至照搬照抄；有的把教育实践活动当成筐，什么都想往里装，简单“打包”“贴标签”，把活动与日常工作随便凑合，敷衍了事。新形势下，繁忙已经成为工商联工作的正常秩序，关键是要把握住统筹兼顾这一科学发展观的根本方法。处理好教育实践活动与各项工作的关系，既要强调规定动作与自选动作之间的衔接，也要强调理想信念教育实践活动与群众路线教育实践活动和年度各项重点工作的衔接，努力实现深度融合，做到两结合、两不误、两促进。

三、要把探索创新贯穿教育实践活动始终

创新是一个极具挑战性的过程，是以新的理念、运用新的方法、开启新的途径、实现新的目标的思维活动和实践活动。非公有制经济人士工作是党的群众工作的新领域，开展理想信念教育实践活动是加强和改进非公有制经济人士思想政治工作的新探索，有许多新情况、新问题需要解决，必须把改革创新的精神贯穿始终。一要在发挥主体作用上创新。外因是变化的条件，内因是变化的根据，起决定性作用。开展理想信念教育实践活动，必须始终立足于引导教育和自我教育相结合，通过形式多样、简便易行、喜闻乐见的活动载体，充分调动非公有制经济人士的积极性主动性创造性。非公有制经济人士的主体作用，主要反映在对活动的参与热情上，主要表现在自我认识、自我激励上。各地要善于换位思考，充分考虑符合他们需求和特点的活动形式、培训内容、讨论题目、实践活动，真正把这次活动办成他们自己的学习教育活动。代表人士是非公有制经济人士队伍的中坚力量，要坚持标准高一些、要求严一些，既要做活动的参与者和实践者，也要做活动的组织者和推进者，带头学习、带头实践，发挥示范引领作用。二要在实践活动上创新。教育实践活动，重在实践，重在行动。第二阶段的实践活动主要有三类：第一类是搭建政企沟通平台，为企业解决实际困难，主要靠协调党委政府负责人及其相关部门来实现；第二类是组织企业参加现场观摩、搭建企业间的合作交流平台，主要靠组织会员企业及其产业链上下游相关企业来实现；第三类是组织企业家参加革命传统教育活动、光彩事业及其他社会公益慈善活动，主要靠动员组织有一定影响的非公有制经济代表人士来实现。各地要把握好这些实践活动的主要目标和基本要求，在具体的表现形式、内容设计、舆论宣传等方面大胆创新，探索建立富有特色的活动品牌和切实管用的长效机制。三要在发挥基层作用上创新。县级工商联和商会是教育实践活动的组织基础和重要依托，商会更是工商联工作的手臂和延伸。要扩大覆盖面，最大限度地动员小微企业经营者和思想认识处于“一般状态”的企业出资人这两个“大多数”积极参加，将教育实践活动向基层组织拓展、向小微企业延伸、向更广范围推进，必须依靠基层；要取得活动实效，最大限度地了解非公有制经济人士所思所想所盼，帮助企业解决最直接、最现实、最迫切的问题，也必须依靠基层。各地要把推进教育实践活动与加强基层组织建设结合起来，通过活动争取党委政府的支持，加快从根本上缓解基层组织建设长期薄弱的问题；要把县级工商联和商会开展工作的主要精力集中到教育实践活动上来，通过县级工商联和商会把活动落实到广大非公有制经济人士中去。四要在舆论宣传上创新。对这次理想信念教育实践活动，各级党委政府很重视，社会各方面很关注，非公有制经济人士很欢迎，要善于通过舆论宣传扩大活动的影响力。要大力宣传教育实践活动的工作进展和实际成效，宣传活动中的好经验、好做法，及时反映社会各界特别是各级党委政府和广大非公有制经济人士的积极反响。要发挥先进典型的正面引导作用，发现、挖掘一批坚定“三信”的非公有制经济人士典型，一批组织领导有力、活动开展有特色、教育引导有成效的工商联和商会典型。要创新宣传方式，充分利用工商时报、机关网站等自有媒体，探索运用网络等新媒体，实现传播效应的最大化，积聚推动教育实践活动的正能量。

四、要把加强督促检查贯穿教育实践活动始终

督促检查是推进工作落实的重要手段和成功经验。理想信念教育实践活动政治性强、覆盖面广、任务很重，各地活动领导小组必须在抓好安排部署的同时，全程督察指导下一级的教育实践活动。一要抓住督察重点。要积极协调推动，为下级工商联争取地方党委政府的重视支持，形成多方推进理想信念教育实践活动的工作合力；要把活动教育领导小组主要领导是否做到“亲自抓、主动抓、具体抓，统筹协调、精心组织”作为督察的重要方面，督促第一责任人肩负起应有的职责；要盯住基础薄弱、工作滞后的单位和地区，切实解决工作不平衡、进展差距大的问题。对遇到的苗头性、倾向性问题，要及时分析研判，提出应对措施和解决办法，为下一步活动安排提供参考。二要完善督察方法。调研指导、简报指导、典型指导等都是经实践证明有效管用的督察方法。要深入县级工商联和各类商会进行调研，既要听汇报、看材料，更要面对面交流，注重个别访谈，多角度、全方位地了解工作进展和活动成效。我们多次要求各地都要建立一批活动联系点，总结点上经验，指导面上工作。这既是组织开展教育实践活动的一项重要内容，也是我们获得第一手材料、加强具体指导和督促推进活动开展的一个重要方法，务必要抓实抓好。各联系点也要坚持高标准、严要求，积极为推进活动创造新鲜经验，提供借鉴和示范。坚持分类指导是做好督察工作的重要原则。要在遵循统一原则要求的基础上，对不同地区、不同层级的教育实践活动提出差异化要求，针对各地需要解决问题的不同，提出具体指导意见，不搞“一个模式”“齐步走”。三要改进工作作风。对下督察的过程也是联系群众和服务基层的过程，是检验作风建设成效的过程。一方面，要沉下去，坚持身入心入，亲临一线，面对面地开展工作，多听“原声带”，克服简单听听汇报、开开会等一般化的指导方式。另一方面，要了解实情，发现问题要及时指出，切实帮助改进；对走过场的，要严肃批评，要求及时“补课”。

同志们，非公有制经济人士理想信念教育实践活动是各级统战部、工商联践行两个健康工作主题的一次新探索，更是各级机关干部接受党的群众路线教育的一次新实践，没有现成的经验可以参照，必须边进行、边总结、边提高。我们要以高度的政治责任感、良好的精神状态和扎实的工作作风，统筹推进各项工作，努力实现非公有制经济人士受教育，企业发展上台阶，机关工作上水平，为促进两个健康提供新动力，为实现党的十八大确定的奋斗目标和中华民族伟大复兴的中国梦作出新贡献。

全国工商联十一届二次执委会议

会议综述

全国工商联十一届二次执委会议 2013 年 12 月 19 日至 20 日在广西壮族自治区南宁市召开。这次会议的主要内容是深入学习贯彻党的十八大、十八届三中全会和中央经济工作会议精神，围绕两个健康工作主题，总结 2013 年工作特别是非公有制经济人士理想信念教育实践活动，并部署 2014 年工作。

全国政协副主席、全国工商联主席王钦敏受常委会委托作工作报告，中央统战部副部长，全国工商联党组书记、常务副主席全哲洙发表讲话。广西壮族自治区党委书记彭清华致辞。全国工商联副主席黄荣在会上宣读了《全国工商联关于授予 2013 年中华全国工商业联合会科学技术奖的决定》。

会议听取了中国国际经济交流中心常务副理事长郑新立作的党的十八届三中全会精神辅导报告，并通过了有关人事事项，圆满完成了各项议程。

广西壮族自治区政府主席陈武，自治区党委常委、常务副主席黄道伟，自治区党委常委、秘书长范晓莉，自治区政协副主席、统战部长赖德荣，全国工商联党组副书记、副主席黄小祥，副主席谢经荣、黄荣、庄聪生、李路、林毅夫、安七一、王志雄、卢文端、史贵禄、孙荫环、苏志刚、李河君、李彦宏、陈经纬、何俊明、张建宏、茅永红、周海江、徐冠巨、董文标、程红，中国民间商会副会长王文彪、刘志强、刘沧龙、许连捷、孙甚林、吴一坚、黄代放、霍震寰，中央统战部、广西壮族自治区有关部门负责同志及全国工商联执委共 400 余人出席会议。

王钦敏同志在全国工商联十一届二次执委会议上的工作报告

（2013 年 12 月 19 日）

受常委会的委托，我向中华全国工商业联合会第十一届执行委员会第二次会议作工作报告，请予审议。

一、一年来的工作总结

即将过去的一年，是学习贯彻党的十八大精神开局之年，也是全国工商联迎来 60 华诞，深入贯彻落实中央 16 号文件精神、继续开拓创新的一年。我们在全国范围内广泛开展了非公有制经济人士理想信念教育实践活动，组织开展《国务院关于鼓励支持和引导民间投资健康发展的若干意见》（国发〔2010〕13 号，简称“民间投资 36 条”）实施细则和《国务院关于进一步支持小型微型企业健康发展的意见》（国发〔2012〕14 号，简称“小微企业 29 条”）第三方评估工作，加强县级工商联建设，精心编写工商联简史，开展以“为民、务实、清廉”为主要内容的党的群众路线教育实践活动，进一步促进了非公有制经济健康发展和非公有制经济人士健康成长。

（一）积极开展理想信念教育实践活动，不断创新促进两个健康工作实践

为贯彻落实十八大精神，2013 年初全国工商联用两个多月时间开展了非公有制经济人士思想状况调研，习近平、李克强、俞正声等中央领导同志对调研报告作出重要批示。在习近平总书记等中央领导同志的关怀和支持下，从 5 月起，中央统战部和全国工商联开展了以“民营企业家与中国梦”为主题，以增强非公有制经济人士对中国特色社会主义的信念、对党和政府的信任、对企业发展的信心为主要内容的理想信念教育实践活动，通过召开动员大会和两次常委会议进行部署和推动。活动开展以来，有 23 个省区市和新疆生产建设兵团召开党委常委会议专题研究部署，各省区市党政主要领导对活动批示达 51 次。10 月 30 日，全国非公有制经济人士理想信念报告会在人民大会堂召开，中共中央政治局常委、全国政协主席俞正声出席会议并作重要讲话，6 位民营企业家做大会发言，全国共 2.9 万人参加电视电话会议，中央电视台进行了实况录播。

在活动中，我们依托各级工商联和各类商会，将活动向基层组织拓展，向小微企业延伸；我们坚持突出实践特色，把解疑释惑和解决企业实际问题有机结合起来，既做教育引导、沟通思想、形成共识的工作，又帮助企业办实事解难题，努力为企业排忧解难；我们充分发挥非公有制经济人士的主体作用，积极回应他们的所思所想所盼，调动他们参与活动的积极性和主动性；我们坚持改革创新精神，既强调“规定动作”，又鼓励“自选动作”，根据非公有制经济人士所在地区、所在企业和成长经历的不同，精心设计活动载体和方式。这次活动参加人数之多、覆盖面之广、影响力之大前所未有，开创了非公有制经济人士思想政治工作新路子，有效地促进了两个健康工作。

努力提高思想政治素质，增强非公有制经济人士对中国特色社会主义的信念。信念关系政治方向和政治立场，是“三信”的总开关，为增强信任、信心提供持久动力。增强非公有制经济人士对中国特色社会主义的信念就是增强他们对坚持中国特色社会主义发展道路的政治认同，自觉把实现企业梦和个人梦融入中华民族伟大复兴的中国梦。全国共组织报告会、座谈会、论坛、专题培训等活动 1 万余场，邀请党政领导、专家学者、企业家 1.2 万人进行形势政策宣讲和专题演讲，有 130 多万非公有制经济人士参加学习培训。黑龙江、青海、西藏和新疆生产建设兵团等，开展“民营企业家与中国梦”“中国梦与理想信念”等系列教育活动，广泛发动非公有制经济人士结合创业发展经历忆成长、话梦想、讲贡

献。江苏、河北、湖南、江西、海南、宁夏等地组织“企业家报告团”，到市、县（区）作巡回报告。四川依托基层商会组织优势，成立企业宣传辅导员队伍，举办辅导员培训班，通过报告会、宣讲会和座谈会等形式深入企业宣讲。中央统战部和全国工商联以“弘扬延安精神，共筑中国梦”为主题，组织非公有制经济人士感恩革命老区延安行活动，和中国光彩事业促进会开展光彩事业六安行、西藏行、赣州行等实践活动。全国各地组织光彩事业、感恩行动、扶贫帮困等实践活动2万多场。福建充分发挥先进典型的示范引领作用，组织中小企业到示范点参观学习，让企业家现身说法。新疆维吾尔自治区工商联结合民族地区实际，把维护民族团结和社会稳定作为教育实践活动的重要内容，与区党委宣传部联合召开工商界维护稳定座谈会，引导非公有制经济人士增强“三信”，筑牢反对“三股势力”的思想防线。

积极推动发展环境改善，进一步增强非公有制经济人士对党和政府的信任。信任来源于坚定的信念，还与发展环境紧密相关，并直接影响企业发展信心。各级工商联组织发挥桥梁纽带和助手作用，搭建政企沟通对话渠道，落实非公有制经济发展政策，增进政府与企业之间的相互理解、相互信任。全国工商联分别与国家发改委、工信部、中编办共同举办民营企业座谈会，听取对激发民间投资活力、促进中小企业发展、减少行政审批等方面的意见建议。参与中小企业促进法修改、社会组织体制改革等15项立法工作，与最高检、国家发改委、国家统计局等多部门建立部际合作机制，共同营造公平公正的发展环境。上海市委下发了《关于建立上海市民营经济联席会议制度的通知》，形成了市委市政府多个部门与工商联定期召开会议的工作机制，整合多方资源协调解决民营经济发展中的突出问题。广西壮族自治区区委书记、区政府主席分别召开民营企业家座谈会，广泛征求意见建议，开展“形势政策教育走进非公有制企业”活动，为促进非公有制经济发展营造良好环境。山东省对制约民营经济发展的审批事项进行了清理，取消和下放了一批行政审批（备案）职能。北京市工商联与市发改委、商委等多部门建立合作机制，共同开展优化企业创新政策环境调研。重庆组织2000多名民营企业家评价政府绩效，并选派一批党政机关干部到民营企业挂职。广东省工商联与省外办合作，首创“各国驻穗领事官员广东民企行”活动，26个驻穗领馆近40位领事官员与30多位民营企业代表面对面沟通交流。安徽、宁夏、吉林、内蒙古、河南、四川、天津、广西等省区市党委政府陆续召开促进民营经济发展大会，推出具有当地特点的促进民营经济发展政策措施。

切实解决企业发展难题，进一步增强非公有制经济人士发展信心。信心来源于信念和信任，是衡量非公有制经济人士信念和信任的重要标准，也是企业自身素质、发展状况和发展环境的直接反映。各地围绕企业最关心的发展问题，引导非公有制经济人士认清我国深化改革、扩大内需带来的发展机遇，积极应对发展中的困难和挑战。同时，努力创新服务方式，帮助企业解决困难，坚定企业发展信心。天津、浙江、安徽等地党政主要领导主持召开民营企业家座谈会，听取企业的意见并协调解决实际问题。山东淄博市委把教育实践活动作为一项全局性工作来抓，不仅通过增加工商联编制和经费，推动活动开展，还组织中小企业政策落实专项推进活动、政银企推进会等专项活动，帮助企业解决实际问题。甘肃、陕西、云南等地建立党政领导干部帮扶联系企业办法，定期到企业联系点调研，协调解决企业发展难题。湖北省组织“百名书记面对面”活动，全省各级统战部门和工商联近千名干部进企业，结合“进万家民企、促跨越发展”活动，为企业办实事解难题。河南成立小微企业服务中心，与银行合作为小微企业提供无抵押贷款5.6亿元。山西省经工商联积极争取，省政府安排专项财政资金1500万元，用于小微企业出资人培训，同时为340家中小企业争取补贴7000多万元。贵州省开展“访千家企业、办千件实事”和“安商百日行”活动。辽宁省召开非公有制企业转变发展方式经验交流会，探索转型升级思路，相互借鉴成功经验，把发展立足点转到提高质量和效益上来。针对民营企业“签证难”等问题，全国工商联与外交部领事司共同开展民营企业外事服务调研，为民营企业“走出去”便利化建言献策。

回顾半年多来的活动情况，我们深刻认识到，“三信”相互联系、相互促进，统一于两个健康工作主题，回应了广大非公有制经济人士“受信任、盼改革、要公平、求安全、谋发展”的关切和期盼。理想信念教育实践活动，始终突出思想政治工作的生命线地位，丰富了两个健康的工作理论和工作实践，必将对坚持走中国特色的工商联发展道路产生重大影响。

（二）探索开展第三方评估工作，有效发挥政府的助手作用

国务院颁发的“民间投资36条”和“小微企业29条”是优化民间投资环境、促进小微企业发展的两个重要文件。在推动文件贯彻落实中，全国工商联与国家发改委、工信部保持密切的联系合作。2013年，受国家发改委和工信部委托，分别组织了对“民间投资36条”实施细则和“小微企业29条”贯彻落实情况的评估工作。我们调动并依托地方工商联和行业商会的力量，将广泛调研和重点调研相结合，发放3000多份调查问卷，召开90多场企业家和商会负责人座谈会，获取大量数据和案例。评估报告对制约民间投资和小微企业发展的体制机制性问题进行了深入分析，提出了意见建议，李克强、俞正声、马凯等中央领导同志作出重要批示。2013年9月，国务院常务会议专门听取全国工商联关于“民间投资36条”实施细则评估汇报。会议认为，评估报告准确反映出政策措施在很多方面落实还不到位，必须通过深化改革，破除体制机制障碍，营造良好环境，让社会资本释放巨大潜力。会议要求有关部门限期拿出改进措施，尽快向民营企业推出项目，全面清理修订有关民间投资的法律法规。会后，国家发改委、国土资源部、财政部、银监会等16部委主动到工商联征求意见。以第三方的身份开展国家政策落实效果评估工作，为党和政府了解政策落实情况提供了新的途径，为促进政策的贯彻落实找到了新的方式，为工商联坚持两个健康工作主题、发挥政府管理和服务非公有制经济助手作用拓展了新的渠道。2013年，我们还组织和参与组织了“民企陇上行”“民企入桂”等20多项经贸活动；与国家林业局、国务院扶贫办开展合作，引导和鼓励民营经济参与现代林业推动生态文明建设和农村扶贫开发；与人力资源和社会保障部和全国总工会联合表彰了100家全国就业与社会保障先进民营企业。

（三）围绕“一个设立、五个有”的工作目标，县级工商联建设取得阶段性成果

县级工商联是工商联事业发展的基础，加强县级工商联建设是工商联的一项基础性和长期性工作。几年来，在地方党委政府的领导下，各级工商联深入贯彻落实中央16号文件精神，坚持抓基层、打基础的工作思路，以促进县域经济发展为中心，充分调动基层组织的主动性和积极性，打了一场加强县级工商联建设的攻坚战。截至目前，20个省区市的县级工商联全部实现了“一个设立、五个有”，全国90.5%以上的县级工商联实现了这一阶段性工作目标，设立党组的县级工商联占比达93%，工商联基层组织“高位截瘫”状况基本改变。2013年9月，全国工商联在湖北省宜昌市召开县级工商联建设经验交流会，总结中央16号文件下发以来各地加强县级工商联建设的经验做法，部署今后一个时期争创“五好”县级工商联的目标任务。在这次会议上，湖北省委介绍了通过加强领导，切实提高县级工商联建设水平和充分发挥县级工商联作用的经验。2013年10月，全国工商联和人力资源和社会保障部表彰了工商联系统32个先进集体和10位先进工作者。

（四）献礼工商联60华诞，精心编写出版《中华全国工商业联合会简史》

在全国工商联成立60周年之际，《中华全国工商业联合会简史》（以下简称《简史》）付梓出版。该书在查阅大量历史资料、广泛听取统战部和工商联老领导、老同志以及原工商业者意见的基础上编写而成。《简史》概述了全国工商联从1953年10月至2013年10月的发展历程，展现了工商联在社会主义革命、建设和改革开放不同时期的职能作用发挥、组织沿革情况和重要历史事件。全国工商联的60年，是在中国共产党的正确领导下，围绕中心、服务大局，履职尽责、发挥作用的60年。“以史为鉴，可以知兴替”，《简史》的面世，再现了原工商业者为恢复国民经济建设，巩固新生人民政权，自觉接受社会主义改造，建立社会主义制度作出贡献的历

史；展示了非公有制经济从小到大、蓬勃发展，成为改革开放和社会主义现代化建设重要力量的历程。通过工商联历史研究证明，中国共产党的坚强领导，是工商联事业不断发展壮大的根本保证。面对新形势和新要求，我们必须坚持中国共产党的领导，团结广大非公有制经济人士坚定不移地走中国特色社会主义道路，才能在党和国家工作全局中发挥更大作用。《简史》汇集了多年来工商联工作实践和理论研究成果，为工商联建立了"家谱"，提出了为什么建设工商联、怎样建设工商联和建设什么样的工商联等重大问题，是广大工商联干部和非公有制经济人士学习研究工商联发展历史、把握工商联性质地位和职能作用的重要教材，是社会各界了解工商联事业和非公有制经济发展的重要窗口。

（五）深入开展党的群众路线教育实践活动，切实加强机关作风建设

2013 年 7 月以来，根据中共中央统一部署，全国工商联和各省级工商联党组开展了以为民务实清廉为主要内容的党的群众路线教育实践活动。全国工商联结合贯彻落实中央八项规定要求，紧扣两个健康工作主题，坚持以整风精神开门搞活动。聚焦"四风"问题，我们专门召开十一届二次常委会议，认真听取常委们的意见建议，向全国各省区市工商联书面征求意见。在广泛征求意见的基础上，查摆出的主要问题是，理论学习、会议活动、调查研究不重实效的形式主义问题；脱离实际、情况不明、效率不高的官僚主义问题；放松要求、降低标准、不思进取的享乐主义问题；大手大脚、铺张浪费、把关不严的奢靡之风问题。针对存在的突出问题，形成了活动整改方案、"四风"突出问题专项整治方案和制度建设计划（简称"两方案一计划"），明确整改目标、责任部门、责任人及整改时限。目前，根据"两方案一计划"，共修订完善 37 项、废止 15 项、新建 8 项制度。机关和直属单位党（总）支部按照统一要求，精心组织，狠抓落实，进一步坚定了广大党员干部的理想信念，增强了宗旨意识和群众观念，机关作风得到较大改进。

在总结成绩的同时也要看到，与新形势新任务的要求相比，我们的工作还存在一些差距。一是在践行两个健康工作主题中缺乏正确的思维方式，大局观念不强，抓不住问题的本质，习惯用老眼光看待新事物、用老办法解决新问题。二是在工作中深入基层调查研究不扎实，工作浮于表面、流于形式，对重点工作抓得不实、不得力，缺少啃硬骨头的精神。三是专门委员会作用发挥不够，与专门委员会的专家和执委常委的经常性联系较少，相关工作机制有待建立和完善。对于这些问题，我们要高度重视，切实通过不断解放思想、提高干部综合素质、加强制度建设等加以解决。

二、全面领会准确把握党的十八届三中全会精神

党的十八届三中全会深刻分析了我国改革发展稳定面临的重大理论和实践问题，提出了全面深化改革的指导思想、目标任务、重大原则。会议审议通过的《中共中央关于全面深化改革若干重大问题的决定》，深刻反映了改革发展的趋势和要求，回应了人民群众的期盼和关切，为全面深化改革指明了方向。认真学习贯彻落实十八届三中全会精神，全面准确把握《决定》提出的重大理论观点和重大战略部署，是当前工商联的重大政治任务，是促进两个健康工作的必然要求。

（一）深刻把握全面深化改革的重点是经济体制改革

《决定》明确提出，经济体制改革是全面深化改革的重点，核心问题是处理好政府和市场的关系，使市场在资源配置中起决定性作用和更好地发挥政府的作用。

改革开放以来，我国经济社会发展能够取得举世瞩目的成就，能够经受住国际金融危机和世界经济低迷的冲击，一个重要原因就是不断深化经济体制改革。当前，经济领域仍然存在一系列深层次矛盾和结构性问题，突出表现在政府直接配置资源过多、对经济活动干预过多、存在多种形式的行政垄断。政府的越位、错位、缺位阻碍了生产要素的自由流动，妨碍了公平竞争市场环境的形成，导致了部分商品和要素价格扭曲、结构不合理、产能过剩、一些领域和地方潜在风险积累、生态环境恶化。实践证明，在公平正义的前提下，凡是能够依靠市场调节并能产生效率和效益的都由市场做主，达到要素价格供求关系真实、资源环境成本降低、市场主体创新活力增强

的目的。而政府的作用在于弥补市场失灵，因势利导地履行宏观调控、公共服务、市场监管、社会管理、环境保护等职能。这“两个作用”优势互补、相辅相成，充分反映了中国共产党对社会主义市场经济规律性认识的与时俱进，必将最大限度地激发各类市场主体的创业、创新活力。

以经济体制改革为重点，还体现在对其他改革的牵引作用上。经济基础决定上层建筑。经济体制改革的任务就是推动生产关系同生产力、上层建筑同经济基础相适应，进而牵引其他各领域改革，推动经济社会持续健康发展。经济体制改革的深入，必然会加快市场化进程，推动政府进一步简政放权，带动科技、教育、文化、医疗、社会保障、生态文明建设等领域的改革创新和繁荣发展。以“重点”牵引全面深化改革，必将为非公有制经济健康发展提供越来越广阔的空间。

（二）深刻把握全面深化改革为非公有制经济带来的机遇和挑战

改革开放以来的实践证明，每一次党的理论和实践的重大创新都带来了非公有制经济的快速发展。《决定》围绕坚持和完善我国基本经济制度，提出一系列重大理论观点和政策举措，将对非公有制经济发展产生极大的推动作用。

《决定》将基本经济制度提升到中国特色社会主义制度重要支柱、社会主义市场经济体制根基的高度，指出公有制经济和非公有制经济都是社会主义市场经济的重要组成部分、都是经济社会发展的重要基础，重申“两个毫不动摇”并赋予新的内涵。这体现了党和国家发展非公有制经济政策的连续性和坚定性，昭示了发展非公有制经济绝不是可有可无的，更不是权宜之计，是坚持和发展中国特色社会主义必须毫不动摇的战略方针。

产权是所有制的核心。《决定》提出“公有制经济财产权不可侵犯，非公有制经济财产权同样不可侵犯”，并进一步指出保证各种所有制经济依法平等使用生产要素、公开公平公正参与市场竞争、同等受到法律保护。这大大深化了基本经济制度的内涵，解除了非公有制经济的发展之虑、后顾之忧，也必将在土地、资本、技术、信息、知识等生产要素配置方面消除所有制差别带来的偏见和垄断，进而激发民间投资的巨大潜力。《决定》把发展混合所有制经济从“公有制的有效实现形式”提升到“基本经济制度的重要实现形式”，从允许各种所有制资本“参股”到鼓励“交叉持股、相互融合”；鼓励非公有制企业参与国有企业改革，鼓励发展非公有资本控股的混合所有制企业，鼓励有条件的私营企业建立现代企业制度。这为非公有制经济参与国有企业改革、与各类资本平等竞争指明了方向，是坚持和完善基本经济制度的重要着力点。

《决定》提出坚持权利平等、机会平等、规则平等，废除对非公有制经济各种形式的不合理规定，消除各种隐性壁垒，制订非公有制企业进入特许经营领域具体办法；强调实行统一的市场准入制度，在制订负面清单基础上，各类市场主体可依法平等进入清单之外的领域。这些新政策，彰显了党和国家下决心破除垄断，建设统一开放、竞争有序市场体系和公平开放透明市场规则的魄力。

《决定》提出“强化企业在技术创新中的主体地位，发挥大型企业创新骨干作用，激发中小企业创新活力”“发展技术市场，健全技术转移机制，改善科技型中小企业融资条件”“允许具备条件的民间资本依法发起设立中小型银行等金融机构”，以及鼓励社会资本投向农业、城市基础设施、文化产业、医疗服务、生态环境保护、军品科研生产和维修等领域。这些改革措施，对于充分激发民间投资活力，对于非公有制企业转型升级，尤其是对帮助中小微企业获得技术、资金、用地等方面的支持，把发展的立足点转到提高质量和效益上来，将起到极大的推动作用。

我们必须看到，全面深化改革对非公有制经济不仅仅是激励和支持，同时也有规范和约束，客观上要求企业必须练好内功、提高素质。当前，许多企业技术创新和研发投入不足，没有形成核心竞争力，始终徘徊在产业链低端；一些企业无视生态环境保护，粗放型生产经营，造成能源资源严重浪费；一些企业盲目扩张，导致资金链紧张甚至断裂，引发一系列社会问题；一些企业法律意识淡薄，忽视安全生产和保障职工合法权益，造成劳动关系紧张；一些企业缺乏商业道德，诚信缺失，扰乱了市场经济的正常秩序；一些大企业内部治理结构还不完善，没有建立现代企业制度。面对全面深化改革的新形势，市场经济将更规范，市场竞争将更激烈，优胜劣汰是根本规律，非公有制企业必须强化机遇意识和忧患意识，在抢抓机遇的同时清醒认识自身不足，在内部治理、技术创新、经营管理、市场开拓等方面下功夫，提高企业自身素质和市场竞争力，努力实现科学发展。

（三）深刻把握全面深化改革对工商联工作提出的新要求

全面深化改革是全方位改革，涉及各领域、多方面，工商联工作是党的统一战线工作和经济工作的重要内容，任何一方面都离不开深化改革。各级工商联干部和广大非公有制经济人士要把思想和行动统一到十八届三中全会精神上来，为推进全面深化改革汇聚正能量。

《决定》提出，实践发展永无止境，解放思想永无止境，改革开放永无止境。非公有制经济领域，无论在理论上还是在实践上都处在改革开放的前沿。做好全面深化改革新形势下工商联工作，必须以改革为统领，坚持不懈地解放思想、转变观念、与时俱进。要善于运用改革的思路和办法，敢于打破思维定势，用新视角观察新变化，用新观念研究新事物，用新机制解决新问题，在不断的探索和实践中总结促进两个健康工作的规律性认识，推动工商联事业不断蓬勃发展。

《决定》把完善和发展中国特色社会主义制度，推进国家治理体系和治理能力现代化，作为全面深化改革的总目标，这对新形势下工商联服务两个健康的工作提出了更高要求。《决定》提出“加快实施政社分开”“限期实现行业协会商会与行政机关真正脱钩”，这是国家实现治理体系现代化的一个重要方面，随着政府职能的加快转变，大量社会管理职能将陆续向社会组织转移。我们一定要把握社会组织管理制度改革的大趋势，认清工商联作为党领导的人民团体和商会组织具有鲜明的商会属性，认清所属各类商会作为基层组织是工商联开展工作的重要依托，在促进两个健康中具有不可或缺的独特优势和作用。面对行业协会商会即将实行直接登记、一地一业多会的机遇和挑战，要围绕如何培育和发展中国特色商会组织、处理好指导和服务的关系、协调好规范与自主的关系深入开展调查研究，推进商会组织明确权责、依法自治，真正发挥工商联在行业协会商会改革发展中的促进作用。

《决定》提出，“要推进协商民主广泛多层制度化发展，发挥统一战线在协商民主中的重要作用，发挥人民政协作为协商民主重要渠道作用”。工商联作为中国共产党领导的统一战线组织和人民政协的重要界别，必须按照《决定》的要求，做好了解意愿诉求、反映意见建议的工作，就改善非公有制经济发展环境积极建言献策，帮助非公有制经济人士提高参政议政能力，在广泛多层制度化的协商民主中发挥作用。

各级工商联和广大非公有制经济人士要通过深入学习，全面领会十八届三中全会精神，准确把握其丰富内涵和精神实质。要把学习宣传贯彻十八届三中全会精神与深入贯彻中央16号文件精神结合起来，与促进两个健康的工作实践结合起来，与履行工商联职能作用结合起来，积极回应非公有制企业和非公有制经济人士新期盼，努力探索中国特色工商联发展道路，推动工商联事业再上新台阶。

三、2014年重点工作

2014年工商联工作的总体要求是，认真贯彻落实党的十八大、十八届三中全会和中央经济工作会议精神，把改革创新贯穿于工作的各个环节，进一步推动中央16号文件精神的全面落实，牢牢把握两个健康工作主题，坚持面向基层，重心下移，广泛深入开展非公有制经济人士理想信念教育实践活动，服务中小微企业技术创新，注重理论研究，加强法律维权工作，激发基层组织活力，切实改进作风，团结凝聚广大非公有制经济人士积极参与全面深化改革的伟大实践。

（一）广泛深入开展理想信念教育实践活动，建立长效机制

信誉关系到企业的形象，是企业的安身立命之本。当前，我国绝大多数民营企业能够积极履行社会责任，具有良好的社会信誉。但是，有些企业诚信缺失，在产品质量、安全生产、员工权益、环境保护、法制观念等方面存在一些问题，严重影响了民营企业家的整体社会形象。针对这些问题，2014年我们将在“三信”的基础上增加“对社会的信誉”的内容，进一步推进理想信念教育实践活动。各级工商联要紧密结合学习贯彻十

八大和十八届三中全会精神，在认真总结非公有制经济人士理想信念教育实践活动成功经验和规律性认识的基础上，把以引导非公有制经济人士对中国特色社会主义的信念、对党和政府的信任、对企业发展的信心和对社会的信誉（以下简称四信）为主要内容的理想信念教育实践活动，作为在非公有制经济领域开展中国特色社会主义学习实践活动的重要方式，继续广泛深入开展下去。

要把民营企业文化建设作为理想信念教育实践活动坚持经常的重要途径。抓紧研究制订新形势下加强民营企业文化建设的意见，把党建工作与企业文化建设互融互通，引导民营企业坚持社会主义先进文化前进方向，使“四信”内化于企业发展全过程，培育健康向上的企业文化。要加大教育培训力度，结合非公有制经济人士多元化、差异化特点，丰富培训内容、创新培训方式，特别是要采取专家讲座、企业观摩、调研考察等民营企业家喜闻乐见的方式，逐步形成多渠道、多层次、多形式的教育培训格局。目前，已有18个省级工商联设立了专项培训经费，其他地方也要抓紧落实。要结合第四届优秀中国特色社会主义事业建设者评选表彰活动，加大典型宣传力度，在全社会展示非公有制经济人士的良好精神风貌。要以光彩事业开展20周年为契机，引导民营企业积极参与光彩事业、社会公益慈善活动和扶贫开发活动，积极履行社会责任。要注重发挥县级工商联和商会作用，有效利用微博、微信等新媒体，将活动向基层不断延伸，扩大活动覆盖面，拓展理想信念教育实践活动的广度和深度，切实形成理想信念教育实践活动长效机制。

（二）开展中小微企业技术创新综合调研，引导企业加快转型升级

技术创新是推动经济可持续发展的重要方面，面对能源资源紧缺、生产成本上升，实施创新驱动发展战略、增强技术创新能力，已经成为企业加快转型升级、实现发展方式转变的关键。当前，各级工商联围绕中心、服务大局，就要在服务民营企业加强技术创新上多做文章、多出实招，引导企业实现转型升级。要认真做好《国务院办公厅关于强化企业技术创新主体地位，全面提升企业创新能力的意见》（国办发〔2013〕8号）在民营企业落实情况的第三方独立评估工作。根据科技部委托，全面了解《意见》的贯彻落实情况，真实反映存在的突出矛盾和问题，为进一步支持民营企业技术创新营造良好发展环境。在此基础上，2014年3月，要举全系统之力，深入开展中小微企业技术创新状况综合调研，围绕十八届三中全会关于促进企业技术创新等新举措，从金融、财税、人才、科技体制和公共服务平台等方面，提出促进中小微企业技术创新的政策建议。各级工商联要对综合调研给予高度重视，按照全国工商联的要求和部署，认真谋划、精心组织，深入开展调查研究。要树立一批坚持技术创新的中小微企业典型和技术公共服务案例，推广先进经验做法，引导和服务更多的民营企业重视自主创新，加快转型升级。

（三）切实加强商会建设，进一步激发基层组织的活力

十八届三中全会关于社会组织管理改革的精神，对我们进一步加强商会管理，探索建立中国特色商会组织提出了新要求。各级工商联必须把抓好商会建设工作，放在突出位置、高度重视。要深入开展全国商会工作综合调研，进一步摸清工商联所属商会底数，加强对社会组织管理制度改革形势下工商联商会建设研究。要着重研究分析商会在培育市场功能、规范市场秩序、配置行业资源、服务行业升级、倡导企业自律、维护企业权益等方面面临的新情况新问题，认真总结商会建设的经验做法，就工商联进一步加强商会指导、发挥职能作用等重大问题提出新的思路和举措。要加强对行业商会、异地商会、乡镇商会等基层组织的指导和建设，引导基层商会优化会员结构，扩大会员覆盖面，探索服务会员、服务小微企业的方式和途径，切实提高服务能力和水平。要继续深入贯彻落实全国县级工商联建设经验交流会精神，进一步加大对基层工商联组织建设薄弱地区的指导力度，全面推进“五好”县级工商联建设，尊重基层首创精神，加强示范点的建设指导，总结推广先进经验，努力提升服务质量和效益。

（四）加强法律维权工作，切实维护非公有制企业合法权益

维护非公有制企业的合法权益，是工商联履行职责的重要方面，当前，我国正处在改革攻坚

期、转变发展方式关键期、社会矛盾凸显期，非公有制企业合法权益受到侵犯的现象在一些地方时有发生，影响了非公有制经济的发展。2014 年，我们要召开工商联系统法律维权工作座谈会，共同研究非公有制经济领域维权工作面临的新形势新问题，收集典型案例，总结经验教训，提出下一步维权工作的意见措施。要紧密结合“四信”内容加强法制教育宣传，引导非公有制经济人士学法、懂法，诚信守法。要坚持市场化改革与法制化建设相结合，将进一步完善平等保护的法治环境、公平竞争的市场环境作为开展维权工作的重点来抓，加强工商联系统维权机制建设，完善与司法部门的沟通联系制度，切实维护非公有制企业和出资人的合法权益。

（五）深入开展理论研究，加快推进工商联理论建设

多年以来，工商联理论建设比较薄弱，特别是对于事关工商联事业发展的全局性、基础性、前瞻性问题缺乏系统的研究，对一些好的实践经验缺乏总结和提炼，不能适应工商联事业的发展。中央 16 号文件提出了新形势下工商联许多重大理论观点和政策思想，勾画了工商联理论的基本框架；多年来各级工商联组织积极探索，积累了许多好经验好做法，为形成工商联理论打下了丰富的实践基础；十八大和十八届三中全会关于全面深化改革的重要论述，为工商联理论研究指明了方向、提出了新的内容。要在充分调研和广泛征求意见的基础上，认真总结工商联成立 60 年来特别是改革开放以来在理论和实践方面取得的成果，抓紧形成比较系统的工商联理论研究成果。这是工商联工作的一件大事，是全系统的共同任务，各级工商联要高度重视、积极配合，整合研究资源，加大研究力度，注重调研成果转化，将实践成果上升为理论政策，更好地服务两个健康工作。

（六）以改进作风为着力点，切实加强机关自身建设

“四风”问题具有反复性、顽固性的特点，不是一朝一夕就能解决的，只有持之以恒、驰而不息地抓下去，才能真正取得实效。下一步，要针对查摆出的突出问题，继续抓好整改工作。着力推进制度机制创新，切实落实好“两方案一计划”，形成反对“四风”的长效机制，确保作风建设常态化。2014 年，党的群众路线教育实践活动将在市地、县区和乡镇广泛开展，各级工商联要以此为契机，把加强作风建设作为增强干部综合素质、提高机关工作科学化水平的着力点，力争在改进作风上取得明显成效，以良好作风落实全面深化改革的各项任务。

各级工商联领导干部要大兴调查研究之风，带头深入基层、深入企业，了解非公有制经济人士的思想状况和企业发展情况，积极搭建服务平台，拓展服务手段，为他们办实事解难题。全国工商联建立会领导联系县级工商联和基层商会工作制度，各级工商联组织也要建立相关制度，领导干部要带头深入县级工商联和基层商会联系点，了解掌握情况，指导基层工作。要推进干部队伍建设，加大干部培训和赴基层挂职锻炼工作力度，注重培养干部的政治把握能力、调查研究能力、群众工作能力、落实推进能力。重视发挥执委常委和专委会作用，建立沟通联系机制。要加强各项制度建设的科学性和实效性，狠抓制度落实情况的监督检查，切实解决落实不到位的问题。

加快推进工商联信息化建设。各级工商联要高度重视信息化建设，运用现代信息技术提升服务两个健康的科学化水平。要搞好统筹规划、分步实施、共建共享，建设符合各级工商联工作需要、标准化的信息系统和服务平台，指导各级工商联组织信息化工作。要重点推进办公平台的应用，发挥视频会议系统的作用，提高工作效率。要加强数据库统一规划和建设，了解和掌握非公有制经济人士和会员企业的基本情况，做好统计分析工作，为工商联更好地履行职能、服务两个健康奠定基础。要根据工商联特点和非公有制企业需求，积极搭建信息服务平台，拓展服务手段，切实做好信息服务工作。

各位执委、同志们，让我们更加紧密地团结在以习近平同志为总书记的党中央周围，高举中国特色社会主义伟大旗帜，认真贯彻落实十八大和十八届三中全会精神，进一步解放思想，增强进取意识、危机意识、责任意识，开拓创新，埋头苦干，积极作为，努力为促进两个健康、全面深化改革作出新贡献！

全哲洙同志在全国工商联十一届二次执委会议上的讲话

（2013 年 12 月 20 日）

全国工商联十一届二次执委会议就要结束了。会议期间，我们听取了王钦敏主席受常委会委托作的工作报告，听取了郑新立同志作的党的十八届三中全会精神辅导报告，通过了有关人事事项，圆满完成了各项议程。

党的十八届三中全会通过了《中共中央关于全面深化改革若干重大问题的决定》，突出体现了改革的系统性、整体性、协同性，提出了许多新思想、新论断、新举措，是全面深化改革的又一次总部署、总动员。刚刚闭幕的中央经济工作会议，以贯彻落实十八届三中全会精神为主要任务，强调以坚持稳中求进、改革创新为核心，对 2014 年的经济工作作出了具体部署。我们贯彻落实中央精神，不能停留在以会议落实会议，关键要落实到实际行动上来，落实到工商联工作中来。可以说，这些年特别是中央 16 号文件颁发以来，工商联走过的历程，就是结合实际贯彻落实中央重大决策部署的过程。在这一过程中，各级工商联积极探索实践，积累了宝贵经验，其中最大的成果就是确立两个健康工作主题，为工商联开展各项工作提供了基本遵循。2013 年开展的非公有制经济人士理想信念教育实践活动，集中展示了这些宝贵经验。

从根本上讲，我们之所以在工作上取得了显著成效，在思想上深化了规律性认识，就在于坚持从实践到认识、再实践再认识的辩证唯物主义认识论，就在于坚持解放思想、实事求是、与时俱进、求真务实这个党的思想路线。习近平总书记指出，学好马克思主义哲学是领导干部的看家本领。运用马克思主义基本立场观点方法，形成正确的思维方式与工作方法，是服务科学发展和实现自身科学发展的总开关。有了正确的思维方式与工作方法，才有更多的共同语言，才能减少阻力、形成合力。今天在座的各位执委，不少都是近两年进入工商联领导机构的。我们应该怎样认识工商联这个组织，如何在全面深化改革的实践中做好工商联工作，我想这是大家十分关心的问题。因此，今天我结合贯彻落实十八大、十八届三中全会和中央经济工作会议精神，重点围绕新形势下工商联工作如何运用正确的思维方式与工作方法不断开拓创新，讲几点意见。

一、始终坚持从大局出发

从大局出发，是马克思主义关于事物具有普遍联系观点的具体运用。大局是事物内部要素相互联系构成的有机统一体，体现为整体局面、宏观局势和长远走势，在事物发展中起着决定性的主导作用；作为要素存在的各个局部必须服从服务于大局，割断与大局的联系，局部也就失去了存在的意义。这几年，我们一直讲工商联要围绕中心服务大局，懂全局议大事管本行，都是在强调从大局出发看问题、办事情、作决策。我们在贯彻落实科学发展观上专门研究部署，在推动改善中小微企业发展环境上建言献策，在引导民间投资参与区域经济发展上助力推动，在加强政企沟通互信上主动搭建平台，受到各地党委政府普遍重视，赢得非公有制经济人士广泛认可，引起社会各界积极反响。理想信念教育实践活动之所以能够得到习近平、李克强、俞正声等中央领导同志的关心支持和各级党委政府的高度重视，一个重要原因就是找准了工商联工作与贯彻落实十八大精神这一大局的结合点。这充分表明：只有自觉把工商联工作放到党和国家中心工作和改革发展稳定大局中去谋划，把贯彻落实党的方针政策与企业发展需求结合起来，工商联才能有作为、有地位；离开中心、脱离大局，工商联就只能自拉自唱、滑向边缘、可有可无。

要以系统思维认清大局。系统思维是自觉把握系统与子系统、全局与局部、长远与当前关系的思维过程，要求跳出一时一事、一地一域的局限，以宽广眼界把握事物的整体、了解事物的结构，在历史架构中把握现在、预见未来，在全局范围内审时度势、权衡利弊。没有系统论观点，不掌握系统思维方式，视野就会狭窄，习惯就事论事，容易陷入头痛医头、脚痛医脚的被动局面。系统思维更高一个层次，就是战略思维，是一种站在战略高度认清大局的思维能力。当前，国际国内形势错综复杂，新老问题相互交织。认清大局，既要看得远，也要认得准，用敏锐眼光研判形势、认清方位、把握趋势。无论是做工商联工作还是从事企业生产经营，都要掌握系统思维、战略思维方式，不断提高认清大局的能力。唯有如此，才能真正担起一个领导者的责任。

要与时俱进把握大局。把握大局是具体的动态过程。每一个历史时期、每一个发展阶段，都会有与时代要求相适应的大局，要避免照“老皇历”说事做事。十八届三中全会以经济体制改革为重点，从全面深化改革的各个方面，提出了一系列重大理论观点和政策举措。中央经济工作会议强调，我国经济已经到了在发展中加快提质增效升级的重要时期，稳定经济增长、化解过剩产能、防控债务风险、抑制资产泡沫、守住民生底线等方面还有大量工作要做，必须坚持稳中求进的总基调，把改革创新贯穿于经济社会发展的各个领域各个环节，着力激发市场活力，加快转方式调结构，切实提高经济发展质量和效益。习近平总书记指出，坚持正确的政治方向就是要坚持中国共产党领导和社会主义制度，党领导的一切人民团体在这个根本问题上必须头脑十分清醒、立场十分坚定、行动十分坚决，要团结群众为实现中国梦而奋斗，更好地维护和发展群众利益，把群众路线作为生命线和根本工作路线，改进工作作风，扩大工作覆盖面，增强组织吸引力。中央的最新决策部署精神，就是当前我们要把握的大局，这对加强和改进工商联工作、促进两个健康具有重大指导意义。

要突出重点服务大局。大局决定重点，重点反映大局。服务大局，主要通过抓住重点、管好本行来实现。这几年，我们认真分析形势，按照中央的整体部署，结合非公有制经济发展和工商联工作实际，每年都确定几项重点工作合力推进。可以说，我们取得的每一个进步、实现的每一项突破，无不是从大局出发、对重点工作发力的结果。我们确定的2014年重点工作，也都是对大局思考和把握的体现。广泛深入开展理想信念教育实践活动，是着眼于凝聚全面深化改革正能量；加强企业技术创新工作，是着眼于推动实施创新驱动战略；加强商会建设，是着眼于应对社会组织管理体制改革新形势；加强法律维权，是着眼于推动实现权利平等、机会平等、规则平等，保证非公有制经济财产权同样不可侵犯，保证各种所有制经济同等受到法律保护。各级工商联都要围绕党委政府中心工作，按照全国工商联2014年的重点工作安排，注重在非公有制企业急需、社会各界关注、工商联履职尽责的结合点上做文章，进一步细化落实措施。非公有制经济人士要把企业发展与国家发展结合起来，科学研判经济走势，顺应产业政策导向制订企业发展规划，按照创新驱动战略要求加强技术创新，坚持以人为本抓好团队建设，在企业发展路径上做一个清醒的领军者。

二、始终坚持问题导向

坚持问题导向，是马克思主义关于存在决定意识观点的具体运用。问题就是矛盾，是现实的反映，是时代的声音。问题导向就是有的放矢。中国共产党人干革命、搞建设、抓改革，从来都是为了解决中国的现实问题。特别是当前，改革因问题倒逼而更加紧迫，也必将在不断解决问题中而全面深化。近几年，我们坚持结合问题开展理论学习、针对问题进行工作务虚，都是为了不断解决制约两个健康的突出问题。我们持续围绕中小微企业发展问题开展重点调研，就是因为国际金融危机爆发后，我国的企业特别是中小微企业生产经营普遍遇到需求不足、成本上升、人才短缺、融资难等实际困难。我们以“三信”为主要内容开展理想信念教育实践活动，就是因为十八大前后国内外各种社会思潮集中涌现，非公有制经济发展和非公有制经济人士队伍中存在一些值得关注的问题，也出现“政策一箩筐意见一箩筐”“小富即安大富不安”等反映。我们的工作绝不能脚踩西瓜皮，滑到哪里算哪里，而要立足解决现实问题和破解现实难题，增强工作针对性，才能更加富有实效性。这充分表明：工商联工作不能脱离实际，必须坚持以实践中的问题为导向；准确把握并不断解决制约两个健康的重大问题，就会把工商联工作向前推进一大步。

要以创新思维树立问题意识。创新思维是打破思维定势、冲破思维惯性，推陈出新、开拓进取的思维过程。运用创新思维的过程，就是解放思想、发现和解决问题的过程。缺乏创新思维，缺少问题意识，就看不到问题，更谈不上解决问题。发现问题是贡献，解决问题是能力。没有问题就是最大的问题。当前，工商联工作仍然面临许多挑战，遇到的新情况新问题层出不穷。我们服务的非公有制企业，处在经济领域全面深化改革的前沿，呈现出不断发展变化的态势；我们联系的非公有制经济人士，属于社会新阶层的主体，呈现出思想观念更加多样活跃的态势。实践永无止境，创新永无止境。可以说创新思维有多开阔，我们事业发展的前景就会有多广阔。世界上永远不变的是变。商场如战场，形势瞬息万变。非公有制经济人士更要增强创新思维，树立问题意识，努力知变、应变、善变，特别是要树立底线思维，凡事往坏处多着想、往好处多努力，充分考虑可能出现的复杂情况，针对企业发展的潜在风险建立预测、预警、预案，做到未雨绸缪、防患于未然。

要以深入调研发现问题。问题虽然是客观存在的，但要找准关键问题，还需要下一番苦功夫。从一定意义上讲，发现问题的能力就是调查研究的能力。对于工商联机关干部而言，调查研究是一项基本功，不会调查研究就不称职；只调查不研究，就找不准、抓不住问题，就会情况不明、左右摇摆、没有定力。我们既要广泛调查，听取“原声带”、掌握第一手材料，也要深入研究，去伪存真，由表及里，找出制约发展的突出问题、找准体现规律的本质问题。十八届三中全会从鼓励和支持的角度为非公有制经济发展带来新机遇的同时，也从规范和约束的角度对非公有制企业自身素质提出了新要求。这既是对非公有制企业发展过程中有关产品质量、安全生产、环境保护、劳动关系、市场秩序等方面社会关切的回应，也是对非公有制经济人士诚实守信、依法经营、履行社会责任、健康成长的必要保证。可见，企业对社会的信誉已经成为当前迫切需要解决的一个现实问题。正是基于这样的考虑，我们把“三信”教育拓展为“四信”教育，更加完整地体现两个健康工作主题。信念关系政治方向和发展道路，是确保两个健康的总开关；信任体现内心认同和发展环境，是促进两个健康的关键因素；信心反映自身素质和发展预期，是实现两个健康的内生动力；信誉折射发展质量和社会形象，是衡量两个健康的重要标准。“四信”之间有主有次，并相互关联、互相转化，内在地、逻辑地统一于两个健康中。今后我们开展“四信”教育等各项工作都必须坚持调研先行，不调研、不表态，先调研、后决策。

要以突破难点解决问题。发现问题最终是为了解决问题、推动工作。任何一个组织都是在正视和解决问题中发展的，在忽视和回避问题中消沉的。什么叫工作？工作就是解决难题。在起草中央16号文件过程中，我们抓住关键性政策和职能一个一个去协调争取；在贯彻落实过程中，我们又围绕普遍性问题一个一个去推动解决。没有钉钉子、啃“硬骨头”的劲头，什么事也干不成。当前，工商联工作面临着历史问题和现实矛盾并存、局部具体困难和整体基础薄弱并存的局面，需要突破的难点还有许多。同样，企业也存在诸多自身发展中的困难和成长中的问题。各级工商联和广大非公有制经济人士要树立干事不算落实、成事才算落实的理念，不等不靠不拖，集中力量突破难点，纲举目张带动整体，同时也不能像黑熊掰玉米那样，一路摘一路丢，要做好打攻坚战、持久战的准备，一以贯之、一抓到底。

三、始终坚持突出自身特色

突出自身特色，是马克思主义关于矛盾特殊性是事物质的规定性观点的具体运用。特色就是矛盾的特殊性，就是个性，体现了一事物区别于其他事物的不可替代性。每一事物内部都包含着特殊的矛盾，世界上的事物才会千差万别、各具特色。近年来，我们既注重探索如何建设中国特色工商联、中国特色商会组织这样的方向性问题，也始终强调在解决企业发展困难中坚持具体问题具体分析，在非公有制经济人士思想政治工作中坚持一把钥匙开一把锁，在基层工作中坚持因地制宜、分类指导这样的工作原则问题，都是意在处理好普遍性与特殊性、共性与个性的关系。工商联的特色主要源自于服务对象的特点。做好非公有制经济人士思想政治工作，历来是党中央明确赋予工商联的政治责任。非公有制经济人士发展企业责任重，市场竞争压力大。关心人就要关心企业。在理想信念教育实践活动中，我们高度重视并精心组织“民间投资36条”实施细则和“小微企业29条”第三方评估，开创了发挥助手作用的新机制，同时也探索了发挥工商联不可替代作用的新路子。可以说，理想信念教育实践活动的主题、主体、主要内容、主要载体都带有鲜明的工商联特点，是突出工商联特色的一次集中展示。这充分表明：只有在特色上做足文章，才能在作用上更显价值；看不见特色，忽视特色，淡化特色，就会导致认知偏差，迷失自我。

要以辩证思维认清工商联特色。辩证思维是正确把握对立统一关系，善于换位思考、逆向思维的过程。没有辩证的观点，不掌握辩证思维方式，就可能对立、孤立、表面地看问题。工商联组织本身就是辩证统一的矛盾体。我们把握工商联特色，关键要运用辩证思维方式，认清人民团体和商会组织的双重性、“三性”之间的统一性、“八字”工作方针的交融性、五项职能作用的综合性、两个健康工作主题之间的耦合性，就是工商联的功能定位之所在，就是工商联的综合优势之所在，就是工商联的中国特色之所在。其中，“三性”有机统一就是工商联的最大特色，走向机关化、行政化必然淡化特色、削弱优势。非公有制经济人士要清醒地认识到全面深化改革带来的机遇与挑战，在瞬息万变的市场经济中保持定力，掌握竞争的主动权。在外部市场环境有利、企业发展势头良好时，不能盲目乐观、盲目扩张，而要头脑冷静、居安思危，坚持做专做精做特，多元化经营一般考虑围绕主业相关产业展开，不断增强核心竞争力；在经济下行压力加大、企业发展遇到瓶颈时，也不能盲目悲观、怨天尤人、消极懈怠，要提振信心、知难而上、坚持不懈，善于化挑战为机遇，从差距中找潜力，利用市场倒逼机制练内功、强素质。

要以工作实践展示工商联特色。各级工商联和机关各部门都要把“三性”有机统一作为开展工作的综合优势，在工作谋划、重点确定、落实推进等方面，始终坚持并充分体现工商联自身特色。2014年确定的重点工作，立足点都在发挥工商联的特色优势上，结合中央统战部部署的中国特色社会主义学习实践活动，采取综合措施、探索长效机制，以“四信”为主要内容，把2013年理想信念教育实践活动的经验融入进去、坚持下来，使活动在各项工作中继续整合、深化和推进。加强企业文化建设，要解决如何保持“四信”教育的长期性经常性实践性问题，防止推着干、被动抓，避免出现上热下冷、上冷下热甚至上下都冷的现象，主要是防止上冷下热的问题。我们在开展中小微企业技术创新状况综合调研前，将组织科技创新驱动政策在企业落实情况的评估，就是综合考虑到企业技术创新对增强“四信”的支撑作用，考虑到技术创新不仅在于企业自身，也要有政策支持和服务保障。开展商会工作调研，就是综合考虑到商会在扩大“四信”教育覆盖面中具有重要作用，也是为进一步明确工商联所属商会的中国特色商会组织发展方向，明确新形势下商会仍然是工商联工作的组织基础和重要依托，提高商会服务两个健康的能力。2014年我们把加强法律维权服务作为一项重点工作，就是综合考虑到在“四信”教育中回应非公有制经济人士对社会公平正义的期盼，考虑到引导他们增强法治意识、遵纪守法服务科学发展，也要使各级工商联运用法治思维和法治方式推动自身科学发展。加强信息化建设，就是综合考虑到采用现代信息手段能够提高“四信”教育的广泛性和时效性，考虑到更多运用新媒体扩大对非公有制经济人士的联系面，更多运用网络技术手段扩大对企业的服务面，也能促使工商联机关提高工作效率、转变工作作风。做好这些重点工作，都要牢牢把握两个健康工作主题，注重在融合上下功夫，防止“两张皮”。

要以理论研究强化工商联特色。理论来源于实践，反过来又指导实践。有时我们对自身特色认识不清，在工作中没有用好用足自身特色，一个重要原因在于我们的理论研究与实践发展不相适应。近几年我们在思想政治工作、经济服务工作、基层组织建设、两个健康工作主题等方面形成了一些理论创新成果。我们编写出版《中华全国工商业联合会简史》，不仅填补了“家谱”空白，更重要的是从历史研究的角度，得出了工商联事业始终在党的领导下发展、始终围绕党和国家的中心任务开展工作、始终与非公有制经济发展和非公有制经济人士成长息息相关等历史结论，提出和探索了为什么建设工商联、建设什么样的工商联和怎样建设工商联等重大问题。我们在2014年的工作安排中，把理论研究列为一项重点工作，就是要注重总结改革开放以来新的理论成果，着眼于发展中国特色商会组织，探索政府助手作用新机制，切实发挥工商联党组领导核心作用，参与指导非公有制企业党建和商会党建，抓紧对全局性、基础性、前瞻性问题开展研究，用系统的理论指导工商联工作实践。

四、始终坚持非公有制经济人士主体地位

尊重和强调人民群众主体地位，是马克思历史唯物主义观点的具体运用，也是党的群众路线的切实体现。人民群众是人类社会发展的决定性力量，我们的一切工作都有赖于人民群众的实践。工商联主要做非公有制经济人士群众工作，必须把促进两个健康作为一切工作的出发点和落脚点，把发挥非公有制经济人士的积极性、主动性、创造性作为根本路径。近年来，我们强调提高干部队伍的群众工作能力，积极探索引导教育与自我教育相结合的有效实现形式，突出非公有制经济人士在促进两个健康中的主体地位。我们始终强调开展理想信念教育实践活动要做到解疑释惑和排忧解难相结合，使非公有制经济人士感觉到与我有关、对我有益，积极参与，变“要我参加”为“我要参加”。在党的群众路线教育实践活动中，全国工商联和省级工商联党组都把开门搞活动作为一项基本原则，把密切联系、真诚服务非公有制经济人士作为反“四风”的重要举措，认真听取非公有制经济人士意见建议，并认真落实到各项整改任务中。这充分表明：实现两个健康，内因起根本作用；发挥非公有制经济人士主体作用，关键要树立群众观点，贯彻群众路线。

要牢固树立群众观点。群众路线是我们党的生命线和根本工作路线。十八大把必须坚持人民主体地位，作为在新的历史条件下夺取中国特色社会主义新胜利的一项基本要求，强调发挥人民主人翁精神。非公有制经济人士工作是新形势下党的群众工作的新领域，工商联所要服务的群众就是广大非公有制经济人士。当前有些工商联干部特别是领导干部不敢、不愿也不会与非公有制经济人士打交道，说到底还是群众观点不够牢固，存在做群众工作的“本领恐慌”。要深刻认识到联系非公有制经济人士的优势，脱离非公有制经济人士的危险，服务非公有制经济人士的责任，带着使命、带着责任、带着感情做好工商联工作。非公有制经济人士要把员工作为企业发展的最重要人力资源，注重员工培训，实行人性化管理，加强人文关怀，构建和谐劳动关系，使员工不断增强对企业的归属感，与企业结成事业、利益和情感上的共同体。

要切实尊重首创精神。十八届三中全会首次提出市场在资源配置中起决定性作用，强调激发各类市场主体活力，发挥群众首创精神，让一切劳动、知识、技术、管理、资本的活力竞相迸发，让一切创造社会财富的源泉充分涌流。企业要健康发展，重点在转型升级；企业要具备主体活力，有赖于非公有制经济人士发挥创造力。非公有制经济人士是改革开放的参与者和受益者，更是改革开放的实践者和推动者。打赢全面深化改革这场硬仗，需要一切非公有制经济人士发挥劳动创造精神和创业精神，发挥企业家才能，在推动市场机制的创新和完善、推动市场体系更加统一开放和竞争有序、带领企业加强技术创新和商业模式创新、创造和扩大就业岗位等方面发挥首创精神，作出新的更大贡献。工商联要当好桥梁纽带，搭建更多的政企合作平台，接受政府委托征询非公有制经济人士意见建议，为非公有制经济人士发挥首创精神和建言献策作用创造条件。在这一过程中，我们必须俯下身子、甘当学生，向广大非公有制经济人士问政问需问计，以他们为师，使两个健康工作更有针对性、实效性。

要服务好非公有制经济人士。非公有制经济人士发展企业的期盼就是我们的工作追求，帮助非公有制企业解决转型升级中的困难就是我们的工作任务。要深入研究和把握新形势下非公有制经济人士群众工作的新特点新要求，充分发挥思想政治工作的理论引领、心理疏导、矛盾化解、团结动员等作用，不断提高做好新形势下群众工作的能力和水平。要采取多种措施、利用各种平台，引导东南沿海地区与中西部、东北地区之间的企业，以及不同规模之间企业加强信息交流与合作经营。要把非公有制经济人士的呼声作为考虑工作、思考问题的第一信号，以他们满意不满意、欢迎不欢迎作为评价工作的标准，使非公有制经济人士感觉到工商联是信得过、能替自己反映诉求和办事的组织，是值得信赖的“娘家”。

五、始终坚持面向基层

面向基层，是马克思主义关于实践第一观点的具体运用。基层处于实践的一线，是实践创新最深厚的基础。先有实践、后有文件，从实践中来，到实践中去，就是要面向基层、重心下移。我们深入基层就是在接地气，接地气才能更有底气。近年来，我们一直强调抓基层打基础，把深入基层和实践锻炼作为加强干部队伍能力建设的重要途径，带动基层共同开展调研推动工作，强化了基层组织在工商联全局中的基础性地位，也有力地推动了基层组织工作条件的改善和职能作用的发挥。这次理想信念教育实践活动，充分展现了近年来我们抓基层组织建设的成效，但也反映出一些地方工商联基层建设依然薄弱的问题。这充分表明：工商联工作的不平衡，主要在于基层建设的不平衡；只有抓好基层工作，两个健康工作主题才能落地生根。

要把选好配强班子放在首位。基层工作强弱，关键在班子。中央16号文件自颁发以来，特别是十八大召开以来，各地党委政府更加重视工商联工作，把选好配强工商联领导班子尤其是主席和党组书记，作为加强和改进新形势下工商联工作的关键措施，一些年富力强、有一定经济工作和统战工作经历的干部进入县级工商联领导班子。同时，我们要求各级工商联在商会领导班子特别是会长和秘书长人选上把好关，强调把商会班子纳入非公有制经济人士培训规划，在非公有制经济代表人士政治安排推荐中更多考虑商会班子人选，一支商会骨干力量正在形成。今后我们还要继续坚持抓班子建设，积极发挥班子中非公有制经济代表人士的作用，通过加强分类指导、开展培训等多种方式，帮助基层班子提高综合素质，增强自我发展能力。

要通过开展丰富有效的活动增强组织吸引力。开展活动，就是为了发挥作用，增强吸引力。在2014年的工作中，我们提出了县级工商联“五好”建设目标，就是要鼓励支持有条件的地方通过开展丰富多彩、非公有制经济人士喜闻乐见的活动，努力把更多的非公有制经济人士吸引到工商联的组织和活动中来。2014年要更加注重通过广泛深入开展理想信念教育实践活动来增强基层工作活力，发挥基层组织作用。要看到基层开展活动的有利条件，一是2013年我们开展活动积累了许多启示和经验；二是十八届三中全会胜利召开、许多地方陆续召开民营经济发展大会，非公有制经济发展环境将进一步改善；三是2014年市县一级将开展党的群众路线教育实践活动，贯彻落实群众路线、改进工作作风将更多地体现在广泛联系和服务非公有制经济人士上。十八届三中全会将进一步解放和增强社会活力作为全面深化改革的一个重要目标，提出了创新社会治理体制的重大任务。商会既是现代市场体系的组成部分，也是社会治理体系的重要一环。激发工商联所属商会的活力，不仅有利于经济发展，而且有利于社会和谐。2014年加强商会建设，要加快由管理向服务和引导转变，提高商会在直接登记、一地一业多会新形势下的吸引力和竞争力。

要以优良作风保证工作落实。面向基层、重心下移，是当前党的群众路线教育实践活动解决“四风”问题的一个重要方面，群众路线教育实践活动有期限，但作风建设无终点。2014年我们要不断巩固和扩大群众路线教育实践活动成果，把整改任务落实到各项工作中，把改革创新精神体现在作风转变中，以良好的作风为两个健康提供保证。各级工商联和机关各部门要经常研究基层建设中的实际问题，谋划工作、部署任务、开展活动时，要考虑在基层的可操作性，尽可能地创造条件，带动基层更多地参与进来。要尽快落实联系点制度，沉到一线，加强对基层的联系和指导。特别要强调的是，基层建设是一项基础性、长期性任务，不可能一劳永逸、一蹴而就，必须以抓铁有痕、踏石留印的精神，以务实的工作作风，持之以恒、久久为功地抓下去。

喊破嗓子不如甩开膀子。我们要坚持一切从实际出发，以改革创新的精神，用正确的思维方式和工作方法，认真贯彻落实十八大、十八届三中全会和习近平总书记系列讲话精神，牢牢把握两个健康工作主题不动摇，转变作风、埋头苦干，扎扎实实推进2014年各项工作，为促进全面深化改革、实现中华民族伟大复兴中国梦作出新的贡献。

第四部分　调研报告

2012～2013年中国民营经济分析报告

2012年，世界经济复苏进程一波三折，国际金融危机的深层次影响不断显现，经济低迷成为全球经济的新常态，国内经济下行压力加大。面对复杂的国内外经济形势，党中央、国务院以科学发展为主题、以加快转变经济发展方式为主线，审时度势、沉着应对，坚持稳中求进的工作总基调，正确处理速度、结构、物价三者关系，适时加强和改善宏观调控，灵活加大预调微调力度，国民经济保持了平稳较快发展，人民生活持续改善，国际影响力显著提升。

一、民营经济保持良好发展态势

2012年，中国民营经济在严峻挑战面前继续展现蓬勃的生机和活力，保持了较快的发展速度和较高的发展质量，为促进经济社会发展作出了重要的贡献。

民营经济数量规模继续扩大。截至2012年9月，我国登记注册的私营企业达到1059.8万户，注册资金29.8万亿元，同比分别增长12.6%和21.3%，户均注册资金达281.3万元，同比增长7.8%，企业规模实力继续增强（参见表1）。私营企业投资者人数2163.5万人，从业人员8907.9万人，总计超过1.1亿人，吸纳就业能力更为突出。同期，我国个体工商户总户数达到3984.7万户，同比增长7.8%，按此增速推算，2012年底我国个体工商户总户数已突破4000万户。个体工商户注册资金总额达1.88万亿元，同比增长21.2%，从业人员达8454.7万人，同比增长10.4%（参见表2）。

表1　私营企业基本情况

年份	指标	户数（万户）	注册资金（亿元）	投资者人数（万人）	从业人数（万人）
2005	绝对值	430.1	61331.1	1109.9	5824.0
	增长率（%）	17.8	27.9	17.0	16.1
2006	绝对值	498.1	76028.5	1271.7	6586.0
	增长率（%）	15.8	24.0	14.6	13.1
2007	绝对值	551.3	93873.1	1396.5	7253.0
	增长率（%）	10.7	23.5	9.8	10.1
2008	绝对值	657.4	117356.7	1507.4	7904.0
	增长率（%）	19.2	25.0	7.9	9.0
2009	绝对值	740.2	146446.6	1650.6	8607.0
	增长率（%）	12.6	24.8	9.5	8.9

续表

年　份	指　标	户数（万户）	注册资金（亿元）	投资者人数（万人）	从业人数（万人）
2010	绝对值	845.5	192054.6	1794.0	9407.6
	增长率（%）	14.2	31.1	8.7	9.3
2011	绝对值	967.7	257880.4	1985.7	8367.9
	增长率（%）	14.5	34.3	10.7	9.8
2012.9	绝对值	1059.8	298169.5	2163.5	8907.9
	增长率（%）	12.6	21.3	11.6	9.4

资料来源：国家工商总局。

说明：2008 年以后，户数均包含分支机构数量；

2012 年 9 月增长率为同比数据。

表 2　个体工商业基本情况

年　份	指　标	注册户数（万户）	资金数额（亿元）	从业人员（万人）
2005	绝对值	2463.9	5809.5	4901.0
	增长率（%）	4.8	14.9	6.8
2006	绝对值	2595.6	6468.8	5159.0
	增长率（%）	5.3	11.3	5.3
2007	绝对值	2741.5	7350.8	5497.0
	增长率（%）	5.6	13.6	6.5
2008	绝对值	2917.3	9006.0	5776.0
	增长率（%）	6.4	22.5	5.1
2009	绝对值	3197.37	10856.6	6585.4
	增长率（%）	9.6	20.55	14.0
2010	绝对值	3452.9	13387.6	7007.6
	增长率（%）	8.0	23.3	6.4
2011	绝对值	3756.5	16177.6	7945.3
	增长率（%）	8.8	20.8	13.4
2012.9	绝对值	3984.7	18804.5	8454.7
	增长率（%）	7.8	21.2	10.4

资料来源：国家工商总局。

说明：2012 年 9 月增长率为同比数据。

民间投资所占比重继续增长。截至 2012 年 11 月，内资民营经济城镇固定资产投资共完成 19.9 万亿元，同比增长 25.6%，占比达到 61.1%；其中私营企业完成 8.3 万亿元，同比增长 28.7%，占比 25.5%（参见表 3）。虽然内资民营经济和私营企业的城镇固定资产投资增速较 2011 年都有了一定程度的下降，但其投资比重首次突破全部城镇固定资产投资的 60%，充分显示了民间资本对拉动投资的重大贡献，也预示着民间资本将在“民间投资 36 条”实施细则进一步贯彻落实的大背景下，迸发更大的投资活力。

表3　按经济类型分城镇固定资产投资变化情况

单位：亿元，%

年　份	指　标	总　计	全　国			
			国有及国有控股	外商及港澳台商投资	民营经济	私营企业
2005	绝对值	75095.1	38676.7	8424.4	27994.4	9950.0
	增长率	27.2	13.4	20.9	55.8	52.7
	比　重	100	51.5	11.2	37.3	13.2
2006	绝对值	93368.7	44823.9	9925.3	38619.5	33378.2
	增长率	24.3	15.9	17.8	38	—
	比　重	100	48	10.6	41.4	35.7
2007	绝对值	117464.5	52229.4	12192.7	53042.4	46405.1
	增长率	25.8	16.5	22.8	37.3	39
	比　重	100	44.5	10.4	45.1	39.5
2008	绝对值	148738.3	63997.8	14179.2	70561.3	60193.2
	增长率	26.6	22.5	16.3	33	29.7
	比　重	100	43	9.5	47.5	40.5
2009	绝对值	194139.0	86536.0	14111.0	93492.0	33610.0
	增长率	30.5	35.2	-0.5	32.5	34.9
	比　重	100	44.6	7.3	48.2	17.3
2010	绝对值	241414.9	102129.7	15832.9	123452.3	49910.6
	增长率	24.5	18	12.2	32	32.2
	比　重	100	42.3	6.6	51.1	20.7
2011	绝对值	301932.8	107485.8	18798.1	175648.9	71838.8
	增长率	23.8	11.1	18.7	42.3	32.9
	比　重	100	35.6	6.2	58.2	23.8
2012.1～11	绝对值	326236.2	108362.1	18668.5	199205.6	83282.5
	增长率	20.7	14.5	10.3	25.6	28.7
	比　重	100	33.2	5.7	61.1	25.5

资料来源：1. 根据2005～2012年《中国统计年鉴》、2012年10月《中国经济景气月报》计算整理。

说明：1. 民营经济为全国总计减去国有及国有控股和外商及港澳台商投资；

2. 2005年、2009年、2010年、2011年、2012年私人控股项下数据为私营企业数据；

3. 2012年增长率为同比数据。

民营工业拉动实体经济发展。2012年，民营经济在GDP中的比重已经超过60%。2012年前10个月，民营规模以上工业企业增加值累计增速为14.9%，较2011年出现了一定程度的回落，但仍高于国有工业企业6.4%和全部工业企业10.0%的平均水平（参见表4）。在不断夯实实体经济基础的过程中，民营工业企业作出了突出贡献。

表4 工业增加值增长速度表

单位：%

年 月	工业增加值		国有及国有控股企业		私营企业		股份制企业		外商及港澳台投资企业	
	本月	累计	本月	累计	本月	累计	本月	累计	本月	累计
2007.12	17.4	18.5	13.6	13.8	23.3	26.7	19.3	20.6	17.2	17.5
2008.12	5.7	12.9	-0.6	9.1	16.3	20.4	7.9	15	0.3	9.9
2009.12	18.5	11.0	21.7	6.9	18.5	18.7	20.5	13.3	15.7	6.2
2010.12	13.5	15.7	9.8	13.6	18.6	20.0	15.0	16.8	11.4	14.5
2011.12	12.8	13.9	9.2	9.9	18.8	19.5	14.7	15.8	8.7	10.4
2012.10	9.6	10.0	7.0	6.4	13.8	14.9	11.7	11.8	4.7	6.0

资料来源：国家统计局。

民营经济对外贸易势头良好。在鼓励民营经济发展政策措施的引导下，广大民营进出口企业积极调整产品结构，努力拓展营销渠道，深度开发国际市场，取得良好效果，其中一般贸易增速持续快于加工贸易。2012年全年，外商投资企业出口10227.5亿美元，增长2.8%，占总体比重下降2.5个百分点。国有企业出口金额下滑4.1%，占比降低1.6个百分点。相比之下，民营企业全年出口总额7699亿美元，增长21.1%；高于整体增幅13.2个百分点，占比达到37.6%，急速攀升4.1个百分点（参见表5）。这样的成绩，在外需普遍疲弱的2012年显得尤为不易。

表5 各类企业出口情况表

单位：亿美元，%

年份	总值	同比增长	国有企业			外资企业			民营企业		
			金额	比重	同比增长	金额	比重	同比增长	金额	比重	同比增长
2000	2492.03	—	1164.48	46.7	—	1194.37	47.9	—	133.18	5.3	—
2005	7619.99	—	1688.13	22.2	—	4442.09	58.3	—	1489.77	19.6	—
2006	9690.73	27.2	1913.45	19.7	13.3	5638.28	58.2	26.9	2139.01	22.1	43.6
2007	12180.15	25.7	2248.14	18.5	17.5	6955.19	57.1	23.4	2976.82	24.4	39.2
2008	14285.46	17.3	2572.28	18.0	14.4	7906.20	55.3	13.7	3806.98	26.6	27.9
2009	12016.63	-15.9	1909.94	15.9	-25.7	6722.30	55.9	-15.0	3384.39	28.2	-11.1
2010	15779.32	31.3	2343.60	14.9	22.7	8623.06	54.6	28.3	4812.66	30.5	42.2
2011	18986.00	20.3	2672.20	14.1	14.1	9953.30	52.4	15.4	6360.50	33.5	32.2
2012	20489.30	7.9	2562.90	12.5	-4.1	10227.50	49.9	2.8	7699.00	37.6	21.1

资料来源：商务部。

西部地区私营企业增速领跑。从私营企业的地区分布来看，截至2012年9月，私营企业数量最多的5个地区依次是江苏、广东、上海、浙江、山东，全部处于东南沿海地区，也是我国经济最发达的地区。而同2011年底的数据进行对比，9个月以来，私营企业户数增长最快的5个地区依次为贵州、青海、重庆、广西、西藏，增长率依次为45.7%、27.5%、21.2%、20.5%和

19.2%（参见表6），全部处于我国的西部地区，西部地区民营经济的增长速度继续在全国领跑，显示了巨大的发展潜力。

表6　分省私营企业情况表

单位：户，%

地　区	户　数		增长率
	2012.9	2011	
合　计	10598251	9676776	9.5
北　京	593024	544022	9.0
天　津	170236	159424	6.8
河　北	329580	304434	8.3
山　西	194776	183302	6.3
内蒙古	143692	132660	8.3
辽　宁	370484	337170	9.9
吉　林	155446	142331	9.2
黑龙江	190425	173677	9.6
上　海	827007	777335	6.4
江　苏	1283639	1197880	7.2
浙　江	763996	719499	6.2
安　徽	298711	263483	13.4
福　建	336868	307383	9.6
江　西	216928	194035	11.8
山　东	651661	597546	9.1
河　南	367385	349532	5.1
湖　北	346495	307974	12.5
湖　南	247366	219127	12.9

续表

地　区	户　数		增长率
	2012.9	2011	
广　东	1225450	1108317	10.6
广　西	217748	180726	20.5
海　南	99466	90966	9.3
重　庆	276620	228262	21.2
四　川	439513	404633	8.6
贵　州	137888	94625	45.7
云　南	192161	178819	7.5
西　藏	10188	8548	19.2
陕　西	233554	216312	8.0
甘　肃	93868	88741	5.8
青　海	22158	17378	27.5
宁　夏	48133	41849	15.0
新　疆	113785	106786	6.6

资料来源：国家工商总局。

说明：2012年9月增长率为同2011年底比较所得。

第三产业私营企业增长很快。从私营企业行业分布来看，从2011年底到2012年9月，私营企业户数增长最快的5个行业分别是交通运输、仓储和邮政业，金融业，农、林、牧、渔业，住宿和餐饮业，其他；在国家大力发展文化创意产业政策的推动下，文化、体育和娱乐业企业户数增速列第6位，9个月增长15.7%。按三次产业分类来看，9个月中，第三产业户数净增765759户，增长10.6%，占全部私营企业增长户数的83.1%，继续保持了很高的增长速度（参见表7）。

表7　分行业私营企业情况表

单位：户，%

	行　业	户　数		增长率
		2012.9	2011	
	全国总计	10598251	9676776	9.5
第一产业	农、林、牧、渔业	296921	244558	21.4
第二产业	采矿业	67223	65746	2.2
	制造业	2171076	2071066	4.8
	电力、热力的生产和供应业	42909	41043	4.5
	建筑业	575748	516855	11.4

续表

	行　业	户　数		增长率
		2012.9	2011	
第三产业	交通运输、仓储和邮政业	812772	258583	214.3
	信息传输、计算机服务和软件业	349049	327576	6.6
	批发和零售业	3327414	3513699	-5.3
	住宿和餐饮业	189384	161804	17.0
	金融业	50656	37080	36.6
	房地产业	376394	352737	6.7
	租赁和商务服务业	1149210	1030257	11.5
	科学研究、技术服务和地质勘查业	630959	558336	13.0
	水利、环境和公共设施管理业	47083	40849	15.3
	居民服务和其他服务业	302116	284895	6.0
	教育	13411	12183	10.1
	卫生、社会保障和社会福利业	13180	12179	8.2
	文化、体育和娱乐业	133066	115050	15.7
	其他	49680	32280	53.9

资料来源：国家工商总局。

说明：2012 年 9 月增长率为同 2011 年底比较所得。

二、民营经济面临广阔发展空间

当前，我国经济正处于调结构、转方式的攻坚时期，转型带来的阵痛不可避免，民营经济以往大量依靠要素投入和规模扩张的增长模式已经不可持续。实践证明，作为中国最具发展活力、内生动力和创新精神的企业群体，民营企业能够适应市场经济的变化，每一次的变革和调整都能够推动民营经济在更高层次上取得新的发展。展望未来，对民营经济而言，加快转型升级既是压力也是动力，既是挑战也是机遇。

（一）坚定信心尤为重要

民营经济的蓬勃发展得益于党的改革开放政策，得益于党的关于非公有制经济的理论创新。党的十八大明确指出，要加快完善社会主义市场经济体制和加快转变经济发展方式，把推动发展的立足点转到提高质量和效益上来，着力激发各类市场主体发展新活力，着力增强创新驱动发展新动力，着力构建现代产业发展新体系，着力培育开放型经济发展新优势，使经济发展更多依靠内需特别是消费需求来拉动，更多依靠现代服务业和战略性新兴产业带动，更多依靠科技进步、劳动者素质提高、管理创新驱动，更多依靠节约资源和循环经济推动，更多依靠城乡区域发展协调推动，不断增强长期发展后劲，促进工业化、信息化、城镇化、农业现代化同步发展。在当前民营经济遇到发展瓶颈，以往的不计环境成本、不计能源资源代价、不计重复低端的粗放式、数量式增长已经难以为继的背景下，这一系列政策举措，为当前和今后一个时期民营经济转型升级、科学发展指明了前进方向。

党的十八大再次强调坚持“两个毫不动摇”，充分体现了在全面深化经济体制改革中，大力发展民营经济的决心和信心；在坚持平等保护物权，形成各种所有制经济平等竞争、相互促进新格局的基础上，强调保证各种所有制经济依法平等使用生产要素、公平参与市场竞争、同等受到法律保护，充分体现了以权利公平、机会公平、规则公平为原则的改革取向；特别提出加快发展民营金融机构，鼓励引导社会力量兴办教育和医疗机构，支持小微企业特别是科技型小微企业发展，充分体现了民营经济的发展领域在不断拓展。这一系列理论与实践的创新，为民营经济指出了一条具有中国特色的发展道路。

党的十八大深刻阐述我国发展仍处于可以大有作为的重要战略机遇期。和平与发展仍是当今世界的时代主题，世界和平的外部环境为我国发展创造了十分有利的条件；发展是解决我国所有问题的关键，即便在发展过程中遇到许多问题和困难，但只要全面把握机遇、沉着应对挑战，中国就能够在发展中赢得主动，赢得优势，赢得未来。因此，准确判断我国仍处于重要战略机遇期的基本面没有改变，紧紧抓住21世纪头20年的重要战略机遇，积极应对形势变化带来的风险和挑战，坚定发展信心尤为重要。

（二）国际环境总体有利

综观世界经济形势，未来一段时间经济低速增长态势很难改变。发达经济体需求疲软迟滞了世界经济复苏进程。美国房地产市场近期出现一些积极变化，但投资和消费动力明显不足，2012年12月失业率仍高达7.8%，“财政悬崖”后续影响仍需进一步观察。欧元区受主权债务危机影响，经济可能陷入长期低迷。日本在宽松货币政策的刺激下，出口可能出现复苏，但债务问题日益严重。新兴经济体出口导向型模式受到较大冲击。各种形式的贸易保护主义明显抬头，加之美欧日的量化宽松货币政策，导致世界经济运行的潜在通胀和资产泡沫压力再度加大。联合国发布的《2013年世界经济形势与展望》报告预计，2013年世界经济增长率为2.4%，较2012年10月世界货币基金组织3.6%的预测有大幅下调。在世界经济增长的不确定性中可以确定的是，全球经济复苏低迷将长期化。

与此同时，全球经济的低迷加快了全球产业的调整和转移，制造产业趋向高端化，高附加值环节集中在发达国家，低附加值环节转向发展中国家；新兴产业迅速崛起，以低碳技术、绿色制造、循环经济为特征的绿色产业方兴未艾。科技革命已经进入创新密集的阶段，云计算、大数据技术、IPv6互联网协议、3D打印等科技的突破，将快速推动产业的优化升级，加之新能源、新材料、生物领域的不断创新发展，一批新的经济增长点正在形成。产业调整的加快与技术变革的孕育正在交织交汇，其中蕴含的重大机遇不言而喻。主动开展技术创新、产品创新和服务创新，抢抓国际经济技术制高点已经成为许多企业谋求新的生存发展空间的广泛共识。

此外，我国在推进贸易便利化、加快实施自由贸易区战略等方面所做的不懈努力，加之发达国家股市不振、重点产业板块价值重估，在客观上增加了国内企业低成本收购兼并海外优质资产的机会。2012年国家发改委、人民银行等13个中央部委还联合出台了《关于鼓励和引导民营企业积极开展境外投资的实施意见》，我国民营企业正迎来阔步“走出去”的大好机遇，特别是一批跨国民营企业集团已经逐渐形成。万达集团以31亿美元并购全球排名第二的美国AMC影院公司，三一重工集团以26.54亿元成功收购德国普茨迈斯特90%的股权，在全球行业市场中占了先机。全球产业结构调整中蕴含的重要机遇，已经不再只是简单纳入全球分工体系、扩大出口、加快投资的传统机遇，而是倒逼企业不断开拓市场、提高创新能力、加快转型升级的新机遇。

（三）新一轮发展可以预期

从国内看，我国经济社会发展基本面长期向好的趋势没有改变，市场潜力巨大，社会生产力基础雄厚，生产要素综合优势明显，市场经济体制日趋完善，抵御风险能力显著提高。虽然当前外需市场增长动力不足，扩大内需存在较大制约，产能相对过剩矛盾有所加剧，金融领域存在潜在风险，部分企业生产经营遇到困难，经济增长下行压力仍然较大，但从近期看，我国经济运行主要指标开始回升，呈现稳中有进的良好态势。特别是2012年GDP增长7.5%的目标已经成功实现，为今后的发展奠定了较好基础。国内经济社会发展的良好态势，为民营经济实现新一轮发展提供了大好机遇。

一是深化改革的红利将极大地释放民营经济的发展潜力。改革是我国发展的最大红利。随着重点领域和关键环节改革的扎实推进，国家出台了关于着力打破垄断、深化行政审批改革、加快政府职能转变等一系列政策措施，这将有力地推动金融体制、结构性减税、收入分配等方面的改革，由此释放出的制度红利将成为我国经济发展的强大动力。2012年，国务院出台了42项“民间投资36条”实施细则，取消调整了314项行政审批项目，在10个省区市开展营改增试点，设立了温州金融综合改革试验区和泉州金融服务实体经济综合改革试验区。这些举措，不仅有效缓解了一些企业审批难、融资难、税费重等实际困难，而且为民营经济加快调结构、转方式提供了有利的体制条件。可以预期，随着“弹簧门”“玻璃门”等体制机制障碍的逐步打破，民间资本在能源、铁路、金融、电信、基础设施等重点领域方面都将孕育新的突破。

二是经济结构的战略性调整将倒逼民营经济转型升级。转方式、调结构，是民营经济当前面临的紧迫任务。目前，传统制造业产能普遍过剩，风电设备和光伏等新兴产业也存在盲目扩张现象。加快产业结构调整，提高产业整体素质，关键是解决产能过剩、核心技术缺乏、产品附加值低等问题，根本之策就是实施创新驱动发展战略。产业结构调整，表面上将对处于产业链低端、自身素质不高的民营企业形成压力，但更多的是一种倒逼机制，倒逼企业加快技术创新，加强产品创新、品牌创新、管理创新、商业模式创新，加速淘汰落后产能。有条件的企业能够通过实施上下游、跨地区重组整合，推动产业结构实现优化。当前，我国第三产业占比约43%，远低于发达国家80%左右的水平。在改善需求结构的过程中，国家提出要培育一批拉动力强的消费增长点，民营企业能够在文化、教育、旅游等领域寻求更大的发展空间。此外，在国家继续实施区域发展总体战略的过程中，民营企业可以充分利用区域间发展阶段和资源禀赋的差异，优化投资结构、有序转移产能。

三是新型城镇化建设将有效拉动民间投资。城镇化是我国现代化建设的历史任务，也是扩大内需的最大潜力所在。2011年底我国城镇化率达到51.27%，距离发达国家80%左右的水平还有很大空间。据测算，城镇化率每年平均提高一个百分点，将实现1000多万农业转移人口市民化，进而带动1000多亿元的消费需求，相应的投资需求会更多，合计将拉动GDP增长1.5个百分点。城镇化拉动消费、带动投资，促进产业集聚，这是中国经济发展强大而持久的动力，也为民营经济发展提供了广阔的投资和地理空间。国家提出要合理引导社会资金投入城镇建设，民营企业可以在参与城市基础设施、公共服务设施建设等领域寻找更多的机会。新型城镇化建设的关键在于人的城镇化，随着农业转移人口的大量出现，民营企业实现新发展的人口红利将逐渐显现。

四是保障和改善民生将为民营经济提供更大的需求空间。加强民生保障，提高人民生活水平，是2013年经济工作的一项重要任务，其中关键是要稳步提高居民收入水平。十八大报告强调，要千方百计地增加居民收入，努力实现居民收入增长与经济发展同步、劳动报酬增长与劳动生产率提高同步。目前，我国城镇居民收入的64%和农村居民收入的43%都来自工资性收入，这就使得改善民生与民营经济发展之间存在着必然联系。提高职工工资收入水平，表面上看会增加企业成本，实际上会直接导致社会购买力的显著增强，企业产品将面临更加广阔的需求空间，为民营企业带来更多的发展机会。相比于发达国家，我国有13亿人口的国内市场规模，2012年第三季度末中国消费占GDP比重为55%，低于国际平均水平近10个百分点，扩大内需的空间很大。而企业效益的提高，也为职工工资的稳步增长创造了更为有利的条件，符合保障和改善民生的内在要求。

三、发展环境有待进一步改善

民营经济是民生经济、富民经济，不仅解决了就业问题，更解决了富民问题，是实现中国梦的重要推动力量。十八大提出，共同富裕是中国特色社会主义的根本原则。要使发展成果更多更公平地惠及全体人民，就必须发展好民营经济，为民营经济培育更加肥沃的生存土壤。就目前来看，民营经济的发展环境尤其是政策环境仍有诸多改善空间。

1. 正确处理政府与市场的关系

当前，我国市场经济体制仍有待进一步完善，政府职能转变与建立服务型政府的改革进程同市场经济的日趋完善仍不相适应，政府与市场之间还存在一些不协调问题，主要体现在：一是政府有“越位”现象，即管了不该管的；二是存在“缺位”问题，即该管的没管或没管好。十八大报告强调，要全面深化经济体制改革，并指出经济体制改革的核心问题是处理好政府和市场的关系，必须更加尊重市场规律，更好地发挥政府的作用。因此，建议政府简政放权，做到市场的归市场、政府的归政府，真正放手让一切劳动、知识、技术、管理、资本的活力释放巨大的发展潜能。以发展有限政府和提高服务效能为出发点，把服务重点放在营造环境和提供公共产品及服务上，进一步界定经济调节、市场监管和社会管理职能，实现政府职能的有序退出。灵活并适度运用宏观调控手段，在更大更广范围内发挥市场配置资源的基础性作用，构建机会公平、权利公平、规则公平的市场竞争机制，努力形成各种所有制经济依法平等使用生产要素、公平参与市场竞争、同等受到法律保护的新格局。政府要从具体微观经济活动中解脱出来，集中解决经济社会中重大的矛盾和问题，在资本、土地、矿产等资源上给予市场更多的话语权，真正让政府“看得见的手”与市场“看不见的手”各尽所能、相得益彰。

2. 进一步加快金融体制改革步伐

当前，我国金融体制的改革步伐仍与实体经济发展需求存在较大差距，突出表现在金融服务的惠及面与量大面广的小微企业需求相比仍显不足，融资难、融资贵等问题一直未能有效缓解。十八大报告指出，要健全现代市场体系，加快改革财税体制，深化金融体制改革，完善金融监管，推进金融创新，维护金融稳定。这为进一步深化我国金融体制改革指明了方向、确定了基调。因此，建议进一步建立完善小微企业融资服务体系，建立一套与小微企业特点相适应的金融服务制度和法律政策扶持体系，鼓励国有商业银行将更多资源向中小企业倾斜；以十八大报告提出的“加快发展民营金融机构”为契机，进一步放宽村镇银行必须由专业银行作为主发起人并控股等相关限制性规定，简化审批程序，鼓励民间资本积极发展村镇银行、社区银行、科技银行、小额贷款公司、融资租赁公司等专门服务小微企业的金融机构，逐步适度提高小额贷款公司注册资本金上限和融资杠杆率，不断提高小型金融机构覆盖率和融资服务覆盖率，充分发挥民间资本在小微企业融资中的重要作用。

3. 增强民营企业自主创新能力

当前，我国民营企业整体自主创新能力偏弱、创新意识不足，具备创新能力的企业比重较小，掌握关键核心技术、拥有自主知识产权并能进行新产品开发的企业数量更少。同时，制约自主创新的因素较为突出，特别是在体制、机制、技术、人才、融资等方面的政策尚不完善。要深入贯彻落实十八大精神，实施创新驱动发展战略，把科技创新作为提高社会生产力和综合国力的战略支撑并摆在国家发展全局的核心位置，推动科技和经济紧密结合，着力构建以企业为主体、市场为导向、产学研相结合的技术创新体系，注重发挥企业家才能，加快技术创新。加大资金、技术和政策扶持力度，鼓励、支持有条件的企业自建或者与高校、科研院所共建企业技术中心，并适当给予政策性资助；引导企业成为技术创新和科技产业化的投入主体，鼓励企业大幅度增加技术研究与开发投入。注重发挥财税杠杆作用，进一步完善财政资助、贴息和税收减免政策，如出台企业研发费用提前扣除、将购进无形资产纳入增值税进项税额抵扣范围、对技术转让所得免征所得税等具体政策。加强对科技型中小企业的金融服务，加大政府基金、贴息、担保等扶持力度，引导金融机构与企业建立长期稳定的银企关系，促进科技产业化。建立风险投资机制和融资担保体系，形成多层次、多元化、高效率的投融资渠道。完善技术创新平台和服务体系，建立健全具备公共研发、技术交易、科技信息咨询、投融资、知识产权和技术项目孵化等功能的创新服务平台。大力发展技术服务中介组织，培育和活跃技术交易市场，形成跨区域的技术产权交易网络，推动技术成果转化为现实生产力。

4. 进一步加大“民间投资36条”实施细则贯彻落实力度，不断扩大民间投资比重

近年来，“非公经济36条”“中小企业29条”“民间投资36条”的陆续出台，有力地促进了民营经济的发展。但政策的贯彻落实情况仍不尽如人意。为加大贯彻落实力度，拉动民间投资有效增长，2012年国务院各部门出台了42项“民间投资36条”的实施细则，为有效激发民间投资活力创造了极为有利的条件。2012年中央经济工作会议指出，要发挥好投资对经济增长的关

键作用，进一步增加并引导好民间投资。因此，建议政府有关部门围绕实施细则进行深入调研，切实查找实施过程中出现的新情况、新问题，在针对性和可操作性上下功夫；抓紧在市政、能源、电信、铁路、金融等领域，推出一批民间资本能够参与建设的具体项目，形成一批成功案例并进行推广；建立相应的贯彻落实督察机制，在适当的时候对实施细则的贯彻落实情况进行督促检查；下决心破除垄断，切实放宽市场准入，率先在“玻璃门”“弹簧门”反映比较普遍的领域真正引入民间资本，有效破除阻碍民间投资的体制性障碍，不断增强民间投资意愿、扩大民间投资比重。

非公有制企业党建湖南调研报告

为贯彻落实俞正声同志关于非公有制企业党建的批示精神和会领导的指示要求，2013 年研究室把了解掌握非公有制企业党建工作和党员出资人抓好企业党建、促进企业发展、促进共同富裕情况作为年度一项重要工作任务。3 月 25 日至 27 日，研究室调研处、机关党委一行 3 人组成调研组，赴湖南省就当前相关情况开展了调研。其间，组织召开了湖南省委组织部、统战部、经信委、个私协会及部分商会负责人参加的座谈会，实地考察了爱尔眼科集团长沙分院、湖南巨星股份有限公司、威胜集团、开源集团等企业，就当前非公有制企业党建工作的现状、存在的困难和问题、意见建议等进行了深入座谈交流。

一、湖南省工商联参与指导非公有制经济组织党建的探索和做法

湖南省工商联一直高度重视非公有制企业党建工作。早在 2007 年 2 月，湖南省工商联就专门成立了直属会员单位党委，在省委统战部、省工商联党组指导下开展工作，具体负责抓好省工商联直属会员企业的党建工作。2011 年 4 月，在省委的重视支持下，又正式成立了省委组织部、经信委、工商局等 15 个成员单位参加的省非公有制经济组织党工委，由省委统战部副部长、工商联党组书记担任非公有制经济组织党工委书记，办公室设在工商联，实行机构、人员、经费等单列。以此为契机，目前全省 14 个市（州）、123 个县（区、市）全部按照省里模式成立了非公有制经济组织党工委或工商联直属会员单位党委。

近年来，省工商联主动探索、创新实践，在指导开展非公有制企业党建工作方面进行了很多尝试，并取得较好成效，得到了中央组织部、中央创先争优领导小组等相关部门领导的高度评价。近年来，他们重点抓了几项工作。

一是抓组织覆盖。湖南省工商联利用自身 16.8 万个会员和 900 多家商会的组织网络优势，指导具备条件的会员企业、商会、街道乡镇商会建立党组织。目前，全省各级工商联直属会员企业符合单独建立党组织条件的 100% 建立了党组织；各级工商联所属行业商会、乡镇（街道）基层分会也全部建立了党组织，有效地实现了工商联系统党的组织全面覆盖。二是抓联系点。湖南省实行统战部门、工商联机关党员干部既是企业服务员又是党建指导员的办法，省委统战部、省工商联带头开展了“党员干部联点抓非公有制企业党建”活动，每一名党员干部都联系一家以上企业进行服务指导。目前全省已从各级统战部、工商联机关党员中选派了 1000 多名党建指导员，建立了 1100 多个非公有制企业党建的联系点，以点带面，带动非公有制企业党建工作深入开展。三是推动村企对接。积极引导非公有制企业党组织与村级党组织开展组织互帮、骨干互培、党员互动、资源共享的结对帮扶活动。目前全省有 2000 多家非公有制企业党组织与 2500 个村级党组织实现结对共建，对接项目3000多个，帮助对接村建立村级党组织活动中心300多个，资助党建经费1000多万元，进一步扩大了非公有制企业党建的影响力。在创新党组织管理、开展活动方式上，高新开发区党工委探索出的“连组”方法最具特色，将20个企业编一个连组，由2个企业牵头，开展党的活动，并建立相应的考核、激励机制，初步解决了只重个体、不重全面，只重组建、不重管理的问题。

为保障指导非公有制企业党建工作的顺利开展，湖南省建立了非公有制企业党建分工协作机制。根据党工委成员单位在联系服务非公有制经济方面各自的职责和优势，明确相应的工作职责、工作任务和工作措施，施行一系列行之有效的工作机制。一是联席会议制度。由省非公有制经济组织党工委书记为会议召集人，定期召开党工委委员单位联席会议，通报、交流开展非公有制企业党建工作情况，谈论研究非公有制企业党建重大问题，制订工作推进的具体措施。二是集中调研制度。每年围绕几个专题，开展重点调查研究，了解、分析非公有制经济组织党建工作面临的新情况、新问题，及时向省委提出解决问题的对策和办法。三是建立督察制度。2012年8月下旬，省工商联与有关部门组成联合调研组，开展了一次非公有制企业党建工作的全面督察。四是建立考评制度。省工商联积极争取省委支持，推动省委将非公有制企业党建纳入对市州、省直有关部门的绩效考核内容。同时，工商联每两年开展一次对非公有制经济人士的综合评价工作，支持企业建立党组织、党建工作正常开展成为综合评价非公有制经济人士的一项重要指标。五是建立表彰激励机制。2012年“七·一”前夕，省非公有制经济组织党工委开展了非公有制经济组织党建工作评选表彰工作，在全省表彰了200个非公有制经济组织先进基层党组织，100名非公有制经济组织优秀共产党员和20名支持党建工作的优秀企业家，极大地激励了广大非公有制企业出资人抓好党建工作的积极性。从调研情况看，我们认为，湖南省工商联领导在指导非公有制企业党建方面具有超前的思维和创新的举措，工作起步较早、探索积极，对非公有制企业党建的相关问题思索也比较深入，相关的工作机制也比较健全，工作成效比较明显，对整个工商联系统具有很强的指导作用和示范意义。

二、调研考察企业的具体实践

我们在调研中认真贯彻会机关改进工作作风、密切联系群众的“八条规定”，除召开一次座谈会外，其他时间都深入企业了解第一手材料。先后到爱尔眼科医院集团、长沙巨星股份有限公司、开源集团有限公司、威胜科技股份有限公司考察调研。从调研座谈情况看，几家企业出资人都非常重视党建工作，对企业党建工作的认识深刻，支持力度大。湖南开源集团（浏阳河农业产业集团）作为中央组织部的信息联系点、中央纪委的工作联系点，其杂粮研发项目被国务院扶贫办、全国工商联列为“村企共建扶贫示范工程”。“公司成立以来保持了产值利税和员工待遇的高速增长，其中一个重要原因就是得益于党委的科学引领”，这是集团董事长、党委书记罗可大的深刻体会。他在谈到中央统战部副部长，全国工商联党组书记、常务副主席全哲洙，全国工商联副主席庄聪生等到企业视察时的情况时，激动之情溢于言表。长沙巨星股份有限公司专门开辟100多平方米的工作场地，成立了专门的党建工作室、图书室等，作为长期固定的党建工作场所。爱尔眼科集团实现了党委班子和行政班子的交叉任职，保证了党委在公司决策过程中的作用。几家企业党组织工作机构健全，工作思路比较清晰，能够结合生产经营实际开展各项活动，党组织作用的发挥也比较明显。爱尔眼科医院还把成立党组织作为全国其他省份连锁经营的重要条件，确保每家新成立的连锁机构都建立党组织。在谈到开展企业党建的目的和想法时，均对“不是为了党建抓党建”“不能唯党建抓党建”“抓好党建促生产”达成了共识。在开展活动方面，普遍能够结合企业的生产经营实际，与企业文化活动结合起来，开展丰富多彩的活动，党组织在宣传贯彻党的路线方针政策、团结凝聚职工群众、维护各方合法权益、建设先进企业文化、促进企业健康发展等方面发挥了积极作用。

通过对4家企业的调研，也发现了一些问题：（1）党员出资人的素质亟待提高。总体感觉当前非公有制企业出资人对待党建的态度有很大差异。那些年龄相对较大、入党多年的出资人，对党的领导和改革开放政策满怀感恩之情，也比较熟悉党建工作，已经把支持党建工作作为自己的分内职责，对党建工作的支持达到自觉的程度。但那些不是党员或年轻的出资人往往对党建的重要性认识不够、了解不多。如何更有针对性地作好他们的引导、培训工作，需要我们加以关注。(2）专职党建工作人员缺乏。调研的4家企业都是当地规模中上的企业，但只有开源集团一家企业有专职的党务工作人员，其余几家都是兼职的党务工作人员。有些党务工作人员业务知识缺乏，不具备基本的党建工作常识。如在威胜集团，党组织干部居然把党建与团建、工会等工作混为一谈。(3）非公有制企业自身的特殊性带来的一些党建新问题亟待解决。如党员的组织关系移转问题，多家企业反映强烈，希望能以更便捷、更灵活的方式加以解决，既有利于开展正常的组织活动，也有利于增强党员的荣誉感。非公有制企业中党费的返还难以落实，不同程度地影响了基层党组织活动的开展。对于党员出资人的政治安排如何把握，既鼓励非公有制经济人士积极入党，又不能因为入党对政治安排带来影响。同时，新形势下企业的经营形态已经发生了较大变化，拥有多家公司、跨地域的集团公司如何解决党员管理和党组织活动的方式，也值得我们深入研究。

三、对工商联参与指导非公有制企业党建工作的思考和建议

通过调研我们感到，在党中央高度重视非公有制企业党建工作，学习实践科学发展观、创先争优等一系列活动的推动、影响下，越来越多的非公有制企业、非公有制经济人士开始了解党建的作用，逐步重视企业党建工作。在参与指导非公有制企业党建的过程中，工商联体现出了独特的优势，也得到了企业和出资人的认可，非公有制企业党建已经成为新形势下强化工商联与非公有制企业、非公有制经济人士联系、开展非公有制经济人士思想政治工作的重要手段。与此同时，作为党建工作新的重要领域，当前非公有制企业党建工作中还存在很多亟待破解的难题，迫切需要组织部门、统战部门特别是工商联等发挥作用。总体感觉，工商联作为参与指导非公有制企业党建的一支重要力量，需要进一步加大工作力度，具体有以下建议。

1. 深化理论研究

在调研中，无论是非公有制企业党建相关工作部门还是企业家都谈到，非公有制企业党建是个新领域，对很多问题感到很困惑，不知道该怎么样走。为此，我们建议把开展非公有制企业党建理论研究作为一项基础性工作，尽快围绕非公有制企业党组织“两个作用”的实现途径、非公有制企业党建工作与企业文化建设相融合的有效途径、中国特色商会组织党建工作的特点规律开展理论研究，为更有效地指导非公有制企业党建提供理论支撑。2013年下半年，我们将认真贯彻全书记的批示精神，以商会党建为重点进行全面调研，并计划组织已经依托工商联成立非公有制经济党工委的10个省份工商联和典型企业，召开工商联系统非公有制企业党建理论研讨会，交流实践经验，探索指导方法，进一步明确下一步的工作思路。条件许可的话，建立由全国工商联研究室牵头成立非公党建研究会，吸收有关部门专职工作人员、地方工商联、代表性非公有制企业党员出资人参加，动员凝聚各方面力量深化理论研究。这也是在调研过程中，多位同志的呼吁。

2. 加大指导力度

在调研中，湖南省工商联和省委组织部也都谈到，工商联在指导非公有制企业党建中具有独特的优势和不可替代的作用。形势和任务、职责都需要全国工商联进一步加强对非公有制企业党建的指导。一方面，已经依托工商联成立非公有制企业党工委的10个省份，迫切希望作为上级机关的全国工商联能就非公有制企业党建的相关问题给予指导，现在有关省份工商联的专司非公有制企业党建工作的机构对上没有对口的部门，他们的工作渠道不顺畅；另一方面，工商局等其他部门对非公有制企业党建的指导力度在不断加大，非公有制企业党建已经从原来的“没人抓”到现在的“都来抓”。曾有企业家谈到，当地工商部门曾动员其将党组织关系从工商联转入工商部门，尽管企业家出于对工商联的感情予以拒绝，但反映出的问题不能不引起我们的重视。在当前多个部门纷纷加大对非公有制企业党建指导力度的形势下，进一步强化全国工商联的指导义务责无旁贷，工商联必须旗帜鲜明地抓非公有制

企业党建。为此，我们建议明确研究室或会员部为承担工商联系统非公有制企业党建指导作用的机构，尽快开展相关工作。同时，进一步深化同组织部门、统战部、工商部门等的合作关系，建立工商联系统非公有制企业党建交流机制，共同探讨非公有制企业党建相关问题。

3. 加大对出资人的培训力度

非公有制经济领域党建具有鲜明的自身特色，特别是产权的私有性决定了非公有制企业出资人是影响党建工作成败的关键因素，在非公有制企业党建工作中处于核心位置。实践证明，凡是那些出资人对党建工作认识较深的企业，对党建工作的支持力度就大，党组织的组建、作用发挥就较好。当前非公有制企业出资人的政治素质参差不齐，对党的感情、认知差别较大。今后，工商联应充分发挥做好非公有制经济人士思想政治工作的传统优势，把对非公有制经济人士的党建培训作为教育培训的重要内容，纳入工商联整体培训计划，对分级分批组织培训提出明确的要求。全国工商联可对有代表性的企业出资人组织培训，系统学习党的历史，了解党的知识，掌握党建知识，深化对党的认识，提高其支持非公有制企业党建的积极性和主动性。

4. 建立工商联系统党建联系点

建立直接联系工作机制，是中央办公厅《关于加强和改进非公有制企业党的建设工作的意见》对建立健全领导体制和工作机制的明确要求，是贯彻落实全国工商联十一大报告“探索建立工商联直接联系执委常委所在企业党建工作的制度”的具体步骤，是改进工作作风、深入基层一线的重要举措。当前，组织、工商等一些部门都根据情况建立了一批党建联系点，作为关注、了解非公有制企业党建工作的重要窗口。我们建议，由研究室、会员部共同牵头，尽快挑选一批中央知名度较高、社会反映较好的非公有制企业，建立全国工商联非公有制企业党建联系点，经常听取他们对加强党建工作的意见建议，帮助企业解决在发展中遇到的难题。

5. 加大对党员出资人的安排使用力度

据湖南省有关方面统计，在全省企业中，有44.5%的企业出资人为中共党员。他们在带领企业发展、促进共同富裕的同时，为扩大党的组织覆盖和党的工作覆盖做了大量卓有成效的工作。他们中的许多人对政治安排有强烈的期待，而目前在非公有制经济人士的政治安排上，更多的是考虑党外人士，对党内的非公有制经济人士限制较多。实际上，许多党员出资人在申请加入党组织，我们也是鼓励他们加入党组织，而在成为党员之后却成为他们政治上发展进步的一个限制条件。对此，许多党员出资人非常困惑。建议对党员出资人的政治安排进行系统研究，在政治安排上适当加大使用力度。

中小微企业监测点建设调研报告

为贯彻落实全书记指示和全国工商联2013年度工作要点精神，深入了解部分省份工商联中小微企业监测工作进展情况，进一步厘清开展中小微企业监测工作思路、找准工作方向，3月21日至24日，研究室专程赴上海、浙江两地就中小微企业监测工作进行调研。调研组专门拜访了上海市工商联王志雄主席，他认为，开展监测工作意义重大，要明确数据库建设方向，建立合作机制形成部门合力，通过设置科学的调查方法和统计指标，在开展监测工作的基础上，加强工商联基础信息建设，以使工商联服务工作更加具有针对性和持续性。王志雄强调，只要沟通工作到位，协商得当，在不涉及具体企业信息的情况下，工商联和统计、工信、税务等部门的合作方面没有任何制度性障碍。调研组在上海市和浙江省分别召开了由两地经信委、中小企业局和统计局及区、县工商联同志参加的座谈会，深入了解相关部门在中小微企业运行监测工作中的具体举措和协作配合机制，工商联推动监测工作的做法和成效，特别是争取相关部门支持的经验。此外，调研组还详细了解了监测企业对监测工作的意见建议，对加强监测工作服务的实际需求。

一、工商联开展中小微企业监测工作的可行性

2013 年全国两会期间推出的《国务院机构改革和职能转变方案》明确提出，要推进职能转变，着力解决政府与市场、政府与社会的关系问题，充分发挥市场在资源配置中的基础性作用，更好地发挥社会力量在管理社会事务中的作用。随着政治改革的有序推进，政府职能转变步伐和力度的逐步加快和增强，商会组织在更好地承接政府职能转移和工商联发挥更大作用上面临着新的机遇。当前，工商联工作领域已经拓展到整个非公有制经济领域。中小微企业是非公有制经济的主体，工商联服务两个健康，在很大程度上就是服务中小微企业。中小微企业在我国经济社会发展中具有十分重要的战略地位，但是长期受抓大、放小的观念影响，中小微企业的生存发展是“少人关心少人问”，致使党委政府对中小微企业的发展状况不明，更多的数据都是引用文献和专家的只言片语，信息碎片化现象比较严重。开展监测工作，全面、准确、系统地掌握中小微企业生存发展过程中反映出来的第一手数据信息，对于工商联围绕中心、服务大局，更好地履行职能具有重要意义。

（一）找准工作定位，重点围绕中小微企业生存发展的预测预警开展监测工作

在我国现行的统计制度中，缺乏专项的民营经济统计口径。统计部门是事后统计，多是面上指标，对行业、企业指导意义不大；工信部门中小企业运行监测，主要面向专精特新企业，覆盖面小；经信部门经济运行监测，指标不多，对整体经济运行态势能够起到预测预警，但涉及的行业数据信息仍然缺失。对于工商联来说，要想当好政府的参谋助手和桥梁纽带，只有摸清底数，方能心中有数，进而手中有术。因此，工商联的监测工作一定要凸显行业特色，分区域和行业对中小微企业运行情况进行预测预警监测，重点放在“发现问题、倾听呼声、掌握困难”上，通过分析研判，及时发布行业预测预警信息，指导、服务行业企业健康发展。真正使工商联中小微企业监测工作成为党委、政府了解民营经济运行情况的重要渠道，监测企业反映意见诉求、获取信息的重要方式，工商联服务两个健康的重要抓手。

（二）加强部门合作，使相关部门之间资源共享信息互通

中小微企业作为数量最大的企业群体，其相关数据散落于不同部门中间。如就业人数在人力资源和社会保障部门、税收在税务部门、出口情况在海关、注册登记信息及监管信息在工商部门、有些数据信息在工信部门等。各部门之间既有侧重，也有一定联系。从实际看，为提高效率，减轻企业负担，工商联的监测工作没有必要大规模另起炉灶，要善于借梯上楼、供船出海，通过部门合作，利用对方已有数据为我所用。从地方实际看，只要积极争取、工作到位，完全可以通过部门合作，实现信息互通、资源共享，共同做好引导、服务小微企业发展这篇文章。

目前，各地在加强部门合作方面都进行了积极探索。2012 年上海市工商联和统计、工商、税务等单位初步签订了合作协议。黑龙江省工商联和省统计局合作，取得了民营经济统计文号。广东省统计局发布了《民营经济统计报表制度》。但目前部门间数据共享的障碍主要来自统计口径的差异。因此有必要加强民营经济统计制度的设计，形成民营经济归口统计，或者在现有统计科目进行加、减法，最终修正成为我们需要的信息。在具体操作中，我们可以直接引用已有的统计数据，如工商部门的年度个体工商户、私营企业户数等具体数据，也可以在相关部门统计和专项调查中协商加入可量化的统计指标，还可以通过数据检索的方式来获取分类信息，如通过与税务部门协商，按照我们需要了解的企业规模和类型提前进行分类来获得行业税收具体数据。

（三）形成系统合力，充分发挥工商联系统的组织网络优势

目前，工商联已经形成了较为健全的组织网

络，民营经济发达的地区到乡镇都建立了工商联组织，行业商会组织发展迅速。截至2012年底，全国工商联共有县级以上工商联组织3331个，商会组织46268个。这为工商联开展监测工作提供了强大的组织保障。从掌握情况看，各地都对开展监测工作给予充分的重视，并结合实际做了大量开拓性工作。如浙江省工商联准备选取3000家样本企业，实现省内区县监测工作全覆盖；玉环县工商联通过非公有制经济调查研究系统对30家企业生产经营情况进行监测分析后，发现只有2家实现预期增长，10家企业微增长，其余18家企业亏损，据此结果及时向地方党委政府报送了情况反映，为相关政策措施的出台提供了有力支撑。此外，商会作为工商联基层组织，最了解企业、最熟悉行业，商会参与中小微企业监测工作，对指导行业企业发展具有现实意义。全联中小冶金企业商会开展钢铁行业信息报送制度，每月坚持对行业企业生产经营情况进行统计分析，并及时反馈行业发展信息。杭州五金旋具商会表示，对行业企业运行监测，商会有想法，企业有意愿。因此，鼓励和支持商会参与开展中小微企业运行监测，既确保了数据的真实性，也能够有效拓展商会的服务手段，提高商会的影响力、凝聚力。

二、对工商联开展中小微企业监测工作的初步考虑

（一）加强监测工作的顶层设计

首先，要重点做好“合”的文章。一是部门之间的合作。要尽快与了解民营经济数据的部门进行合作，改变依靠人情办事的惯例，形成多方合作长效机制。如，加快和国家统计局、工商总局、工信部、税务总局等部委协调沟通，尽快联合出台合作的框架协议，在数据获取、调研合作、指标设计等方面形成共享平台和体制。二是系统内力量的合成。要提出将监测工作作为工商联一项基础性工作来抓的目标导向。加快建立工商联主要领导亲自抓，分管研究工作和经济工作的分管领导具体负责，相关部门同志协调服务的机制，实现全系统一起抓、上下一盘棋的良好工作格局。加强人员配备，在系统内研究部门或者经济部门选择责任心强、热心统计分析工作、善于沟通协调的同志从事工作，不断提高统计分析的技能与水平。三是调研方式的整合。从目前来看，如果部门合作顺利，生产总值、销售额、税收等总体数据获取则较为顺利。在有关部门开展专项调查，如统计部门开展经济普查、投入产出调查，税务部门开展税务调查等工作时，也可以通过协商加入我们的调查指标，通过普查结果修正我们的系统数据信息。面上数据解决了，但点上企业的具体数据仍然需要通过现有的非公有制经济调查研究系统抽样调查获得，同时辅助实地调研以增加对企业的感性认识。只有三种调研方式有机结合，数据和情况反映才会更加客观。

另外，要尽快建立监测工作运行机制。全国工商联要加快制订关于中小微企业监测工作的指导意见、监测点建设管理办法、监测工作考核办法等系列制度，使得系统内有章可循，加快推动监测工作开展的进程。

（二）调整现有非公有制经济调查研究系统功能定位

研究室在2011年组织开发了非公有制经济调查研究系统，借助此系统平台，2012年3月在全国7个省区市试点中小企业监测点建设，2012年9月在各地开始使用。目前，系统功能逐渐完善，已经初步建立起包含2000多家监测企业、100多位非公有制经济研究专家和1300多份非公有制经济调查研究报告的数据库系统。在系统建设的同时，不断完善平台服务功能，通过提供最新行业及企业发展资讯；深入剖析企业发展、解决问题的经验案例；协调多方资源服务中小微企业健康发展，较好地实现了监测是手段、服务是宗旨的目标要求。

为了更好地统筹协调部门合力，现有的非公有制经济调查研究系统要能够凸显工商联特色，尽快将系统的调查监测功能逐渐向调查预测预警和培育支持服务方向转变。要加强对定期调查统计数据的分析，提出行业预测预警信息，及时与相关部门进行合作，对预测信息和统计指标进行对比修正，不断提高运行监测和预测的科学性。要充分发挥系统数据库优势，通过开展不定期调查和专项调查，着重对相关重点行业或是社会热点问题进行分析，提出意见建议。要在网页设计、平台功能设计等方面，更多地体现企业经营管理需求，在系统中增加政策发布、政策解读、供求信息、合作信息等相关内容，为企业间灵活使用政策、加强沟通合作、开拓市场提供方便。要规范系统分层权限，让工商联、商会和企业都能成为平台的共建者、共享者，充分利用平台提升社会影响力。

（三）建设中小微企业监测数据库

数据库建设有三种方式，一种是云计算及云存储，各方面要求较高，是未来趋势和方向，但目前未能大规模实现；二是自建独立封闭系统，人力物力花费较大，难以实现技术共享，不符合未来发展方向；三是共建系统，可以实现共享、多赢，最终过渡为云计算和云存储，较为理想。

考虑到自成大规模系统费用较高，云技术尚未成熟，共建系统数据库，将是目前最合适的一个方法。如工信部在2009年就开始中小企业运行监测工作，并开发了相应的技术平台。我们可以通过与工信部门进行沟通协调，将调查指标直接设计为监测科目，与其共建系统数据库。工商联现有的非公有制经济调查研究系统数据库，建议纳入机关网络系统平台，由信息中心统一管理。通过整合分散在机关各部门的现有的统计内容，进一步完善工商联基础信息系统建设。要尽快建立专项调查和不定期调查的样本企业数据库，逐步提高会员企业的监测比例。

（四）加大监测点建设与监测工作的经费投入力度

目前，地方在监测工作经费的来源一方面是单位自有经费，另一方面是申请政府专项经费。如，黑龙江省工商联2012年就监测点工作申请配套经费约103万元。监测工作经费使用主要是系统网站建设、软硬件采购、监测工作经费和经费补贴。从调研反映的情况看，监测企业数据采集的精确性，在很大程度上取决于数据采集一线工作人员，在小微企业中更多的是企业财务人员。建议对基层的信息采集员、企业联络员采取一定的激励措施，通过发放经费补贴、加强培训、评选表彰等措施，不断激发工作人员的责任心。如，上海经济运行监测处对每个企业联络员发放1000元补贴和进行免费培训，为基层信息采集员发放车补等。要通过配发电脑、免费安装监测平台系统等措施对参与监测企业给予硬件支持。在工作经费上，鼓励地方工商联向有关政府部门申请专项经费，全国工商联给予支持并按照合作研究形式发放配套经费。此外，要将工商联监测工作年度总结表彰经费、监测点统一标识制作经费及交流培训经费等纳入年度经费预算，申请国家财政专项经费予以保障。

（五）周密组织监测工作的实施

一是抽样原则，工商部门确定的规模以上企业，由企业通过非公有制经济系统平台实行直报数据；规模以下企业由省级工商联根据工商部门登记企业数，按照区域经济发展实际和行业发展情况，在国家统计局的支持下进行分层抽样，进而确定地方抽样样本数。两者共同构成监测样本企业库。二是布点原则，严格按照确定的地方抽样样本总数，在省内根据企业划型标准选取有代表性、成长性的样本企业，紧紧立足当地非公有制经济发展水平和产业特色，努力使监测实现区县全覆盖和行业全覆盖，对特色行业、优势产业可以增加监测项目。三是监测指标，目前，企业反映政府干扰市场很多，除了国家法律规定的统计和税务外，还有诸多统计表格。要摒弃注重数据总量统计的惯例，指标设计应尽可能地反映民营经济发展的趋势和增速、结构调整的质量和效益水平。结合工作需求，征求统计部门和专业人员的意见建议，在监测过程中逐渐完善指标体系。从为企业减负和可操作性看，建议我们目前监测的定量指标以5～6个为宜，可以初步确定为销售额、营业总额、企业利润、用工人数、税收额、资金缺口。此外，还可以设置3～4个定性指标，比如对经济形势、公司经营状况、主要产品和服务成本、主要产品的价格的变化趋势的判断。开放性问题和融资、管理、技术、企业家自身成长方面的专题问卷，可以依托非公有制经济调查研究系统，通过抽样调查方式实现。四是监测周期，若要实现经济运行预测预警功能，监测信息一月一报，每月中旬预测直报。若按照经济统计功能设计，监测信息每年报两次。遇到需要临时调查的指标，采取专项调查的方式临时统计。

（六）抓好监测培训工作

重点围绕监测工作的意义、重要性及系统平台的使用等内容，尽快对各级工商联分管中小微企业监测工作的领导同志进行培训，提高对监测工作的重视和认识程度。要加快制订系统内年度培训计划，编制专门培训教材，丰富培训形式，通过现场观摩、交流会以及邀请专家及政府相关职能部门人员参会，提高培训质量。要通过分级、分层培训，加强对基层工商联工作人员和企业联络员的监测业务指导和培训，提高工作人员的统计理论知识和数据分析能力，不断提高监测的质量和水平。关于培训周期，考虑到中小微企业联络员变化较快，建议县区范围的监测工作培训会议每年至少一次。

湖北省县级工商联建设情况调研报告

为深入了解湖北省县级工商联建设情况，做好2013年8月份召开的全国县级工商联建设经验交流会筹备工作，近日全国工商联调研组一行4人赴湖北省开展调研。调研组先后到武昌区、京山县、当阳市、宜都市、夷陵区、西陵区工商联，宜都市红花套镇商会、西陵区云集街道商会、宜昌市台州商会、宜昌市福州商会和宜昌市钢材商会，湖北太力家庭用品工业园、湖北京山轻工机械股份有限公司、华阳化工有限公司调研。召开了5次座谈会，了解当地经济社会发展和工商联工作情况，与省、市、县级党委政府和统战部、工商联主要负责人就加强县级工商联建设、发挥工商联和基层商会作用进行探讨交流。

一、湖北省县级工商联“一个设立、五个有”情况

在全国工商联开展基本解决县级工商联长期薄弱问题专项工作之前，湖北省县级工商联建设在全国处于中下游的位置，不少县级工商联没有党组，人员少，经费紧张，办公条件差，有影响的活动不多。为推动解决县级工商联建设的突出问题，2012年10月湖北省委省政府在汉川市召开县级工商联建设推进会议。按照省委组织部、省委统战部、省编办、省民政厅、省财政厅、省人社厅、省工商联等七个部门制订的《关于加强县级工商联建设的实施意见》，会议提出2013年6月底以前全省各县级工商联要全面达到“一个设立、五个有”，即设立党组，有满足工作需要的人员编制，有保证工作正常运转的工作经费，有独立的办公场所，有必要的办公设备，有丰富的工作和活动内容。会议要求“建台账，结硬账”，制订具体量化指标，成立由县市区党委分管领导牵头，党委办、政府办等多个职能部门负责人参加的推进工商联建设领导机构和工作专班，将县级工商联建设纳入党政机关年终目标责任制考核内容，确保各项工作落实到位。

汉川会议结束后，在省委统战部和省工商联的强力推动下，湖北各地市党委政府高度重视、积极支持，相继召开加强县级工商联工作会议，结合各地实际因地制宜出台相关实施方案，部署开展县级工商联建设工作。宜昌、黄冈、黄石、荆州等地分别召开县级工商联建设推进会、督办会等，荆门、襄阳分别出台推进县级工商联建设的实施方案，确定目标任务、制订实施步骤、明确时间节点、加强组织领导、强化工作责任，确保县级工商联建设工作落到实处。全省县级工商联在主动争取、务实工作，夯实基础、改善条件，发挥作用、扩大影响等方面取得了重大进展，“一个设立、五个有”目标任务已基本完成。

1.“一个设立”情况

湖北省103个县级工商联全部设立了党组，党组书记均由同级党委统战部分管经济领域统战工作的副部长兼任。原先未设立党组的13个县级工商联均已新设党组。

2.“五个有”情况

截至2013年3月底，湖北全省103个县级工商联人员编制数达到419个（县均4.07个），与2011年底相比，增长近20%；101个县级工商联办公、考察调研、培训经费列入同级财政预算，增长74%；102个县级工商联有独立办公场所，增长57%；102个县级工商联有电脑、电话、传

真等必要的办公设备，增长16%；82个县级工商联有办公用车，增长32%。

我们实地了解到，在人员编制方面，所到县级工商联均为满编或超编，特别是在党委政府编制趋紧的情况下，一些县区工商联主席、党组书记不占工商联编制，工商联编制为4人，实际工作人员可达6~7人。宜昌市西陵区工商联有专职干部6人，平均年龄40.6岁，宜都市工商联驻会人员实有7人，平均年龄45岁，全部为本科以上文化程度。工商联干部年龄、学历结构得到优化，开始摆脱“养老院”“离退休人员中转站”的窘境。在工作经费方面，均纳入同级财政预算并逐年递增。武昌区工商联每年经费在150万元以上，当阳市工商联2013年财政部门预算为58万元，宜都市工商联经费也达到55万元。在办公场所方面，均有独立的办公场地，场所面积也较为宽裕。京山县工商联兴建了建筑面积4000多平方米的商会会馆，夷陵区夷陵商会大厦即将竣工，区工商联办公面积将达到1000平方米。在办公条件方面，都有电脑、电话、传真机、复印机等必要办公设备，配备了工作用车。在工作和活动内容方面，各县级工商联不断创新工作方式和载体，积极搭建服务平台，开展丰富多彩的活动，为当地经济社会发展作出了积极贡献。

二、湖北省县级工商联争创“五好”活动开展情况

《全国县级工商联建设示范点标准》下发后，湖北省明确提出，“一个设立、五个有”只是解决县级工商联长期薄弱状况的最基本标准，达标后要再用两、三年的时间，使全省90%以上的工商联达到县级工商联建设示范点“五好”标准，即领导班子好、会员发展好、商会建设好、作用发挥好、工作保障好。要求完成“一个设立、五个有”任务的县级工商联从2013年1月起开展争创“五好”活动，其他县级工商联以实现“一个设立、五个有”阶段目标为突破口，推动“五好”建设。

在各地党委政府的领导和支持下，有条件的县级工商联在完成“一个设立、五个有”目标任务后，进入争创“五好”的新阶段。荆门市委组织部、统战部等七部门联合下发《关于推进县级工商联建设的实施方案》，明确提出以“一个设立、五个有”为基本标准，以“五好”为动态目标，在全市开展争创“全国县级工商联示范点”、全省“五好”县级工商联活动。武汉市工商联按照“五好”的要求加强指导，精心组织，实行工作责任制，市工商联主席、党组书记、专职副主席分别与各区工商联建立对口联系，帮助解决区工商联实际问题，指导区工商联发挥作用。许多县级工商联按照“五好”的标准不断加强自身建设，积极发挥作用，一批符合“五好”标准的县级工商联涌现出来。东宝区工商联作为县级工商联的优秀代表，在全省召开的加强县级工商联建设推进会上作了经验介绍。当阳市工商联制订了《开展“学创”主题实践活动，争创“五好”工商联实施方案》，按照“五好”的要求，充分利用工商联综合优势，夯实组织基础，发挥商会潜力，工商联建设呈现新局面，在当阳经济社会中发挥着越来越重要的作用。宜都市工商联不断加强自身建设，充分发挥作用，服务发展大局，先后获得湖北省非公党建先进单位、宜昌市工商联综合考评先进单位、宜都市效能考核一等奖、市文明单位、市“三万”活动先进单位等光荣称号，为推动宜都经济社会发展作出了积极贡献。

三、湖北省县级工商联建设的做法和启示

湖北省县级工商联建设能在短短一年时间里实现“一个设立、五个有”的目标，并涌现一批“五好”工商联，其经验和做法值得总结和推广。

从湖北省的情况看，党委政府重视，相关职能部门支持，各级工商联主动作为，县级工商联“一个设立、五个有”的目标是可以实现的。党委政府对工商联的重视，来自于工商联在地区经济社会发展中承担的重要职责、发挥的独特作用。我们在调研中发现，市县党委政府主要领导对工商联非常熟悉，对工商联工作十分重视，对工商联发挥的作用评价较高，愿意给工商联配强工作人员、增加工作经费、改善办公条件，提高工商联服务经济社会发展能力。湖北省的经验告诉我们，“一个设立、五个有”是县级工商联开展工作、发挥作用的基本保障，“五好”特别是“作用发挥好”是县级工商联建设的关键所在，也是县级工商联发挥独特作用、服务地区经济社会发展的最终价值体现。结合湖北省县级工商联建设的实际，我们认为工商联要得到党委政府重视、职能部门支持、民营企业家认可，必须发挥以下三个作用。

一是县级工商联要坚持两个健康工作主题，发挥企业家的“娘家”作用。工商联作为党领导的以非公有制企业和非公有制经济人士为主体的人民团体和商会组织，会员是工商联的组织细胞和开展工作的基础，是工商联凝聚力和影响力的来源。工商联坚持两个健康工作主题，必须把更多的企业家吸收到工商联队伍中来，真正成为民营企业家的“娘家”，得到民营企业家的认同。工商联发挥“娘家”的作用，需要坚持深入企业，与民营企业家交朋友，认真倾听他们的所思所想所盼，向党委政府反映他们的利益诉求。夷陵区工商联每年就全区民营经济发展的热点和难点问题进行调研，通过政协提案、调研报告等形式向区委区政府反映，为民营经济发展营造良好的政策环境和社会环境。工商联发挥“娘家”的作用，需要创新服务方式和载体，帮助企业家解决实际困难和问题，服务企业发展和转型升级。宜都市工商联围绕转变经济发展方式，开展“助推民营经济转型发展服务年”活动，实施政策信息服务、教育培训素质提升、发展环境优化、银企合作推动、技术创新促进、典型示范引领“六大行动”，取得很好效果。工商联发挥“娘家”的作用，需要抓好非公有制经济人士思想政治工作。工商联作为党的统一战线的重要组成部分，引导、教育非公有制经济人士听党的话、跟党走、干中国特色社会主义事业，是工商联的重要职能之一。当前，湖北省县级工商联从本地实际出发，创新开展非公有制经济人士理想信念教育实践活动。宜都市制订了《全市非公有制经济人士理想信念教育实践活动实施方案》，成立由市委书记为组长，统战部长、副市长、市工商联主席为副组长的领导小组，以“五个一”系列活动为载体，抓好非公有制经济人士的理想信念教育。

二是县级工商联要围绕中心服务大局，发挥党委政府的抓手作用。这既是工商联服务两个健康、争取有更大作为的需要，也是行政体制改革不断深化、政府职能不断转移的内在要求。县级工商联作为工商联的基层组织和工作的重要依托，是党委政府与非公有制经济人士之间联系最直接、最密切的桥梁纽带，在地区经济工作和社会管理中理应为党委政府科学决策当参谋、推动落实做助力、协调政企关系做纽带，成为推动经济社会发展的一支重要力量。工商联要成为党委政府的抓手，必须主动争取党委政府交任务、压担子，发挥工商联独特优势，做好党委政府交办的各项工作，积极承接政府转移的职能，让党委政府对工商联放心。湖北省有些县级工商联已经成为党委政府研究经济工作和社会管理工作的重要参与部门。宜都市委市政府经济工作会议要求工商联重点发言，开展招商引资、经贸交流、教育培训等活动，工商联也是重要的参与部门。工商联要成为党委政府的工作抓手，必须充分利用组织优势开展工作，特别是用好企业家兼职副主席、副会长这一宝贵财富。工商联企业家兼职副主席、副会长是工商联领导班子的重要组成部分，也是非公有制经济人士的优秀代表，在行业中有较大的影响力，充分发挥他们的示范带动作用，有利于激发广大非公有制经济人士的热情，推动经济社会更好发展。工商联要成为党委政府的工作抓手，必须充分发挥商会的基础性作用，在建言献策、招商引资、创新社会管理等方面多利用商会组织的优势。西陵区工商联近年来新成立同业公会和基层商会9个，成立了全省首家社区商会—二马路社区商会。目前西陵区工商联已有商会26家，新发展会员600余家，会员总数达到3882个，实现了街办、乡镇商会全覆盖，在服务西陵经济社会发展中发挥了积极作用。

三是县级工商联要创新服务载体和手段，发挥各类服务平台作用。工商联要想成为民营企业家的“娘家”和党委政府的工作抓手，必须注重搭建服务企业发展的平台和载体，促进经济社会健康发展。一要搭建政策服务平台。工商联作为政企之间的桥梁纽带，要配合有关职能部门，主动向企业宣传国家经济政策，让企业了解政策、掌握政策、使用政策。荆门市工商联利用执委会议、常委会议、主席会议等时机，邀请市委市政府相关领导介绍省市关于非公有制经济发展的相关政策，得到企业家的好评。二要搭建法律服务平台。通过组建“律师服务团”、聘请律师参加“走进民营企业服务月”“律企沙龙”等活动，为会员提供法律咨询服务，切实维护会员企业的合法权益。武昌区工商联积极动员省、市、区属优秀律师，成立由41位律师组成的“同心·律师服务团”，为民营企业提供法律服务，收到很好的效果。三要搭建融资服务平台。融资难、融资贵是企业发展的瓶颈。工商联可以通过组织会员企业组建小额贷款公司、担保公司、推动银企合作等方式提供融资服务，缓解融资难题。当阳市工商联促成两家担保公司的成立，并积极组织银企联谊活动，解决银企信息不对称问题，为缓解会员企业融资难问题出谋划策。四要搭建技术创新平台。推进经济转型升级，核心是提高企业技术创新能力。工商联要建立民营企业公共技术服务平台，提供科技咨询、技术推广、创新培训等服务，促进科技成果转化和技术转移，推动新产品、新技术的研发、生产和应用。五要搭建招商引资服务平台。要利用工商联完善的组织网络，加强与兄弟工商联及省内外行业商会、异地商会的联系与合作，建立招商引资网，更好地服务地方经济。近年来，宜都市工商联采取以商招商的方式，新发展项目50个，直接投资100多亿元，圆满完成与市委市政府签订的招商引资任务。六要搭建人才培训平台。要充分利用高等院校、科研院所、职业学校、行政学院、社会主义学院等社会培训教育机构，做好理想信念、法律法规、现代经营管理、职业技能等方面的培训工作，努力提高非公有制经济人士的综合素质。宜都市工商联坚持“走出去”与“请进来”相结合，近年来组织学习培训会50余场次，累计培训会员1600多人次。武昌区工商联组织会员企业举办技能大赛、开展技能比武等活动，对职工进行职业技能培训，收到良好效果。

从调研情况看，湖北省在加强县级工商联建设工作中启动迅速、探索积极、力度较大，工作开展扎实，对有关问题研究深入，工作机制健全，工作成效明显，对工商联系统具有较强的指导和示范意义。

全国县级工商联组织“一个设立、五个有”情况分析报告

为深入贯彻《中共中央国务院关于加强和改进新形势下工商联工作的意见》（中发〔2010〕16号）精神，推动解决县级工商联建设中的突出问题，2012年初，我会提出要举全国工商联系统之力打一场攻坚战，力争用两年左右时间基本改变县级工商联建设长期薄弱状况。2012年5月，我会印发了《推动解决县级工商联建设中的突出问题工作实施方案》，提出的工作目标是：到2013年底，全国县级工商联基本达到“一个设立、五个有”，即设立工商联党组，有满足工作需要的人员编制、有保证工作正常运转的工作经费、有独立的办公场所、有必要的办公设备、有丰富的活动内容。同时提出在县级工商联中开展创建“五好”县级工商联建设示范点活动，印发了《全国县级工商联建设示范点标准》。创建“五好”县级工商联建设示范点的总要求是，践行两个健康工作主题，体现“三性”有机统一，切实发挥“五项职能”作用，具体是：领导班子好、会员发展好、商会建设好、作用发挥好、工作保障好。

近两年来，经过各地工商联组织真抓、真帮、真促、真干，县级工商联建设有了明显变化，大部分县级工商联实现了“一个设立、五个有”的既定目标，同时，涌现了一批“五好”县级工商联，2013年8月全国工商联命名了64家单位为县级工商联建设示范点。

为全面、客观、真实地了解两年来全国县级工商联建设的成效，发现问题，为下一步继续推进县级工商联建设找准工作着力点，我会于2013年6月开展了县级工商联组织建设情况专项调研，并将《2013年上半年各地县级工商联建设情况数据统计表》发至各省（自治区、直辖市）工

商联组织。64家全国“五好”县级工商联建设示范点填报了《全国县级工商联建设示范点推荐表》和发挥作用情况报告，我们也对部分示范点做了实地考察调研。经全国工商联会员部对各地上报的两部分表格数据录入、反馈核对、汇总整理、客观分析之后，参考2013年上半年全国工商联行业商会统计报表，对照《全国县级工商联组织建设情况问卷调查分析》中各地2011年底县级工商联组织的相关数据和实地调研，形成本报告。

（注：全国现有县级工商联组织2994个，本分析只针对按照行政区划设立的2824个县市区工商联，不含新疆生产建设兵团团级工商联。）

一、全国县级工商联“一个设立、五个有”基本情况

（一）县级工商联设立党组情况

2013年上半年全国共有2623个县级工商联设立了党组，占县级工商联总数2824个的92.9%。设立党组的县级工商联比2011年底2424个增加了199个，党组覆盖率提高了5.3个百分点（2011年占87.6%）（见表1、图1）。

目前有201个县级工商联未设立党组，分布在河北（1个）、内蒙古（29个）、辽宁（5个）、吉林（1个）、广东（10个）、四川（23个）、西藏（50个）、陕西（8个）、甘肃（5个）、青海（29个）、宁夏（1个）、新疆（39个）。由于西藏、青海2013年上半年分别新成立了35个、5个县级工商联组织，故未设党组县级工商联数较多。

表1 设立党组情况

单位：个，%

时 间	县级工商联数量	设立党组县数	设立党组县比例
2011年底	2767	2424	87.6
2012年底	2790	2582	92.5
2013年上半年	2824	2623	92.9

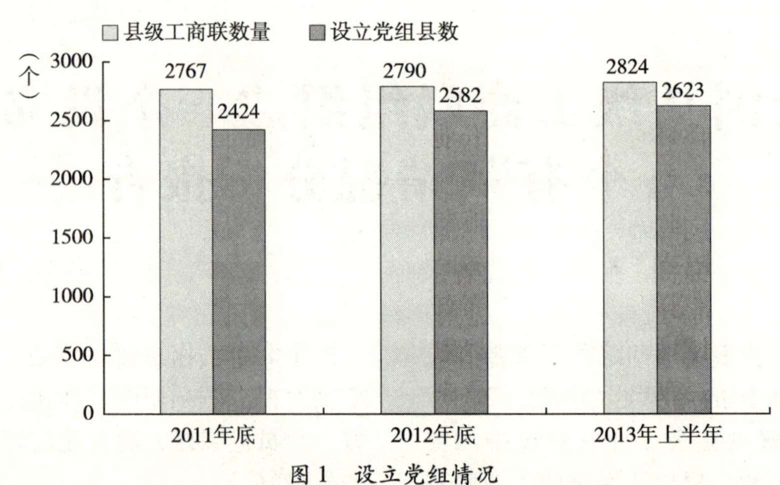

图1 设立党组情况

（二）县级工商联人员编制情况

2013年上半年全国县级工商联编制总数为11728个，比2011年底的10807个增加921个，增长8.5%，县均编制4.2个；全国县级工商联实有人员14601人，比2011年的13784人增加817人，增长5.9%，县均实有人员5.2人（见表2、图2）。

表2 编制和实有人员情况

单位：个

时 间	县级工商联数量	编制数		实有人员	
		总数	平均	总数	平均
2011年底	2767	10807	3.9	13784	5
2013年上半年	2824	11728	4.2	14601	5.2

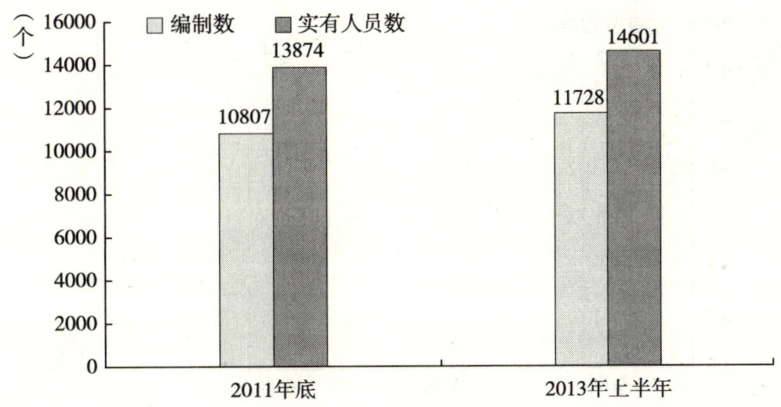

图 2 编制和实有人员情况

2013 年上半年 0 编制县还有 68 个。由于青海新成立的部分工商联没有编制，抵扣后 0 编制县比 2011 年底的 109 个净减少了 41 个，减少了近 40%。68 个 0 编制县主要分布在河北（10 个）、内蒙古（4 个）、辽宁（6 个）、黑龙江（21 个）、山东（1 个）、河南（1 个）、广西（4 个）、贵州（1 个）、甘肃（3 个）、青海（15 个）、新疆（2 个）11 个省（区）。31 个省份中，消除 0 编制县级工商联的省份从 2011 年底 12 个增加到了 20 个。13 个省份的县级工商联编制数 2012 年、2013 年上半年均有增加。24 个省份的县级工商联编制数较 2011 年底有所增加，其中四川、云南、贵州、河北、江西、甘肃、山西、浙江 8 个省的县级工商联编制增加数在 50 个以上，四川增加 128 个，云南增加 126 个。

31 个省（区、市）中，县均编制和实有人员最多的省份均为上海，分别是 11.4 个和 13.5 人，最少的省份均为西藏，分别是 1 个和 0.8 人。上海、北京、天津、山西、内蒙古、浙江、山东、广东、重庆、四川、贵州、云南、甘肃 13 个省（区、市）的县均编制高于全国平均水平，江西、湖北、海南 3 个省的县均编制与全国平均水平相同，其余 15 个省（区）低于全国平均水平。北京、天津、山西、内蒙古、上海、浙江、山东、湖北、湖南、广东、重庆、四川、贵州、云南、陕西 15 个省（区、市）的县均实有人员高于全国平均水平，其余 16 个省（区、市）低于全国平均水平。

按东中西部划分，东部地区 1066 个县级工商联编制总数 4415 个，县均编制 4.1 个，实有人员 5187 人，县均实有人员 4.9 人；中部地区 708 个县级工商联编制总数 2946 个，县均编制 4.2 个，实有人员 3778 人，县均实有人员 5.3 人；西部地区 1050 个县级工商联编制总数 4367 个，县均编制 4.2 个，实有人员 5636 人，县均实有人员 5.4 人。（东中西部划分如下：东部地区包括北京、天津、河北、辽宁、吉林、黑龙江、上海、江苏、浙江、福建、山东、广东、海南；中部地区包括山西、安徽、江西、河南、湖北、湖南；西部地区包括内蒙古、广西、重庆、四川、贵州、云南、西藏、陕西、甘肃、青海、宁夏、新疆）（见表 3、图 3）。

表 3 编制和实有人员情况（分地域）

单位：个

地域	县级工商联数量	编制数		实有人员	
		总数	平均	总数	平均
全国	2824	11728	4.2	14601	5.2
东部	1066	4415	4.1	5187	4.9
中部	708	2946	4.2	3778	5.3
西部	1050	4367	4.2	5636	5.4

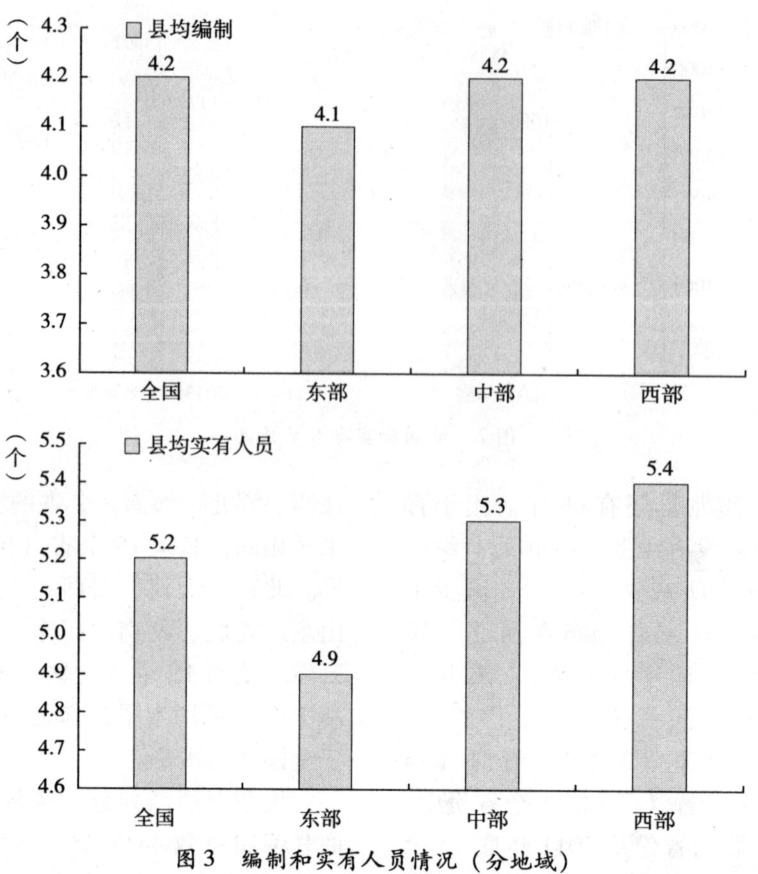

图3　编制和实有人员情况（分地域）

（三）县级工商联经费保障情况

2013年上半年，办公、考察调研、教育培训经费（以下简称“三经”）列入同级财政预算的县级工商联2411个，占县级工商联组织数的85.4%，比2011年底的968个增加了1443个，增长了近1.5倍（2011年占35.0%）（见表4、图4）。

表4　办公经费情况

单位：个，%

时　间	县级工商联数量	“三经”列入同级财政预算的县级工商联数	“三经”县比例
2011年底	2767	968	35.0
2012年底	2790	2162	77.5
2013年上半年	2824	2411	85.4

北京、天津、山西、上海、湖北、广西、海南、重庆、云南、陕西10个省（市、区）的所有县级工商联的“三经”列入同级财政预算。江苏、浙江、福建、江西、山东、河南、湖南、广东、新疆9个省（区）的90%以上的县级工商联的“三经”列入同级财政预算。内蒙古70.2%、黑龙江68.9%、青海66.7%、西藏61.5%的县级工商联“三经”未列入同级财政预算。

（四）县级工商联办公场所及办公设备情况

2013年上半年，有独立办公场所县级工商联2561个，占县级工商联组织数的90.7%，比2011年底的2396个增加了165个，增长6.9%（见表5、图5）。

北京、天津、山西、上海、江苏、浙江、安徽、福建、江西、湖北、湖南、海南、重庆、云南、甘肃、宁夏16个省（市、区）的所有县级工商联都有独立办公场所。河北、内蒙古、辽宁、吉林、黑龙江、山东、河南、广东、广西、四川、贵州、新疆12个省（区）的80%以上的县级工商联有独立办公场所。西藏、陕西、青海3个省（区）有独立办公场所的县级工商联不足40%。

263个没有独立办公场所的县级工商联为：河北23个、内蒙古19个、辽宁3个、吉林1个、黑龙江22个、山东4个、河南5个、广东3个、广西7个、四川24个、贵州4个、西藏50个、陕西65个、青海30个、新疆3个。

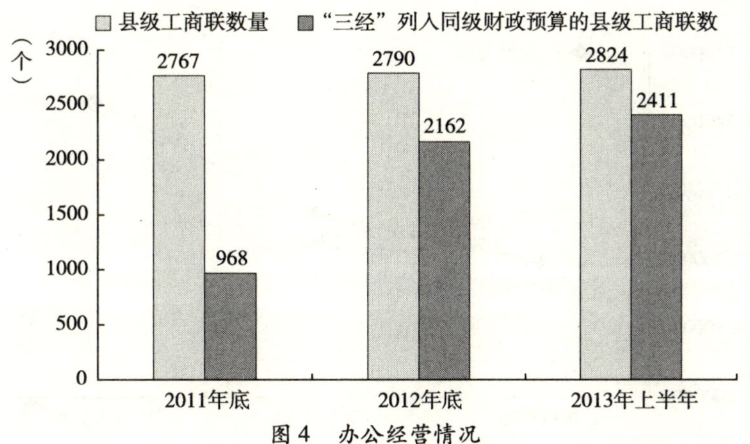

图4　办公经营情况

表5　办公场所情况

单位：个，%

时　间	县级工商联数量	独立办公的县级工商联数	独立办公的县比例
2011 年底	2767	2396	86.6
2012 年底	2790	2411	86.4
2013 年上半年	2824	2561	90.7

2013 年上半年，有能够满足开展工作需要的办公设备县级工商联数 2630 个，占县级工商联组织数的 93.1%。

（五）县级工商联会员情况

2013 年上半年全国县级工商联共有会员 2434630 个，比 2011 年底的 2198437 个增加 236193 个，增长 10.7%；县均会员 862 个，县均会员数比 2011 年底增加 67 个（见表6、图6）。

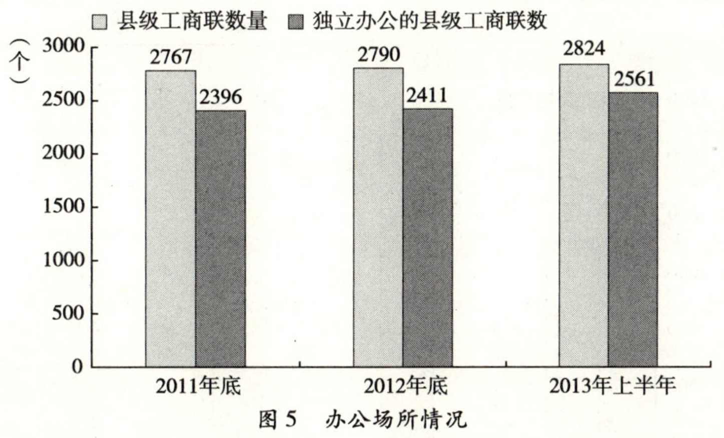

图5　办公场所情况

海南、西藏 2 个省（区）的县级工商联会员数增长 2 倍多，天津、河北、山西、辽宁、吉林、上海、江西、山东、湖北、湖南、广东、重庆、贵州、陕西、青海 15 个省（市）会员增长比例高于全国平均水平。

31 个省（区、市）中，县均会员最多的省份是海南，为 3328 个，最少的省份是西藏，为 69 个。北京、辽宁、上海、江苏、浙江、安徽、福建、山东、河南、湖北、湖南、海南、广东、重庆 14 个省（市）的县均会员高于全国平均水平。其余 17 个省（区、市）低于全国平均水平。

表6　会员情况

单位：个，%

时　间	县级工商联数量	总数	比上年底增加数	增幅	平均数	比上年底增加数	增幅
2011 年底	2767	2198437	—	—	795	—	—
2012 年底	2790	2262715	64278	2.9	811	17	2.1
2013 年上半年	2824	2434630	171915	7.6	862	51	6.3

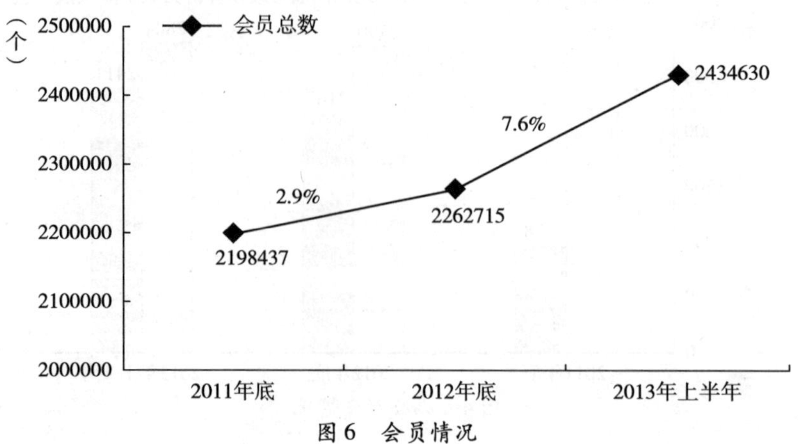

图6　会员情况

按东中西部划分，东部地区1066个县级工商联会员总数1139499个，县均会员1069个；中部地区708个县级工商联会员总数661304个，县均会员934个；西部地区1050个县级工商联会员总数633827个，县均会员604个。东部、中部地区的县均会员均高于全国平均水平，西部地区的县均会员均低于全国平均水平（见表7、图7）。

表7　会员情况（分地域）

单位：个

地域	县级工商联数量	会员总数	县均会员
东部	1066	1139499	1069
中部	708	661304	934
西部	1050	633827	604
全国	2824	2434630	862

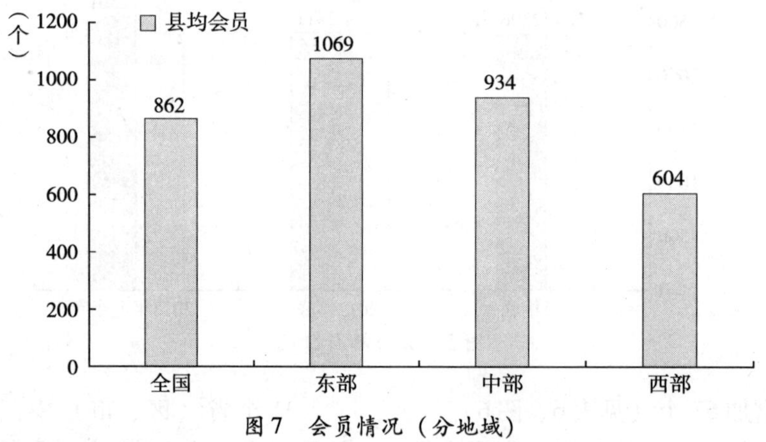

图7　会员情况（分地域）

（六）县级工商联商会组织情况

2013年上半年，全国县级工商联共有行业商会13240个，比2011年底的7907个增加5333个，增长67.4%；占全国行业商会总数17250个的76.8%，比2011年底占比50.1%（2011年底全国行业商会总数15768个）提高26.7个百分点（见表8、图8）。

乡镇商会17549个，覆盖率为52.9%（全国乡镇行政区划总数33162个），比2011年底的15387个增加2162个，增长14.1%；街道商会4659个，覆盖率为64.0%（全国街道行政区划总数7282个），比2011年底的3690个增加969个，增长26.3%。

31个省（区、市）中，上海、江苏、山东、河南、湖北、广西6个省（区、市）的乡镇商会覆盖率在90%以上，天津、河北、辽宁、安徽、重庆5个省（市）的乡镇商会覆盖率高于全国平均水平。上海、浙江、湖北、陕西、甘肃5个省（市）的街道商会覆盖率在90%以上，天津、辽宁、江苏、安徽、山东、河南、湖南、重庆、云南9个省（市）的街道商会覆盖率高于全国平均水平。

表8 商会组织情况

单位：个，%

时间	行业商会			乡镇商会			街道商会		
	总数	比上年底增加数	增幅	总数	比上年底增加数	增幅	总数	比上年底增加数	增幅
2011年底	7907	—	—	15387	—	—	3690	—	—
2012年底	12958	5051	63.9	17720	2333	15.2	4570	880	23.8
2013年上半年	13240	282	2.2	17549	-171	-1	4659	89	1.9

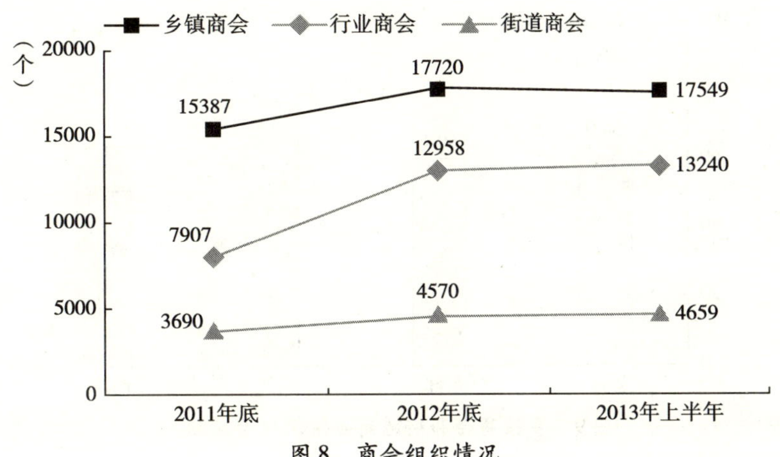

图8 商会组织情况

按东中西部划分，东部地区1066个县级工商联共有乡镇商会5949个，覆盖率为58.8%（乡镇行政区划总数10125个），街道商会2375个，覆盖率为60.4%（街道行政区划总数3932个）；中部地区708个县级工商联共有乡镇商会5583个，覆盖率为64.1%（乡镇行政区划总数8709个），街道商会1354个，覆盖率为77.1%（街道行政区划总数1756个）；西部地区1050个县级工商联共有乡镇商会6017个，覆盖率为42.0%（乡镇行政区划总数14328个），街道商会930个，覆盖率为58.3%（街道行政区划总数1594个）。东部地区的乡镇商会覆盖率高于全国平均水平，街道商会覆盖率低于全国平均水平；中部地区的乡镇商会和街道商会覆盖率均高于全国平均水平；西部地区的乡镇商会和街道商会覆盖率均低于全国平均水平（见表9、图9）。

表9 乡镇商会和街道商会情况（分地域）

单位：个，%

地域	县级工商联数量	乡镇商会		街道商会	
		总数	覆盖率	总数	覆盖率
全国	2824	17549	52.9	4659	64.0
东部	1066	5949	58.8	2375	60.4
中部	708	5583	64.1	1354	77.1
西部	1050	6017	42.0	930	58.3

通过以上数据可以看出，2010年中央16号文件颁发之后，各级党委政府高度重视、大力支持，全国工商联和各省级工商联面向基层、着力推动，县级工商联积极作为、乘势而上，全国县

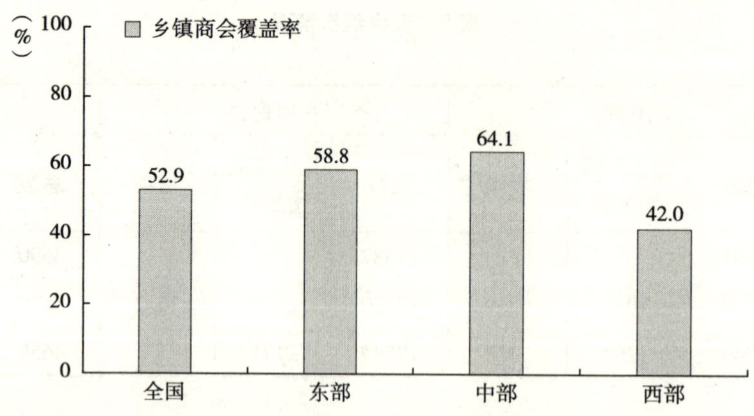

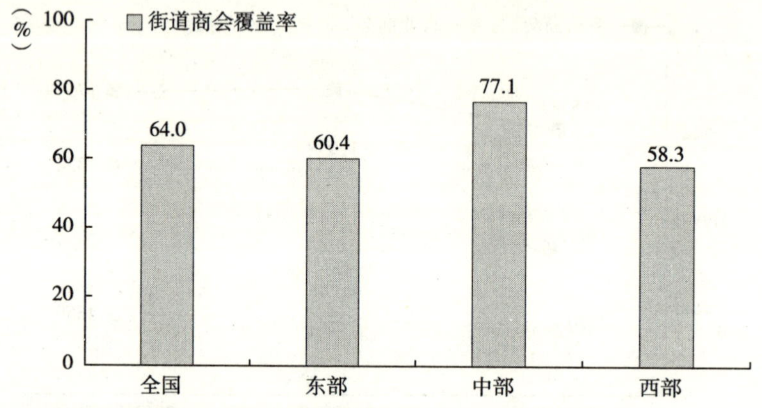

图 9　乡镇商会和街道商会情况（分地域）

级工商联“一个设立、五个有”建设取得了显著成绩。

二、全国“五好”县级工商联建设示范点（以下简称“示范点”）基本情况

（一）示范点设立党组情况

64 个示范点均设立了党组，共有党组成员 254 人。

（二）示范点领导班子基本情况

全国 64 个示范点 2012 年共有领导班子成员 1321 名，其中非公有制经济代表人士 1051 名，占 79.6%；专职领导干部 179 人，占 13.6%；其他 6.8%。专职领导干部中本届新任 106 人，占 59.2%。

（1）性别

示范点领导班子成员中，男性 1170 人，占 88.6%；女性 151 人，占 11.4%（见表 10、图 10）。

表 10　示范点领导班子成员性别情况

单位：个，%

领导班子成员数	男性	占比	女性	占比
1321	1170	88.6	151	11.4

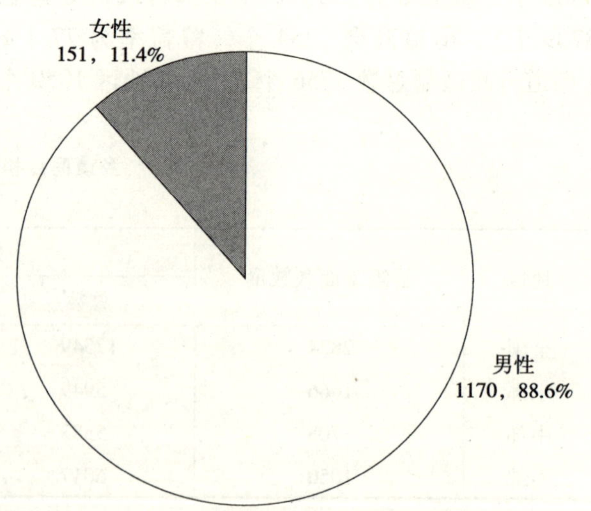

图 10　示范点领导班子成员性别情况

（2）年龄结构

示范点领导班子成员中，40 岁以下 163 人，占 12.4%；41 岁至 50 岁 728 人，占 55.1%；51 岁至 55 岁 270 人，占 20.4%；56 岁至 60 岁 125 人，占 9.5%；61 岁至 65 岁 28 人，占 2.1%；66 岁及以上 7 人，占 0.5%（见表 11、图 11）。

表11 示范点领导班子成员年龄情况

单位：岁

领导班子成员数	40以下	41～50	51～55	56～60	61～65	66及以上
1321	163	728	270	125	28	7

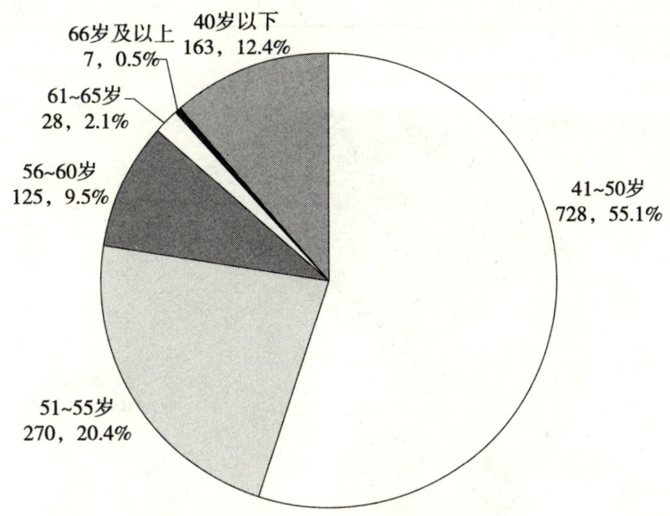

图11 示范点领导班子成员年龄情况

（3）政治面貌

示范点领导班子成员中，中共党员707人，占53.5%；民主党派成员92人，占7%；群众522人，占39.5%（见表12、图12）。

表12 示范点领导班子成员政治面貌情况

单位：个，%

领导班子成员数	中共党员	占比	民主党派成员	占比	群众	占比
1321	707	53.5	92	7	522	39.5

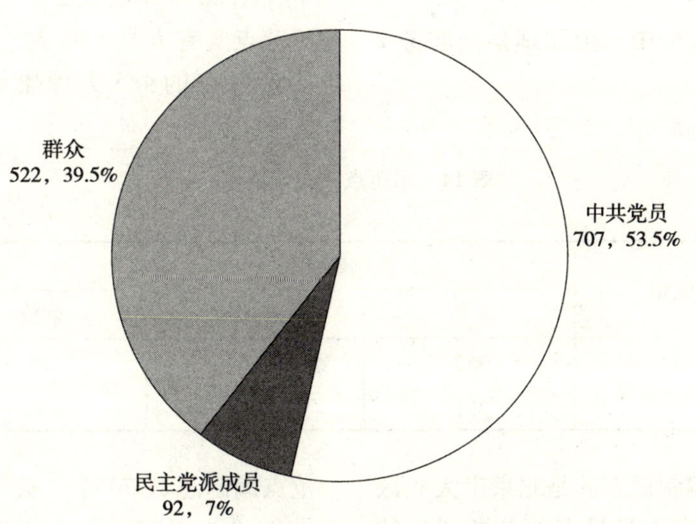

图12 示范点领导班子成员政治面貌概况

（4）学历

示范点领导班子成员共有1074人有大专以上学历，占81.3%。其中，研究生179人，占13.6%；本科生454人，占34.4%；大专生441人，占33.3%，高中、中专及以下247人，占18.7%（见表13、图13）。

表 13　示范点领导班子成员学历情况

单位：个，%

领导班子成员数	研究生	占比	本科生	占比	大专生	占比	高中、中专及以下	占比
1321	179	13.6	454	34.4	441	33.3	247	18.7

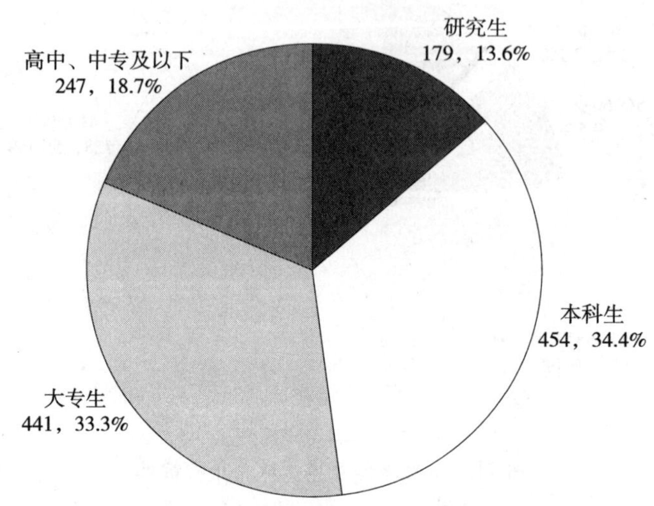

图 13　示范点领导班子成员学历情况

（5）社会任职

①人大职务

示范点领导班子成员中，担任同级人大常委会副主任 4 人，占 0.3%；常委 80 人，占 6.1%；代表 429 人，占 32.5%。

②政府职务

示范点领导班子成员中，担任副县长职务 2 人，占 0.2%。

③政协职务

示范点领导班子成员中，担任同级政协副主席 22 人，占 1.7%；常委 272 人，占 20.6%；委员 599 人，占 45.3%。

（三）示范点人员编制情况

2012 年示范点编制总数 381 个，县均编制 6 个，比 2011 年的 352 个增加 29 个，增长 8.2%。示范点实有人员 530 人，县均实有人员 8.3 人，比 2011 年的 485 人增加 45 人，增长 9.3%（见表 14）。

表 14　示范点人员编制情况

单位：个，人

年份	示范点数量	编制数		实有人员	
		总数	平均	总数	平均
2011	64	352	5.5	485	7.6
2012		381	6.0	530	8.3

64 个示范点中，编制最多的是北京市大兴区工商联，为 16 个。实有人员最多的是浙江省德清县工商联，为 27 个。

按东中西部划分，东部地区 26 个示范点编制总数 183 个，县均编制为 7.0 个，实有人员 246 人，县均实有人员 9.5 人；中部地区 12 个示范点编制总数 70 个，县均编制 5.8 个，实有人员 94 人，县均实有人员 7.8 人；西部地区 26 个示范点编制总数 128 个，县均编制 4.9 个，实有人员 190 人，县均实有人员 7.3 人。东部地区的县均编制和县均实有人员均高于全国示范点平均水平（见表 15、图 14）。

表 15　示范点编制和实有人员情况（分地域）

单位：个，人

地域	示范点数量	编制数		实有人员	
		总数	平均	总数	平均
全国	64	381	6.0	530	8.3
东部	26	183	7.0	246	9.5
中部	12	70	5.8	94	7.8
西部	26	128	4.9	190	7.3

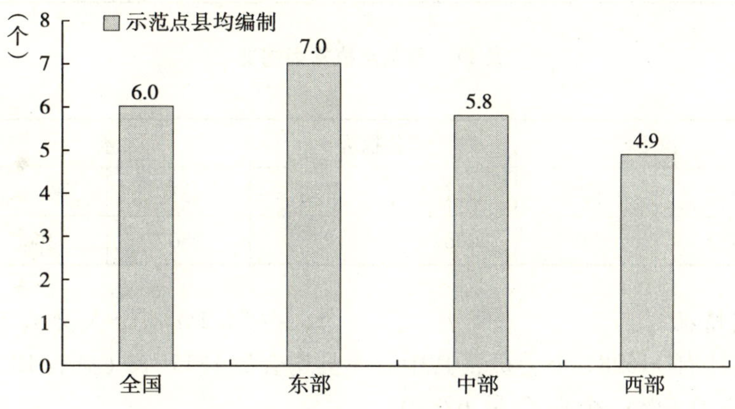

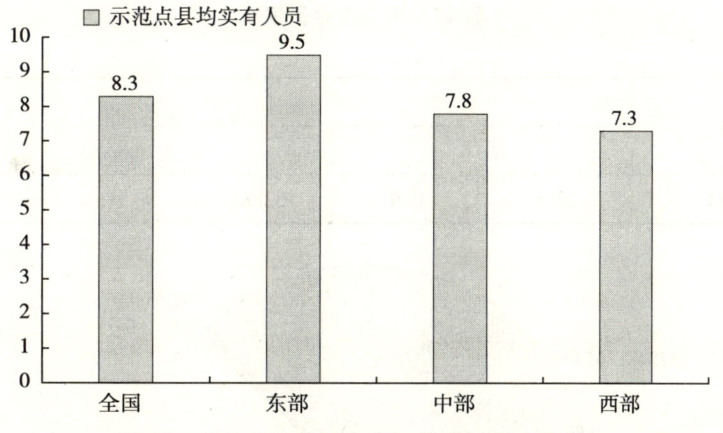

图 14　示范点编制和家有人员情况（分地域）

（四）示范点经费保障情况

示范点 2012 年经费总额为 7980 万元，其中，财政拨款为 5657 万元，占经费总额的 70.9%；会费收入为 1139 万元，占经费总额的 14.3%；其他收入占 14.8%。经费总数、财政拨款、会费收入分别比 2011 年增长 23.7%、18% 和 15.7%。示范点 2012 年县均经费 124.7 万元，比 2011 年增加 23.9 万元，增长 23.7%（见表 16）。

所有示范点的办公、考察调研、教育培训经费都列入同级财政预算。

（五）示范点办公场所及办公设备情况

示范点均独立办公，且绝大部分办公硬件条件好，电话、传真、电脑、公务车等配备齐全，仅有 2 个县（区）无传真机，4 个县（区）无公务车。

（六）示范点执常委情况

示范点 2012 年执委共计 5731 人，县均 90 人；执委中的非公有制经济代表人士共计 4951 名，占执委总数的 86.4%，县均 77 名。常委共计 2507 名，县均 39 名；常委中的非公有制经济代表人士共计 2155 名，占常委总数的 86.0%，县均 34 名（见表 17）。

表 16　示范点经费保障情况

单位：万元，%

年份	财政拨款			会费收入			其他			经费总额			平均经费
	金额	比上年底增加数	增幅	金额	比上年底增加数	增幅	金额	比上年底增加数	增幅	金额	比上年底增加数	增幅	
2011	4793	—	—	983	—	—	676	—	—	6452	—	—	100.8
2012	5657	864	18	1139	156	15.7	1184	508	75.1	7980	1528	23.7	124.7

表 17　示范点执常委情况

单位：人

	执委		非公执委		常委		非公常委	
	总计	平均	总计	平均	总计	平均	总计	平均
示范点	5731	90	4951	77	2507	39	2155	34

（七）示范点会员情况

示范点 2012 年共计有 116281 个会员，其中团体会员 1058 个，占 0.9%；企业会员 62880 个，占 54.1%；个人会员 52343 个，占 45.0%。县均会员 1817 个（见表 18、图 15）。

表 18　示范点会员情况

单位：个，%

	总计	会员					
		团体		企业		个人	
示范点	116281	1058	0.9	62880	54.1	52343	45.0

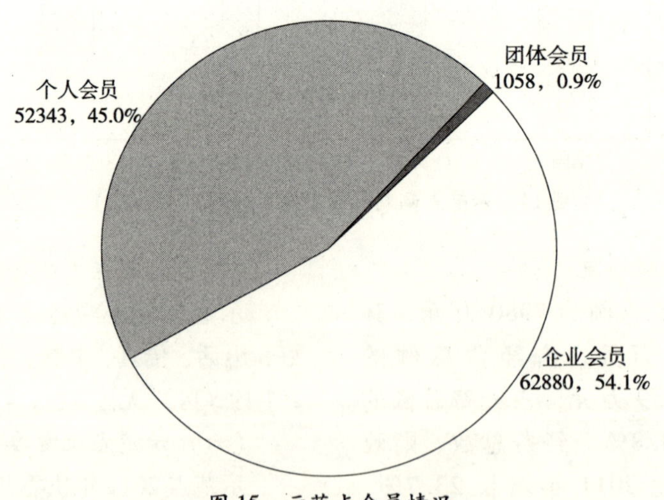

图 15　示范点会员情况

64 个示范点中，会员总数最多的是河南省固始县工商联，为 9000 个。

按东中西部划分，东部地区 26 个示范点会员总数 52919 个，县均会员 2035 个；中部地区 12 个示范点会员总数 31346 个，县均会员 2612 个；西部地区 26 个示范点会员总数 32016 个，县均会员 1231 个。东部、中部地区的县均会员高于全国示范点平均水平（见表 19、图 16）。

表 19 示范点会员情况（分地域）

单位：个

地域	示范点数量	会员总数	县均会员
东部	26	52919	2035
中部	12	31346	2612
西部	26	32016	1231
全国	64	116281	1817

示范点62880个企业会员按照标准划分了企业规模，其中，大型企业1475个，占2.3%；中型企业17212个，占27.4%；小型企业29628个，占47.1%；微型企业14565个，占23.2%（见表20、图17）。

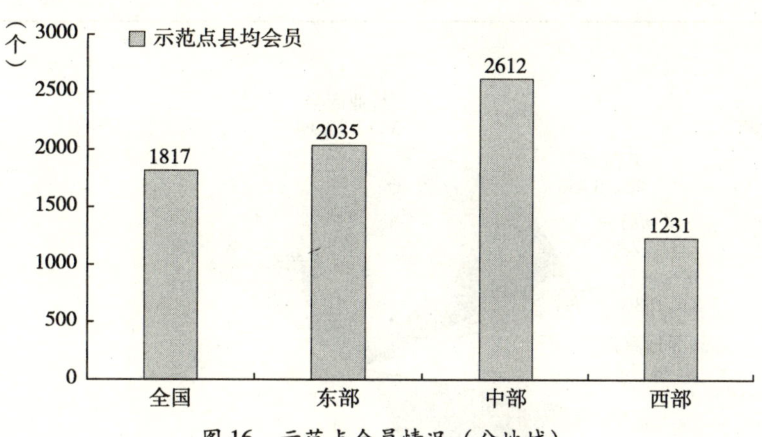

图 16 示范点会员情况（分地域）

表 20 示范点企业会员规模

单位：个，%

	大型企业		中型企业		小型企业		微型企业	
	数量	占比	数量	占比	数量	占比	数量	占比
示范点	1475	2.3	17212	27.4	29628	47.1	14565	23.2

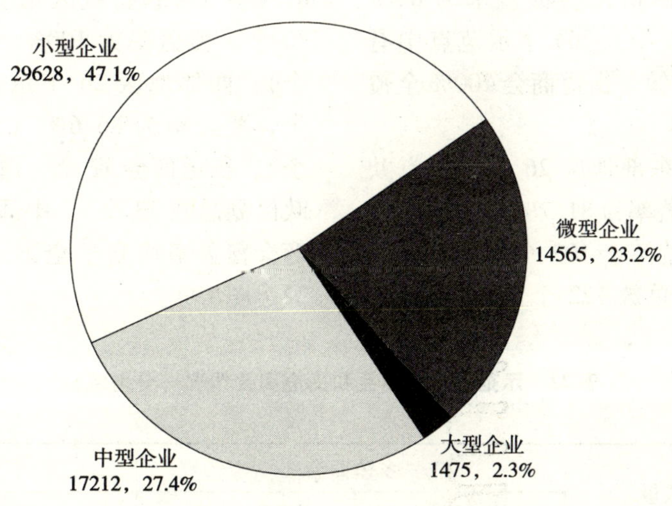

图 17 示范点企业会员规模

（八）示范点商会组织情况

示范点2012年共有商会组织1395个，县均21个。其中行业商会389个，占商会组织总数的27.9%；乡镇商会598个，占商会组织总数的42.9%；街道商会189个，占商会组织总数的13.5%，异地商会106个，占商会组织总数的

7.6%；园区商会32个，占商会组织总数的2.3%；市场商会33个，占商会组织总数的2.4%；其他商会48个，占商会组织总数的3.4%（见表21、图18）。

表21　示范点商会组织情况

单位：个

	基层商会								
	行业商会	乡镇商会	街道商会	异地商会	园区商会	市场商会	其他商会	总计	县均
示范点	389	598	189	106	32	33	48	1395	21

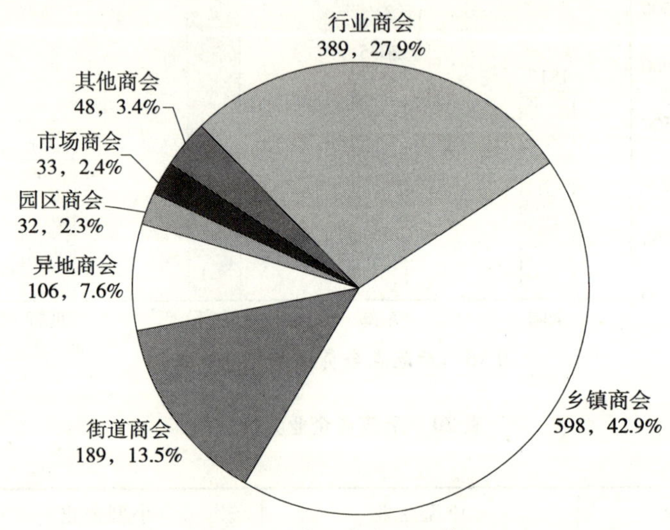

图18　示范点商会组织情况

示范点的乡镇商会覆盖率为85.2%（乡镇行政区划总数702个），街道商会覆盖率为84%（街道行政区划总数225个）。64个示范点中有37个县（区）实现了乡镇、街道商会100%全覆盖，占57.8%。

按东中西部划分，东部地区26个示范点共有乡镇商会196个，覆盖率为81.7%（乡镇行政区划总数240个），街道商会102个，覆盖率为83.6%（街道行政区划总数122个）；中部地区12个示范点共有乡镇商会150个，覆盖率为87.7%（乡镇行政区划总数171个），街道商会30个，覆盖率为100%（街道行政区划总数30个）；西部地区26个示范点共有乡镇商会252个，覆盖率为86.6%（乡镇行政区划总数291个），街道商会57个，覆盖率为78.1%（街道行政区划总数73个）。中部地区的乡镇商会和街道商会覆盖率均高于全国示范点平均水平（见表22、图19）。

表22　示范点乡镇商会和街道商会情况（分地域）

单位：个，%

地域	示范点数量	乡镇商会		街道商会	
		总数	覆盖率	总数	覆盖率
全国	64	598	85.2	189	84.0
东部	26	196	81.7	102	83.6
中部	12	150	87.7	30	100.0
西部	26	252	86.6	57	78.1

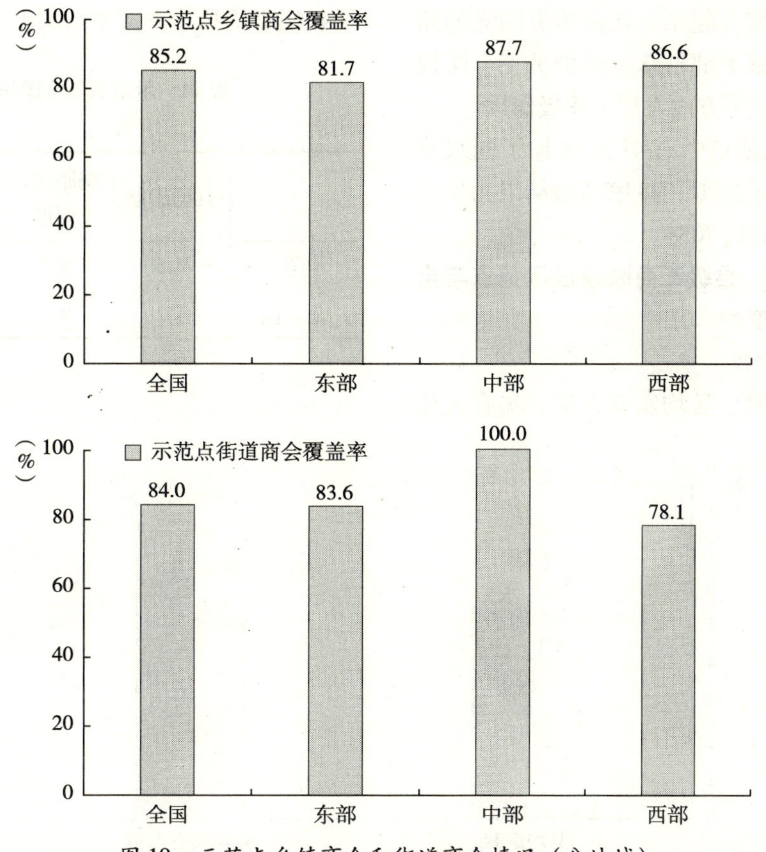

图 19　示范点乡镇商会和街道商会情况（分地域）

（九）示范点召开会议和建立规章制度情况

示范点 2012 年主席会议、常委会议和执委会议三项会议都按期召开的共 53 个，占总数的 82.8%；会员发展和管理、执委会常委会建设、基层商会建设、机关工作制度等规章制度都完备的示范点共 61 个，占总数的 95.3%（见表 23）。

表 23　示范点召开会议和建立规章制度情况

单位：个，%

	按期召开会议		规章制度完备	
	数量	占比	数量	占比
示范点	53	82.8	61	95.3

（十）开展工作和为会员服务情况

“五好”的重点是作用发挥好。通过示范点发挥作用情况报告，结合对示范点调研中了解到的情况，可以看出各示范点认真践行两个健康工作主题，紧紧围绕会员企业和非公有制经济人士的需求，不断强化服务手段，创新服务方式，拓展服务领域，发挥工商联“五项职能”作用，积极主动作为。一是结合开展非公有制经济人士思想政治工作这一主线，坚持深入企业，与民营企业家交朋友，向党委政府反映他们的利益诉求，帮助企业解决实际困难和问题，通过卓有成效的服务，不断加强组织的吸引力和凝聚力，同时做好非公有制经济人士的政治安排。增强了非公有制经济人士对工商联的认同感和归属感，使工商联真正成为“娘家”。二是就当地民营经济发展的热点和难点问题进行调查研究，积极参政议政，通过政协提案、调研报告、专题报告等形式反映问题，为创造当地民营经济良好的政策和社会环境献计献策。三是引导非公有制经济人士把个人富裕与区域经济发展结合起来，引导他们积极投身光彩事业、扶贫开发、安置就业和新农村建设等各项社会公益事业，积极履行社会责任，自觉回馈社会。四是围绕发展县域经济，发挥工商联联系广泛的优势，注重搭建各类服务平台。通过建立政策信息平台、招商引资平台、法律服务平台、融资服务平台等服务手段和措施，拓展经济服务渠道，为政府和企业之间搭建桥梁纽带，与会员企业、非公有制经济人士之间建立更为紧密的联系，成为党委政府的重要工作抓手。五是认真抓好非公有制企业党建工作，引导企业结合自身实际开展党建活动，与企业文化建设结合起来，在宣传贯彻党的路线方针政策、团结凝聚干部群众、维护员工合法权益、促进社会和谐稳定等方面发挥了积极作用。

2012 年，64 个示范点中有 41 家参加了同级党委、政府年度工作考评，其中 28 家考核结果为优秀或一等，占参加考核的近 70%。

三、全国“五好”县级工商联建设示范点与全国县级工商联情况比较

（一）编制情况比较

示范点的县均编制、县均实有人员、实有人员增长幅度均高于全国平均水平（见表 24、图 20）。

表 24　示范点与全国编制情况比较

单位：个，%

	县均编制	编制增长幅度	县均实有人员	实有人员增长幅度
示范点	5.5	8.2	8.3	9.1
全　国	4.2	8.5	5.2	5.9

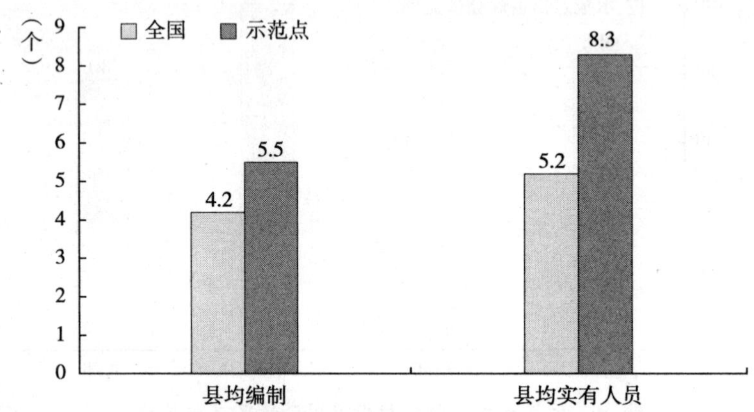

图 20　示范点与全国编制情况比较

按东中西部划分，东部、中部、西部地区示范点的县均编制、县均实有人员均高于全国平均水平（见表 25、图 21）。

表 25　示范点与全国编制情况比较（分地域）

单位：个

	县均编制		县均实有人员	
	全国	示范点	全国	示范点
东部	4.1	7	4.9	9.5
中部	4.2	5.8	5.3	7.8
西部	4.2	4.9	5.4	7.3

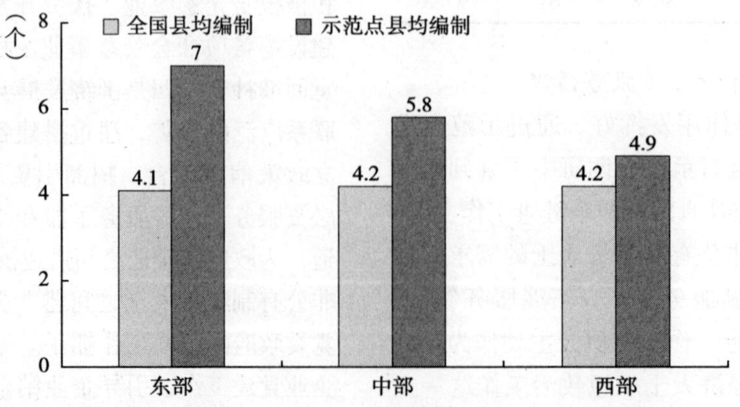

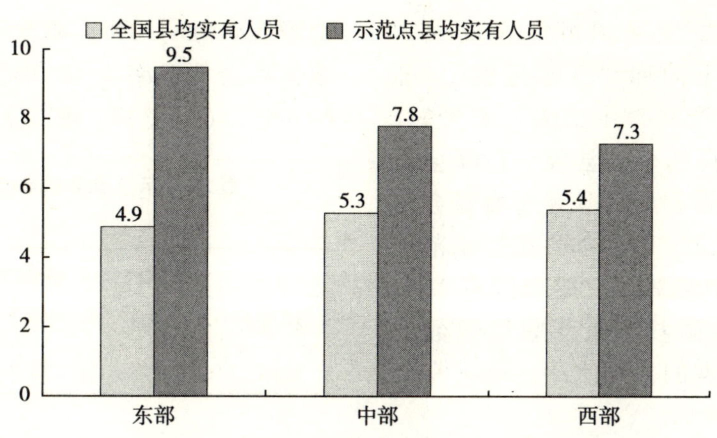

图 21　示范点与全国编制情况比较（分地域）

（二）会员情况比较

示范点县均会员 1817 个，是全国平均水平 854 个的 2 倍多（见表 26、图 22）。

表 26　示范点与全国县均会员情况比较

单位：个

	县级工商联数量	会员总数	县均会员
示范点	64	116281	1817
全　国	2824	2434630	854

按东中西部划分，东部、中部、西部示范点的县均会员均高于全国平均水平（见表 27、图 23）。

表 27　示范点与全国县均会员情况比较（分地域）

单位：个

	全国	示范点
东部	1069	2035
中部	934	2612
西部	604	1231

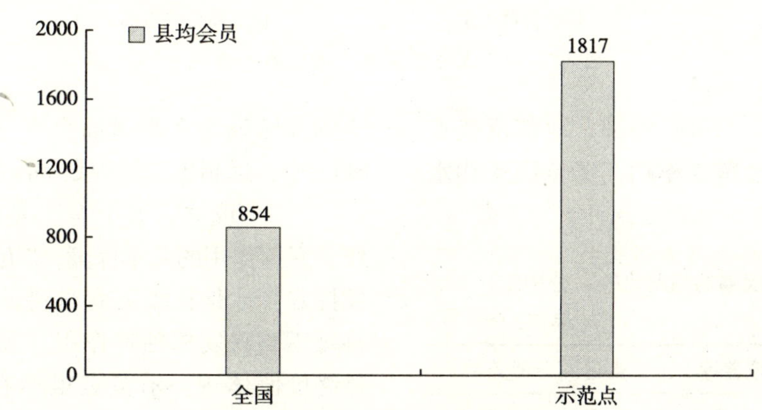

图 22　示范点与全国县均会员情况比较

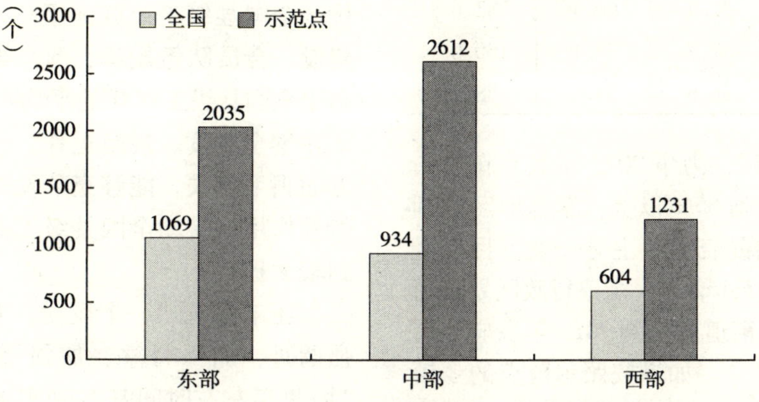

图 23　示范点与全国县均会员情况比较（分地域）

《全国工商联会员发展和组织建设规划(2013～2017)》（以下简称“五年规划”）提出：2017年底全国工商联“十二大”召开时，会员数达到420万。目前全国县级工商联会员数约占全国会员总数的71%，县级工商联会员数到2017年底应达到298万。如果按照示范点的县均会员数1817个测算，只要全国有1640个县级工商联（占全国县级工商联组织数的58%）达到目前示范点的平均水平，就可完成五年规划提出的发展目标。

（三）商会组织情况比较

示范点的乡镇商会覆盖率为85.2%，街道商会覆盖率为84.0%，都大大高于全国水平（全国乡镇商会覆盖率为52.9%，街道商会覆盖率为64.0%）（见表28、图24）。

表28 示范点乡镇商会、街道商会情况

单位：个，%

	乡镇商会	覆盖率	街道商会	覆盖率
示范点	598	85.2	189	84.0
全国	17549	52.9	4659	64.0

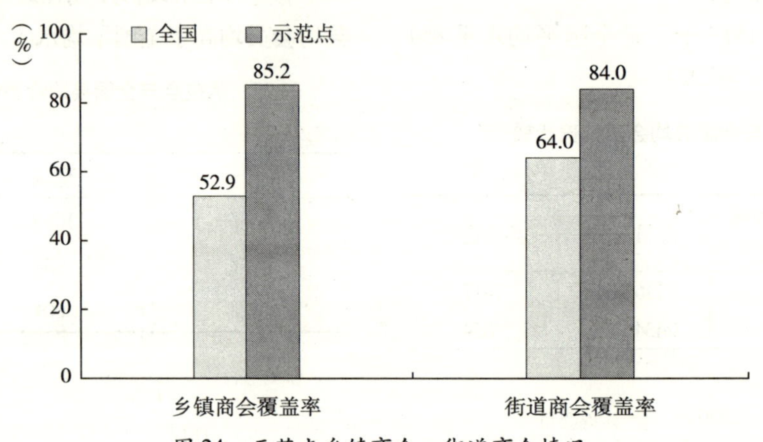

图24 示范点乡镇商会、街道商会情况

按东中西部划分，东部、中部、西部示范点的乡镇商会、街道商会覆盖率均高于全国平均水平（见表29、图25）。

表29 示范点与全国编制情况比较（分地域）

单位：%

	乡镇商会覆盖率		街道商会覆盖率	
	全国	示范点	全国	示范点
东部	58.8	81.7	60.4	83.6
中部	64.1	87.7	77.1	100.0
西部	42.0	86.6	58.3	78.1

“五年规划”提出：力争2017年底乡镇、街道商会平均覆盖率达到65%以上，发达地区达到90%以上，行业组织覆盖当地主导产业。目前全国乡镇行政区划数为33162个，街道行政区划数为7282个，乡镇商会、街道商会到2017年底应分别达到21555个和4733个。如果按照示范点的乡镇商会覆盖率85.2%、街道商会覆盖率84.0%测算，全国乡镇商会和街道商会将分别达到28254个和6117个，远超出五年规划提出的发展目标。

“一个设立、五个有”是县级工商联开展工作、发挥作用的基本保障，“五好”特别是“作用发挥好”才是县级工商联建设的关键所在，也是县级工商联发挥独特作用、服务县域经济发展的最终价值体现。示范点虽然在人员编制、经费、办公场所和设备等硬性条件方面都有较好的保障，优于全国县级工商联的平均水平，在执常委队伍建设、会员队伍规模、商会组织覆盖率等方面均高于全国县级工商联的平均水平，但更为关键的是在健全制度、规范运作、认真履职、发挥作用方面狠下功夫，能够充分发挥表率和标杆的示范引领作用，带动全国县级工商联建设整体水平得到较大提升。

还未完成“一个设立、五个有”的地区要加强调研、加强督察、加强指导，确保基本实现“用两年左右时间基本改变县级工商联建设长期

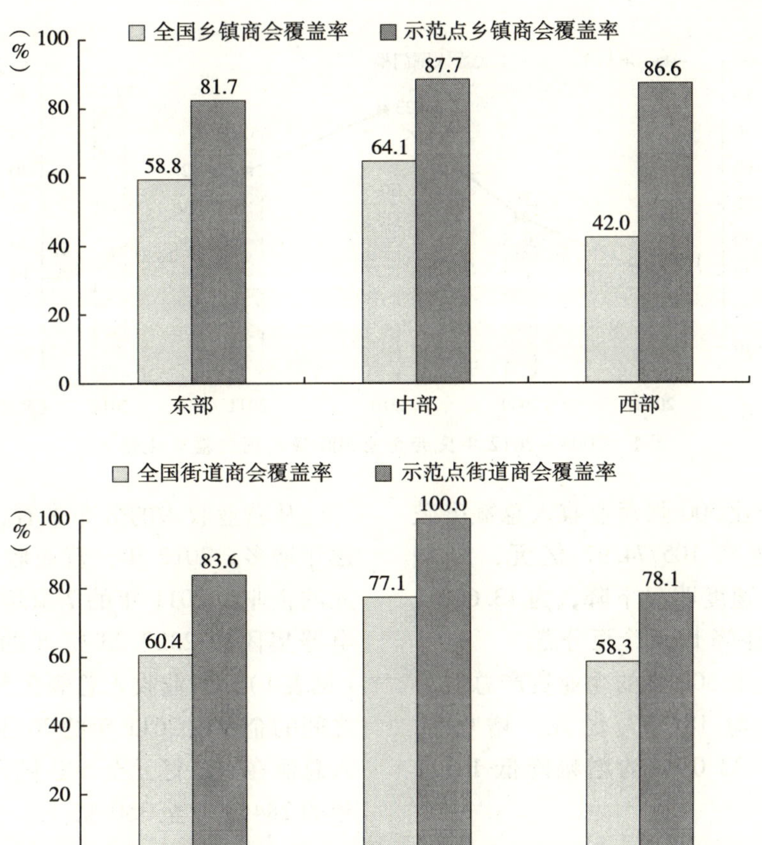

图 25　示范点与全国编制情况比较（分地域）

薄弱状况”的工作目标，使工商联自身建设切实得到加强，加快形成组织有活力、工作有成效的良好局面，为促进两个健康打下坚实基础。已完成“一个设立、五个有”的地区要以示范点为坐标，全面带动和继续提升县级工商联的建设水平。各地要把示范点作为日常工作的联系点和创新工作的试验点，充分发挥示范点示范引领作用，通过比学赶帮，力争用几年的时间，使大多数县级工商联能够达到“五好”标准，工商联组织基础将更加牢固，凝聚力、影响力、执行力更加提升。

2012 年度全国工商联上规模民营企业调研

2012 年度民营企业 500 强调研整体分析

一、民营企业 500 强整体规模稳步提升

2012 年民营企业 500 强入围门槛进一步提高，营业收入总额和资产总额持续增长，但增速下降明显。

2012 年民营企业 500 强入围门槛为 77.72 亿元，较 2011 年增加了 12.03 亿元，增速为 18.31%，较 2011 年的 29.82% 低 11.51 个百分点（见图 1）。

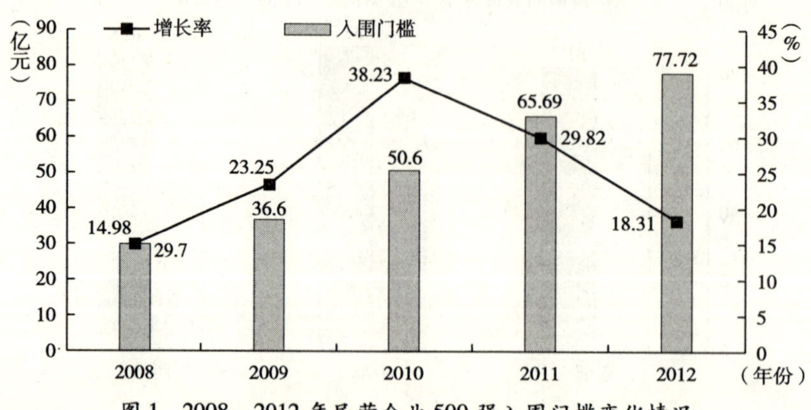

图1　2008～2012年民营企业500强入围门槛变化情况

2012年，民营企业500强营业收入总额突破10万亿元大关，达到105774.97亿元，户均211.55亿元。但增长速度明显下降，为13.65%，较2011年的33.25%下降19.6个百分点。

2012年，民营企业500强的企业资产总额为90887.15亿元，户均181.77亿元，增幅为16.97%，较2011年32.09%的增幅降低15.12个百分点。

从营业收入的分布来看，超大型企业的数量逐年增多。2012年，营业收入总额超过1000亿元的企业由2011年的7家增至10家，其中苏宁电器集团以2327.23亿元的营业收入居于首位（见表1）；营业收入总额在500亿元至1000亿元之间的企业由2011年的20家减至17家；营业收入总额在100亿元至500亿元之间的企业由2011年的284家增至350家。

表1　2012年民营企业500强营业收入前20家

单位：亿元

序号	企业名称	所属行业	省、自治区、直辖市	营业收入总额
1	苏宁电器集团	零售业	江苏省	2327.23
2	联想控股有限公司	计算机、通信和其他电子设备制造业	北京市	2266.46
3	华为投资控股有限公司	计算机、通信和其他电子设备制造业	广东省	2201.98
4	江苏沙钢集团有限公司	黑色金属冶炼和压延加工业	江苏省	2180.37
5	山东魏桥创业集团有限公司	有色金属冶炼和压延加工业	山东省	1865.15
6	浙江吉利控股集团有限公司	汽车制造业	浙江省	1548.95
7	大连万达集团股份有限公司	房地产业	辽宁省	1416.80
8	雨润控股集团有限公司	食品制造业	江苏省	1061.70
9	万科企业股份有限公司	房地产业	广东省	1031.16
10	美的集团股份有限公司	电气机械和器材制造业	广东省	1026.51
11	恒力集团有限公司	化学纤维制造业	江苏省	850.13
12	新疆广汇实业投资（集团）有限责任公司	零售业	新疆维吾尔自治区	827.11
13	三一集团有限公司	专用设备制造业	湖南省	823.69

续表

序号	企业名称	所属行业	省、自治区、直辖市	营业收入总额
14	新希望集团有限公司	农、林、牧、渔服务业	四川省	806.39
15	海亮集团有限公司	有色金属冶炼和压延加工业	浙江省	785.28
16	浙江恒逸集团有限公司	化学纤维制造业	浙江省	703.20
17	中天钢铁集团有限公司	黑色金属冶炼和压延加工业	江苏省	701.99
18	北京建龙重工集团有限公司	黑色金属冶炼和压延加工业	北京市	676.95
19	杭州娃哈哈集团有限公司	酒、饮料和精制茶制造业	浙江省	636.35
20	新华联合冶金控股集团有限公司	黑色金属冶炼和压延加工业	北京市	600.22

从资产规模的分布来看，2012 年共有 11 家企业资产总额突破 1000 亿元，比 2011 年增加 2 家，其中万科企业股份有限公司以 3788.02 亿元的规模蝉联资产总额榜首；资产规模在 100 亿元至 1000 亿元之间的企业由 2011 年的 195 家增至 231 家；资产规模在 50 亿元与 100 亿元之间的企业为 123 家，比 2011 年减少 14 家（见表 2）。

表 2　2011～2012 年民营企业 500 强资产总额结构表

资产总额标准（亿元）	2012 年企业数量（家）	2011 年企业数量（家）
≥1000	11	9
[100，1000)	231	195
[50，100)	123	137
[10，50)	131	158
<10	4	1

二、民营企业 500 强经营效益有所下滑

（一）利润水平略有下降

2012 年民营企业 500 强税后净利润比 2011 年略有下降。2012 年民营企业 500 强税后净利润为 4238.44 亿元，增长率为 -3.39%，低于 2008 年的 -0.08%（见图 2）。

（二）盈利能力与经营效率有所下降

从盈利能力看，近两年来民营企业 500 强的销售净利率和资产净利率持续下降。2012 年民营企业 500 强销售净利率由 2011 年的 4.71% 下降至 4.01%，为近 5 年来的次低；资产净利率由 2011 年的 5.65% 下降至 4.66%，为近 5 年来最低。

从经营效率看，近 5 年民营企业 500 强总资产周转率除 2010 年略有反弹外，总体呈下降趋势，由 2008 年的 153.99% 下降至 2012 年的 125.48%；人均营业收入逐年增加，但 2012 年上升势头减缓；人均净利润则在 2012 年出现明显下滑，从 2011 年的 9.48 万元/人降至 8.12 万元/人。

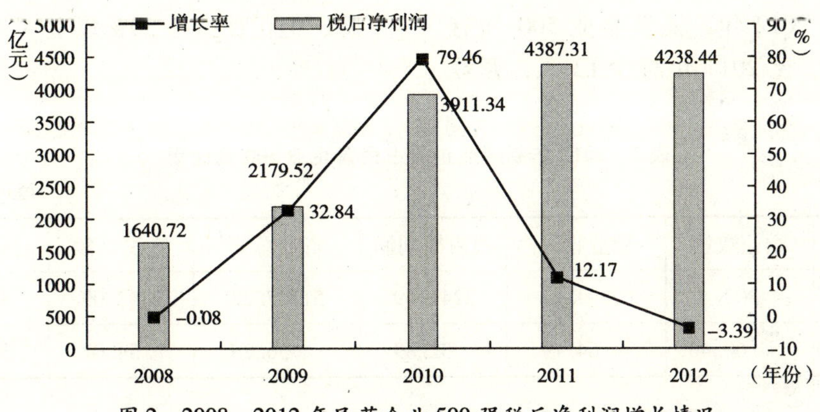

图 2　2008～2012 年民营企业 500 强税后净利润增长情况

三、民营企业500强对税收和就业的贡献继续加大

（一）缴税总额继续增加，但占全国税收比重略有下降

近5年来民营企业500强缴税总额逐年提高，2012年占全国税收的比重略有下降。2012年，民营企业500强纳税总额达到4334.78亿元，同比增长5.9%，占全国税收的比重为4.31%，比2011年降低了0.25个百分点。

从纳税结构看，2012年民营企业纳税规模在20亿元以上的企业有36家，比2011年增加2家（见表3）。

表3 2011~2012年民营企业500强纳税结构

纳税总额标准（亿元）	2012年企业数量	2011年企业数量
≥20	36	34
[10，20)	72	58
[1，10)	343	357
<1	49	51

从行业类别看，纳税总额居于前5位的行业分别为：房地产业，计算机、通信和其他电子设备制造业，房屋建筑业，黑色金属冶炼和压延加工业，综合。

（二）就业人数进一步增加

近5年民营企业500强就业人数逐年增长，安置了大量就业人员。2012年民营企业500强员工人数达到675.70万人，同比增长7.3%，占全国就业人员比重达到0.88%，比2011年增长0.06个百分点。

四、民营企业500强行业结构呈调整态势

（一）第三产业比重有所上升

2012年，中国民营企业500强有380家企业属于第二产业，占比76.0%；实现营业收入79372.56亿元，占比75.04%；资产总额56793.10亿元，占比达62.49%。有117家属于第三产业，第三产业的营业收入占比为23.58%，同比增长3.25个百分点；资产总额占比为36.82%，同比增长6.13个百分点（见表4）。

表4 2012年民营企业500强产业分布

	入围企业数量		营业收入总额		资产总额	
	数量（家）	占比（%）	数量（亿元）	占比（%）	数量（亿元）	占比（%）
第一产业	3	0.60	1464.69	1.38	632.89	0.70
第二产业	380	76.00	79372.56	75.04	56793.10	62.49
第三产业	117	23.40	24937.72	23.58	33461.16	36.82

（二）制造业仍保持主导地位

民营企业500强制造业企业数量有所下降，但仍占主导地位。2012年，民营企业500强有302家制造业企业，比2011年减少12家，营业收入、净利润、资产总额、缴税总额、员工人数、研发费用在民营企业500强中的占比也均有下降，但仍保持在50%以上（见表5）。

表5 2012年制造业企业占民营企业500强比重

单位：亿元、万人

	企业数量	营业收入	税后净利润	资产总额	缴税总额	员工人数	研发费用
制造业企业	302	67893.07	2241.69	51147.22	2342.09	353.76	1323.78
占民营企业500强(%)	60.40	64.19	52.89	56.28	54.03	52.35	86.45

（三）钢铁行业减幅明显，建筑行业显著增长

2012年，民营企业500强前十大行业共包含333家企业，有251家企业集中分布在冶金、电气机械和器材制造业、房地产业、化学工业、石油工业等资金和技术密集型行业。其中，钢铁行业（黑色金属冶炼和压延加工业）减幅明显，为55家，比2011年减少10家，从十大行业的第一位跌至第二位；建筑业企业从2011年的60家增至2012年的65家，位居榜首。

（四）行业间经营效益差异明显

2012年民营企业500强行业经营效益存在明显差异。互联网和相关服务业，软件和信息技术服务业等技术密集型行业销售净利率和资产净利率相对较高；一些传统制造业如黑色金属冶炼和压延加工业，经营效益则要低得多。

从销售净利率来看，2012年共有24个行业的平均销售净利率高于民营企业500强的平均水平4.01%。其中有7个行业的销售净利率高于10%，比2011年增加3个行业。互联网和相关服务业以46.59%继续高居首位，其他6个行业分别为货币金融服务，软件和信息技术服务业，保险业，房地产业，煤炭开采和洗选业，酒、饮料和精制茶制造业。

有8个行业的销售净利率不足2%，比2011年增加3个行业，分别为木材加工和木、竹、藤、棕、草制品业，废弃资源综合利用业，畜牧业，租赁业，黑色金属冶炼和压延加工业，建筑安装业，批发业，有色金属矿采选业。

从资产净利率看，2012年有25个行业平均资产净利率高于民营企业500强的平均水平4.66%。其中有5个行业平均资产净利率在10%以上，比2011年减少3个行业。软件和信息技术服务业以34%的资产净利率位居首位，其他4个行业分别为互联网和相关服务，酒、饮料和精制茶制造业，皮革、毛皮、羽毛及其制品和制鞋业，纺织业。

有5个行业的平均资产净利率低于2%，分别为木材加工和木、竹、藤、棕、草制品业，废弃资源综合利用业，货币金融服务，黑色金属冶炼和压延加工业，有色金属矿采选业。

五、民营企业500强区域发展更趋平衡

（一）东部企业仍占主导，但西部企业增长显著

在2012年入围的民营企业500强中，东部地区企业364家，同比减少16家；中部地区企业59家，同比增加6家；西部地区企业60家，同比增加10家；东北地区17家，与2011年持平。东部地区企业数量仍占主导优势，但西部地区增长显著。

从营业收入总额占比来看，2012年中国民营企业500强中，东部地区民营企业营业收入总额为80610.06亿元，占比76.21%，同比降低3.05个百分点；中部地区民营企业营业收入总额为9308.13亿元，占比8.80%，同比增加0.62个百分点；西部地区民营企业营业收入总额为11896.51亿元，占比11.25%，同比增加2.04个百分点；东北地区民营企业营业收入总额为3960.27亿元，占比3.74%，同比增加0.39个百分点。

从资产总额占比来看，东部地区民营企业资产总额为61722.95亿元，占比67.91%，同比下降7.22个百分点；中部地区民营企业资产总额为6899.43亿元，占比7.59%，同比增加0.34个百分点；西部地区民营企业资产总额为16111.67亿元，占比17.73%，同比增加6个百分点；东北地区民营企业资产总额为6153.09亿元，占比6.77%，同比增加0.88个百分点。

从销售净利率来看，除中部外，其他地区均有降低。东北地区销售净利率最高，为6.10%，东部地区最低，为3.69%，二者相差2.41个百分点。

从总资产周转率来看，各地区均出现了不同程度的下降，其中西部地区降幅最为明显，比2011年降低25.75个百分点；中部地区总资产周转率最高，为142.41%；东北地区最低，为73.15%，二者相差69.26个百分点。

（二）浙江省和江苏省企业仍然最多，但各地分布更趋广泛

从省市分布来看，2012年民营企业500强分布于我国内地28个省、自治区、直辖市，同2011年相比，减少了青海省。浙江和江苏两省仍为民营企业500强主要集中地，但集中度进一步

下降，分别从2011年的142家、108家降至2012年的139家、93家。山东、内蒙古自治区、河南、湖南等地入围企业数量有所增加，其中山东增幅最大，比2011年增加了11家。

从营业收入总额和资产总额两项来看，由于2012年江苏省民营企业数量减幅较大，浙江省的营业收入和资产总额首次超越江苏省，企业数量、收入规模和资产规模同时位居首位。

六、民营企业500强投资显著增加

（一）民营企业500强积极向国家政策鼓励的领域投资

（1）民营企业500强增加向“民间投资36条”及实施细则鼓励领域的投资，配套措施不完善成为最大阻碍

2012年，电信、金融、能源等多个行业出台了“民间投资36条”实施细则，民营企业500强在各领域的投资均有所增长（见表6）。

表6 2011～2012年民营企业500强进入“民间投资36条”及实施细则鼓励的投资领域

单位：家，%

投资领域	2012年		2011年	
	企业数量（家）	占500强比重	企业数量（家）	占500强比重
现代商业和物流领域	218	43.6	160	32.0
资源、能源等基础产业	213	42.6	156	31.2
金融服务领域	163	32.6	142	28.4
政策性住房建设领域	112	22.4	82	16.4
文化、旅游和体育事业	99	19.8	74	14.8
城乡统筹和新农村建设	95	19.0	68	13.6
交通运输、水利工程、电信等基础设施领域	81	16.2	62	12.4
医疗、教育培训、社会福利事业	75	15.0	62	12.4
市政公用事业	64	12.8	55	11.0
国防科技工业投资建设领域	22	4.4	6	1.2

虽然“民间投资36条”实施细则已经出台，但调研数据显示，仍有高达51.4%的企业认为政府各部门相关的配套措施滞后，存在行政性壁垒；有28.6%的企业认为政府有关部门观念未扭转，对政策的执行不到位；有24%的企业认为实施细则突破性不够。可见政策要真正得到贯彻落实，切实推动民间投资的发展，还任重道远。

（2）民营企业500强加大战略性新兴产业投资力度

2012年有182家企业在战略性新兴产业有投资，比2011年增加19家；累计投资额达3346.07亿元，比2011年增长139.27%。新一代信息技术产业由于研发投入大、占用资金规模大等特点，投资企业数量仅25家，累计投资额却超过千亿，达1370.45亿元。受美国、欧盟光伏产业双反政策及国内产能过剩影响，新能源产业的投资企业数量和投资额均略有下降（见表7）。

表7 2011～2012年民营企业500强投资战略性新兴产业情况

单位：家，亿元

战略性新兴产业	2012年企业数量	2011年企业数量	2012年累计投资额	2011年累计投资额
新一代信息技术产业	25	16	1370.45	152.50
节能环保产业	97	54	837.42	316.71
新材料产业	56	29	565.03	235.58

续表

战略性新兴产业	2012 年企业数量	2011 年企业数量	2012 年累计投资额	2011 年累计投资额
新能源产业	36	39	306.50	484.57
高端装备制造产业	27	11	109.68	33.03
生物医药产业	22	15	94.79	162.08
新能源汽车产业	20	6	51.53	7.97
物联网产业	7	2	10.67	6.00
合　计	500	500	3346.07	1398.44

随着投资企业数量及投资额的增加，战略性新兴产业营业收入贡献率也日益提高，从2011年的1.41%增加到2012年的3.24%。从结构来看，贡献率为100%的企业从3家增加到7家；贡献率在30%～100%、0～30%的企业则分别从7家、27家增加到13家、131家。

（3）民营企业500强积极参与国家发展战略，西部大开发仍为首选

2012年，民营企业500强积极参与国家发展战略，加速向中西部转移。西部大开发成为首选，参与企业达193家，占民营企业500强的38.60%。参与中部地区崛起的企业有152家，占民营企业500强的30.40%。同时，民营企业500强也积极进行国际化经营，参与“走出去”海外投资的企业数量高达178家。

（二）半数以上民营企业500强2012年有重大项目投产

2012年民营企业500强中进行重大项目投产的有268家，占比53.6%；其次为重大技术突破，有93家，占比18.6%。

（三）民营企业500强继续立足主业，完善产业链，适度多元化发展

调研数据显示，2012年民营企业500强主营业务收入比率在90%～100%之间的企业比2011年略有减少，为237家，但占500强比重仍居高不下。主营业务收入比率在50%以下的企业比2011年减少9家。从民营企业500强未来3年内的发展模式来看，更多的企业将在主业得到坚实发展的基础上，延伸产业链或适度多元化发展。

从投资方式来看，民营企业500强仍以扩建、技术改造、新建企业三种投资方式为主。与2011年相比，民营企业500强更多地选择了在本企业基础上进行扩建和技术改造，而采用新建企业、兼并、参股、参与基金投资等方式的企业有所减少。

七、民营企业500强管理更加科学规范

（一）内部治理结构更加规范

（1）控股股东法人占比超过自然人

根据调研数据，2010～2012年，控股股东为自然人的企业数量逐年下降，从307家降至236家；控股股东为法人的企业数量逐年上升，2012年达256家，占民营企业500强的比重为51.2%。

（2）非家族控股企业占主体

家族企业在成立初期能以较低成本聚集人力物力，在短期获得竞争优势，但随着规模的扩大和规范管理的要求，越来越多的家族企业纷纷进行股份制改造，向非家族企业转变。调研数据显示，2012年，民营企业500强中非家族控股企业达到306家，占比为61.20%，比2011年增加14家。

（3）企业决策权集中于董事会和股东大会

调研数据显示，2012年民营企业500强中决策权掌握在董事会和股东大会手中的分别有379家和279家，分别占500强的75.8%、55.8%；而企业决策权掌握在董事长和总裁手中的民营企业500强的数量比重为18.8%、5.2%。民营企业500强进一步从单独决策向集体决策转变。

（二）通过各项认证，提升管理和服务水平

调研数据显示，质量管理方面，2012年民营企业500强中有429家通过了ISO9000系列国际质量认证，106家通过3C质量认证。环境管理方

面，有332家通过了ISO14000环境管理体系认证，比2011年增加10家。员工保障方面，有238家通过OHSAS18000职业健康安全管理体系认证，比2011年增加15家。同时，2012年民营企业500强中有32家通过SA8000社会责任标准国际认证，民营企业社会责任意识进一步加强。

（三）信息化水平不断提高

（1）信息化平台建设力度加大

调研数据显示，2012年民营企业500强采用的各类型信息系统数量均有增长，采用最多的信息系统为企业资源规划系统（ERP）和人力资源管理（HRM），分别为380家和361家。

（2）电子商务应用继续增加

电子商务作为新兴的营销模式，在民营企业500强中越来越普及。调研数据显示，2012年民营企业500强中共有163家民营企业运用电子商务取得营业收入，占500强比重的32.6%。其中，14家企业的电子商务收入占比达到50%以上，比2011年增加1家；14家企业的电子商务收入占比在30%~50%，比2011年增加4家。

（四）绝大多数民营企业500强设立了党委和工会

调研数据显示，2012年民营企业500强中绝大多数设立了党委和工会，设立党委的企业数量达到463家，占500强比重为92.6%；已建立工会的企业数量为434家，占500强比重为86.8%。

（五）营造和谐劳动关系，人才结构继续优化

调研数据显示，2012年民营企业500强中养老保险、医疗保险、失业保险覆盖率实现八成以上的企业占比分别为91.48%、89.50%、88.75%。2012年，五成以上员工为本科及以上人员的企业占比是13.60%；30%~50%员工为本科以上人员的企业占比是18.41%。

八、民营企业500强更加重视品牌建设与技术创新

（一）更加注重品牌建设

2012年民营企业500强拥有国内商标38997个，拥有国外商标13242个，均比2011年有显著增加（见表8）。

表8 2011~2012年民营企业500强认定国内外商标分析

单位：个

	国内商标	国外商标	马德里商标
2012年商标数量	38997	13242	3143
2011年商标数量	32706	12282	4625

2012年拥有自有商标的企业数量达到344家，占民营企业500强的68.8%；以自有品牌形成的收入比重为100%的企业数量为231家。

（二）自主创新能力日益增强

民营企业500强注重自主研发，研发投入较大，研发人员在员工中占比较高。2012年民营企业500强中，有377家填报了研发费用，合计1531.24亿元，户均4.06亿元，同比增长14.67%。研发人员占比在3%以上的企业数增幅明显，特别是占比在10%以上的企业，由2011年的125家增加到2012年的143家（见表9）。

表9 2011~2012年民营企业500强研发投入变化情况

单位：家

占比	研发人员		研发费用	
	2012年企业数量	2011年企业数量	2012年企业数量	2011年企业数量
≥10%	143	125	3	3
[3%，10%)	116	115	65	57
[1%，3%)	51	69	113	128
<1%	27	38	196	187
合计	337	347	377	375

2012年，民营企业500强自主研发能力进一步提高。有379家企业的关键技术来源于自主开发和研制，比2011年增加10家；采用产学研合作方式、引进人才、引进技术的企业也均有增长；采用模仿方式的企业从2011年的19家减少到2012年的14家。

调研数据显示，2012年，民营企业500强共拥有有效专利102106项，比2011年增长36.81%；其中国内有效专利90891项，国外有效专利11215项。华为投资控股有限公司以29928项专利总量继续位列民营企业500强首位。

2012年，牵头制订国际、国家或行业标准的企业达125家，同比增加16家；参与制

订国际、国家或行业标准的企业有 214 家，同比增加 14 家。2012 年，设立博士后工作站的企业有 142 家。被国家有关部门认定为“国家级企业技术中心”的有 94 家；被国家有关部门认定为“行业重点实验室”的有 46 家；被国家有关部门认定为“国家重点实验室”的有 21 家。

2012 年，民营企业 500 强中有 63% 获得由新产品（新服务）或新工艺带来的收益，其中收入占比超过 50% 的企业有 72 家，占 500 强比重为 14.4%。

（三）拥有高新技术企业占比超 50%，政府支持力度显著加大

2012 年，民营企业 500 强中有 252 家企业共计 489 家本体或下属公司被省级以上科技管理部门认定为高新技术企业，比 2011 年增加了 35 家 500 强企业，增长 16.13%。

政府对民营企业的技术发展支持力度也显著增强。从民营企业获政府科研资金支持情况看，2012 年民营企业 500 强中有 272 家企业获得政府科技资金支持，覆盖率达到 54.4%；获得政府科技资金 67.7 亿元，比 2011 年增长 58%。

从行业来看，获得支持较多的行业主要是汽车制造业，获得政府科研资金 16.24 亿元；另外，综合，计算机、通信和其他电子设备制造业，软件和信息技术服务业，电气机械和器材制造业，黑色金属冶炼和压延加工业等行业获得政府科研资金数量也较多。数据统计显示，前 10 个行业所获资助额占全部企业已获资助额的 75.1%。

（四）人才缺乏仍然是民营企业 500 强技术创新最主要的困难

人才是企业发展和技术进步最根本的动力和资源，随着国内外市场变化和竞争的日益激烈，人才短缺对民营企业 500 强技术创新的影响也日益突出。2012 年，人才缺乏对民营企业 500 强创新的影响，远远高于其他因素。另外，产学研合作难度大、企业技术能力差距、政府支持不够也是影响民营企业技术创新的重要因素。

九、民营企业 500 强国际化动力增强，步伐加快

（一）海外投资强度进一步加大，独立投资仍为首选

调研结果显示，2012 年民营企业 500 强中已开展海外投资的企业数量略有增长，从 2011 年的 150 家增加至 159 家，海外投资企业或项目则有大幅增长，从 2011 年的 584 家（项）增至 2012 年的 730 家（项）；新增海外投资企业（项目）为 210 家（项），新增海外投资额为 55.52 亿美元。2008 年至 2012 年 5 年来，民营企业 500 强进行海外投资的企业数量从 112 家发展到 159 家，海外投资项目从 306 家（项）增加到 730 家（项），我国民营企业 500 强国际化经营进一步深化。

民营企业 500 强海外投资总体规模及个体投资规模都有所增长。调研数据显示，2012 年，民营企业 500 强累计海外投资额达到 160.5 亿美元，同比增长 29.98%。从海外累计投资额结构分布来看，各投资区间的企业数量基本都有所增长，投资 10 亿美元以上的企业从 2 家增加到 4 家，投资 1 亿～10 亿美元的企业从 24 家增加到 29 家。

2012 年，民营企业 500 强“走出去”最主要的动因是开拓国际市场，其次是国内外资源和市场相结合，同时企业全球战略布局，获取品牌、技术和人才以及获取资源和原材料等要素也是重要的驱动因素。随着企业自身实力的增强和海外经营经验的积累，独资新建公司成为民营企业 500 强海外投资的主要方式。从“走出去”采取的形式来说，民营企业 500 强采取独立形式略多于采取联合形式，采取联合形式以与外商企业联合为主。

目前，民营企业 500 强在海外投资的国家和地区主要集中在亚洲地区及东盟十国，采取的方式主要是建立营销网络。调研数据显示，2012 年民营企业 500 强有 225 家在亚洲地区经营，在欧盟、非洲、美国、加拿大等地经营企业数量也较大。

（二）国际贸易摩擦有所增加，应对能力进一步提高

2012 年民营企业 500 强有 42 家企业遭遇贸易摩擦，比 2011 年增加 10 家；共发生 93 起贸易

摩擦，各种类型的贸易摩擦数量均比2011年有所增加。知识产权纠纷和反倾销成为民营企业500强遭遇的最主要的贸易摩擦类型，其中，民营企业500强遭受的反倾销事件数量上升明显，从2011年的20起增至2012年的32起。面对国际贸易摩擦，民营企业500强逐渐学会按照世贸规则，积极应对，维护自身利益。调研数据显示，2012年民营企业500强遭遇国际贸易摩擦时采取的对策主要有应诉、协商、起诉和仲裁，没有企业采取不应对措施。其中，采取应诉和起诉的企业都有大幅增加，分别从2011年的11家、8家增至2012年的32家、15家。针对日益激烈的国际贸易摩擦，民营企业500强依靠多种外部力量应对。政府和同行成为民营企业500强主要依靠的外部力量。

（三）海外市场开拓主要面临海外经营人才缺乏、审批程序复杂、国际政治经济形势复杂多变的困难

从内因来看，缺少海外经营人才一直是民营企业500强开拓海外市场所面临的最主要的困难，2009~2012年选择该问题的企业数量都在200家以上。同时，经验不足、不了解海外投资环境、缺乏商务信息和市场分析等也是影响民营企业500强开拓海外市场的重要因素。

从外因来看，本国方面，民营企业500强面临的首要困难一直是审批程序复杂，且选择该困难的企业有明显上升趋势。外汇管制严格、缺乏本国企业之间的有序协调等方面也是重要困难，但后者的企业数量逐年减少，国内企业竞争市场秩序有所改善。国际方面，国际政治经济形势多变的问题是2012年民营企业500强的最主要困难，选择该困难的企业数量继2011年的显著增长后，2012年又有所增加。

十、民营企业500强影响因素分析

（一）生产要素成本上升，仍然是制约企业发展的主要因素

调研数据显示，2012年影响民营企业500强发展的五大因素与2011年一致，仍然是用工成本上升、原材料成本上升、人才缺乏、税费负担及资金成本上升（见表10）。

2012年民营企业500强所面临的劳动力、原材料和资金问题更加突出，生产要素的价格上涨成为困扰民营企业500强的重要因素，直接挤压了利润空间，降低了企业的经营效益。人才的缺乏依然是制约民营企业500强发展的内部首要因素。民营企业500强面临的融资、土地供应、能源供应的困难有所缓解，受宏观调整的影响也有所减轻。

表10　2012年影响民营企业500强发展的五大因素

单位：家，%

序号	影响因素	企业数量	占500强比重
1	用工成本上升	339	67.8
2	原材料成本上升	334	66.8
3	人才缺乏	333	66.6
4	税费负担重	300	60.0
5	资金成本上升	275	55.0

（二）企业采取各种措施应对成本上升

针对生产要素价格大幅上涨的不利影响，民营企业500强采取多种措施应对。调研数据显示，2012年有305家企业加快转型升级步伐，比2011年增加36家。民营企业500强在节能降耗、采用新技术新装备等方向也作出很大的努力。节能降耗不仅响应了国家政策，降低企业生产运营成本，也是不断实现精细化管理的过程。2012年，358家企业采取节能降耗措施，占民营企业500强的71.6%；270家企业采用新技术引进新设备来应对成本上升，占民营企业500强的54%。

十一、民营企业制造业500强分析

（一）整体规模继续增长，但增速放缓

从入围门槛看，近三年来，民营企业制造业500强入围门槛逐年提高，从2010年的32.8亿元增长到2012年的43.45亿元。

从收入规模看，2012年民营企业制造业500强的营业收入总额进一步提高，达到79483.7亿元，户均158.97亿元，但增速放缓，为9.96%，比2011年减少23.79个百分点。

从资产规模，2012年民营企业制造业500强资产总额达到61460.83亿元，户均122.92亿元，增长率为13.44%，同比减少11.31个百分点；固定资产净值2012年达到15963.06亿元，户均31.93亿元，增长率为16.99%，同比减少8.03个百分点；净资产总额在2012年为23452.18亿

元，户均46.9亿元，增长率为13.31%，同比减少8.05个百分点。

（二）利润明显下滑，盈利能力有所降低

从盈利能力看，由于亏损企业增多，2012年民营企业制造业500强利润总额和税后净利润均明显下滑。其中利润总额为3452.69亿元，相比2011年降低了13.85%；税后净利润为2716.59亿元，相比2011年降低了13.15%。

从亏损面和亏损程度看，2012年民营企业制造业500强的亏损企业数量由2011年的6家增加至16家，整体亏损额达67.22亿元，平均亏损额为4.2亿元。

从销售净利率、资产净利率等指标看，近年来民营企业制造业500强盈利能力持续下滑。2012年，销售净利率为3.42%，同比降低0.91个百分点；资产净利率为4.42%，同比降低1.35个百分点；净资产收益率为11.58%，低于2011年3.53个百分点（见表11）。

表11　2010～2012年民营企业制造业500强盈利能力

单位：%

项目指标	2012年	2011年	2010年
销售净利率	3.42	4.33	5.59
资产净利率	4.42	5.77	6.96
净资产收益率	11.58	15.11	17.72

（三）缴税总额增加，拉动就业作用明显

2012年民营企业500强纳税总额为2776.93亿元，相比2011年增长了3.87%，同比增长1.78个百分点。2012年民营企业制造业500强吸收就业人数436.74万人，比2011年增加0.02个百分点。

（四）民营企业制造业500强行业分布

从行业分布来看，2012年，民营企业制造业500强中占比最多的是黑色金属冶炼和压延加工业，入围企业数量从2011年的91家减至2012年的82家，数量仍居首位。计算机、通信和其他电子设备制造业的营业收入、资产、净利润、缴税额、员工数的均值均遥遥领先于其他行业。

（五）民营企业制造业500强地区分布

从地区分布来看，与民营企业500强的情况一致，2012年民营企业制造业500强东部地区企业数量减少，中西部地区企业数量增加，其中西部增长明显。东部地区入围363家，比2011年减少16家，但仍居首位，营业收入总额达63227.38亿元，占比79.55%，资产规模和税后净利润占比都在75%以上；中部地区入围77家，比2011年增加6家，营业收入、资产规模和税后净利润占比都在10%左右；西部地区整体实力有所增强，入围46家，比2011年增加10家，营业收入占比从2011年的5.66%增至2012年的7.51%，资产占比从6.88%增至10.28%，税后净利润从6.44%增至8.33%。从省份来看，2012年民营企业制造业500强中，浙江省与江苏省的企业数量最多。

（六）民营企业制造业500强创新能力增强

2012年民营企业制造业500强中，有429家企业填报了研发费用，总计1501.6亿元，户均3.5亿元，比2011年增加0.72亿元。有249家企业研发投入占营业收入的比重超过1%。429家企业平均研发费用占营业收入总额的2.11%，比2011年增加0.26个百分比。在员工构成方面，2012年，民营企业制造业500强中有374家研发人员占比在1%以上，其中，有195家研发人员占比高于10%，比2011年增加27家。

（七）与民营企业500强的对比分析

从增长速度来看，民营企业制造业500强各指标都低于民营企业500强，尤其是入围门槛和税后净利润的增长速度远远低于民营企业500强。可见2012年度，相比其他行业，制造业发展更多地面临增长速度减慢、利润下滑的困境。

从经营绩效来看，民营企业制造业500强的劳动生产率和总资产周转率均高于民营企业500强，说明我国传统制造业的劳动力效率、资产利用效率较高，但是销售净利率和资产净利率低于民营企业500强。市场竞争加剧、产能过剩、原材料成本以及人力成本上升等因素挤压了制造业的利润空间，导致了制造业整体效益的下降。

2012年度民营企业500强转型升级专题

一、做强做大是民营企业500强转型升级的主要动因

调研显示，2012年民营企业500强中，71.60%的企业为做强做大企业而主动选择转型升级，而劳动力成本上升等外部影响因素也在很大程度上“倒逼”企业加快转型升级的步伐（见表1）。

表1　民营企业500强转型升级的动因

单位：家，%

转型升级动因	企业数量	占500强比重
做强做大企业的愿望	358	71.60
劳动力成本上升	196	39.20
国内经济增长趋缓	183	36.60
政策支持引导	167	33.40
行业技术升级换代	133	26.60
行业产能明显过剩	126	25.20
国际市场持续低迷	110	22.00
现有模式不可持续	96	19.20

2012年民营企业500强在转型升级的过程中，有359家企业制订了详细的战略目标和发展规划，66家企业有战略目标而无详细规划，只有6家企业无相关战略（见表2）。

表2　民营企业500强转型升级的战略和规划

单位：家，%

战略和规划是否清晰	企业数量	占500强比重
有详细的战略目标和发展规划	359	71.80
有战略目标，无详细规划	66	13.20
无相关战略	6	1.20

二、采取多种方式推动转型升级，进度明显加快

2012年民营企业500强转型升级的最主要推动方式是调整企业发展战略和发展规划，有384家企业选择此方式，占民营企业500强的76.8%；此外，加强企业内部员工培训、加大人才引进力度也是推动民营企业500强转型升级的重要方式，分别有360、353家企业选择，超过民营企业500强的70%（见表3）。

调研数据显示，2012年有306家企业转型升级进度明显加快，占民营企业500强的61.2%；只有8家企业转型升级进度有所放缓；此外，有108家企业刚刚启动转型升级，11家企业尚未启动。

表3　民营企业500强转型升级推动方式

单位：家

转型升级推动方式		企业数量
公司管理	调整企业发展战略和发展规划	384
	重视培育企业文化	289
	优化升级信息系统	224
技术和品牌	提高研发投入比例	295
	扩展销售渠道	257
	培育自有品牌	218
	新设研发部门	104
人力资源	加强企业内部员工培训	360
	加大人才引进力度	353
	减员增效	61
投资	向上、下游产业链延伸	267
	进入战略性新兴产业领域	175
	产品由劳动密集型向资本、技术密集型转变	166
	调整企业区域布局	159
	开展海外投资	107
	兼并重组	74
	产品出口转内销	18
	其他	1

三、引进消化吸收再创新是最主要的创新方式

企业对产品、技术、管理、服务等方面的创新，是推动企业转型升级的动力之源。在民营企业500强的创新类型中，引进消化吸收再创新是最主要的创新方式，有234家企业采用。这种方式可以大大减少企业的前期投入，创新成功率较高，风险较小。另外，有172家企业采用商业模式创新，111家企业采用集成创新。采用原始创新方式的企业较少，为85家。

四、企业转型升级期待政府加大支持力度

民营企业的转型升级除了依靠企业本身的规划和创新外，还需要政府的引导和支持。调研数据显示，2012年民营企业500强中，分别有324家、295家和260家企业期待政府明确民营企业扶持政策、加大减税力度和改善融资环境（见表4）。

表4　民营企业500强转型升级过程中对未来的期待

单位：家，%

期　待	企业数量	占500强比例
明确民营企业扶持政策	324	64.80
加大减税力度	295	59.00
改善融资环境	260	52.00
增强资金支持力度	237	47.40
保持政策稳定	227	45.40
开展技术合作	207	41.40
深化经济体制改革	197	39.40
降低垄断行业进入门槛	164	32.80
加大知识产品保护力度	138	27.60
打破地方保护主义	106	21.20
减少行政干预	101	20.20
建立行业协会	35	7.00
其他	4	0.80

2012年度中国民营企业500强与中国企业500强比较分析

结合中国企业联合会、中国企业家协会每年发布的《中国500强企业发展报告》中的数据，对2006年以来中国企业500强以及中国民营企业500强的相关指标进行对比分析。

一、中国企业500强中国有及国有控股企业仍为主导

2006~2012年，中国企业500强中所有制为国有及其控股企业的占比逐年下降但仍占主导地位，占比持续保持在60%以上（见图1）。从经营指标来看，国有及其控股企业的优势更加明显，2012年国有及其控股企业共实现营业收入409867.2亿元，占比81.94%；税后净利润18659.4亿元，占比85.91%；资产总额1377815.7亿元，占比高达91.26%。

二、中国民营企业500强规模相对较小，但差距不断缩小

2006~2012年，中国民营企业500强与中国企业500强的入围门槛都在逐年增加。2012年民营企业500强的入围门槛为77.72亿元，比2011年增加了12.03亿元；中国企业500强2012年入围门槛为198.67亿元，比2011年增加了23.6亿元。从增长率来看，中国民营企业500强的入围门槛增长率始终高于中国企业500强，2012年高出4.83个百分点。

营业收入方面，除2008年外，中国民营企业500强的营收增长率均高于中国企业500强，2012年二者相差2.24个百分点（见图2）；总资产方面，除2006年与2008年，中国民营企业500强总资产增长率均高于中国企业500强，2012年二者相差0.98个百分点（见图3）；净利润方面，2012年中国民营企业500强增长率为-3.39%，低于中国企业500强6.98个百分点（见图4）。

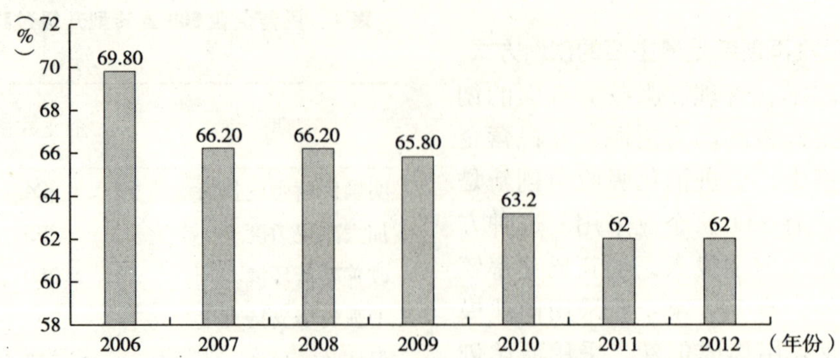

图 1　2006～2012 年中国企业 500 强中国有及国有控股企业家数占比情况

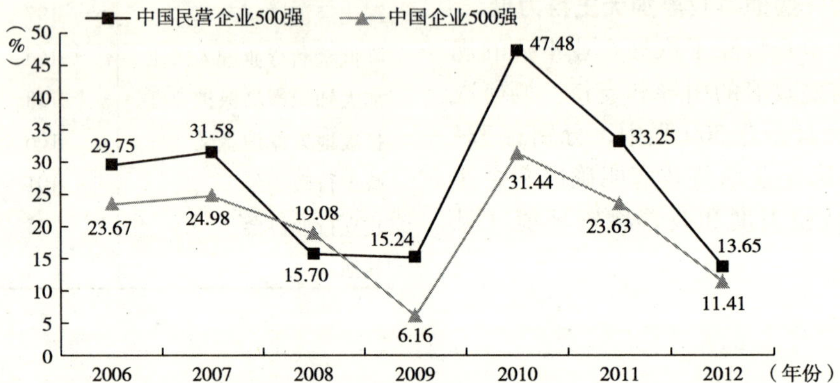

图 2　2006～2012 年中国民营企业 500 强与中国企业 500 强营业收入增长率对比

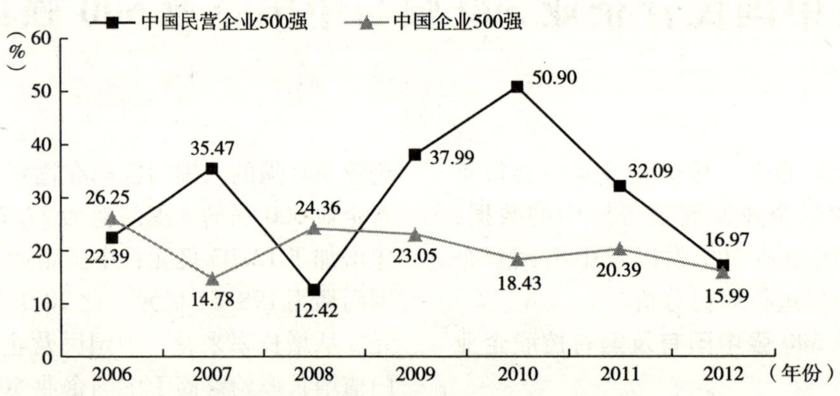

图 3　2006～2012 年中国民营企业 500 强与中国企业 500 强总资产增长率对比

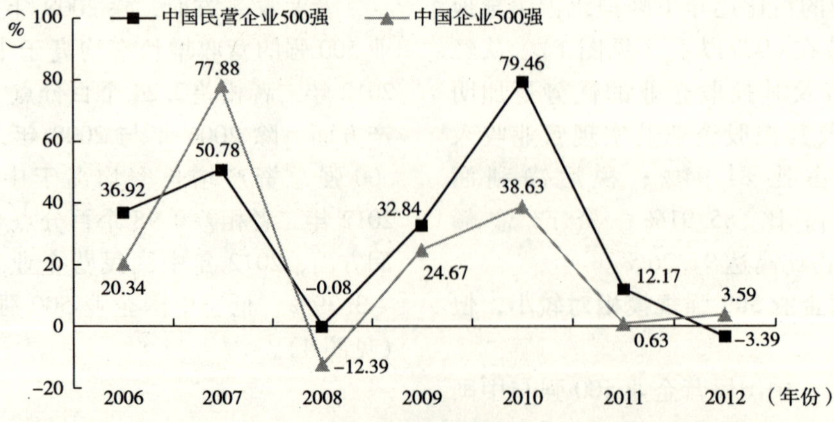

图 4　2006～2012 年中国民营企业 500 强与中国企业 500 强净利润增长率对比

三、中国民营企业500强主要集中在竞争性行业，盈利能力相对较弱

2006～2012年，中国民营企业500强与中国企业500强的销售净利率相差不大，除2007年以外，差距都维持在1个百分点内。2012年中国民营企业500强销售净利率为4.01%，比中国企业500强低0.33个百分点（见图5）。

人均净利润方面，除2011年外，中国企业500强人均净利润均超过中国民营企业500强。2012年中国企业500强人均净利润为7.07万元/人，中国民营企业500强为6.27万元/人（见图6）。

从净利润前十家企业的行业分布情况来看，中国民营企业500强与中国企业500强企业行业分布特点不同。中国企业500强前十大盈利公司集中于金融、能源、通信等垄断行业，2012年共实现盈利11425.71亿元，占中国企业500强的52.61%。中国民营企业500强前十大盈利公司主要集中于制造业和房地产等竞争性行业，2012年实现盈利共计956.08亿元，占中国民营企业500强的22.56%（见表1）。中国企业500强大量分布于垄断行业，而民营企业在这些领域一直缺乏进入及平等竞争的机会，这直接导致了中国民营企业500强与中国企业500强盈利能力差距较大。

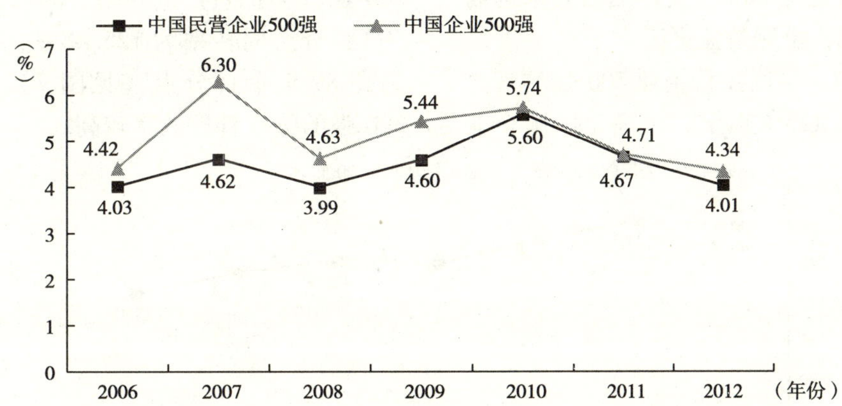

图5 2006～2012年中国民营企业500强与中国企业500强销售净利率比较

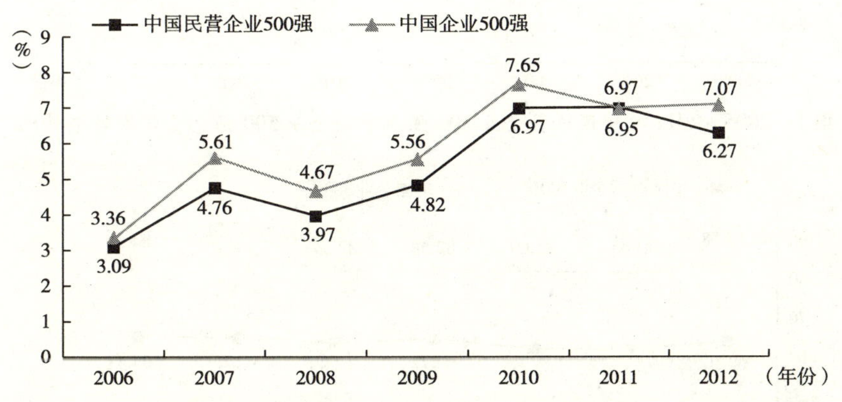

图6 2006～2012年中国民营企业500强与中国企业500强人均净利润比较

表1 2012年中国民营企业500强和中国企业500强净利润前十家

单位：亿元

序号	中国企业500强	净利润	中国民营企业500强	净利润（亿元）
1	中国工商银行股份有限公司	2385.32	万科企业股份有限公司	156.63
2	中国建设银行股份有限公司	1931.79	华为投资控股有限公司	153.80
3	中国农业银行股份有限公司	1450.94	大连万达集团股份有限公司	111.56

续表

序号	中国企业 500 强	净利润	中国民营企业 500 强	净利润（亿元）
4	中国银行股份有限公司	1394.32	百度在线网络技术（北京）有限公司	103.91
5	中国石油天然气集团公司	1148.03	杭州娃哈哈集团有限公司	80.59
6	国家电网公司	777.17	山东魏桥创业集团有限公司	77.65
7	中国移动通信集团公司	747.69	内蒙古伊泰集团有限公司	73.35
8	交通银行股份有限公司	583.73	碧桂园控股有限公司	68.53
9	中国石油化工集团公司	518.69	江苏华厦融创置地集团有限公司	66.00
10	中国海洋石油总公司	488.03	三一集团有限公司	64.06
合　计		11425.71	合　计	956.08

四、中国民营企业 500 强资产运营效率远高于中国企业 500 强，投资效益更高

2006～2012 年，中国民营企业 500 强的资产周转率持续保持在 125% 以上，远高于中国企业 500 强 35% 的资产周转率。2012 年中国民营企业 500 强资产周转率为 125.48%，比中国企业 500 强高 89.9 个百分点（见图 7）。中国民营企业 500 强的资产管理效率较高。

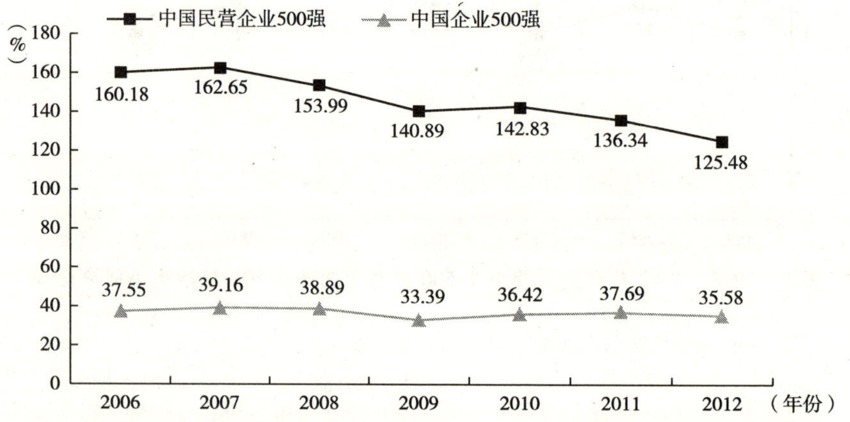

图 7　2006～2012 年中国民营企业 500 强与中国企业 500 强总资产周转率对比

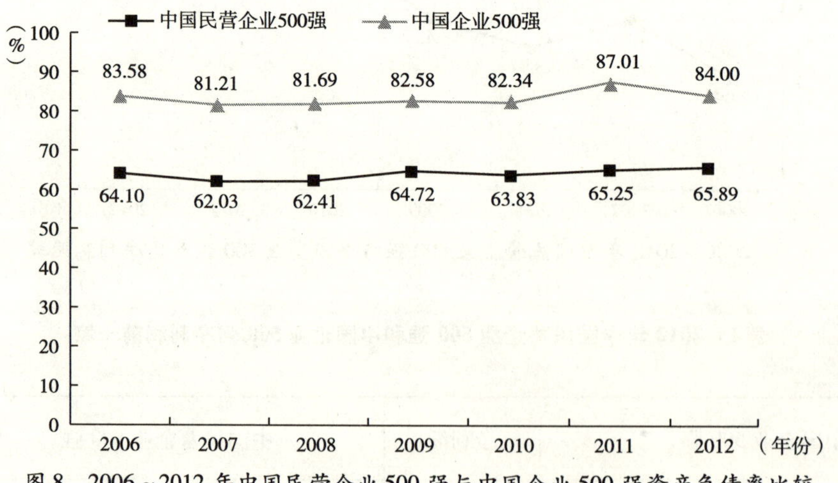

图 8　2006～2012 年中国民营企业 500 强与中国企业 500 强资产负债率比较

2006～2012 年，中国民营企业 500 强的资产负债率一直低于中国企业 500 强 20 个百分点。2012 年中国民营企业 500 强资产负债率为 65.89%，中国企业 500 强为 84.00%（见图 8）。

中国民营企业500强在资产运作上更为稳健，同时也说明以国有企业为主的中国企业500强更容易获得银行贷款等债权融资。

虽然盈利能力较弱，但由于资本运营效率明显更优，2006~2012年，中国民营企业500强的资产净利率和净资产收益率一直高于中国企业500强。2012年中国民营企业500强资产净利率为4.66%，比中国企业500强高3.22个百分点（见图9）；2012年中国民营企业500强净资产收益率为14.35%，中国企业500强为11.43%（见图10）。中国民营企业500强的资产获利能力更强。

五、中国民营企业500强的社会贡献日益加大，增幅放缓

从纳税增长率来看，2006~2011年，中国民营企业500强一直高于中国企业500强。2012年，由于中国民营企业500强利润水平下降，纳税总额增长率仅为5.87%，低于中国企业500强3.4个百分点（见图11）。

从就业增长率来看，除2007年以外，中国民营企业500强均超过中国企业500强。2012年中国民营企业500强继续保持领先地位，就业增长率为7.34%，中国企业500强为1.82%（见图12）。中国民营企业500强对就业的贡献进一步增强。

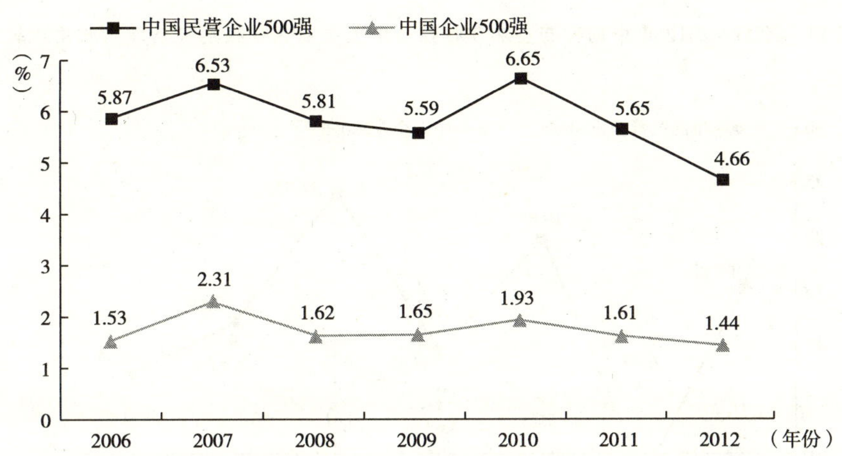

图9 2006~2012年中国民营企业500强与中国企业500强资产净利率比较

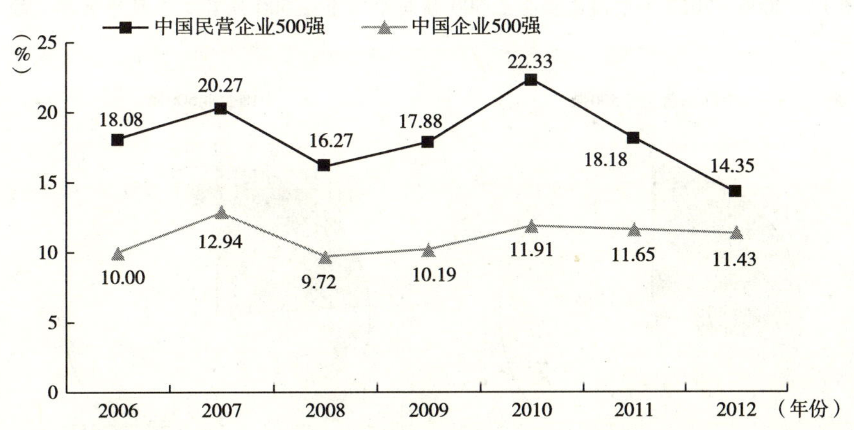

图10 2006~2012年中国民营企业500强与中国企业500强净资产收益率比较

六、产业和行业对比分析

（一）中国民营企业500强和中国企业500强仍以第二产业为主

从入围企业数量和营业收入来看，中国民营企业500强与中国企业500强都集中在第二产业。2012年，中国民营企业500强有380家企业居于第二产业；中国企业500强有357家企业居于第二产业（见图13）。中国民营企业500强第二产业的营业收入占比高达75.04%，中国企业500强第二产业的营业收入占比达68.53%（见图14）。

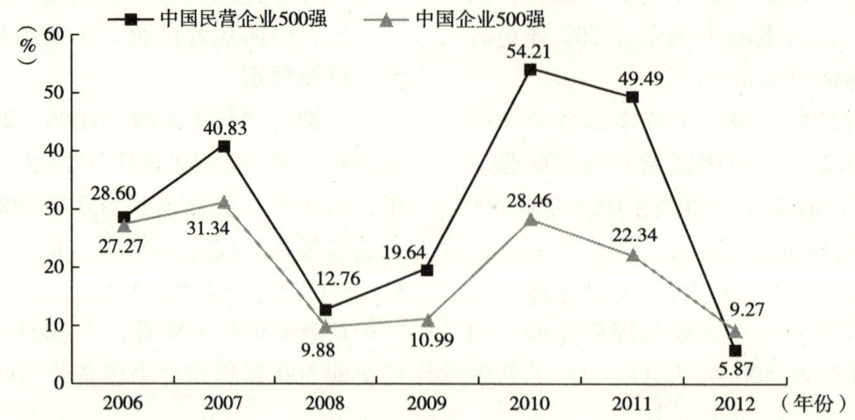

图 11　2006～2012 年中国民营企业 500 强与中国企业 500 强纳税总额增长率比较

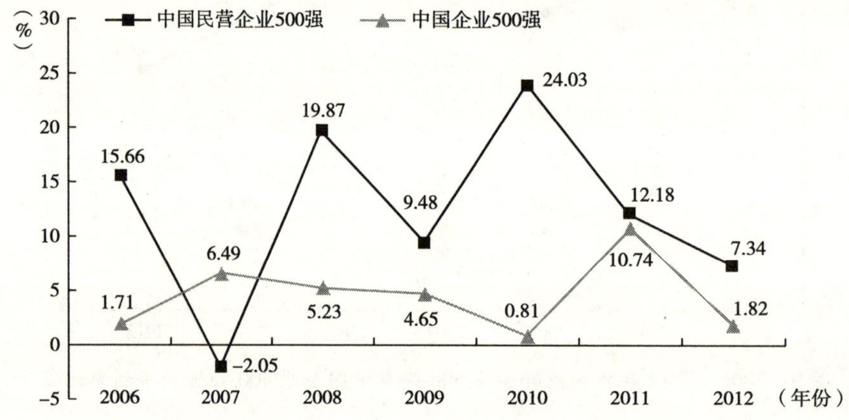

图 12　2006～2012 年中国民营企业 500 强与中国企业 500 强员工人数增长率比较

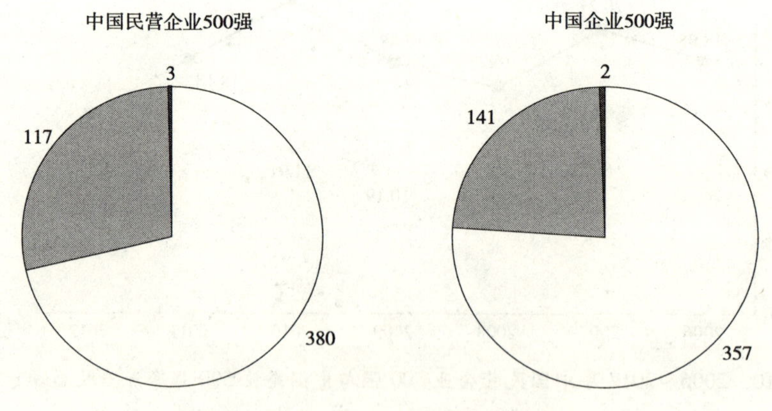

图 13　2012 年中国民营企业 500 强与中国企业 500 强各产业入围企业数量

从净利润和资产总额看，中国企业 500 强集中于第三产业，中国民营企业 500 强集中于第二产业（见图 15、图 16）。中国企业 500 强第三产业的资产和净利润占比偏高主要是由于银行业的资产占比高达 55.98%，净利润占比高达 46.28%，而企业数量和营业收入占比分别仅为 3% 和 8.52%。

（二）中国企业 500 强更多分布于垄断行业

从行业营业收入来看，中国民营企业 500 强前十大行业均分布在竞争性行业；中国企业 500

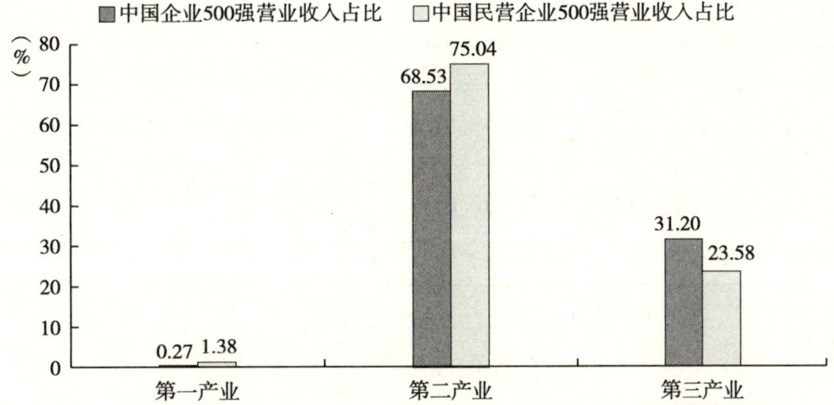

图 14　2012 年中国民营企业 500 强与中国企业 500 强各产业营业收入占比

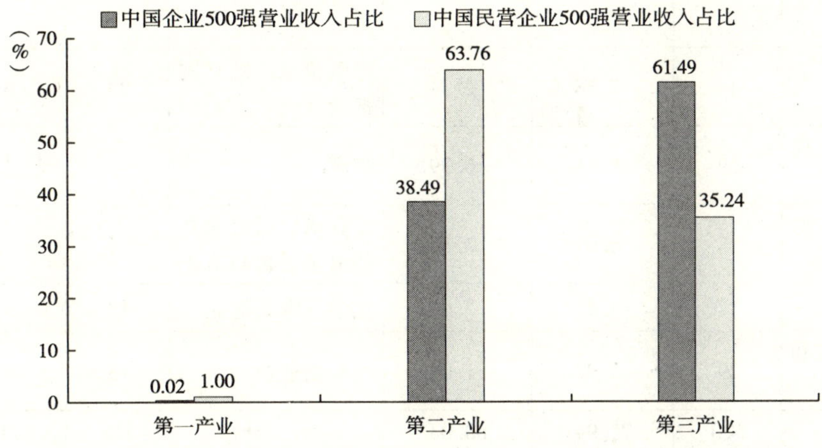

图 15　2012 年中国民营企业 500 强与中国企业 500 强各产业净利润占比

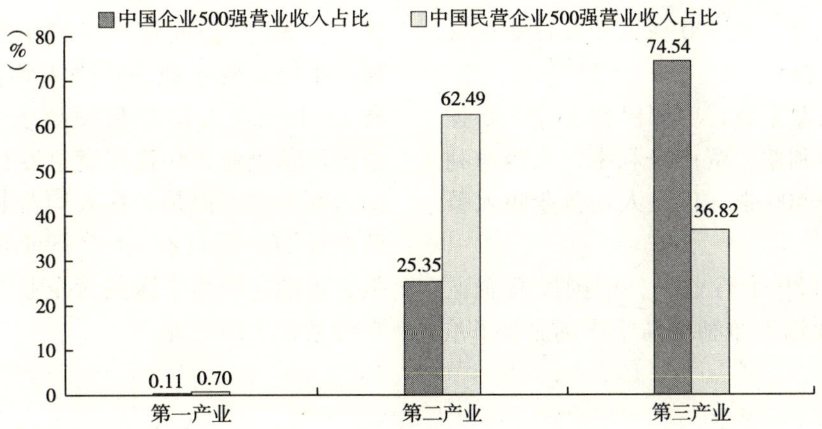

图 16　2012 年中国民营企业 500 强与中国企业 500 强各产业资产总额占比

强前十大行业，包含采矿业，金融业，电力、热力、燃气及水生产和供应业，石油加工、炼焦和核燃料加工业等多个垄断行业，利润相对集中，仅从事采矿业和金融业的 52 家企业就集中了中国企业 500 强 58.17%的净利润。

中国企业 500 强前十大行业共有企业 300 家，营业收入总额占比 75.95%，净利润占比 80.02%；中国民营企业 500 强前十大行业共有企业 325 家，营业收入总额占比 71.07%，净利润占比 62.31%（见表 2）。

表2　2012年中国民营企业500强与中国企业500强营业收入前十大行业

单位：家，%

序号	中国企业500强				中国民营企业500强			
	所属行业	入围家数	营业收入总额占比	净利润占比	所属行业	入围家数	营业收入总额占比	净利润占比
1	采矿业	29	12.51	10.65	黑色金属冶炼和压延加工业	55	13.98	3.96
2	金融业	23	11.54	47.52	批发和零售业	55	11.70	6.05
3	批发和零售业	51	8.13	1.45	建筑业	65	8.65	6.18
4	黑色金属冶炼和压延加工业	54	7.90	-0.11	有色金属冶炼和压延加工业	31	7.15	4.81
5	电力、热力、燃气及水生产和供应业	16	7.45	5.32	房地产业	28	6.87	18.69
6	建筑业	44	7.38	2.34	电气机械和器材制造业	33	6.06	5.89
7	交通运输、仓储和邮政业	29	6.31	6.39	综合	27	4.96	7.20
8	石油加工、炼焦和核燃料加工业	8	6.09	2.38	计算机、通信和其他电子设备制造业	5	4.69	5.40
9	汽车制造业	17	4.66	3.00	化学纤维制造业	13	3.79	2.10
10	有色金属冶炼和压延加工业	29	3.97	1.09	汽车制造业	13	3.21	2.05
合　计		300	75.94	80.03	合　计	325	71.6	62.33

*注：为便于比较，将一些细分行业合并处理；行业收入总额占比数据为四舍五入计算结果，合计数据为原始数据生成。

（三）中国民营企业500强大多数行业效益高于中国企业500强

从行业经营效益来看，中国民营企业500强多数行业的销售净利率、资产净利率、人均净利润都超过中国企业500强，但是人均营业收入普遍较低。

在汇总对比的39个行业中，中国民营企业500强有26个行业销售净利率高于中国企业500强；有30个行业资产净利率高于中国企业500强。中国民营企业500强人均盈利水平也较高，有23个行业人均净利润高于中国企业500强。中国民营企业500强在竞争性行业中表现出更强的盈利能力。但是，在人均营业收入方面中国民营企业500强仅有14个行业领先中国企业500强，可能是因为中国民营企业500强更多地分布在劳动密集型行业。

外事服务民营企业“走出去”调研报告

为深入贯彻落实党的十八大精神和中央16号文件精神，更好地推动和服务民营企业积极稳妥地走出去，2013年7月至8月由全国工商联联络部、外交部领事司、中国民（私）营经济研究会和中国国际问题研究所等组成三个调研组，与所到省的联络委员会委员分别赴北京、天津、浙江、江苏、广东、广西、辽宁、安徽8个省、直辖市的21个市县，以及中国民营经济国际合作商会、中非商会进行调研，召开了由省区市工商联、外办、商务厅和企业家、有关商协会相关人员参加的专题座谈会23场，实地调研企业22家，收集省级工商联调研报告29份、典型案例22个；同时对工商联会员中的“走出去”企业进行了抽样调查，收回有效问卷551份。全国工商联副主席李路、外交部领事司副司长邱学军等相关人员参加了调研。

一、民营企业“走出去”的基本情况和主要做法

（一）民营企业“走出去”的基本情况

我国实施“走出去”战略以来，一批有实力的民营企业结合企业自身特点和战略目标，积极进行海外投资。抽样调查数据显示，“走出去”的会员企业负责人均为县级以上工商联执常委，其中，担任省级执常委的占27.3%，担任地市级执常委的占48.9%，担任县级执常委的占23.8%；“走出去”企业数量大幅增加，1995年前“走出去”的仅占受调查企业的5.5%，1996～2001年为11.2%，2002～2007年为30.3%，2008～2013年“走出去”的攀升至53.1%；“走出去”企业的平均海外实际投资额达到1.3亿元人民币，已经成为中国企业参与国际竞争的一支重要有生力量。具体表现为：从“走出去”的动因看，企业“走出去”的最主要目的是开拓国际市场，占30.3%，实现品牌国际化、获取国外优势资源、进行全球战略布局也是企业“走出去”的重要动因，但传统产业为转移过剩产能“走出去”的相对较少，仅占2.6%。从投资国别和地区来看，“走出去”的民营企业主要集中在亚洲国家，占49.9%，特别是东南亚和港澳台地区，分别占18.3%和13.3%；其他依次为欧洲、北美洲、非洲、南美洲和大洋洲。从投资产业和领域看，产业分布主要以第二产业为主，占60%；投资领域中，从事一般性贸易、生产制造、资源开发的企业占比分别为44.8%、17.9%和11.5%；在境外从事设计研发的企业占比7.8%。可以看出目前民营企业境外投资主要是从事一般性贸易，但已有一些企业开始重视并利用境外的设计研发优势。

（二）民营企业“走出去”的主要做法

1. 先走带后走

重庆力帆集团、宗申集团等一批实力较强的大型企业率先到越南等国家投资办厂，带动一批与之配套的中小型企业到国外投资兴业，形成了独具特色的产业链集群发展态势。

2. 企业抱团“走出去”

浙江华立集团投资兴建的泰中罗勇工业园是我国首批境外经济贸易合作区，吸引了大批民营企业进驻园区，开创抱团“走出去”发展的模式。广东电脑商会借助商会平台，带领上百家中小企业到亚洲、非洲、欧洲、南美洲、北美洲的10个国家和地区筹建“中国城”。

3. 形成利益共同体

广东鼎安交通科技有限公司将其“走出去”成功的经验归结于找了一个好的德国合作伙伴，形成利益共同体，该企业利用合作者在当地的资源和网络，解决了一系列诸如工作签证之类的问题。

4. 主动承担社会责任

辽宁罕王集团在印尼东南苏拉威西省开发红土镍矿项目时，进行了大规模基础设施建设，不仅改善了当地人民缺水少电和行路难的问题，增加了大量就业岗位，还宣传了中国文化，加深了两国人民的友谊，得到了当地政府和人民的大力支持。

5. 参加境外商会组织

调查数据显示，“走出去”企业中有20.5%加入了境外中资企业商会，有9.2%加入了境外外资企业商会，相比之下，“走出去”企业参加境外中资商会比参加境外外资企业商会的高出11.3个百分点，说明境外中资商会的凝聚力正在逐步加强。红豆集团在企业“走出去”的同时，发起成立柬埔寨无锡商会，在为西哈努克港特区招商引资、促进无锡与境外国家和地区开展国际贸易和经济技术交往，保障企业合法权益搭建平台。

二、外事工作服务民营企业“走出去”发挥的作用

随着民营企业“走出去”步伐的不断加快，

外交部以及地方政府外事职能部门、工商联积极履行职责，发挥各自的优势和作用为民营企业“走出去”提供服务。外交部发挥统筹协调外事工作的政府职能，在外事服务便利化、领事保护等方面为民营企业“走出去”提供支持。工商联发挥商会职能和网络优势，积极与国外商会、使领馆等联系合作，搭建服务平台，促进民营企业“走出去”。主要体现在：

（一）简化签证手续

外交部积极推动与有关国家商签互免与简化签证协议，特别是针对普通护照的互免、简化签证协议。外交部已与阿根廷、新西兰签署便利商务人员签证协议，与塞舌尔签署全面互免签证协定。目前持中国护照可享受免签及免签相同待遇的国家和地区已经达到19个，外交部正努力推动与其他国家签署类似协议。浙江省外办配合市级组织部门率先在条件成熟的地区推行简化出国人员审查办法，通过每年举办“签证官看民企”系列活动，邀请热点难点国家的使领馆签证官员与民营企业座谈，为推动解决民企人员签证难问题发挥了积极作用。工商联在积极推动简化民营企业管理人员出国手续方面也取得了一定实效。上海、浙江和安徽三省市工商联，经与当地外办、美国驻沪总领馆多次沟通协商，免费开通了会员企业赴美签证预约直通车，使赴美签证预约时间从原来的2个多月缩短到7天以内。

（二）推广APEC商务旅行卡

APEC商务旅行卡作为亚太经合组织成员经济体相互为其商务人员提供多边长期签证和快速通关礼遇的一项制度安排，在解决民企签证难、方便民企“走出去”方面发挥了重要作用。外交部和各地外办自2007年起经常举办APEC卡推介活动，并进一步研究缩短办证周期的可行办法。目前，民企人员办理APEC卡数量已占申请总量的70%，部分省市高达78%。各地工商联与当地外办紧密合作，积极协助企业申办APEC卡。仅广东一地，就为民营企业办理APEC卡4000余张。

（三）开展国际交流合作。工商联发挥组织优势，通过组织出访、打造合作项目、开展境外培训等形式，积极为民营企业搭建对外交流合作平台

北京市工商联成立“在京商会国际交流产业对接联盟”，通过定期活动，促进成员交换信息和经验。江苏省工商联自2010年起，连续主办“江苏省商会对外友好合作联谊会”，邀请驻沪总领馆官员及各国商贸机构和外国商会代表参加活动。云南省工商联主动配合政府推动“中国面向西南开放——重要桥头堡建设”中心工作，积极参与国际合作项目，为民营企业提供服务。广东、浙江、福建、四川、陕西等省工商联每年组织企业到欧美、日韩、非洲、中东等地调研，了解当地的投资环境、优惠政策以及存在问题。

（四）推动组建境外异地商会

近几年，借助新华商力量成立境外异地商会，成为工商联工作的重要抓手。江苏省工商联主动联系阿联酋江苏商会，协助会员企业赴阿联酋发展，为企业在外发展提供便捷服务。无锡市工商联加强与统战部、侨联等部门合作，成立了6家境外无锡商会，促进无锡与境外的国家和地区开展国际贸易和经济技术交往，保障无锡籍企业家的合法权益，形成抱团发展、资源共享的态势。境外异地商会的成立，不仅大大增强了民营企业在海外的凝聚力和影响力，也提供了良好的信息保障、权益维护和沟通机制。

（五）加强领事保护工作

近年来，外交部会同有关地方外办先后在浙江、广东等近20个省市举办预防性领事保护宣传活动，提高民企安全意识和风险防范能力，有效降低了民企“走出去”之后遭受损失的概率。同时，外交部还全力指导驻外使领馆，帮助民企妥善应对在海外遇到的政治动乱、经济纠纷、治安案件、意外事故等各类突发事件，有力地维护了民企在海外的安全与合法权益。全国工商联积极配合外交部做好企业“走出去”前期培训和突发事件善后处理相关工作，探索加入境外中国公民和机构安全保护工作部际联席会议机制，为民营企业“走出去”提供安全和权益保障。

（六）建立信息服务平台

在外交部的具体指导和支持下，各地外办通过刊物、网络、数据库等途径，整合外事信息和资源，为民营企业提供信息服务。广西、安徽等地外办利用外事刊物和信息平台提供因公出国（境）、领事保护等方面的政策、相关国家投资指南和经贸信息。北京、重庆等地工商联联合相关

政府部门及驻华使领馆、商协会搭建国际经贸信息平台，建立对外投资民营企业数据库，并以网站专栏和简报、简讯等形式发布政策及项目合作信息，服务民营企业“走出去”。

（七）开展培训活动

为帮助民营企业积极稳妥“走出去”，各地工商联积极组织培训活动，邀请长期从事经济工作、外经外贸工作的专家及“走出去”的典型企业授课，帮助民营企业了解政策，吸取经验，增强对外投资信心。宁夏、河南等地工商联举办民营企业“走出去”培训班，帮助企业分析拟投资国政治经济情况、境外投资风险控制与防范，研究投资项目可行性，为企业在境外投资提供服务。

三、问题和困难

调研发现，民营企业“走出去”经历了从“小试牛刀”到“欣欣向荣”的跳跃式发展过程，政府与工商联的外事部门结合民营企业“走出去”的特点和需求，发挥外事外联优势，在服务民营企业“走出去”方面进行了创新实践和积极探索，取得了一定成效。但从民营企业“走出去”的大趋势和实际需求来看，外事服务民营企业“走出去”依然面临不少困难和问题，需要进一步创新和丰富服务方法、手段和内容。

（一）缺乏工作联系机制

尽管很多省级工商联外事联络部门与当地外办、商务厅以及港澳台侨等工作部门建立了工作联系，但是没有形成长效机制，常态化的实质性互动与协作不多，面对民营企业集群式“走出去”转移过剩产能、开展海外并购以及参与我国境外合作区建设等需求，缺乏有效的工作载体和途径。

（二）缺少品牌活动

随着我国综合国力的日益增强、民营经济的迅猛发展及其影响力的逐步扩大，工商联作为中国最大的商会组织，越来越受到世界各国政府、主流商会和工商界人士的关注和重视。但是我们也应看到，目前工商联的对外交流多停留于礼节性交往，还没有参与到APEC、G20、金砖国家峰会等政府双边及多边经济合作中，缺少品牌活动。

（三）缺乏工作的深入思考和研究

各级工商联外事外联部门的工作主要局限在来访接待、组团出访、手续办理以及项目合作等事务性工作，对国际国内政治经济形势，民营企业“走出去”的投资重点区域、产业分布、遇到的问题和障碍以及国家的扶持政策等缺乏关注和研究，对民营企业“走出去”往哪走、如何走以及如何提供服务和支持等缺乏思考和分析。

（四）领事保护能力与需求存在矛盾

目前民企“走出去”数量逐年上升，对我驻外使领馆领事保护的需求迅速攀升。我驻外使领馆囿于投入不足等方面的原因，服务能力与民企需求不相匹配，缺乏“走出去”的预警和风险防范机制。从抽样调查结果来看，有41%的企业没有或不知道向当地使领馆报备，说明对“走出去”民营企业的培训和引导力度还不足，在一定程度上影响了民企“走出去”的能力、信心和水平。

（五）外事服务便利化与需求存在矛盾

抽样调查显示，有49.9%的民营企业对APEC卡在出入境方面的便利作用不太了解，APEC卡的办理过程也存在手续烦琐、程序复杂、覆盖面小等问题。同时民营企业前往玻利维亚等部分国家的签证通道仍不够畅通，存在商务签证、工作签证办理周期过长、材料要求多、签证时效短、审理过于苛刻，不合理拒签等“签证难”现象。

（六）驻外使领馆还需给予民营企业更多关注

抽样调查显示，74.5%的企业很少或从未与我驻投资国使领馆联系，主动与使领馆联系的意识较差。而我驻外使领馆由于人员配备不足，对民营企业的了解、关心和关注不够，当地的中资企业商协会会员多以国有企业为主。从抽样调查结果看，有79.5%的民营企业没有加入中资企业商协会，得到的信息服务和权益保护等服务还不够，民营企业在商协会的话语权还不能得到充分体现。

四、意见建议

为进一步发挥工商联民间外交优势，全国工商联应加强对促进民营企业“走出去”工作的整体规划和全面指导，整合会内资源，形成合力，统筹规划，共同推动“走出去”工作的进一步深化。

（一）逐步建立和完善工作联系机制

与外交部、商务部建立常态工作机制，以沟通交流信息，协调各方资源，共同解决问题，推动工作开展。目前，全国工商联联络部与外交部领事司已经建立了日常工作联系机制，今后应进一步加强外交部与全国工商联的部级工作联系机制，与国务院侨办、港澳办、国台办等涉侨、涉港澳台部门的工作联系机制。充分借助海外华商熟悉驻在国的社会生活和国际经济发展中的重要作用，充分利用香港“桥头堡”的优势，整合资源、优势互补，最大限度地实现强强联手、共同发展。

（二）加强我驻外机构对民营企业“走出去”工作的重视

我国驻外使领馆应加强对我“走出去”企业服务工作的人员配备，有条件的可设专人负责，确保信息沟通、项目考察、外事服务等各项工作的及时跟进。邀请民营企业参加驻外机构举办的“境外中资企业座谈会”等活动，给予民营企业和国有企业同等待遇。

（三）加强对企业的培训

全国工商联可结合外交部预防性领事保护“进地方”系列活动，定期开展“走出去”企业海外安全风险防范与应对宣传教育，加强“中国领事服务网”与各级工商联、商会网站之间的信息共享，加强对民企海外安全风险自我防范工作的指导监督，妥善处置境外涉我民营企业突发事件；每年定期由全国工商联与外交部相关部门共同举办“走出去”培训班、海外投资政策宣讲会等，引导和帮助“走出去”民营企业熟悉当地法律法规、投资政策及贸易规则等，为已经和有意愿“走出去”的民营企业提供更多更好的服务。

（四）提供外事便利化服务

要进一步规范民企人员因公出国执行公务和持用因公护照工作；推动外国驻华使领馆为相关企业人员出国开展业务提供签证便利，充分利用双边领事磋商机制及APEC商务旅行卡等途径，着力疏通民企人员出国签证渠道；加大与外国商签针对持用因私护照人员的互免签证或简化签证手续协议力度；进一步加大APEC卡宣传，为更多符合条件的民企管理人员办卡、用卡提供更优质服务。民企在申办出国签证过程中遇到的突出和典型问题，可由全国工商联向外交部通报并共商解决办法。

（五）加强调查研究

将外事服务民营企业“走出去”调研工作作为一项长期工作来抓。通过调研全面深入了解民营企业“走出去”的总体情况，掌握民营企业重点投资国家及其在不同区域的不同需求；了解企业投资所在国在投资环境、投资政策等方面存在的制约障碍，反映民营企业“走出去”遇到的问题，科学规划工商联系统外事服务工作。

关于在非公有制企业建立住房公积金情况的调研报告

非公有制企业是我国社会经济发展的一支重要力量，为促进社会发展、经济繁荣、就业保障作出了重要贡献，作为“五险一金”中的住房公积金是国家推行的旨在保障职工解决基本个人住房问题的一项制度。如何在非公有制企业中实施住房公积金制度，一直是住房公积金管理工作中的重点和难点。现结合此次在山东、福建两省的调研，就非公有制企业建立住房公积金制度中存在的一些问题作简要分析并提出相关建议。

一、非公有制企业建立住房公积金制度现状分析

1. 缴存覆盖率较低

从山东、福建两省调研来看，目前在非公有制企业中建立住房公积金制度的比例不高，缴存的覆盖率较低。从省级层面来看，据统计，山东全省非公有制企业住房公积金应缴职工人

数997.3万人，实际缴存职工人数249.5万人，覆盖率25.1%。从地市级层面来看，淄博全市共有非公有制企业1957家，职工38.1万人，截至目前，全市缴存职工22.3万人，覆盖率为58.5%；福州市非公有制企业在岗职工数为84.01万人，已建缴职工数约29万人，覆盖率为34.52%。从县市级层面来看，福清市非公有制企业住房公积金缴存单位覆盖率为30.53%。因此，从整体缴存情况来看，都不太乐观，还处于一个比较低的缴存水平。

2. 缴存数额差距大

就两省情况来看，单位和个人最高缴存比例各12%，最低缴存比例各5%，最高月缴存额与最低月缴存额差距悬殊。山东全省非公有制企业职工最高月缴存额5460元，最低月缴存额10元；济南市非公有制企业职工最高月缴存额3516.48元，最低月缴存额为110元；淄博市非公有制企业职工最高月缴存额1263元，最低月缴存额69元；福州市非公有制企业职工最高月缴存额1443元，最低月缴存额59元；泉州市非公有制企业职工最高月缴存额3084元，最低月缴存额94元。

3. 企业缴存差异大

从非公有制企业出资性质分析，欧美日等外资缴存意愿较高，基本实现了在职职工全覆盖。例如，潍坊市美国独资的克拉克过滤器（中国）有限公司，企业一成立就为全体职工开设了住房公积金账户，并按时足额缴纳，随着企业效益提升，缴存比例也从5%提高到8%。威海市荷兰投资的贝卡尔特、英国投资的豪顿华等企业为全体职工2200多人建立了公积金制度。港澳台投资企业缴存意愿不是很强，缴存标准也偏低，如福清市明达工业公司，是一家美籍华人独资企业，原先在台湾发展，由于人力成本的原因迁至福清市，企业员工4200人，到目前全员未参加建缴住房公积金。内资企业缴存情况较为复杂，情况不一，受投资方影响较大。来自经济发达地区的投资人比较开明，缴存意愿较高，而来自经济欠发达地区或母公司尚未建缴的，缴存意愿普遍不高。从非公有制企业产业类型分析，知识技术密集型企业缴存意愿较高，这些企业认为，缴纳住房公积金对企业运营成本影响不大，而且对企业招工特别是引进人才方面能起到积极作用，缴纳公积金意愿较强，如威海市三星电子、日月光半导体等技术密集型企业分别为1900人、1600人建立了公积金账户，而劳动密集型企业，大多认为缴存住房公积金会增加人力成本，缴存意愿不高，即便有缴存，缴存的基数和比例也都偏低。从非公有制企业规模效益分析，规模以上、效益好的企业缴存意愿较高，规模以下、效益差的企业缴存意愿较低。山东省规模以上非公有制企业公积金覆盖率为51.3%，规模以下非公有制企业覆盖率仅为16.2%。山东力诺集团、福建晋江的七匹狼集团企业经济效益较好，在企业内部建立了较完善的住房公积金制度，特别是七匹狼集团为全体职工建缴，缴存比例也是按最高的12%执行，缴存基数也较高，高于当地平均数额。

4. 职工缴纳意愿各异

非公有制企业职工的住房公积金缴存意愿差别化较大，一方面受文化层次、教育背景等因素的影响。通过此次调研，我们了解到一些文化层次较高、接受过高等教育、在企业中担任中高层领导职务的非公有制企业员工对缴存公积金的意识较强，对政策也了解多一些，而部分文化层次较低、未受过高等教育的一线农民工缴存意识较弱，对政策不了解。另一方面，已缴存的非公有制企业职工大多对建立住房公积金制度比较认可，认为建立住房公积金制度是一项重要的福利及住房保障政策，而未缴存的非公有制企业职工有的对政策不了解，认为建缴后每月工资收入变少，不愿主动建缴，有些员工流动较频繁，认为缴存后提取使用不方便，不愿缴纳。

二、职工流动性、住房解决途径、公积金使用情况

1. 职工流动性非常大

通过此次山东、福建两省座谈调研，我们了解到非公有制企业大部分为劳动密集型企业和中小微企业，职工的流动性非常大。一方面，非公有制企业用人制度非常灵活，根据业务发展变化，不断调整变换人员；另一方面，企业员工也会根据自己的能力、收入和个人发展的需要变换工作。如福清市的捷联电子有限公司，是一家劳动密集型的大型非公有制企业，2012年的公积金缴存开户数为9611名职工，现已封存3362名职工，封存率为34.98%，也就是在1年多的时间里，3362名职工从企业流出，员工的流动性非常大；永辉集团开户职工数为13322名，封存职工数为4399名；属于小微企业的金鼎文化传播有限公司，2013年六七月份时员工尚有20多名，但到了9月初就只剩6名，员工的流动性极为惊人。另外，参加座谈的福建冠捷公司虽经济效益较好，技术含量较高，但一线员工的月流动率也达到了8%，员工将近一年换一轮，而明达工业相对来说，劳动密集度大，员工的月流动率达到15%，将近半年换一轮，应该说员工的流动性特别大。

2. 住房解决途径多样化

非公有制企业员工的住房解决途径比较多元化，有企业提供集体宿舍的，有在外租房的，有租住企业公租房的，有企业集资建房的，有通过购买经济适用房和商品房的，也有申请租住政府提供的公租房的等多种方式，但主要的途径还是通过社会租房解决。在座谈企业中，山东力诺集团为企业员工提供了集体宿舍，也在企业内部建立了公租房；山东科汇电力自动化有限公司主要通过提供免费宿舍、集资购房、发放租房补贴等方式解决职工的住房问题；福建七匹狼集团在公司内部建立了集体宿舍，为职工免费提供。

3. 公积金使用率较高

从两省的调研情况来看，一方面，非公有制企业住房公积金的总体使用情况还是比较乐观的。山东全省非公有制企业累计缴存住房公积金480.6亿元，累计提取188.3亿元，累计个人贷款257.6亿元，提取和贷款的额度占缴存额度的比例较高。淄博市非公有制企业累计缴存额为27亿元，累计提取额为5.5亿元，累计住房公积金贷款额32.9亿元，累计提取和贷款的额度超过了缴存的额度，公积金使用率相当高。山东淄博商厦股份有限公司在当地有3000多名职工，公司为企业全体员工缴纳了住房公积金，截至目前，企业有1000多人次通过提取和贷款使用了住房公积金，使用与缴存的占比达到了1/3；福建七匹狼集团通过住房公积金贷款买房的职工占缴存职工总数的10%左右，贷款率相对来说也比较高。福建泉州住房公积金总的个贷使用率是82.9%，虽然没有直接反映出非公有制企业职工的个贷使用率，但从这个数字来看，非公有制企业的个贷使用率也不会偏低。福州住房公积金管理中心也反映，全市个贷率是85%左右，有个别县的个贷率甚至达到了110%，个贷使用情况相当不错。另一方面，从个贷使用人员区分角度来看，非公有制企业中高层职工使用住房公积金贷款的情况较多，而在一线员工中，用其贷款买房的情况比较少，一是他们的收入偏低，根本没办法实现在工作居住地买房；二是他们中的很多人是外籍员工，都有回老家建房和购房的想法；三是他们的流动性很大，公积金的贷款使用限制条件多和手续麻烦，不能有效地得到利用。

三、非公有制企业建立住房公积金制度存在的问题和难点

通过此次的调研走访，并根据目前山东、福建等地非公有制企业建立住房公积金制度的现状，我们认为在非公有制企业建立住房公积金制度存在的问题和难点有以下几个方面：

1. 企业经济压力较大

在经济整体下行的大趋势下，受国内外需求减弱和生产要素价格高企的双重夹击，非公有制企业普遍经营负担较重，经营效益下滑，承受各种税费负担的压力较大。住房公积金与“五险”费用基本上同属劳动力成本范畴。企业反映近几年来，随着劳动人口红利拐点的临近，原本劳动力市场供大于求的状况正在发生着相当大的转变，员工涨薪要求越来越高，尤其是90后劳动群体自主意识的高涨，使招工难、用工贵越来越成为普遍现象，推动了企业工资支出的快速上升。企业反映，由于“五险一金”的缴纳是以企业工资总额为基数，为职工交纳的五险占企业工资总额的30%以上，住房公积金即使选择中位数（8%）缴纳，“五险一金”总和也会达到将近40%，令企业综合工资成本越来越高，经营压力加大。尤其是工资上涨看不到放缓的趋势，更使企业加重了预期财务负担，对各种税费缴纳力不从心。虽然条例规定企业为职工缴存的住房公积金在成本中列支，可以免交企业所得税，但建立住房公积金制度还是会提高企业人力成本，增加企业负担。以济南市社会保险费月缴费基数的下限2010元计算为例，每月至少要为职工支付五险600多元。如果再为职工缴纳公积金，按公积金月缴存比例最低5%，最低缴存基数1220元计算，企业为职工月缴公积金61元，所以“五险一金”由企业承担部分每月每人最低近700元，这对于企业来说是相当大的一笔人工成本支出。

2. 缴存积极性不够高

首先，非公有制企业员工大部分为农民工，普遍文化程度偏低，且大都在农村有住房，所以住房不是他们最关心的问题；其次，非公有制企业员工流动性较强，员工工资收入不稳定，“多得不如现得”的思想较强，而管理层大部分采取工资包干制，工资以外的待遇企业不负责；再次，大部分企业员工认为，即使建立住房公积金制度，月缴存额度也较低，对解决住房困难杯水车薪，加之目前较严格的住房公积金提取和贷款政策，促使企业员工只关注短期利益，对是否建立住房公积金制度积极性不高。如占员工相当大比例的80后、90后群体以其微薄的收入与高速上涨的房价两相对照，基本上不考虑购房问题，这些群体更体现出现代生活方式，追求的是当期消费，不少人属于月光族，缴纳住房公积金减少了其当期收入，在一定程度上影响了他们的消费选择。可以说非公有制企业大多数员工在缴纳公积金上采取了消极的态度。

3. 制度设计限制较多

《住房公积金管理条例》规定住房公积金只能用于购建、翻建、大修自住住房，而非公有制企业有相当数量的职工是外地农民进城打工者，他们大多没有在工作居住地城市购建住房的能力，即使想回老家使用这笔资金购建住房，也得等到与单位终止工作合同数年（各地规定不尽一致）后才能提取。目前，公积金没有在全国建立统一使用平台，公积金转移与使用不方便，在提取偿还银行贷款和支付房租方面存在各种限制条件，手续繁多，如房租占工资收入的比例超过15%才可以申请提取，要出具租房合同及发票等，这些都很大程度上限制了公积金的使用。另外，也有很多非公有制企业员工反映，之前买房时因为缴存时间过短，没法通过住房公积金获得贷款，而公积金账户里的钱又不能用于装修，导致这些钱闲置不能提取，但现实却缺少装修资金，因此即使缴存了住房公积金，也不能很好地解决住房问题，应该说制度设计还存在一定的缺陷。

4. 法规政策不够完善

虽然国务院出台了《住房公积金管理条例》，但省、市政府无专门鼓励非公有制企业建立住房公积金制度的政策性文件，对非公有制企业建立住房公积金制度没有激励机制，没有政策的支持，管理部门开展工作比较困难。

5. 政策宣传不够到位

以往住房公积金政策较多地注重向机关和行政事业单位职工宣传，宣传的力度及宣传的方式方法有限，对非公有制企业的宣传达不到应有的效果。在走访中发现，很多企业负责人、企业员工对住房公积金还不了解、不熟悉，对住房公积金制度的优惠政策及提取和贷款手续等方面的知识知之甚少，向非公有制企业宣传的广度和深度都还不够。

6. 企业底数难以摸清

非公有制企业涉及服装、电子、水产加工、工程制造、饮食服务、建筑装饰、商业零售、信息服务等诸多行业，大部分企业资金少、规模小，经营管理不规范，抗风险能力弱，从业人员结构复杂、流动性大，企业变更、注销频繁，停业、歇业现象突出，难以准确掌握缴存底数，给公积金执法检查造成很大难度。

四、非公有制企业建立住房公积金制度的意见建议

构建和谐社会的前提是要构建和谐的劳动关系，而发展和谐劳动关系要在处理劳资关系矛盾中找到一个平衡点，既让职工的权益得到维护，也让企业的发展得到兼顾，从而实现双方的互利共赢。我们认为，在非公有制企业中推行建立住房公积金制度是构建和谐劳动关系的一个重要方面，这不仅有利于企业吸引和留住人才、增强企业内部凝聚力和向心力，从而提高企业的劳动生产率，促进企业的发展；也有利于职工的合法权益得到维护，基本的住房问题得到有效解决，从而实现和谐劳动关系。但鉴于目前国际国内经济下行形势，非公有制企业面临较大的生存与发展困难，不宜在非公有制企业中全面强制建立住房公积金制度，要采取循序渐进的方式，逐步推进。结合此次调研发现的问题，我们建议在非公有制企业中建立住房公积金制度可以从以下几个方面着手推动：

1. 加大宣传力度

政策宣传必须摆脱以往单纯依靠网络、报纸、电视等媒体宣传的形式，应采取主动上门宣传的方式，加强与企业负责人、企业员工的互动，及时解答他们在政策方面的疑惑。通过此次调研走访发现，上门宣传的效果最好，也更加容易被企业接受。另外，面对目前个别媒体肆意报道住房公积金“劫贫济富”的现象，以及今后可能出现的其他负面舆论信息，建议建立全国统一的舆论宣传应急机制，及时作出正面解释，消除公众对住房公积金的疑虑。

2. 制订激励政策

虽然《住房公积金管理条例》中对企业缴存住房公积金的经费可以在成本中列支，免交企业所得税做了规定，但非公有制企业全面实行缴存住房公积金制度，势必大大增加企业的人力成本，现阶段会给企业的生存和发展带来很大的困难，因此在税收减免的同时，可以加大对企业的经济激励，增强其缴存住房公积金的积极性，如可以出台融资优惠政策、减免更多的所得税激励已全面缴存住房公积金的企业。

3. 选取重点突破

住房公积金管理中心一是要选择原来为国有和集体性质、现在已改制为非公有制性质的企业，选择各行各业中的重点骨干企业，作为重点发展对象开展试点工作，尽量降低工作难度，增强示范和带动效应。二是要选择这些企业中的管理人员和技术骨干等工作相对稳定的群体，作为发展对象先行建立。三是要尽量选择在非农户口职工和本地农民工中先行建立。四是要选择在各级人大代表、政协委员、劳动模范创办的非公有制企业中开展试点工作，这部分企业的负责人都具有一定的知名度，相对容易接受和认可新生事物，对建立住房公积金制度的积极性要相对高一些。

4. 分类细化标准

在座谈时，济南市政府有关代表提到，一个制度的可行与否，要看制度制订的初衷是否好，制度是否适合所有的群体，他指出目前还没有一个现行制度可以覆盖所有的职工，就现行的住房公积金制度来说，也存在这一现象。因此建议可以对住房公积金缴存对象进行细化分类：一是要对行业进行分类，对于季节性的、流动性特别大的行业可以采用自愿缴存的方式；二是要对企业进行分类，企业规模较大、效益好、企业员工贡献高的要强制建缴，缴存的比例也要按企业规模、企业效益来分类，特别好的要按12%进行缴存，差一些的可以按5%缴存，而效益不好的或是生存困难的小微企业可以采取自愿缴存的方式；三是要对员工进行分类，要遵照企业员工的意愿，非本地户籍又不想在工作居住地买房不愿建缴的可以不缴，对于进入企业时间短、频繁流动的员工可以不缴等。通过制订专门的细化分类标准，从而使制度切实可行。

5. 减少提贷限制

进一步简化公积金提取和公积金贷款手续，加快公积金全国联网。对外来非本地户籍职工支取住房公积金的条件进一步放开，职工与单位终止劳动关系且在该单位住房公积金缴存6个月（含）以上者，离开本地去外地时即可提取，减少限制条件，充分调动非公有制企业绝大多数外来职工对实施住房公积金制度的积极性。符合公积金贷款其他条件的非本地户籍职工，只要想在本地购房，就允许享受住房公积金贷款，使外地职工也能享受同等待遇。在买房后办理提取手续时，可以改按年支取方式为按月支取，增强提取的灵活性。

6. 降低建制门槛

由于非公有制企业为职工缴存的住房公积金需从成本中列支，增加了企业成本支出，成为住房公积金建制工作在非公有制企业开展的难点。建议可以按照“低门槛进入、逐步到位”的原则，允许非公有制企业低于最低比例缴存住房公积金（例如2%、3%），在减轻企业负担的同时也达到建制的目的。随着企业效益的好转，逐步提高到5%以上的缴存标准。通过这样的途径，非公有制企业先将制度建立起来，形成高密度的建制局面，再随着企业的发展带动制度的拓展。

7. 进行财政补贴

鉴于非公有制企业大量存在于劳动密集型产业中，相对劳动力成本较高，并且为安置就业作出了积极贡献，可考虑用财政资金给予住房公积金适当补贴。具体操作程序是：在企业进行住房公积金登记确定认缴率后，财政部门按照其认缴率的一定百分点审定补贴率，比如企业如果选定8%的认缴率，可以实际缴纳5%，财政补贴剩余的3%。企业实际缴纳住房公积金后，财政补贴资金到位计入职工个人账户，归职工所有。

8. 引入集体协商

一方面，住房公积金的缴存在一定程度上可以帮助企业吸引或留住优秀人才，也能帮助非公有制企业职工解决住房问题，虽未必能够全部保障，但在维护职工利益方面仍可起到一定的作用。另一方面，住房公积金的缴存在一定程度上也加重了企业的负担，不利于企业的经营运转，对于一些小微企业来说，甚至会导致企业倒闭，严重影响企业职工的就业问题。住房公积金的缴存对非公有制企业和职工来说都存在有利或不利的一面，对于缴与不缴、缴多少的问题，建议可以列入企业和职工集体协商的范畴来考虑，从而争取达到双方最优的一种局面。

9. 扩大使用范围

一是尝试拓宽住房公积金增值收益使用渠道，在廉租房建设任务减少的情况下，使用增值收益建设政府投资的公共租赁住房，符合条件的公积金缴存职工可优先申请，确保增值收益真正取之于缴存职工，用之于缴存职工，也可以用于兴建养老保障房社区。二是支持开发商使用住房公积金贷款，但要在项目中按照一定比例配以保障房建设任务。三是“扶困优先”，扩大住房公积金提取用途，如大病造成生活困难可提取住房公积金；支付廉租房、公共租赁房房租，支付经济适用房、限价房购房首付款可提取住房公积金。四是支持建立住房公积金制度的非公有制企业使用住房公积金贷款建设公租房，缴存职工可提取住房公积金支付公租房房租，从而形成住房公积金管理中心、缴存企业、缴存职工三方共赢的良好局面。

工商联维权机制建设调研报告

工商联维权机制建设调研是全国工商联法律部进一步贯彻学习党的十八大和《中共中央国务院关于加强和改进新形势下工商联工作的意见》（中发〔2010〕16号）精神的重要举措，也是法律部开展党的群众路线教育实践活动的具体实践。2013年1月至6月，法律部先后对贵州省、黑龙江省、浙江省、安徽省、重庆市等地工商联维权机制建设情况进行调研，其间举办10场座谈会，与47家政府职能部门座谈交流，调研76家非公有制企业、21家社会服务机构、11家异地商会。

一、基本情况

工商联维权机制建设调研主要对各地工商联如何完善维权机制、创新维权手段、拓宽维权渠道、加强维权力度、切实维护企业合法权益等情况进行了解，对进一步贯彻落实十八届三中全会精神，加快政府职能转变，推进现代社会组织体制建设，构建中国特色商会组织，建立科学的法治建设指标体系和考核标准，推进法治环境与法治中国建设，为全面深化改革提供法治保障具有重要意义。

（一）贵州省：非公党建在维权中发挥重要作用

贵州省工商联依托省委组织部、统战部，积极发展非公党建，创新维权机制。贵州省各地市区县工商联从企业规模、党员人数、构成情况等实际出发，采取“单独建、联合建、挂靠建”及“行业+分会”等多种方式，在非公有制企业中大力开展党组织组建工作。对规模较大、效益较好、党员在3人以上的非公有制企业单独建立党组织；对不足3名党员的按照“地域相邻、行业相近”原则建立联合党支部；对仅有个别党员的非公有制企业通过“企企挂靠、村企挂靠”等方式实施挂靠组建；对于个体工商户中的党员，则依托基层商会、工商所、个协分会党支部建立党组织，使非公有制企业中的党员职工真正有了家，实现了党组织和党的工作面两个覆盖。党组织在职工民主管理、生产安全保障、和谐劳动关系、企业文化建设等方面发挥了保稳定、谋发展、促和谐的特殊作用，拓宽了维权渠道，创新了维权机制，非公党建成为贵州省工商联维权机制建设的重要内容。

（二）黑龙江省：构建大维权机制

黑龙江省哈尔滨市工商联依托市纪委、市监察局，拓宽维权渠道，创新维权机制。2010年3月，在市纪委、市监察局的支持下，哈尔滨市工商联成立内设机构——非公有制企业维权投诉服务中心，哈尔滨市委副书记为组长，5名副市级领导为副组长，成员单位由市国资委、工商局、公安局、财政局等市直45个行政职能部门及8区10县（市）政府组成，覆盖省、市、县三级维权网络，形成横向到边、纵向到底的大维权格局。中心建章立制、规范程序，先后制订了《非公有制企业维权投诉服务工作手册》《投诉接待工作人员守则》《首问负责制度》等14项规章制度，与63个领导小组成员单位建立了联络员制度，并与市改善办、市政法委等9个重点部门建立了非公有制企业维权协助机制。中心从黑龙江全省遴选了32名督察员，确定了32家非公有制企业监测点，对办案的过程与结果进行督促督办，做到“件件有着落，事事有回音”。近三年来中心共接待来人、来电及网上投诉1800多人次，立案246件，结案231件，结案率达92%，平均每4个工作日办结一件，共挽回经济损失6.3亿元。中心还专门制作《哈尔滨市涉企行政执法检查登记簿》，对涉及企业的行政执法进行登记确认，从检查依据、检查内容、企业意见等方面进行双向监督，对执法中的违规违纪行为直接通过中心和工商联反映给相关部门，保障了企业权益。市委、市政府办公厅向各区县转发了中心制订的《哈尔滨市2013年改善经济发展环境工作推进方案》，支持和推广了工商联非公有制企业维权投诉服务中心的大维权机制模式。

（三）浙江省：发挥商会调解，参与社会治理

浙江省工商联依托司法部门，把商会调解作为创新工商联法律工作和参与社会治理的重要载体，并出台了《浙江省商会调解工作指导意见》。浙江省义乌市已建立了49个调委会，调解金额达2.5亿元；舟山全市有33个商会开展调解工作；温州市有12家行业商会成为法律调解工作受委托联络点，共有调解员57名，调处纠纷金额达1.2亿元；台州市有9家基层商会建立了调解委员会，调解金额达千万元。浙江省商会调解拓展了工商联职能，创新了维权机制，节约了司法资源，有效发挥了工商联在推进国家治理体系和治理能力现代化中的作用。

（四）安徽省：探索商会调裁衔接与工商联直通车制度

依据《中华人民共和国仲裁法》第二章第十条：“仲裁委员会由前款规定的市的人民政府组织有关部门和商会统一组建”，安徽省芜湖市工商联积极探索与创新维权机制，经市仲裁委批准，在市工商联设立商会仲裁办事处，职能是行使仲裁委秘书处的部分工作，和商会法律服务所、工商联法律顾问处合署办公。商会仲裁办事处将有关非公有制企业的经济合同解决纠纷途径均约定为仲裁，充分利用工商联组织优势，几年来受理仲裁案件240多件，使仲裁成为工商联解决非公有制企业矛盾纠纷的重要方式之一。安徽省工商联直通车制度是指工商联争取本级党委政府支持，将非公有制经济领域重要信息按程序和事权直接报送本级党委、政府及以上领导和政府有关部门负责同志的专报制度。2011年安徽省委办公厅、省政府办公厅下发《关于建立“工商联直通车”工作机制的通知》（皖发〔2011〕37号），明确了工商联直通车制度工作机制的形成、内容、流程及要求，将工商联直通车制度在全省各级党委、政府层面予以制度化，覆盖全省16个地级市、78个县（市、区），占全省105县市区的74.3%。安徽省工商联通过直通车制度，量化了维权评价体系，畅通了维权渠道，建立了非公有制经济领域重要信息快速反映和报送机制，为工商联维权机制建设探索新的路径。

（五）重庆市："干部进民企促发展"搭建人才成长平台

从2013年2月份开始，依托市委组织部、宣传部、统战部，重庆市工商联启动"干部进民企促发展"活动，从全市35家市级机关抽出优秀干部派往40家非公有制企业，服务基层、服务一线，发挥好工商联的桥梁纽带作用，切实解决企业发展中的实际问题，促进非公有制经济持续健康发展。挂职干部以处级干部为主，中共党员为骨干，安排挂职任副总经理或总经理助理和部门负责人助理职务及企业党组织副职，主要任务是密切联系群众，改进工作作风，推动企业转型升级，促进两个健康发展，引导企业家和企业员工增强对中国特色社会主义的信念、对党和政府的信任、对企业发展的信心。如重庆市卫生局一位副处长挂职重庆山外山科技集团副总，结合自身的专业优势，帮助企业制订营销战略，协助办理建血液透析室卫生许可证，为企业决策管理建言献策，推动企业与北部新区第二人民医院达成协议共建血液透析中心等，服务了企业，同时也锻炼了干部。重庆市工商联探索与创新工商联维权机制，为培养法律维权人才队伍提供了成长平台。

二、存在问题

（一）自身建设有待加强

例如重庆市工商联反映干部在挂职服务民企的过程中，遇到专业知识欠缺和服务能力有限的瓶颈问题。黑龙江省工商联反映，黑龙江省各级工商联组织共146家，其中省级1家，副省级1家，地市级13家，县级131家。但在146家工商联中，设有专门法律维权部门的只有4家，其中省级1家为省联，设有法律维权处，编制2人；副省级1家为哈尔滨市工商联，设有非公有制企业维权投诉服务中心，主要靠依托市纪委、市监察局的职能开展维权工作；地市级工商联组织中只有2家设法律维权部门，其余均由其他相关部门兼顾法律维权工作，凸显人少事多，机构建设有待完善。从总体上看，目前32个省级工商联中设有法律部门的有16家，由经济部门同时承担法律工作的有9家，其余7家由其他部门承担法律工作，如会员部、咨询部等，从事法律维权事务的工作人员中，最少的1人且由其他部门人员兼任，最多的有专职人员8人，自身建设有待加强。

（二）维权的法律依据有待完善

对比其他社团组织，工会有《工会法》，共青团有《未成年人保护法》《预防未成年人犯罪法》，妇联有《妇女权益保障法》，侨联有《归侨侨眷权益保护法》，科协有《科学技术普及法》，残联有《残疾人保障法》等，为开展相关维权工作提供了法律依据。目前工商联维权服务的主要依据是《中国工商业联合会章程》中规定的"反映非公有制企业和非公有制经济人士利益诉求，维护其合法权益。参与经济纠纷的调解、仲裁"，以及《关于指导民营企业加强危机管理工作的若干意见》《全国工商联维护会员（组织）合法权益工作办法（暂行）》等内部规范性文件，还没有一部基于上位法的有关工商联或商会维权服务工作的法律法规。包括目前开展的商会调解主要依据《中华人民共和国人民调解法》和《司法部关于加强行业性专业性人民调解委员会建设的意见》，还没有专门的关于商会调解方面的立法，在维权服务工作上存在若干制度性障碍。

（三）缺乏政府购买公共服务的平台

安徽省广德县工商联、总工会、法制办、人力资源和社会保障局、人民法院等部门及安徽省汽车配件与维修业商会反映，政府在面对交通事故认定、工伤赔偿、劳动合同确定等问题，往往被认为是处于劳动者的对立面，角色尴尬，建议由工商联搭建政府购买公共服务的平台，政府就可以独立出来成为具有公权力的调解者和仲裁者，站在第三方的角度监督社会组织提高服务质量、有效化解矛盾，发挥政府在构建和谐社会中的更大作用。另外通过政府向社会组织购买公共服务，有利于更好地发挥工商联在非公有制企业调解、仲裁及一些培训工作方面的优势，激发社会组织活力，加快实施政社分开。

（四）维权缺乏长效机制

如贵州省贵阳市工商联依托市纪委、市监察局赋予的职能，与市监察局共同成立非公有制经济维权投诉中心，平均每年150个投诉案件，办结率达98%，受到非公有制经济人士的广泛好评。但从2010年底开始，由于中心领导变更及政府职能转变等原因，省纪委收回相关职能，对非公有制经济维权力度造成一定影响，黑龙江省哈尔滨市工商联的非公有制企业维权投诉服务中心也存在类似问题。另外安徽省工商联在维权过程中，仲裁机构不愿放权，在各级工商联（总商会）设立仲裁机构的进度迟缓。安徽省推进工商联直通车制度过程中，因相关领导的变更，该项制度的推进力度也受到一定影响，维权缺乏长效机制。

三、认识与建议

（一）加强自身建设

通过加强法制宣传、业务培训、专项维权调研、维权信息统计及案例库建设等工作，提升工商联干部服务意识与服务能力。通过修改《全国工商联维护会员（组织）合法权益工作办法（暂行）》的契机，创新工商联维权方式，扩大维权职能，延伸维权渠道，拓宽维权对象，加强工商联自身建设。

（二）完善法律法规，为维权提供制度保障

梳理与完善现行法律法规，积极促进有关行业协会商会法的论证、制订与出台，通过立法将行业商会协会的活力及维权职能作用在国家法律允许的范围内最大限度地调动与发挥出来，按照建设中国特色商会组织的方向，在坚持“三性”有机统一和促进两个健康的基础上，回归社会组织在法律体系下的自治性和自律性，为加快形成现代市场体系，着力清除市场壁垒，提高资源配置效率和公平性奠定法制基础。

（三）搭建政府向社会组织购买公共服务的平台

如政府向商会组织购买相关维权服务，将涉及的权益保障、工伤认定、纠纷预防、事故鉴定、风险评估、诚信评价等服务，特别是一些培训服务，如在非公有制企业中开展党建知识的培训、特种行业的资质培训等，编制政府购买公共服务项目库，交由商会组织实施，激发社会组织活力，更好地处理好政府和市场的关系，发挥市场在资源配置中的决定性作用，实现供需双方信息对称、资源共享，提高政府公共服务的质量和效率。

（四）完善指标体系和考核标准

工商联加强与相关部门、高校、科研所的合作，推进合作机制，建立科学的非公有制经济维权指标体系和考核标准，争取地方党委政府的支持，将指标体系和考核标准纳入地方党委政府目标考核，在条件成熟的地方先行试点，为工商联维权机制建设提供测评依据与路径探索，建立工商联维权的长效机制。

湖南、江西两省非公有制经济领域劳动争议状况考察报告

2013年4月，谢经荣副主席带领全国工商联法律部、人力资源社会保障部调解仲裁司在湖南和江西两省，调研非公有制经济领域劳动争议现状及预防调处情况。调研组分别在湖南省长沙市、湘潭市和江西省南昌市、赣州市召开座谈会，并深入企业、商会、乡镇街道调解组织、仲裁院进行实地考察。

一、基本情况

从全国看，2012年民营企业争议占案件总数的65.4%。湖南、江西两省非公有制企业的劳动争议分别占到本省案件总数的65%和78%，非公有制企业已成为劳动争议的主要集中地。2012年湖南省仲裁调解立案共计37111件，比2011年增加了1254件；调解结案21111件。2012年江西省调解立案4337件，占立案总数40%，依法调解结案4131件。以上数据显示，当前劳动争议案件呈现以下特征：一是案件数量有不断增长的趋势；二是大部分劳动争议发生在非公有制企

业；三是劳资矛盾主要集中于社保和劳动报酬。以上数据也表明，调解作为一种解纷机制，在劳动争议解决中发挥了越来越重要的作用。

从整体上看，人社部门统筹负责、工商联组织协同配合、企业和商会积极参与的工作格局正在形成，越来越多的劳动争议被化解在萌芽状态、解决在企业和商会内部。

（一）加强调解组织建设，非公有制企业劳动争议预防调解体系建设进程加快

提高了调解机构组建率。一是整合现有资源，如依托工会、商会和行业协会设立调解组织，在企业人民调解组织增挂劳动争议调解委员会（中心）牌子。二是实施量化考评，如制订考评细则，或将建立调解组织作为评选省级和谐劳动关系的必备条件。三是开展示范引路，经过努力，目前，湖南省已有5520家企业建立了劳动争议调解委员会，江西省有2600多个非公企业劳动争议预防调解组织。

形成了一些成功模式。湖南、江西两省以非公有制企业为重点，切实推进调解组织建设，形成了不少好的工作模式。赣州模式：赣州市工商联与人社局共同选择6家商会，建立劳动争议预防调解中心，指定专人负责，安排办公场所，拨付专项经费，开展预防调解工作。上饶做法：上饶市人社局成立预防调解指导中心，县（区）建立分中心，企业设立预防调解工作站，调解工作实现统一管理。赣县调解网络：赣县人社局和工商联建立了县、园区、企业“三位一体”调解网络。这些模式都坚持关口前移、重心下沉，柔性化处理矛盾纠纷，将劳动争议化解在基层、化解在源头、化解在萌芽状态。

（二）注重发挥商会优势，商会在劳动争议预防调解中的作用越来越突出

部分商会已建立起劳动争议调解机构，拓展了商会服务领域、丰富了商会工作职能。与其他劳动争议调解机构相比，商会劳动争议调解委员会有其独特之处：

行业自律特点鲜明。商会是企业自愿组成的自治性、自律性社团，商会调委员带有鲜明的自律特点。除调解争议、宣传教育等常规性工作外，商会调委会还负有指导和规范会员企业劳动关系工作的职能。湘潭市钢材深加工产业协会调委会监督和解、调解协议的履行，协调企业劳动合同履行、劳动规章制度执行等方面的问题。

商会服务职能突出。商会调委会充分贯彻了商会以服务立会的宗旨。商会调委会在调解争议之外，还有服务会员的职责。湘潭市钢材深加工产业协会调委会要协助会员企业建立劳动争议预防预警机制，为会员提供法律和培训服务。赣州市浙江商会调委会为会员和职工提供法律咨询服务。

充分发挥企业家作用。商会会长、副会长（本行业或本区域威望高、信誉好、号召力强的企业家）是调委会主要人员，承担重要职责，企业家在构建和谐劳动关系中的主体性、积极性得到体现和尊重。湘潭市所有乡镇、街道商会会长都担任了同级劳动调解委员会委员。赣州市浙江商会劳动争议预防调解中心主任由会长兼任，委员都由常务副会长兼任。

具有较强的开放性。商会调委会面向全体会员，接受商会会长办公会成员的领导，向其汇报工作，并能够建立与工商联、人社部门、法院之间联系配合的长效机制，定期组织学习交流活动，引进专业律师，打破了企业内部调委会的自我封闭性。

（三）注重加强预防工作，劳动关系矛盾逐步得到有效缓解

湖南、江西两省从劳动关系发展变化的实际出发，注重引导教育，提升企业管理理念，改进企业管理方式，劳动争议预防工作取得积极成效。

加强宣传教育，自主预防争议意识越来越强。湘潭市开展“非公大讲堂”不断提高企业家依法用工意识，把构建和谐劳动关系纳入企业文化建设，发挥非公有制企业党组织在构建和谐劳动关系中的政治引领作用，开展“关爱员工优秀企业家”评选表彰活动。通过一系列富有成效的活动，越来越多的企业家认识到和谐劳动关系对企业发展的重要性，自觉做到在经济发展下行、自身经营遇到困难的情况下，坚持不裁员、不减薪，积极缓解严峻就业形势，维护社会和谐稳定。

重视规范化管理，企业规章制度定分止争效果明显。赣州浙江商会表示，未正确理解和掌握

劳动法律和政策，是引发劳动争议的重要原因。湘莱产业促进会强调，要让员工从一开始就了解自己在企业中的权利和义务，企业也要依法制订企业劳动规范管理细则，处理劳动争议做到有理、有据、有节。赣州腾远钴业公司健全规章制度，颁布《员工手册》《薪酬管理制度》《内部职称评定管理办法》《技能评定管理办法》《考勤管理制度》等，使职工明了自身权利和义务，合理预期行为后果，实现自我管理约束与企业管理考核的有机结合。腾远钴业公司还创造了员工待岗管理办法，为员工提供待岗培训、考核和重新上岗的机会。

重视人文关怀，企业文化成为发展软实力。劳动关系和谐的企业和商会有共同特点，即强调以人为本，践行柔性管理，塑造企业文化。湘莱产业促进会坚持情理法三位一体，通过跨行（企）业活动、传统文化熏陶、携父母旅游、多重薪酬模式等，使职工感受社会、企业和父母等多方肯定，满足了职工社会价值感，增强了职工从业归属感，会员企业员工流动率远低于同行平均水平。老百姓大药房建立了科学的晋升、培训机制，畅通了职工发展渠道，公司80%以上的中高层管理人员均是从基层员工做起，职工有成长渠道、培训机会和发展平台，形成了职工成长与企业发展良性互动局面。此外，老百姓大药房注重对职工的人性化关怀，如设立困难救助基金和五心基金、离职员工回访等，有效缓解和预防了劳动纠纷。

二、主要问题

在取得一定成效的同时，由于在非公有制企业和商会中开展争议预防调解工作时间短，没有既定的模式和套路可以参照，有些问题尚待理论突破和实践创新。

（一）企业自主性未得到充分尊重

企业是构建和谐劳动关系的主体，在争议预防调解过程中应扮演“主角”。但有的地方为了推进调解组织建设，在有些问题上未充分尊重企业主体地位，如关于企业劳动争议调解委员会主任由工会主席担任的规定就没有必要。劳动争议调解仲裁法关于调委会主任的任职条件是“由工会成员或者双方推举的人员担任”，根据该规定，工会主席可作为调委会主任人选，但并非唯一人选。不少非公有制企业的做法表明，企业人力资源管理者在预防调解劳动争议方面也能发挥重要作用。因此，人为指定企业调委会主任的做法不足取，地方性规定不宜干预调委会主任的产生。

还有的地方对企业提出的要求高于法定标准，如20人以上小微企业要设立调解委员会。而根据《企业劳动争议协商调解规定》规定，小微型企业可根据企业发展实际，或设立调解委员会，或由劳动者和企业共同推举人员开展调解工作。我们认为，小微企业有权依法选择适合自己的内部调解机制，不宜对此做一刀切的硬性规定。

（二）商会角色定位不够清晰

从制度层面看，劳动争议调解仲裁法规定的调解组织共三类，即企业劳动争议调解委员会、依法设立的基层人民调解组织和在乡镇街道设立的具有劳动争议调解职能的组织，而商会劳动争议调解委员会属于实践创新，在现有法律框架内缺少适格的主体地位。虽然部分商会调解组织可作为人民调解组织纳入法定范畴，但要求已建和在建的商会调解组织一一加挂人民调解委员会牌子，也是不现实的。下一步应在实践创新基础上推动制度创新，以巩固和发展实践创新成果。另外，调研中湘潭市工商联表示，工商联代表企业家，如何保证调处工作的中立性？提出这个问题，说明大家对工商联的地位作用、职能任务还存在不同的理解与认识。

（三）如何兼顾企业内部调解的规范性与灵活性

调研发现，企业调解组织过于强调规范性、权威性，而忽视调解本应具有的灵活性、快捷性。如有的同志建议要实施强制性调解，即将企业调解作为仲裁前置程序；有的企业照搬仲裁制度，将回避规定写进了调解规则。规范性在一定程度上可能会增强权威性，但规范性也易加剧争议双方的对抗性。此外，规范性意味着高成本，是否符合中小企业在纠纷解决中的低成本价值取向，也是值得反思的。企业内部调解更须关注劳动争议的及时解决与合意解决，因此较之仲裁和诉讼，更应充分体现灵活便捷性。同时，当前中小企业普遍面临经营成本过高的压力，按照“五有”或“四有”的标准要求他们建立调解机构，是否符合企业实际，需要深入研究。

（四）非公有制企业素质有待提高

调研发现，部分非公有制企业法律意识淡薄、经营管理不规范问题依然存在。同时，由于认识不足、法律意识不高，非公有制企业建立内部调解组织的动力不足、积极性不高、能力不足、调解职能虚化等问题突出。

三、思考与建议

（一）深刻把握两个健康主题，充分发挥工商联作用

非公有制经济健康发展和非公有制经济人士健康成长是工商联一切工作的出发点和落脚点。参与非公有制企业劳动争议预防调解工作并发挥积极作用，是工商联积极践行两个健康工作主题的一个具体内容，有必要从深刻把握两个健康工作主题的高度，进一步提高各级工商联的思想认识。一方面，和谐劳动关系是企业竞争力的软要素，虽不直接解决经营盈利问题，但会深刻影响企业发展的可持续性。另一方面，非公有制企业产权的属性决定了其内部预防调解工作开展得如何取决于企业家的认识高度和倡导力度，同时也有助于提升企业家的思想理念和管理水平。因此加强非公有制企业争议预防调解工作，有利于增强企业的凝聚力、影响力、创造力和竞争力，有利于推动企业家和全体职工的成长，也就是有利于促进两个健康。

关于工商联及其所属商会的角色定位问题，有必要防止只讲或片面强调工商联及其所属商会是企业代言人。社会主义制度决定了工商联及其所属商会不仅是企业利益的代表者，也是职工利益的维护者，还是企业与政府间的联系者；不仅是企业发展的帮手，也是政府管理服务非公有制经济的助手。工商联章程也明确规定了工商联在尊重和维护员工合法权益方面的职能任务。

关于商会调解的中立性与权威性问题，我们认为商会是超脱于企业存在的第三方，其会长、秘书长等企业家和工作人员熟悉企业，一般都有丰富的企业管理经验，且在本行业本区域有着良好的声誉和威信，他们组织的调解往往更能让劳资双方信服，他们也能通过调解为企业改善管理提供智慧。湖南、江西等地商会的创造性实践也表明，商会能够赢得企业与职工双方的信任（如职工对企业改制中的做法不理解、不满意时去找赣州市浙江商会寻求帮助），在劳动争议预防化解方面可以大有作为。

（二）以三赢为目标，努力开创非公有制企业劳动争议预防调解工作新局面

非公有制企业劳动争议预防调解工作是一项系统工程，政府主导作用、工商联协同作用、企业（包括企业家与职工）主体作用缺一不可。因此，必须树立三赢工作目标，调动三方积极性，各司其职、各得其所，共同推动这项工作的科学发展。

第一，要有利于企业健康发展。当前，有些非公有制企业在管理模式、人才队伍等方面还存在明显不足，还存在以牺牲职工利益为代价、单纯追求经济利益的现象；有些员工存在滥用诉权、恶意诉讼等行为。由此引发的争议，对企业社会形象产生负面影响，耗费企业经营管理者的精力。必须从企业发展实际出发，把建立健全内部争议预防调解机制作为加强企业文化建设、提高人力资源管理水平的重要内容，发挥企业家的引领作用，调动职工的积极性，使之成为企业内强素质、外树形象的自觉要求。

第二，要有利于工商联商会建设。商会是工商联工作的组织依托和重要基础，加强商会建设是当前工商联一项重要任务。调解是商会提供公共服务的一项内容，通过开展调解服务，可以使商会获得政府的支持和社会的认可，可以提升商会在企业中的凝聚力和影响力。因此，下一步要着眼于商会职能的完善，大力支持商会在劳动争议预防调解方面发挥独特作用。

第三，要有利于节约行政资源和仲裁资源。发挥工商联政府助手作用，发挥企业和商会在社会管理和矛盾纠纷化解中的作用，能够缓解劳动行政部门和劳动仲裁机构案多人少的压力，能够有效整合多方力量，形成党委领导、政府负责、社会协同、企业和职工广泛参与的工作格局。

（三）以能力建设为重点，提高争议预防调解工作水平

随着市场经济的发展和劳动力市场的不断拓展，劳动争议数量增多、复杂程度增强是必然趋势，现有的调解工作能力水平还不能完全适应形

势发展要求，应从以下方面加强能力建设。

第一，注重示范引路。各级人社部门、工商联都要根据本地实际，挖掘、掌握一批劳动争议预防调解工作有成效的企业和商会典型，树立一批示范单位，以点带面，推动工作。并充分利用新闻媒体，加大典型宣传力度。

第二，推动交流合作。发挥工商联组织网络优势，搭建企业间的交流平台，组织现场观摩、经验共享、理论研讨等活动，为企业创造互相学习、取长补短的机会。

第三，坚持因企制宜。对不同规模、不同行业的非公企业，不能“一刀切”，必须尊重规律、符合企业发展需要。对于小微企业，重在培育企业自我预防、内部化解的理念，为企业拓宽纠纷解决渠道、提供成本低且便捷灵活的调解服务。对于规模较大的企业，重点是指导企业结合产业类型、规模、人员结构等情况，建立健全内部调解机制。

第四，加强教育培训。要把非公企业经营管理者和商会负责人纳入教育培训范围中，使他们树立争议预防调解与现代企业管理、企业文化建设相结合的意识，转变管理理念，调整管理方式。要通过规范的培训机制，培养专业的调解员，使他们具备构建和谐劳动关系意识，掌握调解的知识和技能。

第五部分　省级工商联工作

北京市工商联2013年工作综述

在市委、市政府领导下，2013年，北京市工商联围绕促进两个健康，立足“实、新、联”的工作思路，扎实开展非公有制经济人士理想信念教育实践活动和党的群众路线教育实践活动，着力构建“三三三”服务工作体系。

一、广泛开展理想信念教育，加大为企业服务的力度

（一）加强领导、确保落地

郭金龙、王安顺、吉林、牛有成、程红等市领导多次到非公有制企业和商会组织进行调研，并召开企业家座谈会，广泛听取非公有制企业的意见建议，就非公有制经济发展、商会建设和开展理想信念教育实践活动作出重要指示。市委统战部、市工商联联合制订下发了《关于开展非公有制经济人士理想信念教育实践活动的实施意见》。成立了市教育实践活动领导小组，由市委常委、统战部部长牛有成任组长，副市长、市工商联主席程红和市委统战部副部长、市工商联党组书记郑默杰任副组长，组成了由市发改委、市经信委、市科委等11个部门为成员的工作领导班子。

（二）重心下移、深入调研

先后召开多场首都非公有制经济代表人士、市政府有关部门及社科界专家学者参加的座谈会，为科学制订理想信念教育实践活动方案打下基础。多次赴区县和民营企业进行走访调研，发放了调研问卷近千份，广泛征求各方面意见建议。

（三）全面发动、广泛覆盖

召开了16区县工作部署会、商会工作部署会，成立了6个督导组，由市工商联驻会领导担任组长，采取定点联系的办法，切实加强对区县、直属商会教育实践活动的督促、检查和指导。

（四）精心组织、体现特色

2013年5月28日，向全市非公有制企业发出开展“民营企业家与中国梦”主题宣讲活动倡议。6月25日，举办“民营企业家与中国梦”主题报告会，邀请于丹教授作报告。7月4日，组织企业家走进通州开展理想信念教育学习考察实践活动，了解区县的发展规划和重大建设项目，帮助企业拓展新的发展空间。7月30日至31日，组织工商联副主席和商会副会长参加暑期培训班。9月3日至4日，中央统战部副部长，全国工商联党组书记、常务副主席全哲洙率调研组赴北京视察指导工作，并与企业负责人座谈交流，对北京的教育实践活动给予充分肯定。9月9日，市领导小组办公室下发进一步加大典型宣讲力度的通知，各区县工商联、直属商会也结合实际情况，组织形式多样的巡回宣讲活动。10月26日至29日，组织市工商联企业家副主席副会长参加中国特色社会主义学习实践高级理论研修班。

（五）发挥民营企业家主体作用，调动企业家参与教育实践活动的积极性

公布了32项折子工程，得到企业家的积极参与，报名参加折子工程的企业家共计496人次。企业家变“要我参与”为“我要参与”，广泛开展主题宣讲、演讲比赛、征文活动、红色之

旅等形式多样、内容丰富的教育实践活动。同时市联和各区县工商联还组织民营企业家走进机关、走进学校活动。

二、建“三库”，夯实服务非公有制经济工作基础

一年来，北京市非公有制经济数据库、工商联组织体系数据库和非公有制经济代表人士（人才）数据库（简称三库）已经初具规模。通过建立以数据库为平台，以信息员队伍为依托的信息集成与共享工作机制，形成了围绕促进两个健康主题的信息向上集中、服务向下延伸、发展相互融合的现代信息服务体系。

三、编“三书”，完善非公有制经济发展环境

（一）与中国社会科学院民营经济研究中心和市政府研究室合作，先后走访了市经信委、市工商局等5个政府部门及朝阳、海淀等4个区县，召开座谈会14场，深入30多家企业进行实地走访，听取近百位企业家的意见建议。同时向全市16个区县工商联、市工商联直属商会、外埠在京商会发放《调查问卷》，形成了《北京非公有制经济发展政策环境评估报告》（白皮书），向市委、市政府提出了促进首都非公有制经济发展的对策建议。

（二）深度挖掘15家创新驱动发展、转型升级的企业典型，编辑出版了《转型智慧》（绿皮书），为首都非公有制企业转型升级提供经验借鉴和智慧启迪。

（三）整理了31家积极参与光彩事业、社会主义新农村建设等方面的先进典型材料，编辑出版《爱·责任·奉献》（红皮书），引导非公有制经济人士热心光彩事业，积极履行社会责任。

四、搭建“三个平台”，建立长效工作机制

（一）搭建企业与政府部门对接平台

在建立市工商联政府顾问会基础上，加强与政府部门的沟通协调和对接。与市发改委建立定期沟通工作机制。参与制订《北京市引进社会资本推动公共领域市场化建设试点项目实施方案》《关于进一步引导民间资本投资文化创意产业的鼓励政策》。与市国土资源局对接。研究制订北京市落实国土资发〔2012〕100号文件的具体措施，鼓励和引导民间资本投资国土资源领域。与市商务委对接。参与制订《关于加快总部企业在京发展的工作意见》，就建立民营总部企业在京发展沟通协调机制、开通为民营总部企业服务绿色通道等问题达成共识。与市科委对接。共同开展《北京科技型中小企业创新政策环境调研及优化对策研究》的调研工作，挖掘非公有制企业创新驱动发展的新典型，共同推动科研院所科技成果与民营企业对接。与市人力社保局对接。共同研究并下发《关于加强全市非公有制企业劳动争议预防调解工作的通知》，在有条件的区县工商联、直属商会、大中型企业建立劳动争议预防调解委员会，在小微企业设立劳动争议调解员。与市民政局社团办对接。建立商会工作经常性沟通机制，就北京市商会注册登记、指导区县工商联完成商会注册登记等工作达成一致意见。与市高级人民法院对接。商讨建立非公有制企业诉前调解对接工作机制，共同推进商事矛盾快速化解，并在条件成熟的商会建立调解组织。此外，还与市纪委、市社会工委、市司法局、市应急办等有关部门对接，协调解决非公有制企业发展中的有关具体问题。

（二）搭建银企对接金融服务平台

在市金融局指导下，由政府、金融机构、企业共同组建“重点民营企业融资担保基金”。选拔科技创新型和文化创新型民营企业，探索发行“创新型中小企业集合票据”。与民生银行北京分行合作，成立民营企业金融支持中心，建立面向首都非公有制企业的金融服务平台，开辟中小企业金融服务绿色通道，组织开展金融服务咨询、培训交流和对接活动。合作开展评选市工商联“十佳会员企业”活动，由民生银行北京分行为优秀会员企业提供贷款授信额度作为奖励。

（三）搭建产业对接平台

举办驻京海外商务机构对外发展项目推介会，面向驻京使领馆、境外驻京商协会组织、各省市在京商会，推荐一批企业和发展项目。举办“首都非公有制经济食品产业链对接活动”，推动食品产业链企业之间的交流与合作。创新新农村建设模式，开展“京郊农特产品走进会员企业”活动。举办两场直属会员企业和三场新会员企业座谈会，组织产业链上下游相关企业参加，收到良好效果。

五、深入开展党的群众路线教育实践活动，切实加强机关作风建设

本着边整边改、立行立改的要求，突出“实字当头、服务为先”理念，切实树立服务非公有制企业和非公有制经济人士的“大群众观”，帮助企业排忧解难，将教育实践活动真正落到实处。健全完善规章制度，2013 年上半年编制完成42 项制度近 10 万字的《市工商联制度汇编》。下半年，结合开展党的群众路线教育实践活动安排，对现有 42 项制度进行一一核查，新增 10 项制度，修改完善 5 项制度。通过教育实践活动，进一步坚定了机关广大党员干部的理想信念，增强了宗旨意识和群众观念，机关作风得到较大改进。

天津市工商联 2013 年工作综述

2013 年，天津市工商联在天津市委的领导和全国工商联的指导下，深入贯彻党的十八大，十八届二中、三中全会和市委十届二次、三次全会精神，认真学习习近平总书记系列重要讲话精神，紧紧围绕两个健康工作主题，全面提高工作水平和服务能力，各项工作取得显著成绩。

一、深入开展理想信念教育实践活动，积极引导非公有制经济人士健康成长

（一）围绕“民营企业家与中国梦”主题，深入开展非公有制经济人士理想信念教育实践活动

通过开展“同心共筑中国梦——榜样天津民企篇”等活动和举办报告会、建立网络平台等方式，开展了特色鲜明的理想信念教育实践活动。成功召开全市非公有制经济人士理想信念报告会，取得了良好成效。一批组织领导有力、活动开展有特色、教育引导有成效的工商联、商会典型，自觉转型升级、努力实现科学发展的企业典型和坚定“三信”的非公有制经济代表人士典型纷纷涌现，全市广大非公有制经济人士的“信念、信任、信心”显著增强。

（二）坚持开展形式多样的教育培训活动

认真组织“四季创新大讲堂”，邀请李稻葵、韦森等国内知名专家围绕经济形势、中国梦与民营经济发展等主题作报告，帮助民营企业家开拓视野，提高素质。以企业家夫人和接班人为主体的“雅爱社”“商界 70 后”沙龙和“商会会长联谊会”，通过设立雅爱基金、组织联谊考察活动、积极开展慈善义卖等特色活动，树立民营企业家良好社会形象，努力打造民营企业温暖的家。

（三）夯实非公有制经济组织党建工作

开通了“天津市非公有制经济组织党建网”。全市 16 个区县非公党建领导机构实现了全覆盖。建立了工委委员会议制度，5 位非公有制企业党组织负责人出任市非公有制经济组织工委委员。引导民营企业家支持企业建立党组织并发挥作用，促进党建工作“双覆盖”。津宝乐器公司党支部“四融四促”工作法受到刘云山同志的充分肯定。全市非公有制企业党组织已达 7222 个，覆盖企业 91043 家。

（四）引导非公有制经济人士积极投身光彩事业

圆满完成市光彩事业促进会换届工作。组织企业参加“光彩事业六安行、西藏行”“回报社会、感恩行动”。推动落实贵州毕节试验区“百企帮百村”活动。举办“祈福雅安、赈灾义卖”第二届民营企业职工书画艺术展，拍得善款 200 余万元捐献给雅安灾区。据不完全统计，全市工商联系统和民营企业家为雅安抗震救灾捐款捐物总额达 1.28 亿元。成功举办紫砂壶陶艺展暨义拍捐赠活动，所得 20 万元善款支援市工商联结对帮扶的武清区东马圈镇半城村建设。

二、积极投身美丽天津建设，服务全市改革发展大局

（一）圆满完成重点任务，为经济社会平稳较快发展贡献力量

积极参与全市“促发展、惠民生、上水平”活动，走访30多家企业掌握第一手资料，协调解决融资、“走出去”、人才等方面问题17项。配合市委市政府和有关区县成功举办“全国民企贸易投资洽谈会”，共计签约83个项目，签约资金1575亿元。认真贯彻市委关于市级机关联系群众结对帮扶部署要求，选派5名干部深入农村和社区开展帮扶工作。成功承办第六届“中国民营经济发展·天津论坛”、协办第七届“中国企业国际融资洽谈会——科技国际融资洽谈会”。王钦敏主席、黄兴国市长等领导出席论坛，吴敬琏等知名专家、企业家围绕“民营经济发展的现在与未来”进行专题演讲。组织500余家企业参加“融洽会”，并举办多场招商活动，促成8个项目签约，投融资意向总额达190亿元。

（二）深入开展调查研究，为建设美丽天津建言献策

围绕民营经济现状及政策落实情况、行业组织改革与发展、扶持中小微企业等主题开展调研。建立并完善全市中小微企业监测点，认真开展问卷调查工作。积极参与市委领导关于民营经济发展调研和市政协“今年怎么看明年怎么办”专题调研工作。参与我市《关于进一步加快民营经济发展的若干意见》的起草修改工作。参加市委统战部组织的赴浙闽学访团，参与撰写《关于浙江福建促进民营经济发展的考察报告》上报市委。在深入调研的基础上，形成了《民营经济发展现状暨政策落实情况调查报告》等十多篇调研成果，编撰了《市工商联优秀调研成果汇编(2012)》。

在全国政协十二届一次会议上，以《关于充分发挥行业组织作用，促进行政审批制度改革的建议》为题作书面发言，受到各方高度关注。在市政协十三届一次会议和十三届二、三次常委会上，分别以《关于进一步加大对小微企业扶持力度的建议》《中小企业发展壮大需要更多实实在在的支持》和《关于进一步加快实施垃圾分类回收的建议》为题作大会发言，反响良好。认真倾听商会组织和会员企业呼声，在市政协十三届一次会议上提出5件团体提案，受到政府部门高度重视并得到圆满答复。

（三）不断探索社会管理创新，为保持和谐稳定发挥作用

在开通市非公有制经济组织服务中心网站的基础上，建立了服务中心数据库，创建了覆盖3368个非公有制经济组织网络联系点的社会管理网络交互平台，组建起一支50人的社会管理员队伍。积极参与平安天津、法治天津创建工作。与市公安局启动了防范经济犯罪预警服务平台，深化“平安企业”创建工作，启动“免费法律咨询服务平台”。承办全国工商联“加强民主管理·创建平安民企”专题培训班。不断强化调解和仲裁工作。继续推进商会组织人民调解工作，在手机销售业商会等11家行业商会、异地商会成立了人民调解委员会。积极维护民营企业危机诉求和维权投诉，全年共受理办结民营企业诉求24件。

三、不断提高服务水平，推动民营企业转型升级科学发展

（一）经济服务彰显新理念

认真开展第二期天津民营企业“健康成长”工程，引入专业机构进一步完善评选指标体系，发布了分析报告，扩大活动影响力。积极筹备恢复成立金城银行，推动民间资本进入金融业。加强与金融机构合作，利用市场资源为民营企业服务，为民营中小企业发行8000万元中小企业私募债，为小微企业解决融资贷款1.26亿元。

（二）商务联络取得新成效

组织企业参加有关省市投资招商活动。借重用好首都资源，成立了“北京天津企业商会”。组织“天津市工商联青年企业家首期港澳学习交流团”和“新动力·津台企业家交流峰会”，取得圆满成功。进一步扩大海外友好商会范围，为民营企业“走出去”发展服务。市工商联被市政府评为“区域合作先进单位”。

（三）舆论宣传开拓新领域

深化与媒体的交流合作，继续加强“湾区网”建设。认真做好以“五老火锅宴”为背景的话剧《小楼春秋》创作展演工作，专门录制的

"邓小平会见五老场景"成为中央电视台专题片《商痕》第一集的主要内容。

四、深入开展党的群众路线教育实践活动，加强工商联组织自身建设

（一）扎实有效开展党的群众路线教育实践活动

按照中央和市委的总体部署，认真严肃开好领导班子民主生活会，深入查摆不足，着力解决"四风"问题。加强领导班子建设、干部队伍建设，改进工作作风，深入企业开展调研帮扶，密切与非公有制经济人士的联系。发挥代表人士作用，加强专门委员会建设。关心老会员生活，做好互助金管理发放工作。完善各项制度建设，加强机关工作规范管理。做好信息工作，报道全市工商联系统重要工作和重大活动，涵盖信息378条，被中央统战部采用信息15条。巩固党的群众路线教育实践活动成果，形成长效机制，不断提高领导能力和工作效率，增强工商联服务科学发展和实现自身科学发展的水平。

（二）加强基层组织建设

大力推进县级工商联组织建设。和平区、东丽区工商联获评全国"五好"县级工商联组织示范点。东丽区工商联汪涛同志和开发区工商联分别被评为全国工商联系统先进个人和先进集体，加强基础性管理，深入推动行业商会标准化建设，举办了行业商会、异地商会秘书长培训班。组建了"天津市工商联商会会长联谊会"。截至2013年底，全市工商联会员总数达25955家，行业商会53家，异地商会团体会员25家。

河北省工商联2013年工作综述

2013年，河北省工商联认真学习贯彻党的十八大、十八届三中全会和省委八届五次全会精神，以深化解放思想大讨论成果为切入点，以助力"四大攻坚战"为着力点，积极推动实施"发展环境改善工程、全民创业促进工程、民企转型升级工程、民企素质提升工程、基层组织建设工程、服务平台打造工程"六大工程，努力打造"招商引资与走出去平台、政企沟通平台、发展环境评估与信息服务平台、科技创新平台、融资服务平台、法律维权服务平台"六个平台，进一步促进了非公有制经济健康发展和非公有制经济人士健康成长。

一、积极开展理想信念教育实践活动，认真践行两个健康工作主题

按照中央统战部和全国工商联的统一部署，从2012年5月起，省工商联会同省委统战部开展了以"民营企业家与中国梦"为主题，以增强非公有制经济人士对中国特色社会主义的信念、对党和政府的信任、对企业发展的信心为主要内容的理想信念教育实践活动。结合实际，精心设计活动载体和方式，组织开展了民营企业家赴西柏坡"继承西柏坡精神坚定理想信念"活动、赴重庆"缅怀革命先烈坚定理想信念"活动，举办了高端培训班等系列培训，召开了理想信念教育观摩交流现场会，有力地推动了活动扎实深入开展。2013年10月30日，省工商联副主席、新奥集团董事局主席王玉锁在全国非公有制经济人士理想信念报告会上作了典型发言，展示了河北民营企业家爱国报国的责任担当和创新创业的时代精神。

据不完全统计，活动开展以来，全省共组织报告（宣讲）会、讲座、专题培训等活动600多场，邀请领导干部、专家学者、企业家3000多人次进行形势政策宣讲和专题演讲，有7.5万非公有制经济人士参加了活动，有力地增强了非公有制经济人士思想政治工作成效。全国工商联副主席庄聪生，省委副书记赵勇，省委常委、统战部部长范照兵分别作出批示，对活动给予充分肯定。

活动注重做好教育引导工作，增强了非公有

制经济人士的信念、信任；注重帮助企业办实事解难题，坚定了企业发展的信心，充分调动了非公有制经济人士参与活动的积极性、主动性和创造性。在融资支持方面，会同省工信厅与13家银行签订了总额5785亿元的支持中小微企业金融服务战略合作协议；指导民生银行石家庄分行成立了省小微企业金融促进会，为1059个企业和个体户提供贷款21.5亿元。承德、张家口、衡水等市工商联积极采取多种方式，帮助会员企业解决了融资难题。在人才服务方面，会同省人社厅等单位举办了民营企业招聘周活动，5832家民营企业提供了10.61万个就业岗位，帮助4.47万人与用人单位达成就业意向。在服务民企“走出去”方面，组织部分民营企业到巴西、智利、澳大利亚等国家和地区开展了经贸洽谈活动，取得良好成效；组团参加了第十二届世界华商大会，与国（境）外多家华人社团及华商代表进行了交流探讨。在维护权益方面，与省中小企业局等单位开展了“金色阳光行动”，进行了现场法律咨询。唐山、沧州等市工商联积极开展法律仲裁服务，举办法律培训，维护了企业合法权益。在信息服务方面，加强了覆盖全省各市、县（区）工商联的网站建设，网站群工作被全国工商联评为“工商联（商会）工作十大亮点”；拓宽了信息报送渠道，通过《信息专报》形式及时向省委、省政府及有关方面报送了民营经济发展情况和全省工商联系统工作开展情况，得到多位省领导的批示，并在《河北快报》《河北日报》等报刊上多次采纳刊发。

二、成功承办“百家民企进河北”活动，有效发挥政府的助手作用

“百家民企进河北”活动，是省委、省政府继百家央企、百家院所校进河北之后的又一项重大战略举措，也是2013年廊坊“5·18”经洽会的重点活动。在全国工商联的大力支持下，在廊坊市工商联、浙江商会、江苏商会等各市工商联和商会组织的积极配合下，省工商联承办的此项活动取得圆满成功。全国政协副主席、全国工商联主席王钦敏，省委书记周本顺在恳谈会上作了重要讲话；省长张庆伟全程出席活动并多次与参会嘉宾座谈交流。此次活动共邀请到138家全国知名民营企业参加，其中全国工商联副主席、中国民间商会副会长单位企业11家，中国民营500强企业60家。活动结束后，随即组成调研组深入各市，开展了签约项目的情况摸底、跟踪落实工作，形成的《关于“百家民企进河北”合作项目恳谈会情况的报告》得到张庆伟省长、付志方主席、张杰辉副省长等省领导的重视。2013年11月14日，根据省领导指示精神，配合省政府召开了“百家民企进河北”合作项目进展情况调度会，推动了签约项目建设和落地。截至2013年底，此次活动共引进签约民企121家，达成签约项目123个，总投资达2807.4亿元。

此外，会同有关方面举办或组织民营企业参加了知名民营企业走进秦皇岛活动、饮水思源光彩十堰行、甘肃民企陇上行、中国光彩事业西藏行等经贸活动10余次，推动了民营企业经贸交流合作。

三、认真履行参政议政职能，为推动民营经济发展建言献策

（一）与省政协共同召开民营企业家座谈会

与省政协首次联合召开河北省民营企业家座谈会，付志方主席、张杰辉副省长等省领导及13个省直部门负责同志，与20位民营企业家进行了座谈交流。会后，会同省政协财经委对企业家提出的意见、建议进行了梳理汇总并上报省委、省政府，得到周本顺书记、范照兵部长和景春华秘书长的批示肯定。石家庄、秦皇岛、保定、邢台、邯郸等市工商联也纷纷通过举办政企座谈会的形式，了解企业生产经营情况，协调解决存在的困难和问题。

（二）借助政协平台建言献策

在省政协十一届一次会议上，省工商联向大会提交了13份提案，《关于加快推动我省民营经济转型升级的建议》被选为大会口头发言，3份提案得到省领导的关注和批示；向省政协十一届常委会历次会议提交发言材料17篇，其中，《鼓励和支持民营企业节能减排实现绿色发展》《加快推进黑龙港片区扶贫攻坚》《鼓励和支持民营企业参与新型城镇化建设》等发言材料分别被选为大会发言，得到省领导的充分肯定和与会常委的高度评价。

（三）深入开展专题调研

围绕推动民营经济政策的落实、改善民营经

济发展环境、民营经济在县域经济中的作用等内容深入基层、企业开展调研，形成了一批较高质量的调研成果，为党委政府科学决策提供了参考。其中，《河北省民营经济发展情况报告》得到周本顺书记、张庆伟省长、赵勇副书记、付志方主席等多位省领导的重要批示，受到相关部门的高度重视；两篇调研报告被全国工商联评为2013年调研成果二等奖，一份提案被全国工商联评为2013年调研成果优秀提案奖。

四、扎实开展“科技进民企”活动，推动民营企业转型升级

打造科技创新服务平台、助推民企转型升级，是省工商联深入贯彻落实省委、省政府全力打好“四大攻坚战”战略部署的一项重要工作。积极与省教育厅、省科技厅、省科学院沟通协商，共同签订了《携手支持民营企业创新发展合作协议》，制订下发了《关于开展“科技进民企”活动的实施意见》。2013年11月28日在沙河市联合举行了全省“科技进民企”启动仪式暨现场观摩交流会议，范照兵部长出席会议并作重要讲话。活动期间，各市分别组织了部分科技专家进民企解难题，民营企业与科研院所、高等院校对接和民营企业家科技培训等活动，帮助部分民营企业解决了技术难题，推动了企业科技创新、转型升级。

五、切实加强基层组织建设，提高组织的凝聚力、吸引力和战斗力

（一）大力推动县级工商联建设

通过举办全省市县工商联主席党组书记培训班、开展省工商联（总商会）领导联系县级工商联活动、县级工商联示范点创建活动等举措，进一步加强了对县级工商联工作的指导。同时，组成专门调研组深入各地开展了县级工商联建设情况调研摸底和专项督导工作，并积极与当地党委、政府沟通协调，为县级工商联建设争取了更多的支持与保障，取得良好成效。截至2013年底，全省县级工商联基本实现了“一个设立、五个有”的阶段性工作目标。迁安市工商联被全国工商联授予“全国工商联系统先进集体”荣誉称号，迁安市、晋州市工商联被全国工商联命名为“全国‘五好’县级工商联建设示范点”。

（二）指导各类商会组织加快发展

认真履行本会作为非公有制经济领域社会团体业务主管单位的职责，通过海内外河北商会（同乡会）联席会议、直属商会秘书长会议，不断加强商会的制度化、规范化建设，引导商会健康发展。截至2013年底，全省各级各类商会共1508家，省工商联直属商会共23家。

六、深入开展党的群众路线教育实践活动，切实加强机关建设

2013年7月以来，根据中央和省委统一部署，省工商联深入开展了以为民务实清廉为主要内容的党的群众路线教育实践活动。活动期间，结合贯彻落实中央八项规定要求，紧扣两个健康工作主题，坚持以整风精神开门搞活动，广泛征求社会各方面的意见建议，有针对性地查摆出省工商联领导班子和机关干部队伍存在的“四风”问题。本着统一思想、促进团结、互相监督、共同提高的目的，认真开好专题民主生活会。在此基础上，针对查找出的“四风”方面突出问题，制订了整改方案和整改工作任务书，提出了5方面的17项整改措施，修订完善了27项规章制度。通过开展教育实践活动，坚定了理想信念，增强了宗旨意识和群众观念，提高了干部素质能力，机关作风得到有效改进。

山西省工商联2013年工作综述

一、教育培训

按照中央统战部、全国工商联部署和省委常委会议确定的“争当新晋商，转型做贡献”实践主题，自2013年5月开始，山西省工商联围绕

“民营企业与中国梦”，组织全省6万多名非公有制经济人士参加了以增强非公有制经济人士对中国特色社会主义的信念、对党和政府的信任、对企业发展的信心为主要内容的理想信念教育实践活动。举办了全省非公有制经济人士理想信念报告会，编印下发了《当代晋商追梦之旅》和报告会光盘，树立宣传了一批先进典型，组织22家骨干会员企业发布社会责任报告、撰写了《2012年度山西民营企业社会责任报告》，表彰了一批“关爱员工、实现双赢”优秀民营企业家和优秀员工。

创办“晋商大讲堂”，举办五期解读政策专题讲座；举办学习培训、观摩考察、座谈交流、项目对接“四位一体”的优秀中青年民营企业家上海交大学习培训和项目对接恳谈活动，承担省政府优秀小微企业主创业能力提升培训工程，分三期对1000名有发展潜力的小微企业主进行培训。

二、产业扶贫　光彩公益

组织民营企业家在吕梁召开了民营企业参与全省“百企千村”产业扶贫现场动员和观摩交流会，推动民营企业贯彻落实省委提出的企业帮扶农村发展、促进农民增收的战略部署，2013年全省民营企业参与产业扶贫开发项目达300个左右，规划总投资600多亿元。

同时，组织全省140家民营企业建设“新晋商光彩林”，建立义务植树基地120个，植树11.6万亩，捐助绿化费4.64亿元，认种认养绿地14.9万亩、树木1482万株。

三、调查研究　参政议政

联合9个省直单位组成6个调研组赴全省11市和部分重点县区及100多家民营企业调研，在民营经济占主体的煤炭、焦化、冶金、新兴产业、商贸服务业5个行业，建立了100家代表性民营企业“点对点”运行情况观察点，并为资产、营销收入10亿元以上的150家重点民营企业建立了数据库，进行定点观察、长期跟踪服务。

向省委、省政府报送了《促进民营经济转型跨越发展调研报告》和7个专题报告，报告中提出的建议意见被省委、省政府出台的《关于深入贯彻党的十八届三中全会精神，加快推进转型综改区建设的若干意见》采纳；与省政法委联合出台了《政法机关服务和保障非公有制经济发展的实施意见》；向省政协全会提交了9件团体提案和2份大会发言材料，3件提案被列入重点提案，由省领导亲自督办。承担并完成了省委、省政府和有关部门委托的调研任务，撰写了《关于综改区金融体制创新，解决小微企业融资难的思路和对策》《在山西综改试验区建设中商会的定位与作用研究》，编印出版了《2012年山西民营经济发展报告》。

四、承办了全省民营经济转型跨越发展促进大会

与省委统战部共同组织了省委、省政府召开的“全省民营经济转型跨越发展促进大会”。省委书记袁纯清，省长李小鹏、省政协主席薛延忠等多位省领导出席大会并为获奖人员颁奖。会议决定，以省委省政府名义授予马长江等48位非公有制经济人士“山西省优秀中国特色社会主义事业建设者”荣誉称号，授予王长青等24名民营企业家“山西省民营经济发展突出贡献奖”荣誉称号。

会议对推动全省贯彻落实党的十八届三中全会精神，营造鼓励支持浓厚氛围进行了安排部署。会议要求，各级党委政府要深入贯彻落实十八届三中全会精神，进一步加大鼓励支持民营经济发展的力度，创造公开、公正、公平的市场环境和良好社会环境，形成推动民营经济发展的强大动力。

五、经济联络服务

与民生银行等多家银行联合，举办5次金融服务中小企业发展银企对接洽谈会。组织省科协有关部门和法律工作者向民营企业提供科技、法律等信息。推进山西省民营企业参加全国科技进步奖、军民两用评审、星火计划等评审活动。举办了民营企业法律风险防范培训班，为省直商会和民营企业提供具体的法律维权服务。

组织部分民营企业家参加第十二届世界华商大会和区域间经贸洽谈活动，带领民营企业与长三角地区民营企业合作签约新兴产业项目19个，总投资额494亿元。建立160多家晋商组织、2200多名世界晋商代表数据库，指导推动省外成立11家晋商组织。

六、自身建设

举办全省市县工商联和商会组织负责人培训班，对县级工商联建设进行了调研摸底和专项督导，全省县级工商联基本达到了“一个设立、五个有”的标准。截至2013年底，全年新发展会员62080个，全省会员总数达到165853个。孝义市、长治县工商联被全国工商联命名为全国“五好”县级工商联建设示范点。孝义市工商联被全国工商联授予“全国工商联系统先进集体”荣誉称号。

协调成立了山西鞋业商会、山西省汽车流通商会，新发展13家商会为省工商联团体会员。帮助直属商会和直属会员企业开展党建工作，指导3个会员企业建立了党组织，发展新党员30名。

创建和谐文明标兵单位，认真推行目标责任制，强化督促管理，建立健全各项规章制度，省工商联机关被省直工委评为2013年和谐文明标兵单位。

贯彻落实中央、省委部署，开展党的群众路线教育实践活动，会党组和驻会领导班子围绕发挥工商联职能作用，促进两个健康主题，以坚决反对“四风”为聚焦点，以为民务实清廉为主要内容，深入基层工商联、商会、民营企业和扶贫联系点征求干部群众意见，收集各类意见建议410条。下乡住村4次，到中阳县张家沟村慰问贫苦户，落实重点项目，解决扶贫资金款项120多万元。主动查找问题，召开班子专题民主生活会。驻会领导班子成员认真开展批评与自我批评，得到省委督导组充分肯定。彻底改进调查研究、会风文风、节约经费方面的问题，进行了清车、清房、清退会员卡、清理“小金库”等专项整治，开展了厉行节约、反对浪费“八个一”活动，建立完善27项规章制度。

内蒙古自治区2013年工作综述

2013年，在自治区党委、政府的正确领导下，在全国工商联和内蒙古自治区党委统战部的具体指导下，内蒙古自治区工商联围绕中心、服务大局，凝心聚力，开拓创新，顺利完成了全年主要工作任务。

一、非公有制经济人士思想政治工作

（一）深入开展非公有制经济人士理想信念教育实践活动

活动开展以来，组织机关干部和非公有制经济人士深入学习了中国特色社会主义理论，党的十八大和十八届三中全会精神。召开全区非公有制经济人士“坚定信念、发展圆梦”视频报告会，请企业家现身说法、言传身教，发挥典型示范带动作用。

（二）做好宣传表彰、教育培训工作

推荐郭凌云、耿树明、马洪祥三位企业家荣获“全国关爱员工优秀民营企业家”称号，尹航、张蕾、侯颖三位企业员工获“全国热爱企业优秀员工”称号。推荐上报的4家会员企业被评为全国就业与社会保障先进民营企业。在中央和内蒙古自治区主流媒体上发表宣传报道文章30多篇，编印《非公有制经济动态》111期。举办了内蒙古第十五期非公有制经济代表人士培训班、内蒙古行业商会与异地商会会长培训班，举办两期“内蒙古非公有制经济大讲堂”活动。全年共举办各类培训班、专题讲座6次，参加的非公有制经济人士达1200多人次。

（三）认真做好非公有制经济组织党建工作

召开内蒙古自治区工商联机关党委第三次党员代表大会，选举产生了新一届党委班子和纪委班子。研究制订了内蒙古自治区工商联机关党委非公有制经济组织党组织组建工作程序和党员发展程序两个试行意见，以及非公有制经济组织党费收缴暂行办法。举办了非公有制经济组织党务工作者专题培训班，与非公有制经济组织党工委共同举办了两期党务工作者培训班。推动1个支部晋位升级为“五好”党支部。在非公有制企业党组织中开展“六有”检查推动工作，指导4个基层党组织完成换届工作。认真完成“三型”基层党组织、优秀共产党员和优秀党务工作者初选推荐工作。

二、经济服务工作

（一）认真做好非公有制经济发展表彰大会表彰单位和个人审核推选工作

组织各盟市、旗县区工商联，根据评选规则认真做好推荐工作，完成了参评对象的审核、汇总、上报，经内蒙古自治区党委常委会议研究确定了表彰名单。6月28日，内蒙古自治区召开了非公有制经济表彰大会，对61家先进非公有制企业、38名优秀企业家、102名优秀个体工商户进行了表彰。

（二）承办了自治区非公有制经济招商引资大会

先后赴区外开展了项目推介和以商招商、以企招商活动。研究制订了招商引资大会组织方案，精心安排、周密部署、明确任务分工，圆满完成了招商引资大会筹备和会务工作。据不完全统计，全区签约项目1078个，合同金额约17440亿元。

（三）举办了非公有制经济发展论坛

一是邀请全国工商联副主席、中国民生银行股份有限公司董事局主席董文标，作客内蒙古电视台“百姓热线”节目，与小微企业负责人对话，谈破解小微企业融资难题的途径和方法。二是邀请全国工商联副主席、百度在线网讯科技（北京）有限公司董事长兼首席执行官李彦宏在锦江国际酒店主讲“云计算为经济社会发展服务专题”。三是举办了7个主题为“定位与非公经济”的大型论坛活动。

（四）积极做好非公有制经济发展督察工作

作为自治区非公有制经济发展专项推进领导小组办公室，组织协调成员单位开展非公有制经济发展政策研究工作，督促有关部门和单位出台发展非公有制经济具体政策。配合内蒙古自治区党委督察室开展非公有制经济发展情况的调研，参与撰写了调研报告。由于督察工作实绩突出，内蒙古自治区工商联被自治区党委表彰为督察工作先进单位。

（五）帮助企业解决发展难题

与8家商业银行签署了战略合作协议，积极推动银行向6家非公有制企业提供贷款2亿元。与包商银行深入各盟市中小企业，实地考察有融资需求的中小企业50多家，对符合贷款条件的中小企业，制订了放贷计划。

（六）组织非公有制企业参加各类经贸交流活动

成功主办了第五届环渤海地区工商联联络工作联席会议，组织企业家参加了二连浩特中蒙俄经贸合作洽谈会、天津知青通辽扶贫助学基金捐赠仪式、首届草原畅想活动暨内蒙古正和岛岛邻机构成立仪式等活动。先后接待了台湾“中华工商业联合协会”、香港贸发局、美国内蒙古总商会、美中工商协会、意大利途西亚特区行业联合会等访问团。

三、调查研究和参政议政工作

（一）围绕非公有制经济发展问题开展专题调研

与内蒙古自治区有关部门组成4个调研组，就非公有制经济发展情况进行专题调研，撰写了有关非公有制经济发展情况的分报告4篇，并参与总报告的撰写工作。整理编辑了近年来国家和各省、自治区和直辖市鼓励支持和引导非公有制经济的政策。选派业务骨干，参与起草内蒙古自治区鼓励和支持非公有制经济发展若干规定。

（二）全面完成了全国工商联部署的调研任务

开展了2012年度上规模民营企业调研工作，发布了“2013内蒙古民营企业100强”名单和《2013内蒙古民营企业100强分析报告》。向全国工商联报送上规模民营企业107家、民营企业参与光彩事业统计表200多份；完成“小微企业29条”贯彻落实情况调查问卷、外事服务民营企业调研问卷、“民间投资36条”实施细则贯彻落实情况评估报告三项调研活动。撰写完成《2012年内蒙古民营经济发展报告》。撰写调研报告3篇，其中《我区非公有制经济组织党建工作研究》等2篇调研报告，获得全国工商联优秀调研成果二等奖。

（三）积极建言献策

2013年，向内蒙古自治区政协十一届一次全委会提交团体提案9件，其中，《关于加快我区农村牧区经济发展和提高农牧民收入的提案》被全国工商联评为优秀提案。积极参与内蒙古自治区有关部门和单位举办的座谈会、征求意见会，就内蒙古自治区经济社会发展相关问题提出意见建议。

四、社会扶贫工作

（一）扎实做好对口帮扶通辽市工作

帮助引进大连万达集团、新华联集团、内蒙古医药商会投资项目落户通辽市，投资总额为700多亿元；组织行业商会、异地商会和民营企业向通辽科左后旗地震灾区共捐款305万元；库伦旗茫汗苏木争取沙地衬膜水稻项目助农帮扶专项资金300万元；协助澳门商会科左后旗民族学校捐款50余万元；与自治区总工会、人社厅在通辽市举办2013全区促进就业招聘会，现场签订就业意向2344份。在民营企业进校园招聘会上，组织民营企业重点招聘通辽籍贫困家庭大学生就业，签约6000余人。

（二）认真做好锡林郭勒盟阿巴嘎旗帮扶联系点工作

从机关行政经费中挤出20万元，为嘎查224名适龄牧民缴纳养老保险。为当地争取到富民强区育肥牛项目补贴经费40万元。与电力部门协商，架设20公里输电线路，解决了30户牧民生活生产用电问题。

（三）成功举办民营企业招聘周活动

为缓解社会就业压力，与内蒙古自治区人社厅、教育厅、总工会共同主办了“全区民营企业招聘周”。参加招聘的民营企业共有2385家，提供就业岗位34684个，签订就业协议11891份。

五、基层组织建设工作

（一）积极推动县级工商联组织建设

指导和督促全区大部分县级工商联实现“一个设立、五个有”的目标。指导和推荐哈尔右翼前旗工商联、阿拉善左旗工商联成为全国“五好”县级工商联建设示范点。推荐呼和浩特市工商联作为全国工商联系统先进单位，受到表彰。

（二）工商联会员组织信息化建设稳步推进

自治区和盟市级数据库录入达到100%，旗县（区市）执常委数据库录入也基本上完成。完成了内蒙古自治区工商联系统商会数据库建设工作。组织行业商（协）会开展了自律与诚信创建活动。截至2013年底，全区各级工商联共有会员80448家，工商联系统行业商会协会、同业公会组织共594家。

六、机关作风建设工作

（一）扎实开展党的群众路线教育实践活动

成立了活动领导小组和办公室，制订了教育实践活动总体实施方案和各环节工作方案，坚持以整风精神开门搞活动，聚焦“四风”问题，深入扎实开展活动，取得阶段性成果。

（二）抓好机关干部政治理论学习和业务知识培训

全年组织机关干部政治理论学习21次，党组中心组学习12次。组织机关领导干部参加了内蒙古自治区党委举办的“双休日学习大讲堂”；开展了保密知识、公文处理、办公自动化与信息技术等方面培训；选派干部参加了全国工商联举办的香港第193期工商业研讨班。

辽宁省工商联2013年工作综述

2013年，辽宁省工商联紧紧围绕省委、省政府中心工作，突出两个健康的工作主题，履职尽责，开拓进取，各项工作取得了突出成绩，荣获中央统战部2013年度全国统战工作实践创新成果奖和全省统战系统突出贡献奖。

一、深入开展理想信念教育实践活动，取得显著成效

非公有制经济人士理想信念教育实践活动在年初启动后，受到省委的高度重视，省委书记王珉、副书记许卫国专门作出重要批示，《全国理想信念教育实践活动简报》和《中华工商时报》对辽宁省做法经验予以专题报道。

加大宣传教育力度，扩大活动的影响。先后举办“中国梦与辽宁振兴”“危机公关”“转型升级”三场专题报告会；9月中旬，与省政协、省委统战部共同邀请全国工商联副主席、著名经济学家林毅夫作经济形势报告，受到省内各界的广泛关注和好评。自活动开展以来，全省共举办各种报告（宣讲）会、论坛、讲座199场，受邀宣讲领导、专家达213人，参与宣讲非公有制经济人士794人，举办各类培训班274次，参与人数达9万多人。

坚持为企业办实事解难题，强化为非公有制经济服务的能力。在融资支持方面，大连与民生银行合作成立“民生缘俱乐部”，给会员企业提供50亿元授信额度。丹东与中国工商银行合作，面向中小微企业搭建服务平台。沈阳、本溪、锦州、营口、阜新、铁岭及葫芦岛市联也在此项工作上进行了有益探索。2012年全省共举办银企对接会80次，帮助企业融资96亿元，帮助融资企业5702家。在人才服务方面，省工商联会同有关部门组织了“第一届辽宁创新创业大赛”“民营企业招聘周”及“第六届女大学生招聘会”等多项活动，为企业提供多方位的人才服务。2013年，全省共举办民企招聘会105场，参与企业近3000家，提供岗位26338个。在服务民企“走出去”方面，组织召开“外事服务民企‘走出去’”座谈会。组织民营企业到墨西哥、秘鲁、古巴、德国、丹麦、葡萄牙、韩国及中国台湾等国家和地区开展了经贸交流活动。在信息服务方面，组织百余家信息产业民营企业，免费为各市工商联、各直属商会和会员企业安装网络视频系统，打造省工商联“云平台”，构建工商联会员的信息服务平台。

开展“千企联千村·同走致富路”主题活动，引导非公有制经济人士积极履行社会责任。组织省内86名会员企业家与西丰县行政村进行对接，并促成中建投（铁岭）有限公司2亿元高档石材加工项目在西丰落地。抚顺市选派106名非公有制经济代表人士担任106个村屯（社区）名誉主任。辽阳市组织244家会员企业与村屯、社区结成帮扶对子。鞍山市组织会员企业参与村（社区）企共建的489个，占全地区行政村的77%。朝阳市49家会员企业与贫困村结对帮扶。盘锦市60%的行政村与民营企业结成联手发展对子。在雅安地震及抚顺洪水等赈灾活动中，组织会员企业捐款捐物，共计6000多万元，出动抢险救灾车辆设备180多台。

二、成功举办第二届“友好商会辽宁行”活动，品牌工作影响力日益凸显

2012年的首届“友好商会辽宁行”活动后，省委、省人大、省政府、省政协主要领导都作出了重要批示，并对取得的成绩给予高度肯定。第二届活动坚持“交流合作、发展共赢”的主题，以“务求实效”为重点，提前做好基础性工作，就具体合作项目，与60多个国家和地区400多家海内外工商社团沟通联络，积极搭建合资、合作、投资、融资的平台。9月份活动开幕式在沈阳市成功举办，全国工商联副主席安七一出席，省委副书记许卫国出席开幕式并讲话。国内外友好商会代表500余人参加会议，签约项目35个，签约额809亿元。

三、商会建设和会员发展全面提速，组织工作打开新局面

全面加强组织建设和会员发展工作是年初确定的工作重点。经过大量卓有成效的工作，取得了较大的成绩，省工商联所属各行业商会、异地商会已从2012年的14家迅速发展到57家，其中，21家商会在省民政厅注册。重新组建了省工商联直属会员商会，成为省工商联联系各类商会协会的重要工作载体。省工商联直属交通运输、鞋业、矿业、金属材料贸易、汽配、农业、信息产业等行业商会及川渝、广东、湖北、浙江等异地商会制度健全、运作规范，表现突出。

基层组织建设工作不断进展，通过几年的努力，全省县级工商联“一个设立、五个有”工作全面完成，大连旅顺口区、鞍山立山区被评为全国工商联基层组织建设试点县区，本溪市工商联被评为全国工商联先进集体。

通过各级工商联组织的努力工作、商会建设的扩展和加强，工商联的影响力不断扩大、凝聚力不断增强，全省会员总量已突破18万。

四、认真履行参政议政职能，为推动非公有制经济发展积极建言献策

2013年初，辽宁省被中央统战部、全国工商联确定为非公有制经济人士理想信念教育实践活动10个重点调研省市之一，形成的调研成果受到了中央领导的重视。10月，为非公有制企业办实事解难题，开展了全省非公有制经济发展环境专题调研，召开了12次座谈会、发放3000份问卷，参与调研商会80多家，企业290家。就反映强烈的不合理收费等问题向省政府进行了汇报，受到省长高度重视，采纳了关于取消若干不合理收费的建议，形成的调研报告，被全省统战系统评为年度调研成果二等奖。

在省政协工作中积极发挥作用。《改善非公经济生存环境　促进非公经济健康发展》和《中小企业在环保建设中面临的问题及建议》等提案被评为省政协年度优秀参政议政成果奖。参与省人大有关政策法规的制订。就《辽宁省职工劳动权益保障条例》和《中小微企业权益保护条例》的起草出台，省人大组成专题调研组听取工商联意见。

五、创新法律维权工作，探索维护非公有制经济企业合法权益的新途径

商会调解工作取得新突破，在全国范围内率先完成工商联与法院的诉调对接工作，创建辽宁省商会调解委员会，全国工商联在辽宁省召开全国性的经验介绍交流现场会，将辽宁省列为全国商会调解工作试点省份。劳动争议预防调解与和谐劳动关系工作迈上新台阶，起草制订了《辽宁省非公有制企业劳动争议预防调解示范工作实施方案》，会同省人社厅、总工会等，组成联合督导组，对全省14市及国有大中型企业进行省劳动人事争议预防调解和谐使命行动计划进行督导；表彰了一批和谐劳动关系示范企业。省工商联民营企业仲裁庭全年受理劳动争议案件76件，均取得满意效果。

六、开展党的群众路线教育实践活动，切实加强自身建设

按照中央和省委的统一部署，省工商联深入开展了党的群众路线教育实践活动。广泛征求社会各方面的意见建议，针对查找出的“四风”方面突出问题，制订了整改方案和整改工作任务书，提出了6方面的20项整改措施，各规章制度修订完善了14项，新建4项。通过开展教育实践活动，坚定了理想信念，增强了宗旨意识和群众观念，机关作风焕然一新，在年终省直统战系统年终绩效考评中取得“双第一”。

吉林省工商联2013年工作综述

一、扎实开展思想政治工作

按照中央统战部、全国工商联的部署和省委书记王儒林的重要批示，制订了《理想信念教育实施方案》，在全省进行动员部署。积极组织非公有制经济人士参加理想信念报告会和讨论会，召开以“坚定理想信念，在突出发展民营经济中实现新发展、作出新贡献”为主题的常委会议，邀请著名学者作“中华民族伟大复兴中国梦”的专题讲座，会领导作了“坚定理想信念，抓住机遇，在突出发展民营经济中实现新突破”的讲话。参与举办“吉林省民营经济发展论坛”，邀请著名学者作主旨演讲，省长到会并发表重要讲话。30名民营企业家以“坚定理想信念，加快转型升级，作出更大贡献”为主题，讲发展、谈感想、提建议。近800名民营企业家参加会议，并编辑发放了《民营经济发展论坛文集》。通过开展理想信念教育实践活动，全省非公有制经济人士更加坚定了走中国特色社会主义道路的信念，增强了企业发展的信心，涌现出一批加快发展，勇于担当，关爱社会的先进企业。2013 年辽源地区遭受严重洪涝灾害，省工商联在小范围内组织捐资救灾，所有得到消息的企业十分踊跃，几天的时间就筹集 90 多万元送到受灾群众手上，得到当地社会各界广泛赞誉。

认真学习贯彻党的十八大精神。利用“吉商论坛”“民营经济发展论坛”等平台，举办了党的十八大精神报告会、十八届三中全会精神专题讲座和社会主义核心价值体系专题辅导，取得较好效果。邀请有关部门领导作关于突出发展民营经济专题讲座，与省工信厅联合举办突出发展民营经济财智领袖名人大讲堂，邀请专家学者作专题演讲，700 多位企业界人士参与现场互动，反响较好。

进一步加大宣传工作力度。协调主流媒体对理想信念教育先进典型进行专题报道。在白山方大集团董事长宁凤莲被授予“全国诚实守信道德模范”称号后，及时组织会员开展学习活动，引导牢固树立诚信经营理念。成立了吉林省工商联书画研究院，先后举办了“突出发展民营经济书画展”“毛主席诞辰 120 周年书法展”等 5 次大型展览活动，宣传民营经济发展成就，促进了企业文化建设。白城市工商联进一步加强企业文化建设，在全市范围内培育、宣传、推广企业文化建设先进典型，积极开展了“2013 年白城经济人士系列评选活动”。

二、积极促进民营经济健康发展

为突出发展民营经济建言献策。向省委、省政府提出突出发展民营经济的思考和建议，得到省委和省政府领导的充分肯定。所提出的以省委、省政府名义召开突出发展民营经济发展大会和出台关于突出发展民营经济的意见等建议被全部采纳。省委、省政府召开了 1.7 万人参加的突出发展民营经济推进大会，出台了《关于突出发展民营经济的意见》，省委、省政府主要领导到会讲话，全国工商联主要领导致信大会给予高度评价并表示大力支持吉林省突出发展民营经济。2013 年上半年，民营经济增加值占全省 GDP 的比重由 2012 年末的 50.8% 增长到 53.6%，提高了 2.8 个百分点，突出发展民营经济成果显著。吉林市工商联深入贯彻落实全省突出发展民营经济大会精神，以创新为主题，以平台为依托，以活动为载体，以打造品牌商会为目标，取得了较好的效果。受省政府和省软环境办委托，省工商联分别完成了《吉林省“十二五”中期民营经济发展第三方评估报告》和《关于吉林省民营经济软环境的调查报告》，相关成果得到充分肯定。积极开展“我为民营经济发展献一策”活动，共征集各种意见建议 400 多条，经过梳理归纳，为有关部门决策提供了重要依据。2013 年向省政协提交团体提案 17 份，得到有关部门高度重视。

开展融资服务。深化与民生银行的合作，成立“吉林省小微企业金融服务促进会”，推动“小微企业金融合作社”建设，目前已组建 40 余家，民生银行通过合作社为小微企业贷款 15 亿元。先后与民生银行、邮储银行、建设银行合作开展银企对接活动，共有 56 个项目达成贷款意向。辽源市工商联注重加强与金融部门合作，发挥“工商银友俱乐部”和“互保池”作用，为中小企业融资贷款提供服务。

积极开展调研服务活动。由会领导带队组成五个调研小组，深入九个地区和会员企业进行调研。共走访企业 230 余户（次），结合企业实际状况帮助谋划发展思路，协调解决发展中的困难，反映发展诉求，引导企业坚定理想信念，增强发展信心。形成了“吉林省民营企业生产经营情况固定观察点年度调查数据分析报告”“上级工商联与下级工商联的关系研究”“关于推进吉林省民营经济加快发展的调研报告”和“关于推进吉林省民营文化产业发展的提案”，被全国工商联分别评为一、二、三等奖和优秀提案奖并予以表彰。

开展“大帮小”活动。组织省工商联副主席、副会长企业，与小微企业结成帮扶对子，通过产业链延伸、项目合作、定向采购、技术指导、人才培训等方式，帮扶小微企业发展，做好促进就业和企业人才招聘工作。

积极推动交流合作。先后与 25 个国家和地区的商会组织沟通联络，建立友好合作关系。组织两个民营企业家代表团出访 4 个国家和地区。组织企业参加第十二届世界华商大会、友好商会辽宁行等活动。协助全国工商联举办东北地区民营企业“走出去”培训班，组织吉林省100余户企业参加培训。松原市工商联不断增强中心意识、服务意识，同“长三角”“珠三角”等地区建立友好商会10家，完成招商引资项目7个，引进资金21亿元。参与组织“中国民营经济长白山论坛”。全国工商联和省委、省政府主要领导，国家有关部委领导，著名专家学者和省内外知名企业家共200多人参加了论坛，通过论坛提高了企业家素质，也为招商引资搭建了平台。做好第九届东博会有关工作。全省工商联系统共组织1058位省内民营企业家，687位国内客商、36位国外客商参展参会，签约投资合作项目57个，签约金额为人民币301亿元。

三、工商联组织建设进一步加强

省工商联第十届会员代表大会以来，全省各级工商联组织和领导班子建设得到加强。长白山保护开发区管委会新组建了工商联组织，有些市（州）及县（区）也新组建了一批基层工商联或商会组织，组织体系进一步完善。推动县级工商联示范点创建试点工作，长春市宽城区等9个县市（区）工商联组织被评为全省首批县级工商联建设示范点。其中，延吉市和洮南市被列为全国县级工商联建设示范点。行业商会组织进一步扩大，全省工商联行业商会数量达到301个，省工商联新成立了休闲产业商会等6个省级行业商会组织。一年来，全省各级工商联和商会组织采取各种措施，加大会员发展力度，截至11月底，全省工商联会员总数达到69796个，有较大增长。2013年1月至9月，全省民营经济主营业务收入实现18510亿元，同比增长20.6%，高于全国平均水平2.7个百分点，为突出发展民营经济作出了重要贡献。

机关建设取得新成效。积极开展党的群众路线教育实践活动，严格落实中央八项规定，反对“四风一顽症”，工商联领导班子凝聚力进一步增强，形成团结和谐，想事干事，风清气正的良好局面。切实加强学习和实践锻炼，进一步提高党员干部的政治把握能力、群众工作能力、调查研究能力和落实推进能力。积极协调省编办成立了法律服务部，配齐了干部，确定了工作职能，为更好地开展法律服务奠定了基础。加强学习型机关建设，机关干部队伍素质和执行力明显提高。

黑龙江省工商联2013年工作综述

2013年，黑龙江省工商联在省委、省政府的领导下，在全国工商联和省委统战部的指导下，认真学习领会党的十八大、十八届三中全会精神，紧紧围绕省委省政府中心工作，牢牢把握两个健康工作主题，深入开展非公有制经济人士理想信念和党的群众路线教育实践活动，团结带领广大会员，为促进黑龙江省民营经济发展和社会稳定作出了积极贡献。

一、扎实开展非公有制经济人士理想信念教育和党的群众路线教育实践活动

组织开展了全省非公有制经济人士理想信念教育实践活动。按照中央统战部和全国工商联统一部署和要求，组织开展非公有制经济人士理想信念教育实践活动，圆满完成了三个阶段的工作任务。组织了两次大型电视电话会议。成立了领导小组，制订并下发了《黑龙江省非公有制经济人士理想信念教育实践活动方案》。向省委报告了教育实践活动情况，省委书记王宪魁同志、省委副书记陈润儿同志分别作了批示，省委常委会第37次会议上，王宪魁书记对此作出重要指示，省委常委、统战部长赵敏同志也提出了明确要求。成立5个督导组，深入各市地督促指导活动的开展，及时总结了哈尔滨市、爱辉区等地开展活动的经验做法；宣传推广了黑龙江恒泰建设集团等一批企业先进典型和西林钢铁集团苗青远等企业家先进事迹。省工商联网站开通了专栏，编辑《简报》31 期，上报全国工商联信息 50 篇，一些先进做法被全国转发。《黑龙江日报》等媒体也多次报道了活动开展情况。

认真开展党的群众路线教育实践活动。按照中央和省委开展党的群众路线教育实践活动的要求，结合实际认真组织开展了党的群众路线教育实践活动，党员干部对照在贯彻中央八项规定和省委九项规定中存在的问题，尤其对“四风”方面的问题进行深入剖析，制订了切实可行的改进措施，活动取得积极成效，切实转变了机关作风，进一步提高了对会员的服务意识。

二、做好经济服务工作

开展中小微企业监测分析工作。为及时掌握全省民营中小微企业在不同行业、不同阶段的生产经营数据及运行状况，为省委省政府决策提供参考，与省统计局共同开展民营中小微企业运行情况监测分析工作，形成了《民营中小微企业发展监测报告》上报全国工商联，得到全国工商联的肯定。

建立中型会员企业数据库。为掌握企业基础信息和发展动态，组织 1000 家中型会员企业（标准为工业企业 2012 年营收额 500 万元以上，其他企业 2012 年营收额 200 万元以上）填写调查表，录入数据库。

引导民营企业承担社会责任。一是抗洪赈灾。在黑龙江省抗洪救灾中，组织 160 户会员企业捐赠款物 2100 余万元。同时，还为四川雅安芦山地震灾区捐赠款物 1000 多万元。二是举办民企招聘周。全省 6940 户民营企业提供岗位信息 135230 个，签订就业协议 33509 人。三是帮扶新农村建设。为省工商联 2013 年对口帮建兰西县康荣乡荣泰村捐助抗灾款 17 万元，购置夏耕地排水设备。四是参与“中国光彩事业西藏行”活动。组织 5 家会员企业参加了“中国光彩事业西藏行”，参与了项目签约及公益捐赠仪式等活动。

积极推动民营银行申办工作。一是举办“民间资本进入金融领域”专题报告会。邀请中国社会科学院金融研究所副所长、中国金融学会常务理事王松奇教授作了专题报告，宣讲、解读设立中小民营银行的背景、相关政策和路径。二是组织企业家发起设立民营银行。召开座谈会，组织企业间的沟通和磋商，促进企业合作申办民营银行。三是积极与省金融办和银监局沟通，上报《筹建方案》。与省金融办和银监局沟通联系，开展设立中小民营银行的前期工作，密切关注其他省份工作开展情况。将《关于申办中发银行股份有限公司的请示》和《中发银行股份有限公司筹建方案》报省金融办，并将推动申办民营银行主要工作情况上报省政府。

维权工作取得新进展。一是为维权联系点挂牌。与省法制办联合确定了 41 家企业为第一批挂牌联系点企业。二是推荐“特邀执法监督员”。经考察，推荐省工商联 18 位企业家副主席、副会长担任省政府“特邀执法监督员”。三是参与“三方机制”工作。经认真筛选和推荐，七台河宝泰隆煤化工股份有限公司和黑龙江省福建商会 2 家单位当选劳动争议预防调解示范工作单位。四是协调处理维权案件。协调解决哈尔滨禧龙国际商贸物流园区有限公司的广告牌匾整改纠纷案等 3 个案例，均取得实效。

申报全国工商联科技进步奖。组织申报全国工商联科技进步奖，鑫鑫种子公司耐密高产玉米新品种选育及推广项目，获全国工商联科技进步奖二等奖；澳利达奈德制药公司牛黄清感胶囊项目，获全国工商联科技进步奖优秀奖。

三、认真开展调查研究和参政议政工作

参与起草了东北三省一区民营经济发展报告。此报告被编入《中国民营经济发展报告》蓝皮书，报送国家和各省市领导参阅。

开展上规模民营企业调研。按照全国工商联要求，组织全省 2012 年营业收入 5 亿元以上 41 家会员企业参与调研。其中营收额百亿元以上的 4 家（东方、西钢、中发、博发），50 亿元以上的 7 家，10 亿元以上的 25 家。

开展民营企业“走出去”情况调研。按照全国工商联在全国范围内开展《外事服务民营企业走出去调研》活动要求，对全省 50 家外经贸会员企业进行调研，形成调研报告上报全国工商联。

开展全省小微企业融资情况调研。为了解企业融资难问题，与省金融办联合开展全省小微企业融资情况专题调研。形成《我省小微企业融资问题的调研报告》，上报省政府和省委统战部。

撰写提案。向全国政协十二届一次会议递交了《关于遏制黑龙江省大豆产业进一步衰退的对策建议》。向省政协十一届一次会议提交了《加快新型农机装备制造业发展的建议》等4份团体提案和《以俄罗斯入世为契机，推动我省对俄经贸民营企业加快发展》的大会发言稿。

参与重大问题协商。就省委贯彻落实十八届三中全会精神和省政府工作报告等重大问题进行民主协商，形成大量文字材料，部分意见建议得到采纳。

四、积极开展对外联络工作

积极参与境内外重要经贸活动。先后组织哈尔滨泰富电气有限公司等150多家民营企业参加了“中国商品、技术与服务展暨白俄罗斯—中国（黑龙江）经济贸易洽谈会”、“对俄大规模合作”、绥芬河市“双百亿”投资·贸易恳谈会、葡语系国家投资说明会等境内外经贸活动。圆满完成了“哈洽会”境内外客商邀请工作，再次荣获“哈洽会突出贡献奖”。

加强与境外工商团体交流合作。相继与中国台湾中华两岸企业发展协进会、美国扶持中小企业国际联盟、葡萄牙中葡国际商会等工商社团，就联合培训、经贸合作、企业上市等方面进行了深入交流，并与葡萄牙中葡国际商会缔结为友好商会；重点实施了与台湾省商业会合作开展的会员企业辅导培训项目，近30家民营企业负责人赴台湾参加了学习交流考察，取得了良好效果。联合培训为黑台两地商会合作积累了经验，使企业在转型发展中开拓了视野，得到了启发。

为民营企业参与国际间合作提供机遇。2013年10月，组织部分民营企业家赴以色列、肯尼亚等国家进行了访问。其间，与以色列希弗谷区议会、肯尼亚投资局、东部非洲中国总商会和南非粤港澳总商会进行了交流座谈，实地考察了能源利用项目、煤化工项目及轻工业市场需求，为全省民营企业参与国际经贸合作拓宽了渠道。孙尧副省长在此次出访报告上批示：“这次出访成效很好，开了个好头，请洪主席继续推动我省企业‘走出去’。”

五、加大培训力度

在浙江大学举办民营经济研修班。全省市地工商联主席、兼职副主席、企业家执委参加了培训。举办“黑龙江省外贸业务培训班”“黑龙江省贸易便利化培训班”，200多名外经贸民营企业家参加培训。举办了第四期工商联主席、兼职副主席暑期读书班，进一步提高企业家素质。

六、加强组织建设

大力发展会员。围绕省委省政府确定的重点产业，在装备制造、对俄经贸、农副产品加工和高科技产业等领域重点发展会员。截至2013年底，全省工商联会员总数48282个，其中企业会员14843个，团体会员587个，个人会员32852个。对会员进行重新统计登记，使会员管理更加规范。

加强基层组织建设。一是进行经验推广。召开全省工商联组织工作会议，将哈尔滨市道里区、双鸭山市饶河县等工商联典型经验材料印发给市（地）学习借鉴。二是完成问卷调查等基础性工作。向市（地）发放涉及会员发展和商会建设、非公有制经济代表人士队伍建设等5方面的调查问卷，掌握翔实资料，形成《情况分析》。三是制订规划。制订《2013~2017年全省会员发展和组织建设规划》，指导各地有序开展工作。

推动商会发展。一是筹备成立新商会。已完成省辽宁商会、省轻纺商会、省餐饮商会等筹委会、班子人选确定，推荐材料等筹备工作。二是加强商会管理。率先完成全省商会数据库填报工作，得到全国工商联肯定；按照省民政厅要求，指导各直属商会参加社会组织评估工作。

七、提高机关工作水平

加强理论学习。认真组织机关干部学习党的十八大、十八届三中全会精神以及习近平同志系列重要讲话精神，提高了机关干部政治理论素质。

开通省工商联网站。为提高机关信息化水平，省工商联建立完善了三级网站，现已投入使用，成为省工商联对外宣传窗口和工作交流平台。

完善制度。进一步完善了主席办公会、执委会、代表大会的议事制度；建立健全机关公文处理办法和政治学习制度、机关干部管理制度，使机关工作更加制度化、规范化。

上海市工商联2013年工作综述

2013年，上海市工商联认真学习贯彻党的十八大及十八届三中全会精神，贯彻落实市委全会和全国工商联十一届一次、二次执委会议精神，紧紧围绕两个健康工作主题，以党的群众路线教育实践活动为引领，扎实开展非公有制经济人士理想信念教育实践活动，积极参与上海全面深化改革开放和制度创新，各项工作取得了新的进展，为促进上海经济社会转型发展作出了积极贡献。

一、深入开展党的群众路线教育实践活动和非公有制经济人士理想信念教育实践活动

深入开展党的群众路线教育实践活动。根据中央、市委关于党的群众路线教育实践活动的总体部署和市委统战部的具体工作要求，在市委第四督导组的指导下，会党组成立活动领导小组，认真制订实施方案，广泛听取意见建议，认真查摆“四风”问题，提出相关整改措施共计5个方面32条；召开党组领导班子专题民主生活会和支部专题组织生活会，做好整改落实和建章立制工作，建立健全各项规章制度19项，有效推进了各项工作落实。

非公有制经济人士理想信念教育实践活动取得成效。按照中央统战部、全国工商联的统一部署，根据中央政治局委员、市委书记韩正的指示精神和市委常委、统战部部长沙海林的多次具体工作要求，市教育实践活动领导小组召开动员大会进行部署。活动坚持以非公经济人士为主体，切实增强非公有制经济人士对中国特色社会主义的信念、对党和政府的信任、对企业发展的信心。联合东方网、《解放日报》等媒体举办访谈、优秀征文选登，在《中华工商时报》《现代工商》上广泛宣传，扩大影响。

二、积极参与和推进上海有关改革开放及制度创新工作，引导民营企业加快转型升级

推动建立市民营经济发展联席会议并发挥作用。根据《中共上海市委关于建立上海市民营经济发展联席会议的通知》（沪委〔2013〕700号），上海市民营经济发展联席会议正式建立，联席会议办公室设在市工商联。2013年10月中旬举行联席会议第一次全体会议，审议通过“完善小微企业融资的政府支持和企业诚信机制”“在上海自贸区打造全国民营企业‘走出去’桥头堡的配套政策”“建立市场化科技创新机制的配套政策”等6项议题。12月上旬举行联席会议联络员会议，协调推进相关议题。

引导和服务民营企业把握发展契机。组织全国民营企业参与上海自贸区建设，首批拟到自贸区投资发展的企业约15户，意向投资总额约380亿~485亿元，推动完善全国民营企业“走出去”、沪港澳台合作发展、民间金融机构及相关金融服务和咨询、国际高档消费品展示平台等若干区内功能。与自贸区管委会举行专题会，研究建立双方单位共同服务全国民企参与自贸区建设的工作机制。举办“相得益彰谋发展 同心共圆中国梦”上海市第二届民营经济论坛，探讨国有经济与民营经济互相促进、共同发展的新思路。此外，全力支持世博园A片区入围企业竞拍第一、第二批土地并做好跟踪服务。与市商务委等单位共同编制《上海市引进和服务总部经济指南》。

推动民营企业“走出去”跨国发展。举行上海民营企业“走出去”情况介绍会暨驻沪领馆官员与民营企业家交流活动，近40家驻沪总领事馆的60余位总领事、副总领事等领事官员和60位上海知名民营企业家面对面交流探讨民营企业走出国门、全球化经营的发展趋势。举行沪港两地商会座谈交流会暨上海市工商业联合会与香港中国商会合作备忘录签署仪式，签署“上海市工商联与香港中国商会合作备忘录”。

加大小微企业融资服务力度。举行上海市工

商联、银行签约仪式暨小微企业金融服务工作推进会，与本市12家银行签署战略合作协议，有序扩大融资服务平台的参与面。截至2013年9月末，全市17个区县共成立小微企业融资服务合作社118家，贷款总额近70亿元，贷款企业户数2017家。

创建民营经济运行监测分析平台。完善本市民营经济运行监测机制。与市统计局合作，制订市民营经济统计工作制度和数据指标体系。联合市地税局、上海海关等9家单位建立民营经济运行监测协作机制，每季度汇总分析民营经济运行数据。与市统计局和区县工商联等按季度开展本市部分民营企业经营情况问卷调查。

建立“上海市工商联（商会）网络服务系统”。含公共服务、专业服务和信息互动三个平台，集聚政府、工商联和会员企业的资源，为企业提供面向办事流程的便捷、高效的信息服务和多样化的专业服务；收集民营经济运行情况，及时发现民营企业发展中的重点、难点问题。

三、加强调查研究，发挥参政议政重要渠道作用

深化统战和商会理论研究。召开两个健康工作主题课题咨询会，确定“深入实践两个健康工作主题，推动新形势下经济统战工作新发展”中长期研究框架，完成“两个健康工作主题理论内涵研究”“上海非公有制经济人士理想信念教育问卷分析”等7方面阶段性研究分课题。发挥中国特色商会研究中心功能，开展“中国特色商会基本内涵与特征”“行业商会章程比较研究”等课题研究。

集聚调研工作合力。与市人大财经委合作开展“本市民营经济发展若干问题的思考研究”，与市发展改革委合作开展“民营经济转型发展典型案例研究”等，与市劳动资源保障局合作开展“本市部分民营企业劳动用工情况研究”。发挥非公有制经济人士兼职副主席、咨询委员会委员、副会长作用，邀请牵头开展非公有制经济进入金融领域专题研究，科技型、创新型企业有关扶持政策评估工作，参与“关于本市民营经济发展若干问题的思考”课题组调研。

积极建言献策。市政协十二届一次大会团体提案3篇被全国工商联采纳为全国政协团体提案，其中《关于深入推进“营改增”改革、扩大积极效应的建议》被列为2013年全国政协重点督办提案。

加强改进信息工作。制订《信息工作制度（试行）》，建立本市工商联系统信息工作季度例会和考核制度，夯实信息员队伍建设。在市委统战部信息工作年度考核中居统战系统直属单位前茅。

四、丰富光彩精神内涵，促进民营企业承担社会责任

加大对口支援工作力度。组织企业参加经贸投资活动，意向投资项目23个，签约资金138.4亿元。加大对口支援地区的智力支援。据初步统计，2012年上海民营企业参与实施光彩事业项目51个，到位资金28.5亿元，解决就业2592人次，带动脱贫3948人；2013年公益捐赠1.12亿元。

引导民营企业积极回报社会。参与主办第三届“上海公益伙伴日”活动，与民间公益组织结成伙伴关系、开展项目合作，签约金额为300多万元。

推进民营企业文化建设。开展上海民营企业文化建设效能研究，初步形成本市企业文化案例库，收录近30家优秀企业案例。推荐本市企业参与第七届全国民营企业“关爱员工、实现双赢”评选表彰活动，多家企业获得荣誉。

引导民营企业扩大就业。建立“校企合作培养人才，促进就业”合作机制。走访市教委、部分大学院校，调研和征询民营企业的意见，选择了合作意向相对集中的9所高校和23家民营企业匹配对接，共形成了首批56对合作对象，并选定同济大学、上海理工大学、上海大学、上海建桥学院四所大学院校和上海联创城市建筑设计有限公司、沪港国际咨询集团有限公司、上海灵禅信息技术有限公司、上海为中集团有限公司四家民营企业作为校企双方代表，在5月21日“2013全国民营企业招聘周”启动仪式上海主会场上，完成了签约仪式。

促进构建和谐劳动关系。参与市劳动关系三方机制和制订年度本市最低工资标准、企业工资增长指导线；组织劳动关系调解员业务培训，调解员队伍总数达187名，参与调解案件110件。

五、坚持改革创新，全面加强自身建设

发挥党组领导核心作用。建立党组成员与非公有制经济代表人士联系交友制度，把联系交友工作贯穿于代表人士发现、培养、使用、管理各个环节。举办中心组学习扩大报告会，促进非公有制经济人士和工商联系统干部提升政治把握能力和形势研判能力。

加强代表人士队伍建设。举办民营企业家研修班、接班人研修班、青年企业家理想信念教育座谈会，加强对非公有制经济人士特别是青年创业者的教育培训工作。制订《关于进一步发挥上海市工商联（商会）兼职副主席（副会长）作用的意见（试行）》，提高兼职副主席（副会长）的履职尽责能力和水平。

加快会员发展。研究制订创新会员发展方式，增强会员代表性、优化结构、扩大覆盖面工作方案。发挥工商联组织网络健全、联系广泛的特点，拓展发现代表性企业会员的能力。截至2013年12月，会员总数达73887户。

加强商会建设。开展工商联基层商会情况调研，形成全市基层商会情况调研统计分析报告，建立商会组织数据库。推进在开发区、园区、楼宇、市场、新兴行业等建立商会组织。加强行业商会组建，成立物联网产业商会、水产商会。

加强机关建设。制订《上海市工商联关于进一步加强党风廉政建设的实施意见》和《市工商联机关工作人员在国内（外）交往中收送礼品管理的实施意见》，提高党组以及全体党员干部的廉政意识。加大干部培养选拔工作力度，建立健全干部轮岗制度，组织干部基层挂职锻炼。

江苏省工商联2013年工作综述

2013年，江苏省工商联以开展党的群众路线教育实践活动为契机，紧紧围绕两个健康工作主题，服务省委、省政府中心工作，发挥作用，助推改革，为促进全省民营经济转型升级，实现科学发展作出了应有的贡献。

一、学习贯彻十八届三中全会精神，深入开展党的群众路线教育实践活动

十八届三中全会，是在我国改革开放新的重要关头召开的一次重要会议，提出了党在新的历史起点上全面深化改革的科学指南和行动纲领。为把学习贯彻活动引向深入，会同省委统战部，及时召开全省非公有制经济代表人士座谈会，统一思想，凝聚共识，号召广大非公有制经济人士切实把思想和行动统一到中央决策部署上来，把力量和智慧凝聚到落实深化改革各项任务上来。省工商联党组召开扩大会议，传达学习十八届三中全会和省委十二届六次全会精神，深入解读《中共中央关于全面深化改革若干重大问题的决定》，呼吁广大民营企业充分利用全面深化改革释放出来的红利，抓住机遇，创新发展。全省各级工商联也在十八届三中全会召开前后，开展了富有特色的学习活动，全省工商联系统和民营经济领域迅速掀起了学习贯彻热潮。

按照中央的统一部署和省委安排，省工商联作为第一批党的群众路线教育实践活动参加单位，全面开展教育实践活动。严格按照要求，从2013年7月份开始，召开动员大会，全面部署各项安排，成立教育实践活动领导小组及办公室，严肃有序开展本次活动。按照中央和省委要求，从学习教育、听取意见，查摆问题、开展批评，整改落实、建章立制三个环节入手，切实抓好工作落实，确保教育实践活动扎实推进。从党组到支部到处室，层层深刻剖析，查摆问题，分析原因，切实整改。经过半年多的积极努力，省工商联紧紧围绕目标任务，牢牢把握基本原则，认真落实各项要求，坚持突出工商联特色，活动取得良好成效。

二、广泛深入开展调查研究，切实履行参政议政职能

受省委、省政府委托，开展了“加快发展混合所有制经济，增强民营经济发展活力”的课题研究，并形成相应调研报告，得到了省委主要领导的肯定和批示。为进一步推进改革，促进民间投资健康发展，对“民间投资36条”实施细则贯彻落实情况开展调查评估，形成了近万字的评估报告。为推动“小微企业29条”政策的贯彻落实，对政策实施效果、存在的突出问题进行了梳理分析，形成“小微企业29条”贯彻落实情况评估报告，提出支持小微企业健康发展的对策建议，得到了省政府领导的批示肯定。开展全省民办养老机构发展情况调查和民营医疗机构调查，探讨民营医疗机构在基本公共服务保障中的作用、价值和发展路径。抓住国家新政策出台契机，完成了《促进江苏光伏产业发展的对策建议》，开展了全省民营船舶工业调研，为推动行业健康发展建言献策。参与全国工商联《新时期工商联理论框架体系》重点课题的研究工作，与江苏省民营经济研究决策咨询基地合作，完成了《促进非公有制经济健康发展是服务于党的经济工作的客观需要》分项目的理论研究。在全国工商联系统优秀调研成果评比中，省工商联推荐的一篇调研报告荣获一等奖，两篇获三等奖，一份提案获“优秀提案奖”。

对省工商联参政议政委员会进行了换届改选，成立了由12名企业家（包括中小企业代表）组成的新一届参政议政委员会。在省政协十一届一次会议上，作了题为“发展壮大民营文化产业，加快建设文化强省步伐”和“加强科技金融结合，促进民营科技企业发展”2篇大会发言，提交了11个团体提案，其中有2篇被列为重点提案。对全省工商联系统近两年来所涌现的优秀调研成果进行了评比表彰，共评选出优秀调研报告、理论文章一等奖7篇、二等奖14篇、三等奖16篇，优秀奖18篇。

三、积极开展教育引导，扎实推进理想信念教育活动

在前期抽样调查和充分试点的基础上，2013年5月，全省各地迅速成立领导小组，制订详细计划，进行周密部署，全面开展非公有制经济人士理想信念教育实践活动。一年来，紧紧围绕“民营企业家与中国梦”这一主题，结合各地和各企业实际，组织开展了形式多样的主题教育实践活动。据不完全统计，全省参与理想信念教育活动的企业家达到13万人次之多，参与开展活动的商会总数达到700多家。全省共举办各类报告会、论坛、讲座230场次，举办专题培训班150场。同时，积极组织企业与政府部门开展座谈研讨与专题协商等活动，以此促进政企交流与沟通。据统计，全省共举办政企交流活动111次，建立政企沟通长效机制119个，各地出台促进民营经济发展文件125个。共编发80期活动简报，刊发一期活动特刊，系统总结了68家优秀典型的先进经验，并汇编成册。在全面总结的基础上，隆重召开“全省非公有制经济人士理想信念报告会暨2013江苏民营企业家高层论坛”，把学习贯彻十八届三中全会精神与理想信念教育实践活动相结合，将教育实践活动全面推向纵深。

四、大力拓展服务领域，加快推进民营经济科学发展

继续以推进民营经济调结构、促转型为重点，改进工作作风，拓展服务手段，搭建服务平台，提升服务水平。持续关注民营企业科技创新情况，推动企业积极申报全国工商联科学技术奖，共征集科技进步奖申报项目52个，科技创新企业奖申报20家。有3个项目获得全国工商联科学技术一等奖，4个项目获得二等奖，13个项目获得三等奖，7家企业获得科技创新企业奖。同步开展上规模民营企业调研与履行社会责任统计工作。全省93家民营企业进入2013中国民营企业500强，苏宁电器集团、沙钢集团和雨润集团分列第一、第四和第八位，12家企业排名前50位，24家企业排名前100位。5家企业获得“全国就业与社会保障先进民营企业”荣誉称号。

积极探索中小企业技术需求与高校、科研院所科技资源对接的模式，多方征集两方需求，在江苏商会网站设立“技术项目超市”，搭建供需交流平台，建立资本与智力、技术合作机制，推动科技成果市场化，提升民营企业科技创新能力。在最近召开的省工商联中小企业委员会年会上，邀请省科研院所联合会部分单位、南京大学、东南大学、民生银行的代表与企业家面对面交流，取得了很好的成效。

先后组织企业参加第十七届西洽会、苏北发展投资推介会、第十九届兰洽会、第七届中国企业国际融资洽谈会、中国民营500强高端会议暨百家民企进河北合作项目恳谈会等投资考察活动，帮助企业拓展新的发展空间。

2013年，接待到省工商联友好拜会、洽谈合作的全球各界人士24批100多人次。成功举办了“2013江苏省商会对外友好联谊会——南美洲专场”活动，为广大民营企业开拓国际市场，“走出去”发展提供了更为广泛的交流平台。SES德国专家项目不断深入，全年共申请项目15个，达成专家配对11组，为民营企业加快技术创新和转型升级起到重要引导作用。全省民营企业构建和谐劳动关系取得重大进展，组建成立了“江苏省工商联律师顾问团”，为全省会员企业提供全方位的法律服务。会同省有关部门，召开了全省工资集体协商现场会，开展了“第四次江苏省模范劳动关系和谐企业和工业园区申报评选”表彰，进一步推动了民营企业内部关系的融洽，全省涌现出大批模范劳动关系和谐企业。

五、加强组织建设，充分发挥商会组织作用

为使全省工商联会员发展和组织建设在今后一段时间内继续保持全国领先地位，在广泛征求意见、充分调研的基础上，结合江苏实际，制订下发了《江苏省工商联会员发展和组织建设规划（2013～2017）》，积极推进会员发展和组织建设工作规范有序开展。截至2013年底，全省现有会员总数224921个，企业会员170242个，商会组织3336家，行业组织1627家。企业会员数、商会组织数继续名列全国第一。在2013年人社部和全国工商联开展的全国工商联系统先进评比表彰中，苏州市工商联荣获先进单位称号，王友诚同志荣获先进个人。

为进一步推动县级工商联组织建设工作，在全面调研基础上，开展了“五好”县级工商联示范点创建活动，出台了《江苏省县级工商联示范点的创建标准》。按照“一个设立、五个有”的目标要求，对全省县级工商联进行排查、梳理。全省县级工商联基本达到标准，成为全国率先达标的省份之一。武进区、海安县工商联被评为全国“五好县级工商联示范点”。

经过多年的努力，率先完成省级江苏商会全国覆盖，全国30个省份均成立了省级江苏商会。异地江苏商会的组建工作正在向省辖市延伸，部分省份已经完成了省辖市江苏商会的组建。“2013全国苏商家乡行”隆重举行，为促进江苏与各地的经济文化交流，促进苏商企业发展，打下了良好基础。

浙江省工商联2013年工作综述

2013年，在省委、省政府的正确领导下，在全国工商联和省委统战部的有力指导下，浙江省工商联始终坚持改革创新，积极主动作为，深入开展党的群众路线教育实践活动，扎实推进非公有制经济人士理想信念教育实践活动，成功举办第二届世界浙商大会和“十万浙商进百区”活动，全力服务浙商创业创新，不断加强组织建设，努力促进非公有制经济健康发展和非公有制经济人士健康成长。

一、扎实推进非公有制经济人士理想信念教育实践活动

根据中央统战部、全国工商联统一部署，广泛开展以“增强对中国特色社会主义的信念、对党和政府的信任、对企业发展的信心”为主要内容的非公有制经济人士理想信念教育实践活动。组织非公有制经济人士开展“浙商中国梦”大讨论、回报社会、推进和谐劳资关系构建、“政企面对面”、助推非公有制企业发展系列服务、先进典型宣讲六大系列活动，做到进商会、进企业、进车间、进员工，实现工商联系统商会全覆盖，会员参与率82.6%。会同省直有关部门合力开展“中国梦·浙商梦”主题实践活动，开展“中国梦·浙商情”系列征文、“最美浙商”挖掘宣传、“中国梦·浙商梦”——改革开放35周年纪念展等活动。积极引导非公有制经济人士自觉履行社会责任，组织企业参加光彩事业西藏行、大别山革命老区行、延安行，为四川芦山地震灾区捐款2.93亿元、光彩事业捐款5.82亿元；圆满完成6个低收入农户集中村和10个少数民族村的结对帮扶工作。理想信念教育实践活动得到县级以上党委政府主要领导批示121次，夏宝龙、乔传秀、王辉忠、葛慧君等省领导分别作出重要批示，给予充分肯定。

二、成功举办第二届世界浙商大会

根据省委、省政府部署，经过积极筹备，牵头32家省级有关单位，于10月25日至29日成功举办第二届世界浙商大会，全球62个国家和港澳台地区以及全国31个省（区、市）知名浙商代表、世界500强企业和外商在浙投资企业代表、中央企业和金融机构代表、专家学者、媒体记者等2000余人参加会议。精心策划大会主体活动、专题活动、市县活动，组织开展大会开幕式暨优秀浙商颁奖典礼、第二届世界浙商论坛、世界浙商大会执委会全体会议等20场活动，进一步唱响“创业创新闯天下、合心合力强浙江”的主旋律，激发了浙商回归发展、报效家乡的桑梓情，传递了新时期浙商群体的正能量，得到省委、省政府充分肯定和社会各界高度评价。

三、全面开展“十万浙商进百区”活动

联合省经合办、省侨办、省侨联举办“十万浙商进百区”活动，动员和组织天下浙商与省内136个产业集聚区、开发区、园区、重点城区开展项目考察和对接洽谈，促成一批浙商回归项目。截至12月底，全省共组织开展各类活动2262场，参加浙商13.6万人次，签订投资合同1177个，投资总额达4700多亿元，提交大会签约项目43个，总投资664亿元。

四、深入开展调查研究和参政议政工作

围绕实施创新驱动战略、扩大民间有效投资等开展调查研究，形成调研报告13篇。其中，《小微企业“保生存、谋发展”调研报告》获全国工商联系统优秀调研成果一等奖、浙江省党政系统优秀调研成果三等奖，《提升企业技术创新能力，打造“浙江经济升级版”》获全国工商联系统优秀调研成果二等奖，《放宽市场准入，扩大民间有效投资》调研报告得到李强等6位省领导重要批示。配合全国工商联开展“民间投资36条”和“小微企业29条”贯彻落实情况调研评估工作。积极参政议政，《扩大民间有效投资，振兴我省实体经济》团体提案作为省政协大会发言引起强烈反响；《关于尽早对我省3D打印产业进行战略部署的建议》得到毛光烈副省长批示，并作为重要提案由省经信委办理，并获得全国工商联优秀提案奖。首次召开以“拓展市场准入空间、扩大民间有效投资”为主题内容的界别协商座谈会，组织工商联界别政协委员、企业家代表和省有关部门面对面对话协商，在《人民政协报》头版刊登。率先开展民营企业监测工作，20个县（市、区）147家民营企业先行试点，在全国工商联专题工作会议上作经验介绍。

五、努力拓展经济服务

发起成立浙江省小微企业金融服务促进会，着力破解小微企业融资难题。与平安银行杭州分行签订战略合作协议，三年内向小微企业提供不少于500亿元意向性融资支持，合力助推小微企业发展。推荐61家企业申报全国工商联科技进步奖、创新奖和国家火炬计划项目。与省科协等单位联合开展全省民营企业科技奖评选工作。扎实开展第四次民营企业军民两用高新技术及产品研发生产情况专项调查和“质量月活动”。先后组织2500家企业参加各类经贸交流活动。认真组织民营企业500强调研工作，139家民营企业入围全国500强，连续15年居全国首位。

六、积极创新法律服务

率先出台商会调解工作指导意见，实施由工商联（商会）牵头、企业家参与、司法部门和法律专家学者支持的商会调解工作模式，并在全国推广。全国工商联法律工作座谈会暨商会调解工作现场会在义乌市召开，省工商联和义乌市工商联分别介绍经验做法。义乌市、诸暨市被全国工商联、最高人民法院列为全国商会调解与诉讼衔接试点单位。充分发挥浙商律师服务团作用，组织律师分赴11个市县开展“法律服务进民企——风险防范巡诊”活动。积极开展浙商维权，为会员企业挽回经济损失上亿元。认真履行协调劳动关系三方会议职责，联合有关部门开展第三批省创建和谐劳动关系先进企业和个人评选表彰等活动，推进和谐劳动关系建设。

七、不断深化对外交流

积极助推嘉善县域科学发展示范点建设，邀请英国、意大利、西班牙等12国驻沪总领事馆官员、商务机构和浙商代表200余人在嘉善成功举办“携手浙商”活动，累计促成投资项目24个，投资额达50.56亿元。参与举办浙江·台湾合作周、第二届世界旅游经济论坛等24场涉外经贸活动，共组织250余家外向型民营企业参加，为企业“走出去”牵线搭桥。组织企业参加省政府在美国、哥斯达黎加举办的大型系列经贸活动，促成签约项目3个；组织企业赴俄罗斯、捷克、德国等考察，协调引进海外浙商投资12亿元；接待来自美国、英国、法国等19个国家和地区的300余位外宾来浙考察；邀请中国香港中华出入口商会等5个海外工商社团近百名客商参加浙洽会；与中国台湾三三会和卢森堡大公国商会签署合作备忘录，与乔治华盛顿大学签订联合办学合作意向书，进一步密切与境外工商界的交流合作。与国家开发银行浙江省分行签订战略合作协议，获得308亿元授信支持，助推全省民营企业参与对外贸易与投资。

八、切实加强基层组织建设

大力发展会员，着力加强商会建设，不断拓展工商联组织网络。截至12月底，全省工商联共有会员190972个，较2012年增长9.56%，建立行业商会、异地商会、乡镇（街道）商会、村级商会等各类商会组织2374个。积极推动解决县级工商联建设中存在的主要问题，全面实现“一个设立、五个有”工作目标。与2011年底相比，全省县级工商联编制数由380个增加到433个，增加13.9%；合署办公的工商联由14个减少到7个，减少50%；办公考察培训经费列入同级财政预算的工商联由53个增加到90个，增加69.8%；90个县（市、区）工商联办公条件明显改善。浙江省加强县级工商联建设工作经验在全国工商联县级工商联建设经验交流会上进行交流。努力推进商会承接政府职能转移试点工作，会同温州市工商联现场办公，积极协调、指导帮助温州市鞋革行业协会试点工作取得突破，温州市6个政府部门与温州市鞋革行业协会签订承接转移职能协议，将8项政府职能转移给协会。

九、深入开展党的群众路线教育实践活动

按照中央、省委统一部署，在省工商联机关深入开展以为民务实清廉为主要内容的党的群众路线教育实践活动，聚焦作风建设，着力解决形式主义、官僚主义、享乐主义和奢靡之风“四风”问题。通过集中研讨、报告会专题辅导、观看电教片、撰写心得体会等方式，深入开展学习教育，努力提高思想认识。坚持开门搞活动，扎实开展基层走亲连心活动，广泛听取市县工商联、商会组织、企业家、机关干部等各方面意见建议，征集意见建议33项91条239条次。认真查摆分析问题，坚持立说立行、即知即改，认真制订18个方面113条具体整改措施，并抓好落实。严格执行中央八项规定和省委六个严禁等规定，扎实开展“严纪律、正作风、作表率”、文风会风治理等“六项集中行动”，取得明显成效，与2012年相比，会议减少30%，文件精简38%，清理评比达标表彰项目4个，接待经费下降56%。修改完善制度规章40个。通过开展党的群众路线教育实践活动，机关作风明显转变，“四风”问题切实解决，与基层群众联系更加密切，工作内容更加务实，工作指导更具针对性，工作制度化、规范化水平进一步提高，达到了自我净化、自我完善、自我革新、自我提高的目标。

安徽省工商联2013年工作综述

2013年，安徽省工商联认真贯彻落实党的十八大和十八届三中全会精神，着眼全国工商联十一大和省工商联十大确定的五年奋斗目标，团结凝聚广大非公有制经济人士，攻坚克难，扎实工作，锐意进取，全面服务和促进两个健康，为全面转型、加速崛起、兴皖富民作出了积极贡献。

一、扎实开展理想信念教育实践活动，促进非公有制经济人士健康成长取得新成效

根据中央统战部和全国工商联统一部署，围绕“民营企业家与中国梦”主题，在全省扎实开展非公有制经济人士理想信念教育实践活动。将思想政治工作寓于服务企业发展当中，坚持为企业解疑释惑、排忧解难，举办了政策宣讲、典型宣传、征文比赛、大讨论等丰富多彩的活动，召开了高规格的全省非公有制经济人士理想信念报告会，省委书记张宝顺出席并讲话，取得了良好成效。一批自觉转型升级、努力实现科学发展的企业典型和坚定“四信”的非公有制经济代表人士纷纷涌现，全省广大非公有制经济人士的“信念、信任、信心、信誉”显著增强。广泛开展宣传表彰活动，引导和激励更多非公经济人士健康成长。省工商联副主席、科大讯飞董事长刘庆峰在全国非公有制经济人士理想信念报告会上作先进典型发言；3家企业获得全国工商联、人社部、全国总工会“全国就业与社会保障先进民营企业”表彰；3名企业家被全国工商联、全国总工会评为“全国关爱员工优秀民营企业家”；一大批民营企业完成全国工商联科技进步奖、安徽省卓越绩效奖、安徽省诚信示范企业、安徽省著名商标的评比申报工作。开展形式多样的教育培训工作，全省工商联系统全年共举办培训237场，培训经费支出1860.4万元，培训非公有制经济人士38213人次，工商联干部2835人次，在加强“两支队伍”建设、促进两个健康方面取得了一定成效。继续推进“同心工程”“光彩事业”，引导民营企业家致富思源、富而思进，履行社会责任。组织省内知名民营企业参加中国光彩事业延安行、西藏行、赣州行活动，加大对贫困地区的帮扶力度。向中国光彩事业促进会争取2000万元捐款用于发展革命老区金寨县的经济。组织省工商联15家副主席、副会长单位与金寨县斑竹园镇桥口村签订帮扶协议，3年帮扶协议资金达1500万元。

二、围绕党委、政府中心工作，服务全省改革发展大局取得新成绩

主动发挥经济服务功能，促进了全省区域经济协调发展。与六安市人民政府共同承办了“中国光彩事业六安行暨安徽省与全国知名民营企业合作发展活动”，协助各地开展招商推介工作，全省共签约合同项目988个，投资规模达6644亿元。其中，5亿元以上合同项目352个，投资规模达5316亿元，分别占合同总数和总投资规模的36%和80%。做好会议签约项目的跟踪服务，截至2013年底，204个会议签约合同项目已开工175个项目，投资规模达2806亿元，分别占签约合同总项目数及总投资规模的86%和81%，开工项目累计完成投资额达562亿元。推动“百家民企进皖北”，举办了蚌埠行、淮北行活动，两次活动现场签约合同项目49个，合同投资额累计达808亿元，省工商联分别与两市签订战略合作框架协议，形成了民营企业助推皖北发展的长效机制。引导商会组织和民营企业投身皖江示范区建设，先后在安庆市、合肥庐阳区和滁州来安县开展“商会合作共建皖江”活动，搭建了民营企业和地方政府间的项目对接桥梁。成功开展“全省民营企业百名排序”活动，加大对排序结果和数据的综合分析利用，为党委政府、省内企业了解全省民营经济发展状况、优化产业结构和生产力布局提供了决策参考。针对民营经济热点难点问题，组织开展建筑业、餐饮业、民办高校发展、民营金融机构建设、民间资本进入矿产资源领域和城镇化建设等专项调研活动，通过“工商联直通车”向省委、省政府反映问题、建言献策。省委书记张宝顺及省委、省政府多位负责同志分别就有关问题和建议作出批示，推动了相关问题的解决。在省工商联的积极推动下，全省16个市和78个县（市、区）相继建立工商联直通车工作机制，为地方党委、政府掌握民营经济发展情况，进一步优化发展环境起到了促进作用。利用“两会”平台放大参政议政效果，向全国和省“两会”提交了一批有分量有质量的团体提案，其中《关于出台安徽省“新36条”实施细则，进一步营造多种所有制经济平等竞争环境的建议》得到省长批示，《进一步解放思想，谋划和推动民营经济大发展》的省政协大会发言被省委办公厅以《内部通报》形式印发全省学习。

三、建立健全工商联服务体系，推动民营经济健康发展取得新进展

发挥安徽省工商联商会调解中心和安徽省商联劳动争议预防调解中心作用，积极做好涉民营企业纠纷调解和案件仲裁工作。参加省协调劳动关系三方会议并积极履行企业代表方职责，参与《安徽省企业民主管理条例》调研论证和全省最低工资标准制订，开展民营企业劳动关系调研，积极构建和谐劳动关系。加大商会立法工作力度，推动《安徽商会发展条例》列入了安徽省第十二届人大常委会立法规划。成立省工商联服务民营企业“走出去”办公室和对外友好工作委员会，进一步整合资源，探索服务民营企业“走出去”工作机制。加强对外联络交流，先后与“台湾中华工商会”、非洲中华总商会、英国英中贸易协会结成友好商会。组织民营企业参加重大国际性经济活动，组织报送省内民营企业与俄罗斯伏尔加河沿岸联邦区合作项目。举办民营企业“走出去”培训会，提高工商联、商会和民营企业“走出去”工作实效。利用省工商联投融资服务中心平台，开展形式多样的银企对接活动，探索建立金融机构与商会组织合作机制。据不完全统计，目前全省工商联系统累计为各类金融机构推荐项目260余个，拟投融资额48亿元，实际发放贷款12亿元。发挥省工商联人才市场作用，开展了民营企业招聘周、春季大型招聘会、高校毕业生专场招聘会和退伍转业军人专场招聘会等活动，积极开展社会就业服务，有力缓解了社会就业压力。组织开展“民营经济政策宣传月”活动，深入商会、企业宣传国家和安徽省新出台的民营经济扶持政策，帮助更多企业知晓政策、用好政策。完成省工商联网站改版和信息发布平台建设，建立了全省工商联办公自动化系统。完善“联商在线”中小企业公共服务平台，推动“联商在线”与安徽移动合作，推出面向全省民营企业的手机报，及时提供产业、政策、融资、市场等信息服务。

四、深入开展党的群众路线教育实践活动，加强工商联组织自身建设取得新成果

按照中央和省委部署，认真贯彻执行中央八项规定和省委有关要求，深入开展党的群众路线教育实践活动，认真查摆自身不足，着力解决“四风”问题，进一步加强领导班子建设、干部队伍建设，努力改进作风，深入企业开展调研帮扶，密切与非公有制经济人士联系，增强工商联服务科学发展和实现自身科学发展水平。在会员发展和管理上做到程序全、底数清、动态明、质量高，以发展企业会员和团体会员为重点，积极发展现代农业、先进制造业、现代服务业、高科技产业、战略性新兴产业类会员企业，将热爱工商联事业的非公有制经济人士吸纳到工商联队伍中来。截至2013年底，全省工商联共有会员15.5万个，其中企业会员5.6万个。切实加强各类商会、协会建设，2013年全省新成立商（协）会59个，其中省工商联直属商会6个，全省各级行业商（协）会共计457个，省工商联直属商（协）会59个，乡镇基层商会1135个，组织网络比较健全。加强基层工商联组织建设，全省县级工商联基本达到“一个设立、五个有”的总体目标，芜湖县和来安县工商联被全国工商联评为全国“五好”县级工商联建设示范点。

福建省工商联2013年工作综述

2013年，福建省工商联深入学习贯彻党的十八大及十八届二中、三中全会和习近平总书记系列讲话精神，按照省委九届九次、十次全会和全国工商联十一届二次执委会议部署，牢牢把握两个健康工作主题，以开展非公有制经济人士理想信念教育、推动小微企业社会化服务体系建设、改变基层建设薄弱状况为重点，着力抓好“五个一批”，扎实开展党的群众路线教育实践活动，以转变工作作风的实际成效，喜迎省工商联60周年华诞，为推进福建科学发展跨越发展、实现“百姓富、生态美”有机统一作出了积极贡献。

一、承办第四届世界闽商大会，助力民企产业项目对接

按照省委省政府推进“三维”对接、促进民资回归的战略部署，全力参与闽商大会的筹办工作，制作了《闽商情·中国梦》的专题宣传片，做好“闽商建设海西突出贡献奖”和“福建省非公有制经济人士捐赠公益事业突出贡献奖”表彰工作，搭建起海内外闽商回归创业的平台。全国政协副主席、全国工商联主席王钦敏出席大会并致辞，寄望广大闽商继续以强国富民为己任，继承优良传统，弘扬闽商精神，成为中国梦的实践者。省委书记尤权对闽商大会筹办工作给予了充分肯定。同时，配合省政府做好民企产业项目对接工作，在第三届福建民企产业项目洽谈会签约仪式上，经全省各级工商联参与牵线搭桥推进的项目共36项，占总签约项目的33%，签约投资额971亿元。苏树林省长为此批示：“工商联的工作很有成效，促进了民企投资，望再接再厉。”

二、开展理想信念教育实践活动，大力促进两个健康

坚持把理想信念教育实践活动作为在非公有制经济领域开展中国特色社会主义学习实践活动的重要方式，紧紧围绕“民营企业家与中国梦”主题，按照省委关于“突出主题、突出主体、突出教育、突出实效”的要求，加强对活动的组织领导。先后举办三期培训班，对105家民营企业文化建设优势企业进行授牌，开展了“闽商与中国梦——2013福建民企暨微公益电视访谈”活动，实况视频在网络平台上的点击量累计约25万次。同时，坚持思想教育与实践教育相结合，组织参与光彩事业安徽行、延安行、西藏行，发动民营企业家为光彩基金捐赠1.8亿元，为雅安地震灾区捐款捐物2亿多元；举办闽商光彩助学宣传日暨2013年“同心·海西春雨光彩助学”捐助仪式，联动全省各级工商联筹集4210.6万元帮扶5568名困难学生；对口帮扶连城林坊乡项目建设260万元，支持永泰县“潭美”灾后建设100万元，开展“光彩·粉红丝带行动”资助民企患病女员工；实施“光彩公益培训”活动，培训1000名贫困茶农、100名茶艺师，取得了良好的社会效益。福建电视台及《福建日报》《中华工商时报》《闽商报》以大量篇幅报道了活动情况。省工商联还汇编了《前进的步伐》一书，宣传树立先进典型，极大地增强了非公有制经济人士对中国特色社会主义的信念、对党和政府的信任、对企业发展的信心、对社会的信誉。省领导对活动的开展作出了重要批示肯定。

三、深入调查研究，推动参政议政工作取得实效

坚持把调查研究工作作为工商联的基础性工作，注重以实践中的问题为导向，深入基层、企业听取“原声带”，积极参政议政，取得了丰硕成果。与省政协、省委统战部联合开展了中小微企业市场化公共服务平台专题调研，提出《加快市场化公共服务平台建设，改善民营经济服务体系的建议》，被列入省政协十一届二次会议专题协商议题和大会发言。开展全省非公有制经济人士思想状况调研，形成的《调研报告》得到苏树林省长、张志南常务副省长的批示肯定，并获得第九届“建言献策大会”优秀调研成果一等奖，另有4篇调研报告也获得表彰。《关于扶持我省航运业抵御行业危机的报告》等3项反映民企诉求的社情民意，得到省领导高度重视，相关政府部门研究提出解决措施。在省政协十一届一次会议上，提交了团体提案14件，得到46个办理单位的认真回复和相关部门的重视采纳。

四、创新服务载体，激发民营经济活力和创造力

着力开展“党政所需、民企所盼、工商联所能”的工作，大力推动中小微企业市场化服务平台建设，实施培育“百家市场化公共服务平台”计划，推荐10多家民营社会化服务平台进入省首批“公共服务示范”平台目录。做好中小微企业监测点的建设工作，完成了100家监测点企业的注册、登记工作。支持民生银行福州分行发起筹建“福建省民商小微企业发展服务中心”，支持省民营企业商会牵头成立福建省第一个自助性的“民企发展基金”，为小微企业发展提供融资支持。深入开展“民营经济政策进万企”宣传活动，举办“用足激励政策，创建强势品牌”公益巡回论坛，加强与《福建日报》等主流媒体及新浪网等新兴媒体的合作，运用网龙“云办公”平台传导政策资讯，引导民企用好用活用足政策。顺利完成《福建工商时报》更名《闽商报》工作并进行全新改版，进一步贴近民企需求。继续做好职称评定工作，全年经省工商联考核评审并经人事部门批准确认，获得非公有制企业专业技术职称的有424人。开设“民企发展论坛”“创业讲堂”，举办“第六届中德经济合作对接会”等，为民企发展提供了政策、技术、信息、人才、“走出去”等服务。福建民营经济发展的质量和效益不断提高，2013年民营经济占全省经济总量的比重达到了67.2%。

五、纪念省工商联成立60周年，继承和发扬优良传统

以清新简朴的形式开展系列纪念活动，展示工商联的历史与成就，宣传非公有制经济的成长与贡献。在纪念福建省工商联成立60周年座谈会上，省委副书记于伟国代表省委、省政府，高度评价省工商联不愧为党和政府联系非公有制经济人士的桥梁纽带、不愧为政府管理和服务非公有制经济的得力助手、不愧为福建科学发展跨越发展不可或缺的重要力量，并充分肯定纪念活动“喜、简、实”。省政协副主席、省委统战部部长雷春美也对工商联工作提出了指导意见。同时，以“六十载传承与发展”为主题举办了征文和书画摄影展活动，依托闽商报社巡回开展“走基层、送服务、谋发展”系列座谈会，为民企发展解疑释惑、献计献策，取得了良好的社会反响。

六、开展党的群众路线教育实践活动，切实加强自身建设

作为第一批群众路线教育实践活动单位，严格按照省委统一部署，坚决执行中央“八项规定”，贯彻落实“四下基层”和“马上就办”工作机制，坚持开门搞活动，深入开展“下基层进企业周”调研活动，广泛征求意见，查摆“四风”问题，梳理了34条意见建议，认真对照并加强整改，形成了“两方案一计划”。注重建章立制，新建及修订了《兼职副主席（副会长）轮值工作制度（试行）》《兼职副主席（副会长）联系常委、执委工作办法》等5项制度，建立“同类对标”工作机制，健全工作进展反馈和督办机制，选派10多名年轻干部参与援藏和乡、村、基层商会挂职锻炼，以作风、文风、会风的改进，提升了工商联干部的政治把握能力、调查研究能力、群众工作能力、落实推进能力，为完成全年目标任务提供了有力保障。异地商会发展、民营企业文化建设、信息等工作走在工商联系统前列。同时，坚持面向基层、重心下移，配合省委做好中央16号文件和省委5号文件贯彻落实的督察工作，推动大部分县级工商联的编制、经费、车辆等实际困难得到有效解决，确定了19个全省“示范点”和9个“‘五个好’建设创建点”县级工商联，基本实现“一个设立、五个有”目标，全面推进“五好”县级工商联建设。坚持发展与规范并重，积极培育和发展中国特色商会组织。截至2013年底，福建省工商联会员已达136604个，所属各类商会1615家，其中异地商会779个、行业商会376个，基层商会实现了量质齐升、有序发展。

江西省工商联2013年工作综述

2013年，在省委、省政府的正确领导下，在全国工商联、省委统战部的精心指导下，江西省工商联解放思想，大胆创新，高要求开展非公有制经济人士理想信念教育实践活动，高质量代省委、省政府起草促进非公有制经济发展文件，高力度推进“三项重点工作”，高水平办好“中国光彩事业赣州行”活动，高标准开展党的群众路线教育实践活动，各方面工作取得了新进展、新成效。

一、突出江西特色，高要求开展非公有制经济人士理想信念教育实践活动

一是围绕“全民创业、跨越发展”“抱团合作、同心同行”“协同创新、转型升级”“履行责任、振兴苏区”四个专题，精心组织开展三个层次的大宣讲活动，分别由省工商联领导班子和专家学者赴设区市、兼职副主席（副会长）在所在地区和企业，机关处室主要负责人赴直属商会进行专题宣讲。据统计，共举办26场宣讲会，5000余名非公有制经济人士聆听宣讲。二是把江西红色资源优势作为理想信念教育的生动教材。省工商联组织130名非公有制经济人士重走“小平小道”，各设区市、县组织非公有制经济人士参观井冈山革命根据地、瑞金苏维埃政府、上饶集中营、安源路矿工人运动纪念馆、方志敏烈士纪念馆等，聆听革命先辈英雄事迹、学习革命斗争历史、吟唱红色革命歌曲。三是注重解决企业难题促发展。省工商联完善法律维权“绿色通道”，成立维权服务中心，全年为非公有制企业成功维权30多起。南昌组织企业家赴香港开展上市研习教育，九江开展“百博挂百企”，吉安与银行建立金融战略合作，上饶成立小微企业促进会和城市商业合作社，积极帮助企业解决融资等问题。省委对教育实践活动高度重视，省委常委会进行了专门研究。活动过程中省委书记强卫还作了重要批示，充分肯定教育实践活动成效。报送信息被全国理想信念教育实践活动简报采纳9篇，《中华工商时报》刊发了《江西理想信念教育实践活动成效显著》文章，专题报道宣传全省教育实践活动情况。

二、立足整体推动，高质量代省委、省政府起草促进非公有制经济发展文件

围绕非公有制经济发展热点、难点和焦点问题，开展调查研究，大胆建言献策，提案《对民间资本全面开放金融市场准入》在《人民日报》内参上刊登。向省政协十一届一次会议提交8份提案、3份大会发言稿和2份联组发言稿。其中大会发言《以改革创新精神推动非公有制经济跨越发展》，得到省领导的高度重视，并批示由省委统战部、省工商联代省委、省政府起草促进非公有制经济发展的意见。采取领导带头调研、网络调研、座谈调研、发函调研等办法，开展立体式、全方位、深层次的系统调查研究工作，深入全省60多个市县，走访16个外省市工商联及当地江西商会，召开各方面、各层次的座谈会50多场，被调研对象2000余人。在此基础上，提出未来5年全省非公有制经济发展主要目标和政策举措，形成意见初稿，征求了省纪委、省委组织部、省发改委、省政府决策咨询委等28个省直有关部门意见建议，并多次召开相关座谈会进行反复讨论，反复斟酌，最终八易其稿形成送审稿。2013年12月20日，省委、省政府以深入贯彻落实党的十八大、十八届三中全会精神“1 + N”个文件中首批文件的方式，出台了《关于大力促进非公有制经济更好更快发展的意见》（赣发〔2013〕14号），以全面深化改革为引领，从六大方面共28项具体举措，进一步解放思想，凝聚力量，大力促进全省非公有制经济更好更快发展。

三、着眼厚基活体，高力度推进“三项重点工作”

一是全省基层组织建设强劲。截至2013年底，全省工商联共有会员87763个，比2012年底增加23233个，增长36%。其中企业会员52003个，增长48.4%；团体会员2192个，增长60.7%；个人会员33568个，增长19.17%。2013年，省工商联新建直属商会3家，在建商会6家，现有各类直属商会34家，全省工商联共有各类商会组织1654个。全省101个县级工商联编制总数386个，实有工作人员438人，总经费1544万元，工商联基层组织“高位截瘫”状况得到改善。省非公党工委建立健全直接管理、联系重点企业党组织制度，探索建立“商会+党组织+会员企业”的党建工作模式，非公党建工作水平得到有效提升。二是全省基础设施建设有力。出台《省工商联基础设施建设十年规划》，总结推广商会大厦或总部基地建设“省总商会模式”“吉安模式”“万年模式”，召开现场推进会促进基础设施建设。总投资额达63亿元的省总商会城市综合项目建设用地成功摘牌，并即将开工。市县商会大厦建设取得重大突破，5个市县已经建成商会大厦，5个市县的商会大厦正在建设，16个市县正在积极筹建。行业商会、异地商会大厦也在积极建设，抚州市委、市政府在黄金地段规划330亩土地用于总部经济建设，赣抚商会、京抚商会、昆明市抚州商会已签订用地协议；吉安广东商会粤商大厦正在建设，福建商会大厦已取得建设用地；九江广东商会总部楼宇项目、浙江商会大厦正在建设，福建商会已获土地审批。三是两个健康工作主题得到积极实践。在全省全面开展上规模企业调研工作，首次召开“江西省民营企业100强发布会”，成立江西省民营经济研究会。组织219名企业家参加了首届全球赣商博鳌论坛、青海省（甘肃省、拉萨市）项目推介会和第十二届世界华商大会。积极引导非公有制经济人士参与光彩事业和公益事业，向四川省芦山县地震捐款捐物1206万元。晶科能源等4家企业被评为“第五届全国就业与社会保障先进民营企业”；博能集团董事长温显来等20余名企业家，荣获“全国关爱员工优秀民营企业家”“2013紫荆花杯杰出企业家”“全国非公有制经济人士理想信念教育实践活动先进典型”“江西省第五届光彩事业国土绿化贡献奖”等荣誉称号。

四、助推经济发展，高水平办好“中国光彩事业赣南行”活动

以国务院支持赣南等原中央苏区振兴发展为契机，省工商联协同省委统战部，会同赣州市委、市政府，成功申办“中国光彩事业赣州行”活动。10月21日，由中国光彩事业促进会、江西省人民政府主办，以“弘扬光彩精神、凝聚民企力量、助推赣南苏区振兴发展”为主题的“中国光彩事业赣州行”活动在赣州市开幕。省委书记强卫宣布活动开幕，中央统战部副部长，全国工商联党组书记、常务副主席全哲洙出席活动并讲话，省长鹿心社致辞。来自全国的200多位民营企业家参加活动。活动期间，共签约113个项目，签约总金额达1040.9亿元。在开幕式现场，签约30个重大项目，投资总额为663.1亿元。在公益捐赠仪式上，中国光彩会民营企业家们向赣州市捐资2070万元，用于瑞金市烈士遗属及烈士子女危旧房改造等公益事业。活动的开展，增进了江西与全国知名企业家的联系，促进了全国知名企业家与江西的合作。同时，继续做好广昌示范区发展振兴工作，牵线搭桥促成装饰工程配套五金项目投资1000万元落户广昌，目前正在办理用地手续。民生集团、泰豪集团、江西泉州商会捐赠200万元，用于广昌小学改建、资助品学兼优的贫困学生。

五、狠抓自身建设，高标准开展党的群众路线教育实践活动

坚持把学习作为首要任务，采取观看专题片、举办专题报告会、进行警示教育、“红色”教育和组织学习讨论等多种形式，认真学习党章、廉政准则、党的十八大报告和十八届三中全会精神，深入学习习近平总书记一系列重要讲话和强卫书记重要讲话精神。在省工商联机关，开展学习中央统战部副部长，全国工商联党组书记、常务副主席全哲洙同志讲话精神促进思想解放大讨论活动；在全省工商联系统，开展建设服务型工商联（商会）大讨论，进一步促进全省工商联干部运用辩证思维、系统思维思考谋划非公有制经济工作，统筹安排工商联工作。广泛征求到对改进机关作风等方面的70条意见建议，认真查摆了“四风”方面存在的突出问题。立足解决“四风”问题，根据中央“八项规定”、省委“若干规定”，对工作制度和规定进行系统评估，重点完善7项制度、新建5项制度。通过开展教育实践活动，进一步坚定了机关党员干部的理想信念，增强了宗旨意识和群众意识，机关作风、机关面貌得到较大改观。在中心工作、业务工作叠加的情况下，会议经费较2012年下降37%；发文减少17个；压缩“三公”经费13.7万元。积极争取有关部门对工商联的支持，省财政追加专项经费100万元，并列为经费预算基数；核增省工商联机关行政编制2名，机关后勤事业编制4名。

山东省工商联2013年工作综述

2013年，山东省工商联高举中国特色社会主义伟大旗帜，坚持以邓小平理论、“三个代表”重要思想、科学发展观为指导，深入学习贯彻党的十八大和十八届二、三中全会精神，深入学习贯彻习近平总书记系列重要讲话和视察山东重要讲话精神，深入学习贯彻中央16号文件精神，在山东省委、省政府的正确领导下，在全国工商联的有力指导下，牢牢把握两个健康工作主题，以深入开展党的群众路线教育实践活动和非公有制经济人士理想信念教育实践活动为主线，围绕中心，服务大局，立足优势，积极作为，较好地完成了各项工作任务。

一、深入开展理想信念教育实践活动

牢牢把握“民营企业家与中国梦”主题，紧密联系山东省经济社会发展实际和非公有制经济人士思想实际，精心设计活动载体，创新活动形式，扎实推动非公有制经济人士理想信念教育实践活动开展，取得了显著成效。一是积极争取领导支持。中央统战部、全国工商联对山东省教育实践活动高度重视，全国政协副主席、全国工商联主席王钦敏，中央统战部副部长，全国工商联党组书记、常务副主席，全国非公有制经济人士理想信念教育实践活动领导小组组长全哲洙，全国工商联副主席、全国非公有制经济人士理想信念教育实践活动领导小组副组长庄聪生、李路等领导同志多次到山东省调研指导，并把淄博市确定为全国教育实践活动试点和全哲洙同志联系点。省委常委会专题研究，省委书记姜异康、省长郭树清多次听取汇报，作出重要指示。成立高规格活动领导小组负责活动实施，省委常委、统战部部长颜世元同志亲自担任组长，以省委办公厅名义转发活动《实施意见》。二是多措并举深入推动。坚持科学谋划，强化督促指导，深入开展调研活动，加强舆论宣传引导，为活动的顺利开展营造了良好氛围。举办专题培训班、先进事迹报告会，组织感恩革命老区延安行、沂蒙行，接受革命传统教育，奠定了良好的思想基础。广大非公有制经济代表人士特别是党员出资人带头学习、带头实践，充分发挥了示范和骨干作用；各级商会会长、秘书长结合所在商会特点组织会员企业参加教育实践活动，扩大了活动覆盖面，推动了活动向纵深拓展。三是协同各方增强实效。坚持解疑释惑与解决实际问题相结合，与党的群众路线教育实践活动相结合。山东省直有关部门特别是发改委、科技厅、地税局、工商局、金融办等领导小组成员单位积极搭建平台，加强政企对话，形成问政、问计、问需于企业的长效机制；省发改委、科技厅、金融办等有关部门进一步放宽准入，简化审批事项，出台了一系列服务非公有制经济发展的新举措，为活动开展提供了有力支持，增强了活动实效。通过教育实践活动，全省非公有制经济人士进一步强化了对中国特色社会主义的信念、对党和政府的信任、对企业发展的信心，优化了非公有制经济发展环境，激发了非公有制经济的活力和创造力。

二、发挥优势服务中心大局

结合开展的理想信念教育实践活动，姜异康、郭树清、颜世元等省领导拜访全国工商联，积极争取到由山东省承办全国工商联十一届三次执委会暨全国知名民营企业家助推山东转调创投资洽谈会。在淄博市举办的全国工商联直属商会深化理想信念教育实践活动会议暨经贸洽谈活动，达成合作意向 28 个，意向投资 1600 亿元。组织开展多次全省优秀民营企业家“市县行”活动，引导广大非公有制企业家积极参与“两区一圈一带”建设，达成一系列投资合作协议。召开全省民营企业“走出去”工作经验交流会，探索加快民营企业“走出去”工作便利化的思路和方法，引导民营企业加快“走出去”步伐。先后组织非公有制企业家赴澳大利亚、新西兰，南非、加纳，美国、加拿大，德国、法国等十几个国家进行投资考察。组团参加“香港山东周”“台湾山东周”“两岸中小企业发展论坛”等活动，达成了一批合作意向和合同，效果良好。

三、把握主题服务两个健康

搭建政企对话交流平台，与省政法委共同召开全省政法工作服务促进非公有制企业发展座谈会，省委常委、政法委书记才利民同志出席会议并讲话，省公、检、法、司、安等政法部门主要负责同志出席会议，随后出台了正式意见，建立了联席会议制度；与省发改委联合召开座谈会，省发改委主要负责同志和各处室主要负责人面对面听取非公有制经济代表人士意见建议，答疑解惑，推动有关问题解决。开展人才、科技、银企“三对接”活动，努力破除非公有制企业发展瓶颈，有力地促进了非公有制企业发展。深入开展全省非公有制企业“实力百强”“创新百家”“公益百星”三项评选活动，为广大民营企业树立了科学发展的标杆，取得了良好的社会影响。

四、加强组织建设夯实工作基础

认真贯彻全国加强县级工商联组织建设会议精神，稳步推进县级工商联建设。起草并印发《全省县级工商联建设年活动有关情况数据调查分析报告》，指导各市掌握情况、查找不足、改进工作；确定 10 个县级工商联为驻会领导联系点，重点帮扶、以点带面、推动工作。加大对直属商会指导力度，制订会员发展规划，推进会员队伍建设，做好直属商会换届工作和商会年审工作，推动商会建立和健全规章制度；定期召开商会秘书长联席会议、异地商会会长座谈会，听取工作情况，帮助解决困难，推动了商会工作有序开展。

五、稳步推进非公有制经济组织党建工作

加强对全省非公党建工作协调指导，推动工作的目标化、规范化、制度化建设。积极推进全省非公有制企业社会管理工作，参与山东省“两新组织”服务管理工作检查考核工作，参加省综治办召开的有关部门职能处室负责人会议并提出贯彻落实建议，认真筹备全省非公有制经济组织服务管理工作现场会。加强出资人队伍建设，抓住出资人这个关键环节，加快非公有制企业党建步伐。结合理想信念教育实践活动，评选表彰全省百名非公有制企业优秀党员出资人，树立了一批典型，起到了良好导向作用。

六、深入调查研究积极建言献策

山东省工商联围绕中心大局，紧扣工作主题，积极建言献策，充分利用各类议政平台，集中反映非公有制企业意愿诉求。省“两会”期间，提交团体提案 14 件。按照全国工商联部署，完成了民营企业问卷调查、上规模企业调研、民营企业参与光彩事业情况统计、民营企业军民两用高新技术及产品研发生产情况专项调查以及落实“民间投资 36 条”实施细则贯彻落实情况调查评估等工作。借助《中华工商时报》《山东统一战线》等，集中宣传非公有制经济代表人士典型及其先进事迹，在《大众日报》刊登了《认真学习贯彻党的十八届三中全会精神山东非公有制经济代表人士畅谈中国梦感言摘登》，营造了有利于两个健康的浓厚氛围。

七、机关自身建设取得新进展

认真组织开展党的群众路线教育实践活动，组织领导班子成员深入查摆遵守党的政治纪律、执行中央八项规定中存在的不足，以及形式主义、官僚主义、享乐主义、奢靡之风方面表现，开门征求意见，认真开展批评和自我批评，制订整改措施，边学边改、边查边改、边整边改。认真贯彻落实中央八项规定和省委《实施办法》，制订具体《实施细则》，切实改进工作作风、密切联系基层、改进文风会风和厉行勤俭节约。深入开展“省级文明单位”创建活动，组织开展“作风年”活动。举办“我与工商联”（我为在工商联工作而荣耀，我为工商联事业发展而骄傲，我为工商联做了一点事情而自豪）演讲比赛。围绕从事机关工作应具备哪些基本能力、做好本职工作需要哪些履职能力、个人在能力方面存在哪些不足以及如何提升能力、化解“能力不足的危险”等问题，全面加强工商联机关的思想、作风和能力建设，努力打造一支想干事、能干事、干成事的机关干部队伍，不断提高机关工作的规范化、制度化、科学化水平。

河南省工商联2013年工作综述

2013年，河南省工商联以开展非公有制经济人士理想信念教育实践活动和党的群众路线教育实践活动为契机，深入调查研究，积极建言献策，转变工作作风，两手抓、两不误，推动各项工作取得了新成绩。

一、理想信念教育实践活动扎实开展

5月以来，省工商联在全省范围内集中开展非公有制经济人士理想信念教育实践活动。活动得到省委、省政府高度重视，省委召开常委会议听取专题汇报，省委书记郭庚茂、省长谢伏瞻作出重要批示，省委常委、统战部部长史济春担任活动领导小组组长。省工商联及时召开电视电话会议，制订实施意见和活动方案，成立了推进工作组，召开了推进工作会议，在全省范围内掀起了活动热潮。中央统战部副部长，全国工商联党组书记、常务副主席全哲洙专程来豫调研，对河南省的教育实践活动给予具体指导。省工商联提出了“六围绕、六结合”的工作思路和要求，即围绕河南三大战略建设的新机遇，河南打造经济升级版的新格局，省委、省政府创造民营经济发展的新环境，民营企业倒逼转型升级的新形势，发挥优势、以商招商的新任务，党和政府对民营经济和民营企业家寄予的新希望，要求各级工商联切实把理想信念教育实践活动与推进重点工作结合起来，把深入调研与指导督导结合起来，把引导教育与自我教育结合起来，把树立典型与扩大覆盖面结合起来，把解疑释惑与解决实际问题结合起来，把发挥好工商联主导作用与企业主体作用结合起来，做到规定动作有亮点、自选动作有特色，推动活动抓实、抓好、抓出成效。省工商联编发活动简报63期、手机信息128条，其中14期简报被全国工商联采用，在全国位居前列。理想信念教育实践活动在领导高度重视、工商联大力推动、企业商会积极参与下，取得了积极成效。

二、宣传教育工作特色鲜明

（一）深入学习党的十八届三中全会精神

召开非公有制经济人士学习全会精神座谈会，印发《关于深入学习贯彻党的十八届三中全会精神的通知》，在《河南工商界》开设学习宣传全会精神专栏。

（二）创办豫商课堂

围绕民营企业转型升级、中国梦等主题举办了9期报告会，邀请省人大常委会副主任张大卫、中国外交学院原院长吴建民和北京师范大学教授于丹等授课，4000多名非公经济人士听课受益。发挥企业家副主席优势，与河南广安集团、康利达集团、汉威电子等企业联合举办报告会。

（三）创新宣传形式

以省总商会副会长、春江集团董事长、辉县裴寨村党支部书记裴春亮先进事迹为原型，编排大型现代豫剧《春满太行》，大力宣传当代民营企业家艰苦创业、致富思源的奉献精神。

（四）拓宽宣传渠道

在《河南日报》开设《产经天地》专版，编发20期专稿，宣传民营企业、企业家典型和工商联工作经验。

（五）树立先进典型

在全省工商联系统开展“十大亮点”工作评选活动，与省广电局联合开展了“河南省年度经济人物”评选活动，评选表彰一批非公有制经济人士。

（六）加强民营企业文化建设

与省委宣传部、省委统战部联合出台《关于推进民营企业文化建设的指导意见》，召开了全省推进民营企业文化建设会议，开展了示范点创建活动，建立示范点805家，其中省级53家。

（七）开展诚信教育

与省预防腐败局联合开展了“反对贿赂、公平竞争”宣传月活动，举办了全省工程建设项目廉政风险告知书发放仪式暨河南省工商界“反对贿赂、公平竞争”推进会。

（八）引导回报社会

召开全省统一战线同心实践行动民营企业千企帮千村现场会，胡葆森等12位企业家慷慨解囊，捐赠2000万元支持开封新农村社区建设。先后组织民营企业家为同心实践基地洛宁县、芦山灾区、新县革命老区捐款共近3000万元，彰显民营企业家良好社会形象，民营企业家的大爱善举广受社会赞誉。

三、服务民营经济取得实效

（一）调研服务取得实效

首次公开发布2013河南民营企业100强榜单和调研分析报告。公开招标“民营企业文化建设研究”和“民营企业参与城镇化建设研究”两项重点课题，借助省工商联专家委员会和社会力量共同开展课题研究，成功申报省委规划办社科项目“民营企业转型升级研究”。联合各市工商联共同完成全国工商联“中国特色社会主义工商联理论框架”相关子课题的研究。

（二）参政议政取得实效

省工商联在深入调研的基础上，形成的《关于我省“小微企业29条”贯彻落实情况的调研报告》得到省委、省政府的高度重视，邓凯、史济春等省领导先后作出重要批示，省委办公厅《综合与摘报》印发各省辖市和省直厅局，省政法委、中编办、工信厅、财政厅、地税局、扶贫办等单位主动到省工商联征求意见。省工商联向省政协全会提交集体提案、大会发言21件，其中《关于建立落实非公有制经济政策督察机制的建议》被列为重点提案；《民企社情》信息被全国工商联采用6期，被省政协采用4期。关于召开全省民营企业表彰暨民营经济工作会议的建议得到落实；提出的关于民营企业家代表列席省委经济工作会议的建议得到采纳，省委首次邀请20名民营企业家列席省委经济工作会议；关于支持民营融资担保机构发挥作用和建立完善民营企业社会服务体系等建议被省政府采纳，列入《河南省促进民营企业中小企业健康发展行动计划（2013～2014）》。

（三）政策信息服务取得实效

编印《支持小微企业发展政策选编》和4期《政策信息》，帮助民营企业了解政策、用好政策。

（四）融资服务取得实效

利用省工商联民营企业发展促进中心，搭建小微企业融资服务平台，为焦作市的190家小微企业提供无抵押担保贷款3.2亿元；省工商联投资担保公司为全省130家小微企业提供担保贷款5.6亿元，有效缓解融资难问题。

（五）以商招商取得实效

持续探索政府支持、商会主导、企业参与、以商招商模式，成功举办百名苏商南阳行、濮阳行活动，邀请近400名客商，签约项目26个。支持鹤壁市、焦作市举办了百名浙商鹤壁行、闽商进焦作活动，签约项目12个。邀请省外知名企业参加中博会等省内举办的大型经贸活动，得到省政府的表彰。组织民营企业参加世界华商大会、兰洽会、光彩行等经贸活动，组织民营企业赴台湾开展经贸交流，为民营企业“走出去”创造机遇。

（六）法律维权服务取得实效

与省政法委联合出台了《关于服务促进民营企业发展的若干意见》，共同为民营企业营造良好的发展环境。与省政法委联合举办政法机关服务民营企业座谈会，省委常委、政法委书记刘满仓现场听取意见建议，协调解决企业遇到的涉法涉诉问题。推荐汽摩商会、豫东商会、许昌市工商联为全国商会调解与诉讼调解衔接机制试点单位，探索维权服务新路子。

四、基层组织面貌焕然一新

（一）县级工商联全部实现“一个设立、五个确保”

与省委组织部等6部门联合出台了《关于加强全省县级工商联建设的意见》，全国政协副主席、全国工商联主席王钦敏在《意见》上作出重要批示：“河南省做法目标明确，意见具体可行，建议提供各省市参考。”制订了《河南省县级工商联“一个设立、五个确保”标准》，召开了全省县级工商联建设工作座谈会；成立县级工商联建设工作推进组，分赴各市、县调研推动。一年来，全省县级工商联建设全面加强，全部实现了“一个设立、五个确保”的目标任务。

（二）开展示范点建设

制订《河南省县级工商联建设示范点五好标准》，确立县级工商联建设示范点48个，其中全国示范点2个、省级17个、市级29个，发挥示范引领作用。

（三）进一步加强商会建设

举办现代社会组织体制下的中国特色商会发展专题报告会，召开了商会建设工作座谈会。开展了商会党建双覆盖（即党的组织覆盖、党组织活动覆盖）调研活动。大力推动各市、县工商联在产业集聚区建立商会组织，已建立109家。截至2013年底，全省各类商会总数达4286家，其中行业商会1454家，异地商会197家，乡镇商会1823家，街道商会421家，园区商会118家，市场商会50家，其他223家。

五、党的群众路线教育实践活动成效显著

2013年下半年，省工商联深入开展了党的群众路线教育实践活动。深入开展学习，虚心听取意见，召开民主生活会，认真查摆问题，制订整改措施，搞好专项治理，切实解决“四风”方面存在的问题。认真落实省委“一学三促四抓”工作要求，深入基层、企业开展调研，帮助解决困难和问题。制订、完善了16项规章制度，三公经费降低10%，发文数量同比减少50%，有力推动机关科学化、规范化运作。通过教育活动的开展，省工商联思想建设、作风建设、班子建设、制度建设得到进一步加强，开创了文明、创新、活力、和谐工商联的工作新局面。

湖北省工商联2013年工作综述

2013年是贯彻落实党的十八大精神的开局之年，在省委、省政府的正确领导下，在全国工商联和省委统战部的具体指导下，全省工商联高举中国特色社会主义伟大旗帜，以邓小平理论、“三个代表”重要思想和科学发展观为指导，紧紧抓住学习贯彻党的十八大精神这条主线，牢牢把握促进两个健康这个主题，认真落实省委提出的“竞进提质”的总要求，着力引导非公有制经济人士坚定理想信念，着力推进非公有制经济健康发展，着力改变工商联基层组织薄弱状况，着力提高工商联工作科学化水平，为湖北省“建成支点、走在前列”作出了积极贡献。

一、深入开展理想信念教育实践活动，非公有制经济人士思想政治工作取得了新成效

2013年5月以来，在中央统战部和全国工商联统一部署下，全省开展了以“楚商与中国梦”主题，以增强中国特色社会主义的信念、对党和政府的信任、对企业发展的信心为主要内容的理想信念教育实践活动。把教育实践活动作为促进两个健康、围绕中心服务大局的重大契机，在全局中加以谋划和推进。省委高度重视教育实践活动，省委书记李鸿忠同志就开展教育实践活动两次作出重要批示，省委常委、省委统战部部长张岱梨同志担任省教育实践活动领导小组组长，《实施意见》以省委办公厅文件下发。宜昌市、孝感市、荆州市、荆门市、咸宁市、鄂州市、随州市、恩施州等地的党政主要领导带头调研、作出批示，全省117个县以上教育实践活动领导小组，均由统战部部长或党委副书记任组长，其中宜都市、云梦县、恩施市、利川市、武穴市、黄梅县等地党委书记担任组长。各市、州、县均以党委办公室或“两办”名义印发活动实施方案，将教育实践活动与党委政府中心工作相融合、同部署、齐推进。

加强教育引导，着力增强非公有制经济人士对中国特色社会主义的信念。全省广泛开展了“事业成功靠什么，人生出彩为什么，历史责任是什么，我为湖北干什么”大讨论活动。利用“统一战线大讲堂”平台，邀请全国工商联副主席庄聪生、吉利控股集团董事长李书福等领导和知名企业家作报告，覆盖全省非公有制经济人士和各级统战部、工商联机关干部3万多人。各地通过组织“企业家报告团”等形式，共举办各类报告会150多场。茅永红、陈义龙、吴少勋、王学海、李家俊等一批优秀企业家带头学习、带头讨论、带头实践，发挥了示范作用和骨干作用，使广大非公有制经济人士变“要我参加”为“我要参加”。组织省工商联副主席（副会长）、企业家常委、省外湖北商会会长参加了2013“中国光彩事业走进武陵山区（恩施）”推介会，把非公有制经济人士参与活动的过程转化为提升境界、提高素质、多作贡献的过程。在全省开展了“千企帮千村，脱贫奔小康”活动，号召民营企业自觉承担社会责任，积极回馈社会，造福人民，得到了积极响应，共有1312家民营企业参与“一对一”结对帮扶贫困村活动，覆盖贫困人口过百万。

努力推动发展环境优化，着力增强非公有制经济人士对党和政府的信任。省委副书记、政法委书记张昌尔同志带领公安、检察院、法院、司法厅等政法部门主要负责人，就落实“政法16条”与民营企业家面对面座谈。各地通过“企业直通车”“服务一站通”等方式，建立党委政府与非公有制经济人士交流互动、联谊交友的有效渠道，帮助解决了一批实际问题。开展了关于“民间投资36条”“小微企业29条”贯彻落实情况调查评估工作，与省公安厅联合召开了民营企业座谈会，组建了省工商联律师服务团，努力优化市场、法制环境。推荐了30多名企业家担任特约监察员、行风评议员、法制环境监督员，充分发挥非公有制经济人士在社会管理创新和民主监督方面的积极作用。

切实帮助企业解决发展难题，着力增强非公有制经济人士发展信心。李鸿忠同志亲自出席全省非公有制经济代表人士座谈会，听取他们对发展非公有制经济、推进教育实践活动的意见建议，现场研究解决实际问题。全省开展了“百名书记与民营企业家面对面”活动，推动县（市、区）委书记参加政企对话活动全覆盖，孝感市委书记陶宏、通山县委书记杜文清等一批市州县党政主要领导专门为非公有制经济人士作报告，话形势、讲政策、强信心，形成问政、问计、问需于企业的机制。深入开展了“进万家民企、促跨越发展”活动，指导各级工商联强化措施，搭建工作平台，为民营企业送政策、送信息、送服务、送信心。开展了非公有制企业高级经济师专项评审工作，为非公有制经济发展提供人才支持。2013年共有234人获得高级经济师任职资格。

二、以召开“首届楚商大会”为主要载体，促进非公有制经济发展取得新跨越

一是成功召开了“首届楚商大会”。在省委、省政府的热情关怀和大力支持下，2011年“楚商”正式定名，省政府召开新闻发布会，“将楚商之名昭告天下”。举办首届楚商大会，是领导高度重视和积极推动的结果，是广大楚商的一致心声和强烈期盼，也是汇聚楚商力量、共促湖北发展的现实需要。此次大会，全国工商联、中国侨联大力支持，省委、省政府高度重视，广大楚商热情参与，成立了湖北省楚商联合会，大会取得了丰硕成果。

大会凸显“汇聚楚商力量，共促湖北发展”的鲜明主题，赋予了楚商品牌新内涵，促进了楚商事业新发展，搭建了湖北开放合作新平台，实现了“办出特色、办出品牌、办出成效、办出声势”的目标，赢得了海内外楚商的广泛赞誉，在社会各界引起强烈反响。大会吸引了来自25个国家（地区）和全国各地48个代表团约1100人出席大会，其中全国工商联企业家副主席、副会长多达12名，100多名知名侨领、侨商、一批世界500强企业、全国500强企业、中国民企500强参加，楚商精英悉数参会，切实增加了大会的分量，体现了湖北的竞争力，扩大了湖北的影响力。大会还取得了丰硕招商引资成果，全省各地签约项目433个，投资总额达6240.16亿元，为实现“建成支点、走在前列”目标增添了新的动力。在现场集中签约的项目中，由卓尔控股有限公司与武汉市黄陂区签约的卓尔通用航空产业园项目令人关注，该项目将投资300亿元，成为大会签约项目中的亮点。荆门、随州、孝感、咸宁、黄冈分会场活动中，千余名楚商积极参与，又达成了一批投资意向，签约了一大批项目。

二是大力开展光彩行动。配合市州政府组织开展了“饮水思源光彩十堰行”“光彩事业走进武陵山（恩施）”等活动，取得了较好的效果。7月，配合十堰市政府共同组织的“饮水思源光彩十堰行”启动仪式暨水源区推介会分别在北京、天津、河北举行，共有53个项目现场签约，签约金额达514.3亿元。“光彩事业走进武陵山(恩施)”活动、恩施州旅游推介招商会分别在武汉、北京、恩施举行，项目投资总额达456亿元。

三是积极创造条件“走出去，引进来”。组织民营企业家参与了“华创会”“世界华商大会”以及和美国、吉尔吉斯斯坦、尼日利亚等国进行了商务交流，拓展了外联内引的渠道。

四是推动建立中部四省工商联合作机制。湖北省、湖南省、江西省、安徽省四省工商联形成共识，签订合作协议，建立的合作机制包括信息交换共享机制、经贸交流合作机制、促进非公有制企业发展的联合服务机制、商会组织管理服务合作机制以及课题调研和工作合作交流机制。共同提升围绕中心服务大局的能力，形成当好政府助手、共同推进长江中游城市集群经济社会发展的合力。

三、抓基层，打基础，工商联基层组织建设水平迈上新台阶

一是大力加强县级工商联建设。截至2013年6月底，全省县级工商联全部达到“一个设立、五个有”阶段性目标，武昌区、宜都市成为全国县级工商联示范点，京山县、汉川市、夷陵区工商联特色工作亮点得到全国工商联的充分肯定。全国工商联对湖北省县级工商联建设工作给予了充分肯定，并在全国县级工商联建设经验交流会上推广介绍了“湖北经验”，即在全局中谋划、从整体上推进中形成的“党委领导、政府支持、统战部指导、部门配合、工商联具体负责、省市县三级联动”的工作格局。全省正在以争创“五好”县级工商联为抓手，推进县级工商联建设科学化、制度化、规范化水平不断迈上新台阶。

二是大力加强商会建设。2013年支持组建了江苏省湖北商会、信阳市湖北商会、临汾市湖北商会、江门市湖北商会、无锡市湖北商会5家省外商会，组建了湖北省闽南商会、湖北省河北商会、湖北省贵州商会3家直属商会和1家行业商会即湖北省钢铁物资商会。召开了省工商联直属商会秘书长工作会议，进一步加强对商会的规范管理。截至2013年底，全省有各类商会2435个，其中：乡镇商会组织973个，行业商会1106个，异地商会356个。省外湖北商会52家，其中省级27家。

三是加强基础工作。建立了县以上工商联会员、执委及商会数据库，县级工商联把街道、乡镇商会纳入数据库，进一步摸清了全省工商联会员及商会底数。修订了省领导联系外省湖北商会制度，进一步加强与外省湖北商会的联系。建立了省工商联领导联系市州工商联制度，推动各级工商联工作互促共进。为所有县级工商联配发了电脑和打印机，着力改善基层办公条件。

四、深入开展党的群众路线教育实践活动，机关作风建设得到新加强

按照中央、省委的统一部署，省工商联开展了以为民务实清廉为主要内容的党的群众路线教育实践活动。结合贯彻落实中央八项规定和省委六条意见要求，以反对“四风”、服务群众为重点，坚持开门搞活动，广泛听取意见。分别召开了主席（会长）全体会议、常委会、执委会、商会会长会、企业家代表座谈会、市州工商联主席书记会、机关干部职工会、离退休老干部会8次座谈会，面对面充分听取意见建议。向非公有制经济人士、商会代表、市州县市工商联发放调查问卷300余份，在工商联机关设置“征求意见箱”等征求意见建议，共收集涉及“四风”问题意见23条。

针对存在的突出问题，形成了整改方案，明确了整改目标、责任领导、责任部室及整改时限。通过整改，省工商联领导班子思想政治建设进一步加强，反对“四风”的思想基础进一步夯实；与基层工商联组织、非公有制企业和非公有制经济人士的联系进一步密切；事关全省工商联发展的重点工作在落实成效更加显著；制订、修订、完善了40多项规章制度，进一步明确了工作责任，规范了工作程序，严明了工作纪律，机关作风得到较大改进；加强督促检查和制度建设，党组为民务实清廉形象进一步树立。

五、深入调查研究，积极建言献策，参政议政水平得到新提高

一是开展了省内民营经济发展情况、欠发达地区开发区发展问题、新能源产业发展问题调研，形成了《我省欠发达地区开发区发展问题》《大力发展我省节能环保半导体LED照明产业的对策》等一批调研成果，完成了《湖北民营经济发展报告（2012～2013）》。二是采取上下联动的形式，对390家企业2012年营业收入2亿元以上的民营企业在资产总额、营业收入、利润、管理、存在困难等方面进行了调研，形成2013年湖北上规模民营企业调研报告。全省入围2013中国民营企业500强民营企业有18家，制造业500强有18家。三是利用全国“两会”、省“两会”及“双月座谈会”积极建言献策。关于加大南水北调中线水源区防震减灾项目建设的提案被全国政协定为重点提案。“关于高效发展混合所有制经济的提案”受到国务院研究室的高度重视。以国研函〔2013〕19号文件答复：将进一步研究提案中提出的建议，进一步研究国有经济的地位、国有资本参股而非控股民间资本以及如何在政策中淡化所有制身份等问题，并把这些研究体现在有关政策中。

湖南省工商联2013年工作综述

2013年，湖南省工商联认真组织开展党的群众路线教育实践活动，紧扣两个健康工作主题，创新创业、求实求为、奋发进取，圆满完成了全年工作任务。

一、加强教育引导，促进非公有制经济人士健康成长

（一）深入开展理想信念教育实践活动

围绕“民营企业家与中国梦”主题，全面深入学习贯彻党的十八大精神，开展以“三信”为主要内容的理想信念教育实践活动，有效回应了广大非公有制经济人士“受信任、盼改革、要公平、求安全、谋发展”的关切和期盼。省委、省政府主要领导3次作出重要批示。有计划、系统性地加强非公代表人士教育培训。先后举办“两型社会”与非公有制经济发展报告会、非公有制企业信息化培训班、“国家宏观经济”专题讲座等活动。切实加强正面宣传、典型引领。全年刊发《工商大观》12期，《湘商蓝页》24期。与省委宣传部、省委统战部联合开展了“湖南发展中的民营力量”集中采访报道活动。全年共推介产生全国典型9名，省级典型10名。中央电视台对全国非公经济人士理想信念教育实践活动先进典型梁稳根、全国道德模范李国武进行报道。

（二）大力推进同心工程

对接湖南四大板块发展需求，积极参与“同心·两型产业园”建设，3个“同心·两型产业园”和麓谷科技园入园企业已达380多家。对接洞庭湖生态经济区建设需求，举办益阳市“同心工程”重点项目推介会。积极配合武陵山区开发，先后举办“同心促发展·光彩湘西行”项目推介会、“中国·怀化现代物流业发展与产业升级对接会”。圆满完成省光彩会换届，表彰了20

个“湖南省光彩事业突出贡献奖”和36个“湖南省光彩事业贡献奖”。在“中国梦·湘商情·光彩行”启动仪式上，55家企业代表举牌承诺，五年内为光彩事业捐赠12亿多元，项目投资55亿元。组织全省非公有制经济人士向四川雅安地震灾区捐献款物合计3000余万元。积极推动“村企共建扶贫工程”，实施“万企联村，共同发展”示范项目108个。圆满完成“就业援藏”工作。联合举办“2013省会民营企业专场招聘会”“2013年湖南省民营企业招聘周”等活动，推动安排就业16万多人。蓝思科技等3家非公有制企业获评“全国就业与社会保障先进企业”。积极推动“全民创业”相关政策的落实，金荣集团、巨星集团被列为省级“中小企业创业基地”。

（三）切实加强非公有制经济组织党的建设

创办全国首个非公党建工作平台。全省非公有制经济组织党组织已达3万家，其中直管基层党组织由58家增加到63家。非公有制企业党组织组建工作由集中组建向常规组建转变。在全省基层党建工作述职会上，非公党建工作得到省委充分肯定。指导帮助省企业文化研究协会成功举办“创新企业文化建设，助推中部企业腾飞”——第二届中部企业文化高峰论坛，全省涌现出一批致力企业文化建设的先进人物和企业。

二、积极反映诉求，着力排忧解难促发展

（一）积极建言献策

完成省民营经济研究会换届，搭建了理论政策研究的新平台，提升了民营经济理论研究和参政议政工作水平。参与全国工商联“民间投资36条”贯彻落实情况调查评估，评估报告受到李克强总理等多位党和国家领导人批示。在省政协十一届一次全会上提交的10件集体提案均被列为重点提案，2件提案荣获省政协优秀提案。依托省民营经济研究会，顺利完成10大调研课题。积极参与省委部署的全面深化改革“支持非公有制经济发展”专题调研，及时反映了非公有制企业的政策诉求。在《湖南日报》刊发《抓好五个结合，促进两个健康》等会领导署名文章3篇。

（二）解决发展难题

针对企业发展中面临的突出困难，分别提请省有关领导深入企业调研，解决了一批实际问题。报请省委、省政府主要领导深入华曙高科现场办公，出台一系列支持3D打印产业专项措施；以湘西红石林项目二期建设、优质茶叶开发整合为龙头，推动武陵山区旅游、生态农业产业的创新发展；以协调解决重点产业、龙头示范企业实际问题为突破口，全面推动工程的落实。

（三）维护企业权益

畅通了政企沟通渠道，积极探索建立非公有制经济领域预防腐败工作体系。全省有2个市州、11个县市区成立了非公纪工委，近200家非公有制企业成立了纪委。湖南省非公有制经济领域预防腐败工作体系建设获评“全国统战工作创新奖”。在全省建立了国家预防腐败局联系点3家；建立省级经济发展环境监测点27家；省级非公有制企业市场诚信体系建设联系点15家。加强与公检法司等部门的沟通衔接，建立非公有制企业维权部门联动机制，推动一批维权个案合理解决。开展了“民营企业和谐劳动关系”专项调研，参加了省人大组织的《湖南省企业工资集体协商条例》等贯彻实施情况执法调研活动，参与了“省委、省政府关于积极构建和谐劳动关系的意见”文件的制订。

三、创新服务方式，助推湘商崛起

（一）推动转型升级

大力推进“十百千”工程，帮助企业协调解决实际问题。强化转型引导，协调有关部门共同推动实施中小微企业转型发展示范引导项目。开展了科技创新驱动案例征集活动。推荐三一重工等5家企业参评全国工商联科技进步奖，推荐4家企业参评全国工商联创新企业奖。绿之韵集团、开源集团等公司商标参评或续评省著名商标。民营经济在全省经济版图中的分量进一步加重，在2013中国民营企业500强评选中，11家湘企入榜，总数比2012年增加3家。

（二）破解融资难题

不断完善融资服务平台，加大为非公有制企业特别是中小微企业融资服务力度。牵头成立“潇湘资本”，积极拓展民营经济投融资渠道。推动优势资源组合，发动有关会员企业牵头开展民营银行的申报工作。设立了“湘商崛起大讲堂”。联合省财政厅举办国际金融公司业务合作与培训活动。

（三）促进抱团发展

积极牵头推进民营企业总部基地建设。引导优势民营企业投身“百城千镇县乡流通再造工程”，推动筹备湖南商贸股份公司，以民间资本为主体，联合组建混合所有制的流通再造平台公司，推进工程实施。

（四）扩大经贸合作

着力建设对外联络网络，全年新建27家境外著名友好商会。扎实推进“两岸四地”经贸合作，与台湾内湖工业协会签订湘台经贸招商合作协议，建立湘台交流工作常设平台并互派工作人员。协助香港特区政府主办“善用香港优势，开拓海外市场”交流会，协办并组团参加“2013年湖南（香港）投资贸易洽谈周”“第十一届澳门妈祖文化旅游节”“2013两岸科技园区中小企业合作发展论坛”等活动。主办或参与协办“湘商大会”“首届湘南承接产业转移投资贸易洽谈会”等活动，组织企业分别参加了“第十二届世界华商大会”等一系列大型经贸活动，促成了一批项目的落地或合作。

四、加强自身建设，夯实工商联事业发展基础

（一）不断加强会员队伍建设

2013年，省工商联新增直属会员企业21家。中联重科、山河智能等一批有实力、有影响的企业加入工商联组织，湖南11家“中国民营企业500强”企业已有10家加入了工商联。不断优化省工商联直属会员队伍结构，注重吸收行业领域内的龙头企业和省十二五规划中的战略性产业。截至2013年底，全省共有工商联会员160679个，其中企业会员64919个，会员队伍结构进一步优化，影响力、凝聚力进一步提升。

（二）着力推进基层组织建设

全省共有商会组织2174个，行业组织856个。成立了全国工商联系统首家青年企业家商会。推荐长沙浏阳市和益阳赫山区工商联成为全国工商联“五好”建设示范点。组织各市州工商联主席、党组书记和机关各处室负责人到长沙市工商联、浏阳市工商联观摩学习创建“五好”工商联工作经验。开展了工商联基层组织建设调研。

（三）切实改进机关自身建设

扎实深入开展党的群众路线教育实践活动，办公用房、公车管理、公务接待等“四风”方面的问题按规定得到有效整改。修订完善《机关管理制度汇编》。深化“文明单位”创建，规范机关财务管理，强化后勤服务保障。启动网络服务平台建设。工、青、妇组织积极开展健康向上的文体活动，机关氛围活跃和谐。加强机关干部教育培训工作，加大干部轮岗交流和选拔任用力度。获评全省绩效评估先进单位。参与非公有制经济领域社会管理综合治理和计划生育工作。本单位未出现干部职工违法违纪案件，未出现“一票否决”规定范围的事项。

广东省工商联2013年工作综述

在省委、省政府领导和全国工商联指导下，广东省工商联认真组织广大非公有制经济人士学习领会党的十八大、十八届三中全会和习近平总书记视察广东重要讲话精神，深入开展非公有制经济人士理想信念教育实践活动和党的群众路线教育实践活动，创新经济、金融、科技、对外联络、教育培训、法律服务，较好地完成各项任务。

一、深入开展学习宣传贯彻党的十八大精神活动

组织新一届执委认真学习党的十八大精神，各地也采取各种方式，邀请专家学者作专题辅导，结合实际宣讲习近平总书记视察广东重要讲话精神，以及广东经济社会发展形势与政策；同时结合工作特点，进行工商联工作理论交流，把思想认识统一到党的十八大精神上来，统一到习近平总书记视察广东重要讲话要求上来，确保中央和省委的部署要求落到实处。

二、广泛开展理想信念教育实践活动

按照中央统战部、全国工商联的统一部署，开展以“坚定对中国特色社会主义的信念、坚定对党和政府的信任、坚定对企业发展的信心”为主要内容的非公有制经济人士理想信念教育实践活动，先后召开“民营企业家与中国梦”报告会，省工商联商会协会理想信念座谈会，举办新粤商论坛，开展新生代企业家红色教育、送法入企入商会等十大主题活动。在全国率先召开“民营企业家与中国梦”电视电话报告会，全省4000多名非公有制经济代表人士参加，6位民营企业家带头回顾改革开放的巨大成就，畅谈个人创业梦、企业发展梦融入中国梦的经验体会，在全社会引起强烈反响。

三、隆重召开纪念省工商联成立60周年座谈会

10月15日，召开纪念省工商联成立60周年座谈会，省委常委林雄主持会议，中共中央政治局委员、省委书记胡春华出席会议并作重要讲话。胡春华同志高度肯定省工商联工作，强调充分认识民营经济对广东发展的重要意义，要求切实营造民营经济发展壮大良好环境，造就一支优秀的民营企业家队伍。会后，全文印发了胡春华同志的重要讲话，提出学习意见，深入贯彻落实。《南方日报》《中华工商时报》等主流媒体对会议情况作大篇幅报道。

四、大力提升服务质量

一是积极推进“双转移”和“乡贤反哺工程”。分别与阳江、云浮、清远、南沙市（区）委政府联合举办“民企·乡贤”经贸考察活动，组织广州、深圳、佛山、东莞、中山、顺德等地从事生物能源、LED、电子电路、五金机电、物流、农产品加工等行业的20多家商会协会和300多家民营企业前往投资考察。在云浮，碧桂园集团、奥园集团、宝能集团分别建造城市综合体、特色小镇、城市花园项目，投资额达230亿元；太阳城集团投资2亿元筹建农产品国际物流中心；联塑科技投资6000万元兴建铸造厂。在南沙，宝能集团拟分别投资50亿元和80亿元筹建金融及健康产业园，海印集团拟投资50亿元设立智慧城。二是全力配合重大项目面向民间资本招标。组织100多名企业家参加省政府召开的重大项目面向民间投资招标推介会，组织20多名民营企业家参加由省委常委、常务副省长徐少华亲自召开的民营企业座谈会，反映民间投资参与重大项目建设中遇到的障碍和问题。三是寻找省外投资商机。组织90多名企业家参加中国中部投资贸易博览会等7个跨省区重大经贸考察，组织600多名企业代表参加滇粤产业合作推介会等10场外省来粤投资推介会。四是助力实施“走出去”战略。组织80位民营企业家赴澳大利亚、中东、东南亚等国家和地区经贸交流。组织10多批次1500多名企业家参加各种境内外经贸推介活动。首创“各国驻穗领事官员广东民企行”活动，来自美国、英国、日本等26个驻穗总领事馆的近40位领事官员与30多位民营企业代表面对面沟通交流。首次举办“2013年粤台企业家联谊”活动，促进民营企业与台资交流合作发展。五是深化金融服务支持。积极推动筹建民营银行，开展企业融资需求调研，向合作金融机构反馈754家企业融资需求信息；协助民生银行举办银企合作交流会，先后促成民生银行与省投资商会、美容美发商会签约并授信200亿元和50亿元；分别与广东民营企业商会、省家具商会等举办多场银企对接会和产品推介会，并签约授信各1亿元；促成民生银行科技园支行与广东高科技产业商会、建筑装饰材料商会等合作成立民生银行小微企业金融合作社，并给予超亿元授信。六是推动企业科技创新加快转型升级。积极推荐民营企业申报省级科技资金、科技认证、科技奖励以及全国工商联科技奖。全力办好广东民营经济发展形势报告会。七是深入开展法律服务。2013年，全省受理民营企业投诉机构共接到非公有制企业的各类投诉、咨询、求助累计312宗（次），正式受理投诉案件77宗，办结74宗。先后成立广东省五金磨具行业调解仲裁中心、广州市总商会商事纠纷调解委员会、广东省湖北商会民商事纠纷调解中心。参与省劳动人事争议仲裁委员会和劳动争议预防调解示范工作。“非公有制企业民商事纠纷调处机制建设”社会创新观察项目得到省社工委的充分肯定。全面参与“两建”和“平安广东”工作，圆满完成综治及平安创建考评的迎检工作。开展法律宣传周活动，举办30多场送法入企入商会主题活动，在《广东普法》等杂志进行专题宣传。

五、深入开展宣传思想工作

争取省委宣传部支持，将非公有制经济领域思想政治工作纳入全省宣传工作大局，由工商联牵头组织开展非公经济领域的宣传思想工作，省工商联作为会长单位加入广东思想政治工作研究会。重点抓好新生代企业家教育培养。组织第四期新生代企业家培训班赴重庆渣滓洞、白公馆等地进行革命传统教育。“广东着力探索新生代培养工作新路径”被中央统战部、全国工商联列为全国统一战线教育培训优秀案例。深化与《羊城晚报》报业集团战略合作机制。强化非公经济组织党组织的服务管理。在调查研究的基础上，加强党建工作统筹指导，巩固扩大“百日攻坚行动”成果，指导协助民营企业成立党组织，共培育非公经济党组织4个。引导民营企业履行社会责任。配合省民政厅、省扶贫办举办2013年广东扶贫济困日活动。组织9000多家民营企业参与“2013广东民营企业招聘周活动”，共有3万多名大学生、农民工及城市待业人员与用人单位签订劳动合同。发动民营企业和非公有制经济人士积极参与“光彩行”各项活动，为雅安地震捐款金额和物质共计人民币达1亿元以上。

六、扎实开展重点课题调研

围绕民营经济发展态势、优化发展环境，非公有制经济人士思想政治状况，加快培育省内大型骨干民营企业，民间资本进入金融领域，以及广东落实国务院支持小型微型企业发展文件情况评估等重点课题进行调研，形成8份综合调研报告报送省委、省政府和全国工商联，陈云贤副省长在调研报告中作出重要批示。注重调研成果转化，为省委、省政府出台各项重大经济决策提出意见建议。做好全国工商联上规模民营企业调研工作。组织发动99家民营企业参加调研，其中华为、美的等21家企业进入2013中国民营企业500强。

七、切实加强自身建设

深入开展党的群众路线教育实践活动，坚持开门搞活动，聚焦“四风”找问题，精心组织学习，广泛听取意见，认真查摆问题，扎实开展批评与自我批评，健全完善工作制度，严格贯彻执行中央八项规定，精简会议活动、文件简报，厉行勤俭节约，推进“五型”机关建设。夯实县级工商联组织基础。基本实现县级工商联“一个设立、五个有”目标。推进工商联基层组织建设示范点工作，发挥典型示范引领作用。大力推进数据库建设，初步建立覆盖全省各级工商联商会组织的数据库。着力加强商会协会指导力度。按照省改革规范管理社会组织的有关要求，举办商会协会秘书长研讨会，积极走访商会协会，摸清基本情况，查找存在问题，厘清工作思路，加强工作指导。

广西壮族自治区工商联2013年工作综述

2013年，广西壮族自治区工商联围绕中心，把握两个健康工作主题，深入学习贯彻党的十八大和十八届三中全会精神、中央16号文件和桂发〔2011〕18号文件精神，发挥组织优势，服务广西发展大局，着力培养壮大代表人士队伍，积极参政议政，加强自身建设，各项工作取得了新成绩。

一、参与承办全国工商联十一届二次执委会议暨民企入桂活动

做好活动的各项对接和筹备工作。一是做好广西赴贵州、安徽、湖北学习承办全国工商联执委会议经验考察小组各项学习考察活动的组织和安排；二是起草执委会议及民企入桂活动总体方案和各种工作细案；三是邀请800多位广东民营企业家参加广西在广州、深圳举办的“广西经济社会发展情况介绍会”；四是协助各市联系落实拜访企业，对接项目；五是做好各项会务和协调服务工作。会议期间，全国工商联与自治区政府签订了《推动民企入桂投资兴业促进广西发展战略合作框架协议》，召开了“共建战略支点，民企入桂合作发展大会”，签约项目84个。

二、发挥组织优势，服务非公有制经济健康发展

参与全区非公有制经济发展大会的筹备工作，参与《关于进一步优化环境促进非公有制经济跨越发展的若干意见》等3个促进非公有制经济发展文件的起草和修改工作。

推进知名民营企业的引进和服务工作。争取全国工商联副主席、中国民生银行董事长董文标和全国工商联副主席黄荣分别率全国知名民营企业家60多人到广西考察，洽谈投资项目。引介和推进万达、和润、研祥、海王药业、科创控股、香港豪德、华耐、宝能、环嘉、传化、神威药业等项目落户广西。其中南宁万达城市现代服务业综合体西乡塘项目，研祥集团科技装备业商会东南亚总部集群项目等6个项目开工，总投资达196亿元；签约项目9个，总投资达780亿元；在谈项目16个，总投资达1000亿元。

帮助企业“走出去”。承办“中国—东盟私营部门投资合作研讨会”，中国、越南等10个国家的有关政府官员、专家和企业家约100人参加研讨会。第十届中国—东盟博览会期间，组织350位民营企业人员参加新加坡等三个国家推介会。组织会员企业参加“云南省GMS运输商协会能力建设研讨会”“中国—怀化现代物流业发展与产业升级对接会”等活动。

三、开展理想信念教育实践活动，促进非公有制经济人士队伍健康成长

开展“民营企业家与中国梦”主题活动和“三信”教育活动，举办两期广西非公有制企业成长讲座，与自治区党委宣传部共同举办6期次“中国梦”走进民营企业、走进边关活动。全区各级工商联共举办主题活动248次，近3万人参加。

引导民营企业参与“美丽广西·清洁乡村”活动，广西民营企业累计捐款捐物8000万元，有2280家民营企业和商会与自然村结成帮扶对子。

开展广西工商联系统“致富感恩行动”，广西有1200家非公有制企业参与新农村建设，实施帮扶项目1200个，投入资金2亿多元，帮助2万多人脱贫致富。

树立典型，营造氛围。南华糖业集团、扬翔股份有限公司、跨世纪投资集团3家企业获评“2013年度全国就业与社会保障先进民营企业”；南华糖业集团、佳信企业投资集团、田阳华美纸业集团荣获“广西壮族自治区就业先进企业”称号；来宾东糖集团董事长李锦生、正泰彩印包装公司董事长李旺兰、裕华建设集团董事长陈锡鑫等三位企业家被评为第七届“全国关爱员工优秀民营企业家”；驰程汽车运输、北海果香园果汁、灵山宇峰保健食品3家公司的工会被评为“全国双爱双评先进企业工会”。

四、履行参政议政职能，推动非公有制经济发展环境不断改善

认真撰写政协提案和大会发言。在自治区政协十一届一次会议上提交《关于以民营经济为主导推进县域经济发展的建议》等14件团体提案和《关于加大引导民营企业发展实体经济的建议》等4件大会发言，其中《创造公平竞争环境促进非公有制经济健康快速发展》被列为自治区政协一号提案，《关于贯彻落实环境倒逼机制推进广西生态建设的建议》被列为自治区重点督办提案。在全国政协十二届一次会上提交《关于营造公平环境、促进民办高等教育健康发展的建议》等10件提案和《关于加大扶持广西资源富集地区非资源产业发展的建议》等3件大会发言，其中《关于调整国家在广西食糖收储机制的建议》被国家发改委采纳。

参与自治区党委政府重大决策。参与了自治区《关于加快新型工业化实现跨越发展的决定》等8个自治区政策文件的修改工作，许多意见建议得到采纳。

组织好重点课题调查研究。抓好自治区党委重大决策课题《广西城镇化与农业现代化同步发展研究》的调研。参与自治区政府《如何激活我区民间资本》课题调研工作。

强化调查研究的基础性工作。联合自治区党委统战部、工信委、统计局、工商局出版《2012年广西非公有制经济发展报告》。根据全国工商联要求，抓好中小微企业监测点工作，目前已建立企业监测点140个。

五、丰富工作载体，提高为会员企业服务能力

拓展法律服务工作的广度和深度。参与自治区立法决策工作，联合构建和谐劳动关系三方会议四单位共同开展《广西壮族自治区集体协商和集体合同条例》立法前期调研。完善民营企业法律风险防范机制建设，与自治区质监局签订《实施质量兴桂战略，做强做优民营企业“质量兴企”合作工作机制协议》。

提供用工和融资服务。与自治区人力资源和社会保障厅、总工会、教育厅共同举办“2013民营企业招聘周”活动，5250家企业进场招聘，提供岗位17.8万个，约3.8万名高校毕业生、进城务工人员、退役军人以及就业困难群体人员签订就业意向，签订企业委培意向1.4万人次。与自治区金融办、共青团广西区委、中国邮政储蓄银行广西区分行联合举办“为梦想加速——2013中国邮政储蓄银行创富大赛”活动。

六、夯实基础，推动工商联组织不断发展

加强基层工商联组织建设。在全区县级工商联开展创“五有”争“五好”活动，有17家获得“五有工商联”称号，25家荣获“五好工商联”称号。玉林北流市工商联和钦州钦北区工商联被全国工商联确定为全国“五好”县级工商联示范点，南宁市宾阳县工商联荣获“全国工商联系统先进集体”。召开全区工商联党组工作座谈会，推进党组工作规范化建设。在全国工商联（商会）工作十大亮点系列评选中《广西工商联开展专项调研力促非公经济发展》被评为“亮点评选优秀案例”，《广西崇左市江州区创建“联盟党建”模式破解小微企业党建工作难题》被评为“创新评选优秀案例”。

推进商会组织建设。《广西壮族自治区行业协会商会管理办法》出台后，及时召开会议向自治区工商联8个直属商会传达贯彻。举办直属商会座谈交流会2次。指导广西农业产业商会完成筹建工作。开展广西先进乡镇商会和优秀乡镇商会会长评选表彰活动，有20家乡镇商会荣获“广西先进乡镇商会”称号，30名会长荣获“优秀乡镇商会会长”称号。

开展党的群众路线教育实践活动。召开座谈会27次，深入14个市34个县（区）60多家非公有制企业开展问政问需问计，征求基层群众意见，并制订整改措施；健全各项工作制度，把转变工作作风的各项要求落到实处；抓好回头看，巩固和发展教育实践活动成果。结合工商联工作，深化主题实践活动，做好“三服务”工作。

海南省工商联2013年工作综述

2013年，海南省工商联深入贯彻党的十八大、十八届二中、三中全会和省委六届四次全会精神，全面落实中央16号文件和省委5号文件精神，紧紧围绕中心，服务大局，牢牢把握两个健康工作主题，坚持团结、服务、引导、教育工作方针，本着求真务实，开拓创新，讲究品格，建功立业的工作总要求，按照“夯实基础，强化协调，深入基层，重心下移，融为一体，打成一片，团结一心，共同奋斗”的工作原则，深入开展群众路线教育实践活动和非公有制经济人士理想信念教育，积极引导和推动民营企业重点投资项目建设，稳步推进非公党建工作，努力加强自身建设，取得了一系列新成效，为海南科学发展绿色崛起、推进国际旅游岛建设作出了新的贡献。

一、深入开展理想信念教育实践活动，非公有制经济人士思想政治工作取得新成效

全省非公有制经济人士理想信念教育实践活动以“海商中国梦”为主题，省委副书记李宪生、省政协副主席王应际多次参加有关会议，提出明确要求。省工商联先后举办理想信念教育实践活动专题培训班、海南省青年企业家理想信念教育培训班，邀请省委党校教授李斌博士作《坚定中国特色社会主义理想信念》专题讲座，组织企业家参加全国非公有制经济人士理想信念报告会，编印《争创中国特色主义实践范例·学习资料编》。全省参与活动的企业家4397名，商会89个，建立优秀企业文化示范基地45个，开展光彩事业、感恩行动、结对共建等实践活动63次。广大非公有制经济人士积极参与光彩扶贫、绿化宝岛、民企招聘、农民工培训等具体实践活动，尤其是在绿化宝岛大行动中，通过各种渠道共捐款2271.91万元。

二、以服务项目建设年为重点，经济服务工作水平不断提高

成立项目领导小组，编制《2013年海南省工商联（总商会）招商项目目录》，策划并确定琼北羊山乡村旅游扶贫开发、同心碳汇林、远洋捕捞及加工、海南传统小吃和特色餐饮、琼中旧城改造、海南竞技体育等8个重点项目。另外，保亭大区小镇、白沙天涯驿站、演丰镇特色琼北民居商业街等项目的成功开发，充分体现了“连片式规划、融入式开发、抱团式发展、复合式效应、多赢式目标”城乡建设一体化开发模式，已在全省逐步推行。

积极服务企业项目合作，协调中城建六局与屯昌县合作南药产业基地项目，天津蓝水基金孵导省内两家农业企业在天津联交所上市项目，促成麦当劳与海南银达集团达成战略合作，引进广州绿航农业企业到乐东黄流镇建设绿萝示范基地等。积极搭设平台推介项目，联合香港海南国际旅游岛建设促进会、内蒙古工商联、省商务厅等单位，在海口、三亚、杭州、拉萨等地开展招商项目推介会，达成投资意向270亿元。组织企业参与首届全球赣商论坛暨国际贸易投资博览会，与江西省工商联达成以陶瓷为主题的项目合作，搭建海南和江西两地企业投资交流平台。与新西兰中新工商业联合会合作组建中新工商合作发展促进会，组织省内企业参加第13届世界海南乡团联谊大会和第十二届世界华商大会，组团参加2013博鳌亚洲年会，与马来西亚槟城中华总商会签订友好合作协议，与美国西雅图中华商会、中国香港驻广州办事处建立了联系。

服务中小微企业。编印《中小微企业优惠政策》选编，在省政务中心设立工商联咨询服务窗口，联合省地税局举办“海南中小企业税收政策座谈会”。成立投融资委员会，开展中小企业多层次融资需求调查，举办银企融资对接会，与民生银行三亚分行签订授信300亿元战略合作协议。举办“新三板”等融资培训班，协调服务中视集团、金厦股份、八百里物流、昆仑新材料等企业在“新三板”上市。

三、积极建言献策，推动非公有制经济发展环境进一步改善

广泛开展非公有制经济发展情况年度调研、海南传统小吃和特色餐饮业发展调查、“民间投资36条”实施细则贯彻落实情况专项调查、医药行业异地结算情况调研和省内企业劳动关系情况调研等多项调研，深入掌握情况。

在调研的基础上，积极履行参政议政职能，提交8份政协提案，其中《关于促进海南传统小吃和特色餐饮业发展的建议》，由蒋定之省长亲自督办，多次组织有关部门召开专题会议研究餐饮业发展问题，省政府办公厅专门印发了《关于减轻餐饮业税费负担支持餐饮业健康发展的通知》，减轻了餐饮业税费负担，促进了餐饮业健康发展，优化了餐饮业经营环境。《关于重视非公经济政协委员联名提案工作的几点思考》被省政协列为理论研究成果进行交流。

加强对门户网站的维护和信息更新，受理各类上报信息600余条，发布种类经济、政策信息共300余条，被全国工商联网站、省委、省政府等转载、采用的信息共127条，其中被省委办公厅采用的信息数量，名列省内各人民团体第一。

四、扩大和巩固两个覆盖，非公党建工作扎实推进

深入调研，摸清情况，形成《非公经济组织基层党建工作情况报告》。进一步整合外部党建工作力量，增补省旅游委、省财政厅、省地税局、省商务厅有关领导为党工委委员，非公党工委的领导力量得到进一步加强。推动市县按照省非公党工委现有模式建立非公党建领导机构，陵水、保亭、定安、琼中、昌江等市县先后成立非公党工委，构建了省、市（县）两级非公党建工作网络。以联合建、挂靠建为突破点，全力推进党的组织建设，非公有制经济组织党组织从原来的1202家增加到2632家，全省非公有制企业党组织的覆盖率从原来的21%提升到43.6%。

做好宣传教育管理工作。组织开展全省非公有制经济组织“七一”表彰活动，在《海南日报》刊发《海航，带着红心飞翔》《海马，跟着党旗奔跑》等报道，在非公有制企业中营造了创先争优比学赶帮超的良好氛围。举办省直属会员企业入党积极分子培训班和全省非公有制企业党组织书记示范培训班，加强对流动党员的管理教育，继续开展党员找组织，组织找党员的“双找”活动。

五、加强联系指导，会员组织建设进一步夯实

积极发展团体会员，改善会员队伍结构。规范会员统计方法和口径，完善会员数据库建设，截至2013年底，全省各级工商联共有84308家会员。召开省工商联七届四次常委会，届中增补充实了企业界会领导力量。制作工商联徽章、牌匾和工作证，进一步增强了会员意识和队伍的凝聚力。成立青年委员会、女企业家委员会、文体委员会、投融资委员会，进一步延伸了工商联的工作抓手。

加大对商会协会的联系和服务力度，深入各异地商会和行业协会调研座谈，提出了“一会一品”的设想。对省级异地商会筹备成立商会联盟一事进行了指导和纠正，引导各异地商会朝着正确的方向发展。对主管的18家社团进行了实地考察和指导。

组织开展海南省工商联系统表彰活动，对各市县工商联、商会协会的先进集体和先进个人进行了表彰。海口市工商联被人社部和全国工商联评为工商联系统先进集体，万宁、白沙工商联被评为全国县级工商联先进示范点。通过有力的工作指导和典型带动，较好地推动了市县工商联工作整体进步。

六、扎实开展党的群众路线教育实践活动，机关作风建设呈现新面貌

根据中央和省委的统一部署，省工商联机关开展了以为民、务实、清廉为主要内容的党的群众路线教育实践活动。会党组高度重视教育实践活动，结合贯彻落实中央八项规定和省委二十条规定，严格按照“照镜子、正衣冠、洗洗澡、治治病”的总要求，坚持以整风精神开门搞活动，广泛征求各市县工商联、行业协会商会、企业家的意见，认真开展对照检查，找准班子和成员在“四风”方面存在的突出问题。针对问题，班子成员坦诚开展批评与自我批评，深刻剖析问题产生的根源，形成了活动整改方案、“四风”突出问题专项整治方案和制度建设计划（简称“两方案一计划”），明确整改目标、责任部门、责任人及整改时限。通过党的群众路线教育实践活动的开展，领导班子更加团结有力，党员干部思想进一步提高、作风进一步转变、为民务实清廉形象进一步树立。

重庆市工商联2013年工作综述

2013年，重庆市工商联深入贯彻落实党的十八届三中全会、市委四届三次全会精神，按照中央16号文件和市委5号文件要求，以促进两个健康为主题，以党的群众路线教育实践活动和非公有制经济人士理想信念教育实践活动为主线，务实创新，实干兴业，各方面工作取得新的成绩。

一、积极开展理想信念教育实践活动

根据中央统战部和全国工商联统一安排部署，

以“渝商中国梦”为主题，以增强非公有制经济人士对中国特色社会主义的信念、对党和政府的信任、对企业发展的信心为主要内容，在全市非公有制经济人士中扎实开展了理想信念教育实践活动。活动得到了各级党委、政府的高度重视和大力支持，3个区县常委会专题研究，1个县县委书记动员讲话，多个区县“两办”发文部署，17个区县活动领导小组组长高配，财政拨付经费排忧解难。坚持把发挥主体作用作为活动有效开展的关键，组建了以“1位名誉会长+1位顾问+10位代表人士”为成员的企业家报告团，先后在市委常委会、36个区县作了39场专题报告。各区县（商会）也组织宣讲团、宣传队，宣讲达112场次、专家讲座89场次，3万余名非公有制经济人士受教育。在黔江区建立重庆市非公有制经济人才培训基地，与相关高校合作，举办非公有制经济代表人士、企业带头人、企业高级管理人才、“创二代”等培训班9期、1200余名企业家参训。召开了工商界政协委员“共话中国梦·坚定‘三信’促发展”座谈会，组织了企业家赴西柏坡“重走革命路”活动。全市区县组织国内外培训5000人次，2261家企业对1149个区县政府部门进行绩效评价，一批企业发展难题得以破解。吸纳“70后”企业家进入报告团，现身说法教育引导青年企业家，召开渝粤两地青年企业家交流会，渝中区工商联还组建了青年委员会。在《新渝商》等自有媒体上加大宣传力度，联合市委统战部、市级主流媒体、渝中区工商联在外部媒体开展“理想信念笔谈征文”10期，刊载了30名企业家的创业故事、心路历程、追梦感慨，中央媒体报道30余次，市属媒体报道300余次。据不完全统计，活动开展以来，广大非公有制企业和商会组织抗震救灾、捐资助学、捐助公益事业达2.2亿元。

二、支持引导非公有制经济集群发展

以支持引导民营企业抱团合作、集群发展改变我市民营企业“各自为政、单打独斗、体量偏小、竞争力弱”状况为突破口，经过8个月的充分准备，渝商投资集团成功组建，并启动建设重庆中小企业创业孵化基地，成功签约项目3个，在梁平县开展土地一级整治工作。随后，在各级党委、政府大力支持及工商联、商会组织的共同努力下，民企抱团呈加快发展之势，至年底全市累计达到14家，涉及股东642人，注册资本156亿元。其中，涪商集团、南商集团、足商集团、浙商集团、餐投集团、旅商投集团等抓住机遇，加快发展，取得初步成效；涪商集团与丰都、六盘水市等签订200亿元的合作协议；餐投集团仙女山美食街项目有序推进、进展顺利。

三、创新开展干部进民企促发展活动

通过创新服务手段，深入推进“服务工作三下沉（阵地、作风、政策下沉）、争做民企贴心人”活动，组织机关干部走出办公室、走进车间厂房，常态联系1~2户企业，企业反响良好。从机关选派6名干部，到6家民营企业，带薪脱产挂职1年，分别担任所在企业副总或部门负责人，学习经营管理经验，宣传解读相关政策，帮助协调、解决具体困难和问题，提升干部服务企业的能力和水平。为扩大参与面，主动争取市委重视支持，在全市34个市级职能部门，首批选派34名年轻干部深入民营企业脱产挂职。各区县也共下派干部723名。据不完全统计，活动开展以来，挂职干部围绕招商引资、技术创新等形成调研报告23篇、发展建议70多条，负责或参与重大项目23个，帮助企业解决了一大批困难和实际问题，产生了可观的经济和社会效益。企业得到实惠，社会反响热烈。

四、强化调研建言破难解困

深化“调查研究年”活动，组织干部广泛深入一线，就民营制造、餐饮、建筑、房地产等数个行业开展调研并形成报告。协同市委办公厅、市政府办公厅，对市级有关部门和各区县贯彻落实全市发展民营经济大会精神和鼓励支持民营经济发展四个政策文件的情况进行专项督察，形成《专项督察情况报告》。这些报告，多次获得孙政才书记、黄奇帆市长、翁杰明常务副市长和刘光磊常委等市领导的重要批示。市委、市政府多次召开专题会研究解决报告反映的问题，较好地解决了房地产商会、餐饮商会、蓝洋融资担保公司等提出的超高建筑消防避难层不计入容积率、公积金贷款放款、优化行政审批流程、落实农民工工资保障金返还政策、股权交易中心托管费减免等共性问题。指示有关部门较好地解决了富丰集团、小康汽车、雷科电气搬迁、生产用地难，以及金冠集团设立小贷公司、杜克高压增信融资等具体问题。

五、多方联动联络助推发展

积极参与市纪委、监察局组织的民营企业补助资金专项整治工作。与市农委共同推动城市工商资本下乡，牵线陶然居、冠恒农业、巴马生态农业等民营企业在25个区县，投资27个项目，金额达63.4亿元。与市扶贫办联合出台民营企业参与农村扶贫开发的意见，推介扶贫开发项目。与市检察院举办“检察官进民营企业”主题活动，并在全市推广。与市公安局签署廉洁共建备忘录。与市司法局共同选聘99名律师，组建律师专家服务团。与市科委、科协共同推动在民营企业新增院士专家工作站1个、科协联络站2个。与市图书馆共建图书资源共享服务平台，推进民营企业文化建设。与市国资委、市财政局等部门多次对接沟通，探索国有资本向民间资本转让股权、增资扩股、合资合作、交叉持股以及民间资本进入政府引导基金相关事宜。加强与海外55个友好商会的交流沟通，充分发挥工商联民间外交渠道作用，实施“走出去”战略，引导、推动、服务600多家（次）会员企业先后参加了近30个国家的投资推介经贸交流活动，签订合作协议13个。对外联络工作取得多项突破：首次在渝洽会上主办民营经济国际恳谈会专题活动，首次在海外（澳大利亚）设立重庆工商联联络处，首次引进德国SES项目、为会员企业转型升级提供引智服务，首次成为全市第一个非引智归口管理部门申请外籍专家来渝服务政府补贴单位。

六、务实推进基层组织建设

至2013年底，全市39个县级工商联全部实现“一个设立、五个有”的工作目标，其中永川、忠县获批全国县级工商联建设示范点，渝中区工商联获得全国先进单位。修改完善商会考评办法，开展商会建设调研，指导和推动商会组织进一步健全法人治理结构、建立内部管理机制、依据法律和章程开展活动，规范行业自律行为，培育和发展中国特色的商会组织。与市民政局联合开展乡镇街道商会情况调研，确定4个区开展登记注册试点，推动镇街商会登记注册工作。建立完善了覆盖全市的执委数据库，加快建设全市民营企业高层次人才数据库，推动了区县工商联数据库工作信息化。截至2013年底，全市工商联共有会员88193个，比2012年增加8588个，增长10.8%；其中企业会员44078个，增长20.1%，团体会员1199个，增长293%；乡镇街道商会达到792个，占行政区划的77.6%。市工商联新成立异地商会4家、异地重庆商会8家，直属商会增至53个，会员达16360个，直属企业会员增至341个。

七、扎实开展党的群众路线教育实践活动

立足学习教育，创办了学习专栏，开展了“坚持群众路线·加强作风建设”专题讲座，组织参观了廉政建设警示教育基地，举办了党的群众路线知识竞赛和“作风建设与民企发展”党员论坛。坚持开门搞活动，寄发《“四风”问题征求意见函》300余份，赴39个区县走访党员群众780人次，征求意见建议。在广泛征求意见的基础上，先后召开3次党组会讨论分析，班子成员之间、班子成员与分管部室负责同志之间深入交心谈心，召开“四风问题”查摆交流会，找出了党组班子在“四风”方面存在的11个突出问题，制订了切实可行的整改措施，着力进行了有效整改，收到了明显效果。

四川省工商联2013年工作综述

2013年，四川省工商联紧紧围绕省委、省政府中心工作和年初确定的目标任务，以促进两个健康为主题，全面贯彻落实省委“三大发展战略”，围绕“川商”抱团发展、健康成长做文章，采取“四轮驱动”“四者培育”举措，求真务实，锐意进取，圆满完成了各项目标任务。

一、丰富宣传教育载体，扎实开展思想政治工作

一是开展非公有制经济人士理想信念教育实践活动。通过“助推民营经济发展流动学校”“非公有制经济人士理想信念教育宣讲报告团”“民营企业家与中国梦”大讨论等，开展理想信念教育。全年共组织专题报告（宣讲）会、论坛、讲座等285场次，受训企业家达11万余人次。二是加强革命传统教育。组织民营企业家赴建川博物馆参观“抗战馆”和“地震馆”；在中国延安干部学院举办“四川省优秀民营企业党组织负责人理想信念教育专题研修班”；在省工商联成立60周年之际，组织编写了《四川省工商联纪略（1953～2013）》。三是注重典型宣传教育。通过报刊、网络、电视等渠道，宣传报道非公有制企业和代表人士典型600余篇（次）；全年共播出《风云川商》36集；结合庆祝建党92周年和省工商联常委会等时机，对67个先进企业、102名先进人士进行表彰；推荐100户优秀民营企业，接受省委省政府表彰；组织编写了《新蜀商——四川民营企业领军人物（第二卷）》。四是牵头人才培训教育。举办“四川重点民营企业创新战略与市场战略高级管理人才研修班”“全省民营企业明日之星企业家培训班”“民营企业新生代企业家培训班”“民营企业中高级管理人才研修班”“四川省民营经济产业转型与创新发展培训班（第二期）”“现代企业发展与核心竞争力提升培训班（第三期）”等。

二、提升参政议政水平，服务党委政府中心工作

一是积极建言献策。提交了《加强对中小微企业金融扶持政策建议》《关于推进我省茶产业加快发展的建议》《关于放开民营企业审批，促进民营经济发展的建议》等团体提案12件，其中《关于推进我省茶产业加快发展的建议》被列为重点提案。全年共完成大会发言、团体提案和建议等34件，社情民意10篇。二是深入开展调研。围绕《非公有制经济人士“小富即安、大富不安”问题研究》《基层工商联组织建设调研》和《引导民营企业增强创新驱动的问题调研》等重点调研课题，形成调研报告11篇；参与省决策咨询委员会组织的加快四川省民营经济发展专题研究，形成《壮大民营经济，增强经济活力》研究报告，省委主要领导作出重要批示。

三、搭建经贸交流平台，助推非公有制经济健康发展

一是积极搭建重大活动平台。承办“四川与全国知名民营企业投资合作洽谈会”，签约项目251个，签约金额达3335亿元；承办“四川与全国农业产业化龙头企业合作发展大会”，签约项目59个，签约金额达375.9亿元；举办“全国知名民营企业雅安行”，签约项目12个，签约金额达170.25亿元；承办“携手华商共促民企‘走出去’”主题论坛，签约项目51个，签约金额达215亿元。二是积极搭建企业合作平台。组织省内知名民营企业参加“第十九届兰洽会暨民企陇上行”“中国光彩事业西藏行”“2013中国（绵阳）科技城科技博览会”“2013中国成都国际农业博览会”和“青白江行”“武胜行”“洪雅行”等商贸交流活动。三是积极搭建“走出去”平台。举办津巴布韦项目推介会、“2013巴生义务友好城市国际商品展销会”和“香港·创意·品牌”研讨会；与马来西亚巴生中华总商会签订友好商会协议；积极与美国、哥伦比亚、津巴布韦、加拿大、韩国、马来西亚等开展民间外交和商会交流。四是积极搭建企业融资平台。与中国银行四川省分行签署《合作备忘录》；举办“新三板”最新政策解读和操作实务培训会；积极支持中小微企业发展，争取省政府筹建“蜀商银行”。五是积极搭建服务发展平台。积极争取省委、省政府召开民营经济发展大会，并下发《推进民营经济又好又快发展的意见》《鼓励和支持民营经济又好又快发展若干政策措施》等文件；与省科学技术厅、雅安市人民政府、广安市武胜县人民政府、四川大学签署《战略合作协议》。全年共协调组织民营企业家来川投资考察30余场次。

四、加强基层组织建设，夯实事业发展组织基础

一是加强督促检查。完成了对贯彻落实中央16号文件和省委19号文件的专项督察，并形成专题报告报省委督察室；下发了《四川省工商联关于推动解决县级工商联建设中的突出问题工作实施方案》和《关于进一步贯彻落实川委发〔2010〕19号文件精神，推动解决县级工商联建设中主要问题的若干意见》。二是强化示范带动。召开全省县级工商联建设经验交流会，并确定了23个省级示范点；推荐成都市郫县工商联、达州万源市工商联作为全国县级工商联建设示范点；推荐攀枝花市作为全国工商联系统先进单位受到表彰。三是狠抓基础工作。召开行业商会工作会议，进一步完善直属商会考评工作方案、项目和标准；完成8家直属商会的组建工作，发展直属会员35家；完成500余名非公有制经济人士专业技术职称的评定申报、初审和评定工作；举办涉及知识产权、税务等方面的专题讲座5场。

五、发挥组织特殊优势，积极参与社会管理创新

一是加强行业商会建设。形成《四川省商会调解的现状与存在的问题》专题报告，组织召开“全省工商联法律工作座谈会暨商会调解工作现场会”，组织企业家参加“非公有制企业、商会（协会）劳动争议预防调解示范单位负责人”培训，完成厂务公开民主管理先进单位、示范单位的审议等工作。二是维护企业合法权益。召开“四川省民营经济发展与司法保护工作座谈会”，建立维权工作协调机制，成立“全省工商联系统维权工作协调委员会”。全年共协调处理调解个案11件，为企业提供法律咨询服务30余次。三是构建和谐劳动关系。完成全省市、县两级工商联全面参与协调劳动关系三方机制统计工作，与省级相关部门联合下发《四川省2013年构建和谐劳动关系年工作方案》《关于对和谐劳动关系创建活动先进单位进行激励相关问题的通知》等。

六、培育弘扬感恩文化，主动承担履行社会责任

一是结合抗震救灾，突出教育引导。为雅安芦山地震灾区捐款捐物近2亿元，并与雅安市政府签订《战略合作协议》，协助其搞好灾后恢复重建工作；组织省内9542家民营企业参加2013年民营企业招聘周活动，提供岗位信息261275个，印发就业政策等宣传资料896590份。二是结合光彩事业，强化帮扶举措。组织开展“光彩事业巴中行暨川商革命老区行”活动，促成全国工商联向巴中市平昌县签约捐赠助农帮扶基金500万元，签订项目39个，签约金额达346.2亿元；举办“川商光彩事业阿坝行”，签订项目14个，签约金额达50.18亿元；联系接洽中华红丝带基金会、中国民生银行等单位对美姑县教育和卫生事业首期捐助800万元资金到位；协调浙江圣奥慈善基金会捐资200万元修建雅安市荥经县第三幼儿园；发放红丝带健康包2000个；为阿坝州藏区幼儿园基础设施设备项目建设捐助资金300万元；向阿坝州黑水县、马尔康县、若尔盖县分别捐赠人民币50万元、200万元和50万元；促成中国光彩事业促进会、四川省光彩事业促进会分别向雅安地震灾区捐款4300万元、5400万元。三是结合对口帮扶，探索长效机制。完成美姑县洛俄依甘乡阿卓瓦乌村15公里的引水工程，解决了199户、750余名彝族同胞缺水困难；向广元市旺苍县张华镇大地曙光联合村18户倒塌（危）房受灾户提供建房资助共18万元，资助贫困大学生4名共2万元，改造维修公路2公里，为村两委会配备电脑、打印机、办公桌椅等设备。

七、加强机关自身建设，推动各项工作创新发展

一是认真贯彻执行中央“八项规定”和省委省政府“十项规定”，进一步规范和落实公务接待和会务活动；为机关公务用车全部安装GPS，压缩“三公经费”9万余元。二是深入开展党的群众路线教育实践活动，撰写学习心得近60篇，形成调研报告6篇；班子成员互相之间开展7人次，分管领导与处室负责人之间开展谈心活动7人次，各处室共开展53人次。三是积极推进制度创新着力构建长效机制。修订学习、会议、财务、接待慰问、会员管理和服务等9项规章制度；新增思想政治工作办法、交心谈心、处长负责、廉政建设、联系和服务基层等12项规章制度。

贵州省工商联2013年工作综述

2013年，贵州省工商联围绕中心，服务大局，以两个健康为主题，以理想信念教育实践活动为引领，以引资入黔、调研问政、服务民企、自身建设为重点，各项工作扎实推进，全面完成工作目标，取得了较好成绩。

一、深入开展非公有制经济人士理想信念教育实践活动，坚定信心凝聚力量助推发展

按照全国工商联的统一部署，从2013年5月开始，省工商联与省委统战部共同开展了理想信念教育实践活动。省委书记赵克志对活动作出重要批示，省委常委、省委统战部长刘晓凯也对活动开展作出批示，并担任活动领导小组组长。活动围绕增强非公有制经济人士对中国特色社会主义的信念、对党和政府的信任、对企业发展的信心为主要内容，以引导教育为先导，以办实事为重点，以“访千家企业、办千件实事”“五个一活动”“百日安商行动”为载体，取得了较好的效果，得到了全国非公有制经济人士理想信念教育实践活动领导小组的高度肯定，在全国工商联十一届二次执委会上得到点名表扬。参与企业也根据自身实际，开展了丰富多彩的活动。在2013年底召开的省工商联十一届二次执委会上，对5家先进单位、25家先进商会和30家先进企业进行表彰。活动开展以来，共编印活动《简报》108期，其中全国理想信念教育实践活动领导小组采用14篇，2013年5月至9月信息采用量在全国排名第一，10月份后排名第二。

二、凝聚力量，突出重点，在助力民营经济发展中凸显能量

（一）引资入黔成效显著

先后协助省委省政府圆满完成了在北京、上海、香港、澳门、广东等地举办的包括“面向全国优强民营企业招商引资推介会”“面向长三角招商推介会暨项目签约仪式”“香港投资贸易活动周开幕式暨项目签约仪式”等在内的9次重要招商活动的邀请客商工作，牵头完成了“澳门·贵州旅游招商推介会”。共计邀请到世界500强、中国民营企业500强、上市公司等知名企业共1138家参与。据统计，已有48个项目签约，总投资额为906.09亿元，到位资金为103.15亿元；正在洽谈项目37个，预计投资额为1071亿元。

（二）调研辅政成果丰硕

按照赵克志书记要求，省工商联围绕民营经济发展热点难点问题深入调研，形成了一批较高质量的调研报告，得到赵克志书记、陈敏尔省长以及多位省领导的批示，调研成果丰硕。其中：《民营企业发展环境调研报告》得到了省委书记赵克志的批示肯定，促进了全省企业投资环境的改善。《民营企业税费负担调研》促成了省工商联、省国税局、省地税局共同建立“民营企业纳税服务联席会议制度”，荣获全国工商联系统优秀调研成果评比一等奖；《“小微企业29条”贯彻落实情况调研》促成省工商联与省工商局建立“民营企业工商服务联席会议制度”。向省政协大会提交了4份大会发言材料、6份团体提案。其中“加快行政审批制度改革，推动民营经济跨越发展”的大会发言，受到有关部门重视，部分建议在省政府出台的“关于提高行政效能的若干规定”中得到采纳。“关于对民营经济三年倍增计划实施情况进行专项督察的建议”入选省委办公厅重点督办提案，并促成省委督察室开展“民营经济三年倍增计划实施情况专项督察”，形成督察专报报省委主要领导。“关于加快我省企业信用体系地方立法工作的建议”被选为省政协主席会议督办提案。省工商联向全国工商联推荐的“加强非公有制经济组织人才队伍建设的建议”作为全国工商联2013年第2号团体提案提交全国政协大会。

（三）商会建设进展明显

集中力量组织筹建异地贵州商会、贵州异地商会和行业商会。经过一年的努力，天津、安徽、福建、湖北、东莞、江门、泉州7个贵州商会已相继挂牌成立，辽宁、吉林、黑龙江、山东、河南、江西、广西、浙江、湖南、新疆、青海、甘肃、西藏13个省（区）贵州商会已建筹备组。2013年，陆续成立了贵州省建筑租赁行业商会、儿童用品商会、酒店用品商会、家居装饰商会、小微企业商会、汽车服务行业商会6个行业商会和贵州省云南商会、贵州省广西商会、贵州省莆田商会、贵州省晋江商会4个贵州异地商会。在天津贵州商会成立大会召开期间，全国20个贵州商会会长、贵州商会筹备组组长齐聚一堂，召开了“贵州省异地商会建设工作会议”，共同商讨支持家乡跨越发展和商会自身建设大计，《贵州日报》以整版的形式大力宣传了省外黔商的风采。

（四）品牌建设深入推进

2013年，先后组织了几百家民营企业开展“走进平坝”“走进贵安新区”“走进福泉”“走进兴仁”活动，进一步夯实省工商联“助推县域经济发展”品牌，取得明显成效。其中，“走进福泉”活动，现场成功签约10个，投资金额62.06亿元；“走进贵安新区”活动，达成近400亿元的投资意向。继续加大“优秀会员企业家成长计划”培训宣传和组织工作，连续举办了9期培训，来自全省9个市（州）近4000个民营企业家和企业高管的参与，培训企业家受益面更广、影响更大。此项活动入选了全国工商联2012年度20个亮点评选优秀案例之一，并被推荐为“统一战线教育培训优秀案例”向中央统战部申报。

（五）组织建设迈向新台阶

在按照“一个设立、五个有”的标准加强基层组织建设的基础上，继续以“五好”为目标，加强县级工商联自身建设。2013年11月底，赵克志书记专题听取了省工商联关于县级工商联建设的汇报，对近年来县级工商联工作给予了充分肯定，并同意以省委办公厅、省政府办公厅的名义下发《关于深入开展县级工商联“五好”建设的实施意见》。全省县级以上工商联组织大部分实现了有办公用房、有人办公、有经费支持、有公务用车，全省县级工商联建设迈上了新台阶。

（六）宣传工作再创佳绩

与《中国经济时报》《中华工商时报》《贵州日报》等多家媒体合作，广泛开展宣传贵州民营企业和工商联工作活动，在企业家中反响热烈。据不完全统计，省工商联在主流媒体上发布宣传工商联工作的稿件64篇，其中，《中华工商时报》《贵州日报》3次以头版的形式，反映了工商联服务民营经济发展的重大活动、重大事件，社会反应强烈。

（七）服务民企新建载体

一是启动民营企业专业技术职称评审工作。借鉴福建省开展民营企业职称评审方法经验，省工商联、省人社厅、省民营经济发展局共同起草《关于进一步加强和完善非公有制企业专业技术职务任职资格评价工作的实施意见》（黔人社通〔2013〕325号），三家单位联合开展9个大类的非公有制企业职称评审工作。9月，省人社厅正式发文（黔联通〔2013〕42号，黔联通〔2013〕43号），委托省工商联开展工程、农业、工艺美术系列专业技术职务任职资格评审工作。此项工作在民营企业中产生了广泛影响，得到积极响应，截至2013年10月15日，全省各市、州工商联共收到申报材料739份，其中申报高级职称的281人，中级职称的236人，初级职称的222人。二是创新融资服务平台。与中国银行签署“战略合作协议”，联合推出“贵商卡”，成为中国银行在全国推出的第五张以属地命名的信用卡。加大与省金融办的合作，全力搭建申办小贷公司、担保公司“绿色通道”，2013年，有4家小额贷款公司、1家融资性担保有限公司已批准设立。三是拓宽对外联系网络。2013年，是近年来省工商联组织外访次数最多、出访人员最多的一年。先后组织7个批次的民营企业家和工商联干部赴美国、俄罗斯、加拿大、法国、德国、瑞士、中国香港等地开展民间交流、商会联谊及学习考察活动，是近年来组织外访次数最多、出访人员最多的一年。外访期间，省工商联还与部分出访国城市商会签订了《友好商会协议》为下一步扩大与海外商会、华侨、黔商联络联系以及招商引资奠定了基础。四是建立班子成员联系民营企业制度。以1个班子成员联系1个市（州）、1个县、2个重点民营企业的形式支持民营企业发展。各市（州）工商联也参照省工商联做法，建立了相应的联系制度。五是组织民营企业开展招聘活动。与省人社厅、省总工会、省教育厅等单位联合举办了第七届“民营企业招聘周活动”，组织全省2145家民营企业参与，提供就业岗位88808个，签订就业（意向）协议23133人。省工商联与贵州大学联合举办“民营企业大学生专场招聘会”，组织95个民营企业走进校园，提供就业岗位1409个，现场签约328人。六是引导民营企业积极履行社会责任。继续开展“万企助村”活动，截至2013年底，民营企业投入资金已达36.2亿元。四川雅安芦山“4·20”地震后，民营企业积极响应省工商联号召，踊跃向灾区捐款捐款1727.57万元，捐物折价65万元。

云南省工商联2013年工作综述

2013年，在云南省委、省政府正确领导及全国工商联有力指导下，云南省工商联深入贯彻落实党的十八大、十八届三中全会和省第九次党代会以及省委九届七次全会精神，认真履职，努力进取，各项工作务实推进，取得良好成效。

一、强制度建设

制订实施《兼职副主席（副会长）轮值制度》《专职领导及工作部门联系服务企业制度》《与非公有制企业双向选派干部（人员）挂职锻炼制度》《兼职副主席（副会长）联系县（市、区）非公经济发展制度》。27位兼职副主席（副会长）完成轮值任务；驻会领导及机关各处室积极深入100户重点联系企业开展走访调研；7位企业管理人员和8位工商联干部被选派进行双向挂职；46位兼职副主席（副会长）深入到挂钩联系县（市、区）开展挂钩帮扶工作。

二、抓活动开展

以“民营企业家与中国梦”为主题，以增强非公有制经济人士对中国特色社会主义的信念、对党和政府的信任、对企业发展的信心为主要内容，深入开展非公有制经济人士理想信念教育实践活动，坚持把活动开展与引导民营企业转型升级、服务中小微企业发展，与深入开展党的群众路线教育实践活动、企业党建、企业文化建设等结合起来，紧紧依托各级工商联和各类商会组织，将活动向基层组织覆盖，向小微企业延伸，开展了巡回演讲、专题讲座、征文活动、先进事迹报告等特色鲜明、形式多样的活动，进一步提高了非公有制经济人士的思想政治素质，推动了发展环境改善，帮助企业解决发展难题，在全省非公有制经济领域和工商联系统产生了广泛而积极的影响，得到了全国活动领导小组的充分肯定。紧紧围绕保持党的先进性和纯洁性，以为民务实清廉为主要内容，以“坚定理想信念、切实转变作风、促进两个健康”为活动载体，深入扎实开展党的群众路线教育实践活动，充分发挥工商联的独特优势，彰显工商联的特色亮点，不断丰富活动内容，创新活动载体，采取多种形式向基层、向群众、向非公有制企业开门听意见；深入查摆、深刻剖析，找准存在问题及根源；交心谈心，开展批评与自我批评；制订措施、整改落实，切实解决存在突出问题。开展光彩事业公益活动，省光彩会共接受捐赠2970多万元，开展项目50余个，下拨项目资金3400多万元，发放助学金200多万元，被省委、省政府评为2013年度社会扶贫先进集体，被省扶贫开发工作领导小组评为挂钩扶贫先进单位。成立了省光彩事业基金会。

三、拓服务载体

拓展经济服务工作。鼓励创业小额贷款工作，共扶持17047人创业，扶持170户劳动密集型小企业持续发展，共发放贷款12.2亿元。促成并组织企业参加“省长民营企业调研座谈会”，向省领导和省直有关部门面对面反映民营企业遇到的困难和问题。成立“云南省总商会北京服务中心”。分别召开小微企业座谈会、中小企业融资座谈会、贯彻落实“民间投资36条”座谈会、民营企业“走出去”座谈会。积极推进筹备成立省内首家民营银行。组织企业参加信托业务对接会，助推企业拓宽融资渠道。全省非公有制企业100强评选和新闻发布会取得圆满成功。成功举办以“解融资难题、推民企发展”和“破解困难，加快转型”为主题的两场“民企沙龙”活动。成功举办“2013经济趋势及企业对策”高管论坛，在南博会、哈洽会、兰洽会、蒙自开发区招商引资推介会上，累计协助民营企业签订合作项目326个，协议资金达3550亿元。创新法律维权工作。与公检法司等15个部门组建云南省民营企业法律维权委员会，并聘请五位省级老领导为维权委员会顾问；成立商会调解中心和法律服务中心；与省高院建立了诉调对接机制；组织云南省福建总商会、高深集团开展企业劳动争议预防调解试点示范工作；全年共受理各类案件29件，已协调落实22件。积极推动对外交往。全年共组织7个团组、60位商会负责人和企业家前往南美、东南亚、南亚等地进行经贸考察和交流。配合省政协组织的云南工商代表团在出访柬埔寨期间代表省政府向柬埔寨班迭棉吉省捐赠200台农用发动机。首届“南博会”期间，与省商务厅共同举办“大湄公河次区域（GMS）运输商协会能力建设研讨会”。先后与韩国忠清南道经济通商室、印度加尔各答商会、印度工业联合会、斯里兰卡—中国商务理事会等国外工商组织签署了合作协议。改进信息宣传服务。创办《云南商联资讯手机报》和《云南民企高管内参》，提升网站建设水平，提高《云南商会》办刊质量，加大对民营企业和非公有制经济代表人士宣传力度。

四、重调查研究

驻会领导分别带队组成调研组，完成了四个重点课题的调研，在省委、省政府主要领导参加的调研汇报会上作了《在云南产业建设中充分发挥民营企业作用的对策建议》专题汇报。由轮值副主席带队对品牌培育发展情况进行专题调研。向省政协十一届一次会议提出《在政府采购中安排一定比例面向小型微型企业》等四份提案。在省政协十一届三次常委会议、云南省打造旅游产业升级版恳谈会等会议上积极建言献策。出版发行《2012—2013云南民营经济蓝皮书》。

五、抓自身建设

完成了“云南省商会”更名为“云南省总商会”的相关工作。积极协调争取到省委省政府督察室对各州市贯彻落实中央16号文件和省委11号文件精神情况进行全面督察。鲁甸县工商联、罗平县工商联被命名为全国“五好”县级工商联建设示范点。制订实施《会员管理办法》和《会员组织建设5年发展规划》。对拟组建的直属商会给予指导，帮助做好筹备工作。支持省级各商会在州市县组建分会和发展会员。截至2013年底，全省工商联组织会员数达119951个，比2012年增加31004个；商会组织1662个，比2012年增加582个，实现了会员发展的较大幅度增长。增设处室，充实人员，规范处室工作职能，机关建设水平有了新提高。

西藏自治区工商联2013年工作综述

截至2013年底，全区市场主体达到12.8万个，就业人数62.8万人，非公有制经济税收135.5亿元，占全区税收部门组织收入的91.8%。这些数据表明，非公有制经济已经成为我区促进经济发展、壮大特色产业、繁荣城乡市场、增加财税收入、扩大社会就业、维护社会稳定的重要力量，为全区经济社会发展作出了突出贡献。

一、高度重视，多措并举，大力促进非公有制经济实现持续快速发展

一是重心下移开展调研，掌握了大量非公有制经济的发展情况。自2013年以来，吴英杰、公保扎西、董明俊、高扬、洛桑久美等多名自治区党委、政府、政协的领导先后多次深入非公有制企业开展调研。区工商联领导带队调研多达10余次，先后分别深入七地市的100多家企业，下发调查问卷400多份，形成调研报告8篇，掌握了大量第一手非公有制经济发展的高质量、有价值的参考资料。

二是沟通协作搭建平台，拓宽了非公有制经济发展渠道。自治区政府与民生银行签订战略合作协议，民生银行在拉萨设立分支机构。区工商联与中国进出口银行成都分行签订战略合作协议，中国进出口银行成都分行在拉萨设立分支机构；区工信厅、区工商联与国家开发银行签订了助推非公有制经济发展的战略合作协议。这些合作协议的签订和实施，进一步拓宽了非公有制企业融资渠道，在一定程度上为解决融资难问题发挥了重要作用。

三是落实非公有制经济发展扶持资金，促进了非公有制企业做大做强。由自治区财政厅牵头、工商联参与的非公有制经济扶持项目，近两年共落实项目资金2亿元，有力地支持了我区非公有制企业做大做强，推动了非公有制经济发展。

四是"走出去、引进来"，加强了沟通交流，拓宽了合作发展渠道。2013年以来，区工商联共接待了海南省工商联、黑龙江省工商联、河北省工商联等20多个工作组和大批人员，并到17个对口援藏工作的省市开展了招商引资工作。

区党委常委、区政协党组书记、副主席，区党委统战部部长公保扎西率领16名企业家组成的考察团前往广东、浙江、福建3省进行了考察访问；区工商联党组书记李瑞富率领部分企业家到台湾进行了考察访问，加强了双方的沟通联系，拓宽了合作发展的渠道，大力宣传了西藏形象，展示了我区非公有制企业家的风采。

五是加强了与政府综合部门的联系，达成了共识，初步形成了助推非公有制经济发展的工作机制。召开了区工商联与政府各综合部门座谈会和金融部门与非公有制企业助推非公有制经济发展座谈会，既向各综合部门反馈了企业在生产经营过程中存在的困难和问题，提出了意见建议，又向非公有制企业宣传了政策，进一步加强了沟通联系，增进了了解。

六是履职尽责，积极为非公有制企业办实事、办好事。2013年以来，区工商联根据非公有制企业所反映的困难和问题，积极协调解决。帮助藏寿堂实现了企业兼并，协助企业解决了重型卡车合格证纠纷问题等。

二、工商联事业发展取得新突破

截至2013年底，全区共有各级工商联（商会）组织、协会87个，其中：自治区级工商联（商会）1个，地市级工商联（商会）7个，县级工商联52个（其中：山南地区乃东县成立商会组织）；异地商会7个，协会11个，其他9个。

自治区工商联第五届执、常委93名，常委41名（其中：11名非公有制经济人士担任副主席）。在全区非公有制经济代表人士中，担任党的十八大代表的1人，担任自治区人大代表的13人，担任全国政协委员的3人，担任自治区政协常委的7人，担任自治区政协委员的44人，荣获全国劳动模范称号的9名，荣获自治区劳动模范称号的62名，全国五一劳动奖章获得者14名。总商会理事共122名，常务理事41名，会长1人，常务副会长1人，专职副会长4人，兼职副会长21名。

截至2013年底，区工商联共有会员3823个，比2012年增加450家，增长11.8%。现有非公有制经济组织123044个，比2012年同期增加2916个。

一是工商联的会员基础不断扩大，组织基础更加巩固。工商联的影响力和凝聚力不断增强，全区工商联事业发展正进入一个历史上最好的发展时期。二是工商联的地位提升了，作用发挥得更充分了。随着非公党工委和非公经济组织工会的成立，以及自治区非公有制经济扶持资金的设立，工商联服务非公有制经济的渠道和手段更多了、更有效了，作用发挥得更充分了。三是充实了新鲜血液，新班子的战斗力增强了。2013 年是区工商联换届后的第一年，新一届工商联党组和领导班子调整充实了新生力量，增添了新鲜血液，承担的任务更加繁重了，工作目标更加清晰了，思路更加开阔了，信心更加足了，取得的成果更加明显了。

三、中国光彩事业西藏行活动取得丰硕成果

"中国光彩事业西藏行活动"是一次集项目推介、洽谈、签约和公益捐赠、考察观光、政策宣传为一体的大型活动。该活动在区党委、政府的高度重视和中央统战部、全国工商联、中国光彩事业促进会的大力支持下，于2013 年8 月4 日至6 日在拉萨举行。其间，先后举行了西藏行活动大会、光彩公益捐赠仪式、西藏民营企业特色产品展示会、游园对接会、拉萨名胜古迹参观和民营企业考察等活动，还组织了 101 家区内民营企业举办特色产品展示，组织七地区与企业家进行了深度对接洽谈。活动为西藏公益事业筹集善款6900 万元，西藏自治区人民政府与中国民生银行签署了战略合作协议。其间，本次活动吸引了内地 30 个省市 300 余家知名民营企业、600 多位企业界嘉宾和领导参加，其中不乏全国民营企业 500 强和世界 500 强企业。活动签约项目 229 个，总投资 3613.07 亿元，到目前落地项目 66 个，落地资金超 210 亿元。此次活动引进企业之多、签约金额之多、涵盖产业之多前所未有，达到了预期目标，成果丰硕，意义重大，影响深远，在全区乃至全国都引起强烈反响。

四、全区非公有制经济人士理想信念教育实践活动深入推进

自 2013 年 5 月全国非公有制经济人士理想信念教育实践活动启动以来，在以公保扎西常委为组长的全区非公有制经济人士理想信念教育实践活动领导小组的领导下，调整充实领导小组，详细制订活动实施方案，认真开展规定动作，积极创新自选动作，扎实推进了各项工作的深入开展。

在活动中，区工商联结合实际形成了《全区非公有制经济人士理想信念教育实践活动第二阶段工作安排》，开展了十大特色活动。包括举行两次主题演讲报告会、开展一次大调研、组织一次大演讲、选派一批好干部。开展"干部下民企"活动，为企业送政策、送信息、送服务、送信心等，帮助民营企业搞好服务、解决问题。全区共选派了 300 名党建指导员到非公有制企业开展党建指导工作。在党建指导员的指导帮助下，30 多家企业相继建立了党群组织；为企业办实事、好事达 200 多件。办好一次推介会、组织好一次协调会、开好一次座谈会、组织收听收看爱国题材片活动。组织召开了全区金融部门与民营企业家座谈会和区工商联与政府综合部门座谈会，向各部门反馈了意见建议，听取了各金融主管部门的意见建议，搭建了各部门和企业之间沟通的平台。组织开展了 2013 年度非公有制经济人士"感恩行动"。筹集款物折合人民币 60 多万元，慰问了专题工作组、驻寺工作队、便民警务站、公安干警、爱国僧尼，引起了很大反响，树立了非公有制经济人士作为中国特色社会主义优秀建设者的良好形象。

在这次活动中，20 余家政府职能部门、10 余家金融机构、几千家民营企业、广大非公有制经济人士参与其中，基本实现了广覆盖、多参与。截至目前，共形成简报 31 期，转发 19 期文件，向全国工商联推荐 2 家企业先进典型事迹材料。

五、党的群众路线教育实践活动正常有序开展

6 月份以来，起草形成了《区工商联开展党的群众路线教育实践活动的实施方案》，下发了《区工商联开展党的群众路线教育实践活动领导小组成员名单及办公室的通知》。认真完成各项规定动作，又积极创新自选动作。一是深入开展学习教育活动，进一步提高理论水平。二是深入扎实开展主题鲜明、内容丰富、形式多样的群众性爱国主义教育活动。三是扎实开展"为了谁、依靠谁、我是谁"群众路线教育实践活动大讨论。四是扎实开展"领导干部进村入户、结对认亲交朋友"活动，为群众送去慰问物资和慰问金共计 3 万余元。五是广泛征求意见，切实找准问题，共收集到 22 条有针对性的意见建议。六是开展自我剖析活动，明确了今后的努力方向和改进措施。七是开展谈心交心活动。八是开展批评与自我批评。九是边查边改成效显著。印发了《区工商联关于改进工作作风密切联系群众的规定》《区工商联关于精简公文种类、优化公文质量的通知》，同时集中解决会风文风、“三公”经费等方面的问题，取得了一定成效。据统计，截至2013年10月底，压缩“三公”经费20%，同比下降14%。十是认真、全面地开展整改落实和建章立制工作。经会党组多次认真研究，针对“四风、两问题”提出了十个方面的整改内容。对会里的34项规章制度进行认真梳理，加强重申的32项，完善的2项，重新制订的2项。

六、非公有制经济组织党建工作亮点纷呈

目前，全区7地市已经全部成立了非公党工委，10个县（区）成立了非公党工委，全区非公党工委共有专（兼）职工作人员27人，全区非公经济党组织达305个，比2012年增加121个，增长65.76%，党组织覆盖面进一步扩大。新发展党员672名，总数达6252名，比2012年增加1839名。

自治区非公党工委成立一年来，全区非公企业党建工作从有党员到党员队伍不断发展壮大，从有阵地到阵地建设不断巩固和创新，从有领导到领导体制机制进一步理顺和强化，有效增强了党的阶级基础，扩大了党的群众基础，初步形成了与西藏特殊的稳定发展任务和非公有制经济迅猛发展形势相适应的非公党建工作模式，受到新华社西藏分社的高度重视，得到区党委书记陈全国等自治区领导同志的充分肯定。

七、强基惠民工作亮点突出

根据区强基办的统一部署和会党组及领导班子的安排，第一批和第二批驻村工作队于2013年11月底顺利进行了交接。两批工作队始终严格按照区党委、政府的“五项”任务要求，做了大量卓有成效的工作。一是加强基层基础工作，“留下一支永远不走的工作队”。按照“五好”的要求，加强制度建设，规范村“两委”班子行为，强化了村两委班子建设，巩固了基层战斗堡垒，进一步提升了村干部的思想政治意识和带领群众脱贫致富奔小康的能力和水平。二是强化“稳定是第一责任”意识，落实维稳责任，确保一方平安。三是加强时事政治和惠民政策宣传教育，做到入脑、入心，人人皆知。四是为民办实事成效显著。一年来，2个驻村工作队在全国工商联、自治区相关部门及企业的大力支持和援助下，共协调近200万元资金，用于为群众办实事、办好事，进一步改善了群众的生产生活条件。

宏发公司、力泰公司、福建商会等多家企业共筹集款物50万元对杆吉村进行扶贫帮扶。西藏阜康医院派出医疗队赴杆吉村开展义诊，送医送药上门，共为70余名村民进行了义诊，为长期生病的村民提出了恢复健康的系统治疗方案，发放药品折合人民币2万余元。

陕西省工商联2013年工作综述

2013年，陕西省工商联在省委、省政府的坚强领导和全国工商联、省委统战部的具体指导下，紧紧围绕全省中心工作，坚持两个健康工作主题，突出引导教育，加强组织建设，创新服务方式，深化经贸合作，各方面工作取得了新进展、作出了新贡献。

一、创新载体，典型引领，非公有制经济人士思想政治工作取得新进展

一是深入开展理想信念教育实践活动。自2013年5月以来，省工商联指导全省非公有制经济人士开展了理想信念教育实践活动。通过学习党的路线政策，开展主题征文、演讲等13项具体活动，促使广大非公有制经济人士进一步加深了对中国特色社会主义理论体系的认识，增强了对中国特色社会主义的信念、对党和政府的信任、对企业发展的信心。二是树立和表彰先进典型。与省总工会联合推荐的3名企业家和3名员工受到第七届全国民营企业“关爱员工、实现双赢”评选活动表彰。与省总工会联合开展了陕西省第四届民营企业“关爱员工、实现双赢”评选活动，表彰了30名关爱员工优秀企业家、30名热爱企业的员工、30家优秀民营企业工会。推荐3家企业为“全国就业与社会保障先进民营企业”，2家企业为“全国民营企业招聘周吸纳就业突出民营企业”，2家企业为“光彩事业国土绿化贡献奖”。在陕西省政府开展的“发展非公有制经济先进集体和先进个人评选活动”中，为会员企业积极争取名额，共推荐先进企业10家、先进个人13位。三是积极营造非公有制经济发展舆论环境。邀请15家省主要新闻媒体负责人进行座谈，就加强和改进非公有制经济领域新闻宣传工作，进一步深化合作，交换了意见。6月，与陕西省电视台《商界·陕西》栏目组合作，成立了陕西省总商会新闻宣传中心，栏目组开办的10分钟“商界资讯”，30分钟“商界人物”，全年共播出94期节目，涉及工商联各类会议、活动105次，人物60余人。在《陕西日报》开设了“坚定理想信念，建设三个陕西”专栏，系统报道全省理想信念教育实践活动，先后刊发文章38篇。全年共出刊《陕西新工商》6期，撰写各类稿件170多篇，其中90多篇稿件被《陕西日报》《中华工商时报》《香港文汇报》《各界导报》等媒体转载。为营造企业比学赶帮的氛围，8月，召开了民营企业文化建设经验交流会及评选企业优秀内报内刊活动，表彰了10份优秀内报内刊和29家办刊先进单位，并将经验材料汇编成册，下发各市、县工商联和会员企业学习交流。

二、调查研究，履行职能，参政议政工作取得新成果

一是围绕促进非公有制经济健康发展开展调研。以《国务院关于鼓励和引导民间投资健康发展若干意见》颁布三周年为契机，开展了关于“民间投资36条”贯彻落实情况的问卷调查以及“小微企业29条”在陕西贯彻落实情况调查，完成的问卷分析报告得到省长娄勤俭、副省长江泽林、王莉霞的重要批示。围绕民间融资问题，3月，与省人大代表、省工商联企业家副主席杨正国及有关金融、法律专家学者组成调研组，赴榆林神木县进行深入调研，形成了《神木民营经济发展现状》调研报告，省委书记赵正永作出重要批示，该报告在全国工商联系统优秀调研成果评选活动中获得二等奖。7月，与省政协经济委员会组成联合调研组，赴咸阳和延安两市开展了以推动新型城镇化建设为主要内容的调研，形成的《关于鼓励支持民营企业参与城镇化建设的建议》被收入省委统战部调研报告文集。二是围绕引导非公有制经济人士健康成长开展调研。结合理想信念教育实践活动，对部分非公有制经济人士的政治思想状况进行了调研分析，省委书记赵正永、省委常委统战部部长陈强对《关于对我省非公有制经济人士思想政治状况问卷调查的分析报告》给予充分肯定。此外，还完成了《关于我省当前民营企业劳动关系状况的调研报告》。三是围绕工商联自身建设开展调研。结合中央16号文件和省发〔2011〕12号文件的贯彻落实，配合省委、省政府督察室进行了全面督察，起草了《全省贯彻落实省委12号文件情况的报告》，参与撰写了《关于中央16号和省委12号文件贯彻落实情况的督察报告》。督察期间，全省共增加县级工商联编制32名，增加工作经费274.5万元，新增公务用车6台。围绕加强基层工商联建设，先后深入宝鸡、咸阳、安康、榆林等地，进行县级工商联建设专题调研。

2013年初，结合对当前民营经济发展研究以及对社会热点难点问题的调研，向省政协十一届一次会议提交了大会发言材料3份，团体提案10件。其中《关于鼓励企业科技创新的建议》《关于鼓励村办企业的建议》《关于加大对吸毒贩毒行为惩戒力度的建议》三份提案被评为优秀提案。

三、搭建平台，拓宽领域，为促进两个健康作出新贡献

围绕加强国（境）内外友好联络，搭建合作平台。一年来，共组织了3个访问团外出考察，进一步推动商会交流与合作。9月，组织部分企业参加了“第十二届世界华商大会”及“华侨侨商对话陕西恳谈会”。10月，出席了澳门“第十届华商峰会”，考察了澳门施美兰集团，并就集团来陕投资房地产及能源重化工产业项目进行了深入探讨，还访问了香港，拜会了香港陕西联谊会、香港西安商会、香港中华总商会等机构，就成立香港陕西商会广泛征求了意见；与香港培华教育基金会、香港贸发局及各大商会在人才培训、帮助民营企业上市融资等方面达成了合作意向。11月，组团赴德国、法国进行了访问，先后拜会了我国驻法兰克福总领事馆、德国陕西商会，参加了德国—陕西经贸合作洽谈会；与法兰克福总领事馆就协助陕西聚旺房地产开发有限责任公司在法兰克福投资地产业项目达成了意向。同月，瓦努阿图共和国副总理兼外交部部长纳塔佩一行来陕考察访问，在省工商联的积极沟通与协助下，推动了陕西德融科技信息发展有限公司与该国就外交部援外生物燃油项目的合作进展。为了给会员企业开展对外合作提供便利，与省外办达成了由省工商联担保的APEC商务旅行卡申办细则，促使非公有制企业“走出去”工作得到突破性的进展。一年来，省工商联为非公有制经济人士办理港澳通行证、签证和APEC商务旅行卡90人次。

围绕推动省内外经贸交流，积极做好招商引资。在4月举办的十七届“西洽会”期间，邀请了8家国（境）外商会和42家国内商会组团参会，协助举办各类经贸交流活动11个，组织了两场签约仪式，签订合作项目15项，项目总金额达64.375亿元。会议期间，省工商联会员单位共签订合作项目29项，项目总金额达407.575亿元，连续三年被省政府评为“西洽会组织工作先进单位”。借“西洽会”平台，组织召开了异地商会工作座谈会，省委常委、省委统战部部长陈强出席了会议，8家海外陕西商会（联谊会、华商会、侨商会）、23家异地陕西商会、19家陕西异地商会的会长、秘书长以及部分知名民营企业家共计160余人参加了会议。先后组织会员企业参加了第九届PECC国际贸易投资博览会、首届中国—南亚博览会暨第21届昆明进出口商品交易会、2013京陕企业合作发展恳谈会等国内外经贸活动。组织40余家会员企业赴宝鸡眉县、凤翔县开展了“知名民企、商会进宝鸡”活动。应邀组织6家会员企业参加了咸阳市举办的“陕西知名企业县区行”活动，实地走访了旬邑县、淳华县，积极开展项目对接与洽谈。全年共组织100多家省内企业和400多家外地企业参加在陕西举办的10多次招商引资活动，共签订合作项目29项。

围绕创新服务方式，促进非公有制企业健康发展。与中国重型机械研究院股份公司签订了《关于建立民营企业与科研院所合作机制的框架协议》，并制订了联席会议制度。与省地税局联合举办了“纳税人维权服务中心走进江苏商会”活动，推荐近300家企业参与纳税服务满意度测评，组织了近40位行业商会和异地商会会长及代表开展了“走进地税机关 体会阳光服务”活动。在省委、省政府的支持下，积极协调省金融办、银监局，推进陕西民营银行的组建工作。与省老法律工作者协会合作，成立了陕西省工商联法律服务中心。协调省人社厅在商会广泛开展劳动争议预防调节示范工作。2013年，省工商联被授予“全国推动厂务公开民主管理工作先进单位”称号。

围绕丰富活动内容，引导非公有制经济人士健康成长，邀请省委党校等教授专家举办了有关延安精神、非公有制经济发展等内容的专题辅导会。以“忆个人成长史、讲企业创业史、话企业发展梦”为主题，组成10人报告团，深入铜川、西安、渭南进行巡回报告3场，共400多人次参加。组织了部分非公有制经济人士及省工商联机关干部100余人到“八路军西安办事处”开展“参观革命遗迹、瞻仰革命先烈、接受传统教育”活动。延安特大洪涝灾害发生后，迅速组织开展了“奉献爱心、支援老区”活动，共向延安灾区捐款353.8万元。2013年，省工商联新设冠名基金5个，新设基金总额7000万元，吸纳同心光彩慈善会新会员5家，落实同心光彩慈善项目9项，使用资金525.205万元，成立了“陕西省工商业联合会同心光彩慈善会咸阳创业基地”。

四、找准抓手，突出落实，工商联组织的凝聚力、执行力得到新提升

一是切实加强工商联组织建设。3月，召开了陕西省工商联工作会议，全省十二个市区工商联的主要负责人进行了交流和讨论。8月，组织召开了首次全省加强县级工商联建设现场会，确定了全国县级工商联示范点和省内23个工商联建设示范点，并制订了示范点考核验收标准，并将2013年定为“基层组织建设年”。指导7个市级总商会完成了注册工作，并完成了陕西省总商会在省民间组织管理局的注册，解决了长期以来困扰工商联工作的体制障碍。举办了2013年县区工商联领导干部和市县基层干部培训班，共88人参加培训，对统战工作理论、新时期工商联工作和相关经济政策进行深入学习和解读。截至2013年底，全省各级工商联新发展会员2600个，会员总数已达10.5万个（名），新组建乡镇、行业商会等基层组织40个，基层商会总数已达1266个。

二是切实加强制度建设。修订完善了机关《会议制度》《公文处理办法》《司机和车辆管理制度》《机关学习制度》和《离退休干部服务工作制度》5项制度。成立了陕西省工商联组织、法律、经济、宣传、文化、联络、参政议政、扶贫8个专门工作委员会，并制订了《省工商联专门委员会工作规则》《省工商联各专门委员会职责》。为加强领导班子建设，密切与兼职副主席、副会长的联系，下发了《省工商联兼职副主席、省总商会兼职副会长轮值制度》，要求兼职副主席、副会长在为期一个月的轮值期间，不仅要参加省工商联机关的重要会议、活动和学习，传阅中、省有关文件；代表省工商联、省总商会出席有关会议和活动，还要组织开展一次有利于扩大工商联影响力和企业发展的会员活动。此外，还下发了《省工商联直属会员会费收缴、管理和使用规定》。

三是切实加强作风建设。按照省委的统一部署，从2013年8月20日开始，省工商联机关深入开展了党的群众路线教育实践活动。制订了《陕西省工商联关于深入开展党的群众路线教育实践活动的实施方案》，成立了由党组书记为组长的教育实践活动领导小组，并召开了动员大会。通过集中学习，提高了党员干部的政策水平和认识水平。通过召开座谈会、领导班子谈话谈心以及专题民主生活会，认真查找了在形式主义、官僚主义、享乐主义和奢靡之风方面的主要问题。全面落实中央八项规定和省委实施意见，从改进调查研究、精简会议文件、规范公务接待等六个方面制订了20条具体规定，开展了机关作风集中整顿活动。通过积极开展理想信念和群众路线教育实践活动，广大干部聚焦“四风”转作风，围绕大局讲奉献，形成了团结和谐、奋发进取、勤奋敬业的工作局面，机关作风有了较大转变。

甘肃省工商联2013年工作综述

2013年，是甘肃省工商联发展史上具有里程碑意义的一年。省工商联第一次承担了甘肃省委、省政府成立的全省“民企陇上行”活动领导小组办公室工作；第一次承办了全国工商联常委会；经过积极争取，全国工商联30家直属商会开展对甘肃省18个重点贫困县对口帮扶工作并初见成效，作为唯一开展此项活动的省份，开创了扶贫开发的新模式；“发挥工商联、各类商会在非公经济发展中的作用”被写入《中共甘肃省委关于贯彻落实〈中共中央关于全面深化改革若干重大问题的决定〉的意见》，省委常委会专题听取非公有制经济人士理想信念教育实践活动情况汇报，省委书记王三运作了专题批示，工商联在促进两个健康中的作为更加突出。

一、增强“三信”，深入开展理想信念教育实践活动

（一）加强组织领导，开展“五个一”活动

成立了全省非公有制经济人士理想信念教育实践活动领导小组，先后召开6次会议，建立协调配合机制、督察考核机制和各级领导联系非公有制经济人士制度，42名省级领导干部联系46家民营企业，各市县也建立了相应联系制度。组织领导干部开展以联系一家企业（商会）、召开一次座谈会、做好一次辅导、解决一个具体问

题、办好一件实事为主要内容的“五个一”活动。

（二）开展“大宣传”和“大调研”活动

组织开展专项督察调研，实地考察非公有制企业50余家，约谈非公有制经济人士70多人，举办专题辅导讲座12场，1800多名非公有制经济人士参加了专题辅导。在省主流媒体开设“增强信念信任信心，促进非公经济发展”专栏和以“民营企业家与中国梦”为主题的系列宣传报道。举办了“第二届工商联大讲坛”，以“民企创新与融资融智”为主题，邀请北京大学曹凤岐教授作了主题报告。举办首届甘肃非公有制经济风云人物评选表彰活动，20位非公有制经济代表人士当选甘肃非公有制经济风云人物。与省委宣传部等单位联合举办2013十大诚信企业评选活动。

（三）践行“五个结合”，“三信”明显增强

结合教育实践活动，做到“五个结合”：与“民企陇上行”活动、商会对口帮扶18个贫困县活动、双联行动、党的群众路线教育实践活动、促进非公有制经济跨越发展相结合。通过教育实践活动，非公有制经济人士走中国特色社会主义道路的信念更加坚定、对党和政府的信任明显增强、对企业发展的信心显著提升。开展以来，全省共有27200余名民营企业家、470多家商会参与理想信念教育实践活动。庆阳市向非公有制企业选派大中专毕业生100多名。方大碳素新材料科技股份有限公司、兰州亚太实业集团获“全国就业与社会保障先进民营企业”表彰。甘肃大陆桥投资开发有限公司投资300亿元在兰州市北龙口建设国际商贸物流城，甘肃瑞鑫集团投资60亿元在榆中建设瑞鑫国际商业城。

二、聚焦“四风”，扎实开展党的群众路线教育实践活动

（一）做好实践活动的宣传动员

2013年7月以来，根据省委统一部署，省工商联党组开展了以为民务实清廉为主要内容的党的群众路线教育实践活动。在活动中，结合贯彻落实中央八项规定和省委“双十条”规定精神，紧扣两个健康工作主题，坚持以整风精神搞活动，举办专题辅导、经验交流会等6次，累计集中学习17次，组织观看专题片、参观学习3次，在省工商联网站及“每日甘肃网”开设专栏，强化学习宣传。

（二）积极开展批评和查摆问题

围绕“四风”方面存在的问题，省工商联多渠道、多形式、多层次，广泛征求干部群众意见建议77条，反复梳理归纳为29条，查摆出在“四风”方面主要存在调查研究不重实效、工作效率不高、不思进取、铺张浪费等问题。召开了领导班子民主生活会和支部民主生活会，处级以上干部作了批评与自我批评。

（三）着力解决存在的突出问题

针对存在的突出问题，形成了活动整改方案、“四风”突出问题专项整治方案和制度建设计划（“两方案一计划”），明确整改落实目标、责任部门、责任人及整改时限。根据“两方案一计划”，共修订完善制度4项，新建《省工商联领导班子联系非公有制经济人士制度》《省工商联领导班子联系点工作制度》两项制度规定。按照统一要求，精心组织，狠抓落实，进一步坚定了广大党员干部的理想信念，增强了宗旨意识和群众观念，机关作风得到较大改进。

三、围绕“民企陇上行”活动，积极开展招商引资

（一）加强组织领导

省委、省政府先后召开省委常委会、省长办公会议，专题研究“民企陇上行”活动。省委书记王三运指出，要认真做好相关筹备工作，接待工作要细致入微，宣传舆论要全程策划，先期对接要具体实在，会务工作要井然有序，经济文化要借机切入。成立了郝远副省长任组长的省“民企陇上行”活动领导小组，领导小组先后五次召开工作会议，研究部署“民企陇上行”活动。市县也全部成立领导小组和工作小组，推进落实此项工作。

（二）广泛开展项目推介和考察工作

精心编制1906个、2万亿元的招商项目册和18个国扶重点贫困县产业开发项目册，精选了100个承接产业转移、产业带动能力强的重点招商项目，向各市州和县市区印发了全国1720户知名民营企业和全国工商联常委企业情况简介，提高了招商的针对性。积极组团“走出去、请进来”密集推介项目，参加了中国海外投资年会等10多次大型经贸节会，组织各地赴28个省、市、

自治区推介项目。积极做好前期邀商考察工作，先后邀请50多批近800名企业家到14个市州进行了项目实地考察对接。

（三）“民企陇上行”活动成效显著

第十九届兰洽会和“民企陇上行”活动期间，甘肃省与省外、境外共签约合同项目1093个，签约总额达6129亿元，分别比上届兰洽会增长45.3%和32.95%。省政府与全国工商联在兰州签署“民企携手甘肃，助推跨越发展”战略合作框架协议，省工商联与香港中国商会签订了战略合作框架协议，深化合作取得重要成果。

（四）圆满完成了承办全国工商联十一届一次常委会的工作

省委、省政府高度重视，专门成立了由郝远副省长为总指挥的组织机构，组织全省35个厅局、动员27家商会和7个企业家副主席单位对口接待，招募志愿者55名，设计了覆盖全省14个市州和兰州新区共7条考察线路供企业家考察。会议期间，各项会务工作井然有序、接待安排周密细致，得到全国工商联及参会代表的充分肯定。

四、围绕省委“1236”扶贫攻坚计划，深入开展双联行动和商会对口帮扶行动

（一）双联工作成效显著

紧扣双联行动六项任务目标，紧盯富民产业，开展“培育产业增收年”活动，组织甘肃伊真堂药业有限责任公司签订药材订单，药材种植面积从2011年的2500亩扩大到2013年的12500亩，人均药材种植面积达到1亩以上。筹资完成蔡家坪人饮工程、马泉乡街道人行道工程、发放助学金、义诊等10件实事。漳县发生“7·22”地震后，省工商联领导第一时间赶赴联系点，了解灾情，组织天庆集团、珠宝商会送去价值60万元的物资。

（二）商会对口帮扶贫困县工作初见成效

按照“产业引导带动、项目扶持发展”的方针，组织落实对口产业开发战略合作协议。全国工商联旅游业商会、全联新能源商会等商会多次赴成县、景泰县等县区开展项目对接活动。2013年4月16日，全国工商联组织30家直属商会110余人赴对口帮扶贫困县实地考察对接，促成了一批产业项目。全国工商联直属商会及省内商会、执常委企业家对口帮扶18个贫困县共完成签约项目364个，合同金额达876.66亿元，到位资金达156.79亿元；其中全国工商联直属商会与18个贫困县签约项目20项，签约资金达21.09亿元。

五、强化服务意识，大力促进非公有制经济转型跨越发展

（一）积极搭建金融服务平台

成立甘肃省民营经济金融服务协会，协会创建了《甘民投资服务网》和《新西部》杂志，为会员融资近3亿元，发起筹建甘肃民营银行。兰州市、平凉市工商联与银行建立授信合作机制，探索商会、银行和企业三方联动的金融服务途径。

（二）搭建非公有制企业发展服务平台

省商会大厦和非公有制经济总部中心完成地下部分工程建设，平凉、金昌完成主体建设，27家县区完成了建设方案，3家县区开工建设，舟曲县投入使用。

六、弘扬光彩精神，彰显社会责任

（一）引导非公有制经济人士积极履行社会责任

组织广大非公有制经济人士向雅安、定西地震灾区捐赠共达6372.32万元，其中现金4499.1万元，捐物1873.22万元。参与举办了2013年“同心·光彩陇原行”礼县大型活动，广西梧州中恒集团有限公司向礼县捐赠了价值300万元的药品，全省非公有制企业、商会向礼县捐赠578.55万元，建设礼县山区千户危房改造项目。甘南州开展“同心·共铸中国心”2013甘南行活动，捐赠价值859万元的药品器械，组织义诊24574人次。兰州市修建老人光彩幸福院5个，投入资金310万元。

（二）扎实开展“五百五千”活动

实施品牌战略，开展“百企千品”活动，借助“西交会”等经贸节会对1000多种陇货精品进行推介展示。发动组织全省民营企业建设农业产业化项目130个，带动1100个村产业发展。组织民营企业救助了170名特困病人和3263名特困大学生。组织规模较大、经济效益较好的209户企业提供就业岗位，安置2188名大学生就业。帮助132个乡镇的168户“三老”人员解决生产生活中的困难。嘉峪关市组织春季人才招聘活动，提供就业岗位2700多个。临夏市选派74名大学生进驻企业，破解企业管理难题。

七、坚持调查研究，积极建言献策，参政议政取得新成效

（一）深入开展调查研究

在全省开展了上规模民营企业调研，建立中小企业监测点108个。组织编写《甘肃省民营文化企业研究报告》和《2012年甘肃民营经济发展报告》等100余篇调研报告。在省委统战部2012年度全省民主党派工商联优秀调研成果评选中，省工商联《2011年甘肃省民营经济发展报告》和《甘肃省小型微型企业现状调查报告》分获三等奖和优秀奖。民营企业就业情况统计调查工作获全国工商联系统优秀调研成果评比二等奖。

（二）积极建言献策

向政协甘肃省十一届一次会议提交了团体提案9篇。其中《关于把村镇银行纳入银行支付系统的提案》和《关于抑制扬尘重复污染大气环境的提案》由全国工商联提交至全国政协十二届委员会第一次会议并得到中国人民银行、环保部的答复。完成社情民意信息8篇。其中，《我省非公有制经济发展面临的五大难题及对策建议》社情民意信息得到了刘伟平省长的批示。

（三）全力做好信息工作

省工商联网站及时增设了联村联户、民企陇上行、群众路线教育、理想信念教育等专栏，即时传达全省工商联系统工作信息，受到各方面的好评。全年通过信息平台向全国工商联上报信息420条，采用266条。在省工商联网站发布信息449条，2013年全省工商联系统信息工作名列全国第四。

八、夯实组织基础，着力抓好工商联自身建设

（一）加强会员发展和商会建设

截至2013年底，全省新建商会83个，总数达到1752个，同比增长5%；发展会员3283个，总数达到71781个，同比增长4.7%。新增商会联席会议成员商会10家，完成了全省商会数据库建设工作。定西、甘南等市州开展了“优秀会员”“优秀商会”表彰活动。兰州市成立5家商会基层党组织。金昌市与8个省外市级工商联缔结为友好商会。

（二）加强基层工商联组织建设

深入贯彻落实中央16号文件精神，协调省委、省政府对“一会三个文件”精神的落实情况进行了督察。目前，全省14个市州全部下发了贯彻意见，11个市州召开了贯彻落实大会；全省86个县市区中，73个出台了贯彻意见，47个召开了贯彻会议。根据全国工商联关于加强县级工商联建设的安排部署，努力推进全省县级工商联“一个设立、五个有”，“五好”县级工商联和县级工商联示范点建设工作。组织了省市县三级工商联46人赴湖北武汉学习培训。平川区工商联、陇西县工商联荣获全国县级工商联建设示范点荣誉称号；兰州市工商联被评为全国工商联系统先进集体，庆阳市镇原县工商联主席段军虎被全国工商联通报表扬。

青海省工商联2013年工作综述

2013年，省工商联全面贯彻落实党的十八大和十八届三中全会精神，认真贯彻落实中央16号文件和省委省政府8号文件精神，不断创新工作方式方法，切实加强自身建设，为非公有制经济发展争取良好的环境、提供优质的服务，有效促进了非公有制经济健康发展和非公有制经济人士健康成长。

一、突出实践特色，创新活动载体，深入开展理想信念教育实践活动

以“民营企业家与中国梦”为主题，广泛开

展了非公有制经济人士理想信念教育实践活动。据不完全统计，全省共有54个商会、1.5万家企业参加了教育实践活动，共组织开展政企沟通交流活动68次，深入商会、企业调研400家（次），建立政企沟通长效机制19个，开展光彩事业、感恩行动、结对共建等实践活动31次。活动期间，各地通过经济形势辅导报告会、企业发展论坛、专题座谈会、经验交流会、文艺会演、政企交流沟通等形式，组织非公有制经济人士认真学习党的十八大和十八届三中全会精神，引导非公有制经济人士“忆成长、话梦想、讲贡献”，切实把个人梦、企业梦、中国梦有机结合起来。为进一步坚定非公有制经济人士对中国特色社会主义道路的信念，西宁市、海南州分别召开了理想信念教育实践活动座谈会；海北州结合建州60周年庆祝活动开展了爱国主义教育；海东市开展了“五项教育”；海西州举办了“三信”主题讲座；果洛州开展了“六个一”活动。为进一步增进非公有制经济人士对党和政府的信任，西宁市提出了促进非公有制经济发展的11条建议；循化县、民和县建立了领导干部联系非公有制企业制度，开展“政企面对面”“干部进民企”等活动；格尔木市协调交警、城管等部门妥善解决了超市车辆通行、货物装卸、门前泊车等具体问题。为进一步增强非公有制经济人士对企业自身发展的信心，省工商联举办了“宏观经济形势及民营企业经营策略大讲堂”，并与市县工商联及异地商会联合在省内外举办了4期培训班；湟源县在县电视台开辟“民企风采”栏目，展示企业风采、提振企业信心；江苏商会、陕西商会分别举办了“企业发展论坛”和参观优秀企业活动；天麒置业、电子材料等企业在公司内部举办了理想信念大讨论活动。

二、深入调查研究，注重切合实际，努力为非公有制经济发展创造良好环境

在深入调研的基础上，撰写了《青海民营经济发展报告》《西北地区民营经济发展报告》和《实施创新驱动战略推动非公有制经济健康发展》等调研报告，其中两份报告得到省委、省政府领导的好评。整合各级工商联的工作力量，编辑出版了《2012年青海民营经济发展报告》一书，在摸清全省非公有制经济发展底数的基础上，分析非公有制经济发展滞后的根源，提出加快发展的建议。十八届三中全会召开前夕，专题就非公有制经济发展中存在的主要困难和问题进行了调研，及时向省委领导作了书面汇报，为省委、省政府在下一步改革决策中参考提供了依据。通过政协常委会和执委会，就推动非公有制经济发展建言献策，先后提交了《督促各地认真落实鼓励支持非公有制经济发展优惠政策》等提案3份，《实施创新驱动战略推动民营企业转型升级》等大会发言2份。在提案办理过程中，协助省政府督察室、省经委对各地落实惠企政策情况进行了督察，有效促进了惠企政策的贯彻落实。同时，加强非公有制经济发展情况调研的基础性工作，全省中小微企业监测工作全面启动，为及时掌握中小微企业整体运行状况，分析研判民营经济走势奠定了良好的基础。

三、加大招商力度，促进合作发展，有效发挥政府管理非公有制经济的助手作用

整合省工商联执常委、各异地商会及省侨联、省台联的工作资源，协助政府开展招商引资，于“青洽会”期间邀请国内知名企业和港澳台资企业来青考察项目，共促成招商引资项目16个，投资金额达59.03亿元。加强对青洽会签约项目的跟踪服务，年内有6个项目开工建设。不断推动招商引资工作经常化，按照《重大产业基地招商引资项目各部门任务分解表》，积极与省经委、各工业园区联系，落实招商项目2个，总投资金额达7.29亿元。把“民营企业州县行”作为推动区域经济发展、促进民间投资的重要载体，先后组织开展了“海东工业园区行”“民和行”活动，促成签约项目5个，投资金额达13.04亿元。认真贯彻落实“民间投资36条”，与省发改委共同向民营企业推介重点项目113个，促成了一批重点项目投资意向，投资金额达360亿元。继续在拓展非公有制企业融资渠道方面下功夫，依照与各金融机构签订的《合作协议》，开展了中小微型企业综合金融服务试点工作。以“法律进企业”活动为载体，与省司法厅共同开展了“律师公证员进企业开展‘法律体检’专项活动”，与北京大成律师事务所就服务民营企业达成了合作框架协议，与省处非办共同开展了防范和打击非法集资法制宣传教育活动。

加强外联工作，组织企业参加了第十二届世界华商大会、“兰洽会”等经贸活动，与台湾工商建设研究会结为了友好商会。

四、加强组织引导，积极广泛参与，充分展示非公有制经济人士良好的社会形象

四川雅安7.0级强烈地震发生后，及时发出倡议号召全省各级工商联、异地商会和广大非公有制经济人士通过各种渠道，向灾区捐款捐物1000余万元。关注玉树灾区儿童成长，从全国工商联争取资金6.5万元，为20名困难家庭儿童每人发放救助金3250元。协助中国光彩会、省教育厅完成了投资400万元的囊谦、治多两所幼儿园捐建工程。引导非公有制企业积极参与“党政军企共建示范村”活动，省委统战部、省工商联组织14家民营企业为示范村建设捐资155万元。与省人社厅、省总工会联合举办了“民营企业招聘周活动”，组织400余家企业提供岗位12685个，1872人达成就业意向协议，13家培训机构与1110名就业人员签订了职业技能培训协议。配合省政协开展困难群体就业帮扶活动，组织63家非公有制企业为困难群众提供就业岗位1526个，已有130余人上岗。加强定点扶贫工作，组织机关干部和部分企业负责人先后深入公布昂、具乎扎村等4个村，就做好扶贫工作进行摸底调查，并对部分困难户进行了慰问。一年来，光彩事业得到上级组织的肯定，有5家企业和5名非公有制经济人士分别受到人力资源和社会保障部、全国工商联、全国总工会、国家林业局等部门的表彰。

五、贯彻从严要求，加强自身建设，认真开展党的群众路线教育实践活动

在省工商联领导班子和处级以上干部中深入开展党的群众路线教育实践活动，教育党员干部坚决反对形式主义、官僚主义、享乐主义和奢靡之风。组织党员干部在认真学习党的十八大和习近平总书记系列重要讲话精神、广泛征求意见建议、集中谈心谈话、深入基层和企业“接地气”的基础上，分别召开党组专题民主生活会和支部组织生活会，针对“四风”方面存在的问题开展批评与自我批评，分别制订了班子和个人的整改方案。坚持边查边改，认真贯彻执行中央八项规定和省委省政府21条措施的同时，及时修订完善了10项规章制度，整改完成群众反映突出的问题8个。加强省工商联常委会和执委会自身建设，初步建立了省工商联执委、常委考勤制度，探索开展了省工商联企业家副主席述职工作，完成了县级以上工商联执委数据库更新并撰写了分析报告。关心会员的政治安排和健康状况，在认真考察的基础上向省人大、省政协推荐了代表和委员人选，为企业家执常委征订学习报刊、办理健康体检卡。采取上下联动的方式推动工商联基层组织建设，年内指导成立县级工商联6个，成立异地商会3个，实现了县级工商联全覆盖的目标。通过示范点建设和选树典型不断夯实基层工商联工作基础，建立县级工商联示范点2个，一家县级工商联和一名基层工商联工作人员受到人社部、全国工商联的表彰。

宁夏回族自治区工商联2013年工作综述

2013年，宁夏回族自治区工商联认真贯彻落实党的十八大、十八届三中全会精神，始终突出两个健康工作主题，紧扣“两大战略”“两区”建设，围绕中心，服务大局，开拓进取，扎实工作，成效显著。

一、以贯彻党的十八大精神为动力，服务两个健康取得新成效

把学习贯彻落实党的十八大、十八届三中全会精神作为一项重要政治任务，指导全区工商联系统和广大非公有制经济人士深入学习、认真贯彻落实。通过召开执委会议、常委会议、党组扩大会议、中心组学习会及深入基层和企业宣讲等形式，深入传达学习、安排部署。在《宁夏商会》开辟专栏，解读精神、交流体会。全区发展非公有制经济大会召开后，及时将会议精神和我区加快发展非公有制经济的措施政策制作成“口袋书”，送到各级工商联、商（协）会和企业家手中，深入宣传贯彻会议精神。

二、着力拓展服务平台，服务发展取得新成绩

一是积极建言献策，营造良好发展环境。就各级工商联在“两区”建设中如何发挥重要作用、如何破解中小微企业融资难等课题深入调研，向党委、政府呈报调研报告。利用参加自治区党委、人大、政府、政协召开的各类座谈会和政协提案等平台，就发展非公有制经济积极建言献策。《关于推进中小微企业社会服务体系建设的提案》被全国政协采用，由工信部办理。《关于加强生态保护促进“农家乐”旅游业发展的建议》被自治区政协作为重点提案督办。二是发挥助手作用，协助政府招商引资。发挥联系广泛的优势，认真做好“宁夏香港经贸文化旅游活动周”有关工作。成功承办“全国工商界知名企业家宁夏行”活动。积极配合吴忠市、固原市赴闽、浙、赣、陕、甘、新、青、蒙等地招商引资，洽谈对接项目，使回商大会等活动圆满举行。三是成功举办“宁夏光彩事业六盘行”活动，助推固原经济发展。与固原市党委政府共同举办以“弘扬光彩精神、凝聚民企力量、助推固原发展”为主题的“宁夏光彩事业六盘行”活动，签订投资项目19个，签约金额达44.02亿元，公益慈善捐赠607万元，对于改善民生、宣传固原、推动固原经济社会发展具有积极作用。与固原市签订《“民企携手助推固原跨越发展”合作框架协议》，共同推进民营企业参与固原经济社会发展和新阶段扶贫开发。四是搭建服务平台，促进中小微企业健康发展。主动走访石嘴山银行等8家商业银行，举行2场银企合作恳谈会，签订授信合同和达成合作意向金额达42.6亿元，缓解了部分企业融资难题。银川市工商联先后组织召开3场政企座谈会，市领导与企业家面对面交流，搭建政企沟通平台。吴忠市和青铜峡市、大武口区工商联成立纳税人权益维护中心、维权服务中心等法律服务中心，为会员提供法律维权服务。五是注重引导教育，推动企业转型升级。举办了2场专题报告会，引导民营企业积极参与“两优”环境、“两大战略”、“两区”建设，推动企业转型升级和结构调整。组织企业家参加世界华商大会、青洽会、兰洽会、西洽会、民企陇上行等经贸活动，赴法国、德国、阿联酋、沙特等国家进行考察。支持有条件的企业开展科技奖申报工作，宁夏力成电气集团获全国工商联科技进步优秀奖。六是主动承担责任，参与创新社会管理。组织开展“民营企业招聘周”活动，570家企业向社会提供26500个就业岗位，有2500人签订意向性协议，缓解了社会就业压力。参与全区职工最低工资指导线协商和相关政策的制订，以及全区劳动关系和谐（模范）企业和工业园区的评选活动，与自治区人社厅联合下发《关于建立企业劳动争议调解组织的意见》，开展企业员工维权工作调研，积极引导企业构建和谐劳动关系。

三、注重引导教育，思想政治工作有了新提升

一是理想信念教育实践活动扎实有效。在全区非公有制经济人士中深入开展以“民营企业与中国梦”为主题的理想信念教育实践活动。自治区和各市、县（区）工商联组织宣讲组，在全区巡回宣讲和举办各类报告会共30多场，将解疑释惑和解决企业实际问题有机结合起来，有效地促进了两个健康。全区建立工商联领导班子成员联系点87个。自治区教育实践活动做法和成效得到了全国工商联的充分肯定。二是工商联成立60周年庆祝活动取得实效。为弘扬宁夏工商界爱党爱国的优良传统，展示工商联60年薪火相传的光辉历程，坚持隆重、节俭、务实的原则，积极筹办纪念自治区工商联成立60周年系列活动。召开了纪念表彰大会及“同心共筑中国梦”全区民营企业文艺汇演，表彰先进集体和个人184个，编辑出版《民企风采》《追梦足迹》《辉煌60年》《非公有制经济年鉴》等书籍、画册，引导民营企业家重温光辉历史，弘扬优良传统，激发创业热情，增强加快发展的信心。三是积极参与社会公益慈善事业。组织企业家积极参加中国光彩事业“六安行”“西藏行”“赣州行”等光彩活动。动员全区民营企业踊跃为雅安地震灾区群众奉献爱心，共捐款捐物2200多万元。广大非公有制经济人士积极参与扶贫济困、捐资助学等公益慈善事业，主动承担社会责任，树立了良好形象。自治区工商联副主席、宁夏宝丰集团总裁党彦宝从2013年开始至2020年将捐赠11.5亿元，资助10.5万名家庭贫困学生圆大学梦。四是加大典型宣传表彰力度。自治区工商联常委陈德启获全国“大地之子”殊荣，被评为“全国十大农业杰出人物”。自治区共表彰奖励30名企业家和13家企业，授予年度经济人物等各类荣誉称号。在《宁夏日报》等媒体开辟“民企风采”栏目，配合宁夏卫视录制商会建设专题，向《中华工商时报》推荐我区7位民营企业家进行重点报道。《宁夏商会》由季刊改为双月刊，增强了可读性、时效性和指导性。五是加强教育培训。联合自治区文化厅等单位举办“21世纪中国发展的时代责任”“百商云集阅海湾携手共谋新发展”等活动。采取联手高校、带动基层、邀请专家授课等新模式，联合青铜峡市、盐池县工商联举办2场“创业大讲堂”。

四、夯实基础，基层组织建设实现新突破

一是认真做好会员发展工作。截至2013年底，全区各级工商联现有会员41994个，新增会员11666个，增幅38.46%。二是大力加强县级工商联建设。扎实开展“五好”县级工商联示范点建设，19个县级工商联基本达到“一个设立、五个有”标准。命名的全国示范点2个、自治区示范点4个。大武口区工商联被评为全国工商联系统先进集体。在各级党委、政府的关心和支持下，基层工商联硬件建设明显改善。经过积极推动，利通区、红寺堡区、沙坡头区成立了工商联组织，消除了我区多年来县（区）组织建设的空白，实现了全区县级工商联组织全覆盖。三是加强直属商（协）会建设。指导成立甘肃宁夏商会、宁夏石材行业协会等10家商（协）会。协调宁夏洗染行业协会妥善解决因部分企业污水排放造成的严重环境污染问题。指导宁夏福建企业家协会牵头召开驻宁异地商会秘书长座谈会、首届宁夏商（协）会会长联席会。

五、以开展党的群众路线教育实践活动为抓手，机关自身建设呈现新气象

扎实开展以为民务实清廉为主题的党的群众路线教育实践活动，针对班子“四风”方面存在的突出问题和征求到的意见建议，制订整治方案，切实整改落实。对机关现行制度逐一梳理，修改完善《自治区工商联党组议事规则》等9项制度，新制订《自治区工商联公务接待工作管理制度（试行）》等5项制度，促进机关工作制度化和规范化。严格执行中央八项规定和自治区若干规定，安排机关干部职工下基层“三同”锻炼，机关作风进一步改进。开展了以比学习、比工作、比奉献和树典型、树正气、树形象为内容的“三比三树”教育活动，干部职工爱岗敬业、开拓进取、扎实工作的氛围更加浓厚。自治区工商联连续五年获得全区效能目标管理考核优秀等次一等奖。

新疆维吾尔自治区工商联2013年工作综述

2013年，全区工商联（商会）组织在各级党委、政府的正确领导下，以邓小平理论和“三个代表”重要思想为指导，深入贯彻落实科学发展观，深入贯彻落实党的十八大、十八届三中全会和中央新疆工作座谈会、自治区党委八届六次全委（扩大）会议精神，深入贯彻落实中央16号文件和自治区党委26号文件精神，围绕自治区党委中心工作和两个健康工作主题，按照年初确定的目标和任务，求真求实，各项工作迈上了新的台阶。

一、加强思想政治建设，确保政治坚强

认真学习政治理论，努力提高理论素养。把加强思想政治建设，增强凝聚力、提高战斗力作为着力点，把理论学习作为加强党的建设、转变作风的首要任务。一是认真学习党的十八大、十八届二中、三中全会和自治区党委八届六次全委（扩大）会议精神。按照“干什么、学什么”“缺什么、补什么”的原则，着力抓好履行岗位职责所需知识技能的学习。二是坚决贯彻落实“五个绝不允许”“四个敢于”的政治纪律要求，坚持中央提出的影响新疆社会稳定的主要危险是民族分裂主义的正确论断，在大是大非面前始终做到旗帜鲜明、立场坚定，同“三股势力”作坚决斗争。制订下发了《自治区工商联关于进一步推进非公有制经济人士理想信念教育，遏制宗教极端思想渗透工作的通知》。先后召开了工商界“维护社会稳定、反对民族分裂”“反分裂、促稳定、求发展”和非公有制经济人士声讨暴力恐怖犯罪座谈会。深入商会、企业开展宣传排查工作。7月2日，通过《新疆日报》《新疆经济报》和新疆人民广播电台，向全疆非公经济人士发出《敢于担当勇于行动坚决维护新疆社会稳定大局》的公开信。

二、认真开展党的群众路线教育实践活动

会党组召开10次会议研究教育实践活动，组织中心组学习等各类集体学习30多次。党组书记、副书记等3位会领导带头作专题辅导报告，邀请6名赴基层工作队员，介绍为基层群众服务的体会和感想，组织机关干部职工到自治区反腐倡廉教育基地和红色革命教育基地参观学习，以多种方式进行党的宗旨教育和理想信念教育。开展“五听五问”活动，从10个方面征求了自治区厅局、地州市工商联、行业商会、异地商会、企业家副主席、副会长、常委的意见建议。7名班子成员深入10个地州市、30个县市区、50家非公有制企业调查研究征求意见。共收集到各类意见建议150余条，归纳梳理出5类46个问题，针对存在的问题，进行了原因分析，并提出了今后的努力方向和整改措施。边查边改，边整边改。制订了《自治区工商联专职领导定点联系服务基层和行业商会工作方案》，要求各专职领导定点联系服务14个地州市工商联、38家行业商会、异地商会。落实了班子成员为基层工商联、企业办10件好事实事的承诺。提出了“4431”工作思路，即完善四个体系、搭建四个平台、健全三个机制、召开一个大会。认真贯彻落实自治区转服工作要求。抽调4名干部组成转服工作组，第一时间进驻伊吾县吐葫芦乡泉脑村开展工作，根据泉脑村实际情况，投资173.8万元实施了5个帮扶项目。为8名贫困家庭大学生捐资助学4.9万元。会班子10名成员捐款8400元一对一帮扶10户贫困家庭。由于工作业绩突出，驻村工作组先后被新疆电视台新疆新闻、《新疆日报》头版各报道1次，哈密地区电视台、《哈密日报》各报道2次，伊吾县电视台报道3次，自治区转服办通报表扬1次。

三、认真开展调查研究，参政议政工作取得新进展

由会主要领导带队，到天津、山东等11个省市考察调研，学习好经验、好做法。对全区318家定点民营企业进行问卷调查，形成分析报告。编发《2012年新疆民营经济发展报告》，包括1个主报告、11个自治区相关部门报告和19个地区报告。与各地州市、兵团工商联签订合作协议，开展100家中小微企业监测点工作。会领导带队组成10个工作组，走访50家企业、行业商会、异地商会，向自治区党委、政府上报了《关于开展新党发〔2011〕26号文件督察工作方案的建议》《关于尽快出台〈自治区关于进一步鼓励和支持社会资本举办医疗机构的实施意见〉的建议》《关于自治区工商联召开改革涉企行政审批专题座谈会情况的报告》《关于促进新疆特色餐饮业发展的政策措施》。自治区“两会”期间，撰写递交团体提案11个，提交政协大会发言1个。其中两个提案入选自治区政协十一届一次会议2013年“自治区8大重点督办提案”。

四、积极开拓新思路，经济服务和光彩事业工作取得新突破

积极做好自治区发展非公有制经济和中小微企业各项政策的学习贯彻落实和经济服务工作。一是印发了《自治区促进非公有制经济和中小企业发展相关优惠政策法规摘要（2012）》1万册。二是与有关部门建立合作机制。走访了工商局、商务厅等20个部门。修改完善了与商务厅、金融办等部门的合作备忘录。三是扩大对外经贸合作，扶持民营企业“走出去”。与新疆出入境检验检疫局、自治区商务厅共同起草了《关于加强出口机电产品采购基地建设的实施意见》，积极协助外办、公安厅解决企业出国难和引进人才难等问题，全年共办理出国政审47件。组织并参与了第八届哈萨克斯坦东部中国新疆农产品展洽会等5个展洽会。四是参加国内重要展会工作取得良好成绩。参加“第七届中国企业国际融资洽谈会”、第九届中国新疆喀什·中亚南亚商品交易会暨首届喀什广州商品交易会等5个展会组团工作。五是积极推进银企合作。浦发银行已授信20亿元，其中向直属会员商会授信10亿元。六是圆满完成了全国政协副主席、全国工商联主席王钦敏来疆参加第三届“亚欧博览会”考察调研接待工作。承办了上海合作组织工商企业家论坛。七是大力开展光彩事业，帮助困难群众脱贫致富。完成了光彩事业察布查尔行捐助资金管理使用办法的修订，设立了生产发展互助基金、大学生创业基金、贫困家庭生活救助基金等3个专项基金。八是积极组织民营企业参与招聘周活动。2600家民营企业参加招聘周活动，签订就业协议1.7万人。与各高校共同举办招聘会，参会企业7000家，提供各类就业岗位1.5万个。九是积极组织民营企业参与四川雅安抗震救灾工作，129家企业捐款捐物累计869万元。十是支持见义勇为，担当社会责任。工商联带头捐款，同时三宝、华春、美克等20余家企业捐款200余万元。2013年，自治区工商联被自治区人民政府授予“自治区见义勇为工作先进单位”荣誉称号。区工商联副主席康和平、冯东明，副会长李成功被授予“自治区见义勇为事业突出贡献模范个人”荣誉称号。

五、狠抓县级工商联建设，基层组织工作得到全面加强

召开县级工商联建设经验交流会，推动基层工商联组织建设。吉木萨尔县工商联、库尔勒市工商联荣获全国“五好”县级工商联建设示范点，和田地区工商联综合科副科长阿布都艾海提·阿不都外力被评为先进工作者。制订了《自治区工商联直属各商会年度工作考核管理办法》和《先进商会、优秀商会会长评选条件》。筹备成立了新疆武汉商会、新疆投融资商会等4个商会。截至2013年底，全区工商联会员达62294个，同比增长16.8%。完成了县级以上工商联组织和会员建设计划，完成了县级以上工商联系统执委常委数据库、商会数据库的建设工作。为企业会员专业技术人员办理人事考试报名500人次，办理各类专业职称评审400人次。开展了玉石雕刻、玉器鉴赏专业技术任职资格评审工作，共评审专业技术人员35人。

六、建立健全法律维权工作机制，努力构建和谐劳动关系

2013年8月26日，自治区工商联民营企业投诉服务中心正式挂牌成立，受理全疆范围内民营企业对政府职能部门的投诉。协调会议和投诉中心先后接受电话、信件、来访投诉举报30起，帮助挽回企业损失数千万元。召开了《自治区职工劳动权益保障条例》征求意见会议。开展民营企业劳动关系调研，形成调研报告及企业典型材料40余篇。会同人社厅下发了《劳动争议调解工作意见》。向自治区党委建议开展民营企业家评议政府职能部门绩效工作，在吉木萨尔县、库尔勒市进行试点，2个县市共组织275家民营企业参与评议对20个政府职能部门进行了测评。加强法制宣传教育，提高非公有制经济人士法律法规意识。邀请新疆大学、自治区人社厅知名法律专家，先后赴喀什、和田等7地州举办法律讲座16场，讲座首次采用维、汉双语授课的形式，听讲人员4000余人，其中少数民族人员1000余人。

七、做好思想政治工作，积极引导非公有制经济人士健康成长

一是认真开展理想信念教育实践活动，增强非公有制经济人士“三信”。召开了非公有制经济人士理想信念教育实践活动电视电话会议，全疆14个地州市、85个县市区共2700余人参会。召开了工商联十届二次常委（扩大）会议，对活动进行再动员、再部署、再推进。工商联领导组成10个督导组，深入地州市督导检查活动开展情况，有力地推动了教育实践活动的开展。10月30日，华联建设投资集团董事长丁建忠作为全国6名先进典型代表之一，在北京人民大会堂作了典型事迹报告。在非公有制经济组织党建网上开辟了专栏，发布信息200多条，编印简报34期，全国转发信息6篇。二是加强宣传教育工作，大力培养优秀中国特色社会主义建设者。1月1日、3月9日，分别与新疆人民广播电台共同举办的《新疆企业之声》汉语、维语节目正式开播，目前已有300多名企业家走进直播间。《新疆日报》《新疆经济报》《中华工商时报》《亚洲中心时报》宣传报道工商联工作及非公有制经济发展的文章187篇。其他主流媒体也在重要的时间节点和工作节点上对非公有制经济的发展成就、企业家风采和工商联工作进行了宣传报道。完成了《新疆民营经济动态》改版工作，并创办了维语版，全年编辑13期45万字200张图片。北方钢铁物流公司董事长宋学军、员工王艳玲等6位同志被评为全国第七届“关爱员工，实现双赢”优秀企业家和员工。三是努力做好培训工作，提升非公有制经济人士能力素质。开展了企业家走进党校课堂的有益尝试，全年举办各类培训班12期，参训学员1500余人。组织学员赴山东、河北、内蒙古等工商联学习考察。在新疆财经大学建立了非公有制经济人士教育培训基地。

八、积极发挥党组织作用，努力提高非公经济党建工作水平

坚持党组织组建和作用发挥并重，非公党建工作取得明显成效。截至目前，全疆已建立非公有制企业党组织6663个，覆盖非公有制企业36293家，覆盖率由2012年底的86.68%提高到93.93%。建立健全非公有制经济组织党建工作机构。新增工作人员129名。新建非公有制企业党组织1124个，覆盖非公有制企业5604家。向非公有制企业选派党建指导员2677名，联系非公有制企业7382家。把非公有制企业党务工作者纳入基层党员干部教育培训总体规划，先后举办3期共160名党组织书记参加的示范培训班。充分调动出资人支持党建工作积极性。建立了非公有制企业出资人教育培训制度，全疆共举办县级以上出资人培训班173期，培训出资人6500人次。发挥现代信息网络优势，组建了新疆非公有制经济组织党建网，设立了16个栏目，发布信息1400余条。编辑非公经济党建信息74期。加强和创新社会管理，大力发挥党组织在社会管理中的积极作用。新疆外出务工经商人员服务管理驻北京工作站，主动与北京市有关单位联系，全力做好协助配合工作。一年来，工作站共协助北京市有关单位，处理涉及非法出境（零散朝觐）事件15起，各类矛盾纠纷135起。

新疆生产建设兵团工商联2013年工作综述

2013年，兵团工商联（总商会）各级组织以中国特色社会主义理论为指导，认真贯彻党的十八大和兵团党委六届十一次全委（扩大）会议精神，以促进两个健康为核心，以贯彻落实中央16号文件精神和兵团党委、兵团《实施意见》为主线，加强和改进工商联（总商会）工作，组织动员广大非公有制经济人士投身兵团“三化”建设，为实现兵团党委提出的“两个率先、两个力争”的目标作出了积极努力。

一、加强政治引导，坚定非公有制经济人士理想信念

按照党的十八大提出的“鼓励和引导新的社会阶层人士为中国特色社会主义事业作出更大贡献”的要求，通过举办党的十八大精神专题讲座等形式，在非公有制经济领域大力宣传、贯彻党的十八大及兵团党委六届十一次全委（扩大）会议精神。以社会主义核心价值体系为引领，按照中央统战部、全国工商联部署，在全兵团范围内广泛深入地开展了非公有制经济人士理想信念教育实践活动。9家承担社会责任典型企业在《兵团日报》、兵团电视台等主流媒体专题宣传报道。开展兵团第一届“双爱双评”活动，兵团工商联副主席张彬、兵团总商会副会长黄稳良、兵团工商联常委张德江被全国工商联、全国总工会授予

“全国关爱员工优秀民营企业家”称号；包文科等3位员工被授予“全国热爱企业优秀员工”称号。开展“民营企业家与中国梦”主题征文活动，编发理想信念教育实践活动专辑，扩大社会影响，营造良好社会氛围。举办学习党的十八届三中全会精神专题讲座，邀请国家行政学院教授授课，引导非公有制经济人士积极投身兵团“三化”建设。

二、深化内部改革，创新完善组织体系建设

贯彻中央16号文件和兵团党委、兵团《实施意见》精神，制订《关于进一步发挥兵团工商联（总商会）副主席（副会长）作用工作实施方案》和《兵团工商联加强企业家队伍建设的意见》，企业家副主席（副会长）参政议政、重要工作研究、参与兵团扶贫开发等作用进一步得到发挥。开展兵团工商联企业家活动日、高层论坛等系列活动，激发了工商联组织活力，有效推动非公有制经济人士理想信念教育实践活动和党的群众路线教育实践活动深入开展。筹备成立了兵团建材行业商会。近两年，兵团工商联坚持重心下移、服务基层，争取专项拨款499万元，大力支持各师工商联体系建设、教育培训、招商引资、经济联络等工作，7个师工商联得到车辆购置资金支持，基层工商联组织建设得到明显加强。在全国工商联成立60周年纪念活动中，十二师工商联被授予“全国工商联系统先进集体”，阿拉尔市工商联、五家渠市工商联被全国工商联命名为“全国‘五好’县级工商联建设示范点”。

三、积极建言献策，努力发挥参政议政作用

认真贯彻兵团党委六届十一次全委（扩大）会议任务分解方案，牵头协调制订支持中小微企业健康发展的具体办法。参与《兵团关于支持中小微企业健康发展的若干意见》修改，协助完成兵团2013年优先发展产业指导目录和促进农业产业化发展等政策措施的制订。争取了兵团工商联1000万元扶持非公有制中小企业发展专项资金，25家企业获得专项资金支持。完成了兵团委托工商联所做的“关于引导非公有制企业投身兵团‘三化’建设的研究”“如何建立兵团中小企业社会人服务体系”等专题报告，积极反映非公有制企业的愿望诉求，争取政策支持。两次参与自治区政协经济委员会举办的“金融创新、银企合作”专题论坛，副主席马文龙、江伟等分别作了专题发言。恒宇祥投资集团公司、新疆华世域工贸有限公司等3家兵团工商联副主席、常委企业，作为非公有制企业代表出席了兵团党委六届十二次全委（扩大）会议。

四、增强宗旨意识，不断提高服务能力

协助做好“兵团招商引资推进年”活动，组织民营企业参与兵团赴香港及“长三角”“珠三角”的招商工作。配合兵团经贸活动，邀请内地民营企业家积极参与兵团在“西洽会”“兰洽会”“厦洽会”“西博会”以及广州市举办的各类招商引资推介活动。组织民营企业参加在成都市举行的第十二届世界华商大会，促进兵团经济技术合作与交流。以第三届亚欧博览会为契机，邀请313名客商参加了兵团8个师投资环境推介会。

组织企业赴南非、俄罗斯、哈萨克斯坦、中国台湾等国（境）外商务考察。组织民营企业赴区外开展招商引资、经贸交流活动2次。自行组织企业家赴三师图木舒克市、四师、五师、十二师就园区建设、招商项目开展调研、项目对接。完成了2013年非公有制企业从业人员经济类职称评审工作，54人分别取得高、中级经济类专业技术职务任职资格。参与企业劳动关系三方协调机制，为非公有制经济发展营造良好法制环境。修订完善工商联会员《入会指南》，并在工商联政务网公开办事程序，为会员提供便捷服务。出专款1.9万元为执、常委订购《中国工商》。

五、推进社会扶贫，积极履行社会责任

认真贯彻《兵团实施社会扶贫工作方案》，制订2013年工商联定点挂钩十四师一牧场扶贫工作方案，落实领导班子成员定连帮户目标责任和帮助贫困团场脱贫时间表。开展捐资助学，给予当地贫困学生每年不少于10万元的资助。组织企业家副主席陈小敏首次实施为一牧场贫困学生捐资助学10万元项目。对九、十、十三师等边境贫困团场牧工家庭走访调研，争取全国工商联300万元专项资金，正式启动了太阳能照明工程，帮助解决边境贫困团场牧工用电问题。积极与兵团劳动和社会保障局、教育局、工会组织开展“民营企业招聘周”活动，其间共有41家民营企业提供就业岗位1023个。

六、坚持群众路线，工商联领导班子自身建设得到加强

按照兵团党委的统一部署，兵团工商联在第一批党的群众路线教育实践活动中，明确责任主体、加强组织领导，扎实开展学习、增强教育效果，突出实践特色、广泛征求意见，聚焦“四风”问题、认真开展批评，立足边查边改、加强制度建设，认真落实了学习教育、征求意见，查摆问题、开展批评，整改提高、建章立制各环节重点工作，活动取得明显成效，领导班子自身建设得到加强。在此基础上，为切实学习贯彻好十八届三中全会和兵团党委六届十二次全委（扩大）会议精神，领导班子成员之间、领导班子成员与分管部门之间、部门与部门之间深入开展了谈心交流、统一认识活动，形成了做好2014年各项工作的共识，明确了2014年工作的总体要求。